LA GESTION DES FORÊTS EN RDC

Étude écologique, économique et juridique

Notes de cours

Dirigée par Benjamin Mulamba Mbuyi

L'objet de la collection est de susciter les publications dont la vocation est double : d'une part offrir aux professeurs d'universités l'opportunité de publier leurs notes de cours, utilisées tout au long de leur carrière, et d'autre part offrir aux étudiants et chercheurs les outils de travail dont ils ont grandement besoin.

La collection s'adresse principalement aux étudiants et se propose d'envisager toutes les questions qui touchent tous les aspects de droit, de science politique et de relations internationales qui font l'objet d'un enseignement universitaire autonome.

Nous privilégierons la publication de manuels de grande qualité scientifique qui seront mis à la disposition des étudiants, régulièrement révisés comme des outils pédagogiques et utilisés dans un grand nombre d'institutions universitaires à travers le monde.

Déjà parus :

Hubert MUKENDI MPINGA, *Pauvreté et résilience des enfants dans les mines de diamants (Kasaï-Oriental)*, 2016.
Dieudonné KALINDYE BYANJIRA, *Droit international humanitaire*, 2015.
Blaise SARY NGOY, *La politique étrangère de Joseph Kabila, Les politiques étrangères des Etats menacés de décomposition*, 2014.
Zacharie NTUMBA MUSUKA, *Le rôle du juge administratif congolais dans l'émergence de l'état de droit*, 2014.
Stanislas BOGOY NANGAMA, *La pédagogie générale*, 2014.
Stanislas BOGOY NANGAMA, *La pédagogie comparée, Historique, Théories et Méthodes*, 2013.
Floribert Nzuzi MAKAYA, *Les finances publiques dans les constitutions de la République démocratique du Congo*, 2012.
Kazumba K. TSHITEYA, *Introduction aux théories et doctrines politiques et sociales*, 2012.
Benjamin MULAMBA MBUYI, *Droit International Public, Les sources*, 2012.
Benjamin MULAMBA MBUYI, *Droit des Organisations Internationales*, 2012.

Hilaire KABUYA KABEYA TSHILOBO

LA GESTION DES FORÊTS EN RDC

Étude écologique, économique et juridique

L'Harmattan

5-7, rue de l'École-Polytechnique, 75005 Paris

http://www.harmattan.fr
diffusion.harmattan@wanadoo.fr
harmattan1@wanadoo.fr

ISBN : 978-2-343-08696-5
EAN : 9782343086965

PREFACE

Les forêts congolaises sont en constante destruction ; c'est le drame auquel on assiste impuissant ; c'est un terrain où s'affrontent les conservateurs des forêts, les exploitants forestiers, les dirigeants politiques, les banquiers, les scientifiques, les défenseurs de l'environnement, les autochtones et même les ignorants. Comment arbitrer ces différends ? Le présent ouvrage tente d'apporter des solutions à cette équation.

Très peu d'ouvrages ont jusque-là traité de la gestion des forêts de la République Démocratique du Congo.

L'ouvrage de Monsieur Hilaire KABUYA KABEYA TSHILOBO vient à propos, pour compléter l'information et contribuer à la compréhension des enjeux et défis liés à l'exploitation forestière.

Ce qui est évident est que la République Démocratique du Congo dispose d'importantes ressources naturelles dont les forêts. Mais le pays présente le paradoxe d'être doté à la fois de nombreuses ressources et d'une population très pauvre. Ce paradoxe se retrouve lorsqu'on analyse la situation avec les forêts. D'où l'intitulé assez interrogateur choisi par l'auteur : **« De la gestion des forêts en RDC : Contribution à l'étude des problèmes d'ordre écologique, économique et juridique ».**

J'ai accepté avec plaisir de préfacer cet ouvrage et c'est autant pour moi, à la fois, un privilège et un honneur.

L'ouvrage est en réalité une reproduction de la dissertation doctorale de l'auteur en droits de l'homme, option : droits humains et gestion de l'environnement, présentée et défendue, en 2014, à l'Université de Bangui en République Centrafricaine.

En effet, les forêts de la République Démocratique du Congo s'étendent sur environ 150.000 ha et représentent les 2/3 du territoire national. Elles constituent les 2/3 des forêts du bassin du Congo, deuxième massif forestier tropical au monde après l'Amazonie. Ces forêts fournissent de nombreux produits et services indispensables aux populations (pharmacopée traditionnelle, alimentation, bois de chauffe, etc.) et abritent de nombreuses espèces de flore et de faune.

Pourquoi consacrer une étude à la gestion des forêts en République Démocratique du Congo ? La raison est simple : c'est au regard des enjeux que les forêts présentent aujourd'hui et les défis à relever suite aux activités menées par les acteurs : ces défis ont trait notamment à la déforestation, une menace permanente, liée non seulement à la pratique traditionnelle de l'agriculture itinérante sur brulis et celle de coupe de bois de feu pour la consommation d'énergie domestique ; ils le sont également pour les activités industrielles.

C'est à la suite de l'ensemble de ces activités peu protectrices de l'environnement que le monde connaît aujourd'hui le réchauffement climatique, devenu une préoccupation de l'ensemble des Etats. Les forêts sont présentées à la fois comme enjeux et comme solution face à cette question de réchauffement climatique. C'est l'objet de la COP21 réunissant l'ensemble des acteurs (Etats, communauté internationale, populations et industriels) en vue de trouver des solutions durables pour l'équilibre de la planète ; Conférence qui a abouti à la signature par 195 Etats d'un Accord différencié, juste, durable, dynamique, équilibré et juridiquement contraignant (Paris, 12 décembre 2015).

L'étude menée par Monsieur Hilaire Kabuya Kabeya Tshilobo participe donc de cette réflexion globale pour trouver des mécanismes de protection de l'environnement forestier de la République Démocratique du Congo par une gestion prévoyante et rationnelle.

La gestion durable des forêts de la République Démocratique du Congo constitue un défi, car il faudra concilier l'équilibre économique de la production du bois et la préservation des écosystèmes. En d'autres termes, la gestion forestière durable doit dépasser la simple vision d'une production quantitative de bois, pour maintenir la biodiversité vers le bon fonctionnement de l'ensemble de l'écosystème forestier en intégrant une dimension sociale au bénéfice des populations locales dont l'existence parfois relève des ressources ligneuses et non-ligneuses de la forêt.

L'ouvrage est structuré en trois parties de quatre chapitres chacune (douze chapitres au total), précédées d'une introduction générale et bouclées par une conclusion générale.

La première partie porte sur les considérations économiques et juridiques ; elle est subdivisée quatre chapitres :

Le premier chapitre porte sur la gouvernance axée sur le management public. Il sera question ici de mettre un accent particulier sur les notions de bonne gouvernance.

Le deuxième chapitre passe en revue différentes ressources naturelles de la RDC, pour bien situer les forêts et faire ressortir leur importance par rapport à d'autres ressources naturelles du pays (les ressources minières, foncières, agricoles, hydriques, halieutiques, les carrières et hydrocarbures).

Le troisième chapitre porte sur le Droit, l'environnement et le développement durable. On y épingle les notions de Droit et des droits de l'homme, la problématique mondiale de l'environnement et du développement durable notamment.

Le quatrième chapitre de cette partie introductive aborde la question de la stratégie d'intégration régionale de la RDC.

La deuxième partie porte sur les ressources forestières de la République Démocratique Congo et comporte aussi quatre chapitres :

Le premier chapitre analyse la situation des forêts de la RDC et leur cadre légal.

Le deuxième chapitre porte sur l'ampleur, les causes et les conséquences de la déforestation en RDC.

Dans le troisième chapitre de cette partie, il aborde la question de la contribution des redevances forestières au développement socio-économique des populations rd congolaises.

Le quatrième chapitre renvoie au régime forestier congolais, avec un accent sur la politique forestière et le cadre juridique de la gestion forestière en RDC (préalable sémantique et cadre institutionnel, législation forestière congolaise).

La troisième partie est relative aux perspectives d'avenir pour prévenir la déforestation et bien gérer les forêts, à son tour subdivisée en quatre parties :

Le premier chapitre porte sur les solutions du point de vue forestier, foncier et agricole.

Le deuxième chapitre de cette partie aborde la question de la légalité et de la traçabilité comme la meilleure façon de générer les forêts rd congolaises. Il y parle de la genèse et du contenu de la certification forestière ; de l'état actuel de la certification dans le bassin du Congo.

Son troisième chapitre porte sur les solutions du point de vue de l'aménagement du territoire et des conflits armés. Un accent particulier y est mis sur l'aménagement ou l'urbanisation des espaces fonciers congolais ; la planification et l'aménagement forestiers ; les questions organisationnelles et financières, la décentralisation, notamment.

Le quatrième chapitre de cette partie traite, enfin, de résultats et recommandations de sa dissertation doctorale.

L'auteur fait un plaidoyer pour le renversement de la tendance actuelle marquée par l'inconscience et l'irresponsabilité de quelques acteurs et le renforcement de leurs capacités managériales et également par l'engagement des poursuites contre les acteurs déviants.

Je recommande vivement la lecture de cet ouvrage.

Grégoire BAKANDEJA wa MPUNGU

Docteur d'Etat en Droit Economique
Professeur des Universités
(Université de Kinshasa, Université de Brazzaville,
Université Sorbonne-Paris 1)
Doyen Honoraire

INTRODUCTION GENERALE

A la croisée des chemins : l'impératif de conservation de la nature et la nécessité d'exploitation des ressources naturelles, en vue de satisfaire divers besoins de l'homme (maître de cette nature), nous avons éprouvé des préoccupations en rapport, principalement avec une des composantes desdites ressources, **la forêt**.

Ainsi, nous sommes-nous proposé de réfléchir sur la question suivante : « **De la gestion des forêts en RD Congo. Contribution à l'étude des problèmes d'ordre écologique, économique et juridique** ». Comment pouvons-nous socialement, économiquement, écologiquement, culturellement tirer profit de nos forêts, tout en les conservant, pour combattre la pauvreté que vit paradoxalement la majeure partie de la population de la République Démocratique du Congo, et tirer le pays du mal développement contradictoire dans lequel il se maintient sans raison.

Cette étude ne prétend nullement être une panacée, non seulement parce que ses dimensions nous interdisent une telle prétention, mais aussi et surtout parce que nul ne peut ambitionner être expert dans tous les domaines que le sujet englobe.

Le sujet, tel quel, est si vaste qu'il ne peut manquer de faire naître un sentiment sincère d'humilité. Nous espérons que cet essai de réflexion incitera les chercheurs à explorer les perspectives d'avenir, les inquiétudes ou les insuffisances suscitées par notre étude, dans la mesure où nous sommes solidaires dans la Science ; s'agissant surtout de **l'Environnement** (dont relèvent les forêts) qui est, non pas une Science, mais **un carrefour des Sciences**.

Une telle complémentarité est possible, dans la mesure où la documentation existante sur les problèmes liés aux forêts, au vécu quotidien du congolais (son socio-économique, notamment), à son environnement est l'une des sources principales de notre étude ; avec cette précision que tout chercheur est bénéficiaire conscient ou inconscient de l'ensemble des travaux menés dans son domaine.

Au fur et à mesure des années, le jeu et l'échange des idées, la modification des connaissances, le remplacement de tel élément d'information par un autre, l'apparition progressive de nouvelles constellations du savoir estompent les origines, au point qu'il n'est, bien souvent, plus possible de distinguer ce que l'on croit ne devoir qu'à soi-même de ce que l'on doit à autrui.

Plusieurs études et monographies sont déjà réalisées sur les ressources forestières et la déforestation qui découle de leur exploitation irrationnelle ou inécologique.

Au nombre de ces contributions scientifiques, citons :

- F. Malaisse et Binzangi K. (1985), Wood as source of fuel un Upper Shaba ;
- Binzangi Kamalandua (1988), Contribution à l'étude du déboisement en Afrique tropicale : le cas du Shaba méridional ;
- Binzangi Kamalandua (2000), La pauvreté et son impact sur la production des combustibles ligneux dans les milieux ruraux et périurbains congolais ;
- Lubini (1997) et (1991), Cartographie de la végétation forestière au Zaïre ;
- Mabika Kankonde (1991), Quelques observations sur la déforestation. Cas de la Ville de Kinshasa ;
- Ndjele Mianda Bungi (1991), Comment conserver la forêt menacée de Kisangani ;
- Kalambay Lumpungu (1991), Législation zaïroise en matière forestière et sa pratique, etc.

Les différentes études ci-dessus signalées ont été essentiellement réalisées sur l'exploitation forestière, le commerce des produits forestiers, l'ampleur du déboisement. Elles ont, notamment, démontré que l'absence d'une gestion rationnelle des ressources forestières, la croissance démographique, la pauvreté conjuguée à cette démographie sont autant de causes qui accélèrent la pression sur ces ressources comme sur bien d'autres, en même temps qu'elles modifient inexorablement l'environnement congolais, engendrant ainsi des problèmes d'ordre économique, social, culturel, éthique, etc.

Plus récemment, d'autres intéressantes études ont été menées sur les ressources naturelles en général et sur les forêts en particulier; nous pouvons citer notamment :

- Segihobe BigiraJean-Paul (2009), Le Partenariat pour les forêts du Bassin du Congo entre non-droit et droit. Contribution à l'étude de la responsabilité des acteurs Thèse de Doctorat ;

- Sakata Moke TawabGarry (2009), La gouvernance en matière de ressources naturelles, de la centralisation vers un système décentralisé et participatif, Le cas des ressources forestières en République démocratique du Congo, Thèse de Doctorat ;
- Katambwe Malipo Gérard (2009), De la souveraineté permanente des Etats sur leurs richesses et leurs ressources naturelles ; portée et application en droit positif congolais, Thèse de doctorat ;
- Sakata M. Tawab Garry (2009), Le code forestier et le code minier de la RDC : Rôle des acteurs et impacts socio-économiques et environnementaux. Essai comparatif ;
- Mayaux Philippe et alii (2007), Observatoire des forêts d'Afrique centrale: renforcer l'information forestière pour améliorer les décisions de gestion ;
- Defourny Pierre et alii (2007), Cartographie et suivi forestier par télédétection pour une gestion durable des ressources naturelles. L'expérience pilote du projet sygiap pour les parcs du patrimoine mondial en RDC ;
- Hans Beeckman (2007), Luki : la recherche scientifique au cœur d'une réserve forestière ;
- SakataGarry, 2007, Code forestier : analyse du statut juridique de la forêt et des acteurs de gestion ;
- Cassagne Bernard et alii (2007), Aménagement durable des forêts de production de la RDC : progrès et perspectives ;
- Trefon Theodore (2007), Exploitation industrielle du bois au Congo : une approche participative est-elle possible ? ;
- Karsenty Alain (2007), Tour d'horizon des mécanismes possibles de financement de modèles alternatifs d'utilisation des forêts ;
- Mushiete Olivier (2007), Plantation forestière et puits de carbone d'Ibi-Batéké : un souffle d'espoir pour la forêt congolaise ;
- Ousseynou Ndoye et alii (2007), Marchés des produits forestiers non ligneux dans les provinces de l'Équateur et de Bandundu : présentation d'une enquête de terrain ;
- Willy Delvingt et alii (2007), Certification et gestion forestière : Enjeux et perspectives pour les forêts du bassin du Congo ;

Ces études mettent l'accent sur, notamment :

1. La nécessité de doter le Partenariat des instruments juridiques nécessaires à sa régulation, notamment l'idée d'un contrat d'Etat conclu, dans le cadre du partenariat, entre les Etats riverains du Bassin du Congo avec les acteurs privés menant des activités sur leurs

territoires respectifs, Cela contribuerait à résoudre les problèmes consécutifs au déficit normatif stigmatisé par l'étude. Ainsi, chaque partenaire-partie à ce contrat connaîtrait ses droits et devoirs ; de sorte que lorsqu'il n'y a pas respect des engagements souscrits, la responsabilité soit déterminée sur base du Droit prévu par ledit contrat (Segihobe BigiraJean-Paul) ;

2. La gestion décentralisée et participative des ressources naturelles ; les contradictions entre différents codes (minier, forestier) et le besoin de les harmoniser ; l'identification des acteurs de la gestion forestière en RDC (Sakata Garry) ;
3. L'opportunité de brasser les données pour faire jaillir des informations à haute valeur ajoutée. Pour Philippe Mayaux et consorts, les décideurs politiques doivent apprendre à maîtriser l'information scientifique et technique produite par les équipes de l'Observatoire, en particulier les données spatialisées qui bien souvent sont sous-exploitées dans ce domaine ; les équipes impliquées dans l'analyse des données au sein de l'Observatoire doivent garantir la propriété scientifique de chaque partenaire, la délivrance de produits bien adaptés, en termes de contenu et de présentation, aux besoins des décideurs ;
4. La valorisation du Système de Gestion de l'Information sur les Aires Protégées (SYGIAP) qui, à travers ses bases de données thématiques reliées aux données géographiques, permet de valoriser et de communiquer les données collectées sur le terrain, et par là, de motiver les agents de terrain dans leur travail d'inventaire, de prévention et de lutte contre les activités illégales (Pierre Defourny).
5. La gestion forestière moderne à travers une action coordonnée de différentes parties prenantes pour préserver la réserve ; étant donné que la population locale a besoin de la forêt pour disposer de nourriture et de matériaux, mais surtout pour générer des revenus grâce à la vente de charbon de bois et de gibier. D'où la nécessité d'informer, de manière transparente, la population locale sur les objectifs et avancées de la recherche, pour une meilleure appropriation (Hans Beeckman) ;
6. L'obligation de la traçabilité et de la légalisation du bois d'origine congolaise ; l'aménagement durable des forêts ; l'expérience congolaise d'une plantation forestière (Willy Delvingt et alii, Bernard Cassagne et alii, Olivier Mushiete) ;

Quant à la contribution apportée par la présente étude, elle consiste essentiellement en la conciliation de l'impératif de conservation de la nature et la nécessité d'exploitation des ressources naturelles que regorge cette dernière, en vue de satisfaire divers besoins du maître de cette nature, qu'est l'homme (alimentation, logement, habillement, santé, industrialisation de son espace, transformation et commercialisation des ressources naturelles) ; autrement dit amener l'homme à exploiter autrement ces ressources, en tenant compte de besoins à venir et de générations futures. C'est la gestion durable. Et notre étude s'est appesantie particulièrement sur une desdites ressources : la forêt.

Notre étude, complétant les études précédentes et ouvrant la voie à bien d'autres, s'est appesantie sur les leviers d'une gestion qui permette aux gouvernants de la République Démocratique du Congo de créer des richesses à partir des ressources naturelles en général et des forêts en particulier, richesses nécessaires à la satisfaction de l'ensemble des besoins de leurs populations ; et rompre ainsi avec la chaine des misères que vivent contrastément ses populations et les poussent même à aller affronter le ridicule sous d'autres cieux.

Ces leviers sont principalement : l'éducation mésologique, le management public, les connaissances éprouvées sur les ressources naturelles nationales, principalement les forêts et l'application rigoureuse des instruments juridiques internationaux et nationaux en la matière.

Car, le potentiel des ressources naturelles de la RDC est tel que, bien gérées, chaque congolais devrait trouver sa place au soleil. Différentes études ou sources renseignent que la RDC regorge d'abondantes ressources naturelles ; elles sont considérables en quantité comme en qualité.

Citons, notamment :

- Ses 80 millions d'hectares de terres arables dont à peine 10% sont mises en valeur (2^{ème}pays de la planète en termes de terres cultivables après le Brésil, la RDC, complètement aménagée en cultures, serait capable, grâce à la diversité des climats et à la densité du réseau hydrographique, de nourrir près de 2 milliards de personnes dans le monde et faire ainsi face à la crise alimentaire mondiale) ;
- Ses 120 millions d'hectares de forêts denses qui constituent le 2ème poumon de la planète au tant qu'elles recyclent le dioxyde de carbone et libèrent l'oxygène dont l'humanité a besoin pour sa survie ;

- Ses plans d'eau qui représentent 35% du territoire national large de 2.345.409 km^2, se prêtant ainsi à la pêche artisanale et industrielle, à l'hydroélectricité ;
- -Son coltan qui fait prospérer l'informatique et la télécommunication dans le monde, sans oublier son cobalt, son cuivre, son diamant, son or, son uranium, son mercure, ses blocs pétroliers et son gaz méthane, etc.[1]

Malheureusement, la vie du congolais moyen ne cadre pas avec la réalité de ces potentialités. Le fossé ne fait que s'agrandir entre les riches et les pauvres.

Ces inégalités sont à la base de plusieurs conflits ouverts ou latents sur le plan interne. Ces conflits menacent également la RDC de l'extérieur, à cause de la répartition inégale des ressources naturelles. D'où les successives guerres imposées à notre pays par ses voisins ou les grandes multinationales en complicité avec leurs pays respectifs (les grandes puissances du monde).

Les ressources naturelles, note le Professeur Musibono, sont actuellement à la base des conflits nationaux et internationaux. Ceci s'explique par le fait que la vie de l'homme est étroitement liée à l'exploitation des ressources environnementales ou simplement des écosystèmes, pour produire des biens et services[2]. Ainsi, aliments, habitats, médicaments, machines, vêtements sont-ils les produits de la transformation des ressources naturelles. Malheureusement, les ressources ne sont ni également reparties sur la planète, ni identiques par leur qualité.

Il y a donc une double limitation (quantitative, par leur distribution géographique et qualitative, par leur nature et par leur dégradation accrue due aux erreurs antérieures).

---

1 Banamuhere Baliene, Conflits armés et politique nationale de conservation des ressources naturelles en République Démocratique du Congo. A l'occasion du Séminaire-Atélier organisé à Kinshasa du 18 au 19 juin 2001 sur le thème : Préparons la paix, conflits armés et conservation en République Démocratique du Congo : contraintes et opportunités, p.2

2 Musibono Dieudonné, Draft sur le thème : La gestion des ressourcesnaturelles et conflitsenvironnementaux, Département de l'environnement, Faculté dessciences, UNIKIN, 2002-2004, p.1

Cette double limitation est une source des conflits réels ou latents tant internes qu'externes. Au niveau interne, la répartition des ressources naturelles et des richesses qu'elles créent n'est pas équitable : géographiquement, certaines régions sont plus nanties que d'autres ; et socialement, une minorité richissime détient l'essentiel de la fortune, pendant que la grande majorité croupit dans l'indigence. Il y a donc mal développement, surtout dans les pays du tiers monde mal gérés comme la RDC. Et Musibono termine par citer, à la base des conflits en République Démocratique du Congo, les ressources hydriques, énergétiques et minières, principalement[3].

Au regard de sa riche biodiversité, la RDC devrait dans le concert des nations se compter parmi les économies les plus émergentes et procurer à ses populations une vie de qualité. Ses dirigeants devraient donc axer leur gestion sur un tel résultat. Ne pas y parvenir c'est créer d'éternels mécontents qui s'expriment par divers langages (rebellions, assassinats, coups d'Etat, vols, grèves, sabotages). Tel est malheureusement le cas dans ce pays, comme dans bien d'autres de l'Afrique.

Pourtant, l'un de plus importants des droits de l'homme, c'est le droit à la vie[4] ; et celle-ci suppose un certain nombre d'éléments pour que l'on se maintienne le plus longtemps possible, notamment la bonne santé[5]. Aux termes de l'article 53 de la Constitution de la République Démocratique du Congo du 18 février 2006, « Toute personne a droit à un environnement sain et propice à son épanouissement intégral. Elle a le devoir de le défendre. L'Etat veille à la protection de l'environnement et à la santé des populations ».

L'article 58 de la Constitution, matérialisant le Pacte international relatif aux droits économiques, sociaux et culturels, ajoute : « Tous les congolais ont le droit de jouir de richesses nationales. L'Etat a le devoir de les redistribuer équitablement et de garantir le droit au développement ».

[3] Musibono D., op. cit, p.2

[4]- Article 3 de la Déclaration Universelle des Droits de l'Homme, Adoptée et proclamée par l'Assemblée Générale de l'ONU dans sa Résolution 217 A (III) du 10 décembre 1948 ; - Article 16 de la Constitution de la République Démocratique du Congo du 18 février 2006

[5] Eloko Eya Matangelo Gérard (2012), Participation des relais communautaires aux activités des Soins deSanté Primairesdans la Ville Province de Kinshasa/RDC, Thèse de Doctorat Ph.D, Université de Bangui, p.9

Malheureusement, la pauvreté que vit la majeure partie des populations congolaises, au regard de l'IDH de la RDC classant ce pays à la queue de tous les autres pays du monde, est la négation de ces dispositions fondamentales.

En effet, le Pacte international relatif aux droits économiques, sociaux et culturels a été adopté par l'Assemblée Générale de l'ONU dans sa Résolution 2200 A (XXI) du 16 décembre 1966 et ratifié par la RDC le 1er novembre 1976.

L'article 1 de ce Pacte dispose : « Tous les peuples ont le droit de disposer d'eux-mêmes. En vertu de ce droit, ils déterminent librement leur statut politique et assurent librement leur développement économique, social et culturel. Pour atteindre leurs fins, tous les peuples peuvent disposer librement de leurs richesses et de leurs ressources naturelles, sans préjudice des obligations qui découlent de la coopération économique internationale, fondée sur le principe de l'intérêt mutuel et du Droit international. En aucun cas, un peuple ne pourra être privé de ses propres moyens de substance ».

Et l'article 25 du même Pacte ajoute : « Aucune disposition du présent Pacte ne sera interprétée comme portant atteinte au droit inhérent de tous les peuples à profiter et à user pleinement et librement de leurs richesses et ressources naturelles ».

L'Indice de Développement Humain (IDH) indique le degré de développement ou le pourcentage des personnes menant une vie longue, pleine de savoir, évoluant dans un environnement sain et doté d'un épanouissement humain maximal. Ces conditions sont mieux représentées en ville qu'en milieu rural. L'IDH est calculé par le PNUD depuis 1990 et intègre quatre données :

- la longévité ou l'espérance de vie à la naissance ;
- le savoir ou le pourcentage d'alphabétisation des adultes ;
- le niveau de vie ou le Produit Intérieur Brut (PIB) réel par habitant ;
- le taux de scolarisation brut.

Chacune de ces données est calculée en fonction de son écart avec un minimum mondial et un maximum mondial. L'indice va théoriquement de 0 à 1[6]. La République Démocratique du Congo figure pour l'année 2012 à la 186ème place sur 186 pays classés dans le Rapport de l'Indice de Développement Humain (IDH) du PNUD[7].

Revenant aux ressources naturelles dont dispose la RDC et à partir desquelles elle peut décoller avec son développement, nous allons, dans notre étude, nous limiter aux ressources forestières, lesquelles sont, malheureusement, mal gérées.

Aujourd'hui, dans le monde, un des thèmes qui prédominent, car il est tangible et mesurable : c'est la déforestation[8]. Comment rester indifférent aux milliers de kilomètres carrés d'arbres abattus et non replantés chaque année dans le monde !

La destruction des forêts a commencé depuis des siècles ; et les forêts du Sahara comme de l'Afrique du Nord furent systématiquement dévastées, en grande partie, par l'Empire Romain, dont le besoin en bois nécessaire pour la construction des navires de guerre était insatiable.

Par cette action, les romains seraient, d'après Kimpianga Mahaniah, les premiers à accélérer la destruction de la faune (éléphants, lions, etc.). Les éléphants et les rhinocéros étaient abattus aussi pour obtenir l'ivoire et les cornes essentiels à la fabrication des objets d'art et des produits médicamenteux recherchés en pays méditerranéens et en Asie.

Ainsi, le commerce transsaharien s'est-il développé autour d'un circuit de ramassage des produits commerçables, recherchés à l'extérieur, tels que l'or, l'ivoire, les bêtes sauvages (lions, éléphants…). Dans ce circuit de ramassage et de distribution, les marchands européens et africains ne cherchaient qu'à exploiter d'une manière irresponsable les richesses naturelles et humaines, sans le moindre souci de protéger l'environnement et encore moins de valoriser le capital humain, source de tout épanouissement socio-politique et économique.

D'où, selon Kimpianga, les rôles attribués à l'Afrique noire par le monde : source des matières premières et des débouchées, source de

6 Kakese Kunyima Constantin (2006), Eléments de géographie humaine et économique, Mediaspaul, Kinshasa, pp. 43-44.

7 La RDC classée en dernière position sur l'indice de développement humain du PNUD (Source : Radio Okapi du 15 mars 2013).

8 Kimpianga Mahaniah, « Les rôles historiques attribués à l'Afrique noire par le monde », in Lukuni lwa yuma, Vol. II, n°3, janvier-juin 1999, U.L.L., p. 8.

main-d'œuvre, source d'esclaves, berceau de l'humanité et de la science, laboratoire des religions, champ de bataille des puissances commerciales, zone tampon et laboratoire d'expérimentation ; rôles auxquels a participé et continue à participer aujourd'hui l'élite africaine.

Pourtant, la forêt offre à l'homme des trésors toujours renaissants : elle constitue pour lui le garde-manger et la pharmacie, elle est l'abri des animaux sauvages, elle lui procure les matières premières de la maison, des outils, des attelages, des barques, des fortifications, des espèces végétales et animales.

Bref, elle n'a été étrangère à aucun aspect de la vie matérielle de l'homme. De nos jours, malgré l'avènement successif des formes d'énergie (charbon, pétrole, gaz), elle constitue encore un des réservoirs les plus indispensables à l'industrie. L'impact de la forêt sur le climat et le régime des eaux, par le processus de l'évapotranspiration, est révélateur de son importance, surtout que l'eau est la source de vie. Entre 1990 et 1995, cinquante-six millions d'hectares de forêts ont disparu[9].

Il y a lieu de préciser que la disparition du couvert végétal (déforestation) a un effet important sur le sol et sur le régime des eaux. En effet, les racines, l'humus, la matière organique du sol jouent un rôle d'éponge et constituent la réserve d'eau et des nutriments du sol, par l'effet de la photosynthèse dont les plantes seules sont capables.

Durant la photosynthèse, deux étapes se réalisent concomitamment : d'une part, l'absorption du gaz carbonique (contenu dans l'air) qui va se combiner avec le sel minéral (contenu dans l'eau) pour obtenir les sucs, les graisses, les protéines ; et d'autre part, le rejet de l'oxygène dont l'homme a besoin pour sa respiration. Ainsi donc, le maintien de la fertilité du sol exige que soit sauvegardée la capacité de reproduction des cycles biologiques ; ce qui revient à récolter sans détruire, c'est-à-dire à favoriser les recyclages.

Ceci nécessite la culture écologique qui permet de connaître la composition, la structure, le fonctionnement, la dynamique et l'évolution de la forêt. Or, la réalité dans beaucoup de communautés humaines est que globalement, l'homme est encore dans l'ignorance et l'incompétence écologiques.

---

[9] Institut Français de l'Environnement (2002), l'environnement en France, Editions La Découverte et ifen, Paris, P.5 74.

Pour réaliser cette étude, nous nous sommes posé la question principale suivante : Comment gérer durablement les forêts de la République Démocratique du Congo ? Et quels aspects prendre en compte, pour une telle gestion ?

Cette préoccupation a engendré cinq questions spécifiques que voici :

1. De quelle manière sont gérées les forêts de la RDC ?
2. Génèrent-elles des recettes à la dimension du domaine forestier congolais ?
3. Assurent-elles un développement socio-économique et une justice distributive ?
4. Les règles du Droit forestier congolais sont-elles prises en compte ?
5. En est-t-il de même de droits des communautés locales et des peuples autochtones ?

Pour répondre à ces questions, l'examen de plusieurs paramètres s'avère indispensable. D'une façon générale, une exploitation conforme aux normes édictées par les instruments juridiques internationaux et nationaux, une gestion rationnelle et managériale des forêts par le pouvoir public en seraient une réponse. Et les aspects à prendre en compte seraient multidimensionnels.

De manière spécifique, nous pensons que :

1. Les forêts de la RDC seraient exploitées de manière inécologique.
2. Elles généreraient moins de recettes ; et par conséquent, moins de ressources financières pour l'Etat.
3. Elles n'entraineraient pas assez de développement socio-économique et humain.
4. Les règles du Droit forestier ne seraient pas prises suffisamment en compte, à cause d'un déficit managérial et de manque de culture des droits de l'homme.
5. Il en serait de même de droits des communautés locales et des peuples autochtones, car ils les ignorent dans la plupart de cas, d'une part ; et ceux qui sont censés les libérer les bloquent, d'autre part.

Ainsi l'objectif global de notre travail est d'étudier les aspects écologique, économique et juridique des forêts en République Démocratique du Congo. Par cette étude, nous pensons amener la

République Démocratique du Congo à gérer ses ressources naturelles, principalement les forêts, de manière responsable et rationnelle ; ce qui pourra conduire à la durabilité, au développement de ses populations dont le niveau de vie est un paradoxe par rapport à ses ressources, à la restauration ainsi qu'à la pérennité d'un environnement propice. Autrement dit, à l'avenir, la forêt devra être gérée et non seulement exploitée (gestion écologique, économique et sociale).

Au-delà de ces questions d'intérêt national, la République Démocratique du Congo pourra retrouver sa place de géant économique au sein de la communauté internationale, au regard de ses potentialités naturelles ou de sa biodiversité remarquable. Non seulement, ce pays a des superficies des forêts considérables, mais il a également bien d'espèces de la flore comme de la faune qui lui sont endémiques et capables de lui générer des fonds sur le plan touristique et commercial.

Apprendre et agir en vue d'une gestion durable et responsable de ces diverses ressources devient ainsi la voie obligée de la bonne gouvernance et de la gestion de la chose publique en République Démocratique du Congo ; et le comportement de ses dirigeants devra ipso facto s'y conformer.

En réalisant cette étude, nous poursuivons les objectifs spécifiques suivants :

- Dresser un état des lieux des ressources naturelles de la RDC, avec un accent particulier sur les forêts ;
- Connaître les causes principales de la déforestation en République Démocratique du Congo et les mettre en relief avec les conséquences qui en découlent ;
- Identifier les textes législatifs en vigueur sur la gestion forestière et l'inadéquation sur le terrain de leur application ;
- Déterminer la relation entre la non application ou la faiblesse des textes législatifs ou réglementaires en la matière et la dégradation de l'écosystème forestier ;
- Formuler des recommandations de lege ferenda.

Le recours à la méthode sociologique nous a été utile en ce qu'elle nous a permis d'appréhender, en respectant le principe de l'objectivité, la gouvernance forestière et ses effets par l'observation des faits sociaux comme l'enquête auprès des « masses ».

Car, il est indispensable de se donner comme ligne de conduite d'éviter le plus possible, les jugements de valeur se rapportant à ce que la réalité doit être, pour ne produire que des jugements de faits se rapportant exclusivement à ce que la réalité est ; peu importe ce que l'on pense au plan normatif que cette effectivité soit jugée positivement ou négativement. Cette méthode est susceptible de garantir le caractère scientifique des énoncés sur le social que produit l'activité de notre recherche, sans laquelle le savoir produit verse dans l'idéologie.

Ces méthodes ont pris appui sur les techniques de recherche suivantes : l'enquête par questionnaires, l'entretien, l'analyse, l'interprétation et la documentation (technique documentaire). Les techniques de questionnaire et d'entretien désignent les procédés qui ouvrent un contact, une communication entre des êtres humains en se servant entre autres d'un écrit ou d'un support audio-visuel entre un chercheur et un ou plusieurs enquêtés en vue d'obtenir les informations intéressant la recherche.

Les techniques d'analyse et de présentation, comme leur nom l'indique, interviennent à la dernière étape de la recherche, c'est-à-dire le dépouillement des données, leur discussion, leur interprétation et leur présentation. Quant à la technique documentaire, elle met le chercheur en présence des documents supposés contenir les informations voulues par la réalisation de la recherche.

Toutefois, devant les limites matérielles, temporelles et spatiales, la présente étude a pris pour cadre les forêts de la République Démocratique du Congo ; et pour lesquelles, seuls les aspects économique, écologique et juridique, spécialement les droits de l'homme nous intéressent. L'analyse de la question soulevée prendra en compte la période allant de 2002 à 2012. D'ores et déjà, nous signalons que la présente étude n'a pas été à l'abri de difficultés, celles-ci sont de plusieurs sortes. Le présent travail a été réalisé dans un contexte de crise multiforme, principalement politique et économique.

Alors que nous pensions procéder par l'observation participante, en prenant langue avec les populations riveraines et en constatant sur terrain les problèmes liés à la gestion des forêts congolaises ainsi que de fortes pressions y exercées en termes de déforestation, nous n'avons pu y parvenir, à cause de l'insécurité dans certaines parties du pays, outre le coût élevé du transport ainsi que de frais de séjour pour divers sites, en dehors de la province du Bas-Congo.

En dépit de ces difficultés, nous avons apporté tant que faire se peut notre contribution à la solution des problèmes posés par la gestion des forêts en République Démocratique du Congo, avec tout ce qu'elle comporte d'imperfection caractérisant l'œuvre humaine, imperfection pour laquelle nous sollicitons d'ores et déjà d'indulgence du lecteur.

Sommairement, ce travail comporte quatre parties subdivisées chacune en quatre chapitres.

La première partie porte sur les considérations économiques et juridiques ; elle est subdivisée quatre chapitres :

Le premier chapitre porte sur la gouvernance axée sur le management public. Il sera question ici de mettre un accent particulier sur les notions de bonne gouvernance.

Le deuxième chapitre passe en revue différentes ressources naturelles de la RDC, pour bien situer les forêts et faire ressortir leur importance par rapport à d'autres ressources naturelles du pays (les ressources minières, foncières, agricoles, hydriques, halieutiques, les carrières et hydrocarbures).

Le troisième chapitre porte sur le Droit, l'environnement et le développement durable. On y épingle les notions de Droit et des droits de l'homme, la problématique mondiale de l'environnement et du développement durable notamment.

Le quatrième chapitre de cette partie introductive aborde la question de la stratégie d'intégration régionale de la RDC.

La deuxième partie porte sur les ressources forestières de la République Démocratique Congo et comporte aussi quatre chapitres :

Le premier chapitre analyse la situation des forêts de la RDC et leur cadre légal.

Le deuxième chapitre porte sur l'ampleur, les causes et les conséquences de la déforestation en RDC.

Dans le troisième chapitre de cette partie, nous abordons la question de la contribution des redevances forestières au développement socio-économique des populations rd congolaises.

Le quatrième chapitre renvoie au régime forestier congolais, avec un accent sur la politique forestière et le cadre juridique de la gestion forestière en RDC (préalable sémantique et cadre institutionnel, législation forestière congolaise).

La troisième partie est relative aux perspectives d'avenir pour prévenir la déforestation et bien gérer les forêts, à son tour subdivisée en quatre parties :

Le premier chapitre porte sur les solutions du point de vue forestier, foncier et agricole.

Le deuxième chapitre de cette partie aborde la question de la légalité et de la traçabilité comme la meilleure façon de générer les forêts rd congolaises. Nous y parlons de la genèse et contenu de la certification forestière ; de l'état actuel de la certification dans le bassin du Congo.

Son troisième chapitre porte sur les solutions du point de vue de l'aménagement du territoire et des conflits armés. Un accent particulier y est mis sur l'aménagement ou l'urbanisation des espaces fonciers congolais ; la planification et l'aménagement forestiers ; les questions organisationnelles et financières ; la décentralisation, notamment.

Le quatrième chapitre de cette partie traite, enfin, de résultats et recommandations de notre dissertation doctorale.

PREMIERE PARTIE
QUELQUES CONSIDERATIONS ECONOMIQUES ET JURIDIQUES

Cette partie comporte quatre chapitres :

Le premier chapitre porte sur la gouvernance axée sur le management public. Il sera question ici de mettre un accent particulier sur les notions de gouvernance et de bonne gouvernance ; les principes centraux de gouvernance (Accès à l'information, Participation du public, Equité et Justice sociale), en prenant en compte les obligations multilatérales et les grandes conventions mondiales ; et la nécessité d'un développement intégral, humain et durable en RDC.

Le deuxième chapitre passe en revue différentes ressources naturelles de la RDC, pour bien situer les forêts et faire ressortir leur importance par rapport à d'autres ressources naturelles du pays (les ressources minières, foncières, agricoles, hydriques, halieutiques, les carrières et hydrocarbures).

Le troisième chapitre porte sur le Droit, l'environnement et le développement durable. On y épingle les notions de Droit et des droits de l'homme (quelques dates, clés, origines et évolution des droits de l'homme, classification des droits de l'homme) ; la problématique mondiale de l'environnement et du développement durable : origine, notion et importance du Droit de l'environnement, l'environnement naturel (les éléments abiotiques et biotiques). Un accent particulier y est mis sur la durabilité et les ressources forestières ainsi que sur les Indications Géographiques (une façon de certifier les produits agricoles selon leurs pays d'origine et rassurer les consommateurs ; ce qui apporte une plus-value du point de vue économique).

Le quatrième chapitre de cette partie introductive aborde la question de la stratégie d'intégration régionale de la RDC. Sont examinés, les points suivants : l'intégration socio-économique et culturelle de la RDC ; son intégration monétaire ; sa régionalisation par le Droit OHADA (contexte général, controverses doctrinales sur le Droit OHADA en RDC, son cadre d'application et ses écueils) ; la nécessité d'organiser des partenariats responsables (contrats léonins en RDC avec les contrats chinois, atteinte du point d'achement par la RDC, causes du retard économique de la RDC).

CHAPITRE PREMIER
LA GOUVERNANCE AXEE SUR LE MANAGEMENT PUBLIC

Section 1 : Contexte justificatif

Nous venons de voir que les ressources naturelles dont dispose la RDC sont telles que, bien gérées, tous les congolais vivraient le paradis terrestre. Malheureusement, tel n'est pas le cas, car les dirigeants étatiques congolais se caractérisent souvent par des discussions stériles et parfois par l'injure ou l'insulte facile ; et se servir est l'essentiel de leur conquête du pouvoir. La réflexion ou la maîtrise des connaissances scientifiques est reléguée au second plan. Telle est la politique à la congolaise ; la production est le cadet des soucis des dirigeants congolais qui comptent plus sur l'aide internationale, alors que le bon rendez-vous serait celui « du donner et du recevoir ».

Le droit à la vie est le premier des droits humains consacrés par divers instruments juridiques internationaux et nationaux, notamment l'article 16 de la Constitution de la République Démocratique du Congo du 18février 2006. Et l'article 53 de la même Constitution d'ajouter : « Toute personne a droit à un environnement sain et propice à son épanouissement intégral. Elle a le devoir de la défendre. L'Etat veille à la production de l'environnement et à la santé des populations ».

L'Etat est à comprendre ici dans le sens de ceux qui incarnent le pouvoir, ceux-là qui espèrent avoir ou qui ont reçu le mandat de gérer la chose publique. Ces gouvernants exercent ainsi des fonctions politiques (la politique entendue comme l'art de gérer la cité ; pas une cité mal propre et pauvre, mais une cité propre et prospère). Ce qui suppose un esprit managérial (organisation, planification, coordination, suivi ou contrôle) aguerri de la part des dirigeants étatiques congolais.

Doué de telles capacités, le gouvernant s'avisera de différentes ressources naturelles à sa disposition, afin d'en assurer une équitable redistribution et garantir à ses populations un droit au développement. Telle est la raison d'être de l'article 58 de la Constitution sus rappelée qui dispose : « Tous les congolais ont le droit de jouir des richesses nationales. L'Etat a le devoir de les redistribuer équitablement et de garantir le droit au développement ».

L'autorité et le pouvoir n'ont de sens, a rappelé le Cardinal Laurent Mosengwo Pasinya[10] que dans la mesure où ils procurent la paix et le bonheur au peuple. Sans management efficace, comme l'enseigne Fayol, nulle entreprise ne peut se développer[11]. Ce ne sont pas des hommes orchestre qui sont capitaines d'entreprises ; la délégation des responsabilités est devenue indispensable dans la gestion, à condition de mettre « the right man in the right place », poursuit-il. On peut ainsi, d'après le Professeur Kazadi Nduba, définir le management de deux manières.

Le management peut être entendu comme la prise de décision (management is décision making). Cela fait penser à la culture et au comportement d'un entrepreneur qui voudrait voir son affaire grandir et se perpétuer. Son rôle est avant tout, non pas d'exécuter, mais de prendre des décisions dans tous les domaines et chaque fois que c'est nécessaire. C'est dire que le dirigeant doit demeurer vigilant, s'informer adéquatement afin de prendre au moment opportun les décisions conséquentes.

Aussi on peut entendre par management, le fait d'obtenir que les choses soient faites par d'autres (getting things done through other poeple). C'est le principe de la séparation des fonctions des collaborateurs. Voilà qui appelle un état d'esprit, une vision nouvelle, un comportement particulier qui devrait caractériser tout un chacun dans tout ce qu'il entreprend ; davantage, le dirigeant étatique. Un diagnostic interne et externe devront être posés, autrement faire un état de ses forces et de ses faiblesses.

Là réside le secret de la croissance et de la pérennité. A partir de ce moment, les méthodes de gestion, si sophistiquées soient elles, ne sont que des outils budgétaires ou non, outils au service de la croissance et de la pérennité de l'entreprise. Le champ socio-culturel couvre un espace sociologique très large, de l'individu à la famille, impliquant les structures sociales ainsi que les représentations symboliques, tout un ensemble qui participe à la reproduction de la société toute entière.

---

10 Extrait du Discours de Son Eminence le Cardinal Laurent Mosengwo Pasinya à l'occasion de sa messe desprémisses le dimanche 05/12/2010 au stade des martyrs à Kinshasa comme troisième Cardinal créé en RDC.

11 Cité par Hilaire Kabuya Kabeya T. (2004), *L'éducation relative à l'environnement et l'intellectuel congolais*, PUC, Kinshasa, p.76.

C'est donc par la culture comprise comme un héritage social transmis de génération en génération que l'individu devient un être social. Il subit, en effet, un processus de socialisation qui le conduit à l'intériorisation des normes et des valeurs de son groupe social ; il se trouve, de ce fait, façonné à l'image de sa société, en même temps que lui-même influe sur la production de celle-ci.

Ce parcours de l'individu à la société et de la société à l'individu n'est pas un processus figé dans un espace historiquement et géographiquement déterminé. Il s'insère, au contraire, dans un jeu dialectique des contacts culturels qui, par l'intermédiation des supports de la modernité (la politique, l'école, le média, l'organisation des échanges économiques, les facilités de communication), devient complexe, hétérogène et même dénaturé par rapport à la société originelle.

Le budget 2011 est un cas d'illustration de l'injustice sociale décriée et de l'incapacité des dirigeants congolais à mieux faire pour l'amélioration du social des populations rd congolaises. En effet, les prévisions du budget 2011 avec des barèmes de rémunération per capita/mois oscillant entre 11,78$ américains et moins de soixante-dix dollars (un traitement de base plancher) sont qualifiées d'injustes, dérisoires et suicidaires. Les concernés sont en majorité les agents publics dont les militaires, les policiers, les enseignants. Les retraités et les rentiers sont obligés de se contenter des barèmes de pension de retraite ou de rentes viagères oscillant entre 0,21$ et 5,98$, pendant que le Premier Ministre et les Ministres se sont octroyés sans gêne des augmentations de 76,04% et 71,49% contre 11,40% au Président de la République et 40,49% aux députés nationaux[12].

Dans cette logique où il y en qui sont plus congolais que les autres, contre l'esprit de l'article 58 de la Constitution sus évoqué, et dans un environnement politique où, de trois facettes dégagées par Muller à partir des actions des gouvernants, la Gestion Axée sur le Résultat (GAR) exige les gouvernants congolais affichent souvent la facette symbolique, il n'est sûr d'assurer à tous une justice distributive. Un Saint du Moyen Age ne disait-il pas : « Le surplus du riche, c'est le nécessaire d'un pauvre. Ainsi avoir le surplus, c'est détenir un bien d'autrui sans le savoir ».

[12] « Budget 2011 : Le niveau très bas des barèmes de rémunération inquiète », In Les Dépêches de Brazzaville, Quotient d'actualité, n°1129 du Vendredi 03/12/2010, p.8

En définitive, il n'y a pas d'Etat de Droit et de justice sans respect des lois ; et il n'y a pas démocratie sans bonne gouvernance ; tout comme il n'y a pas bonne gouvernance sans gestion rationnelle et durable. Pour cela, le mental et ou la formation du congolais est à prendre en compte, en privilégiant les écoles techniques, gage de visibilité du développement humain et durable.

Section 2 : Notions et principes de gouvernance

Les termes « gouvernance » et « bonne gouvernance » sont de plus en plus fréquents dans le discours politique et social, notamment pour ce qui est du développement. La gouvernance est un concept important dans la législation moderne et comprend aussi les institutions officielles ou autres, qui prennent et mettent en œuvre des décisions.

A. La Gouvernance

Dans les années 1980, la notion de gouvernance a commencé à prendre de l'importance dans le secteur du développement, à mesure que les institutions internationales et les bailleurs des fonds liaient l'aide à des mécanismes redditionnels et à la suprématie du droit.

La gouvernance reste un élément important pour les donateurs à l'heure actuelle. Elle est aussi devenue un concept important dans le contexte des relations des sociétés avec leurs gouvernements et des responsabilités de ces derniers vis-à-vis des sociétés qu'ils représentent ; un processus lié à la manière d'exercer le pouvoir dans la conduite des affaires d'une nation et dans ses relations avec les autres nations[13]

La gouvernance se rapporte à l'environnement institutionnel servant de cadre aux relations des citoyens entre eux et avec les organismes et fonctionnaires de l'Etat[14]. La gouvernance recouvre les normes, traditions et institutions à travers lesquelles un pays exerce son autorité sur le bien commun. Elle comprend les procédures d'élection, de contrôle et de remplacement des gouvernements ; la capacité du gouvernement à élaborer et à mettre en œuvre efficacement des politiques pertinentes ; et le respect des citoyens et de l'Etat pour les institutions régissant les relations économiques et sociales entre eux[15].

---

[13]BAD, 2010.
[14]BAD, 1999.
[15]Banque mondiale, 2009.

La gouvernance désigne les règles, les processus et les comportements qui influent sur l'exercice des pouvoirs au niveau de l'Etat, particulièrement du point de vue de l'ouverture, de la participation, de la responsabilité, de l'efficacité et de la cohérence.[16] La gouvernance est l'exercice de l'autorité politique, économique et administrative nécessaire à la gestion des affaires d'une nation.[17]

La gouvernance est le système de valeurs, de politiques et d'institutions au moyen duquel une société gère ses affaires économiques, politiques et sociales, à travers des interactions à l'intérieur de l'État, ainsi qu'entre ce dernier, la société civile et le secteur privé. C'est la manière dont une société s'organise, afin de prendre des décisions et de les mettre en œuvre, en mettant en place un accord et une action communs.

Elle comprend les mécanismes et les procédures permettant aux citoyens et aux groupes d'articuler leurs intérêts, d'arbitrer leurs différences et d'exercer leurs droits et obligations légales. Elle recouvre les règles, les institutions et les procédures qui fixent des limites et établissent des incitations pour les personnes, les organisations et les entreprises. La gouvernance, y compris dans ses dimensions sociales, politiques et économiques, est présente à tous les niveaux de l'activité humaine, que ce soit le foyer, le village, la commune, la nation, la région ou la planète.[18]

Bien que le concept de gouvernance suscite depuis quelques années un intérêt accru sur le plan international et national, dans les milieux universitaires, des donateurs et des organisations de la société civile, il n'existe pas de définition internationalement admise. Quelques Organisations ont élaboré des définitions à leur propre usage. Si la notion de gouvernance fait l'objet d'un engouement croissant, elle est en fait aussi vieille que les sociétés humaines. Exprimée simplement, la gouvernance recouvre la manière dont les décisions sont prises et mises en œuvre (ou ne sont pas mises en œuvre). C'est le moyen, pour la société, de définir des objectifs et des priorités, et de faire avancer la coopération.

---

[16] Commission des Communautés Européennes, 2001.

[17] OCDE, 2007.

[18] PNUD, 2007.

Dans le cadre de la gouvernance ainsi entendue au sens large, le « gouvernement » n'est que l'un des acteurs. Elle englobe les acteurs et les structures, tant gouvernementaux que non gouvernementaux, étatiques ou non, impliqués dans la prise et la mise en œuvre des décisions. Elle comprend les politiques, les lois, les décrets, les normes, les instruments, les institutions et les procédures ; bref, tous les moyens permettant à une société de définir et de réaliser ses objectifs et ses priorités.

L'UICN et d'autres acteurs définissent la gouvernance comme les interactions entre les structures, les processus et les traditions politiques et sociales qui déterminent les modalités d'exercice du pouvoir et des responsabilités, de la prise de décisions et de l'expression de l'opinion des citoyens et d'autres parties prenantes.[19] Les travaux sur la gouvernance publiés par l'UICN portent pour la plupart sur les aires protégées.

La gouvernance a deux dimensions : la qualité de la gouvernance (comment on gouverne) et le type de gouvernance (qui gouverne). Ces catégories ont été clairement définies par les recommandations sur la bonne gouvernance et les types de gouvernance du Vème Congrès mondial des parcs de l'UICN.[20] En 2004, le Secrétariat de la CDB a appliqué aussi ces caractéristiques au contexte de la planification, de l'établissement et de la gestion des aires protégées.[21] Ce sujet est également repris dans d'autres documents de l'UICN.[22]

B. La bonne gouvernance

A mesure que les concepts de démocratisation, de démocratie, d'Etat de Droit, de société civile, de partage décentralisé du pouvoir et d'une bonne administration publique prennent de plus en plus d'importance et de pertinence avec la mise en place des systèmes politiques plus complexes, la gouvernance évolue pour devenir la bonne gouvernance[23]. De même qu'il n'existe pas de définition unique ou exhaustive de la « gouvernance », il n'y a pas non plus de définition universelle de la « bonne gouvernance » en politique ou en Droit international.

---

[19] Borrini-Feyerabend et al. (2006) ; Graham et al, (2003).

[20] UICNCMP, (2003) V.16.

[21] Borrini-Feyerabend, (2004).

[22] Lockwood et al. (2006).

[23] Commission des Communautés Européennes, (2003).

La portée même du concept n'a pas été définie non plus de façon universellement admise. Utilisé de façon très flexible, le terme est en général défini par rapport aux effets du contexte de l'organisation ou de la personne qui le définit. Dans son sens le plus large, tel que défini par le Bureau du Haut-Commissariat des Nations Unies aux Droits de l'homme, la pierre de touche de la bonne gouvernance serait le degré d'exercice des droits humains, civils, culturels, économiques, politiques, sociaux et environnementaux.[24]

Alors que la gouvernance désigne les processus décisionnels et les processus de mise en œuvre ou de non mise en œuvre des décisions[25], la bonne gouvernance est la gestion transparente et responsable des ressources humaines, naturelles, économiques et financières aux fins du développement équitable et durable[26]. Les principes de bonne gouvernance sont liés aux principes des droits de l'homme. L'article 21 de la Déclaration universelle des Droits de l'homme de 1948 stipule :

1. Toute personne a le droit de prendre part à la direction des affaires publiques de son pays, soit directement, soit par l'intermédiaire de représentants librement choisis.
2. Toute personne a droit d'accéder, dans des conditions d'égalité, aux fonctions publiques de son pays.
3. La volonté du peuple est le fondement de l'autorité des pouvoirs publics ; elle doit s'exprimer par des élections honnêtes qui doivent avoir lieu périodiquement, au suffrage universel égal et au vote secret ou suivant une procédure équivalente assurant la liberté du vote.

La bonne gouvernance, dans le contexte de la prise des décisions gouvernementales, a été reconnue comme une composante essentielle du développement durable par des instruments politiques internationaux tels que la Déclaration du Millénaire de l'ONU (2000) et le Plan d'action du Sommet mondial pour le développement durable [27]

Cette reconnaissance s'est étendue récemment, de façon plus spécifique, à la gestion des aires protégées. La CDB reconnaît formellement l'importance de la bonne gouvernance dans son

---

[24]HCNUDH, (2007).
[25]UNESCAP, (2010).
[26]Conseil de l'Union européenne, (2003)
[27]ONU, (2002).

Programme de travail sur les aires protégées.[28] L'élément 2 du Programme s'intitule « Gouvernance, participation, équité et partage des avantages ». L'élément 3 sur les « Activités habilitantes » exhorte les Parties à tenir compte des « principes de gouvernance, tels que la prééminence du droit, la décentralisation, les mécanismes de prise de décision participative et les institutions et procédures de résolution équitable des conflits ».[29]

Plusieurs principes de gouvernance, tels que la responsabilité, la transparence, la participation, la prééminence du droit et l'efficacité, ont été reconnus par un certain nombre d'Organisations Internationales. Il convient de noter que ces organisations ont des définitions différentes de leurs principes de gouvernance, ainsi que d'autres principes connexes; par exemple, l'accès à l'information, à la justice, et l'équité. Cela s'appelle « Démocratie environnementale » expérimentée déjà dans certains pays comme le Cameroun.[30]

C. Principes centraux de gouvernance

L'UICN et ses membres ont mis au point des orientations politiques sur la bonne gouvernance par le biais de différents documents. En particulier, le Vème Congrès Mondial des Parcs (CMP) a adopté en 2003 une recommandation invitant les gouvernements et la société civile à reconnaître l'importance de la gouvernance comme une notion clé pour les aires protégées et à promouvoir la bonne gouvernance comme une composante essentielle de la gestion efficace des aires protégées de toutes sortes au XXIème siècle.[31]

Reconnaissant la variété de situations dans chaque pays, la recommandation invite les gouvernements et la société civile à reconnaître que la gouvernance des aires protégées doit être le reflet et doit tenir compte des facteurs sociaux, écologiques, culturels, historiques et économiques pertinents ; et que les facteurs de la bonne gouvernance,

---

28 CDB CDP (2004), VII/28.

29 CDB CDP (2004) VII/28, paragraphe 3.1.4.

30 Njamnshi Augustine B. et alii (2007), *The Access Initiative Cameroon Report : Environmental Democracy in Cameroon. An assessment of access to information, participation in decision making and access to justice in environmental matters,* Presses de l'Imprimerie CORORIX, Yaoundé, 118 p.

31 UICN-CMP 2003 V.16.

dans n'importe quel domaine, doivent être vus à la lumière des circonstances, des traditions et des systèmes de connaissance locaux.[32]

La même recommandation s'adresse à « tous ceux qui participent à la création et à la gestion des aires protégées » et invite ces praticiens à appliquer les principes centraux de la bonne gouvernance, notamment par le biais des modalités suivantes :

a. reconnaissance des systèmes de connaissance divers ;
b. ouverture, transparence et responsabilité dans la prise de décision ;
c. gouvernance participative ;
d. mobilisation de l'appui de différentes parties prenantes, mettant particulièrement l'accent sur les partenaires et les communautés autochtones et locales ; et
e. partage de l'autorité et des ressources, et délégation ou décentralisation du pouvoir décisionnel et des ressources, le cas échéant.[33]

Les lignes directrices pour les catégories de gestion de 2008 définissent neuf grands principes de bonne gouvernance dans le contexte des aires protégées[34] :

- **Légitimité et droit à la parole :** dialogue social et accords collectifs sur les objectifs et les stratégies de gestion des aires protégées, sur la base de la liberté d'association et de parole, sans discrimination liée au sexe, à l'ethnie, au mode de vie, aux valeurs culturelles ou à quelque autre caractéristique.
- **Subsidiarité :** attribuer les pouvoirs et les responsabilités de gestion aux institutions les plus proches des ressources en question.
- **Équité** : partage équitable des coûts et des bénéfices de la création et possibilité de recours impartiaux en cas de litige.
- **Pas de préjudice :** s'assurer que les coûts de la création et de la gestion des aires protégées ne génèrent ni n'aggravent la pauvreté ou la vulnérabilité.
- **Direction :** encourager et préserver une vision créative et cohérente sur le long terme pour l'aire protégée et ses objectifs de conservation.

[32]UICN-CMP 2003 V.16.

[33]UICN-CMP 2003 V.16, paragraphe 4 ; BAfD, 2008 ; BAsD, 1999 ; Commission des Communautés Européennes, 2001 ; UICN, 2010b ; PNUD, 1997 ; UNESCAP, 2010 ; Banque mondiale, 2009.

[34]Dudley, 2008.

- **Performance** : conserver efficacement la biodiversité tout en répondant aux préoccupations des parties prenantes et en faisant une utilisation raisonnée des ressources.
- **Responsabilité :** définir de façon précise et distincte les responsabilités de chacun, et établir des mécanismes redditionnels et de rapport appropriés pour toutes les parties prenantes.
- **Transparence :** garantir que toutes les informations pertinentes sont accessibles à toutes les parties prenantes.
- **Droits humains :** respecter les droits humains dans le contexte de la gouvernance des aires protégées, y compris ceux des générations futures.

Ces principes et ces concepts sont consacrés par la législation, lorsqu'ils sont traduits sous les formes juridiques appropriées et incorporés dans les dispositions régissant la prise des décisions pour la conception et la gestion des aires protégées.

Trois grands domaines sont notamment concernés : l'accès à l'information, la participation du public, l'équité et la justice sociale.

Une étape importante pour l'application des principes de bonne gouvernance en droit international a été franchie en 1998 avec l'adoption de la Convention sur l'accès à l'information, la participation du public au processus décisionnel et l'accès à la justice en matière d'environnement (appelée Convention d'Aarhus, du nom de la ville où elle a été adoptée).

Cette Convention est entrée en vigueur en 2001 et 44 pays en sont devenus Parties. Aux termes de la Convention, une participation effective du public dans les processus décisionnels gouvernementaux est facilitée par une transparence et une responsabilité accrues de la part des instances gouvernementales. Les objectifs de la Convention sont regroupés en trois grandes garanties, appelées « piliers de la Convention », à savoir : (1) un accès raisonnable aux informations relatives à l'environnement, (2) la participation du public à la prise de décisions, et (3) l'accès à la justice en matière environnementale (Article 1 de la Convention d'Aarhus).

Chaque Partie est tenue de prendre les mesures législatives, réglementaires ou autres nécessaires à la mise en œuvre de ces objectifs, d'assurer la compatibilité des dispositions et de prendre les mesures d'exécution appropriées (Article 3 de la même Convention). La Convention d'Aarhus a été négociée dans le cadre de la Commission

Economique des Nations Unies pour l'Europe, qui assure son Secrétariat. Elle est ouverte aux États membres de la Commission Economique pour l'Europe ainsi qu'aux États ayant un statut consultatif auprès de cette Commission.

Elle représente, à l'heure actuelle, le principal instrument du droit international permettant de définir et d'élaborer un cadre approprié de principes de gouvernance, mettant fortement l'accent sur les orientations servant à l'interprétation[35]. Ses dispositions sont pleinement applicables à tous les projets bénéficiant de l'aide bilatérale et multilatérale des pays ayant ratifié la Convention. Les rédacteurs législatifs noteront avec intérêt les dispositions prises récemment par le PNUE afin d'appuyer les principes de la Convention d'Aarhus et leur généralisation au sein des législations nationales.

Lors de sa 11èmesession spéciale, en février 2010, le Conseil d'administration du PNUE a adopté des lignes directrices pour l'élaboration des législations nationales portant sur l'accès à l'information, la participation du public et l'accès à la justice en matière environnementale.[36] Le projet des lignes directrices, qui avait fait l'objet d'une réunion de consultation des fonctionnaires gouvernementaux et d'experts en juin 2008, a été présenté de nouveau, assorti de commentaires, lors de la session spéciale de 2010.

Dans sa décision, le Conseil d'administration du PNUE a noté que les lignes directrices sont facultatives. Il a demandé au Secrétariat de les diffuser auprès de tous les pays accompagnées des commentaires, afin de recueillir plus de suggestions et de les améliorer. Il a aussi demandé au Directeur exécutif d'apporter une assistance aux pays, sur demande, afin d'élaborer ou d'amender des législations, des politiques et des stratégies nationales relatives à l'accès à l'information, la participation du public et l'accès à la justice en matière environnementale.

Les trois sections ci-dessous examinent, au-delà de la Convention d'Aarhus, des applications spécifiques des principes d'accès à l'information, de participation, d'équité sociale et de justice dans le contexte de la législation des aires protégées.

---

[35]Stec et Casey-Lefkowitz, 2000.
[36]PNUE, 2010.

1. Accès à l'information

La mise en œuvre du principe de gouvernance relatif à l'accès du public à l'information fait obligation aux États d'établir deux systèmes : un système permet au public de demander et de recevoir des informations ; l'autre sert aux mécanismes de tenue des dossiers et de diffusion, permettant ainsi aux instances gouvernementales de collecter et de distribuer activement des informations en l'absence de requête.

En matière de législation des aires protégées, l'accès à l'information est activé au moyen de deux voies principales. Premièrement, la législation devrait définir des documents spécifiques devant être mis à la disposition du public pour examen, commentaires et informations, sous forme de projet ; et ensuite sous leur forme finale. Ces dispositions indiquent normalement qui est responsable d'ouvrir l'accès aux informations et de leur distribution, comment et où les informations peuvent être obtenues, le calendrier et les modalités de réception des commentaires, s'il y a lieu.

Les autorités des aires protégées devraient assurer l'accès du public à des documents importants tels que les plans du système des aires protégées, sous forme de projet et sous sa forme finale ; les propositions de désignation d'une aire protégée ; le plan de gestion (projet et final), et les rapports financiers, de surveillance continue et d'évaluation lorsqu'il s'agit de fonds publics.

L'accès aux projets de rapports pour commentaires, ainsi qu'aux rapports finaux, est assuré de plus en plus sur internet et à travers des bases de données électroniques ; ce qui réduit les coûts et peut faciliter un accès accru. Malheureusement, les populations congolaises n'ont pas un accès facile à l'internet dans ces milieux, pour la plupart ruraux et où l'internet est non seul un luxe, mais un outil de travail à la portée de quelques initiés.

La deuxième modalité consiste à assurer l'accès à certains documents gouvernementaux sur demande, hors procédures de consultation et de commentaires. Il peut s'agir, par exemple, de rapports scientifiques et d'analyses de données élaborés par les services de l'État ou par d'autres entités, liés à la prise de décisions sur l'établissement ou la gestion d'un site, ou de commentaires reçus par des organismes gouvernementaux dans le cadre d'une procédure d'examen d'un projet de plan impliquant l'utilisation de fonds publics.

Dans de nombreux pays, l'accès aux informations servant à la prise des décisions gouvernementales est généralement régi par une législation spécifique établissant les procédures de requête et de réponse des pouvoirs publics. C'est le cas, par exemple, aux États-Unis, où la loi de 1966 sur la liberté de l'information, telle qu'amendée, définit la procédure et le type de documents disponibles au public sur requête.

Lorsqu'il existe des législations spécifiques adaptées aux objectifs des aires protégées, elles peuvent être appliquées et reprises en référence. Lorsqu'une telle législation n'existe pas ou est insuffisante, la législation relative aux aires protégées devrait incorporer des dispositions générales sur l'accès du public à la documentation gouvernementale pertinente relative au système d'aires protégées ou aux sites.

Sous réserve des usages locaux, les dispositions générales régissant l'accès à l'information peuvent se trouver dans la loi principale sur les aires protégées ; des éléments plus précis trouveront place dans les textes d'application. Les dispositions relatives aux requêtes d'informations peuvent porter sur les modalités de la requête, les délais de réponse des autorités publiques et d'autres conditions raisonnables. Dans certains cas, un montant symbolique est perçu pour l'impression des documents, lorsque les autorités disposent de peu de ressources.

Les procédures comportent aussi normalement des normes ou des lignes directrices pour le refus de communiquer des informations ; par exemple, lorsque l'information fait partie de procédures judiciaires ou administratives, lorsqu'il s'agit de données personnelles ou lorsque leur divulgation porterait préjudice à l'environnement. Ce dernier cas peut se poser, par exemple, lorsque une aire terrestre ou marine proposée comporte des ressources d'une grande valeur commerciale et que celles-ci pourraient faire l'objet d'une exploitation illégale si elles sont connues avant la mise en place d'une protection provisoire, ou lorsqu'il s'agit de protéger un site hébergeant des espèces rares à l'état sauvage ou élevées en captivité.

L'application du principe de l'accès à l'information à travers la législation accroît la transparence des processus décisionnels gouvernementaux. La transparence accroît à son tour la légitimité et la responsabilité, et améliore les résultats de l'ensemble des actions d'établissement et de gestion des systèmes d'aires protégées et de leurs sites. Des procédures ouvertes facilitent la réception des informations par le public ainsi que, le cas échéant, leur requête en temps voulu, et permettent de formuler des commentaires et de participer de façon significative, s'il y a lieu.

2. Participation du public

La participation du public aux processus décisionnels est un principe largement admis dans les Déclarations politiques internationales. Ainsi, la Déclaration de Rio sur l'environnement et le développement consacre la participation publique de tous les citoyens concernés, l'accès des citoyens aux informations publiques relatives à l'environnement et la possibilité de participer à des processus décisionnels en matière environnementale (Principe 10 ou PP10 de la Déclaration de Rio en 1992).

Les dispositions de la législation des aires protégées doivent incorporer différents aspects de la participation publique effective, notamment la condition impliquant l'accès en temps voulu à des informations exactes, pertinentes et compréhensibles, ainsi que des possibilités raisonnables d'apporter des commentaires utiles lorsqu'il s'agit de décisions importantes.

Les décisions où la participation du public revêt une importance particulière devraient être définies par la législation. Il s'agit notamment de la désignation ou de la modification d'une aire protégée, de la désignation des autorités de gestion d'un site, de l'élaboration et de l'adoption d'un plan de gestion, de la conception et de l'établissement d'une stratégie pour le système d'aires protégées ou pour le réseau d'aires protégées marines, et de l'examen d'un projet d'évaluation d'impact environnemental et social d'actions proposées par l'autorité des aires protégées.

Le principe de la participation du public comporte aussi l'obligation de prendre en considération, lors de la prise de décisions, les commentaires formulés. Ce principe s'étend au-delà des initiatives de l'Etat à l'égard d'aires protégées officielles. Il s'applique aussi au soutien accordé à des initiatives volontaires de conservation entreprises par d'autres acteurs et à leur participation pleine et entière.

Ainsi, l'Elément 2 du Programme de travail de la CDB sur les aires protégées exhorte les Parties à mettre en place, en associant pleinement les communautés autochtones et locales, des politiques et des mécanismes institutionnels propres à faciliter la reconnaissance juridique et la gestion efficace des aires préservées par les communautés autochtones et locales, d'une manière qui soit conforme aux objectifs de conservation de la diversité biologique et des connaissances, des innovations et des pratiques des communautés autochtones et locales[37].

Reconnaissant le besoin urgent d'étendre à toutes les parties prenantes la participation aux décisions relatives aux systèmes officiels d'aires protégées, le Programme de travail établit l'objectif suivant : Assurer, avant 2008, la participation pleine et entière des communautés autochtones et locales, dans le plein respect de leurs droits et la reconnaissance de leurs responsabilités, en conformité avec les lois nationales et les obligations internationales, ainsi que la participation des parties prenantes à la gestion des aires protégées existantes et à la création et la gestion des nouvelles aires protégées.[38]

Soulignant encore davantage le besoin d'une participation effective, le Programme de travail met au point des actions complémentaires à prendre pour atteindre cet objectif. Ainsi, les Parties sont invitées à mettre en œuvre des plans et des initiatives précis visant à favoriser la participation des communautés autochtones et locales, dans le respect de leurs droits et en conformité avec les lois nationales et les obligations internationales, et des parties prenantes à tous les niveaux de planification, de création, de gouvernance et de gestion des aires protégées, en mettant l'accent sur la détermination et l'élimination des obstacles à une participation adéquate[39].

3. Équité et justice sociale

Appliqué aux aires protégées, le principe d'équité sociale exige que les parties prenantes, en particulier celles détenant ou revendiquant des droits sur des espaces terrestres ou marins ou des ressources, soient respectées et participent à la conception, à l'établissement et à la gestion des aires protégées, et qu'elles aient un droit de recours si leurs droits sont enfreints.

En outre, le principe implique le partage juste et équitable des coûts et des avantages entre les différents groupes sociaux et les personnes impliqués ou affectés officiellement à l'établissement et à la gestion des aires protégées. La détermination de ce qui est juste et équitable dans un

---

[37]CDB CDP, 2004 VII/28.

[38]Idem

[39]Ibidem.

cas précis peut impliquer la prise en compte d'un grand nombre d'intérêts divers.

Ainsi, à l'échelon local, il s'agira, par exemple, de s'assurer que les communautés locales vivant à l'intérieur des aires protégées ou dans les zones avoisinantes ne supportent pas une part inéquitable des coûts, que ce soit par la perte de zones de pêche ou de l'accès à d'autres ressources, par une circulation accrue ou d'autres intrusions.

A l'échelon national, les aires protégées créent parfois des avantages appréciés par des populations éloignées du site, mais perçus par les populations locales concernées comme une menace pour leurs moyens d'existence. Lorsque les impacts et les intérêts sont nombreux, divers et éparpillés, un processus de négociation impliquant toutes les parties concernées peut s'avérer nécessaire avant la législation l'obligation, pour les autorités des aires protégées, d'assurer une participation pleine et entière des communautés locales et d'autres parties prenantes prise des décisions.

Il est important d'incorporer dans la et titulaires de droits, en particulier lorsque ces parties sont susceptibles de subir les effets des décisions liées à l'aire protégée. Les autorités des aires protégées doivent aussi être tenues, pour la conception et la gestion des sites, de prendre des dispositions assurant le partage juste et équitable des coûts et des avantages entre tous les intérêts concernés.

Des mécanismes spéciaux peuvent s'avérer nécessaires pour faciliter la mise en œuvre de ces accords et dispositions. Ainsi, si un accord a été conclu en vue d'un partage local des recettes générées par une aire protégée (tourisme), il peut s'avérer important de créer des mécanismes comptables spécifiques afin que les communautés locales reçoivent une part équitable de ces recettes et pour créer la confiance chez toutes les parties.

Les communautés locales et les peuples autochtones devraient pouvoir garder certaines modalités traditionnelles d'utilisation des ressources, dans la mesure où celles-ci sont compatibles avec les objectifs de conservation du site ; les parties peuvent se mettre d'accord sur des mécanismes de rapports périodiques en vue de suivre la mise en œuvre des accords et de prendre des mesures de gestion adaptative, si nécessaire.

Pour assurer le respect des accords pris, la législation peut exiger qu'ils soient formalisés sous la forme d'un accord écrit avec les pouvoirs publics, fondé sur le consentement préalable, libre et éclairé de toutes les parties concernées. Dans le contexte des aires protégées, l'accès à la justice implique l'existence de mécanismes auxquels le public, en particulier les personnes concernées et touchées, peut avoir recours pour obtenir une révision et faire appel de décisions prises par les autorités des aires protégées.

Ce principe a été adopté parce qu'il facilite l'application cohérente et effective de la loi et qu'il donne tout son sens aux principes d'accès à l'information, de participation et d'équité sociale. S'il n'existe pas de voies de recours ou de possibilités de faire appel des décisions, l'information et la participation ont moins d'effet.

En outre, le public peut ainsi lui-même contribuer au respect et à l'application de la législation des aires protégées ; ce qui renforce de façon importante les efforts de l'État en ce sens. Dans de nombreux pays, des règles et des procédures d'accès à la justice existent déjà dans la législation régissant le droit administratif, les tribunaux ou les procédures judiciaires. Dans ces cas, il n'est pas toujours utile d'incorporer des dispositions en ce sens dans la législation des aires protégées.

Cependant, s'il y a lieu, la législation des aires protégées peut comporter des dispositions permettant de faire appel de décisions administratives. En outre, des dispositions peuvent reconnaître aux citoyens, aux associations et aux ONG la qualité d'agir en justice en cas de violation de leurs droits, ou la possibilité de faire appliquer la loi au moyen d'actions entreprises par des tiers.

D. Obligations multilatérales

Quelques 667 traités mondiaux et régionaux liés à la conservation environnementale sont en vigueur à l'heure actuelle, dont 144 ont une portée mondiale.[40] Un certain nombre de ces traités comportent des obligations spécifiques de protection de la nature, de la biodiversité et des écosystèmes à travers la mise en place d'aires protégées. Il s'agit ici de passer en revue un certain nombre de traités mondiaux et régionaux

[40] ECOLEX, La base de données en ligne très complète du droit de l'environnement, gérée conjointement par la FAO, l'UICN et le PNUE.

importants pour les politiques et le droit des aires protégées et évoquer leurs principales dispositions.

Les obligations multilatérales de conservation de la biodiversité doivent être prises en considération par les rédacteurs législatifs, dans le contexte de la législation des aires protégées, lorsque le pays est Partie à un traité ou peut le devenir. En effet, les obligations établies par les traités doivent être très souvent transposées dans la législation nationale, puisque la plupart des obligations ne sont pas directement applicables en droit interne.

De nombreux documents accessibles au public examinent de façon approfondie les traités multilatéraux évoqués ici. Les sites internet de chaque traité, qui comportent le texte officiel, les décisions de la Conférence des Parties et d'autres lignes directrices pour les politiques et les législations nationales, sont particulièrement utiles dans le contexte de la législation des aires protégées.

Les principales conventions mondiales citées ci-dessous et ayant une incidence sur les aires protégées sont la CDB, la Convention de l'UNESCO sur le patrimoine mondial, la Convention de Ramsar et la Convention sur les espèces migratrices. Tout en étant plutôt axées sur les espaces terrestres, elles s'appliquent également aux milieux marins.

En règle générale, cependant, les dispositions de ces conventions s'appliquant au milieu marin doivent être mises en œuvre de façon compatible avec la Convention des Nations Unies sur le droit de la mer (CNUDM ou UNCLOS d'après son acronyme en anglais), qui définit les droits et les obligations des États pour ce qui est du milieu marin, y compris ceux concernant sa préservation et sa protection. Les conventions relatives au milieu marin gérées par l'Organisation Maritime Internationale prévoient aussi une protection spéciale pour des aires marines.

E. Les grandes conventions mondiales

Au nombre de celles-ci, la Convention sur la Diversité Biologique occupe une bonne place. Les trois grands objectifs de la CDB sont la conservation de la biodiversité, l'utilisation durable de ses composantes (espèces, ressources génétiques, écosystèmes), et le partage juste et équitable des avantages découlant de l'exploitation des ressources génétiques (Article 1 de la Convention sur la Diversité Biologique). La

Convention sur la Diversité Biologique (CDB) est le premier traité qui aborde, à l'échelle mondiale, l'éventail entier de questions liées à la diversité biologique à tous les niveaux : espèces, écosystèmes et diversité génétique. C'est aussi le principal traité mondial qui définit les aires protégées comme un outil important permettant d'atteindre ses objectifs.

En raison du champ d'application de la Convention, sa mise en œuvre effective nécessite la coopération et la coordination avec un grand nombre d'autres conventions, institutions et processus, dont d'autres traités et accords portant sur la conservation de la biodiversité, notamment la Convention sur le commerce international des espèces de faune et de flore sauvage menacées d'extinction de 1973, CITES en sigle, la Convention sur les espèces migratrices, la Convention de Ramsar, la Convention du patrimoine mondial, et quelques programmes des mers régionales.

Un certain nombre d'accords de collaboration avec d'autres traités portant sur la biodiversité ont été conclus. La Convention est mise en œuvre par l'intermédiaire de sept programmes thématiques et de 18 programmes transversaux. Chacun de ces programmes est doté de ses propres documents de travail ou d'orientation, détaillés et complets, comportant des principes et des buts adoptés par des décisions de la Conférence des Parties.

Le Programme de travail sur les aires protégées est l'un d'entre eux; c'est lui qui pilote le plus directement les activités dans ce domaine, mais il n'est nullement le seul programme à aborder les aires protégées. Tous les documents des programmes peuvent être consultés sur le site internet de la CDB.

L'article 8 de la CDB établit les principales obligations de conservation de la diversité biologique au moyen de la conservation in situ. Les aires protégées constituent la modalité principale de ce type de conservation. Les dispositions les plus importantes pour la législation relative aux aires protégées sont reprises ci-dessous. Chaque Partie contractante, dans la mesure du possible et selon qu'il conviendra :

a. Établit un système de zones protégées ou de zones où des mesures spéciales doivent être prises pour conserver la diversité biologique ;
b. Élabore, si nécessaire, des lignes directrices pour le choix, la création et la gestion des zones protégées ou des zones où des mesures spéciales doivent être prises pour conserver la diversité biologique ;

c. Réglemente ou gère les ressources biologiques importantes pour la conservation de la diversité biologique à l'intérieur comme a l'extérieur des zones protégées afin d'assurer leur conservation et leur utilisation durable ;
d. Favorise la protection des écosystèmes et des habitats naturels, ainsi que le maintien des populations viables d'espèces dans leur milieu naturel ;
e. Promeut un développement durable et écologiquement rationnel dans les zones adjacentes aux zones protégées en vue de renforcer la protection de ces dernières ; […]
f. Met en place ou maintien des moyens pour réglementer, gérer ou maîtriser les risques associés à l'utilisation et à la libération d'organismes vivants et modifiés résultant de la biotechnologie qui risquent d'avoir sur l'environnement des impacts défavorables qui pourraient influer sur la conservation et l'utilisation durable de la diversité biologique, compte tenu également des risques pour la santé humaine ;
g. Empêche d'introduire, contrôle ou éradique les espèces exotiques qui menacent des écosystèmes, des habitats ou des espèces ; […]
h. Sous réserve des dispositions de sa législation nationale, respecte, préserve et maintient les connaissances, innovations et pratiques des communautés autochtones et locales qui incarnent des modes de vie traditionnels présentant un intérêt pour la conservation et l'utilisation durable de la diversité biologique et en favorise l'application sur une plus grande échelle, avec l'accord et la participation des dépositaires de ces connaissances, innovations et pratiques et encourage le partage équitable des avantages découlant de l'utilisation de ces connaissances, innovations et pratiques ;
i. Formule ou maintien en vigueur les dispositions législatives et autres dispositions réglementaires nécessaires pour protéger les espèces et populations menacées ;
j. Lorsqu'un effet défavorable important sur la diversité biologique a été déterminé conformément à l'article 7, réglemente ou gère les processus pertinents ainsi que les catégories d'activités ;
k. Coopère à l'octroi d'un appui financier et autre pour la conservation in situ visée aux alinéas (a) (l) ci-dessus, notamment aux pays en développement.

Un certain nombre d'éléments du Programme de travail de la CDB sur les aires protégées ciblent spécifiquement des mesures législatives que les Parties à la Convention devraient prendre :

Élément 3 du Programme : Activités habilitantes

But 3.1 : Mettre en œuvre des réformes politiques, institutionnelles et socioéconomiques propres à fournir un environnement favorable aux aires protégées.

Activités suggérées aux Parties

3.1.1 Identifier, d'ici 2006, les lacunes législatives et institutionnelles faisant obstacle à la création et à la gestion efficaces des aires protégées, et traiter de façon adéquate, ces lacunes d'ici 2009.

3.1.2 Effectuer des évaluations à l'échelon national de la contribution des aires protégées et des services environnementaux à l'économie et à la culture du pays, ainsi qu'à la réalisation des Objectifs du Millénaire pour le Développement au niveau national ; intégrer l'utilisation d'outils d'évaluation économique et de comptabilisation des ressources naturelles aux processus de planification nationale afin d'identifier les avantages économiques directs et indirects fournis par les aires protégées ainsi que les bénéficiaires de ces avantages.

3.1.3 Harmoniser les politiques sectorielles et les législations afin de veiller à ce qu'elles favorisent la conservation et la gestion efficaces des systèmes d'aires protégées.

3.1.4 Examiner les principes de gouvernance, tels que la prééminence du droit, la décentralisation, les mécanismes de prise de décision participative et les institutions et procédures de résolution équitable des conflits.

3.1.5 Identifier et éliminer les mesures d'incitation à effets pervers et les incohérences dans les politiques sectorielles susceptibles d'accroître la pression sur les aires protégées, ou prendre des mesures propres à atténuer ces effets pervers. Dans la mesure du possible, les réorienter en incitations positives pour la conservation.

3.1.6 Identifier et créer des mesures incitatives positives qui favorisent l'intégrité et le maintien des aires protégées, ainsi que la participation des communautés autochtones et locales et d'autres acteurs à la conservation.

3.1.7 Adopter des cadres juridiques correspondant spécifiquement aux systèmes nationaux, régionaux et sous-nationaux d'aires protégées des pays.

3.1.8 Développer des mécanismes d'incitation et des cadres institutionnels et législatifs pour soutenir la création d'un ensemble d'aires protégées qui réalisent les objectifs de conservation en matière de diversité biologique, y compris sur des terres et des réserves privées, s'il y a lieu.

3.1.9 Identifier et favoriser les possibilités économiques et la création de marchés aux niveaux local, national et international pour les biens et services procurés par les aires protégées ou dépendant des services écologiques fournis par les aires protégées, conformément aux objectifs relatifs aux aires protégées, et promouvoir le partage équitable des avantages.

3.1.10 Développer les mécanismes nécessaires afin que les institutions responsables de la conservation de la diversité biologique aux niveaux national, régional et local réalisent une durabilité institutionnelle et financière.

3.1.11 Coopérer avec les pays voisins pour créer un environnement favorable aux aires protégées transfrontières et d'autres approches similaires, notamment les réseaux régionaux.

Section 3 : Nécessité d'un développement intégral, humain et durable en RDC

A. Cadre conceptuel

Pour Lebret cité par Ntuaremba, le développement est une croissance, mais une croissance bien équilibrée, bien distribuée et intégrale. Il est le passage des conditions moins humaines à des conditions plus humaines, d'une phase moins humaine à une phase plus humaine[41].

En Amérique latine, poursuit-il, le développement est souvent défini comme une conscientisation des populations à leurs possibilités et droits

[41]. Ntuaremba Onfre Leonard (1999), *Le développement endogène : données pour une nouvelle orientation théorique*, Editions Universitaires Africaines, Kinshasa, p. 149

comme à leurs limites. Il est aussi libération de toutes les chaines et dominations externes et internes.

Plus habituellement, le développement se définit comme une transformation des structures économiques, sociales, culturelles, psychologiques et politiques.

En tant que changement social, le développement se définit comme toute transformation observable dans le temps qui affecte d'une manière permanente la structure ou le fonctionnement de l'organisation sociale d'une collectivité donnée.

Le développement n'est pas exclusivement une croissance économique, une augmentation des richesses, un meilleur équilibre entre production et consommation, une transformation des échanges ; il est avant tout transformation des structures sociales, ethniques et régionales, transformation des hommes, de leurs mentalités et de leurs attitudes.[42]

D'aucuns, comme Mbolokala Imbuli, croient que le développement est « polysémique » et essentiellement dialectique, parce qu'il suppose opposition, conflit entre positivité et négativité, domination et liberté, ignorance et savoir, enfin progression positive (grande production agricole et minière, exportation, monnaie forte, pouvoir d'achat élevé, mieux être de l'homme) et régression (baisse de la production, peu ou presque pas d'exportation, monnaie sans valeur, dégradation des mœurs, le mal être ou le mal vivre de l'homme).[43]

Le « développement au ras du sol », indique l'ancien Directeur de l'Office européen de l'UNICEF peut être défini comme la prise en charge partielle ou totale, par les communautés, de responsabilités et d'actions directes correspondant à leurs besoins propres, aux priorités qu'elles apprennent à établir en prenant progressivement conscience des problèmes qui touchent à leur niveau de vie et à leur bien-être.[44]

Dans son message adressé au Secrétaire Général de l'ONU, Boumediene Houari, le Président algérien exprime sa préoccupation par rapport à la thèse accréditée par certains pays industrialisés de faire croire

---

[42] Idem, p.18

[43] Mbolokala Imbuli (1996), « La thérapeutique philosophie : mythe ou réalité », in Recherches Philosophiques Africaines, Facultés catholiques de Kinshasa, p.31.

[44] Sicault Georges, « Le développement au ras du sol », in Tiers Monde, IEDES, PUF, Paris, Tome XVIII, N°72, octobre- décembre 1977, pp.699-708.

que la ruine de l'économie mondiale est le fait de la revalorisation des prix du pétrole et demande au Secrétaire Général de l'ONU de réunir toutes les chances de succès pour résoudre, d'une manière définitive, les problèmes de la plus grande majorité de l'humanité.[45]

Caputo O. et Pizarro R. démontrent, à travers leur étude, chiffres à l'appui, la perspective erronée « du développementisme » qui fait du capital étranger une condition essentielle du développement. Les économistes chiliens réfutent les trois thèses centrales du développement, à savoir :

- la capital étranger fournit des ressources additionnelles de devises ;
- le capital étranger constitue un complément de l'épargne nationale dans son aspect le plus vital ;
- le capital étranger, en ce qui concerne l'investissement direct dans les pays en développement, constitue une forme importante de transfert du progrès technique et des formes d'organisation[46].

Jean Marie Domenach, Philosophe chrétien, s'interroge sur l'écart scandaleux qui existe entre les pays industrialisés et les pays en voie de développement ; et met l'accent sur la force de la morale qui stipule :

- les riches doivent assistance aux pauvres ;
- les riches doivent réparation aux pauvres ;
- les riches doivent prévenir la violence des pauvres[47].

Le développement étant un processus, voici les thèses du Professeur Jacques Freyssinet :

- l'économie sous-développée est une économie stationnaire ;
- l'économie sous-développée est une économie en équilibre stable de sous-emploi ;

---

[45] Boumediene Houari, « L'impérialisme a resurgi dans sa forme la plus implacable », Message du Président Houari Boumediene à M. Kurt Waldheim, Secrétaire Général de l'ONU, In l'Economiste du tiers monde, n°6, Paris, Nov.- déc. 1974, pp.11-15.

[46] Caputo O. et Pizarro R. (1972), « Le capital étranger : une utopie du développementisme », In Amérique latine : crise et dépendance, Editions Anthropos, Paris, pp.409-462.

[47] Domenach J.M (1971), Aide au développement, obligation morale ?, Centre de l'information économique et sociale de l'ONU. Document d'information, n°4 new York, p.30.

- l'économie sous-développée est une économie en stagnation, une inaptitude à franchir un seuil ;
- le sous-développement est une inaptitude à l'industrialisation ;
- le sous-développement est un produit de l'antagonisme des systèmes.

Se plaçant dans l'opinion selon laquelle le binôme exportation/importation constitue l'enjeu principal du développement et des rapports entre pays industriels et « arriérés », David Wightman, économiste anglais en arrive aux conclusions suivantes :

- les taux les plus élevés et les plus bas de croissance économique sont étroitement liés aux taux les plus élevés et les plus bas de croissance des importations par habitant ;
- dans la plupart de cas, les taux de croissance du produit réel par habitant et des importations par habitant croissent et décroissent simultanément ;
- à quelques rares exceptions près, le niveau des importations par habitant suit de près le niveau du produit réel par habitant.[48]

Gérard Destanne de Bernis se demande si l'investissement privé peut jouer un rôle au sein d'une stratégie de développement. Pour répondre affirmativement, il est nécessaire que le concept de « rentabilité sociale » soit pris en compte, puisque jusqu'à maintenant le comportement de l'investissement privé :

- se traduit par des transferts massifs de surplus à l'extérieur ;
- cherche la maximisation du profit de la société-mère et non la maximisation du surplus dans le pays concerné ;
- se réalise surtout dans les secteurs qui n'ont aucune chance d'exercer des effets industrialisant au sein de l'économie intéressée[49].

Les études sur le commerce international menées au cours du 19ème S. et au début du 20ème S. ont conduit au constat qu'il s'était créé un seul modèle de développement à travers le processus colonial qui, fomenté par les métropoles, se répandit dans le monde.

[48] Wightman D. (1972), L'intérêt du développement du Tiers Monde pour l'économie des pays industriels, Centre de l'information économique et sociale de l'ONU. Document d'information, n°5, New York.

[49] Destanne de Bernis Gérard (1973), « Stratégie du développement et investissement privé », In Dépendance–Marginalité-Développement, Les presses de l'Université de Québec, Montréal, pp.79-87.

La mondialisation de l'économie (la création du système économique international), notamment par les vases communicants existant entre les composantes de la division internationale du travail s'accomplissait à travers un processus historiquement déterminé, à savoir : la possession physique des territoires, l'extraction des matières premières, la création d'une structure agro-exportatrice et ou minero-exportatrice.

Les pays « périphériques » dépendaient de l'économie mondiale et tout le système productif local devait satisfaire les besoins de la métropole. Il n'existait donc pas de modèle de « développement national ». C'est le modèle historique qui, avec quelques variantes, s'implanta dans les pays du Tiers Monde[50]. Avec leurs indépendances nationales, les pays du Tiers Monde prirent peu à peu conscience de ce « modèle historique » de développement dont bénéficient les métropoles et qui ne permet pas le progrès interne, pour se tourner finalement vers la dimension nationale comme base du développement.

Aussi en arrivera-t-on aux notions de « développement national » (non-oligarchique), « indépendant » (non subordonné à la métropole), « autonome » (qui crée son propre modèle), « autocentré » (développant les secteurs productifs les plus dynamiques), « autarcique » (par la rupture des liens avec l'économie internationale), et enfin à la notion de « développement endogène »[51].

Au cours des cinquante dernières années, différentes expériences nationales se référant à ces types de développement dont le dénominateur commun est de souligner le facteur national au détriment du facteur exogène. C'est ainsi que se déroulèrent, entre autres, les expériences de développement national stricto sensu, notamment l'expérience autocentrée du Pérou ou de la Tanzanie, le développement autonome de la Corée du nord (connu sous le nom de « zuche ») et de la Roumanie, l'expérience de développement autarcique du Cambodge et de l'Albanie, etc.[52].

D'après ces expériences nationales, il apparait que les pays ayant reconnu la nature globale du développement structurel dans la

---

[50] Gunder A.Frank (1974), « A propos du modèle historique du capitalisme mondial, appelé aussi *métropole- colonie, métropole- satellite, centre-périphérie, nord-sud* actuellement », In El Desarrollo et Capitalismo y Subdesarrollo en America Latina, Ed. Siglo XXI, Argentina, p.345.

[51] Ntuaremba Onfre Leonard, Idem, pp.57-59

[52] Idem.

perspective multidimensionnelle ont été en mesure d'atteindre un développement réel, même au sens historique, se traduisant dans les indicateurs économiques (indépendance, niveau de salaires), dans les indicateurs culturels (éducation, alphabétisation) et dans les indicateurs politiques (démocratie interne, participation populaire).

En opposition avec le « développement exogène » ou « développement pervers », quatre notions centrales doivent être soulignées dans l'option endogène du développement :

- Compter sur une autonomie politique, pour mettre en marche des projets nationaux de développement dont l'indépendance économique constituera l'élément fondamental.
- Le développement doit partir (mais pas exclusivement) des réalités nationales. Il doit respecter et reprendre l'ancêtre historique et culturel, utiliser la technologie autochtone, mobiliser l'ensemble des ressources nationales telles que les ressources humaines, les ressources matérielles et les ressources techniques.
- Le développement endogène doit s'appuyer sur la mobilisation populaire ainsi que sur la participation sociale, laquelle constitue la condition sine qua non de ce type de développement. Le développement n'est pas une question d'ordre technocratique, il dépend de l'intervention créative et organisée des masses. C'est pourquoi l'homme, les hommes constituent le centre de tout effort de développement ; ainsi développement économique et développement social se rejoignent.
- Etant donné que les pays en voie de développement sont en retard du point de vue de la structure productive, ils ne se trouvent pas des conditions leur permettant de satisfaire pleinement l'ensemble de leurs besoins nationaux ; de sorte qu'ils se voient obligés de déterminer des priorités. En tant que stratégie, le développement endogène vise à satisfaire en premier lieu les besoins essentiels de la population. Cela ne veut pas dire non plus qu'il prétende satisfaire uniquement les besoins vitaux minimum, mais bien plus qu'il tend à répondre aux besoins fondamentaux de tous ordres concernant tant le niveau de vie, la nutrition, les services médicaux, l'enseignement, que la culture, la communication, la vie politique (la liberté aussi est un besoin essentiel)[53].

---

[53] Ntuaremba L., op.cit., p.61

Actuellement, cette conception se nourrit de diverses sources. L'UNESCO, constatant qu'une des caractéristiques essentielles de la situation actuelle dans le monde est la volonté de nombreux Etats de faire écho à la spécificité des réalités sociales et culturelles de leurs populations, fait sienne l'approche endogène du développement.

Le développement, selon cette institution, n'est plus conçu comme devant être simple course au rattrapage sur le plan économique des nations plus favorisées conception qui a prévalu jusqu'à un passé récent mais, bien comme une mise en œuvre des potentialités propres des sociétés en développement, en plus d'une exigence de répartition plus juste des richesses au niveau national et international.

En effet, à partir de 1974, la conception du développement indépendant s'intégra avec force à celle du Nouvel Ordre Economique International (NOEI) : « L'homme au centre du développement ». De ce fait, des Organismes comme la Conférence de Nations Unies sur le Commerce et le Développement (CNUCD) ont pris en charge cette conception sous le titre d'autonomie collective dont voici quelques idées centrales :

- Adopter des mesures pour réduire et éliminer en dernière instance la dépendance économique des pays en voie de développement. Cette perspective peut comporter la réglementation des entreprises transnationales, le contrôle des ressources naturelles, des mesures pour faire face à la dépendance technologique.
- Promotion du développement accéléré de l'économie des pays en développement sur la base du principe de la primauté de leurs propres efforts : ce paragraphe laisse des possibilités pour appliquer des stratégies originales de développement par la création des secteurs publics, par le contrôle du commerce extérieur et des industries de base et par la nationalisation des ressources stratégiques. Ce sont les instruments économiques d'une stratégie endogène.
- Des changements institutionnels appropriés sont nécessaires pour ordonner en quelque sorte les ressources à l'échelle mondiale, dans l'intérêt à long terme de toute l'humanité : il ne s'agirait donc pas d'une autarcie, mais d'une stratégie qui tienne compte des dimensions mondiales des problèmes tels que la préservation de l'équilibre écologique, la protection des produits non renouvelables, la non

pollution, le non armement ; enfin, il s'agirait d'un développement en perspective d'une paix constructive mondiale. [54]

Pour Gamani Corea[55], Secrétaire Général de la CNUCD, ces reformes structurelles qui vont créer le cadre externe qui permettra au processus interne de développement de se dérouler à un rythme plus rapide devront se réaliser dans quatre domaines :

- Intervention dans les structures du commerce international au moyen d'un fonds commun de défense des produits de base, afin de maintenir les prix des matières premières à des niveaux rémunérateurs ;
- Modification des structures dans le commerce des produits manufacturés, pour que les produits en provenance du tiers monde disposent de débouchés dans les pays industrialisés ;
- Modification des institutions financières et monétaires internationales, afin que les pays en développement interviennent véritablement dans les décisions du système monétaire international ;
- Changement de direction du commerce international établie jusqu'alors entre la métropole et les pays périphériques (nord-sud), pour favoriser un commerce croissant entre les pays du tiers monde(sud-sud) diversifiant ainsi les sources d'importations (des manufactures ou de technologies) et de financement[56].

Le développement ne peut être qu'endogène puisqu'il doit précisément tenir compte de l'ensemble des éléments qui constituent le visage particulier de telle ou telle société en lui donnant une allure ou un style qui n'est identique à nulle autre[57]. Un processus africain de développement passe par une distanciation au moins méthodique avec les habitudes, les comportements, les structures, les technologies et les modèles de développement venus d'ailleurs. [58]

Le développement endogène est à comprendre comme un modèle de développement qui, pour sa réalisation, doit partir des réalités nationales,

---

[54] CUNUCD IV, Orientations Nouvelles et Structures Nouvelles pour le commerce et le développement. Rapport du Secrétaire General de la CNUCD à la Conférence TD/183, Nairobi, mai 1976.

[55] Idem

[56] Corea Camani, Secrétaire Général de la CNUCD, Interview de Edgar Monteil, in Revue économie du tiers monde n°21, nov. 1977

[57] Amadou Matharr Mbow, « Les aspects culturels du nouvel ordre économique international », Annuaire du Tiers monde, Tome II, Paris, Breger Levrault, 1975-1976.

[58] Pisani Edgar, cité par Ntuaremba, op.cit., p.5

mobiliser les masses populaires locales, recourir à la méthode de participation sociale. Aussi et surtout doit il jouir d'une autonomie politique, pour mettre en marche des projets nationaux de développement dont l'indépendance économique constitue l'élément fondamental.

Toute la pensée débouche finalement sur une conclusion générale qui met en relief le rôle prépondérant de la mentalité, de la conscience et de la volonté ; en un mot, de l'éducation de l'homme concepteur, organisateur, réalisateur et enfin bénéficiaire principal de son propre développement. Loin de tourner le dos à la coopération internationale en préconisant la pratique d'un développement endogène, le développement endogène conseille une interdépendance ainsi qu'une solidarité entre les peuples aux fins de pouvoir réaliser leur être.

Un autre fait qui dure depuis bien longtemps au détriment du tiers monde et qui devrait cesser au plus vite, c'est qu'après plusieurs décennies d'indépendance, les africains continuent d'apprendre les réalités de leur propre continent à travers le regard de l'autre, à travers un savoir et un discours généralement produits ailleurs sur eux et pour eux. Les raisons de détour de l'autre pour aller de nous-mêmes à nous-mêmes sont faciles à comprendre ; elles résident, pour l'essentiel, dans l'appropriation par l'occident de grands moyens de production et de diffusion du savoir ainsi que celle des principaux réseaux et relais de collecte et de diffusion de l'information.

B. La perception africaine du temps et le développement endogène

Il peut sembler étrange de rapprocher l'idée du temps de celle de développement ; mais à la vérité, le développement implique, en tant que processus ou passage d'un état à un autre considéré comme meilleur ; et il faut donc compter avec la dimension temporelle. Celle-ci est perceptible même dans les propos démagogiques des hommes politiques en campagne électorale ou lorsque leurs actions commence à être contestées. En effet, par incapacité d'agir dans le présent, les chefs politiques promettent des solutions futures et s'excusent pour les erreurs du passé commises par les autres.

Pour Aristote, le temps est le résultat d'une activité de l'âme et sans âme, il n'y aurait pas le temps. Ce qui est réel, c'est le mouvement, c'est-à-dire le fait de l'altération ou de l'usure des choses et des corps, le fait que les êtres naissent et périssent. Le temps, pour Aristote, c'est la manière de compter le mouvement selon les critères avant et après ; c'est le moyen par lequel l'âme prend acte ou réalise le changement naturel. Le temps constitue donc un outil de l'âme ou pour parler d'une façon plus moderne : c'est un fait de conscience.

Le développement est aussi un fait de conscience. Par exemple, toute aide au développement disparait comme de l'eau dans le sable, aussi longtemps que les récipients ne sont pas disponibles. Le récipient majeur qui recueille l'eau offerte pour arroser jardins, potagers et vergers, c'est l'intelligence humaine.

Or, l'intelligence ne manque pas en Afrique ; mais, elle est, comme partout, sous l'emprise de l'analphabétisation, des habitudes mentales ou des mauvais résidus de ce qu'on a tendance à fêter comme identité culturelle. Reprendre le contrôle de la production et de la diffusion du savoir et du discours sur nous-mêmes constitue une condition importante, non seulement pour pouvoir peser sur le reste du monde, mais de réaliser les anticipations qu'exige le développement[59].

Il y va, poursuit-il, de la responsabilité particulière des intellectuels africains qui doivent, dans cette perspective, montrer beaucoup plus d'exigence envers eux-mêmes en allant de façon audacieuse à l'assaut des cimes du savoir dans tous les domaines, mais aussi en acquérant la maitrise des problèmes de leurs terroirs, afin de conférer un maximum de crédibilité aux productions théoriques africaines.

Il y va beaucoup plus encore de la responsabilité des Etats ; aussi faut-il des hommes et des femmes capables d'inventer des ressources et des moyens, de gérer de façon efficace et efficiente, etc.[60] Concernant le processus du développement à amorcer, Ntumba Luaba Lumu[61] estime que le drame de l'Afrique aujourd'hui est de demeurer dans l'ambigüité, de n'avoir pas su sortir de l'ambivalence, d'être entre deux eaux, dans presque tous les domaines, y compris celui du temps, dont la perception africaine est trop élastique, c'est-à-dire un temps toujours disponible, indéfini, qui revient sans cesse.

---

[59] Ntuaremba L., op.cit., p.68.

[60] Idem.

[61] Ntumba Luamba Lumu (1998), *La conception africaine du temps et son impact sur la coopération internationale, In temps et développement dans la pensée de l'Afrique subsarienne*, Ed, Rodopi B.v, Amsterdam Atlanta, GA.

Cette perspective temporelle limitée influe considérablement sur la manière de percevoir et de concrétiser les objectifs du développement en Afrique. Le temps à quantifier ou à revaloriser n'est pas considéré comme une matière première ; aussi doit-il faire l'objet d'une gestion rigoureuse. Le temps africain constitue plutôt une ressource disponible et renouvelable à l'infini ; une telle réalité laisse supposer que, dans une telle culture, demain apparait comme le prolongement d'hier, le futur court comme un élargissement ou une extension du présent[62]

Selon LB Ouedrago et Y. Mignot Lefebore considérer l'homme comme la raison d'être du développement exige que l'on respecte son système de valeurs, sa personnalité culturelle, son contexte historique, ses aspirations au progrès économique et social. Il est donc nécessaire de promouvoir un développement endogène, basé sur les potentialités et la créativité propres de sa culture et de sa société[63].

Dans l'optique mentionnée ci-dessus, ils analysent l'expérience originale de mobilisation des populations rurale au Yatenga à travers les mouvements coopératifs. Malaly Sangare[64] estime qu'un plan de développement comme on le conçoit en Guinée n'est pas seulement un moyen d'atteindre des buts économiques ; c'est aussi un instrument d'action politique. C'est ainsi que l'auteur définit le plan de l'autonomie du développement de la Guinée en l'axant sur les points suivants :

- monopole du commerce extérieur et mise en place d'un réseau étatique de commerce intérieur ;
- création d'un secteur industriel, public et de société d'économie mixte ;
- recherche constante d'une meilleure organisation de l'économie rurale ;
- monopole de l'Etat sur le crédit et la monnaie.

A partir de certains indicateurs économiques, sociaux, politiques et démographiques, Thomas[65] met en relief l'impact de ceux-ci sur le

---

62 Mbiti JS (1969), African religious and philosophy, London Ibadan, Nairobi Lusaka, Heinemam, p.17.

63 Ouedrago LB et Mignot Lefebr0ve. Y (1978), Participation et auto développement le cas de groupement Naan au Yatenga en Haute volta : Rapports Etudes ETD, Division de l'étude du développement, mise en forme de E. Monteil, UNESCO, Paris,

64 Malaly Sangare, « Guinée : à l'horizon de 1978 » in l'Economiste du tiers monde, n°6.

65 Thomas L. V (1970), « Développement, sous-développement et sociétés négro-africaines », in Revue Développement et Civilisation IRFED, n°41-42, sept-déc., pp 125-138.

développement ; ainsi le développement anarchique du secteur urbain, la pléthore du territoire, l'inflation démographique sont autant de facteurs négatifs.

Sur le plan économique, il souligne aussi comme négative :

- Une économie extravertie, construite sur le capital étranger dont les dividendes s'enfuient à l'extérieur ;
- Une économie insuffisamment diversifiée, manquant d'activités transformatrices et qui reste pour une grande partie une économie de traite.

Les options fondamentales du Niger peuvent se résumer en trois idées principales : unité nationale, indépendance économique, augmentation du niveau de vie des masses.[66]

La stratégie de développement autonome de l'Unité populaire est axée sur les ponts suivants :

- nationalisation des ressources de base ;
- création d'un secteur social qui occupe une place prédominante dans l'économie ;
- participation des travailleurs au pouvoir économique et politique ;
- réforme radicale de l'agriculture ;
- politique de coopération internationale indépendante[67].

Au cours d'un voyage en Corée du nord, Wilfred Burchet[68] a rapporté quelques observations sur la « djoutche » qui est pour ce pays la seule voie vers le développement écologique et qui consiste à compter sur ses propres forces. Avec cette stratégie qui mobilise toute la population, les nord-coréens sont parvenus à irriguer 100% des plantations de riz ; ils ont électrifié tout le pays et ils ont développé des connaissances techniques issues de connaissances populaires : « tout cadre supérieur qui ignore les innovations techniques des ouvriers est sévèrement critiqué et blâmé ».

---

[66] UNICEF, Niger : enfance, jeunesse et plans de développement 1972 ; Rapport national de la République du Niger, Niamey, 1971.

[67] Elgueta B. et Chelen A., « Breve historia de Medio Siglo en Chili », In America latina : historia de Medio Siglo, Coordination Pablo Conzalez Casanova, Siglo XXI, Editores Mexico, 1977, p.p 226-285).

[68] BurcheWilfred « Corée du nord : plein feu sur l'indépendance », in l'Economiste du tiers Monde n°5 oct, 1974.

Une science économique visant le développement endogène doit, par conséquent, être axée sur la maximisation de la production dans un contexte de participation des masses. En pratique, cela signifie qu'elle doit maximiser les revenus, et non le profit ; l'emploi, et non capital ; la qualité de la vie, et non la rémunération du capital privé (ou même de l'Etat).Il doit y avoir accumulation pour augmenter le bien-être matériel ; mais cette accumulation doit se faire dans des conditions différentes et avec des buts différents de ceux que postule la science économique néoclassique.

Pour qu'il puisse y avoir développement endogène, les bases de la production doivent être modifiées. Nous estimons que c'est là une condition nécessaire, sinon suffisante du développement endogène. Il ne peut y avoir de participation des masses aux décisions économiques et politiques, quand le capital est entre les mains des personnes ou d'un Etat bureaucratique autoritaire[69].

C. Le développement et le sous-développement : question d'organisation et de volonté

Le problème du développement et son corollaire du sous-développement qui se traduit souvent par la dichotomie (indépendance–dépendance) se traite sous deux formes principales ou sous deux paradigmes principaux. La première forme peut être qualifiée de paradigme de la modernisation que Zartman appelle « Théorie de décolonisation » ; tandis que la seconde forme peut être appelée le paradigme radical que Zartman appelle « Théorie de la dépendance »[70].

Ces deux paradigmes, soutient-il, doivent être revus et adaptés. En d'autres termes, les théories du développement, du sous-développement, de la modernisation et de la dépendance doivent être revues en posant de nouveaux critères sur les notions mêmes du développement, du sous-développement et de la dépendance. La différence entre un système dit développé d'une part, et un système dit sous développé d'autre part, réside essentiellement dans la façon dont l'autorité publique pénètre ou gère le système.

En principe, poursuit Ntuaremba, un système social est géré de deux manières principales: politiquement d'une part, et administrativement

---

[69] Ntuaremba L., op.cit, p. 82.

[70] Idem.

d'autre part. On peut donc dire qu'un système développé est celui où il y a déficit du gouvernement et inflation d'administration ; tandis qu'un système sous-développé est celui où il y a inflation de gouvernement et déficit d'administration. En effet, conclut-il, ce paradigme offre certains avantages sur les autres, parce qu'il fera ressortir clairement le côté relatif des concepts : développement, sous-développement et dépendance. Car, tous les pays sont relativement développés, sous-développés, dépendants et indépendants, par rapport aux autres. La différence essentielle réside dans le degré de ces phénomènes.

Il est précisé dans le Rapport dégagé du Plan à moyen terme de l'UNESCO (1977-1982) qui contient le principe de l'endogéneité que : « Le souci de l'homme total exige que les actions de développement soient orientées en fonction d'aspirations propres aux différents peuples, mais universelles, en principe, comme celles qui s'incarnent dans les Droits de l'homme, les valeurs sont pourtant ressenties et vécues de manière différente par chaque nation, voire par chaque groupe social. Un développement centré sur l'homme ne pourrait être l'imposition d'un modèle anonyme : il doit être conçu comme un processus autonome et endogène par lequel une société consciemment et librement trace le modèle de ce qu'elle entend devenir ».

Nac Narmara note que l'organisation ou la gestion rationnelle favorise le développement dans les sociétés modernes. Il présente ainsi le management comme la porte par laquelle des changements sociaux, politiques, économiques et technologiques d'ailleurs, des changements dans toutes les dimensions sont rationnellement et effectivement transmises à la société.[71]

Il ne sert à rien de demander de l'aide extérieure ou de condamner à longueur des journées les capitalistes, les socio impérialistes, les hégémonistes ou tous les autres « istes », si le pays n'est pas rationnellement organisé, pour faire face contre tous ces« istes ». En effet, au moment où les africains admirent le modèle socialiste de développement économique, comme celui de la Chine populaire, par exemple, ils oublient le principe fondamental sur lequel est basé ce modèle, à savoir : compter sur ses propres forces. C'est cela que nous

[71] Sumaili N'gaye Lussa G, (1981). Systole et diastole, Editions Balisa, Kinshasa.

appelons ici l'organisation rationnelle de la société et que les plus osés appellent le management[72].

Un peuple qui dispose de la culture politique est capable de se réconcilier avec lui-même ; et par conséquent, se reconnait. C'est aussi un peuple qui stoïquement a le courage et l'honnêteté intellectuelle de connaitre ses sorts, ses confusions, ses faiblesses, ses insuffisances et ses qualités. L'homme qui vit dans cet environnement de l'intellectualisme devra en toute humilité savoir reconnaitre le bien et le mal qui sont cachés en lui. C'est comme disait Socrate : « Connais-toi, toi-même ». Cette vérité intrinsèque qu'il a placée au centre de la culture occidentale est devenue la charpente de la vie politique et le catalyseur des attitudes positives nécessaires, non seulement pour la transformation sociale, mais aussi pour la civilisation des mentalités. C'est à ce titre que nous disons que la culture politique est particulièrement une question de morale et de responsabilité[73].

Pour Banyaku Luape, la culture politique est définie comme un modèle particulier d'orientation des processus politiques de communication et de socialisation des comportements politiques, et de production des normes sociales et usages en vigueur pour l'exercice du pouvoir, la gestion des ressources politiques[74]. La bonne gestion implique le sens de responsabilité et de l'effectivité du pouvoir politique. Ce dernier se traduit par la responsabilité de l'action politique responsable vis à vis des citoyens dans l'accomplissement de ses fonctions sociales, économiques exécutives, législatives et judiciaires.

La responsabilité du pouvoir politique consiste à assumer toutes les conséquences de la gestion du bien et des finances publiques en portant à sa charge tous les couts réels et couts d'opportunités de l'action politique. Un pouvoir politique irrésistible se distingue par la légèreté et l'inconstance dans la prise de ses décisions ainsi que par la mauvaise gestion des ressources de l'Etat[75].

---

72 Ntuaremba, Onfre (1991), La culture politique : une nécessité pour la démocratie au Zaïre, Conférence académique organisée à l'Institut des Sciences et Techniques de l'Information, Kinshasa.

73 Idem.

74 Banyaku Luape Epotu (1997), *Les concepts et les approches théoriques du phénomène de développement*, Editions Universitaires Africaines, Kinshasa, p. 55.

75 Idem.

L'Occident a quelque chose à apprendre de l'Afrique et de toutes les civilisations non occidentales méprisées naguère, à condition que le dialogue s'instaure entre eux. Un dialogue, écrit Roger Garandy, suppose que chacun soit convaincu qu'il a quelque chose à apprendre de l'autre. L'engagement que l'on observe en occident pour le bouddhisme prouve que cette conviction s'y est installée.

Le deuxième mérite est de mettre en évidence et de manière spécifique la valeur de la stratégie du développement endogène qu'il définit comme une évaluation humaine collective qui tient compte des conditions locales et qui se situe dans cet environnement qui s'appuie sur la foi (intégrée dans son propre fond culturel) ; foi sacrée en ses propres forces, en ses propres ressources et en la capacité créatrice de son peuple. Une telle stratégie a comme finalité dernière la satisfaction des besoins essentiels. Ceux-ci varieront évidemment en fonction des conditions locales : structure physique du pays ou du village, qualité des sols, climat, structures agraires, traditions, etc.[76]

A la question de savoir en quoi consiste la satisfaction des besoins essentiels, les paysans et paysannes de Khor au Oualo (Burkina Faso) ont donné la réponse suivante : l'eau, le bois, la nourriture, l'éducation des enfants, l'entente au village et, pour les femmes, une charge de travail moins écrasante. Quant aux paysannes au foyer, elles souhaitent avoir assez à manger, être en bonne santé, avoir un intérieur accueillant, des habits décents et des femmes qui sourient[77]. Le bon développement se situe au niveau individuel et au niveau collectif.

Au niveau individuel, il signifie :

- L'épanouissement de toutes les possibilités que l'individu porte en lui ; celles-ci comprennent la croissance de son corps, de sa souplesse et de sa force.
- La possibilité de création intellectuelle, de critique et de participation aux créations de l'humanité et aux réflexions critiques de tous les autres hommes, ceux du passé et ceux du présent ; participation créatrice et critique qui constitue la culture.
- La possibilité spirituelle des rapports fraternels et des rapports d'amour avec les autres, de participation de tout un chacun et de façon

---

[76] Garandy Roger, *Dialogue des civilisations : l'Occident est un accident*, Ed. De Moel, Paris, 1977, p. 135.

[77] Pradervand Pierre (1989), *Une Afrique en marche*, Editions Plon, Paris.

responsable à des projets communs, d'accès à un avenir ouvert sur des horizons sans fin, et de participation continue de l'homme à cet acte créateur primordial et incessant, par lequel se révèle la présence du divin dans l'homme.

Au niveau collectif, le bon développement nécessite l'existence des structures et institutions permettant à chaque étape, l'épanouissement maximal de ces possibilités : production et répartition des biens immédiats (nourriture, logement, vêtement, etc.), sans faire obstacle à la vie première, au déploiement des autres dimensions culturelles et spirituelles de la vie.

Ces rapports sociaux permettent la participation maximale de chacun à l'élaboration et à la réalisation des projets communs, sans créer des différences si profondes à des affrontements si brutaux que les plus faibles y soient brisés ou mutilés ; en un mot, une société garantissant à chacun la liberté, la responsabilité et les moyens de son développement personnel en harmonie avec le développement de tous.[78]

Faut-il spolier d'autres peuples, piller d'autres continents ou tomber dans le piège du mimétisme, pour créer une société où un tel épanouissement est accessible à tous ? Regardons plutôt en nous et autour de nous et revaloriser ce qui est à la portée de nos mains. L'élévation humaine, dit L. Lebret[79], se fait à partir de ce qui est. L'intellectuel, avertit le poète, plaide un alibi coupable. Il faut plutôt ce que E. Pisani appelle « un outil indispensable », c.à.d. une politique cohérente au service d'un modèle original. Et pour que survive la Planète Eau, note Pisani, menons l'enfant à croire encore dans l'amour du prochain, dans les vertus d'équité, de partage et d'entraide.[80]

Un modèle de développement ne se décrète pas ; il s'invente au fur et à mesure dans l'effort continu, pour aller vers un état jugé meilleur par les intéressés. Tout dépend de leur motivation qui, en l'occurrence, est capitale.

---

78 Garandy Roger, op. cit. p. 136.

79 Idem

80 Pisani Edgard (1988), *Pour l'Afrique*, Ed. Odile Jacob, Paris, p.45

D. Le développement est un édifice qui a besoin de la pierre de chacun

Si les autres ne sont pas, je ne suis pas non plus ; car ma substance est faite d'eux. En effet, l'humanité ne signifie ni la nature monologique du soi, ni la suppression de toute originalité. Elle répond plutôt au second impératif catégorique de Kant : « Agis toujours de telle façon que tu traites l'humanité dans ta propre personne et dans celle d'autrui, non pas comme un moyen, mais toujours comme une fin en soi ». De même, elle exprime une norme de réciprocité qui est fondamentalement et largement tributaire de la règle d'or bien séculaire : « Ne fais pas à autrui ce que tu ne voudrais pas qu'il te soit fait ».[81]

L'intersubjection suppose le fait qu'on n'est jamais seul ; que nous sommes solidaires et responsables les uns des autres, dans notre existence humaine. Sans l'autre, on est nul, car comme disait Aristote, l'homme est un animal politique, social, ou un être relationnel[82]. Du fait que l'autre en appelle à moi, je me représente devant lui comme un débiteur qui ne peut être exonéré de sa dette qu'après avoir fait du bien. Mais, ce n'est pas pour autant qu'il enfreint ma liberté. Au contraire, il la promeut, puisqu'il éveille mon sens d'humanité ; et c'est ma réponse à l'expression de son désir ou de sa demande qu'il me formule comme un commandement auguste, ce qui m'appelle à une responsabilité plus noble qui fait de moi son frère, son confrère.

« La vie éthique est le souhait d'un accomplissement personnel avec et pour les autres, sous la vertu de l'amitié et en rapport avec un tiers sous la vertu de la justice ».[83] On a défini la justice comme la disposition de rendre à chacun son dû. A notre sens, poursuit Ngimbi Hippolyte, une telle définition suppose que dans la société, dans chaque société, se sont assez tôt introduites des inégalités entre les membres dans le partage des biens. Rendre à chacun son du signifie donc qu'il y a des biens auxquels chaque membre d'une communauté semble avoir droit; et la justice suppose l'amour de l'autre[84].

---

81 Ngimbi Nseka Hippolyte (2001), « Ethique et intersubjectivité. Essai sur les fondements philosophiques de la vie en société », in Recherches Philosophes Africaines, Facultés Catholiques de Kinshasa, 190 p.

82 « Unus homo, nullius homo ». A traduire par : Un homme seul, est un homme nul ou est une nullité.

83 Ricoeur P. (1995), La critique et la conviction, Paris, p.25.

84 Ngimbi Nseka Hippolyte, op.cit., p. 10

L'amour est dialogue, échange créateur entre des êtres distincts. Il individualise, mieux il personnalise, c.à.d. que l'amour suppose l'altérité ou la pluralité d'individus distincts les uns des autres, irréductibles les uns des autres. L'altérité est essentielle à l'amour. Dans une civilisation où tout s'explique rationnellement, se vérifie par l'expérience, s'exprime en termes mathématiques, où la technique ôte à l'homme le sens de ses limites ; et à l'inverse, réduit la personne à sa fonction et l'évalue à son rendement ; l'humanité risque d'être mutilée et la vie de chacun de nous tend à perdre son poids ontologique. Dans ce monde cassé, l'africain ne vit pas une expérience unifiée des valeurs ancestrales et des valeurs occidentales. Tout ce qui le pousse à clamer sa négritude ou à revendiquer son authenticité prouve bien sa séparation avec soi, son aliénation dans un monde où l'autre ne le reconnait pas ou ne le reconnait que comme fournisseur des matières premières.

Les conséquences d'une telle perte du poids ontologique ou existence sont énormes et lourdes dans les relations interpersonnelles, dans la communication des consciences, dans l'instauration de la paix entre les hommes. En effet, ayant perdu son unité intérieure, son identité personnelle, l'homme d'aujourd'hui ne peut communiquer avec autrui qu'au prix d'un effort héroïque, pour élucider ses propres ténèbres. L'homme est donc un être en défaut ; il manque à l'être, c'est-à-dire qu'il est désir d'être ; et ce désir d'être est désir de l'autre[85].

Le désir humain est ainsi fait et ne se maintient comme désir proprement humain qu'en doublant son besoin d'une invocation adressée à autrui, à l'autre qui est aussi désir sans issue ; mais qui, à ce titre, peut comprendre mon indigence et la reconnaitre. C'est ontologiquement que j'ai besoin d'autrui, pour être moi-même ; mon être n'est pas en moi, mais me vient de la réponse d'autrui, enchaîne cet auteur.

Je ne suis pas avant d'invoquer autrui et je me mets à exister que si l'autrui m'accueille, et chaque fois qu'il m'accueille. M'affirmer comme moi, c'est moins me poser dans l'être que chercher inlassablement à m'y affirmer, jusqu'à ce que je découvre qu'il n'y a qu'autrui qui puisse enfin

[85] Idem.

m'y confirmer. Je suis au moins un être qu'un mendiant d'être et d'affection.[86]

L'existence humaine est donc, explique-il, un débat avec l'altérité. Celle-ci renvoie à l'être même de l'homme ; elle désigne un point de vue qui permet de ressaisir l'homme dans son intimité profonde. L'homme est tout entier soi et tout entier altérité. Il est à la fois soi-même et autre que soi.

Mais cette intégration est entravée, voire rendue impossible par le fait que l'homme a une tendance aussi constitutive de repliement sur soi. De sorte que, tout en étant désir d'être ou désir de l'autre, l'homme est aussi constitutivement indisponible. Et qui dit indisponibilité dit refus de reconnaitre l'autre, de l'accepter et de l'intégrer dans le processus de quête de l'identité personnelle, de la paix intérieure[87].

Les nationalismes, par leurs comportements individualistes et égoïstes, méconnaissent l'obligation de solidarité universelle ; et par là, ils nient pratiquement l'unité du genre humain, posant, par conséquent, l'impossibilité d'un vivre en harmonie et en paix avec les autres.

Quant au racisme, c'est peut-être la plaie la plus profonde qui affecte l'unité de l'humanité. D'après ses théoriciens, l'humanité se divise en races irrémédiablement diverses et antagonistes, dont les unes sont définitivement supérieures aux autres et ont droit de domination par rapport à elles. Le racisme cherche toujours la justification, de la séparation de la ségrégation et de l'exploitation.

Malheureusement, ce ne sont pas là de simples théories. Même après que la Charte de l'ONU ait solennellement proclamé l'égalité de tous les hommes ou mieux l'identité foncière des droits de l'homme, quelques soient leurs origines, éthique ou religieuse, et quelle que soit la couleur de la peau, le problème racial reste encore d'actualité. Ni la décolonisation, ni l'abolition légale de l'esclavage n'ont pu enrayer l'idée et la pratique raciste. Ne pensez pas seulement aux pays de l'apartheid.

Le préjugé racial est en vigueur dans tous les groupes d'hommes sous diverses formes : préjugé de couleur, de classe, de tribu, de culture, de religion, etc. au point qu'on peut dire, avec Roger Bastide, que le racisme

---

86 Robberechts L. (1971), Essai sur la philosophie réflexive, I : De Binan à Brunsching, Namur.

87 Idem.

se manifeste un peu partout à l'heure actuelle et c'est pourquoi le problème n° 1 du monde d'aujourd'hui est bien, semble-t-il, le problème de l'intégration, le problème de la coexistence des races différentes unies les unes aux autres dans un même travail utile à l'humanité entière.[88] Par l'érection de l'altérité en différence absolue, le racisme sous toutes ses formes, est la négation de l'unité du genre humain ; et donc l'impossibilité de poser un monde fraternel où chacun, individu, groupe, peuples ou nations, se réjouirait de trouver ses frères des qualités dont lui-même est dépourvues.

Contre la thèse selon laquelle « L'enfer c'est les autres » ; thèse qui se justifie bien, dans une certaine mesure et dont le racisme est l'application vivante, le philosophe de l'intersubjectivité met en lumière la conscience de l'altérité irréductible, mais tout aussi essentielle à la constitution de soi, puisqu'elle ouvre, par la différence qu'elle établit entre soi et elle-même, la voie à une compréhension profonde de la dramatique de l'existence.

La prise de conscience des conflits les plus déchirants qui éclatent entre les hommes ainsi que l'aspiration essentielle à la paix a amené le poète Holderlin à dire : « Les dissonances du monde sont comme les discordes des amants : la réconciliation est au cœur du conflit et tout ce qui est séparé se retrouve »[89]. La notion de violence est liée à celle des droits de l'homme, soit que l'on considère l'origine de ces derniers, soit qu'eux-mêmes donnent lieu à la violence quand, du moins, ils ne sont pas toujours respectés ; et on peut dire que nos sociétés vivent dans un état permanent de violence.

Voilà pourquoi les Déclarations des droits de l'homme ont été proclamées à partir des situations où les inégalités se sont installées, où les rapports sociaux sont déjà des rapports de conflit, de violence. Pour nous en convaincre, pensons à l'histoire de l'Angleterre jalonnée d'une série d'actes pris en vue de limiter le pouvoir du souverain : 1215 « la Magna carta » est imposée à Jean Sans-Terre par ses barons révoltés ; en 1627, la Pétition des droits impose au Roi certaines interdictions précises ; en 1679, l'Acte « Habeas corpus » vient protéger les citoyens contre les détentions arbitraires décidées par le Roi ; mais surtout ce qui est plus connu « le Bill des droits » proclamé le 13 février 1689, lequel

---

88 Bastide R. (1970), *Le prochain et le lointain*, Paris, p.30

89 Marcel G. (1965), *Paix sur la terre. Deux discours. Une tragédie*, Paris. Aubier, p.39.

constitue une condamnation ferme des excès du Roi Jacques II et une réaffirmation des anciens droits et libertés des citoyens[90].

Et plusieurs Déclarations des Droits de l'homme dans de nombreux pays s'en inspirent, notamment la Déclaration des droits de l'homme et du citoyen adoptée par l'Assemblée constituante française du 20 au 26 aout 1789. Comme on le sait, la Déclaration universelle des Droits de l'homme de 1948 est née de la révolte des consciences traumatisées par les excès de la guerre, de l'angoisse provoquée par le spectre des régimes inhumains, du nazisme et du fascisme. Entre personne et société, la relation peut s'articuler selon deux orientations au moins. Dans la première orientation, on considère la société comme le Tout auquel ses membres sont subordonnés, avec la conséquente réduction de leurs responsabilités, droits et initiatives.

La deuxième orientation apprécie la société selon sa capacité, son aptitude à intégrer ses membres, en les valorisant comme personnes, par la reconnaissance de leurs droits et la promotion de leurs responsabilités et initiatives ; la société apparaissant ainsi comme le lieu de l'épanouissement des personnes. Ces orientations définissent deux types de philosophie sociale et politique que contiennent, nous semble-t-il, respectivement la Charte Africaine des Droits de l'homme et des Droits des peuples (1981) et la Déclaration universelle des droits de l'homme (1948).

Le premier document a tendance à réduire les droits de la personne à l'avantage des droits des peuples, de la communauté nationale, peut être corrigée par toute une conception africaine traditionnelle qui place l'homme, la personne, au centre de toute l'organisation socio politique.

Le deuxième document met, par contre, la personne au centre. Ainsi, la meilleure relation de la personne à la société est celle qui définit un certain « individualisme éthique », considérant tout être humain comme une personne, c.à.d. une nature dorée d'intelligence et de volonté, origine et fin de la société, sujet des droits et des devoirs universels, inviolables, inaliénables. Si l'idéal de la Déclaration est la dignité humaine, la reconnaissance pratique de l'égalité entre tous les hommes, l'idéal de la Charte est, nous semble-t-il, l'indépendance politique de chaque peuple par rapport aux autres ; la solidité du pouvoir. Ainsi la Déclaration

---

90 Idem.

maximise la personne et minimise le politique ; alors que la Charte, elle, valorise plus le politique que la personne.

Nous sommes au lendemain des indépendances. Les droits des peuples africains ne sont pas tout à fait reconnus. Il y a les menaces de scission, de regroupement de certains peuples, selon les anciens territoires d'avant le partage colonial, au détriment de l'unité nationale plus récemment conquise. La Charte est à placer dans ce contexte et on comprendra que devant ce danger, elle donne priorité à la nation, à la société politique et subordonne la personne à celle-ci, au point que les devoirs de personne à personne semblent moins impérieux que ceux envers la société ou l'Etat[91].

La Charte considère donc comme acquise la reconnaissance des droits de la personne. Aussi, sa préoccupation première est-elle l'affirmation des droits des peuples, la réalité et respect de ces derniers droits devant nécessairement garantir, aux yeux des signataires de la Charte, les droits de la personne (Préambule de la Charte).

Si donc, les droits de l'homme passent au second plan, c'est parce que, semble-t-il, les Chefs d'Etat et de Gouvernement qui adoptent la charte africaine des droits de l'homme et des peuples sont persuadés que le respect effectif des droits de l'homme implique le respect des droits des peuples. Dans ce cas, on s'explique facilement la subordination de la personne à la nation, telle qu'elle apparait au chapitre II consacré aux devoirs, où l'on a nettement l'impression que seule la personne, l'individu a des devoirs vis-à-vis de la communauté : famille et société, Etat et autres collectivités légalement reconnus, communauté internationale[92].

Si c'est là une lacune, on peut la combler en complétant l'esprit de la Charte par toute une philosophie qui sous-tend l'organisation politique des dirigeants africains qui presque tous déclarent que l'homme est au centre de leur action et de la société. A cet égard, l'humaniste Senghor disait : « L'homme reste notre dernier souci, il constitue notre mesure »[93]. Il semble, en effet, qu'on soit ici en présence de systèmes socio-culturels soucieux de l'homme, être privilégie par excellence, à la fois centre et but

---

[91] Idem.

[92] Articles 27 à 29 de la Charte

[93] L.V. Thomas et R. Luneau (1975), *La terre africaine et ses religions. Traditions et changements*, Paris, pp.267-268.

de la création. Une société prévenante qui, entre autres, intègre l'individu et veille sur lui lors des moments critiques de son existence, prend en charge sa maladie et singulièrement ses troubles psychologiques, multiplie les voies de salut sous forme des conditions apaisantes ou d'institutions équilibrantes (...), fait de la personne un être en participation tant avec les forces telluriques, etc.[94]

Si le développement concerne tant l'homme et tout l'homme, selon l'expression consacrée, le droit du peuple revient donc au devoir qu'à chaque communauté humaine, chaque Etat de créer ou d'assurer au mieux un espace constamment favorable à la promotion humaine et sociale de chacun de ses membres. Ce qui invite, dans la considération des droits et devoirs de chacune de deux entités (personne et société) à faire peser le poids de responsabilité de celle-ci vis-à-vis de celle-là, plutôt que le contraire.

Le propre de la famille est de remplir la fonction d'intimité. Les êtres n'y sont pas simplement l'écho d'une mentalité collective ; ils ne s'unissent pas seulement par la subordination de leur fonction à la marche du tout social. Ils se donnent entièrement les uns aux autres et se rapprochent par la totalité d'eux-mêmes. La merveille de ce mode de groupement, c'est que les êtres s'y personnalisent d'autant plus qu'ils se socialisent davantage.

Patrie, nation et Etat indiquent, tous les trois, l'unité d'un peuple qui veut vivre en une communauté et réaliser son destin. La patrie, impliquant un lien avec le sol et avec les ancêtres, exprime l'aspect le plus effectif et le plus charnel de cette unité, l'aspect senti et vécu; plutôt que réfléchi ou objectivé. Lorsque la nation parait se désagréger et que l'Etat chancelle, le patriotisme a ses sursauts qui naissent au plus profond de l'être et l'emportent tout entier. La nation, c'est l'aspect et surtout culturel et moral, l'aspect intériorisé et réfléchi de l'unité d'un peuple.

On peut la définir comme « un peuple qui, conscient d'une communauté d'origine, d'une communauté de tradition culturelle et d'une communauté d'intérêts, accepte et veut cette communauté comme condition de la vocation personnelle de chacun de ses membres et qui parfait sans cesse son unité en se tendant vers l'avenir pour réaliser ses destinée en fonction même de son histoire et de son idéal, tout en s'efforçant sans cesse de concilier son projet fondamental avec celui des

[94] Idem.

autres nations, en vue d'un développement de tout homme et de tous les hommes ».[95]

D'où le rôle de l'Etat n'est pas seulement de créer le social en l'actualisant, mais de le reconnaitre, et de le promouvoir. On entend par « Droits de l'homme » des droits valables pour tout homme, sans égard au sexe et à la couleur de la peau, à l'origine, à la race, à la langue, à la religion ou à la conviction politique, à la situation économique et sociale. Ils désignent les droits auxquels tout un chacun, dans la mesure où il est homme, peut prétendre. Ils sont valables, par conséquent, indépendamment des rapports personnels des constellations politiques et des conditions historiques, en tout temps et en tout lieu.

Il faut donc les considérer comme des prérogatives accordées à l'individu, tenues pour tellement essentielles que toute autorité politique, tout pouvoir se devrait d'en garantir le respect. En somme, les Droits de l'homme constituent les protections minimales permettant à l'individu de vivre une vie digne de ce nom, à l'abri des empiétements, de l'arbitraire étatique ou autre. Ils désignent, par conséquent, une sorte d'espace sacré, intangible ; ils constituent autour de l'individu une sphère privée et inviolable.

Bref, ils définissent une limitation des pouvoirs de l'Etat à laquelle correspondent ce qu'on appelle les libertés fondamentales de l'individu. Les Droits de l'homme se définissent encore comme une certaine concession de la légitimation du pouvoir : le pouvoir sera légitime, s'il respecte un certain nombre de prérogatives accordées à l'individu. Un certain individualisme (subordination du pouvoir à l'exigence de défense des droits de l'individu) parait donc inséparable de la définition même des droits de l'homme.

Les droits de l'homme sont ainsi liés à une philosophie individualiste : l'individu, avec ses droits, constitue le but de l'association politique. En cherchant à défendre des Droits de l'homme, nous affirmons donc un certain individualisme ; mais cet individualisme se veut éthique et se définit comme la reconnaissance en tout individu, quel qu'il soit, d'une limite catégorique imposée à mon égoïsme, à savoir la barrière de ses droits fondamentaux, du respect de sa singularité en tant que subjectivité irréductible.

---

[95] Lacroix J. (1955), *Personne et amour*, pp. 72-73

A la subjectivité égoïste renfermée sur soi, aveuglée à l'Autre ou n'envisageant jamais l'Autre comme subjectivité, mais seulement comme moyen, objet, instrument de ses propres fins on oppose ici la conception d'une autre subjectivité, celle de l'activité communicationnelle qui, selon une façon de voir de J. Habermas[96], met en jeu la relation intersubjective qu'instauraient des sujets de parler et d'agir, lorsqu'ils s'entendent entre eux sur quelque chose.

La dignité humaine consiste dans la liberté ; c'est ce qui explique qu'on emploie comme synonyme les expressions : respect de la dignité humaine, respect de la liberté et qu'on parle indifféremment des droits de l'homme et de libertés fondamentales. Kant déjà faisait ce lien, quand il écrivait : « La liberté indépendance de l'arbitraire de l'autre dans la mesure où elle peut subsister avec la liberté de tout autre suivant une loi universelle est cet unique droit originaire revenant à l'homme de par son humanité ».[97]

Et Paul Valadier nous dit à peu près la même chose aujourd'hui : Au fond, dit-il, nous découvrons qu'il n'y a jamais qu'un seul droit, et par conséquent, un seul devoir : il revient à considérer tout homme comme une liberté appelée à se construire humainement ou comme une fin qui vaut absolument et non pas simplement comme moyen dont telle ou telle volonté puisse user à son gré.[98]

On peut rapprocher cette conception de la liberté de celle qu'on trouve chez Montesquieu ou Rousseau. Dans le vocabulaire du premier, en effet, la liberté signifie d'abord la sécurité, la garantie que les citoyens ne pouvaient pas être inquiétés, lorsqu'ils ont respecté des lois ; ensuite, le droit pour les citoyens d'avoir sur tous ou la plupart des sujets des opinions qui leur conviennent, sans que l'Etat leur dicte ce qu'ils doivent penser. Quant à Rousseau, la liberté signifie chez lui la participation aux affaires publiques, à la désignation des gouvernants de telle sorte que, l'individu obéissant à l'Etat, ait le sentiment de n'obéir qu'à lui-même[99]

---

96 Idem.

97 Kant E. (1971), *Métaphysique des mœurs, II, Doctrine de la vertu*, Paris, pp. 111-112.

98 Valadier P. (1980), *Agir en politique*, Paris, Cerf, p. 119 ; Valadier P. (1969), *Violences et sociétés. Economie et humanité*, Les Editions ouvrières, Paris.

99 Aron R. (1965), *Démocratie et totalitarisme*, Paris, Gallinard, p..110.

E. Droit du développement et droit des peuples

La pression des idées et des événements a amené le gouvernement congolais, lui-même gagné depuis toujours en théorie du moins à la crise des droits de l'homme et des peuples, comme il l'est à la cause des développements, à créer le Ministère des Droits et Libertés du citoyen. Ce, à la suite de la signature par le Président Mobutu de l'Ordonnance - Loi n°87 du 20 juillet 1987 autorisant la ratification de la Charte Africaine des Droits de l'homme et des peuples, approuvée par le XVIIIème Sommet des Chefs d'Etat et de Gouvernements de l'Organisation de l'Unité Africaine en juillet 1981, à Nairobi au Kenya.

Le sous-développement est le résultat de l'affrontement de deux cultures, dont une, développée et en croissance, exerce automatiquement une dominance sur l'autre, traditionnelle et stationnaire-économie de substance ou de survie qui, de ce fait, se désagrège et entre dans le processus circulaire et cumulatif du sous-développement[100].

Pendant que l'Afrique, nous pensons particulièrement aux relations entre l'ancien royaume Kongo et le Portugal aux XVème, XVIIIème cherchait à établir des relations diplomatiques d'égal à égal, l'Europe, elle, visait ou a fini par viser l'exploitation du sol et sous-sol africain.

Plus tard, c'est l'Europe qui s'est chargée du partage des territoires de l'Afrique, au lieu que celle -ci en décide elle-même. Ne parlons pas de méfaits subis par l'Afrique de la part de cette Europe (traite des noirs, colonisation), méfaits bien connus, et qui ne sont pas sans conséquences dans le développement ou le sous-développement du continent noir.

Voilà plus de cinquante ans que l'Afrique s'est éveillée et a pris conscience de son identité (culturelle notamment) ; qu'elle n'a cessé depuis lors de réclamer ! Voilà trois décennies qu'elle est officiellement libérée du joug colonial, qu'elle a pris en mains les rênes de sa destinée politique et économique ! A-t-elle encore, cette Afrique-là, des raisons de chercher ailleurs les obstacles à son développement ?[101]

S'il faut rendre hommage, comme nous y invitait la Pape Paul VI dans son Encyclique Populorum Progressio, aux qualités et aux réalisations des colonisateurs qui, dans ces régions déshéritées, ont apporté leur science et leur technique et laissé des fruits heureux de leur présence,

---

100 Aubert J.M. (1987), *Droits de l'homme et libération évangélique*, Paris, p.169.
101 Ngimbi Nseka H., op.cit., p.121

nous ne devons pas moins reconnaitre que les puissances colonisatrices, civilisatrices, ont souvent poursuivi leur intérêt, leur puissance ou leur gloire.[102] N'est-ce pas un de ces fruits de la colonisation qu'entre les pays du nord et les pays du sud se creuse un faussé de plus en plus large, à l'abondance des biens et des services disponibles dans certaines parties du monde correspondant au retard inadmissible dans le sud[103].

Voilà pourquoi, on a connu en Afrique des mouvements de résistance contre toute tentative de la négation ou de l'aliénation contre l'africain ; mouvements messianiques définis comme une somme des réactions organisées et dirigées par un prophète qui s'efforce de délivrer les peuples d'une situation désagréable, soit culturelle, sociale, économique, soit morale et religieuse ; situation qui se manifeste comme conséquence du heurt imprévu ou du contact prolongé avec la civilisation des blancs.[104]

C'est aussi le cas de la riposte ethnique née en Amérique avec la « Renaissance nègre » ou « New Negro Movement » et poursuivie par Senghor et consorts contre le mépris dont le Noir a été longtemps l'objet, contre la négation de son être, de sa culture. Ce mouvement ne s'est pas limité au seul domaine littéraire, culturel : il est allé de pair avec le souci d'émancipation politique prônée, au départ, par les idéologues du Panafricanisme.

Les noirs avaient exigé en plus de l'application du simple principe d'égalité et de justice, la prise en mains de la destinée de l'Afrique (…), la création d'Etats nègres où les puissances coloniales seraient traitées d'intruses, l'épanouissement sans condition d'une culture propre[105]. C'est ainsi que lors de la Vème Semaine Philosophique de Kinshasa organisée par la Faculté de Philosophie du 26 avril au 1er mai 1981, les participants devaient encore demander concernant les droits des peuples :

---

102 Paul VI (1967), *Populorum Progressio*, Vatican, Typographie Polyglotte, p.5.

103 Idem.

104 Guariglia (1961), Les grandes caractéristiques des sectes modernes (Mouvements prophetico-salvifiques) en terres de mission, dans Devant les sectes non-chrétiennes. Rapport et compte rendu de la XXXème semaine de Missiologie, Louvain, P.18.

105 Kimoni I., *Une image du Noir et de sa culture. Esquisse de l'évolution de l'idée du noir dans les lettres françaises du début du siècle à l'entre deux guerres*, Neuchatel, s.d, p.125

- Que soit reconnu le droit des peuples à l'autodétermination ainsi qu'à la prise en mains effective par les nations encore sous domination coloniale ou néo coloniale de leur propre destinée ;
- Que soit rendue effective et totale la décolonisation de l'Afrique ;
- Que soit respecté le droit de toutes les nations à la jouissance plénière des biens de leur sol et sous-sol ;
- Que toute nation jouisse du droit effectif à l'accession généralisée à la science et à la technique moderne ;
- Que soit garantie la promotion des minorités ethniques, religieuses et linguistiques ;
- Qu'advienne enfin l'indépendance réelle des nations contre l'invasion des idéologies étrangères de culturalisme, d'économisme et toutes les formes du néo colonialisme[106]

En juillet de la même année 1981, fut approuvée la charte africaine des droits de l'homme et des peuples. Il y a beaucoup de causes qui attirent le rural vers la ville. Rien qu'à penser à l'impact culturel, ou ne peut pas nier qu'une ville comme Kinshasa soit un centre d'attraction : par le développement de l'enseignement, elle est le haut lieu du savoir dont le rayonnement s'étend sur tout le pays, comme milieu d'éclosion de nombreux talents musicaux, théâtraux, artistiques, etc.[107]

---

106 Philosophie et Droits de l'Homme. Actes de la Vème Semaine Philosophique de Kinshasa du 26 au 30 avril 1981, Kinshasa, 1982 p.429.

107 Mbumba Ngimbi (1982), *Kinshasa 1881-1981.100ans après Stanley. Problèmes et avenir d'une ville*, Kinshasa, p.23

CHAPITRE DEUXIEME
VUE PANORAMIQUE DES RESSOURCES NATURELLES DE LA REPUBLIQUE DEMOCRATIQUE DU CONGO

Section 1 : Les ressources minières

A. Quelques ressources du sous-sol de la RDC

La République Démocratique du Congo renferme des ressources minières considérables qui la placent parmi les pays les plus riches du globe. Les mines demeurent le secteur le plus important de l'économie congolaise. Sa valeur ajoutée représente depuis plusieurs années un pourcentage voisin du quart de la production intérieure brute commerciale[108]. Pour preuve, la contribution des entreprises minières au budget de l'Etat pour les années 1978, 1979 et 1980, s'élevait à 83,7% ; 86,8% des recettes en devise de l'Etat[109]

Comme mines, ressources du sous-sol, citons notamment :

1° Le cuivre

C'est la première ressource minière de la RD Congo. La grande zone cuprifère est celle du Haut-Katanga. Le principal minerai du cuivre est la malachite ; et l'exploitation du cuivre a commencé au Katanga en 1906[110]. On estime les réserves de cuivre du Katanga à quelques 55.512.000 tonnes. La production industrielle a connu une expansion de la dernière décennie coloniale jusqu'à atteindre en 1972 plus de 400.000 tonnes. Aujourd'hui, la production ne dépasse guère 10% (30.070 tonnes) du niveau intérieur (442.828 tonnes en 1983).[111]

La ceinture du cuivre qui traverse la province du Katanga et la Zambie renferme 34% du cobalt mondial et 10% du cuivre mondial. La « folie du métal » actuel, c'est-à-dire la hausse vertigineuse de la demande mondiale des métaux, a encouragé les entreprises spécialisées dans

---

108 République du Zaïre, 1er Plan quinquennal du développement économique et social, 1986-1990, p.100

109 Usele Mawisa, « Importance du secteur d'économie zaïroise et des perspectives », in Wajengaji, Industrie minière et développement au Zaïre, vol. I, Kinshasa, PUZ 1983, p. 108

110 Kama F. (1971), Géographie, 3ème secondaire, Editions Hatier, Paris, p. 58

111 Grégoire Bakandeja wa Mpungu (2009), *Droit minier et des hydrocarbures en Afrique centrale. Pour une gestion rationnelle, formaliste et transparente des ressources naturelles*, Editions Larcier, Bruxelles, pp. 42-45.

l'industrie des ressources, les banques et les investisseurs institutionnels à commencer à s'intéresser à des régions et à des pays auparavant jugés trop dangereux, comme la RDC, pour y investir.

Les prix record des métaux ont incité les sociétés minières à doubler leur investissement en Afrique entre 2004 et 2005, investissement qui atteignait 3,5 milliards de dollars en 2005. La Gécamines, société congolaise d'Etat exploitant le cuivre et le cobalt, détient des concessions représentant une superficie de 30.000 kilomètres carrés au Katanga, autour des villes de Kolwezi (Groupe ouest), de Likasi (Groupe centre) et de Lubumbashi (Groupe est).

En 1989, la contribution de la Gécamines aux gains à l'exportation de la RDC s'élevait à 85% et sa contribution aux recettes publiques à 42% ; ce qui en faisait de loin la plus importante entreprise du pays. Et une production de 500.000 à un million de tonnes étant envisageable d'ici dix à quinze ans. Cela signifiait que la RDC redeviendrait un acteur significatif sur le marché mondial du cuivre. Le prix du cuivre a quadruplé depuis 2001 atteignant 7603$ par tonne, en mai 2006 ; et sa demande reste élevée, surtout dans les pays en voie d'industrialisation tels que la chine et l'inde. Les prix du cobalt ont connu une hausse rapide en 2003 et 2004, en raison de l'augmentation de la demande chinoise et japonaise ; et il s'est vendu en avril 2006 à 35.053,46$ par tonne[112].

Entre 2001 et 2005, on estime que 75 à 90% des concentrés et des minerais importés en chine proviennent de la RDC. Les applications du cuivre dans le domaine de l'électricité, y compris dans celui de la transmission et de la génération d'énergie des câblages électriques pour la construction de la télécommunication des appareils électrique et électronique, représente la grande majorité du total des utilisations de ce matériau.

Les mauvaises politiques publiques menées à partir des années 70 mêlées aux pratiques de corruption et de détournement des deniers publics ont contribué à la chute de la production minière. De plus, le non-renouvellement de l'outil de production et d'écrémage de ses ressources ont conduit à son effondrement[113].

---

112 Une corruption profonde : fraude, abus et exploitation dans les mines de cuivre et cobalt du Katanga. Rapport de Global Witness juillet 2006.

113 Mumengi D. (2001), *L'avenir à bras le corps : prospective pour le développement de la République Démocratique du Congo*, Editions Universitaires Africaines, p. 249.

La plupart des produits extraits artisanalement sont exportés à l'état brut, en général sous forme d'hétérogénéité qui contient du cuivre, du cobalt et plusieurs autres minéraux ou, comme c'est de plus en plus souvent le cas, sous forme de malachite, un important minerai de cuivre. Cela signifie que, même lorsque ces exportations sont déclarées, la RDC est lésée en raison des prix plus élevés qu'elle pourrait obtenir, si elle traite elle-même les minéraux avant de les exporter et de les vendre[114].

En effet, poursuit ce Rapport, le traitement se fait en Zambie, en Afrique du sud ou dans le pays destinataire final, dans la plupart de cas, en Chine ou dans d'autres pays asiatiques assurant à ces pays des gains économiques considérables, mais peu de valeur ajoutée à la RDC.

2° Le cobalt

La République Démocratique du Congo est le premier producteur mondial de ce métal stratégique utilisé principalement dans l'aéronautique. Ses réserves sont estimées à la moitié des réserves mondiales et représenteraient un volume de 3.665.000 tonnes. Il est produit sous forme de granulés et de cobalt électrolytique à Luilu et à Chituru[115].

Le cobalt sert également à la fabrication d'aciers spéciaux pour les outils qui doivent résister à de hautes températures ou pour les outils tranchants. Il intervient aussi dans la fabrication des aimants, des émaux et céramiques, des carbures cémentés... On s'en sert aussi dans la verrerie, en électrochimie et dans de nombreux alliages. La récente hausse de la demande de cobalt concerne les batteries rechargeables des téléphones mobiles. La région la plus consommatrice de cobalt est l'Asie (44%), suivie de l'Europe (30%) et de l'Amérique du nord (26%). La demande chinoise de cobalt est passée d'un millier de tonnes par an en 1997 à 9.500 tonnes par an en 2005. Le phénomène peut être imputable à la croissance économique du pays et à la forte demande des batteries rechargeables.

3° Le zinc

L'exploitation du zinc a débuté en 1936 ; et il sert à la fabrication d'acide sulfurique. Mais, c'est une ressource sous-exploitée quand on

---

114 Une corruption profonde : fraude, abus et exploitation dans les mines de cuivre et cobalt du Katanga. Rapport de Global Witness juillet 2006

115 Kama F., op.cit., p. 58.

considère les statistiques. A titre indicatif, le pays a produit en 1989. Mais dix ans après, soit en 1999, cette production n'était que de l'ordre de 1.126 tonnes, alors que ses réserves nationales sont estimées à 7.000.000 de tonnes[116].

4° Le manganèse

Ce métal sert, après avoir été réduit en poudre, à la fabrication des piles électriques. Depuis 1993, la production congolaise du manganèse s'est arrêtée, alors que le pays était l'un des premiers producteurs mondiaux de ce minerai très recherché pour la production d'alliages ferreux[117].

5° L'or

On trouve l'or particulièrement dans la province orientale ; mais, en réalité, l'or est présent dans la plupart de provinces du pays. L'Office des mines d'or de Kilomoto exploite industriellement l'or au nord de Bunia avec des réserves évaluées à une centaine de tonnes.

Il est essentiellement exploité par le marché parallèle et les experts affirment que le pays perd, tous les ans, plus de 300 millions de dollars.

Les travaux de recherches de l'or ne couvrent qu'une infime partie du district aurifère principal de la province orientale et s'étendent des Uélé au Katanga en passant par l'Ituri[118].

6° Le diamant

La Rd Congo est l'un de principaux pays producteurs de diamant dans le monde. Les gisements diamantifères sont concentrés dans les provinces du Kasaï Oriental et du Kasaï Oriental. Mais, on le trouve également dans les autres provinces comme le Bas-Congo, l'Equateur, le Bandundu, le Maniema.

La région de Mbuji-Mayi au Kasaï oriental est considérée comme l'une des zones les plus riches en diamant de la RDC ; les études faites par Broederlijk Delen, une ong belge, avec le concours de GAAD, révèlent qu'en 1992, les réserves exploitables industriellement pouvaient

---

116 Bakandeja wa Mpungu Grégoire, op.cit., p.43

117 Idem

118 Guide de l'investisseur du secteur des mines et hydrocarbures, Ministère des mines et hydrocarbures, Kinshasa, 2004.

durer 80 ans. Ces perspectives doivent naturellement être revues à la baisse avec l'entrée en danse d'autres sociétés minières dans la province comme la Sengamines, à côté de la Minière de Bakuanga (MIBA), première et principale société minière d'exploitation industrielle dans cette partie du pays[119].

En 2004, on a estimé que le diamant d'une valeur de 200 à 300 millions de dollars sort en contre bande du pays ; et que plus de ¾ des exportations officielles du diamant de la RDC, soit 85%, mesurés en carats cette année provenaient des producteurs artisanaux dont le nombre atteindrait 700.000 têtes pour l'ensemble du pays[120].

7° Colombo-tantalite (Coltan)

En attendant d'autres découvertes futures, on affirme que rien que la seule Province du Nord Kivu en RDC, recélerait 80%des réserves mondiales de coltan[121]. Et comme la dialectique de l'entre deux siècles veut que là où sont les ressources, il y ait la guerre, eh bien, plus de six millions des morts, c'est le compte sur le dos du coltan et des mouvements d'agression très actifs dans la région[122], en plus d'une pauvreté extrême des populations locales. Le coltan est un minerai très recherché et est au cœur de véritables conflits.

Le réservoir même de cette ressource, la Province du Nord Kivu en RDC, est à feu et à sang dans une guerre sans merci entre ce pays et des fractions rebelles, favorisées par des mandataires voisins et lointains.

Avec la naissance des NTIC (Nouvelles Technologies de l'Informatique), il va de soi que le prix du coltan soit augmenté jusqu'à 2000% en50 ans. Les atteintes à la dignité humaine dans « la terre de conquête », les atteintes à l'environnement causées surtout par la radioactivité initiale qui empoisonne les cours d'eau : qui s'en soucie ? Que les bandes armées profitent de cette exploitation pour piller les parcs nationaux de ses éléphants, okapis (Rappelons-nous des Okapis

119 Tshuila Kabongo Charles (2007), « Le diamant, une ressource inépuisable ? », in Actes des travaux des Etats généraux sur l'environnement au Kasai oriental, Ong Environnement Propice Jardin d'Eden, Mbuji-Mayi, 12-14 avril 2007, Editions Academic Express Press, Kinshasa.

120 Idem.

121 Ressources naturelles, in Afriquespoir, n°46 Avril-Juin 2009, p. 32

122 C'est le cas du M23 (Mouvement du 23 mars), une rébellion très active dans le Nord Kivu, aujourd'hui en Négociations avec le Gouvernement de la RDC à Kampala, après la prise de la Ville de Goma.

méchamment tués dernièrement dans la Réserve à Okapis de l'Ituri en Province Orientale par le Chef rebelles Morgan), bonobos et autres grands singes, c'est le moindre de leurs soucis.

D'après les Experts, le coltan (colombite- tantale) est devenu un métal précieux au centre de toutes les convoitises. Il entre dans la fabrication des pièces de téléphones, des condensateurs d'ordinateurs, des avions, des missiles. Il est dit que celui qui contrôlerait la production de ce minerai pourra contrôler le monde technologique du 21ème siècle[123].

Que les paysans abandonnent totalement l'agriculture dans la région, pour une production artisanale du coltan à raison de 30 dollars le kilo, pendant que les accidents mortels et les tueries sont fréquents, cela n'émeut nullement le monde[124].

B. Regard critique sur la gestion irrationnelle des ressources minières de la RDC

Les implications de la situation au Katanga dépassent largement les limites géographiques de la province. Contrairement aux autres régions congolaises, le sud du Katanga où se trouvent les mines de cuivre et de cobalt n'a pas été le théâtre de combat violent pendant la guerre qui a frappé la RDC et cette zone est restée sous contrôle gouvernemental[125].

Malgré cela, la corruption, les abus et les pratiques illicites de grande envergure ont persisté dans le secteur minier, et la stabilité relative de la région n'a pas permis à ses richesses naturelles d'engendrer les bénéfices escomptés. Le Katanga devrait servir d'avertissement aux zones minérales des régions congolaises moins stables.

Le fait que le gouvernement n'ait pas pu ou pas voulu reformer le cadre de gestion des ressources naturelles dans une région qu'il continue à contrôler rigoureusement indique qu'il y a peu de chance que ce type de réforme soit mis en œuvre dans les zones du pays où les conflits persistent. Le gouvernement congolais et le gouvernement donateur devraient agir sans plus tarder, pour inverser cette situation afin de l'empêcher de dégénérer.

---

123 Ressources naturelles, in Afriquespoir, n°46 Avril-Juin 2009, p. 32

124 Les ressources naturelles, in Afrquespoir, op.cit.

125 Southern Africa Resource Watch (SARW), Rapport du Sommet Alternatif de la Société Civile de la Région des Grands Lacs sur « L'exploitation illégale des ressources naturelles, Hôtel Memling, Kinshasa, du 11 au 12 novembre 2010.

Le secteur minier du Katanga se caractérise par une corruption et une fraude généralisée à tous les niveaux, une quantité significative de cuivre et de cobalt est exploitée de manière informelle et exportée illicitement. Les agents du gouvernement agissent de connivence avec les sociétés de négoce, pour les aider à se soustraire aux procédures de contrôle et au règlement de taxes. Les profits servent à remplir les poches d'une élite peu nombreuse, mais puissante composée de politiciens et d'hommes d'affaires qui exploitent la population locale et l'abondance des ressources naturelles à des fins d'enrichissement personnel[126].

De grandes quantités des minéraux précieux quittent le pays sans avoir été déclarées ; d'où une perte importante pour l'économie congolaise et une opportunité manquée de lutter contre la pauvreté et de promouvoir le développement. La transparence dans ce domaine s'impose. D'où « Les Initiatives pour la Transparence des Industries Extractives », en sigle ITIE, une initiative fonctionnant sur une base volontaire et lancée en 2002 par le Premier Ministre britannique Tony Blair.[127]

Elle réunit des gouvernements, des entreprises du secteur de l'extraction, des investisseurs, des institutions financières et les membres de la société civile qui œuvrent en vue d'une amélioration de la gouvernance des ressources naturelles, au moyen de la publication des payements des entreprises et des recettes gouvernementales issues des industries extractives. C'est par le Décret présidentiel de novembre 2005 que la RDC participe à l'ITIE.

Dans le même sens, on peut signaler aussi la Loi Dodd Franck (Le texte de plus de 2 300 pages de la loi "Dodd-Frank" du nom de ses principaux artisans, le sénateur Chris Dodd et le représentant Barney Frank a été adopté par le Congrès américain le 12 juillet 2010. Il constitue la plus vaste réforme de la régulation financière aux Etats-Unis, depuis les années 1930.). Il s'agit d'une mesure destinée à enrayer les financements occultes versés aux pays du Sud par le secteur des industries extractives. Cette mesure était réclamée depuis 2002 par la plateforme« Publish what you pay » (Publiez ce que vous payez), qui dénonce la "malédiction des ressources" des pays pauvres, certes riches

126 Une corruption profonde : fraude, abus et exploitation dans les mines de cuivre et cobalt du Katanga. Rapport de Global Witness juillet 2006

127 Idem.

en pétrole, gaz et minerais, mais dont la population subit la corruption et les conflits liés à l'exploitation de ces ressources.

La section 1504 de la loi Dodd Frank aborde les questions liées à lutte contre la fraude, à la corruption, au financement occulte des milices par les multinationales. Cette loi vient renforcer le processus de l'ITIE[128]. De gros contrats miniers signés pendant la période de transition (2005) pour une durée de 30 ou 40ans pour certains ont des conséquences néfastes, pour l'avenir économique, social et écologique de la province du Katanga, comme de l'ensemble du pays, à cause du déséquilibre perçu entre les parts attribuées aux sociétés privées, par rapport à la Gécamines, et des profits considérables dégagés par ces sociétés au dépens de la Gécamines et de l'Etat congolais.

Cette situation a engendré un profond ressentiment dans la population, non seulement à l'égal du gouvernement, mais également des sociétés étrangères qui sont perçues comme jouant un rôle de prédateur et comme volant les ressources naturelles du pays. Les initiatives menées par certaines compagnies, pour financer des programmes de développement social du Katanga tels que la construction d'écoles, d'hôpitaux et de routes, n'ont que peu apaisé l'hostilité populaire, dans la mesure où ces programmes, du reste très limités, ne compensent pas le fait que l'Etat congolais (et donc la population) retire de si maigres bénéfices de la plupart de gros contrats miniers.

Toutes réunies, les transactions Kinross-Forrest, Global Entreprises Corporate Ltd (GEC) et Phelps Dodge, dans le cadre de contrats léonins signés avec le gouvernement de transition mis place en juin 2003, couvrent 70% des ressources de cuivre connues en RDC[129]. La Commission Lutundula créée en 2004 et composée de 17 parlementaires a, dans son Rapport de 271 pages contenant des informations détaillées recueillies lors des enquêtes menées dans différentes régions de la RDC et d'autres pays, comme la Belgique, le Royaume uni et les Etats Unis, indique qu'au Katanga, 40 contrats miniers sont passés avec la Gécamines, 10 signés avec l'Etat congolais, 7 avec la SODIMICO et 3 avec la SNCC[130].

128 Southern Africa Resource Watch (SARW), Rapport général de l'atelier sur la loi Dodd Frank organisé à Kinshasa, le 27 février 2012, p. 25.

129 Idem.

130 Ibidem.

Cette commission note qu'aucune étude de faisabilité n'a été réalisée, avant la signature des contrats avec la Gécamines, et que celle-ci était toujours dans une position d'infériorité lors des négociations. Cela avait entrainé la passation des contrats présentant des avantages disproportionnés et qui ne reflétaient pas les ressources et les installations (équipements et autres infrastructures) qu'apportait la Gécamines aux sociétés privées partenaires aux contrats.

Le gouvernement encourage l'expansion de l'exploitation minière industrielle, sans prendre des dispositions spécifiques à l'égard des dizaines de millions de creuseurs artisanaux et de personnes qu'ils ont à leur charge, qui ne disposent que d'alternatives très limitées pour assurer leur existence. Le Code minier de 2002 a été largement insuffisant, pour pouvoir réguler et contrôler l'exploitation minière artisanale ; et la désignation des zones spécialement réservées à l'exploitation minière artisanale n'est pas spécifiée.[131]

Au cours d'une réunion de travail avec Open Society Initiative for Southen Africa (OSISA) le 14 juillet 2009 à l'Hôtel Memling à Kinshasa/Gombe, les Organisations de la Société Civile œuvrant dans le secteur des ressources naturelles en RDC dénoncent la légèreté dans la signature des contrats miniers et accusent le gouvernement d'être le principal responsable de ce rendez-vous manqué pour les congolais[132]. A titre d'exemple, dans la Convention signée avec TENKE FUNGURUME MINING (TFM), la partie congolaise ne se retrouve qu'avec 17,5% de parts. Le décret présidentiel de 2005 approuvant cette convention devrait être révoquée. Le redimensionnement de la concession TFM a été également envisagé pour qu'une partie soit retournée à la Gécamines[133].

Là où un professeur belge conclut que 85% des terres de la province du Katanga, découpées en carrés miniers, sont déjà « vendus », le Cadastre Minier (CAMI), mis en cause, corrige : 53% seulement sont « loués », note l'Auteur de cet article[134]. L'absence de coordination entre

131 La gestion des ressources naturelles, les contrats léonins, la fraude douanière: le déballage de la Société Civile, in Journal « LE POTENTIEL » N°4674 du 15/07/2009.

132 Bokondu Georges (2010), L'expérience de la révisitation des contrats miniers en RDC, SARW, Kinshasa, p. 12

133 Bokondu Georges, Rapport des journées ouvertes sur les ressources naturelles, SARW, Kinshasa, janvier 2012

134 Idem.

les Services publics aboutit également à des mesures conflictuelles comme le montre de cas de SOMIKA, une société indienne qui a installé une usine hydro métallurgique au-dessus d'une nappe aquifère alimentant en eau 70% de la population de Lubumbashi : le risque de pollution inquiète les habitants et la société civile.

La Division provinciale pour la protection a émis un avis négatif sur l'attribution de la concession, mais la Division des questions cadastrales n'en a pas tenu compte[135]. Le Vice–Président Abdoulaye Yerodia (PPRD)[136], après avoir reçu des plaintes du Gouverneur provincial Kisula Ngoy (PPRD), serait intervenu personnellement dans le dossier en se prononçant en faveur de la SOMIKA[137]

Section 2 : Les ressources foncières et agricoles

Les terres de la RDC représentent environ *227* millions d'hectares. Sur l'ensemble de terres fermes, 80 millions d'hectares sont jugés aptes à l'agriculture. Actuellement, seulement 10 millions d'hectares sont consacrés aux cultures et aux pâturages.

Les sols congolais sont ferralitiques (appartiennent à la famille des sols tropicaux profondément décomposés et riches en fer, en alumine, sous l'action d'un climat chaud et humide), profonds (l'intensité de l'altération est telle que les roches mères non altérées sont recouvertes par 10 à 30 m d'altérites).

Les alluvions des vallées et les sols nés des émissions volcaniques récentes sont très rapidement altérés, ils ont une faible teneur en humus: la matière organique est très rapidement décomposée et emportée par les eaux d'infiltration. Même sous forêt dense, le sol contient moins de 2% d'humus alors que la forêt fournit 50 à 100 t de feuilles et autres débris par hectare.

Selon la FAO, l'investissement dans l'agriculture entre 1980 et 2006 est tombé de 17% à 3%, alors que la population mondiale a accru

---

135 Malango Jean Luc, Les minings et la pollution au Katanga : après la SAGA SOMIKA, le Gouvernement Moise Katumbi ferme trois entreprises minières, in Afrique d'Esperance n°2 mai–aout 2008, pp. 4-5

136 PPRD : Parti du Peuple pour la Reconstruction et le Développement.

137 Rapport de l'institut Néerlandais pour l'Afrique Australe, en sigle NIZA, Ong de défense des Droits de l'Homme britannique sur « L'Etat contre le peuple : la gouvernance, l'exploitation minière et le régime transitoire en RDC, 2006, p.39.

pendant ce temps de 78,9 millions chaque année. Le fait que la faim touche près d'un milliard de personnes dans le monde oblige tous les bailleurs de fonds à revoir l'orientation de l'aide et à la diriger à nouveau vers l'agriculture vivrière qui avait été un peu négligée ces dernières années au profit des secteurs de la défense, de la santé et de l'éducation. En outre, la FAO rappelle aux pays riches leurs engagements :

« La communauté internationale se doit de prendre d'urgence des mesures coordonnées pour lutter contre les impacts négatifs de la flambée des prix alimentaires sur les pays et les peuples les plus vulnérables du monde ». En outre, si la volonté politique et les promesses des donateurs ne se transforment pas en mesures concrètes et immédiates, des millions d'autres personnes pourraient sombrer dans une pauvreté plus profonde et une faim chronique. Par contre, la crise financière mondiale ne doit pas nous faire oublier la crise alimentaire. L'agriculture a besoin d'une attention urgente et soutenue pour voir disparaitre la faim et la pauvreté[138].

L'expansion de l'agriculture les trente dernières années a entrainé la mise en culture des terres à faible rendement ou la disparition d'habitats naturels importants, comme les forêts et les terres humides. Les politiques de terres sont restées sans prise sur les causes profondes de la dégradation des terres qui sont la mauvaise répartition des terres par les colonisateurs, le manque d'incitation à la conservation, des régimes fonciers précaires et l'absence de diversification de la production[139].

On parle de « main basse » sur les terres agricoles africaines. De la part de qui ? D'un côté, des pays qui dépendent des importations alimentaires et qui sont donc préoccupés par l'insécurité qui semble régner dans ce domaine et les tensions sur les marchés. Et puisqu'ils ont

138 Lifetu Vincent de Paul, L'agriculture peut-elle nous aider à sortir de la crise financière mondiale ?, in Renaitre, Bimensuel chrétien d'information et d'opinion, n°03 du 15 février 2009, XVIIIème Année, Kinshasa, pp. 5-7.

139 Camille Ngoma Khuabi, « Dégradation de l'environnement, épuisement des ressources naturelles, explosion démographique et changements climatiques : menace sur les frontières », in Mélanges Célestin Nguya-Ndila La République Démocratique du Congo : Les défis récurrents de décolonisation, de l'Etat de droit et du développement économique et social, Editions CEDESURK, Collection Droit, Sciences Sociales, Politiques et Administratives, Kinshasa, 2012, p. 101

de l'argent dans leurs banques, ils cherchent notamment à prendre le contrôle d'exploitations agricoles dans d'autres pays[140].

Ils l'envisagent comme une stratégie innovante à long terme, pour assurer l'alimentation de leurs populations à bon marché, avec une sécurité bien supérieure à ce qu'elle était auparavant. Japon, Chine, Inde, Corée du sud, Malaisie, Jordanie, Koweït, Qatar, Arabie saoudite et Emiratsarabes unis, Lybie, Egypte se sont lancés dans cette course.

C'est une sorte de chasse au trésor agricole, c'est la recherche des terres fertiles dans des pays comme l'Ouganda, le Soudan, le Malawi, le Sénégal, le Nigeria. Compte tenu de la crise qui se poursuit actuellement au Darfour où le Programme Alimentaire Mondial essaie de nourrir 3 millions de réfugiés, il peut sembler fou que des gouvernements étrangers achètent des terres agricoles au Soudan, pour exporter les denrées alimentaires pour la sécurité alimentaire à l'intention de leurs propres citoyens ! S'emparer des territoires étrangers, pour assurer sa propre production s'appelle « l'accaparement des terres » au niveau mondial[141].

La liste des accapareurs de terres motivées par la sécurité alimentaire est impressionnante du Mozambique au Brésil, aux Philippines, un processus continu et bien connu est en cours. Pour sa part, si hier le Liberia voisin a fait le lit des américains avec une exploitation éhontée de hévéa, à l'instar du Congo belge du Roi Léopold II de Belgique, ses dirigeants nés des guerres de la fin du 20ème siècle ont perduré dans cette tendance, pour offrir au prix de la mort de millions de leurs concitoyens, le caoutchouc et surtout le fer, si abondant et d'une exceptionnelle teneur en minerai but, au point de faire passer le pays parmi les plus grands exportateurs de fer dans le monde avec 18,9 millions de tonnes par an, sans oublier dans ce marché de dupes la part du bois d'œuvre ainsi que l'or[142].

La presse internationale s'est occupée récemment de l'initiative Corée du sud-Madagascar. Le géant sud-coréen DAEWOO LOGISTICS vient de conclure un accord avec Madagascar pour louer 1,3 million d'hectares de terres agricoles, la moitié de la surface cultivable de Grande Ile lui permettant de produire du maïs et de l'huile de palme pendant 99ans.

---

140 La Tribune de Genève du 25/11/2008.

141 Idem.

142 Les ressources naturelles, in Afriquespoir, op.cit.

Mais, la Corée du sud n'est de loin pas le seul pays riche à se ruer sur l'Afrique. Ainsi, l'Angola est en négociation avec les investisseurs brésiliens, canadiens et américains. Le Soudan cherche un preneur pour ses 900.000 hectares. L'Ethiopie courtise les Saoudiens, et la Tanzanie suscite l'intérêt des occidentaux, pour la production des biocarburants. L'Agence onusienne a beau tiré la sonnette d'alarme et mis en garde contre les risques de « néocolonialisme », le phénomène ne cesse de s'étendre[143].

En Ouganda, un énorme tollé public a récemment accueilli la nouvelle de discutions entre le Gouvernement et le Ministre égyptien de l'agriculture, précisant que la location porte sur plus de 840.000 ha de terres agricoles de l'Ouganda (2,2% de la surface totale de l'Ouganda) à des entreprises égyptiennes, pour la production du blé et du mais destinés au Caire. Bien que les responsables gouvernementaux aient démenti l'accord, le parlement ougandais a convoqué une session extraordinaire pour enquêter sur cette question.

Malheureusement, pour beaucoup de ces accaparements des terres destinés à une production alimentaire à l'étranger, il est difficile de se procurer des renseignements précis (nombre d'hectares, sommes impliquées, finalités précises, conditions associées).

Les gouvernements craignent sans aucun doute que des réactions politiques hostiles se manifestent, si le public en vient à savoir ce qui se passe.

De l'autre côté, des sociétés agro-alimentaires et des investissements privés, affamés de profits dans un contexte d'aggravation de la crise financière voient, dans les investissements dans des terres agricoles à l'étranger, une source importante de revenus. Espérant des retombées économiques, la plupart des gouvernements africains ou même des chefs traditionnels sont prêts à accorder des concessions à des investisseurs étrangers.

De ce fait, des terres agricoles fertiles sont de plus en plus privatisées et concentrées. Pour s'assurer de nouvelles sources de profit, des négociants des céréales sont à la recherche de nouvelles stratégies de croissance. Ils se tournent vers le foncier, à la fois pour la production alimentaire et celle des biocarburants. Le foncier n'est pas en lui-même

143 Idem.

un investissement classique, pour beaucoup d'investisseurs ou d'entreprises transnationales.

En fait, la terre représente un tel risque de conflits, surtout politique, que de nombreux pays ne permettent même pas à des étrangers de la posséder. Et la terre ne prend pas de la valeur du jour au lendemain, comme la viande de porc ou l'or. Pour obtenir un bénéfice, les investisseurs doivent améliorer les capacités de production des terres et même quelques fois se salir les mains en assurant réellement le fonctionnement d'une exploitation agricole.

Mais la conjonction des crises alimentaire et financière a transformé des terres agricoles en un nouvel actif stratégique. Dans de nombreux endroits du monde, les prix alimentaires sont élevés et les prix des terres sont faibles. Et la plupart des « solutions » à la crise alimentaire proposent d'extraire plus de nourriture des terres dont nous disposons. On peut donc clairement gagner de l'argent en prenant le contrôle de meilleurs sols, proches des ressources en eau, aussi rapidement que possible[144].

Section 3 : Les ressources hydriques

A. Cartographie

Le réseau hydrographique du Congo est dense, il comprend notamment une trentaine de grandes rivières totalisant plus de 20.000km. Les eaux débouchent à l'embouchure du fleuve Congo long de 4670km de long, le deuxième débit le plus important du globe (41.000m^3 d'eau par seconde).

La RDC est le pays le plus arrosé du continent avec des ressources hydriques renouvelables internes de 900km^3/cm, ce qui représente presque le quart des ressources en eau douce du continent africain. Ce potentiel est immense et presque entièrement inexploité. Avec une capacité finale de 44000 mégawatts, le barrage hydroélectrique d'Inga sur le fleuve Congo est à même de couvrir les besoins en énergies de toute l'Afrique ; mais seul 650.750 MW sont produits, en raison surtout du non fonctionnement de deux tiers de tribunes[145].

---

144 Idem

145Les ressources naturelles, in Afriquespoir, op.cit.

La RDC dispose d'un potentiel hydroélectrique qui la place au 4ème rang mondial, avec 600 milliards de KWH et une trentaine de centrales situées principalement au Katanga, à l'est du pays et au Bas-Congo. En 2004, ±5% de la population avaient accès à l'électricité dans quelques grandes villes du pays. Mais, l'électricité est surtout utilisée dans l'industrie et les bureaux, la consommation domestique étant extrêmement faible du fait du coût de l'énergie et du système de délestage et coupures intempestives.

Les eaux congolaises sont réparties en eaux intérieures, en eaux partagées et en eaux territoriales.

1°Les eaux intérieures sont celles se situant dans les limites du territoire national. Elles comprennent des cours d'eaux (fleuve, rivières, ruisseaux), des lacs et les eaux souterraines, que nous ne partageons pas avec les Etats voisins.

Exemples :

Lacs intérieurs comme Tumba, avec 2.300 Km² (Equateur) et M'incombe, avec 7.000 Km² (Bandundu),

Lacs de dépression comme Kamal Ondo, avec 1.700km², Tshangalele, avec 446 km² Upemba (Katanga) ;

2° Les eaux partagées sont des eaux communes à au moins deux Etats. Elles comprennent des lacs internationaux et des cours d'eaux transfrontalières. Pour la RDC, elle partage ces eaux avec quelques Etat voisins.

Elles comprennent :

a. Les lacs internationaux[146] *comme :*

- Tanganyika, partagé avec la Tanzanie, la Zambie et le Burundi, dont la superficie pour la RDC est de 14.800 Km² ;
- Les lacs Edouard (dont 1.630 Km² pour la RDC) et Albert (dont 2.420 Km² pour la RDC), partagés avec l'Ouganda ;
- Le lac Kivu (dont 1.700Km²pour la RDC), partagé avec le Rwanda ;

146 Ces grands lacs périphériques de l'Est couvrent une superficie d'environ 48.000 Km², dont 47 % relèvent de la juridiction congolaise.

- Le lac Moero (dont 1.900 Km^2 pour la RDC), partagé avec la Zambie.

b. Les cours d'eaux transfrontalières comme :

- La rivière Ubangi, partagée avec la République Centrafricaine et la République du Congo (Brazzaville) ;
- Les rivières Kasaï, Kwango, Tshikapa, Lulua, Wamba, Lushiku, Lushima, Lufu, Mpozo, Inkisi, Kwilu, etc., partagées avec l'Angola ;
- -La rivière Lubudi, partagée avec la Zambie ;
- -Le fleuve Congo, partagé avec la République du Congo (Brazzaville).

3° Les eaux territoriales sont des étendues d'eau qui s'étendent de la zone côtière (le lit de l'Océan Atlantique) vers la haute mer, jusqu'à 12.000 marins. La République Démocratique du Congo ne dispose que d'un littoral de 32 Km sur l'Océan Atlantique.

B. Cadre juridique des eaux congolaises

Les eaux intérieures sont régies principalement par quelques dispositions de la loi n°73-021 du 20 juillet 1973 portant régime général des biens, régime foncier et immobilier et régime des sûretés et par leDécret du 06 mai 1952 sur les concessions et l'administration des eaux des lacs et cours d'eau ainsi que par les autres textes qui le complètent.

Les eaux partagées sont régies par :

a. Les textes précités sur les eaux intérieures, dans leur partie se situant dans les limites du territoire national ;
b. la Convention de Helsinki du 17 mars 1992 portant sur la protection et l'utilisation des cours d'eaux transfrontalières et les lacs internationaux ;
c. les conventions (bilatérales ou multilatérales, selon le cas), éventuellement conclues ou à conclure avec les Etats voisins intéressés.

Les eaux territoriales sont, quant à elles, régies par la loi n° 74/009 du 10 juillet 1974 portant délimitation de la mer territoriale de la République Démocratique du Cong*o* et par le droit international de la mer, fait essentiellement de la Convention de Montego Bay du 10 décembre 1982.

Les eaux des cours d'eau et des lacs et leurs lits ainsi que les eaux souterraines, qu'il s'agisse des eaux intérieures ou des eaux partagées (dans leur partie se situant en République Démocratique du Congo) ou encore des eaux territoriales, appartiennent à l'Etat congolais.

Cependant, l'Etat énonce la faculté pour chacun d'en user comme un bien commun, c'est-à-dire un bien dont l'usage est libre et ouvert à tous, pour autant qu'il s'agisse de satisfaire à ses besoins domestiques, c'est-à-dire à ses besoins personnels d'alimentation, d'hygiène et de santé. Cette faculté d'user de l'eau comme un bien commun est proclamée, sous réserve des droits de jouissance ou des concessions particulières qui peuvent toujours être accordées par l'autorité publique[147].

En complément de ce texte, il y a lieu de faire mention du décret du 06 mai 1952 sur les concessions et administration des eaux des lacs et des cours d'eaux, qui prévoit, en son article 10, la possibilité pour l'Etat congolais d'allouer des concessions des droits d'usage de l'eau ou d'occupation du lit d'un lac ou d'un cours d'eau.

La concession du droit d'usage de l'eau consiste dans la mise à la disposition d'une personne, physique ou morale, d'une quantité de l'eau des lacs, des cours d'eau ou de l'eau souterraine, pour en faire un usage déterminé, dans un but économique. Il faut en conclure que ces concessions des droits d'usage de l'eau et d'occupation du lit d'un lac ou d'un cours d'eau constituent des limitations à la faculté d'user de l'eau reconnue à tous, indistinctement.

Au demeurant, il y a lieu de considérer attentivement l'expression « les eaux qui appartiennent à autrui » évoquée par le décret du 21 avril 1937 sur la pêche non encore abrogé. Cette expression renvoie, aux termes de l'article 66 de ce même décret, aux eaux qui n'ont avec les eaux du domaine de l'Etat aucune communication permettant le passage de poissons. Il ne pourrait s'agir ici que des eaux artificielles, aménagées par une personne ou des étangs artificiels. Les étangs naturels ou les marais ou marécages se trouvant dans une concession foncière ou sur une terre coutumière peuvent aussi être comprise dans cette expression.

Le décret précité du 06 mai 1952 énonce les différentes utilisations de l'eau qu'il reconnaît. L'eau peut de la sorte être utilisée à des fins domestiques, de production de la force motrice, agricoles ou industrielles ou d'agrément. A ces fins, il faut ajouter une autre utilisation de l'eau mentionnée par le Décret du 21 avril 1937 sur la pêche ; il s'agit de

---

[147] Article 18 de la loi foncière du 20 juillet 1973.

l'utilisation de l'eau à des fins de pêche. Exception faite de l'utilisation de l'eau à des fins domestiques (d'alimentation, d'hygiène ou médicale), chacune des utilisations de l'eau susmentionnées donnera lieu a l'obtention d'une concession des droits d'usage de l'eau et/ou d'occupation du lit du lac ou du cours d'eau concerné.

En République Démocratique du Congo, c'est à la REGIDESO que l'Etat a confié le monopole du service de captage et de distribution d'eau dans les agglomérations urbaines, tandis que certaines populations rurales reçoivent de l'eau, fournie par le Service National d'Hydraulique Rurale et des Organisations Non Gouvernementales.

Le décret du 06 mai 1952 détermine les différentes autorités compétentes pour attribuer les concessions des droits d'usage de l'eau. La compétence des uns et des autres est fonction, selon le cas, du volume du prélèvement de l'eau sollicité ou de la puissance théorique de la force motrice à produire[148]. Ce même décret ne détermine pas la procédure d'obtention de ces différentes concessions des droits d'usage de l'eau, mais l'on croit savoir qu'il y a lieu ici de suivre les pratiques courantes en matière administrative, qui veulent que l'autorité compétente soit saisie par voie d'une requête.

L'exploitation de l'eau des lacs et des cours d'eau consentie au concessionnaire par l'Etat peut nécessiter la construction des ouvrages et des installations sur leurs lits[149]. De la sorte, la concession du droit d'usage de l'eau nécessitera celle du droit d'occupation du lit du lac ou du cours d'eau, en vue de ces ouvrages ou installations. En d'autres termes, c'est en vertu du droit d'occupation du lit d'un lac ou d'un cours d'eau (qui relève du domaine public de l'Etat), que le concessionnaire se voit autorisé à construire des ouvrages et des installations.

Ces ouvrages et installations doivent être inscrits dans un document de situation tenu par le Conservateur des Titres Fonciers, auquel il peut être accédé et dont il peut être délivré des extraits, moyennant paiement d'une taxe[150]. Le sort de ces ouvrages et installations est fixé par les dispositions des articles 8, litera a, b, c et f, 21, 1°, 4° et 22 et suivants). L'article 17 du Décret du 06 mai 1952 prévoit qu'une concession de droit

---

[148] Articles 11 à 15 du décret du 06 mai 1952

[149] Article 4,8, litera a, b et f, 21 et 22, décret du 06 mai 1952

[150] Article 9, alinéa 2 et 3 du décret du 06 mai 1952

d'usage consentie par l'Etat à un particulier peut être déclarée d'utilité publique.

La notion d'utilité publique renvoie à une activité privée répondant à un besoin d'intérêt général. Lorsqu'une concession satisfait à un besoin d'intérêt général, elle peut être déclarée d'utilité publique. Cette possibilité est également prévue par le projet de loi portant code de l'eau (Article 73 de ce décret). La déclaration d'une concession comme étant d'utilité publique a comme conséquence d'autoriser le concessionnaire à utiliser le domaine public en vue de l'exécution des travaux prévus dans la concession (Article 19 du même décret).

Une concession peut être déclarée d'utilité publique soit d'office par l'autorité concédante, soit à la demande du concessionnaire mais dans tous les cas, la Commission provinciale des eaux doit être consultée pour avis. Les avis de la commission doivent être consignés dans un rapport et suffisamment motivés. La Commission doit être consultée par l'autorité concédante, non seulement lorsqu'il s'agit de déclarer une concession comme étant d'utilité publique ; mais aussi lorsqu'il s'agit de concéder le droit d'usage de l'eau et d'occupation du lit de cours d'eau.

Cette commission, bien que prévue par les dispositions pré-rappelées, n'est pas opérationnelle. Heureusement que le projet de loi portant Code de l'eau prévoit l'institution d'une commission nationale de l'Eau et des commissions provinciales de l'eau ; lesquelles auront le mérite de matérialiser la participation des toutes les parties intéressées à la gestion des eaux congolaises.

Les eaux des océans qui entourent le continent africain disposent d'un remarquable patrimoine de poissons, de 1997 à 2001, les surveillances aériennes des eaux territoriales de la Guinée ont montré que 60% des 2.313 navires localisés commettaient des infractions en rapport avec la pêche. Les surveillances en Sierra Léone et en Guinée Bissau, au cours de la même période, ont relevé des niveaux de pêche illégale de 24% (des 947 navires) et de 24% (des 926 navires), respectivement. Voyons ce qu'il en est de la RDC dans la section suivante.

Section 4 : Les ressources halieutiques

Il faut d'abord dire que la pêche est jusqu'à ce jour régie par le Décret du 11 avril 1937 sur la pêche et celui du 12 juillet 1932 portant réglementation des concessions de pêche ; dont il y a lieu de reconnaître les limites lorsqu'il faut considérer les progrès scientifiques et l'évolution socio-économique et culturelle du pays.

Aussi, pour contourner les difficultés liées à l'application de ces textes, des plans de gestion et de développement du secteur de la pêche ont été élaborés pour guider l'action du gouvernement et de ses différents partenaires en ce domaine. Il s'agit de :

- Plan Directeur des Pêches, adopté par le Gouvernement en 1987 ;
- Colloque National de 1997 sur les priorités du développement de la RDC de 1997 ;
- Plan d'Action Triennal de 1998-2000 ;
- Forum sur la Politique Nationale de la Pêche de 2000 ;
- Programme Initial du Ministère de la pêche, Elevage et Aquaculture, élaboré en 2001.

Ce sont ces différents plans qui viennent renforcer la législation coloniale existante ; lesquels, ensemble, déterminent l'action du Gouvernement dans ce secteur, en attendant l'adoption du projet de loi sur la pêche, déjà élaboré (Il existe un projet de loi sur la pêche déjà élaboré en attente de publication). De l'analyse de ces différents documents, il résulte que les eaux congolaises sont réparties en zones de pêche ; c'est ce qu'on appelle l'aménagement des pêcheries. L'administration ayant la pêche dans ses attributions établit un plan de gestion et d'aménagement pour chaque zone de pêche. Ces zones de pêche comprennent plusieurs pêcheries. Chaque plan doit contenir les éléments suivants :

- l'identification des principales pêcheries que renferme sa zone de pêche ;
- l'évaluation de l'exploitation des ressources halieutiques de la zone de pêche ;
- les orientations relatives à l'aménagement de chaque pêcherie.

Chaque plan de gestion et d'aménagement détermine les mesures de conservation, de gestion et de mise en valeur des ressources halieutiques de la zone des pêches à laquelle il se rapporte. Et c'est dans le plan de gestion et d'aménagement que l'on retrouve, par exemple, les mesures relatives à la délivrance du permis de pêche pour la zone de pêche concernée, aux engins de pêche autorisés, aux périodes et zones de fermeture de pêche, aux caractéristiques des filets utilisables, aux zones réservées à des pêcheries spécifiques, en particulier à la pêche coutumière ou artisanale, etc.

Aucune disposition d'un texte légal ne confère directement à l'Etat congolais la propriété des ressources halieutiques, la constitution est aussi muette. Cette lacune est comblée par le projet de loi sur la pêche, qui contient un article reconnaissant à l'Etat congolais la propriété des ressources halieutiques, tant qu'elles ne sont pas encore prélevées de l'eau. Les ressources halieutiques sont donc des « res nullius », c'est-à-dire des biens n'appartenant à personne, tant qu'elles n'ont pas encore été prélevées.

Une fois capturées selon les normes, les ressources halieutiques appartiendront à l'auteur de la capture, en vertu du principe de la liberté de pêche proclamée par le décret susmentionné. La conséquence que l'on tire, au silence des textes en vigueur, c'est que ce statut sera régi par le droit coutumier, conformément à l'ordonnance législative de l'Administrateur Général au Congo du 14 mai 1886 précitée.

La liberté de la pêche est garantie sur l'ensemble du territoire national de la République Démocratique du Congo[151]. Toute personne physique, congolaise ou non, est libre de pratiquer la pêche dans les eaux congolaises (maritimes, lacustres ou fluviales), pour autant qu'elle soit exercée en vue de subvenir aux besoins d'autoconsommation. C'est ce qu'on appelle la pêche de subsistance.

Ce type de pêche n'a pas besoin d'un permis ou d'une autorisation quelconque. C'est celle que pratique, notamment, les communautés locales traditionnelles riveraines des cours d'eaux ou des lacs. Elle est artisanale et se caractérise par le nomadisme. Mais la pêche peut aussi être pratiquée pour d'autres raisons que celles liées à l'autoconsommation :

1° C'est généralement le cas, lorsqu'elle est pratiquée en vue d'en tirer un profit financier. C'est ce qu'on appelle la pêche commerciale ; elle peut être artisanale, industrielle ou semi industrielle ;

2° C'est également le cas, lorsqu'elle est pratiquée pour des raisons de loisir, par exemple comme un sport ; c'est ce qu'on appelle la pêche en amateur ou la pêche sportive tout simplement ;

[151] Article 57 du décret du 21 avril 1937

3° C'est enfin le cas lorsqu'elle est pratiquée pour des raisons de recherche scientifique.

Toutes les autres pêches en dehors de la pêche de subsistance (pêche scientifique, commerciale, récréative, industrielle, semi-industrielle) sont soumises au système d'autorisation. Cette autorisation est donnée sous forme soit d'une concession de pêche soit d'un permis de pêche.

La concession de pêche est le droit que reconnaît l'Etat congolais à une personne physique ou morale de pratiquer la pêche dans les eaux bien circonscrites (des lacs ou des cours d'eau), selon les méthodes et avec les engins autorisés. La concession est donc un contrat. L'octroi des concessions est précédé par une enquête dont le but est de vérifier s'il existe des droits de pêche exercée par les riverains qu'il appartient à l'Etat de faire respecter et au concessionnaire de respecter[152].

Bien plus, une fois la concession accordée, les communautés locales conservent leur droit de pêche sur les eaux concédées, sauf dans les parties constituées en piège, vivriers ou réservoir à poissons par des clôture quelconque[153]. Bien que légalement prévue, la pratique des concessions de pêche est devenue rare, particulièrement sur le Fleuve Congo et ses affluents. On a signalé quelques cas sur le lac Tanganyika. Actuellement, l'Administration autorise la pratique des pêches par la délivrance des permis.

Le but de l'institution du permis de pêche est de soumettre l'activité de pêche projetée au respect des conditions d'exploitation des ressources halieutiques, telles que définies dans le plan de gestion et d'aménagement de la zone de pêche, où la pêche doit être pratiquée. Le permis mentionne :

- le type et les caractéristiques de l'embarquement ;
- les instruments de pêche à utiliser ;
- les zones de pêche ;
- les espèces et quantités de ressources halieutiques, dont la capture est permise ;
- le nombre de personnes autorisées à exercer les activités de pêche pour un même permis.

---

[152] Article 6, décret du 12 juillet 1932

[153] Article 1 et 6 du décret du 12 juillet 1932

L'autorité qui a délivré le permis peut suspendre ou retirer le permis de pêche, s'il constate que le titulaire du permis ou les personnes qui travaillent pour son compte ont contrevenu aux dispositions de la loi ou aux conditions d'octroi des permis de pêche.

La liberté de pêche proclamée par le décret précité du 21 avril 1937, connaît cependant les limitations.

Le décret du 21 avril 1937 précité interdit :la pêche dans les eaux qui appartiennent à autrui, si le fonds dont elles dépendent n'est grevé d'un droit de pêche à son profit, ou s'il y a consentement du propriétaire ou de ses ayants droit ; la destruction des frayères (zones de reproduction des poissons) ; la pêche des alevins (des jeunes poissons servant à peupler les rivières et les étangs) ; la destruction des frais (les œufs des poissons) et des eaux constituées en réserve par Arrêté du Ministre ayant les eaux dans ses attributions (ou celui de la pêche) ou par Arrêté du Gouverneur de province ; la pêche de certaines espèces de poissons, dont la capture ou ramassage est interdite par Arrêté du Gouverneur ou du Ministre ayant la pêche dans ses attributions ; d'utiliser certains filets, ceux dont les mailles ont une dimension inférieure à 3 cm[154].

Est interdite également, la pêche au moyen d'engins électriques, à l'aide d'explosifs, de substances toxiques, telles qu'insecticides, herbicides, fongicides ou toute autre substance propre à empoisonner les eaux et à provoquer la destruction massive des poissons, sauf autorisation, par l'administrateur du territoire, de pêcher à l'aide d'engins électrique, d'explosifs ou de substances toxiques aux personnes spécialement chargées d'études ou de recherches[155].

La République Démocratique du Congo est dotée d'un des plus importants potentiels en ressources en eau en Afrique et dans le monde. Outre le fleuve Congo (Le fleuve Congo est cinquième fleuve au monde de par sa longueur (4.374 Km²) et 2ème de par son débit (40 m3 par seconde à l'embouchure), qui traverse le pays du Sud-Est au Sud-Ouest, en passant par le Nord, et qui est lui-même formé de plusieurs affluents principaux et secondaires à débit important et régulier, les ressources en eau de la République Démocratique du Congo comprennent plus de

[154] Articles 58, 62 et 63 du décret du 21 avril 1937

[155] Ordonnance du 18 janvier 1958 et l'Arrêté département n°002 du 9 janvier 1981 portant interdiction de la pêche par empoisonnement.

quatre-vingt-dix (90) lacs, dont les plus grands sont partagés avec les pays voisins de l'Est (Tanganyika, Edouard, Albert, Kivu, Moero).

L'état des lieux des ressources en eau de la République Démocratique du Congo fait en juillet 1999 dans le cadre du Projet RAB/008-RAF/96/024 relatif au cadre de coopération dans le bassin du Nil fait aussi mention de nombreuses zones humides dont la majorité n'a pas encore été inventoriée ainsi que des formations aquifères souterraines. Le potentiel halieutique national de ces eaux est évalué à 329.000 tonnes au minimum et à un maximum de 707.000 tonnes tandis que le nombre des pêcheurs est à peu près évalué à 200.000[156].

Le document du Projet de politique, stratégies et plan d'actions des pêches en RDC préparé par le Ministère de l'Agriculture, Pêche et Elevage du mois d'octobre 2002 indique que 1200espèces de poissons peuplent les eaux congolaises et que 800 espèces seulement ont été recensées. La production nationale estimée à 220.000 tonnes par an ne représente que 3,1% du potentiel maximum, soit une consommation moyenne per capita de 4,4 kilogrammes de poissons par habitant par an, soit de loin inférieur au seuil de 21 kilogrammes fixé par la F.A.O., et même à celui de l'Afrique évalué à 14 kilogrammes de poissons par habitant par an[157].

Les mêmes données susmentionnées renseignent qu'en se fondant sur les estimations actuelles de 50 millions d'habitants, pour l'année 2002, il faudrait 700.000 tonnes par an pour répondre aux besoins actuels en produits de pêche. Ce qui donne un déficit annuel à combler de 480.000 tonnes ; lequel ne peut être résorbé suivant le même plan que moyennant l'optimisation de l'exploitation des ressources halieutiques nationales et la contribution de l'exploitation des eaux maritimes des pays voisins.

La RDC développe, selon les données du même Ministère, la pêche maritime le long du littoral, la pêche continentale dans les principaux lacs de la vallée du Refit (situé à l'est du pays le long de la frontière avec le Burundi, le Rwanda, la Tanzanie et la Zambie) et les plans d'eau du bassin du fleuve Congo. Les eaux continentales de la RDC comptent 1089 espèces réparties en plusieurs familles (Allestidae, Moridae, Claridae, Ciclhidae et Cyprinidae)[158]. L'effectif total des pêcheurs de ces

---

156 Données fournies par le Plan Directeur des Pêches

157 Recommandations de l'Organisation de l'Unité Africaine

158 www.fishbase.org

sites est associé à la pêche pélagique et à la pêche traditionnelle. En dépit de ce potentiel, en 2007, la RDC importait plus de ressources halieutiques qu'elle n'en exportait. La valeur des importations était estimée à 71.034 000 $US, contre 402 000 $US pour les exportations.

La RDC a un potentiel halieutique estimé à 707.000 tonnes de production par an. Malgré ce potentiel et le nombre élevé des pécheurs artisanaux évalué à près de 200. 000 personnes, la RDC importe plus de 150.000 tonnes de poissons par an pour une consommation annuelle estimée à environ 240.000 tonnes. Le nouveau partenariat signé entre la RDC avec l'Egypte va permettre d'augmenter la production des poissons grâce à la première expérience de l'élevage des poissons en RDC.

Les deux pays se sont accordés pour la création d'une unité intégrée de production des poissons notamment les Tilapias, les carpes et clarias qui va s'étendre sur une superficie d'au moins 50 hectares donnant directement sur le fleuve Congo dans le Pool Malebo à Kinshasa. La signature de ce nouveau partenariat a eu lieu entre le Ministère de l'Agriculture et du Développement rural et le Ministère de l'Agriculture et de la Bonification des Tertres/L'Organisation générale pour le développement des Ressources halieutiques(GAFRD), agence d'exécution agissant au nom du Gouvernement égyptien (GAFRD), représenté par son vice-président Mohammed Elgazzar.

Ce projet sera constitué d'une ferme piscicole intensive de production de Tilapia, carpe et clarias, d'une unité d'écloserie destinée à fournir à la ferme des alevins de qualité, ainsi que d'une unité de cages flottantes. Les deux parties vont entreprendre également des activités conjointes notamment les recherches, les démonstrations et les formations des spécialistes en la matière.

Les problèmes qui se posent pour ce secteur comprennent, entre autres, la pollution, l'insuffisance d'éducation environnementale et la non application de textes législatifs et réglementaires. Malgré le potentiel touristique de la RDC, notamment les caractéristiques géophysiques et la diversité culturelle de sa population, le secteur n'est pas développé à son plein régime. La faible exploitation des potentialités de ce secteur est due à un environnement caractérisé par l'insécurité juridique et politique, le manque d'infrastructures d'accueil, les difficultés d'hébergement, de communication et de transport, ainsi que l'absence d'une politique de promotion et de marketing.

La politique de gestion des pêcheries de la RDC élaborée en 1986 visait l'augmentation de la production pour approvisionner les marchés intérieurs et augmenter les exportations, améliorant de ce fait les revenus et le bien-être de la population, tout en contribuant au développement du secteur et en encourageant la coopération régionale et internationale. Depuis l'élaboration de cette politique, le contexte sociopolitique et économique a évolué en apportant plus d'attention à la nécessité de la participation effective des pêcheurs à la gestion des pêcheries et de la biodiversité, ainsi qu'à l'intégration de la pêche dans les stratégies de développement local.

Très peu de recherches sur la pêche ou l'aquaculture ont été réalisées au cours des dernières années en raison des troubles à l'ordre civil, de l'effondrement de l'économie et de la fermeture ou du retrait obligatoire des programmes d'aide internationaux sur la pêche. Une exception partielle a été la région orientale des lacs, où des chercheurs halieutes de la RDC ont pu participer, dans une certaine mesure, à plusieurs projets régionaux, notamment le Projet régional sur la planification, le développement et la gestion des pêcheries continentales en Afrique du sud/centrale/de l'est (IFIP).

Un projet régional FAO/PNUD a été exécuté de 1989 à 1992. Ce projet visait la promotion d'une exploitation plus efficace et plus rationnelle des ressources halieutiques dans les principaux plans d'eau intérieurs ; IDEAL (Décade internationale des lacs de l'Afrique de l'est) a été établie (effectif en 1992-1993) comme un projet de dix ans pour la recherche sur la limnologie biologique, géologique, chimique et physique de la fissure (rift) de l'Afrique de l'est. Les objectifs du projet sont : (a) obtenir des données à longue et haute résolution sur le changement de l'écosystème dans les lacs tropicaux de l'Afrique de l'est ; et (b) fournir un programme de formation complet pour les étudiants et les scientifiques africains et internationaux, afin de renforcer les capacités institutionnelles africaines en sciences aquatiques et établir des partenariats dans le domaine de la recherche entre les spécialistes africains en limnologie et en paléoclimatologie et ceux de l'hémisphère nord.

Dans la phase initiale du projet, l'attention s'est concentrée principalement sur le lac Victoria. Ainsi les résultats obtenus incluent une collection étendue de publications universitaires/académiques dont les références sont répertoriées sur le site Web d'IDEAL[159].

Le projet de recherche pour la gestion des pêches sur le lac Tanganyika (LTR- GCP/RAF/271/FIN) impliquant quatre pays : le Burundi, la RDC, la Tanzanie, et la Zambie a été formulé suite à la recommandation de la première session du sous-comité du CPCA de 1978 pour le lac Tanganyika. Il est devenu entièrement opérationnel en 1992, sous l'exécution de la FAO, avec le financement de la Finlande.

Le projet a depuis effectué un vaste programme d'études impliquant l'hydrodynamique, la limnologie, l'ichtyologie et la planctonologie, la télédétection, la génétique des poissons et les statistiques de pêche. Celles-ci sont entièrement documentées à travers la série de publications sur le projet.

Les investigations complémentaires sur la législation et les aspects socio-économiques et institutionnels ont complété les bases pour la préparation d'un cadre régional du plan de gestion de pêcheries (FFMP) pour le lac Tanganyika, qui est basé sur les principes énoncés dans le Code de conduite de la FAO pour une pêche responsable. Le projet FISHCODE (GCP/INT/648/NOR Aide aux pays en voie de développement pour la mise en œuvre du Code de conduite pour une pêche responsable), basé au siège de la FAO à Rome, a fourni un financement additionnel pour faciliter le travail de préparation du FFMP.

Après revue et discussion avec les autorités nationales de pêche de quatre états concernés, et une série de consultations avec les groupes locaux d'utilisateurs des ressources, le FFMP a été adopté en mai 1999 par les délégués à la huitième session du Sous-comité lac Tanganyika du CPCA. Une étude de faisabilité pour le programme de mise en œuvre du FFMP a été programmée pour fin 1999/début 2000. Le siège du projet LTR est basé à Bujumbura, Burundi.

Section 5 : Les carrières et hydrocarbures

Les tensions entre la RDC et l'Ouganda, c'est aussi, outre l'exploitation du bois et de l'or, la découverte du pétrole sous les eaux du lac Albert. Des experts pétroliers estiment que les réserves du lac Albert

[159] http://lrc.geo.umn.edu/ideal

et de la vallée de la Semliki pourraient dépasser le milliard de barils et que les premiers forages devaient commencer au deuxième semestre 2009[160].

Mais, la présence du pétrole a déjà exacerbé des tensions entre Kinshasa et Kampala. Début Aout 2007, l'Ouganda avait accusé l'armée congolaise d'avoir tué un ingénieur britannique travaillant pour le groupe pétrolier canadien « Héritage oil », sur la partie Ougandaise du lac. En septembre 2007, six congolais ont également été tirés au cours d'un accrochage avec des soldats ougandais sur le lac. Jusqu'ici, aucun accord n'a été conclu entre l'Ouganda et la RDC sur ce pétrole ; mais les deux parties se sont engagées « à promouvoir de nouvelles initiatives de coopération dans le secteur du pétrole », notamment.

Puisque le pétrole est à l'ordre du jour en RDC, on craint une guerre de plus dans sa cuvette centrale, espace qui couvrirait une autre grande nappe pétrolière. Depuis quelques années, les études sont en cours, menées par des compagnes brésiliennes, notamment. Mais, le cout des études exploratoires, la recherche, le forage, le transport de la production donnent le frisson aux futurs exploitants.

En définitive, prédisent les experts, avec ses trois bassins de la cote sur le littoral de l'Océan atlantique (avec ses 25.000 barils/jour exploitation), de la cuvette centrale en pleine forêt équatoriale et celui du lac Albert, actuellement disputé avec son voisin l'Ouganda, la République Démocratique du Congo serait à même de produire 10% des réserves mondiales de pétrole[161]

A ce jour, un débat nourri s'intensifie en rapport avec la question de l'exploitation ou non du pétrole du Parc National de Virunga (PNVI). Créé en 1925, le PNVI est le plus vieux d'Afrique, abrite 200 espèces de mammifères et s'étend sur plus de 8.000km². Il est classé au patrimoine mondial de l'Unesco et listé dans les zones humides RAMSAR.

Des concessions pétrolières (Bloc III, IV et V du Rift Albertin) ont été attribuées en juin 2010 par le gouvernement congolais sur 85% de la superficie du parc; et touchent également certains espaces de vie pour les communautés riveraines du PNVI. La SOCO s'est déjà lancée dans les activités d'exploration du pétrole dans le Bloc V qui va de Rumangabo (Territoire de Rutshuru) en passant par Alimbongo et le lac Edouard

160 Les ressources naturelles, in Afriquespoir, op.cit

161 Idem.

(Territoire de Lubero) jusqu'à Kasindi-Port (Territoire de Beni). Notons que le Bloc 5 s'étend sur une superficie couvrant 60% du Parc National des Virunga[162].

Après la signature du contrat de partage de production avec le Gouvernement Congolais sur base de l'Ordonnance présidentielle n°10/044 du 18/06/2010, SOCO avait envoyé une mission d'information au Nord-Kivu pour présenter les avantages que tireraient les Communautés Locales et Peuples Autochtones sur les activités pétrolières : l'emploi (près de 500), l'amélioration du niveau des infrastructures et les condition de vie, etc., en mettant ensemble les principaux acteurs : Etat congolais, SOCO, OSC, les COLO &PA, les chefs coutumiers, les pêcheurs, etc.

Un tel projet n'est pas sans conséquences néfastes sur la conservation de divers écosystèmes de cette Aire protégée, notamment : les pressions humaines sur le parc par le braconnage et les activités liées à la survie ; la contamination du lac, source vitale d'eau douce et de protéines pour les communautés locales riveraines et d'autres milliers de personnes ; la menace de disparition du biotope de 200 gorilles de montagne que compte actuellement le PNVI.

Il importe donc de mener une recherche-action sur la valeur ajoutée environnementale du pétrole par rapport aux services environnementaux et socio-économiques fournis par le PNVI pour un développement durable ; et d'accélérer le processus sur la nouvelle réglementation en matière des hydrocarbures. Le projet de loi sur les hydrocarbures devrait être ouvert à une consultation publique comme ce fut le cas avec la révision du code minier.

Pour sa part, le Professeur Dieudonné Musibono du Département de l'Environnement, Faculté des Sciences de l'Université de Kinshasa note que différentes activités pétrolières (Exploration, Forage, Exploitation, Torches, Rejets des effluents pétroliers de la Production en on shore…) entrainent des impacts environnementaux notables (Dégradation ou destruction des habitats et frayères, Pollutions et atteintes à la biodiversité, Emissions de gaz à effet de serre et gaz toxiques, Pluies

162Atelier national sur le pétrole tenu à Kinshasa, du 20 au 21 Février 2013, Thème : Conflit Pétrole-Aire Protégée : Cas du Parc National des Virunga. Par les Acteurs environnementaux et des Droits Humains de la Société Civile du Nord-Kivu (Réseau CREF, CREDDHO, IDPE, SOPR).

acides, Réchauffement du climat, Stérilisation des sols, Maladies respiratoires notamment chez les enfants de 0-5 ans, Appauvrissement des captures et clochardisation des pêcheurs, Réduction de la capacité de pêche à la suite de la destruction des ressources halieutiques, Accentuation de la pauvreté et développement des stratégies de survie : surpêche artisanale, carbonisation et destruction de la mangrove, Baisse de rendements à cause des pluies acides issues des gaz acides des torches, Atteintes aux aires protégées comme le Parc Marin de Mangrove, en PMM et à la capacité de pêche, Abattage des Palétuviers et autres espèces ligneuses pour le bois d'œuvre ou d'énergie)[163].

1. Photo : Biodiversité détruite à la suite de l'exploitation pétrolière dans l'océan.

2. Photo : Pollution des eaux de l'océan par l'exploitation pétrolière.

163 Musibono Dieudonné, Impacts environnementaux et sociaux du secteur pétrolier en RDC, inédit.

Il conclut que les activités pétrolières polluent bien l'environnement : l'air, l'eau, le sol, la biodiversité et l'homme ; mais l'intensité dépend de l'étape dans la chaîne. A Muanda, par exemple, les impacts environnementaux sont visibles : eau, air, sol, habitats, biodiversité pollués ou détruits. Du point de vue de l'impact social, pas grand-chose de visible malgré quelques initiatives positives (électrification, chambre froide pour les pêcheurs à Nsiamfumu, reboisement timide). Les populations sont de plus en plus pauvres ; c'est ce qu'il a qualifié de malédiction des ressources naturelles ou syndrome hollandais.

3. Photo : Destruction des mangroves aux fins énergétiques

Section 6 : Les ressources forestières

La République Démocratique du Congo se situe au cœur du massif forestier du bassin du Congo, dont elle contient environ 60% des forets. La superficie de celles-ci en RDC est estimée à 155 millions d'hectares, environ 67% du territoire national.[164] Les forêts denses humides couvrent près de 99 millions d'hectares dont un peu plus de 83 millions en basse altitude. On estime que 60 millions d'hectares de ces forêts seraient aptes à la production de bois d'œuvre ; ce qui équivaut environ à l'ensemble des autres pays forestiers d'Afrique centrale.[165]

Ces forêts sont localisées principalement dans la cuvette centrale, notamment en province Orientale, Equateur et Bandundu (Voir l'image ci-après).

[164] De Wasseige et al., (2009).

[165] MECNEF, 1977 ; FAO, 2001 ; Bebroux et al. (2007).

4. Photo : Image satellitaire d'une partie de la forêt couvrant quelques provinces forestières de la RDC

Les taux de déforestation des forets observés en Afrique centrale sont nettement inférieurs à ceux mesurés dans d'autres régions forestières tropicales (Asie du Sud-Est et Amazonie). En effet, des études récentes basées sur l'imagerie satellitaire indiquent que pour la période allant de 1990-2000, les taux annuels de déforestation en Afrique centrale et plus particulièrement en RDC sont respectivement de 0.21% et 0.25%[166] Les mêmes auteurs estiment, par ailleurs, que le taux annuel de dégradation des forets de la RDC est à 0.12%. En prenant en compte les recrus forestiers, le taux annuel net de déforestation passe alors respectivement de 0.16% pour l'Afrique centrale et de 0.20% pour RDC.

Parallèlement aux études discutées précédemment, les résultats du Programme Decadal Forest Change Monitoring (DFCM) présentent pour la même période une perte du couvert forestier en RDC de 2.0 millions d'hectares, soit un total annuel de 0.18%.[167] Ces valeurs cachent de grandes disparités régionales. Les régions les plus affectées sont le nord des provinces de l'Equateur, Orientale et la région de Kivu.

En effet, l'examen de la carte de changement produite pour la RDC par le Programme DFCM confirme ces observations et indiquent par ailleurs une concentration des zones de déforestation le long des axes de transport routiers ou fluviaux, autour de grands centres urbains (Gemena, Lisala-Bumba, Kisangani, etc.) et dans les zones à forte densité

166 Duveiller et alii. (2008)

167 Hansen et alii. (2008)

des populations telles que la région du Kivu. La région du paysage CARPE des Virunga présente le taux annuel de déforestation le plus élevé de 0.57%, soit presque 3 fois supérieur à la moyenne nationale.[168]

Les aires protégées (forêts classées) afficheraient une superficie administrative de 26.1 millions d'hectares, soit 11.2% du territoire national, dont près d'un tiers classés en parcs nationaux. Les forêts de production permanente actuelles, au regard des titres jugés convertibles suite à l'application du décret n°5/116 du 24 octobre 2005, couvrent une superficie administrative de 9,7 millions d'hectares, soit 4,2% du territoire national et plus spécifiquement un peu plus de 6% de la superficie forestière du pays.[169]

Le gouvernement a entrepris un effort d'apurement de la situation des contrats forestiers, avec l'abrogation en 2002 de 163 titres, représentant 25,5 millions d'ha, pour non-respect des obligations contractuelles. Cependant, l'instabilité politique qui a caractérisé la période dite de transition politique (avant les élections de juin 2006) a favorisé des attributions irrégulières de titres forestiers, malgré un moratoire officiel sur les attributions de concessions décidé en mai 2002. En janvier 2009, le gouvernement congolais a achevé le processus dit de conversion des anciens titres forestiers en concessions, conformément à la nouvelle loi forestière[170].

Des requêtes de conversion avaient été déposées sur un peu plus de 22 millions d'hectares de titres forestiers en janvier 2006. Une commission interministérielle faisant une large place aux représentants de la société civile et à ceux des peuples autochtones a déclaré comme étant légalement acquis 65 titres forestiers couvrant près de 10 millions d'hectares. En outre, un nouveau moratoire d'une durée de 3 ans sur l'attribution de nouvelles concessions forestières a été annoncé en octobre 2008 par le Ministre de l'Environnement, Conservation de la Nature et Tourisme.[171]

Depuis 2009, le Gouvernement congolais a franchi des étapes importantes pour entamer un zonage forestier participatif. De nouvelles

---

168 Lindquist et alii. (2010)

169 Idem.

170 Les forêts du bassin du Congo-Etat des forets 2008. Eds : de Wasseige C., Devers D., de Marcken P., Eba'a Atyi R., Nasi R., et Mayaux Ph. (2009), Office des publications de l'Union européenne, p.116

171 MECNT, 2008.

lignes directrices assurent un zonage adéquat des forets à la lumière des principes internationaux de sauvegarde sociale et environnementale. Ces lignes directrices sont censées consacrer des mesures d'application[172] du Code forestier de 2002 en ce qui concerne la transparence de l'allocation des concessions forestières et des forêts de production permanente, la participation des communautés locales et des populations autochtones dans le processus de zonage forestier et le zonage d'au moins 15% du territoire national en forêts classées[173].

Le zonage forestier ne consiste pas seulement à écouter les communautés locales et à faire exactement ce qu'elles souhaitent. La RDC doit gérer des problèmes, mais aussi des engagements nationaux et internationaux liés à la gestion de ses forêts, tels que le développement économique, les droits de l'homme, les émissions de carbone, le climat et la conservation de la biodiversité.[174]

Il s'agit d'établir, au regard de l'article 22 du Code forestier de 2002, un autre type de macro-zone, les « forêts communautaires », souvent appelées GCRN (Zone de Gestion Communautaire des Ressources Naturelles), gérées essentiellement par les communautés locales.[175]

---

172 Arrêté ministériel n°107/CAB/MIN/ECN-T/15/JEB/009 du 20 août 2009 portant création, composition, organisation et fonctionnement du Comité national de Pilotage du Zonage forestier ; Arrêté ministériel n°018 du 28 avril 2010 portant nomination des membres du Comité National de Pilotage du Zonage Forestier en RDC de Son Excellence monsieur le Ministre en charge des forets.

173 MECNT, 2011b.

174 Les forêts du bassin du Congo-Etat des forets 2010. Eds : de Wasseige C., Devers D., de Marcken P., Eba'a Atyi R., Nasi R., et Mayaux Ph. (2012), Office des publications de l'Union européenne, p.230

174 MECNT, 2008.

175 Yang-Gen et alii, (2010) ; USFS, (2008) ; Dupain et alii, (2010a) ; Mehl-man, (2010).

CHAPITRE TROISIEME
LE DROIT, L'ENVIRONNEMENT ET LE DEVELOPPEMENT DURABLE

Section 1 : Les notions de Droit et des droits de l'homme

A. Préliminaires sur le Droit

Le droit trouve ses racines dans la société, en même temps qu'il s'adapte à son évolution ou à ses changements ; il est pour ainsi dire dynamique. C'est le sens de l'adage latin « **Ubi societas, ibi jus** »qui signifie : Là où il y a une société (communauté des hommes), s'applique nécessairement le Droit. Et la société, on le sait, existe depuis les temps immémoriaux (le récit de la création consacrée dans le livre de Genèse en dit long). Le Droit est ainsi aussi vieux que le monde. Il est davantage inspiré par des idées évangéliques (voir le Droit canon).

Etymologiquement, le mot « Droit » vient du mot latin « directum », qui signifie « conforme à la règle ». II peut également, sur le plan étymologique, venir du mot latin « jus » qui vient à son tour du verbe latin « jubere », qui signifie : commander, contraindre ou ordonner.

Le mot « droit » a divers sens dont deux principaux[176] :

- Dans son sens premier, il désigne l'ensemble des règles qui gouvernent l'activité de l'homme et dont la violation est sanctionnée par les autorités étatiques. Dans ce premier sens, le droit est envisagé par rapport à l'objet qu'il réglemente et c'est pour cette raison qu'on l'appelle « Droit objectif ». Le Droit égale la règle de droit. Le Droit objectif apparait et se développe à travers diverses sources (loi, traités internationaux, jurisprudence, coutume).

Exemple : Tout fait quelconque de l'homme qui cause dommage à autrui oblige celui par la faute duquel le dommage est arrivé à le réparer. C'est l'article 258 du Code civil congolais, Livre III. Le droit objectif a ainsi un caractère obligatoire pour tous et sa force réside dans la contrainte ou dans la sanction.

---

176 Sossa Dorothé C. et Djogbenou Joseph (2012), *Introduction à l'étude du droit. Perspectives africaines*, Les éditions du CREDIJ, Cotonou, p.10

Les forêts qui constituent l'objet de notre travail ayant un caractère transnational, les conventions ou traités internationaux constituent une des sources importantes pour notre étude. La notion du Droit communautaire n'est pas en reste. L'un des phénomènes les plus marquants de ces dernières années est à l'évidence celui qui a trait à la communautarisation des sources du Droit international privé ; laquelle conduit à remodeler, de manière profonde, les principes qui étaient jusqu'à présent consacrés.[177] C'est le cas du Droit OHADA (Organisation pour l'Harmonisation en Afrique du Droit des Affaires).[178]

- Dans un second sens, le droit désigne les prérogatives dont une personne peut jouir en sa qualité de sujet de Droit : droit d'être propriétaire, d'être titulaire du droit de vote… Dans ce sens, accent est mis sur le sujet titulaire du droit ; raison pour laquelle on parle de « droits subjectifs ».

Le fait de vivre en société n'empêche pas chacun de ses membres d'avoir une personnalité propre, une conscience individuelle différente de celle d'autres membres de cette société. L'homme a ainsi droit à l'affirmation et à l'épanouissement de sa personnalité au sein même de la société dont il relève.

En vue de satisfaire à cette tendance, le droit objectif a, par des règles précises, assuré à chaque individu des pouvoirs, des facultés, des prérogatives qui protègent l'action de chacun, dans la mesure où les actes individuels sont parfois incompatibles avec les intérêts de la société. Ces facultés ou prérogatives portent le nom de droits subjectifs.

Exemple : Kasongo, automobiliste, renverse et blesse Lukusa, cycliste, pendant qu'il effectuait une manœuvre de déplacement. En vertu du droit objectif (article 258 du code civil congolais), Lukusa a le droit subjectif (droit à l'intégrité physique et à la propriété suivant les dispositions constitutionnelles) d'exiger réparation du dommage subi au plan physique (soins médicaux) et au plan matériel (réparation de la bicyclette).

---

177 Francois Melin (2008), Droit international privé, Gualino Lextenso éditions, 3ème édition, Paris, p.24.

178 Joseph Kamga et Marlize Elodie Ngnidjio Tsapi, « L'insertion du droit de l'Ohada en RD Congo : les roses et les épines », in Droit des Affaires-Pratique Professionnelle, Revue de l'ERSUMA, N°2 Mars 2013, pp. 241 -258 ; Issa-Sayegh Joseph, Répertoire quinquennal OHADA 2000-2005, Porto Novo, 815 p.

Il y a lieu de noter que les droits subjectifs sont énumérés par la Constitution de chaque pays dans sa partie consacrée aux droits et libertés fondamentaux, inspirée par la Déclaration universelle des droits de l'homme et plusieurs autres instruments juridiques internationaux.

Aux termes des articles 16, 17, 22 et suivants de la Constitution de la troisième république de notre pays, les droits et libertés fondamentaux des citoyens sont : le droit à la vie, à l'intégrité physique, au libre développement de sa personnalité, à l'information, à la propriété individuelle et collective, à l'exercice du commerce, de l'art, de l'artisanat, au travail, à l'éducation, à la culture, à la paix, à la sécurité de ses biens et de sa personne, à l'environnement sain et propice à son épanouissement intégral ainsi que la liberté de mouvement, de presse, d'association, de réunions, de manifestation…

En contrepartie de ces droits ou pour leur consolidation, toute personne a le devoir de défendre le pays et son intégrité territoriale face à une menace ou à une agression extérieure (pour cela, tout citoyen peut être soumis à un service militaire obligatoire et toute autorité a le devoir de sauvegarder l'unité de la République et l'intégrité de son territoire, sous peine de haute trahison), le devoir de faire échec à tout individu ou groupe d'individus qui prend le pouvoir par force ou l'exerce en violation des dispositions de la constitution, le devoir de payer ses impôts et taxes, le devoir de respecter et de traiter ses concitoyens sans discrimination, le devoir de protéger la propriété, les biens et intérêts publics et de respecter la propriété d'autrui…

Lorsqu'on parle de la règle du droit, il s'agit du droit objectif. Dans les pays de droit écrit, la règle de droit est créée dans des conditions diverses. L'expression « source de droit » renvoie aussi bien à la détermination des autorités habilitées à créer les règles de droit qu'aux types d'actes pris par ces autorités[179].

---

179 Gilbert Bossa et alii (2008), *L'entreprise et le droit*, OHADA UEMOA-CEMAC-CIMA-OAPI, Juriscope, 3ème édition, p.11.

B. Les droits de l'homme

1. Notions des droits de l'homme

a. Quelques dates clés

- 26 août 1789 : La Déclaration des droits de l'homme et du citoyen est adoptée par l'Assemblée nationale française.
- 27 octobre 1946 : Le préambule de la Constitution de la IVème République ajoute à la Déclaration de 1789 des droits économiques et sociaux.
- 10 décembre 1948 : La Déclaration universelle des droits de l'homme des Nations unies.
- 1950 : La convention européenne de sauvegarde des droits de l'homme et des libertés fondamentales est adoptée par les membres du Conseil de l'Europe.
- 1993 et 1994 : Création par le Conseil de sécurité de l'ONU des Tribunaux pénaux internationaux pour l'ex-Yougoslavie (TPIY), le 25 mai 1993, siégeant à La Haye aux Pays-Bas, et pour le Rwanda (TPIR), le 8 novembre 1994, qui siège à Arusha en République-Unie de Tanzanie.
- 17 juillet 1998 : Adoption du statut de Rome créant la Cour pénale internationale (CPI) par 120 pays participant à la Conférence diplomatique des plénipotentiaires des Nations unies sur l'établissement d'une CPI. Le statut est entré en vigueur le 1^{er}juillet 2002. La Cour est installée à La Haye.
- 7 décembre 2000 : Proclamation, lors du Conseil européen de Nice, de la Charte des droits fondamentaux de l'Union européenne.

b. Origines et évolution des droits de l'homme

Tout au long de l'Antiquité, la notion ne semble pas très développée, comme l'atteste l'existence de l'esclavage. Mais des débats autour de l'évolution du statut de l'esclave à Rome marquent une étape : selon le droit naturel tous les hommes sont égaux, c'est le droit des hommes qui répartit les êtres entre hommes libres et esclaves. Des débats entre historiens autour du rôle du christianisme dans ce domaine ont lieu[180].

---

180 Vigneron Roger, Le Droit romain, Notes de cours, Premier graduat, Faculté de Droit, Université de Mbuji-Mayi, année académique 1994-1995.

Au Moyen-âge, l'influence de l'Église semble faciliter la suppression du servage. La juridicisation de la société (autour du Droit romain par exemple) facilite l'émancipation des communes, etc. La Grande Charte de 1215 en Angleterre établit ainsi un certain nombre de libertés en faveur des hommes libres et la suprématie de la loi sur les actes mêmes du souverain.

Les droits de l'homme, en tant que notion essentiellement politique, sont apparus en Europe, puis en Amérique, avec des différences nationales marquées. Les citoyens acquièrent au XVIIème siècle[181] et XVIIIème siècle[182] des droits civils et politiques : liberté individuelle, droit de propriété, droit de résistance à l'oppression, liberté de pensée.

Les droits de l'homme, conquête des États démocratiques modernes, ont été au cœur de l'affrontement avec les régimes totalitaires au XXème siècle. Ces droits s'élargissent aux domaines économique, social et culturel, en même temps qu'ils se diffusent dans le reste du monde.

La Déclaration universelle des droits de l'homme de 1948, élaborée dans le cadre des Nations unies, ajoute aux droits civils et politiques des principes économiques et sociaux, comme le préambule de la constitution de 1946 le fait pour la France. Sont notamment reconnus : le droit au travail, à la protection de la femme et de la famille (groupe de personnes liées par des liens de filiation et d'alliance), au respect de la vie...[183]

Le contenu des droits de l'homme reste contesté. Sur quel texte s'appuyer ? Qui a autorité pour faire émerger ces droits ? Les déclarations élaborées dans un cadre international visent justement un accord sur des notions communes. Cependant, la Déclaration de 1948, sans valeur juridique contraignante pour les Etats, reste une pétition de principes. Par ailleurs, les droits de l'homme évoluent avec le temps, et peut-être convient-il de les examiner au regard des changements de la société ou de l'économie.

L'universalité même des droits fait débat. Certains pays critiquent la vision trop occidentale, ou trop chrétienne, qui les imprègne, y voyant l'expression d'une volonté de domination du modèle occidental libéral. Les pays les plus pauvres sont réticents à faire respecter certains droits,

---

181 Habeas corpus de 1679 et Bill of Rights de 1689 en Angleterre.
182 Déclaration de 1789.
183 http://www.viepublique.fr/th/glossaire/famille.html

notamment économiques et sociaux, ce qui renvoie au problème des conditions mises à l'aide au développement[184].Cette contestation existe aussi au sein des pays développés : sur la question de la peine de mort par exemple, tandis que certains droits sociaux ne font pas l'unanimité dans les systèmes capitalistes (ex : l'âge de travail des enfants est de 13 ans en Angleterre et de 16 ans en France). Enfin, comment articuler les droits entre eux : par exemple, comment concilier liberté religieuse et protection de la liberté de pensée avec l'existence des sectes ?

Les déclarations des droits sont le plus souvent des textes symboliques qui ne lient pas les États à l'intérieur de leurs frontières et dans leurs rapports avec les citoyens. Ils sont donc libres de mettre en place ou non des moyens pour en assurer le respect. L'effectivité du respect des droits est entre les mains des États. En France, il faut attendre le développement du contrôle de constitutionnalité (qualité de ce qui est conforme à la Constitution) par le Conseil constitutionnel (1971), pour que la Déclaration de 1789 et le préambule de 1946 soient tenus comme des sources de droit supérieures aux lois, que ces dernières doivent respecter[185].

En Europe, les Etats ont accepté que la Cour européenne des droits de l'homme de Strasbourg, juridiction du Conseil de l'Europe et non de l'Union européenne, puisse être saisie par tous les ressortissants d'Etats signataires de la convention de 1950, mais l'application de ses verdicts reste à la discrétion des Etats. Une justice internationale, embryonnaire, tend à se développer en réponse à certains conflits particulièrement sanglants. Ont été mis en place des tribunaux pénaux internationaux pour juger les crimes commis dans l'ex-Yougoslavie et au Rwanda.

Par ailleurs, la Cour pénale internationale, installée à la Haye, sanctionne, dans un cadre international permanent, les crimes contre la paix, contre l'humanité et les crimes de guerre. Cependant, pour les autres droits, l'indépendance des Etats reste totale. Il revient alors à d'autres acteurs, comme les organisations non gouvernementales (ONG), de faire pression pour, par exemple, dénoncer les entraves à la liberté d'expression. L'exemple concret, c'est la compatibilité entre la Charia et la Convention européenne des droits de l'homme et des libertés fondamentales de 1950. En août 2001, la Cour européenne des

---

184 Idem.

185 http://www.vie-publique.fr/th/glossaire/constitutionnalite.html

droits de l'homme a estimé que l'instauration de la Charia[186] n'était pas compatible avec les valeurs prônées par la Convention européenne des droits de l'homme de 1950.

Il s'agissait pour la Cour de juger si le gouvernement (Organe collégial composé du Premier ministre, des ministres et des secrétaires d'Etat chargé de l'exécution des lois et de la direction de la politique nationale) turc avait le droit de dissoudre un parti islamique turc, le Refah, en raison des valeurs prônées par ce parti (Charia notamment)[187].

La Cour a validé la dissolution (Acte par lequel le Chef de l'Etat met fin par anticipation au mandat de l'ensemble des membres d'une assemblée parlementaire)[188]. Les dispositions de la loi islamique concernant les libertés publiques (Ensemble des droits fondamentaux individuels ou collectifs reconnus par les textes), les interprétations diffèrent, les règles de Droit pénal, la place des femmes dans l'ordre juridique, les interventions dans les domaines de la vie privée et publique seraient ainsi contraires à la Convention européenne des droits de l'homme[189].

c. La classification des droits de l'homme

Il y a deux manières de classer les droits de l'homme : classification binaire et classification par option. La classification binaire retient deux catégories de droits de la personne : les droits généraux et les droits spécifiques[190]. Les droits généraux sont les droits qui sont reconnus à toutes les personnes humaines sans exception ; et sont absolument universels.

Par contre, les droits spécifiques visent les droits spécialement reconnus à des catégories précises des personnes, au regard de leur vulnérabilité liée notamment à l'âge, au sexe, au déracinement territorial... On parle ainsi de droits de la femme, de droits de l'enfant, de droits des refugiés, de droits des personnes handicapées, de droits des

---

186 La loi islamique révélée à Mahomet.

187 http://www.vie-ublique.fr/th/glossaire/gouvernement.html

188 Avril Pierre et Gicquel Jean (2004), Droit parlementaire, Ed. Mont chrétien, 3ème édition, Paris, p.143

189 http://www.vie-publique.fr/th/glossaire/libertes-publiques.html

190 Ngoma-Binda (2005), *La Participation politique. Ethique civique et Politique pour une culture de paix, de démocratie et de bonne gouvernance*, 2ème édition revue et augmentée, Academic ExpressPress, Kinshansa, p. 100

minorités, de droits des personnes confrontées à une situation de guerre. Tous ces droits ont fait l'objet des définitions rigoureuses et des codifications dans les Conventions et Déclarations internationales. La classification par option est la plus connue ; et parfois dénommée « Classification générationnelle »[191].

La première génération des droits de l'Homme comprend les droits civils et politiques : droits à l'égalité, à la liberté, à la vie, à l'intégrité physique ou à l'inviolabilité de la personne, à la sécurité de la personne et de ses biens ; les droits à la liberté d'opinion, de conscience, d'expression, d'association, de libre circulation, de citoyenneté ; et les droits de vote, d'éligibilité, de participation à la gestion des affaires de sa nation, de résistance contre la tyrannie et la dictature.

C'est avec les Philosophes des 17ème et 18ème siècles que ces droits apparaissent de manière claire à la conscience de l'homme. Il s'agit essentiellement des droits de l'individu qui revendique, contre la dictature et la domination, un espace d'autonomie et de liberté vis-à-vis de l'Etat et des détenteurs du pouvoir politique et ou économique dans la cité, et un droit de regard et de participation à la direction des affaires publiques dans cette perspective des droits de l'homme. C'est, en somme, l'Etat libéral individualiste qui est affirmé dans cette perspective des droits de l'Homme.

La deuxième génération est celle qui regroupe les droits économiques, sociaux et culturels : droit à la propriété privée, au travail, au logement, à une rémunération convenable et équitable « suivant le principe d'un salaire égal pour un travail égal » ; droit à l'éducation, à la santé, à la protection de la famille ; droit à une vie culturelle épanouie.

La troisième génération est principalement apparue à la fin du 20ème siècle, avec le constat de l'approfondissement du sous-développement du Tiers Monde et la dégradation accélérée de l'environnement, du fait de l'industrialisation à outrance et de l'exploitation effrénée et sauvage des ressources du monde[192].

---

191 Idem.

192 Ngoma-Binda, op.cit.

Section 2 : La problématique mondiale de l'environnement et du développement durable

A. Origine et notion du Droit de l'environnement

Parmi les secteurs du Droit, c'est sans doute le Droit de l'environnement qui a connu le début le plus important et le plus rapide au cours de deux dernières décennies ; il y a un peu plus de 20 ans, on ne parlait pas d'un tel Droit, bien qu'il existe çà et là des textes législatifs ou réglementaires, des traités internationaux concernant des sujets qui, par la suite, seront considérés comme relevant de l'environnement.

C'est à la suite de la prise de conscience à la fin des années 1.960 de dangers qu'encoure notre biosphère que l'opinion publique du monde industrialisé a commencé à se préoccuper sérieusement des pollutions et de la disparition d'espace floristique et faunique sauvages. En peu de temps, il a été reconnu que des mesures devraient être prises et qu'une certaine cohérence entre ces mesures était nécessaire, le caractère global de l'environnement étant devenu très rapidement une évidence, une préoccupation et une vérité.

Comme, par ailleurs, on peut le constater, le principal moyen de défendre notre milieu de vie est apparu être l'intervention des puissances publiques, c'est-à-dire la création des règles de Droit et d'institutions. Cet ensemble des règles de Droit constitue la nouvelle branche et fait partie de l'ensemble du Droit par l'unité de sa problématique et un certain nombre des caractéristiques spécifiques permettant de parler de son identité propre.

B. Importance du Droit de l'environnement

L'importance du Droit de l'environnement est ainsi attestée de la façon la plus frappante par le nombre des textes relevant de son domaine. En République Démocratique du Congo, l'illustration est faite par une centaine de textes légaux et réglementaires, sans compter les accords ou les traités internationaux.

Mais, la reconnaissance du Droit de l'environnement entant que branche résulte aussi de l'apparition et du rapide développement de la doctrine dans ce domaine : il y a beaucoup d'écrits en matière d'environnement revendiquant une existence autonome parmi les branches du Droit.

Il est donc parfaitement justifié de parler du Droit de l'environnement ; mais certaines spécialités sont nécessaires à comprendre et à apprendre pour confirmer le caractère autonome du Droit de l'environnement. Ces spécialités sont :

1° La nature interdisciplinaire de l'environnement qui est, non pas une science mais un carrefour des sciences (chimie, biologie, physique, botanique, géographie).

2° Le caractère transfrontalier des phénomènes ou des facteurs de l'environnement qui appelle la coopération internationale entre Etats. Le Droit de l'environnement doit tenir compte de règles du Droit international et se prêter à la coopération internationale, étant donné que ni la mer, ni les cours d'eau, ni l'air, ni la faune et flore sauvages ne connaissent des frontières. Il en est de même de la pollution de l'eau, de l'air…

3° La finalité même du Droit de l'environnement. En effet, la protection de l'environnement met en cause non seulement les relations entre humains ; mais aussi entre ceux-ci et les autres êtres vivants (plantes, animaux) ainsi que différents milieux ou écosystèmes.

L'Union Internationale pour la Conservation de la Nature définit les objectifs de la protection de l'environnement ; et, en conséquence, ceux du Droit de l'environnement et en a arrêté la stratégie mondiale de conservation des ressources au début des années 1980. Les principes fondamentaux de cette stratégie approuvés par de nombreux gouvernements visent :

- A maintenir le processus écologique essentiel et les systèmes vitaux ;
- A préserver la diversité génétique ;
- A assurer l'utilisation durable des espèces et des écosystèmes.

Il s'agit donc pour le Droit d'appréhender des concepts qui ne lui sont pas nécessairement familiers comme la biosphère, les écosystèmes… ; cela, en vue de protéger l'environnement avec des règles un peu plus efficaces (des lois naturelles traduites dans les règles du Droit positif). Autrement dit, il se pose là un problème d'un langage que la justice doit chercher à comprendre pour mieux protéger l'environnement, et incidentiellement la question de la méthode à suivre.

Il en résulte des nombreuses règles ayant une portée plus ou moins large et appliquant essentiellement la technique « interdiction-sanction ». Dans sa démarche ou dans sa méthode, le juriste de l'environnement part des qualifications des spécialités des domaines (leurs domaines respectifs), pour déboucher sur les qualifications juridiques. Le juriste environnementaliste recourt à la ***méthode de qualification***. Et certaines disciplines juridiques sont nécessaires à cette qualification, notamment le Droit civil, le Droit administratif, le Droit pénal, le Droit international...

C. L'environnement naturel et le développement durable

La biosphère est constituée par la couche de sol, de l'eau et de l'air entourant le globe terrestre où se nouent les conditions nécessaires à la vie. Elle comprend des éléments minéraux ou abiotiques et des éléments biotiques comme les animaux, végétaux, micro-organismes...

Le rayonnement solaire est indispensable au fonctionnement de cet écosystème et est fixé par la chlorophylle (la matière verte de la feuille, de végétaux qui l'utilise pour élaborer des substances chimiques organiques essentielles à leurs propres vies comme à celles des autres espèces). Tous ces éléments interagissent les uns avec les autres en appliquant des lois universelles de la physique.

Il en résulte des facteurs des variations dans l'espace et dans le temps, notamment la température et la pression atmosphérique qui régissent le climat et en particulier le régime des précipitations ou des eaux des pluies. Et les organismes vivants doivent s'adapter aux différentes conditions physico-chimiques existantes à la surface du globe.

Ces organismes se sont à leur tour mis à agir sur les éléments abiotiques par le jeu de nombreux processus géochimiques qu'ils engagent : échange d'oxygène, de gaz carbonique, de vapeur d'eau et d'autres gaz d'oxydation, réduction, concentration, sécrétion des selles de calcium et d'autres éléments, décomposition et minéralisation de la matière organique elle-même par l'action conjuguée des herbivores, des carnivores et des décomposeurs comme les champignons, les bactéries et les invertébrés du sol (vers, etc.)[193]

---

[193] Lubuni A., Problématique de l'Environnement Mondial et Régional, Module professé au Département des Droits de l'Homme et gestion de l'Environnement, D.E.A., Chaire UNESCO, UNIKIN, 2002-2004.

De cette action des êtres vivants découlent d'importantes conséquences, par exemple : sur le climat et la formation de sol. En fin les êtres vivants interagissent les uns avec les autres dans le cadre des relations écologiques, tropiques ou symbiotiques qui sont souvent d'une grande complexité.

Ainsi, chaque élément de la biosphère a une fonction par pourcentage aux autres ou rend à ces autres éléments certains services comme la respiration, l'alimentation, la décomposition, la reproduction, le recyclage, l'abri etc., sans lesquels ils seraient à leur tour incapables de remplir leurs propres fonctions. C'est ainsi que l'on parle de chaînes des cycles (le sol nourrit l'arbre par les racines, l'arbre grandit et nourrit l'homme et les feuilles qui tombent pour minéraliser le sol, le fertiliser…).[194].

1. Les éléments abiotiques

1° Le sol : C'est du sol que la grande majorité d'espèces tirent leur substance et l'eau dont elles ont besoin ; et les caractéristiques physiques et chimiques du sol régissent pour une part importante la composition floristique des groupements végétaux qui y sont associés. Ainsi certaines espèces ne poussent que sur tel sol et non sur tel autre.

Les sols peuvent subir des dégradations qualitatives et quantitatives susceptibles de bouleverser profondément les conditions de vie de la flore (végétaux) et faune (animaux). Ainsi la destruction du couvert végétal peut entraîner des érosions ou ravins. Les couches superficielles du sol entraînées par le ruissellement des eaux emportent avec elles l'humus et les substances nutritives qu'elles contiennent ; ce qui défertilise le sol. Il en est de même des déchets non bio-dégradables (sachets, fers).

Le bois mort, les cadavres, tout ce qui est pourri sont nécessaires au sol. Le sol est également nécessaire aux infrastructures de l'homme comme des routes, les maisons d'habitation, les chemins de fer, etc. Le sol est la plaque tournante aussi bien pour l'homme que pour les animaux et les végétaux.

2° L'eau : est une composante essentielle du corps de tous les êtres vivants. Sans elle, la vie est impossible. Elle constitue en outre l'élément de base dans les systèmes aquatiques marins ou d'eau douce.

---

194 Idem.

La quantité d'eau nécessaire à un écosystème particulier terrestre ou aquatique varie d'un type de milieu à l'autre. Toute modification significative et durable de cette quantité par défaut ou par excès entraîne des modifications souvent profondes des conditions de vie et donc de la faune et de la flore.

Il en est de même, lorsque les caractéristiques physiques ou chimiques de l'eau ont été altérées. C'est le cas lorsqu'il y a une élévation de la température du milieu aquatique causée par l'eau chaude ou la modification de la salinité des eaux du fait d'apport d'eau douce ou de leur rejet ; c'est le cas également de l'augmentation de la teneur des eaux en substances minérales nutritives comme le nitrate et le phosphate résultant du rejet d'afflux agricole, de la production végétale, de l'eutrophisation accompagnée malheureusement d'une désoxygénation.

Enfin l'eau peut être le réservoir des substances polluantes toxiques comme les métaux lourds, les pesticides, les hydrocarbures qui ont des effets directs ou indirects de contamination au long de la chaîne alimentaire sur les plantes et les animaux et constituent, dès lors, les sources permanentes de pollutions.

3° L'air : c'est de l'air que les organismes vivants (l'homme, l'animal et la plante) tirent l'oxygène, le carbones qui leur sont indispensables. La teneur de l'atmosphère en gaz carbonique constitue des facteurs qui régissent le climat mondial ; et l'accroissement des émissions de ces gaz par la suite de l'usage croissant des combustibles risque d'entraîner un réchauffement climatique et ses suites néfastes.

Certains changements dans la composition de l'atmosphère peuvent avoir des modifications considérables dans les conditions de la vie sur terre. D'autres types d'émissions polluantes comme les oxydes de soufre ou d'azote sont la suite des réactions chimiques et de leur transformation en acide sulfurique ou nitrique ; ce qui constitue une pollution d'air.

2. Les éléments biotiques

Hormis l'homme, les organismes vivants qui peuplent notre planète comprennent les espèces des plantes, d'animaux et micro-organismes. Ils constituent l'aboutissement actuel d'une longue évolution qui se poursuit à partir de l'apparition de l'homme sur terre.

Chaque espèce est composée d'individus possédant des cas semblables capables de se reproduire et de transmettre des caractères à leurs descendants propres ; lesquels sont déterminés par un patrimoine génétique propre à chaque espèce, c'est-à-dire par des gênes portant des chromosomes des individus qui en font partie. Chaque espèce est uniquement différente des autres.

A l'intérieur de chaque espèce, ce patrimoine génétique peut varier également d'un groupe d'individu ou même d'un individu à l'autre. On parle dans ce cas de génotype ou phénotype. Ainsi certaines populations de la même espèce peuvent mieux s'adapter génétiquement que d'autres à certaines conditions climatiques particulières. Les scientifiques ont indiqué et décrit jusqu'à présent environ 1.800.000 espèces dont 400.000 sont des végétaux[195].

Chaque espèce occupe à la surface du globe un espace particulier que l'on appelle son air de répartition. Pour certains, cet air est très vaste et peut couvrir un ou plusieurs continents. Pour d'autres, elle est extrêmement petite. Ainsi de nombreuses espèces ont évolué isolement dans des espaces coupés du monde extérieur par des accidents géologiques. C'est le cas des lacs, des sommets de montagnes ou des îles, poursuit Lubini.

La plupart d'espèces animales sont sédentaires (qui se déplacent) ou ne se livrent qu'à des déplacements limités; mais certaines d'autres sont migratoires et parcourent quelques fois des grandes distances pour atteindre leurs lieux de reproduction ou d'hivernage. A chaque espèce correspond un habitat déterminé, c'est-à-dire un ensemble d'éléments de l'environnement ayant des caractéristiques physiques, chimiques et biologiques particulières auxquelles l'espèce s'est génétiquement adaptée au cours des âges et sans lesquels elle ne saurait pas vivre, s'alimenter et se reproduire[196].

Certaines espèces sont peu exigeantes et s'accommodent d'une étendue des conditions écologiques; d'autres ou certaines sont très spécialisées et ne peuvent se nourrir que d'une seule espèce des plantes qui ne peut pousser que dans un milieu très particulier et une stratégie de reproduction génétiquement déterminée qui lui est propre.

Ainsi de nombreuses espèces végétales ont besoin d'animaux pour poliniser leurs fleurs (Ex. l'abeille) ou disposer de leurs grains. Dans

---

195 Lubuni A., op. cit.

196 Idem.

certains cas, la graine doit être avalée et éjectée par un animal pour pouvoir germer. Or, il arrive souvent que ce circuit ne peut pas être fourni à la plante que par un seul ou un très petit nombre d'espèces animales. La rupture de ces relations symbiotiques qui est un aboutissement d'une longue évolution risque d'entraîner des extinctions des espèces, note Lubini.

Voilà pourquoi vis-à-vis de l'intensification des activités humaines au cours de diverses décennies et en particulier la fragmentation des habitats naturels qui en est souvent la conséquence avec tous les risques qui pèsent sur la diversité génétique (ou biologique), la biosphère est menacée.

En définitive, l'environnement est plus vaste que l'écologie ; l'environnement embrasse tous les secteurs de la vie de l'homme. D'une façon générale, l'environnement se définit comme l'ensemble des systèmes naturels et sociaux dans lesquels l'homme et les autres organismes vivent et d'outils tirent leurs subsistances. Il s'agit d'un concept qui englobe les ressources, les produits naturels et artificiels qui permettent de satisfaire les besoins humains. Cette définition dégage la coexistence des types d'environnement d'une part, l'environnement naturel et d'autre part l'environnement humanisé[197].

Section 3. La durabilité et les ressources forestières

Dans le domaine de la gestion forestière, la durabilité ne peut être assurée que par la planification et l'aménagement écologiques.

En examinant la carte végétale de l'Afrique, la zone équatoriale se présente comme un immense massif des forêts denses de 4800 kilomètres, allant de la Sierra Leone jusque dans la région de grands lacs et couvrant partiellement le Liberia, le Gabon, la partie continentale de la Guinée équatoriale, la Centrafrique et les deux Congo.

Mais, le bassin du fleuve Congo, en lui-même, porte principalement sur les pays de l'Afrique centrale et couvre une superficie de plus de 1.500.000 Km^2. Cette grande foret, la deuxième après l'Amazonie en Amérique du sud, est condamnée à disparaître d'ici 50 ans au rythme de

---

[197] Bizangi Kamalandwa, Notions d'Ecologie générale, Module en Droits de l'Homme et Gestion de l'Environnement, Chaire Unesco, Université de Kinshasa, 2002-2004.

5% l'an, si l'exploitation désordonnée du bois et des minerais perdure, note un rapport du Fonds Mondial pour la Nature (WWF)[198].

En effet, chaque année, cette région perd 3,7 millions d'hectares face à l'exploitation de toutes sortes d'essences de bois, de minerais et du pétrole. Sur la mire de cette déforestation greffent aussi l'agriculture et le tracé des routes. Il n'y a pas que le bois que le massif forestier de l'Afrique perd de jour en jour. Cette déforestation est accompagnée de la déperdition de la biodiversité : 400.000 mammifères dont principalement des populations exclusives de gorilles, de chimpanzés, de bonobo et d'éléphants de forêts.

Il faut en plus, compter que cette foret sert aussi d'habitat à 335 espèces d'oiseaux et à 10.000 espèces végétales dont, plusieurs sont endogènes et ont des vertus médicinales avérées. C'est la deuxième réserve de la biodiversité de la planète qui se meurt ainsi à petit feu. Le danger le plus immédiat reste la distribution à tout venant des concessions des espaces entiers, pour l'exploitation du bois.

Les gouvernements des pays africains concernés laissent faire l'exploitation du bois ; les forêts sont déboisées à l'emporte-pièce, les contrats distribués au premier venu ; les espèces précieuses et souvent rares (sipo, sapelli, tola, iroko, afromosia, tina, wenge…) sont bradées et quittent chaque jour nos pays par milliers de tonnes entières ; les populations locales sont chassées de leurs terres sans autre forme de procès. « Le processus, dans ces forêts, est empreint du sceau du secret de la part des gouvernements »[199].

En outre, le tourisme représente, pour de nombreux pays du continent, une source importante de revenus : 900 millions de dollars entrent annuellement dans les caisses du Kenya, à partir des activités touristiques. La Tanzanie prévoyait en 2009 dépasser 135 milliards de dollars des recettes touristiques enregistrées en 2008. L'Afrique du sud, avec 9 millions de touristes attendus en 2009, prévoyait une recette de 9.5 milliards de dollars et cultivait le rêve d'ouvrir ses portes à ses 10 millions de visiteurs en 2010, année du mondial[200].

Le tourisme donne du travail à 1,2 millions de sud-africains. Les touristes qui visitent annuellement l'Egypte sont 11 millions environ ; et

---

198 Ressources naturelles, in Afriquespoir, op.cit., p.9

199 Communiqué de l'ONG Greenpeace International lancé le 24 septembre 2008.

200 Idem.

la recette est de 9.6 milliards de dollars. Même le Mozambique a reçu 1,5 millions de visiteurs en 2008. La diversité végétale, loin de se limiter aux vertus chlorophylliennes, assure aussi la diversité des espèces animales, qui sont un aliment pour l'homme. Par ailleurs, la prédation entre elles empêche la prolifération démesurée de certaines espèces, qui pourraient être nocives pour l'espèce humaine. La nature sait réguler cet équilibre sans l'intervention humaine. Ainsi, bien de mécanismes insoupçonnés et un arsenal des réactions innombrables se réalisent discrètement à travers cette diversité, en faveur de cet être fragile qu'est l'homme[201].

Préserver la diversité biologique, c'est préserver la vie, surtout celle de l'homme qui, dans la chaine alimentaire des êtres vivants, demeure un consommateur. Le jeu de la vie se tient à travers de cette diversité où tous les êtres vivants dépendent les uns des autres : les producteurs que sont les végétaux, les consommateurs que sont les animaux (herbivores, carnivores et l'homme) et les décomposeurs que sont les micros organismes[202].

Dans le partenariat Nord-Sud, ce que les peuples du Sud demandent à ceux du Nord ce n'est pas de les laisser détruire leur environnement à leur gré au nom du développement, mais de les aider, dans la voie du développement durable, en leur ouvrant l'accès aux technologies les plus propres, en cessant de subventionner, dans les pays du Sud, les projets les plus dangereux, en cessant de chercher à séduire ou à corrompre les dirigeants et les décideurs du Sud, pour les inciter à choisir les modèles de développement les plus dangereux[203].

Le Groupe d'Experts Intergouvernemental sur l'Evolution du Climat (GIEC) affirme que la température de la planète a augmenté d'environ 0,7° au cours du 20° siècle ; avec comme conséquences : le relèvement du niveau de la mer, les inondations, les sécheresses, les ouragans et des faits plus impressionnants et irréversibles tels que la fonte des glaciers, le changement de direction du gulf stream, etc. Ces bouleversements

201 Mbombo Mwendela Raphael, A quoi bon préserver la diversité biologique ? In Afrique d'Esperance, n°2 mars-aout 2008, Kinshasa, pp 6-7.

202 Bizangi Kamalandwa, Notions d'Ecologie générale, Module en Droits de l'Homme et Gestion de l'Environnement, Chaire Unesco, Université de Kinshasa, 2002-2004.

203 Mutuy Euloge Landry, L'impératif d'une politique écologique globale, in Afrique d'Espérance, n°2 mars-aout 2008, p. 7

auront des répercussions socio-économiques sur la planète, dans le secteur agricole notamment[204].

La technique consistant à augmenter les précipitations par l'ensemencement des nuages remonte à 1946 où, aux Etats Unis, des chercheurs ont mis au point une technique efficace de provocation des pluies, en vue de lutter contre la sécheresse qui sévissait dans la région de New York. En Afrique, le Maroc est le 1er pays à se l'approprier en 1982, avec le Roi Hassan II, sous le Programme « Al Ghait». Le Burkinafaso emboite le pas au Maroc (exemple formidable de coopération Sud-Sud) en 1997 avec le Programme « SAAGA », organe qui participe à la politique de mobilisation en eau au Burkina Faso, après avoir investi 45 milliards de FCFA dans l'achat du matériel et la formation des techniciens aux USA et au Maroc. [205]

L'activité consiste dans le fait d'introduire des produits chimiques (sels hygroscopiques, iodure d'argent ou mélange d'iodure d'argent, d'acétone et d'iodure de sodium) dans les nuages, afin d'accélérer le processus physico-chimique de la perturbation en question. C'est ce qu'on appelle « Ensemencement » des nuages qui se fait de deux manières : la voie terrestre (par générateurs installés au sol) ou la voie aérienne (par le moyen des avions). Au contact avec les gouttelettes contenues déjà dans les nuages, celles-ci se congèlent, s'auto- collent entre elles et absorbent la vapeur avoisinante. Suite à cela, des flocons de neige se forment et grossissent jusqu'à s'échapper et arriver au sol, après avoir fondu en pluie dans les basses couches de la terre[206].

Cette opération n'a aucun danger écologique, signale le Colonel Abraham Traoré et assure que les produits chimiques lancés dans les nuages ne sont pas toxiques. En effet, explique-t-il, on ne fabrique pas les nuages, on ne fait qu'accélérer leur processus de formation pour précipiter la pluie. Et Blaise Campaoré, Président burkinabé de déclarer avec fierté : « Grace au Programme SAAGA, le Burkinafaso a eu une récolte excédentaire de 800.000 tonnes de maïs ».

---

204 Ngamasana Ladi Emery, Changement climatique : des mesures de politique économique s'imposent. In Afrique d'Esperance, n°2 mars-août 2008, p.9

205 Banaba Wilfried, Le bombardement des nuages au Burkina Faso, est-il sans conséquences écologiques ? In Afrique d'Espérance, n°2 mars-avril 2008, Kinshasa, pp.16-17.

206 Idem.

C'est ce qui a amené d'autres pays africains comme le Cameroun, le Mali, la Gambie, la Mauritanie, le Cap vert, le Niger et le Sénégal à solliciter le concours du Maroc ; et le Comité Inter-Etats de Lutte contre la Sécheresse dans le Sahel, en sigle CILSS à s'appuyer sur cette expérience réussie de Burkina Faso, pour renforcer son Plan d'Actions dans la Sous-Région[207].

Beaucoup d'usines et industries sont construites au Katanga, pour extraire et transformer les matières premières (cuivre, cobalt) qui constituent 90% du revenu de cette province. Cette activité pose deux types des problèmes écologiques ou environnementaux : d'une part, la contamination des sols en métaux lourds nocifs à la santé et à la qualité de vie ; et d'autre part, la menace de destruction pour les plantes et autres écosystèmes.

D'après des Experts Katangais en biologie végétale, en collaboration avec des chercheurs de l'Université Libre de Bruxelles et de la Faculté Universitaire de Gembloux (Fusagx), la solution envisageable, en vue de dépolluer ce sol contaminé, serait de recourir à l'activité biologique des plantes. Ils estiment qu'il faut mettre sur pied une technologie qui consisterait à utiliser la capacité naturelle des plantes à contenir, dégrader ou éliminer les produits chimiques et les polluants du sol.

Cette technologie appelée « phytoremédiation » n'utilise pas n'importe quelles plantes, pour dépolluer le sol contaminé : il existe des plantes spécifiques, environ 500 espèces adaptées aux métaux lourds. Parmi ces plantes « métallicoles », 36 sont endémiques. Il est nécessaire de les étudier et les cultiver sur les sites à problèmes[208].

La survie de la planète concerne aussi bien les pauvres que les riches. Il importe donc de discerner notre désir du développement, pour ne pas aboutir aux impasses que connaissent aujourd'hui les sociétés hyper développées que nous envions. Pourquoi ne rêverions-nous pas le développement en termes de « sobriété heureuse » ? Cette expression, forgée par l'écologiste Pierre Rabhi, suppose que nos sociétés deviennent

---

207 Nyenga Wimana Angèle, Quelle solution pour la Province du Katanga confrontée aux dangers écologies ? In Afrique d'Espérance, n°2 mars-août 2008, Kinshasa, p.8.

208 Idem.

aussi bien respectueuses de besoins fondamentaux de l'être humain qu'efficaces, vis-à-vis des défis écologiques[209].

L'engagement pour un environnement sain est une obligation qui s'inscrit au cœur de notre foi. La messe que nous célébrons chaque jour a des implications écologiques, pour notre vie de tous les jours. Au-delà du pain et du vin, d'autres symboles tels que l'eau du baptême qui exprime simultanément la mort et la renaissance, l'huile utilisée pour guérir et sanctifier, nous reconnectent aux réalités du monde créé[210].

L'arbre de la croix, issu de nos forêts, représente le paradoxe suprême de la vie au-delà de la mort et le symbole de la réconciliation, non seulement avec Dieu et avec le prochain, mais aussi avec la terre aliénée et détruite par ce que l'on appellerait aujourd'hui « les péchés écologiques », poursuit Syauswa Daniel.

Les sacrements, en particulier, sont matériellement enracinés dans les choses, les biens de la création ; tous ces biens que nous utilisons au quotidien. La prière eucharistique s'ouvre, pour les catholiques, par les mots suivants : « Tu es Béni, Dieu de l'univers ; Toi qui nous donnes ce pain et ce vin, fruit de la terre et du travail des hommes ». Rompre le pain et boire à la même coupe, n'est-ce pas un rappel des gestes quotidiens du repas partagé ?

En même temps, n'est-ce pas une invitation à imaginer un monde différent, un monde où il est possible, pour toute l'humanité, d'être nourrie par les fruits de la terre et le travail de la créativité humaine ? Et alors, le partage d'un même pain et d'une même coupe à l'Eucharistie ne contredit il pas le partage souvent inégal et la distribution injuste des ressources d'un monde où certains veulent avoir tout pour eux ? Oui, cette cupidité est l'une des sources de la destruction des ressources naturelles.

Voilà autant de symboles qui nous rappellent que Dieu nous sanctifie, nous guérit et vient à nous par la médiation de cet univers aujourd'hui menacé par nos mains. Pour toutes ces raisons, la liturgie (la messe en particulier) doit rétablir notre responsabilité vis-à-vis des biens de la terre, pour restaurer notre relation à Dieu, aux autres et à notre

---

209 Mbuyi Serge, « Afrique : entre le rêve du développement et le souci écologique », In Afrique d'Esperance, n°2 mars-avril 2008. Kinshasa, p.25.

210 Syauswa Daniel, « De l'Eucharistie à l'écologie : il n'ya qu'un pas », In Afrique d'Esperance, n°2, mai-août 2008, Kin, pp. 27-28

environnement. Et la destruction écologique est donc une menace aux symboles religieux, continue-t-il.

Que signifie pour nous, « l'eau de la vie » dans un pays où nous polluons nos rivières, les rendant ainsi source de mort ? En quoi l'eau est-elle symbole de bénédiction, lorsqu'on veut se l'approprier tout seul, comme c'est le cas du Nil ? Que signifie partager le pain, dans un monde où beaucoup vivent sans manger et où la compétition autour des ressources naturelles compromet le geste même du partage ? Que veut dire « terre promise » pour ces milliers de déplacés dont les terres sont polluées par les armes qui servent à sécuriser l'exploitation des minerais ?[211]

Dans l'un de ses nombreux messages, le Pape Jean Paul II rappelle que l'engagement des croyants pour un environnement sain pour tous est une obligation qui découle de notre foi en Dieu Créateur et de notre conviction d'avoir été sauvés par le Christ.

Pour lier la parole à l'acte, un missionnaire au Madagascar avait instauré une pratique écologique, dans le contexte de la célébration des sacrements d'initiation. Lorsqu'un enfant était baptisé, ses parents et ses parrains devaient planter un arbre, pour marquer cette entrée de l'enfant dans la communauté des croyants. Au moment de la première communion, l'enfant devenu grand plantait lui-même un arbre. Ce geste pouvait être répété au moment de la confirmation. Imaginer alors 30 enfants baptisés et les gestes de régénération qui s'en suivent[212].

L'Eglise devrait, par exemple, interpeller la population pour ses abus liés à l'eau, mais aussi positivement l'éduquer à un usage responsable de cette ressource vitale. Imaginons des liturgies où nos communautés peuvent faire monter vers Dieu des cris de lamentation, pour les souffrances infligées à notre terre et à tous ceux qui l'habitent. Planter un arbre au moment du baptême, dépolluer un puits ou un site pollué ne sont pas des gestes profanes, mais des actes hautement sacrés que l'eucharistie nous rend capables d'initier. N'est-ce pas là un point de départ, pour faire le lien entre l'eucharistie et l'écologie ?[213]

Dans les Encycliques Sollicitudo Rei Socialis du 30 décembre 1987 et Centisimus annus du 1er mai 1991, le Pape Jean Paul II a précisé la

211 Idem.
212 Ibidem.
213 Ibidem.

position de l'Eglise sur l'écologie et le développement en général. En effet, l'église nous avertit que face « aux choses nouvelles » d'aujourd'hui, l'homme ne saurait se détacher de l'appel de Dieu. Si chacun de nous est appelé à s'engager dans cette campagne pacifique pour sauvegarder la nature elle-même et le monde qui nous entoure, l'église, elle aussi, se sent profondément impliquée dans cette voie dont elle espère l'heureux aboutissement[214]. L'eucharistie, par le pain et le vin (éléments naturels) devient le lieu d'une plus grande union entre les hommes, puis avec le Christ.

Découvrant sa capacité de transformer l'univers, l'homme a oublié qu'il la tient de son Créateur, c'est-à-dire, comme le rappelle Centesimus annus au n°37, de percevoir dans les choses visibles le message de Dieu Invisible qui les a créées. Ayant reçu la terre de Dieu, l'homme est aussi donné à lui-même par Dieu, d'où l'importance d'orienter ses activités vers le bien humain universel, vers la gloire de son Créateur. Aussi, l'église parle-t-elle d'une « écologie humaine », visant à détruire les structures des péchés spécifiques qui entravent le plein épanouissement de ceux qu'elles oppriment de différentes manières[215].

Le problème du mal dans le monde ne constitue pas un défi qui vous est uniquement lancé, mais nous y étions aussi confrontés. J'entends beaucoup d'entre vous blâmer les esprits, les génies, les mânes des ancêtres, les sorciers et même Dieu, pour toutes les catastrophes par exemple les érosions, les orages, les épidémies, la sécheresse, la famine, les guerres, qui s'abattent sur vous. Ils s'interrogent pourquoi Dieu a-t-il créé une nature qui nous semble souvent si implacable ? Pourquoi permet-il aux méchants, aux gens au cœur mauvais et aux sorciers de malmener et torturer les justes et les innocents et de troubler la vie des hommes paisibles et honnêtes ? [216]

Vos questions, poursuit-il, sont certainement légitimes, mais je me demande ce que Dieu, les esprits ou les sorciers ont réellement à faire dans toutes vos calamités dont une bonne partie peut être évitée, si vous le voulez bien. Sont-ce Dieu, les esprits et les sorciers qui vous

---

214 Essengue Amougou Yannick, « Ecologie, religion et religiosité : prise de conscience ou phénomène de mode ? », In Afrique d'Espérance, N°2 mars-avril 2008, Kinshasa, p.29.

215 Idem.

216 Mpay Kemboly, « L'Egypte ancienne et l'écologie : lettre d'un scribe d'autrefois à l'homme d'aujourd'hui », In Afrique d'Espérance, n°2 mars-août 2008, Kinshasa, pp.30-32.

empêchent de ramasser les ordures qui s'accumulent dans vos rues, de déboucher des égouts et caniveaux, de construire des toilettes hygiéniques ?

Sont-ce Dieu, les esprits et les sorciers qui envoutent vos dirigeants et vous-mêmes au point de lotir des terrains inappropriés et d'y construire des maisons à la merci des érosions et glissements des terrains ? Sont-ce Dieu, les esprits et les sorciers qui accordent des permis d'exploitation aux « cercueils volants » dans notre ciel, aux moteurs qui polluent l'air sur vos routes trouées ? Ne sont-elles pas les conséquences de vos actes irresponsables qui vous créent des épidémies et maladies (typhoïde, cholera, diarrhée rouge, peste, malaria, maladies respiratoires, diabète, etc.) et qui provoquent de la sécheresse et de la famine, des érosions, des morts gratuites, etc. ? Ne cherchez pas, s'il vous plait, d'abord et facilement à vous dédouaner de votre responsabilité et de votre nonchalance, pour accuser Dieu, les esprits et les sorciers[217].

Saint François d'Accises est cet être dont les hommes, les animaux, les plantes et toute la création reconnaissent le mérite et la tendre affection. Comme ami de la nature, il a composé un cantique au « Frère soleil », dans lequel il invite Frère soleil et Sœur Lune à honorer et à louer le Seigneur[218]. Nos péchés écologiques, poursuit-il, sont là devant nous : industrialisation à outrance, orgueil démesuré, méchanceté face à la nature, irresponsabilité, etc. Toi au contraire, tu vivais parmi les animaux. Tu te réjouissais dans la nature. Tu prêchais aux oiseaux, leur rappelant de chanter les louanges du Créateur, pour la bénédiction qu'il leur avait donnée. Tu avais pris un loup sauvage, pour en faire un de tes animaux domestiques. Pourtant tu savais bel et bien que la nature est parfois hostile. Mais ta conscience te rappelait que ton Créateur n'avait pas créé le mal.

Par conséquent, tout ce qui t'entourait était bien et méritait d'être traité avec amour, charité et respect. Ainsi, ton amour et ton respect allait du ver de la terre à l'agneau, de la cigale au loup, de la petite herbe au grand baobab, des cailloux aux grosses pierres, des rivières aux océans, du soleil à la lune, en passant par de différentes saisons. N'est-ce pas ce qui nous manque ?[219]

---

[217] Idem.

[218] Lemfuka Ava, « Lettre à Saint François d'Assise, Patron de l'écologie », In Afrique d'Espérance, n°2 mars-aout 2008, Kinshasa, p.34

[219] Idem.

Souhaitant que votre inspiration nous aide à garder toujours vivant le sens de « fraternité » avec toutes les choses qui ont été créées bonnes et belles par Dieu Tout Puissant, le Pape Jean Paul II vous a proclame en 1979 dans sa lettre apostolique *Inter Sanctos* : Patron céleste de l'environnement écologique et des animaux, tout en nous invitant à une conviction écologique[220].

Section 4 : L'usage des indications géographiques pour promouvoir le développement économique

Les IG sont des noms attribués à certains produits traditionnels produits conformément à des méthodes traditionnelles dans un lieu spécifique. Les indications géographiques (IG) constituent une forme de propriété intellectuelle. Elles servent à identifier un produit comme étant originaire du territoire d'un Membre, ou d'une région ou localité de ce territoire, dans les cas où une qualité, notoriété ou autre caractéristique déterminée du produit peut être attribuée essentiellement à cette origine géographique[221].

Les premiers efforts déployés pour adopter une approche commune par rapport à la propriété intellectuelle ont atteint leur apogée sous la forme de la Convention de Paris sur la protection de la Propriété industrielle adoptée en 1883[222]. L'Article 1 de cette Convention stipule que : « La protection de la propriété industrielle a pour objet les brevets d'invention, les modèles d'utilité, les dessins ou modèles industriels, les marques de fabrique ou de commerce, les marques de service, le nom commercial et les indications de provenance ou appellations d'origine, ainsi que la répression de la concurrence déloyale ». En conséquence, la Convention de Paris identifie les indications géographiques en tant que droit de propriété intellectuelle distinct, sur un pied d'égalité par rapport à tous les autres. Toutefois, la Convention de Paris ne définit pas clairement le concept.

---

220 Ibidem.

221 Bernard O'Connor, 0rigine et cadre juridique pour la protection des indications géographiques, avril-mai 2010, p. 9.

222 La Convention de Paris sur la Protection de la Propriété industrielle a été adoptée en 1883 et complétée par le Protocole de Madrid de 1891. Elle a été révisée à Bruxelles Brussels (1900), Washington (1911), La Haye (1925), Londres (1934), Lisbonne (1958), et Stockholm (1967), et amendée en 1979. Au premier octobre 2006, la Convention de Paris comptait 169 états signataires. Consultez le site: http://www.wipo.org, "Traités", "Traités de Protection de la Propriété intellectuelle", "Convention de Paris".

Le concept d'« indication géographique » (IG) s'inscrit dans une dimension internationale. Aujourd'hui, tous les pays du monde revendiquent l'appartenance de leurs produits agricoles, agro-alimentaires ou artisanaux, à un patrimoine culturel ou gastronomique, comme symbole de l'histoire d'un pays[223].

Par ailleurs, cette différenciation par la tradition et l'histoire, s'inscrit dans une volonté de développement économique. Ainsi, les indications géographiques trouvent leur place dans une mondialisation des différences, conséquence des richesses culturelles des pays du monde entier.

La société civile actuelle recherche de nouvelles valeurs plus humaines, plus durables, plus équitables. Les enjeux de la société mondiale s'inscrivent dans différents champs : le développement économique, l'accès aux marchés, l'amélioration des conditions de vie, la protection de l'environnement. Cette revendication des valeurs durables trouve son écho dans le retour à l'authenticité, au vrai, ainsi que dans la préoccupation de la transmission de ces valeurs aux générations futures. Appliqué au domaine de la propriété intellectuelle et de la valorisation des produits (agricoles ou artisanaux), ce besoin de durabilité se manifeste, notamment dans les pays développés, par un développement anarchique des signalétiques sur les produits, logos, marques, etc.

Le besoin par les consommateurs de réassurance se traduit donc par une multiplication des messages, l'intérêt étant de se faire remarquer sur les linéaires des points de vente. Le développement de ce marketing ne garantit pas nécessairement la protection des savoir-faire traditionnels ou le retour de la valeur ajoutée aux producteurs. Cet usage abusif de la propriété intellectuelle pour différencier les produits porte atteinte à certains outils de propriété intellectuelle, tels que les indications géographiques.

En effet, dans ce nouveau monde empreint de durabilité, les IG trouvent tout à fait leur place et leur justification :

- L'IG permet de codifier des savoir-faire ancestraux et de les transmettre de génération en génération ;

[223] Audrey Aubard, Consultante, Communication dans le cadre des ateliers régionaux ACP sur les Indications géographiques, Avril-mai 2010, p.5.

- L'IG est un outil économique, permettant de valoriser une démarche exigeante souhaitée par les producteurs ;
- L'IG est vecteur de développement local ;
- L'IG est un outil au service des consommateurs, répondant et garantissant une certaine qualité ;
- -L'IG est un outil de protection pour des produits, des producteurs, des consommateurs.

Au vu des enjeux ainsi que de la transformation des besoins de la société, les IG ont plusieurs défis à relever :

- -Améliorer leur protection, notamment à l'échelle internationale ;
- -Améliorer la communication de cet outil pour les pays et pour les consommateurs ;
- Améliorer les outils et le mode de fonctionnement à tous les niveaux (national, régional et international).

Et ce, pour les rendre attractifs aux producteurs qui en auraient besoin.

La vision stratégique des pays ACP repose aussi sur la durabilité :

- -Assurer la présence des produits sur le marché mondial ;
- -Diminuer la pauvreté ;
- -Promouvoir les ressources et les savoir-faire traditionnels.

A. Les enjeux économique, social et environnemental des IG

1. L'enjeu économique

Cette partie vise à souligner les enjeux globaux des IG qui seront par la suite analysés et illustrés. Il ne s'agira que d'un bref rappel. Beaucoup de publications expliquent dans le détail ce que constituent ces enjeux. L'indication géographique constitue un droit de propriété intellectuelle, au même titre que le brevet ou la marque. Ce droit est expressément reconnu dans les Accords de l'OMC sur les aspects des droits de propriété intellectuelle qui touchent au commerce, plus connus sous le sigle ADPIC ou TRIPS (en anglais).

Par conséquent, tout pays souhaitant adhérer à l'OMC se trouve obligé d'intégrer dans sa règlementation interne ce concept, même à minima. Au terme de l'article 22 de l'accord sur les aspects des droits de propriété intellectuelle qui touchent au commerce (ADPIC), l'indication géographique est définie comme suit : « Aux fins du présent accord, on entend par indications géographiques des indications qui servent à identifier un produit comme étant originaire du territoire d'un Membre, ou d'une région ou localité de ce territoire, dans les cas où une qualité, réputation ou autre caractéristique déterminée du produit peut être attribuée essentiellement à cette origine géographique. »

Cette définition de l'IG est extrêmement large, de sorte que peuvent aujourd'hui se ranger sous cette notion aussi bien des produits agricoles, agro-alimentaires qu'industriels ou artisanaux, dont le lien avec l'origine géographique peut-être extrêmement ténu. L'étendue de cette définition permet aussi d'inclure la notion d'appellation d'origine qui constitue une catégorie d'indication géographique dont les exigences sont plus importantes et restrictives.

L'IG constitue un droit collectif d'usage réservé exclusivement aux acteurs qui respectent un cahier des charges défini par eux et avalisé par une autorité compétente.

Cela implique que des hommes se réunissent et acceptent de partager la mise en place d'une stratégie économique collective. La durée d'usage du droit coïncide avec l'existence du produit. Les indications géographiques, porteuses d'un modèle économique alliant tradition, qualité, économique et occupation harmonieuse/durable de l'espace, représentent des enjeux forts qu'il faut protéger des abus. Les démarches d'indication géographique (IG), qui lient un produit agricole ou artisanal au territoire dont il est issu, sont un outil collectif des producteurs pour la promotion des produits de leurs terroirs.

Le système des indications géographiques vise à promouvoir des produits faisant partie d'un patrimoine culturel jugé inaliénable. Ce patrimoine renvoie à des spécificités constituées par :

- un lieu géographique de production bien délimité ;
- des disciplines particulières que les producteurs se sont imposés et transmises de génération en génération ;
- un nom, une notoriété dûment établie que la mention vise à protéger.

Ce système permet de valoriser des territoires grâce à un critère d'authenticité des productions ainsi délimitées et réservé aux acteurs concernés par la zone. Les indications géographiques sont un outil collectif. Cela suppose que les membres de la filière du produit concerné partagent la stratégie IG, s'organisent et aient une vision de cette démarche à long terme. L'IG s'inscrit dans le temps.

Les producteurs doivent ainsi comprendre l'outil IG et pourquoi ils rentrent dans cette démarche. Sans compréhension du mécanisme, l'intérêt de l'IG ne pourra être exploité convenablement. Par ailleurs, la démarche collective suppose une organisation de la filière (association, coopérative) qui lui permettra d'échanger et de faire évoluer la stratégie et ensuite d'être plus forte vis-à-vis du marché.

Les indications géographiques constituent un moyen de créer de la valeur ajoutée localement. Lorsque le nom d'un produit obtient une protection en tant qu'indication géographique, un impact positif peut se créer sur les communautés locales, et ce, de multiples manières :

- Les indications géographiques ont un effet positif sur la demande et permettent l'accroissement de la production et la création d'emplois.
- Les indications géographiques aident les producteurs à obtenir un prix avantageux pour leurs produits en échange des garanties offertes aux consommateurs quant aux méthodes et à la qualité.
- Les indications géographiques permettent une meilleure redistribution de la valeur ajoutée tout au long de la chaîne de production : du producteur de la matière première au fabricant.

Avec les indications géographiques, tous les producteurs sont récompensés pour leurs efforts de maintien de la qualité. Cette stratégie de différenciation exploitée collectivement par les agriculteurs permet d'assurer des prix supérieurs, par rapport aux produits standards grâce à la typicité de ces productions.

- Les indications géographiques apportent une notoriété au pays d'origine.

Mais ces effets ne peuvent être constatés que si la démarche est connue. Il est important de codifier les savoir-faire mais il faut aussi faire savoir aux clients et aux consommateurs l'existence de ce produit. Par conséquent, l'IG suppose aussi la mise en place d'un marketing du produit.

2. L'enjeu environnemental

Ces démarches d'origine constituent aussi des instruments d'aménagement et de valorisation des territoires ; elles sont particulièrement intéressantes pour les régions où l'agriculture a une faible productivité, grâce à la valeur ajoutée qu'elles apportent. L'IG permet ainsi le maintien et le développement d'activités dans des zones rurales qui peuvent être défavorisées par une valorisation des savoir-faire locaux ainsi qu'une mise en valeur des bassins de production.

Exemple : Les zones de production de fromages AOC reconnus en France ont permis de fixer les populations sur des territoires peu enclins au développement économique, voire hostiles et où la seule activité était l'agriculture. En s'organisant et valorisant les variétés ou espèces locales et les produits traditionnels, une véritable économie a pu se mettre en place. Le plus grand succès est l'AOC Roquefort en Aveyron11[224].

Hormis la valorisation des territoires, les IG peuvent maintenir l'utilisation de ressources traditionnelles (variétés de végétaux ou races d'animaux) qui auraient disparu pour être remplacé par des ressources plus rentables en termes de production et en termes économiques. En cela, l'IG peut permettre de maintenir la biodiversité sur les territoires.

Exemple : En France, il existe une AOC Maine Anjou (Région de la Loire) pour de la viande de bœuf. Cette AOC repose sur une race particulière, la « Rouge des Près ». Cette race de viande présente peu d'intérêt pour les abatteurs en raison de l'importance du poids de la carcasse, qui diminue le volume de viande à utiliser.

En valorisant cette race particulière et inadaptée aux demandes des abatteurs, l'AOC a permis le maintien des élevages de cette race qui aurait été amenée à disparaître. La protection IG génère de nombreux autres bénéfices aux communautés locales. Les indications géographiques encouragent la diversification de la production, et par conséquent la préservation de la biodiversité, du savoir-faire local et des ressources naturelles.

224http://www.roquefort.fr/

3. L'enjeu social

Les IG encouragent le maintien des populations sur les territoires et permettent d'éviter l'exode rural vers les grandes villes. Dans le cas de certaines IG, certaines catégories de population (ex : les femmes) ont pu accentuer leur rôle dans la société, acquérant une place économique incontestée.

Exemple: Le cas de l'IGP Argane souligne l'importance du rôle des femmes dans l'existence de ce produit. Dans le passé, les femmes produisaient cette huile à leur domicile, isolées. Depuis que ce produit connaît un intérêt, notamment pour la cosmétique, les femmes se sont organisées en coopératives et personne ne conteste leur légitimité en tant qu'acteur économique de production d'un produit à forte rentabilité.

Dans le même sens, dans le secteur du Beurre de Karité, la femme occupe une place prépondérante dans la fabrication. Cette place devrait être mise plus en valeur. Ce système apporte aussi des garanties pour le consommateur. Les consommateurs deviennent de plus en plus attentifs à ce qu'ils achètent et à ce qu'ils mangent. Leurs attentes sont donc plus fortes que par le passé, notamment en ce qui concerne les informations sur les méthodes de fabrication du produit ainsi qu'en ce qui concerne sa typicité, liée au terroir, à l'origine. Si les produits remplissent ces exigences, les consommateurs seront plus enclins à payer ces produits à un prix supérieur au produit standard.

Ces garanties s'expriment de la manière suivante :

- L'origine, le mode d'élaboration, la spécificité des produits grâce à un cahier des charges validé par les pouvoirs publics, sont garantis ;
- L'identification est communiquée à travers un étiquetage clair et informatif, lui aussi validé par les pouvoirs publics ;
- La traçabilité est assurée grâce à des contrôles par une tierce partie[225].

Les indications géographiques donnent en outre un sens culturel aux produits : connaissance des savoir-faire régionaux et de leur histoire, gastronomie, liens au monde paysan... Les IG peuvent exercer également un impact positif sur le tourisme. Par exemple, les routes gastronomiques font désormais partie intégrante de voyages dans des pays tels que l'Italie,

[225]http://www.maine-anjou.fr

la France mais aussi l'Argentine où sont organisées des visites auprès de producteurs locaux de bœuf et de fruits de mer de Patagonie[226].

En conclusion, les indications géographiques peuvent contribuer de manière positive au dynamisme socio-économique des communautés locales à travers le monde entier.

4. En termes juridiques

Le produit reconnu comme indication géographique étant par nature un produit à forte typicité, il puise son identité dans son terroir ou son territoire. Cette identité repose ainsi sur un nom géographique dont la mémorisation est essentielle auprès des consommateurs. Il est donc nécessaire de protéger les noms d'IG afin de protéger tout le système qui produit des bénéfices non seulement économiques mais également sociaux (cf. les objectifs en termes économiques).

En effet, certains opérateurs économiques n'hésitent pas à nommer leur produit en utilisant les noms d'IG de manière à induire en erreur les consommateurs sur l'origine véritable des produits et surtout à bénéficier de la notoriété des produits couverts par l'IG. Ces abus mettent en danger le rôle joué par les IG sur les communautés locales ainsi que la perception des produits sous IG vis à vis des consommateurs.

Exemples :

- Faux Bordeaux Australien Usage indu de la dénomination Argan.[227]
- Faux Champagne en Ethiopie.[228]

En outre, toute la réglementation mise en place est vaine si aucune surveillance ne s'exerce et si la poursuite des infractions n'est pas organisée. Les contrôles et la répression des fraudes sont d'autant plus nécessaires qu'aujourd'hui, pour protéger les consommateurs, producteurs, transformateurs et négociants, que se développe la consommation de produits de qualité au niveau local mais aussi à l'étranger. Aussi, devient-il de plus en plus tentant d'attribuer une indication géographique à des produits qui n'y ont pas droit. Le non-respect des conditions de production figurant dans le cahier des charges

---

226http://www.maine-anjou.fr

227 Source : - INAO : Institut National de l'Origine et de la Qualité

228 Sources : - AMIGHA : Association Marocaine pour l'IGP Argane
- EFOW : European Federation of Origin Wines.

doit entraîner l'interdiction de l'utilisation du nom de l'indication géographique.

L'utilisation frauduleuse d'une indication géographique expose à des sanctions d'ordre pénal. Certains services (exemple : Direction générale de la consommation, de la concurrence et de la répression des fraudes en France, douanes) peuvent disposer de pouvoirs leur permettant de constater les infractions à la législation relative aux indications géographiques. Sont réprimés notamment les délits de tromperie ou tentative de tromperie, d'usurpation d'indication géographique ou d'apposition d'une indication géographique inexacte.

Exemples d'actes délictueux constitutifs d'infraction aux IG :

- l'usurpation ;
- la tromperie du consommateur ;
- la falsification du produit ;
- la publicité mensongère.

En règle générale, les réglementations interdisent l'utilisation du nom géographique constituant le nom de l'IG ou toute autre mention l'évoquant pour tout produit similaire. Une autre possibilité est offerte, bien qu'elle ne soit pas reconnue par les accords ADPIC, le détournement de notoriété.

Il vise à interdire l'utilisation d'un nom géographique constituant le nom d'une IG pour tout autre produit ou service lorsque cette utilisation est susceptible de détourner ou d'affaiblir la notoriété de l'IG ; elle a un enjeu aussi en termes de responsabilités qui se trouvent partagées :

- responsabilité des pouvoirs publics (nationaux ou locaux) qui acceptent de définir une politique de valorisation des produits par l'origine et d'encadrer cette politique à travers différents outils ;
- responsabilité des producteurs qui acceptent de travailler ensemble, d'être soumis à des règles strictes et d'être contrôlés ;
- des consommateurs qui doivent avoir un comportement d'achat attentif et contribuer, de par leur acte d'achat au développement des économies locales, un acte citoyen.

Les enjeux des IG sont multiples, ce qui montre l'intérêt de la démarche, quand elle est bien menée et quand elle est partagée tant par les pouvoirs publics que par les filières de production.

B. Les axes d'une politique sur les indications géographiques

Pour que le mécanisme d'indication géographique fonctionne, il convient pour les pays concernés de connaître, définir et partager une stratégie sur ce sujet. La mise en place des IG, pour les pays qui ne connaissaient pas ce système auparavant, est liée à l'intégration des règles de l'OMC et notamment des ADPIC dans leur règlementation interne.

Ainsi, à côté des droits de propriété intellectuelle classiques tels que les brevets ou les marques, s'ajoute un mécanisme qui peut être complètement nouveau, les "indications géographiques". Certains pays ne connaissent pas ce mécanisme et auront besoin d'être informés sur le sens, le contenu et les implications en termes pratiques. C'est pour cela qu'il est intéressant de se rapprocher de pays qui connaissent le système et qui l'ont intégré depuis plusieurs décennies.

A ce titre, il conviendra de se prendre attache avec des pays de l'Union européenne comme la France, l'Italie ou l'Espagne. Certains des pays membres de l'UE utilisent ce système depuis très longtemps. Ils ont mis en place des mécanismes très aboutis. Toutefois, étant donné que leur système est très ancien, il peut paraître assez compliqué et difficile d'adaptation par rapport aux pays qui n'ont pas d'expérience en la matière.

Par conséquent, il faut en retirer la substance et ne pas les copier coute que coute. Par ailleurs, au-delà de la philosophie et des procédures, il est toujours intéressant de rendre visite à des groupements de producteurs qui ont pour leur part expérimenté le système. Ces derniers disposent toujours d'une vision pratique vis-à-vis de l'outil concerné : combien de temps a duré la procédure, les blocages avec l'administration, les avantages que l'IG a apporté ou pas, etc.

Ainsi, pour bien comprendre le mécanisme des IG, il faut bien tenir compte tant de l'aspect fonctionnel administratif que des besoins des producteurs. En tout état de cause, il faudra éviter de mettre en place un mécanisme trop scientifique et trop complexe à mettre en œuvre. Si tel est le cas, il sera dissuasif pour les producteurs. Il ne faut pas oublier que les IG sont aussi au service de l'économie. Pour les pays ACP, il faudra nécessairement s'adapter aux réalités locales et tenir compte des besoins des filières de production.

Il est indiqué d'intégrer des IG dans le système légal, car les IG est un outil "agricole" Historiquement, les indications géographiques n'ont pas relevé immédiatement du domaine de la propriété intellectuelle. Les IG, ou plutôt les appellations d'origine ont été mises en place suite à un lobby de la profession viticole en France. Cet outil relevait d'une part du domaine agricole (viticulture) et d'autre part du domaine de fraudes (éviter les usurpations et contrefaçons). C'est pour cela qu'en Europe, notamment et aussi en Argentine, nous trouvons les IG consacrées dans le champ de l'agriculture.

L'indication géographique n'est apparue que depuis 1992, lors de la publication du premier règlement européen sur les AOP et IGP : Règlement (CEE) n°2081/92 du Conseil du 14 juillet 1992 relatif à la protection des indications géographiques et des appellations d'origine des produits agricoles et des denrées alimentaires. Depuis, certains textes de référence, dont l'Arrangement de Lisbonne et, par la suite l'adoption des accords ADPIC ont consacré les IG au sein de la propriété intellectuelle. Les IG se sont réellement universalisées et ont pris toute leur ampleur en termes de droit de la propriété intellectuelle.

Depuis 1995, bon nombre de pays ont intégré les dispositions sur les IG au sein de leur législation sur la propriété intellectuelle :

- OAPI pour les pays d'Afrique de l'Ouest (Accord de Bangui Annexe VI de 1977, révisé en 1999) ;
- Maroc (Loi N° 17-97 relative à la Propriété Industrielle) ;
- Vietnam (Loi sur la Propriété Intellectuelle du 19 novembre 2005) ;
- Cambodge (Loi sur les marques, les noms commerciaux et la concurrence déloyale de 2002 et sous décret relatif aux IG) ;
- Pays de la Communauté Andine (Décision n° 486 de 2000 relative à la Propriété intellectuelle) ;
- Brésil (Loi n°9279 relative à la Propriété industrielle de 1996), etc.

L'intégration des IG dans la règlementation relative à la propriété intellectuelle simplifie les choses :

- Un seul texte fait référence ;
- Les produits agricoles et les produits artisanaux/industriels sont couverts par le même texte ;
- Un lien avec les marques peut être fait de manière plus aisée au sein des services compétents.

En France ou en Europe, lieux historiques des indications géographiques, en raison de l'origine agricole du système, les IG sont gérées et règlementées par les services de l'agriculture. Ainsi, un vide juridique est posé aujourd'hui sur les produits artisanaux qui ne possèdent ni règlementation, ni centre administratif de reconnaissance! La Commission européenne a lancé une réflexion visant à combler ce vide juridique.

D'autres pays comme l'Argentine ou le Maroc ont préféré partager les IG dans plusieurs règlementations techniques. Ainsi et pour être conforme avec les ADPIC, les IG seront visées et définies au sein des règles de propriété intellectuelle.

Par contre, sur les aspects pratico-pratiques de reconnaissance des produits et compte tenu des compétences particulières demandées pour lesdits produits, les IG sont partagées :

- au Maroc : loi-cadre sur la PI (OMPIC), loi sur les IG agricoles (Ministère de l'Agriculture) et décret sur les IG artisanales (Ministère de la culture et de l'artisanat) ;
- en Argentine : loi-cadre sur la PI (INPI), loi sur les IG viticoles (Institut National de la viticulture) et loi sur les IG agro-alimentaires (Ministère de l'Agriculture) ;
- Australie : loi sur la PI (Office de la Propriété intellectuelle) et loi sur les IG viticoles (Australian Wine and Brandy Corporation, agence gouvernementale).

On ne peut pas juger du bien-fondé d'un système ou d'un autre. Chaque pays répond à ses particularités. Si un pays choisit de scinder les règles sur les IG au sein de plusieurs textes, il faudra surtout que l'articulation entre les institutions se passe dans les meilleures conditions pour que les producteurs ne se trouvent pénalisés. Au-delà de la construction règlementaire, se pose le problème de la compétence en termes d'IG. Il peut, en effet, se poser des problèmes de conflits d'influence, notamment quand plusieurs ministères ou services techniques compétents souhaitent intervenir. L'IG est un sujet difficile qui relève effectivement de plusieurs compétences: juridiques, techniques, agronomiques, etc.

Ces compétences sont complémentaires et tout le monde a sa place dans le dispositif. Il faut pour cela, qu'une haute autorité puisse dès le départ trancher politiquement sur le portage et la gouvernance du système IG. Le fait d'intégrer les dispositions des ADPIC dans les législations de la Propriété intellectuelle est une chose. Si la mise en œuvre de l'outil IG n'est pas comprise ni acceptée par les politiques ainsi que les producteurs, le système ne connaîtra pas de développement.

Ainsi, les IG devront s'inscrire dans une stratégie politique et économique. Cela facilitera la légitimité de la mise en place de ce système. L'outil IG doit être au service de la société : les producteurs afin que leur travail soit valorisé équitablement, les consommateurs qui sont protégés à travers ce système et enfin la société qui bénéficie des effets positifs de ces organisations économiques. La définition de cette "vision" des IG se trouve d'ailleurs dans certains considérants des législations sur les IG.

Exemples :

- Union Européenne : Règlement (CE) n°510/2006 du Conseil du 20 mars 2006 relatif à la protection des indications géographiques et des appellations d'origine des produits agricoles et des denrées alimentaires : « Il convient de favoriser la diversification de la production agricole afin de réaliser sur le marché un meilleur équilibre entre l'offre et la demande. La promotion de produits présentant certaines caractéristiques peut devenir un atout important pour l'économie rurale, notamment dans les zones défavorisées ou éloignées, en assurant, d'une part, l'amélioration du revenu des agriculteurs et, d'autre part, la fixation de la population rurale dans ces zones. Par ailleurs, les consommateurs sont de plus en plus nombreux à privilégier pour leur alimentation la qualité plutôt que la quantité. Cette recherche de produits spécifiques se traduit par une demande de produits agricoles ou de denrées alimentaires dont l'origine géographique est spécifiée» ;
- Maroc : Loi n°25-06 relative aux signes distinctifs d'origine et de qualité des denrées alimentaires et des produits agricoles et halieutiques du 23 mai 2008 :« Article premier : la présente loi a pour objectifs de préserver la diversité des productions agricoles et halieutiques et protéger le patrimoine culturel qui leur est lié par la reconnaissance et la mise en valeur de leur origine, de leurs caractéristiques et de leurs modes de production ».

Par ailleurs, les IG peuvent se trouver intégrées au sein de règlementations qui ne les concernent pas uniquement. En effet, les IG sont un moyen de valorisation des produits parmi d'autres : - Marques ; -

labels (bio, qualité supérieure, équitable, etc.) ; - IG, etc. Ces démarches montrent que la propriété intellectuelle peut être un moyen efficace de valoriser la différence et les caractéristiques des produits d'un pays.

Afin que le système IG fonctionne, il faut nécessairement qu'il existe un échange entre les différentes parties concernées, parmi elles :

- -les administrations compétentes (industrie/propriété intellectuelle, fraude, agriculture, artisanat, culture) à tous les niveaux : national, régional, etc. ;
- les représentants de producteurs (par filière, associations de producteurs) ;
- les associations de consommateurs, quand elles existent ;
- les organismes de contrôle publics ou privés ;
- les universités (agronomie, histoire, géographie, droit, sociologie, etc.).

L'intérêt d'une démarche participative réside dans la prise en compte de l'intérêt de l'ensemble des parties concernées :

- vision et moyens des administrations nationales ou locales ;
- besoin des producteurs et des filières ;
- attentes des consommateurs ;
- vision et démarche des organismes de contrôle ;
- appui et investissement des universitaires (transmission des connaissances et mise en place d'expertise) ;
- transparence pour tous.

Ces échanges et cette inter-complémentarité permettront d'analyser de plus près la faisabilité des projets et de faire partager et accepter la stratégie. Dans ce cadre, peut être construite une commission ad hoc, spécialisée sur les IG avec l'ensemble de ces parties prenantes. Les compétences politiques et techniques seront présentes afin d'analyser au mieux les demandes de reconnaissance et d'enregistrement des IG.

C. Un management adapté et simple

La mise en œuvre des procédures de reconnaissance ou d'enregistrement des IG ne doit pas être dissuasive pour les producteurs intéressés. C'est pour cela que les administrations et services compétents doivent réfléchir à un système pratique et attractif.

Les questions essentielles qu'il conviendra de poser sont les suivantes :

- qui fait quoi ? Quelles personnes ? Quels thèmes ?
- avec qui? Compétence seule ou partagée ?
- comment, avec quels outils ?
- combien de temps doit durer la procédure ?
- avec quels moyens? Financiers et humains ?

Les IG constituent des droits de propriété intellectuelle qui sont encadrés par l'Etat. Même si la gestion relève du droit privé, à savoir des groupements qualité ou associations de producteurs, l'IG est reconnue et/ou enregistrée par l'Etat qui assure par la suite la garantie et la pérennité du système. Par conséquent, l'Etat doit définir une procédure précise d'enregistrement et de "contrôle qualité" du système par la suite. Il en va de la crédibilité du système tant pour les Etats que pour les producteurs.

Le schéma global de cette gestion peut être le suivant :

- déterminer la structure administrative compétente/la gouvernance : propriété intellectuelle ou agriculture ou artisanat (comme nous l'avons précédemment dit, autant mettre en place une structure qui puisse faire l'interface avec tous les ministères techniques) ;

Exemple : Pour les pays d'Afrique de l'Ouest, le référent est l'OAPI. Il faudra toutefois bien organiser les liens entre les administrations nationales compétentes (structures de liaison) et l'OAPI.

- recruter une personne ressource identifiée comme étant "Monsieur ou Madame IG" ;
- penser à un service ou au recrutement d'une personne qui soit durable dans le temps ainsi qu'à des compétences qui soient acceptées par la structure (cela relève du management interne) ;

Exemple : Dans un service de marques, on explique difficilement le recrutement d'un ingénieur agronome à plein temps sur les IG surtout s'il n'y a pas de dossiers actifs !

- être cohérent avec les moyens et ses ambitions : si un service ou un office n'a pas d'énormes moyens pour recruter plusieurs compétences,

cet obstacle est surmontable. Les compétences techniques existent dans tous les pays. C'est pour cela qu'il faut travailler de manière partenariale ;
- mettre en place une Commission technique regroupant l'ensemble des compétences pour examiner les demandes d'IG ;
- disposer de formalités d'enregistrement simples tant pour les services administratifs que pour les demandeurs d'IG ;
- faire attention au niveau des frais d'enregistrement ; il faut qu'ils ne soient pas dissuasifs pour les demandeurs d'IG. Cet aspect n'est pas souvent discuté mais il entre en compte dans le budget global des groupements demandeurs. Il faudra aussi penser à communiquer sur le nouvel outil mis en place. Sans communication, les opérateurs économiques ne pourront pas savoir qu'ils peuvent utiliser les IG pour leur filière.

Comme il a été précédemment dit, l'IG s'inscrit dans la pluridisciplinarité :

- juridique parce qu'elle relève de la propriété intellectuelle (comprendre la nature de la protection et le lien entre IG et marques) ;
- technique que ce soit de l'agronomie, de l'histoire, la sociologie etc. ;
- qualité/certification produit, à ce titre il faut un cahier des charges et des règles de contrôle (domaine de la certification) ;
- marketing et analyse des marchés.

Il est difficile de rassembler l'ensemble de ces compétences au sein d'une seule et même personne. Par conséquent, il est pertinent de réfléchir à la mise en place :

- d'une part, d'un service avec 1 ou 2 personnes, nécessairement un juriste/administratif et si cela est possible d'une compétence technique ; et ;
- d'autre part, d'une commission IG qui rassemble l'ensemble des compétences requises et qui puisse apporter toute l'expertise nécessaire à l'examen d'un dossier. Cette Commission doit disposer d'un secrétariat ainsi que d'un animateur au sein de la structure compétente. Il faut faire vivre la Commission.

Plusieurs pays ont adopté de schéma. Exemples : Cambodge : Suivant l'article 7 de la loi sur la Protection des IG, un organisme de délibération dénommé « Commission des Indications Géographiques » est créé et formé avec les membres permanents suivants :

- Représentants du Ministère du Commerce en charge des droits de propriété intellectuelle ;
- Représentants du Ministère de l'Agriculture ;
- Représentants du Ministère de l'Industrie ;
- Représentants des autorités en charge d'inspecter la qualité des produits.

Maroc : Décret relatif à la composition et au mode de fonctionnement de la Commission Nationale des signes distinctifs d'origine et de qualité du 5 décembre 2008. La Commission est composée notamment : du Ministère de l'Agriculture, de l'Office Marocain de propriété intellectuelle, de l'Institut national de la recherche agronomique (INRA), des chambres d'agriculture, etc.

Comme outils, il faut :

- Une procédure simple.

Les formalités d'enregistrement doivent être adaptées, simples et accessibles (ex : site internet).

- -Un cahier des charges.

L'IG suppose l'existence d'une « carte d'identité » du produit que l'on nomme dans le jargon des systèmes qualité produits : le cahier des charges.

Ce cahier des charges remplit plusieurs fonctions :

- inscrire les modes de production traditionnels qui doivent être protégés à travers l'IG ;
- disposer d'un référentiel pour le respect des conditions de production-un contrat de confiance ;
- disposer de normes qui permettent de prouver les fraudes et les contrefaçons ;
- disposer d'un document partagé entre les membres de la filière.

Le cahier des charges d'une IG doit contenir les informations suivantes :

- le nom qui doit être protégé ;
- le type produit et éventuellement sa codification douanière ;
- le groupement qui demande la reconnaissance de l'IG ;

- les conditions de production ;
- la définition de l'aire géographique (à adapter en fonction de la réalité de chaque pays) ;
- le lien entre le produit et l'aire géographique : la notoriété, les qualités ou caractéristiques essentielles ;
- l'autorité en charge du contrôle.

Souvent, les règlementations relatives aux IG fixent le contenu minimum exigé pour le cahier des charges. Ce contenu est plus ou moins harmonisé aujourd'hui entre les différents pays. Afin de garantir le sérieux de la démarche IG, il faut mettre en place un mécanisme de contrôle. Ce mécanisme ne doit pas être trop contraignant (règles et coûts) pour les producteurs, sinon ces derniers n'adhèreront pas.

Deux types de contrôles peuvent être envisagés :

- un contrôle public, effectué ou encadré par les autorités, tel que les services de fraudes ou les services officiels des contrôles ; et/ou
- un contrôle privé effectué par un organisme certificateur.

Par ailleurs et nous le verrons par la suite, les groupements de producteurs doivent s'organiser afin de mettre en place en leur sein une discipline de contrôles (autocontrôles, contrôles internes) afin de garantir le respect des règles. A noter que pour les produits qui n'auront pas vocation à être exportés, un simple contrôle public ou une supervision peuvent être suffisants. Par contre, si une exportation est envisagée, il est sûr que le mécanisme de la certification facilitera l'acceptation des produits par les clients et les consommateurs et facilitera l'exportation. Dans tous les cas, il faudra bien réfléchir à la reconnaissance mutuelle de ces mécanismes de contrôle dans les pays destinataires des produits, afin qu'il n'y ait pas de refus à l'entrée ou de contestation de la légitimité de l'IG.

Concernant encore la certification, dans la majorité des pays ACP, il n'existe pas d'organismes certificateurs, ce qui entraîne une intervention d'organismes étrangers. Sans contester le travail fait aujourd'hui par ces organismes reconnus à l'échelle internationale, il existe pour les pays un enjeu majeur à la mise en place de structures de contrôle privées qui soient nationales et autonomes.

Par ailleurs, l'existence de structures nationales peut avoir pour effet une réduction des coûts de contrôles pour les opérateurs concernés.

Exemple : Au Maroc, la mise en place des signes distinctifs et IG a entraîné en parallèle le montage de structures de certification pour les produits agro-alimentaires. Au Cambodge, la mise en place de structures autonomes de contrôle est plus difficile à envisager. Par conséquent, pour les produits à vocation nationale, un contrôle sera organisé par les producteurs et supervisé par les autorités. Pour les produits à vocation d'export, un organisme certificateur étranger opèrera les contrôles et la certification sur les produits.

En Jamaïque, pour le secteur du café, étant donné l'existence du CIB (Coffee Industry Board), des contrôles sont opérés sur la qualité des cafés. Ainsi le CIB participe à la mise en place des règles de traçabilité et octroie les certificats pour l'IG Blue Mountain Coffee. Force est de constater que l'IG est un outil au service de l'économie. Si un besoin d'un producteur est exprimé, il faut pouvoir avoir les moyens d'y répondre rapidement afin qu'il soit réactif sur les marchés.

Sans altérer le travail sur le contenu et l'examen du cahier des charges, un pays qui met en place un système de protection des IG doit réfléchir à une durée minimale et adaptée de la procédure de reconnaissance. Cela constitue un moyen de répondre aux besoins de l'économie et de remporter l'adhésion des producteurs vis-à-vis du système.

En France, la procédure de reconnaissances des Appellations d'origine contrôlée (AOC) peut durer jusqu'à 10 ans. En 10 ans, la stratégie professionnelle peut avoir évolué et ne plus être partagée. C'est un grand handicap exprimé par bon nombre de producteurs qui se tournent vers d'autres systèmes de valorisation, plus enclins à répondre rapidement à leurs besoins sur les marchés (ex : les marques collectives ou de certification).

Exemples :Au Maroc, la loi n° 25-06 a prévu qu'une fois la Commission nationale de signes distinctifs est saisie, elle dispose de 6 mois pour donner son avis. Concernant la procédure au sein de l'OAPI, l'Accord de Bangui, annexe VI ne donne pas de délai pour l'octroi de l'IG. Le cadre fixé est d'ailleurs assez flexible. Toutefois est établie une procédure d'opposition qui dure 6 mois avant l'enregistrement final. Un enjeu se présente ainsi pour l'OAPI à ne pas retarder dans le temps l'examen des dossiers qui se verront « bloqués » pendant 6 mois, suite à la mise en place de l'opposition.

La Loi relative à la Propriété industrielle n°20-00 du 08/05/2000 de la République dominicaine ne fixe pas de délai de procédure. Cela permettra aussi une certaine flexibilité. Il se nécessaire de mettre en place les outils permettant à l'Office de Propriété industrielle de ne pas perdre de temps dans le traitement des dossiers.

Le meilleur moyen d'éviter cela est peut-être de mettre en place un outil d'évaluation des demande sa priori :

- étude de la faisabilité du dossier (éligible ou non) ;
- marges de progrès si elles existent ;
- adhésion ou non du groupement demandeur.

Outre l'assistance fournie à des producteurs qui ne sont pas forcément habitués à ce genre de démarche, cette évaluation peut leur permettre de repréciser leur stratégie :

- aller vers l'IG ;
- aller vers un autre outil de propriété intellectuelle (ex : marque), plus adapté à la réalité de leur produit.

Dans les deux cas, l'Office de la Propriété intellectuelle sera au service des filières.

Outre les frais d'enregistrement qui peuvent apporter du budget à la structure compétente, il faut que la gestion et les moyens des services IG s'inscrivent dans la durée. Il faudra que les Offices de Propriété intellectuelle ou les Ministère de l'Agriculture s'accordent pour disposer de personnel dédié à cette tâche. Dans les Offices, un service IG peut être constitué ou être rattaché au service des signes distinctifs (marques, etc.).

Par ailleurs et comme il a été précédemment dit, il faudra que l'autorité compétente trouve des moyens pour communiquer sur l'outil IG. Il conviendra de faire connaître aux producteurs intéressés l'existence de cet outil. Cette communication peut prendre la forme de séminaires de sensibilisation nationaux ou décentralisés, diffusés lors d'évènements ou à travers d'autres organisations plus proches des secteurs de production.

D. L'IG comme outil de développement économique pour les filières

L'Indication géographique ne constitue pas un outil fantaisie mais doit être envisagée de manière pragmatique et réaliste pour rendre service aux filières. L'IG doit répondre à un besoin identifié des filières.

Par ailleurs, l'IG n'est pas un sésame ! Bon nombre de producteurs pensent qu'une fois l'IG reconnue, les marchés s'ouvriront. Ce n'est pas vrai. Toute démarche exigeante de valorisation comme les IG suppose un véritable travail de management et de marketing. Pour ce faire, il faut rappeler les règles fondamentales d'organisation.

Comme il a été précédemment dit, la société actuelle a besoin d'être rassurée, notamment sur le volet agro-alimentaire. Ainsi, les producteurs doivent tenir compte des exigences actuelles des marchés, des pays, des consommateurs et des citoyens (environnement, sanitaire, traçabilité, origine, etc.). L'IG peut répondre à certaines de ces préoccupations.

Par ailleurs, les producteurs s'engagent dans ce type de démarche afin de développer leur activité économique et augmenter leurs revenus. Dans les pays développés, aujourd'hui, les consommateurs demandent et perçoivent la différenciation. Certaines études ont montré la disposition des consommateurs à payer plus pour des produits qui leur apportaient une garantie :

- 40% des consommateurs européens sont disposés à payer plus cher des produits sous IG[229].
- 75% des consommateurs italiens acceptent de payer 20% en plus pour des produits sous IG[230].

L'IG constitue dans bon nombre de pays un outil juridique nouveau. Sa reconnaissance à l'échelle internationale le rend attractif, parce qu'il répond à des besoins pour les producteurs et les consommateurs. Il est un outil permettant la structuration professionnelle. Cette approche collective et partagée intéresse les filières qui manifestent de plus en plus leur volonté de s'organiser. Face à la mondialisation du marché, les producteurs seront plus forts à plusieurs que seuls, notamment vis-à-vis des intermédiaires.

---

229 Etude CE 1999.

230 Estudio Nomisma Qualivita de 2003.

L'IG répond à un besoin stratégique :

- protection des produits et de leur histoire ;
- absence d'organisation de la production ;
- protection des dénominations traditionnelles face aux abus ;
- protection des secteurs de production ;
- volonté de valoriser les produits traditionnels ;
- volonté de construire des filières économiques ;
- recherche d'une meilleure crédibilité sur les marchés ;
- positionnement d'un produit différencié par sa qualité, son origine.

L'IG peut ainsi permettre d'obtenir une différenciation avantageuse des produits en leur donnant plus de "valeur" que ceux de la concurrence et en se protégeant des usurpations et détournement de notoriété.

1. Les fondamentaux

Afin que les organisations de producteurs puissent trouver leur intérêt dans l'IG et que cette dernière leur apporte les résultats escomptés, encore faut-il que des conditions de base soient présentes :

- Une volonté politique et un encadrement législatif ;
- Des Hommes, des producteurs/productrices qui s'organisent ;
- Des produits, une histoire ;
- Une stratégie du produit définie par les producteurs ;
- Un axe marketing et commercial pour faire vivre les produits et conquérir des marchés.

2. La faisabilité d'une IG

Afin qu'une indication géographique puisse être construite, plusieurs étapes doivent être mises en œuvre.

a. Etat des lieux

Un produit a été identifié. Il possède des caractéristiques dues à son origine géographique. Cette dernière bénéficie par ailleurs d'une notoriété auprès des clients et des consommateurs. Comment faire pour que les producteurs puissent valoriser leur produit ?

Il va falloir d'abord vérifier si dans le pays concerné, il existe un système juridique relatif aux indications géographiques : rechercher l'existence d'une règlementation sur les indications géographiques, soit auprès de l'Office de Propriété intellectuelle, soit auprès des Ministères techniques concernés par le produit (Ministère de l'Agriculture ou Ministère de l'Artisanat).

Exemple : En Jamaïque, il n'existe pas de règlementation active sur les IG bien que le Blue Mountain Coffee soit déjà intégré dans une démarche qualité. Ainsi, la dénomination ne peut être protégée que par le biais de la marque, ce qui limite le champ, la durée de protection et augmente les coûts de protection. Quand les pays ont mis en place une politique visible de valorisation des produits, cet exercice est facilité puisqu'il y aura eu, dans la majorité des cas une sensibilisation et une vulgarisation des concepts auprès des producteurs.

Exemple : Au Maroc, début 2009, le Ministère de l'Agriculture a organisé à l'occasion de la publication du dispositif IG/AO pour les produits agricoles un grand évènement médiatique destiné aux producteurs. Plusieurs produits éligibles avaient été invités pour connaître ce nouveau dispositif : Argane, Huile d'Olive de Tyout, Safran de Taliouine, Clémentine de Berkane, etc. Aujourd'hui, ces produits ont soit été enregistrés, soit sont en cours d'examen.

Cependant, le monde agricole, notamment dans les pays pauvres, ne connaissent pas le monde de la propriété industrielle et n'en estiment par conséquent pas les enjeux. Les Etats membres de l'OAPI et notamment les structures de liaison devront s'organiser pour être visibles et compris par les producteurs (cfr. le point sur la communication).

Ensuite, les producteurs devront examiner la procédure qui leur sera imposée : formulaires, construction de la demande, durée de la procédure, etc. Sur cet aspect, il faudra que les services compétents soient disponibles et à l'écoute des futurs demandeurs.

b. Mise en place du projet

L'IG est une démarche collective et vise à consacrer un élément du patrimoine culturel et ou gastronomique d'un pays. Ainsi, l'IG a une raison d'être quand elle est portée par la majorité des opérateurs économiques qui travaillent sur le produit concerné.

1° Un produit, une stratégie

Un produit lié à un lieu géographique est identifié. Ce dernier présente des caractéristiques et une qualité liées à son origine géographique qui le distingue des autres produits similaires. Par ailleurs, ce produit existe dans ce lieu depuis plusieurs siècles ou décennies et la zone géographique bénéficie d'une notoriété au regard de ce produit.

Les producteurs expriment une volonté d'une part de démarquer ce produit sur le marché, afin de le distinguer des produits similaires qui ne présentent pas les mêmes caractéristiques et, d'autre part, de protéger le nom de ce produit afin de valoriser son existence et d'éviter la confusion avec ses concurrents. La valorisation de ce produit par une IG pourra permettre de consolider les marchés actuels, conquérir de nouveaux marchés et de fidéliser les consommateurs.

Exemple : En Jamaïque, le cas de l'IG Blue Mountain coffee. La stratégie d'IG est venue non pas pour développer les marchés mais pour les sécuriser au niveau de l'usage du nom. Ce café est connu pour ses caractéristiques et ses qualités, qui le rendent unique. Beaucoup de travail a été fourni depuis plusieurs décennies par la filière Blue Mountain Coffee, notamment en termes de qualité et de protection (marque de certification, protection de l'aire de production).

Ces efforts ont permis d'asseoir ce produit sur les marchés, notamment japonais. L'IG dans ce cas viendra conforter la protection de la dénomination géographique, afin que les usurpations disparaissent et afin de distinguer le véritable Blue Mountain Coffee du faux. Souvent, les dangers du marché entraînent la mise en place d'IG afin de consolider l'existante et d'éviter la disparition des filières. Ces enjeux concernent notamment les cafés Ethiopiens, l'huile d'Argane au Maroc, le Rooibos en Afrique du Sud (cfr. études de cas).

2° Des hommes et des femmes organisés

Une fois la stratégie IG bien identifiée et définie, le porteur de projet doit se structurer. Il va falloir bien identifier les acteurs de la filière ? Uniquement les producteurs ou les producteurs et les transformateurs ? Pour les pays qui ne connaissent pas l'organisation professionnelle, le volet collectif des IG peut constituer un atout. Dans les pays ACP, comme en Asie, l'organisation collective n'est pas encore habituelle.

Quels types de structures ? Elles sont variées : organisations de producteurs, associations, coopératives, syndicats, etc. Peu importe la structure juridique. L'important est la volonté de se réunir pour partager une stratégie commune : l'IG. Exemple : En Côte-d'Ivoire, les producteurs des toiles de Korhogoont un réel enjeu d'organisation professionnelle. Faute de structure collective, ce sont les acheteurs qui font la loi. L'organisation collective dans le cadre d'une IG leur permettrait de définir collectivement les règles qualitatives de production et de s'impliquer de manière plus importante dans les activités de commercialisation.

Au Burkina-Faso ou au Maroc, les productrices de Beurre de Karitéou d'Argane ont bénéficié d'appui et de fonds leur permettant de se structurer. Ainsi, les productrices mettent en place des stratégies visant à améliorer leur rémunération. La démarche d'organisation de la filière doit par conséquent être participative.

Il faut pouvoir initier le projet avec l'ensemble ou la majorité des acteurs de la production pour éviter les exclusions. Le projet est partagé et si par la suite certains ne souhaitent pas y participer, cela relève de leur propre stratégie d'entreprise. Pour ce faire, les OP devront participer à des activités de sensibilisation sur le sujet afin que l'ensemble des producteurs puisse comprendre l'outil IG et y adhérer.

Une fois l'organisation collective mise en place, le groupement constitué, il faut qu'il choisisse une formule juridique collective et dépose des statuts. Ce groupement constituera le point d'ancrage de l'IG : lieu de forum entre les producteurs, entre les producteurs et l'administration. Il s'agira de l'entité légitime de représentation et de gestion de l'IG. Ainsi, il faudra élire un président qui représentera la filière et pourra diffuser l'expérience.

En outre, il faudra songer à la durabilité de cette organisation, notamment en termes financiers. Une adhésion sera demandée et il faudra recruter un animateur qui puisse faire vivre l'organisation et l'IG (cf. gestion de l'IG). Cela supposera aussi que l'organisation dispose d'un fonds de roulement pour assurer sa pérennité.

3° Définition du cahier des charges

Une fois la stratégie définie et le groupement constitué, il va falloir monter le dossier de demande de l'IG. Ce dossier est constitué notamment d'un cahier des charges qui est souvent composé des thèmes suivants :

- Le nom du produit qu'il faut protéger sous l'IG ;
- Le type de produit ;
- La définition du mode de production ;
- L'aire géographique retenue et ses caractéristiques ;
- Le lien entre le produit et l'aire géographique (ce lien peut relever de la typicité du produit, de sa réputation, etc.) ;
- Les caractéristiques du produit ;
- Le nom de la structure de contrôle ;
- Eventuellement les étiquetages.

Au sein du groupement, des sessions de travail devront être organisées, avec les producteurs de la future IG ainsi qu'avec toutes les personnes pouvant apporter des informations utiles (ex : chercheurs, administrations, associations de consommateurs, réseaux associatifs, ONG, etc.). Le travail doit être participatif. Il ne faut pas que le contenu du cahier des charges soit imposé par un petit nombre ou par l'administration compétente et que par la suite il ne soit pas appliqué.

L'objectif premier vise à consacrer l'histoire et des pratiques de production. Le cahier des charges doit refléter la réalité de la production du produit sans porter atteinte aux préoccupations sanitaires, d'hygiène, de sécurité et d'ordre public. Enfin, il ne faudra pas surcharger le contenu du cahier des charges mais mettre l'essentiel. Souvent, les groupements souhaitent tout écrire. Ceci n'est pas indispensable. En écrivant tout, les producteurs risquent d'être découragés et le cahier des charges leur semblera complexe.

Par ailleurs, il faudra penser que tout point inscrit dans le cahier des charges devra être traduit en points de contrôle. Plus on allège le document de base sans en retirer la substance, bien sûr, moins de contrôles pèseront sur les producteurs.

4° Définition des contrôles

L'existence d'une démarche qualité pour un produit suppose la mise en place de contrôles sur les engagements pris par les producteurs. Il a été précédemment expliqué que plusieurs types de contrôles pourront être mis en œuvre pour garantir le respect des conditions de production par les producteurs.

Cela suppose aussi que les membres du groupement de l'IG s'engagent dans une discipline collective et acceptent les contraintes qui en découlent. L'organisation des contrôles implique la certification. Dans les pays ACP, notamment, certains producteurs sont illettrés. Il faudra par conséquent songer à un aménagement des pratiques de contrôles, acceptables notamment par les organismes certificateurs étrangers. Là encore, le rôle du groupement de producteurs peut venir soutenir ces pratiques et recenser les points à contrôler chez les producteurs. Là encore, le schéma de contrôles et de traçabilité devra être construit en concertation entre le groupement IG et l'organisme de contrôle qui sera choisi.

5° Reconnaissance

C'est le groupement porteur de l'IGP qui devra présenter la demande auprès de l'institution compétente. Il faudra bien veiller à présenter tous les documents exigés par la règlementation.

La procédure de reconnaissance supposera des échanges entre le groupement, l'institution compétente et les opposants, s'il en existe. Le groupement de producteurs devra veiller à apporter toutes les réponses demandées et à préparer sa défense en cas de contestation.

6° Marketing et marchés

Une fois l'IG reconnue, le travail ne s'arrête pas là. Il faut faire savoir les engagements pris par les producteurs ainsi que les garanties apportées par le produit reconnu comme IG. Il faudra organiser une communication sur cette démarche qualité (conférence de presse, séminaires, etc.). Le groupement aura aussi fait au préalable une étude de marché et échangé avec ses clients sur l'engagement dans la démarche. Si les marchés ne sont pas réceptifs à l'IG faute d'intérêt ou de prix accessibles, il n'est pas forcément utile de s'engager dans ce travail.

Par ailleurs, on lie souvent les IG aux marchés de niche. Cette affirmation n'est pas forcément vraie. Des produits occupant des marchés de grande ampleur (ex : IGP Café de Colombie) peuvent prétendre à l'IG. L'IG peut s'adapter à tout type de marchés. Il ne faut pas oublier les marques : tout produit sous IG se vend aussi à travers sa ou ses marques. Tout dépend la taille et la composition de la filière. Le plus souvent, le groupement IG définit une charte graphique où le respect de l'IG ainsi que des marques des entreprises est pris en compte.

Les toiles de Korhogo de Côte-d'Ivoire sont en perte de vitesse. La commercialisation de ces toiles était en partie due au tourisme. Face à l'effondrement de la fréquentation touristique due aux évènements politiques dans ce pays, la filière doit nécessairement rechercher de nouveaux marchés. L'IG pourrait permettre de disposer d'un outil permettant aux clients d'être assurés sur la qualité et la provenance de ces toiles et ainsi permettre aussi aux producteurs de réorganiser leurs marchés. En France, l'AOC Champagne est notoire de par l'existence des grandes marques de Champagne telle que « Veuve Clicquot » ou « Moët et Chandon ».

7° La gestion de l'IG au jour le jour

Une fois l'IG reconnue et/ou enregistrée, l'organisation collective continue à exister puisque c'est elle qui va contribuer à faire vivre la démarche IG. Le travail sur l'IG ne s'arrête pas à sa reconnaissance et/ou à son enregistrement ! Ce groupement doit assurer la représentativité des opérateurs et une représentation équilibrée des différentes familles d'opérateurs. Ceci lui permettra d'être légitime pour toutes les parties prenantes. Le groupement élabore le projet de cahier des charges de l'IG et anime sa mise en œuvre auprès des opérateurs : vulgarisation, explication, gestion des contrôles (contrôle interne).

Il s'assure de la connaissance statistique de la filière, de la valorisation du produit, de la protection de sa dénomination et de son terroir.

En résumé, la gestion de l'IG implique :

- Le suivi de l'application du cahier des charges et du respect des règles ;
- Le recensement des opérateurs engagés ;

- La mise en place d'un suivi pour la protection, y compris avec des avocats ;
- L'organisation de la communication ;
- La gestion du budget du groupement IG (il faut qu'il soit pérenne).

L'IG est un outil au service de l'économie. L'IG doit être vivante et il est fondamental de la faire vivre. Exemples : Les coûts de protection de l'IG Blue Mountain coffee en Jamaïque sont importants : entre 250.000$ et 400.000$. Tous les groupements ne peuvent pas se permettre d'avoir des budgets aussi importants. La protection a un coût !

En Conclusion, l'Indication géographique est d'abord un outil au service de l'économie. Il faut que le dispositif soit simple et s'adapte à la réalité des pays. Il n'existe pas un schéma type pour la mise en place des IG et il faudra éviter de reproduire des systèmes trop anciens et complexes. L'IG devra être considérée comme un outil stratégique pour les filières, un investissement pour l'avenir. Une fois l'IG reconnue ou enregistrée, elle constituera un gage de crédibilité tant pour les acteurs de la filière que pour les consommateurs. Pour ce faire, il faudra pouvoir communiquer sur les engagements pris !

CHAPITRE QUATRIEME
LA STRATEGIE D'INTEGRATION REGIONALE DE LA RDC

Section 1. L'intégration socio-économique et culturelle

Plus larges sont les blocs d'échanges, plus nombreuses seraient les opportunités de commerce. Plus étendus sont les marchés, plus il y aurait de la concurrence entre les pays.

Et plus les pays sont intégrés au plan social et culturel, moins il y aurait des risques de conflits et d'affrontements entre eux.

Ce sont là, notent Kabuya Kalala et Tshiunza Mbiye[231], les principaux arguments qui militent en faveur de l'intégration économique en Afrique. Mais, comment y parvenir sur un continent qui compte plus de 50 pays et 14 groupements économiques régionaux ?

Dans leurs propositions de rationalisation du nombre des CER, la Commission Economique pour l'Afrique et l'Union africaine ont considéré cinq scénarios différents :

- la rationalisation par le maintien du statu quo ;
- la fusion par l'absorption de certaines CER ;
- l'ancrage autour de quelques CER bien établies ;
- la rationalisation axée sur la division du travail ;
- la rationalisation par l'harmonisation des politiques et des programmes.

Faisant valoir un certain nombre de critères (la proximité géographique, l'interdépendance économique, la communauté linguistique et culturelle, des liens historiques de coopération, le partage en commun des ressources), elles concluent sur la nécessité de faire correspondre le nombre actuel des CER aux régions naturelles du continent africain.

---

231 Kabuya Kalala Francois et Tshiunza Mbiye Omer, « Communautés économiques régionales : quelle stratégie d'intégration en RDC ? », in Cahiers économiques et sociaux de l'Institut de Recherches économiques et Sociales, Faculté des Sciences Economiques et de Gestion, Université de Kinshasa, Vol. XXVII, N°2, Novembre 2010, Editons Universitaires Africaines, p.p. 5-22

Le NEPAD a formellement proposé la structuration suivante :

- en Afrique du Nord : l'Union du Maghreb Arabe (UMA) avec 5 Etats ;
- en Afrique de l'Ouest : la Communauté Economique pour le Développement Economique de l'Afrique de l'OUEST (CEDEAO) autour de 15 Etats pour 342.5 millions d'habitants ;
- en Afrique Centrale : la Communauté Economique des Etats de l'Afrique Centrale (CEEAC) devant desservir 11 Etats pour 121.2 millions d'habitants ;
- en Afrique de l'Est : le Marché commun de l'Afrique Orientale et Australe (COMESA) qui comprendrait seulement 10 Etats pour environ 260 millions d'habitants ;
- en Afrique Australe : la SADC qui n'aurait plus que 12 Etats membres pour 172 millions d'habitants.

En somme, les principaux changements proposés concernent le COMESA et la SADC dont la double appartenance de certains Etats a été supprimée. Contrairement aux autres régions où il y a une évidente cohérence géographique, le COMESA présente actuellement des frontières de l'intégration économique couvrant à la fois l'Afrique orientale, l'Afrique australe, l'Afrique centrale ainsi que l'Océan indien, ce qui ne serait pas viable.

En effet, le souhait est d'avoir, dans chaque CER, au moins un pays « leader » susceptible d'impulser l'intégration économique régionale à l'image de ce qui fut observé dans l'Union européenne. Ainsi, aurait le Nigéria et la Côte d'Ivoire pour la CEDEAO, le Cameroun et la RDC pour la CEEAC, l'Egypte et le Kenya pour la COMESA, et l'Afrique du Sud pour la SADC. D'après ces propositions, la République Démocratique du Congo ne devrait appartenir qu'à la CEEAC en vertu, visiblement, du critère de proximité géographique. Est-ce suffisant ?

La question ainsi posée ne manque pas d'intérêt, comme l'atteste ce point de vue du Gouverneur de la Banque Centrale du Congo : « Il faudrait que nous puissions choisir à quelle Afrique nous voulons appartenir, notamment pour réaliser les objectifs d'union monétaire et douanière posés par l'Union africaine en nous appuyant sur notre situation géographique au centre du continent. Il faut donc choisir entre une appartenance pleine à la CEEAC ou la SADC ».

Section 2. L'intégration monétaire

L'intégration monétaire est un puissant facteur de soutien des échanges économiques commerciaux pour autant que l'usage d'une monnaie commune comporte des avantages en termes de réduction des coûts des transactions et de discipline collective en matière de gestion monétaire et budgétaire.

Cependant, outre la perte de la souveraineté, lors de l'abandon de sa monnaie, « un pays renonce aussi à un instrument de sa politique économique, c'est-à-dire que ce pays perd sa capacité à conduire une politique monétaire nationale »[232]

D'après la théorie des zones monétaires opérationnelles, ces coûts peuvent être minimisés, si l'économie jouit d'une certaine flexibilité lui permettant de réagir à des chocs asymétriques par le biais, notamment de la mobilité du facteur travail, de l'ajustement des salaires et des prix ainsi que des transferts fiscaux.

Cependant, une telle éventualité dépend du degré de similarité entre les structures de production et d'exportation d'un pays et celles de ses partenaires dans l'union monétaire. Le Gouverneur Masangu Mulongo précise que « A long terme, le Congo, en toute objectivité, devrait être l'Etat moteur de la zone Afrique centrale, par ailleurs déjà homogène d'un point de vue monétaire. En revanche, ses intérêts à court terme le poussent davantage vers les pays de la SADC, plus dynamique d'un point de vue économique. Il est tout à fait envisageable pour le Congo de continuer pour un temps de s'arrimer au dynamisme de l'Afrique australe avant de rejoindre pleinement l'Afrique centrale »[233]

C'est bien là une position qui ne tranche pas clairement sur la question de n'appartenir qu'à une seule CER, relèvent F. Kabuya Kalala et O. Tshuinza Mbiye. Le maintien de la CEEAC dans la course ne serait justifié que par le fait que c'est vers elle que nous portent naturellement des critères linguistiques, culturels et géographiques.

Nous estimons, pensent-ils, que l'appartenance à la zone SADC plutôt qu'à la CEEAC peut être à long terme bénéfique à la RDC du fait de la présence, d'une part, de nombreux autres pays qui sont dotés de

---

232 De Grauwe, P., *Economie de l'intégration monétaire*, Bruxelles, De Boeck Université s.a, p.12

233 Masangu Mulongo, J.C., op.cit., p. 142-143

ressources minières (et donc présentant une certaine similarité de réaction aux chocs exogenes comme celui de la récente crise financière internationale[234]) et, d'autre part, de la présence de l'Afrique du Sud qui est dotée d'une économie plus diversifiée que celle de la RDC.

Ce qui présente des possibilités de complémentarité pouvant attirer des investissements directs étrangers en RDC. Les investissements sud-africains tels qu'Anglo-Américain, De Beers, Stanbic Bank, Engen, Vodacom y sont des « précurseurs très actifs » et susceptibles de servir d'exemples à bien d'autres.

Enfin, l'appartenance à la SADC offre sûrement un vaste marché potentiel pour l'exploitation des économies d'échelle, un marché qui pourrait s'étendre bien au-delà de l'Afrique australe. En effet, lors du premier sommet tripartite COMESA-CAE-SADC, tenu à Kampala en Octobre 2008, les Chefs d'Etat ont exhorté les trois communautés économiques à créer une zone de libre-échange unique et à lancer le processus de fusion en une seule CER, pour ainsi contribuer à la mise en place rapide de la communauté économique africaine.

Cependant, il faut que la volonté politique aille au-delà de la simple rhétorique pour que les perspectives précitées se concrétisent. A court terme, nonobstant les cicatrices laissées par la participation active du Rwanda dans les conflits armés au Kivu, il est important pour la RDC d'appartenir aujourd'hui à la CEPGL, créée initialement pour sécuriser ses trois pays membres.

Malgré les vicissitudes du passé, cette CER compte encore à son actif des réalisations économiques positives comme la création de la Sinelac qui continue à fournir de l'électricité à partir du barrage de la Ruzizi II. L'intensification des échanges économiques et la libre circulation des personnes peuvent aider à raffermir les liens entre populations frontalières, qui du reste, partagent aussi certaines valeurs culturelles. En outre, le Burundi et le Rwanda sont membres à la fois du COMESA et de la Communauté de l'Afrique de l'Est (CAE) appelés à former une même zone de libre-échange avec la SADC.

---

234 Southern Africa Ressourch Watch (SARW), Impact of the Global Financial Crisis on Mining in Souther Africa, Johannesburg, 2009. L'Afrique australe compte comme pays miniers : le Botswana, le Malawi, la Namibie, la République Sud-Africaine, la Zambie et le Zimbabwe ; tandis que dans la CEMAC, plusieurs Etats membres sont producteurs de pétrole (Congo, Gabon, Guinée Equatoriale, Tchad).

De par sa position géographique, la RDC est le seul pays en Afrique qui partage ses frontières avec 9 autres Etats voisins : l'Angola, le Burundi, le Congo-Brazzaville, la République Centrafricaine, l'Ouganda, le Soudan, le Tchad, le Rwanda, le Soudan et la Zambie. Singulièrement, cet immense territoire est à la fois un atout au plan externe et un handicap au plan interne.

Comme atout, la RDC a l'avantage précisément d'être au cœur de l'Afrique et donc à la croisée de plusieurs influences et possibilités de rayonnement vers différentes régions du continent. Comme handicap, ce pays est un « espace écartelé »[235] entre trois ensembles économiques faiblement intégrés entre eux, mais adossés à des mouvances d'échanges extérieurs, à savoir :

- la mouvance de l'Afrique australe dans laquelle s'insèrent les provinces du Katanga et les deux Kasaï ;
- la mouvance de l'Outre-mer et de l'Afrique centrale qui intéressent la capitale Kinshasa et les provinces du Bas Congo et de l'Equateur.

La mouvance de l'Afrique orientale dans laquelle s'inscrivent le grand Kivu et la province Orientale.

Ces traits géographiques expliquent sans doute que la RDC puisse appartenir à quatre communautés économiques régionales : la CEEAC, la CEPGL, le COMESA et la SADC. Des considérations d'ordre politique et sécuritaire fondent également l'appartenance initiale de la RDC à la CEPGL et son récent retour au sein de celle-ci, après une longue période d'inactivité de cette communauté économique régionale. C'est aussi le cas de l'attachement que la RDC manifeste à l'égard de la SADC dont l'appui militaire de deux pays membres : le Zimbabwe et la Zambie, a été très déterminant dans le conflit armé qui l'opposait au Rwanda et à l'Ouganda en 1998 et 1999.

Sur le plan diplomatique, l'Afrique du sud a pesé de tout son poids pour faire aboutir les processus de paix et de démocratisation, notamment en organisant sur son sol l'essentiel des négociations entre les belligérants et en finançant en partie les élections présidentielles et législatives en 2006. Un mécanisme d'intégration régionale est un accord préférentiel entre un groupe de pays, visant à réduire les obstacles aux

---

235 Bruneau J. et Simon Th., Zaïre : Espace écartelé, Kinshasa, Bureau d'Etudes et d'Aménagement urbain (B.E.A.U), p.10

transactions économiques et non économiques entre ces pays. Ce mécanisme peut revêtir des formes aussi diverses allant d'une simple zone d'échange préférentiel en passant par la zone de libre-échange, l'union douanière, le marché commun jusqu'à l'union économique et même politique, chaque étape progressive se caractérisant par l'incorporation des mécanismes plus ambitieux[236].

La question centrale qui intéresse les économistes est celle de l'impact effectif de l'intégration régionale sur le bien-être, la mondialisation de la structure tant de consommation que de production des pays membres ainsi que sur les flux d'investissements directs entre ces pays eux-mêmes et en provenance de l'étranger. Les accords régionaux de commerce sont une forme particulière de libéralisme commercial comportant un aspect discriminatoire. La constitution d'une union douanière, par exemple, peut avoir des effets de création et de détournement de commerce dans les pays membres.

Etant donné que les firmes faisant partie d'un processus d'intégration pourront avoir accès à un marché plus vaste, une analyse complète de l'intégration se doit également de considérer l'impact de celle-ci sur le degré de concurrence, les marges et les prix pratiqués ainsi que sur les gains dynamiques sous forme d'une innovation accrue de la part des firmes ainsi mises en concurrence[237]

Evaluant le mouvement d'intégration économique en Afrique, la Commission Economique pour l'Afrique soutient que l'intégration et la coopération régionale peuvent, en effet, aider les pays africains à remédier à la taille réduite des marchés nationaux, stimuler la concurrence entre pays membres, mobiliser davantage des ressources d'investissement, favoriser le partage de connaissances et la mise en commun de certaines ressources (par exemple les cours d'eau), promouvoir la paix et sécurité, accroitre la capacité collective de négociation et la visibilité dans les internationales.

En dépit de différences en matière de dotations en ressources, les pays africains pourraient exploiter utilement leurs avantages comparatifs, joindre leurs compétences et concevoir des solutions communes à l'allocation des ressources. L'Afrique compte à ce jour 14 CER distinctes. Paradoxalement, plusieurs pays se caractérisent par leurs

---

236 Kabuya Kalala F. et Tshuinza Mbiye O., op.cit., p.7

237 Mucchielli J., et Mayer T. (2005), *Economie internationale*, Paris, Dalloz, p.407

multiples appartenances aux groupements sous-régionaux existants. Au regard de ce foisonnement, le NEPAD a recommandé une concentration des efforts de développement sur 8 CER en vue de leur renforcement institutionnel et en ressources humaines afin qu'elles puissent mieux jouer leur rôle de fer de lance de l'intégration économique en Afrique[238]

De leur côté, la Commission Economique pour l'Afrique et l'Union Africaine ont proposé une série de critères à l'effet de rationaliser le nombre de ces CER, l'objectif étant d'amener chaque Etat membre de l'UA à n'appartenir qu'à une seule CER. La République Démocratique du Congo est membre, non seulement de groupements économiques sous-régionaux différents, mais également du Programme de Coopération Monétaire en Afrique par le biais de la Banque Centrale du Congo.

De ce fait, elle est donc soumise à l'observance de critères de convergence macroéconomique à deux niveaux, à savoir : au niveau des CER et dans le cadre de l'exécution du PCMA. Deux questions fondamentales sont soulevées dans cet article :

1° La République Démocratique du Congo peut-elle être en phase avec les différents critères de convergence macroéconomique qui lui sont assignés ?

2° A quel groupement sous-régional doit-elle objectivement appartenir pour bénéficier pleinement du processus d'intégration économique et monétaire en cours ?

Ces questions sont d'autant opportunes que la RDC vient de marquer avec un certain éclat médiatique sa rentrée sur la scène économique continentale (La RDC a assumé à Kinshasa successivement la présidence de la 33ème session ordinaire de l'Association des Banques Centrales Africaines (ABCA), le 21 août 2009, la Présidence du 29ème sommet de la Communauté de Développement de l'Afrique Australe (SADC), du 7 au 8 septembre 2009, et la Présidence du 14ème sommet de la Communauté Economique des Etats de l'Afrique Centrale (CEEAC), le 24 octobre 2009.

238 Martin S. (2008), « Les communautés économiques régionales au sein du NEPAD. Quelles perspectives pour un développement économique et social durable en Afrique ? », Conférence Economique Africaine, Addis-Abeba, p.7

En vue d'y répondre, il est fait état, dans ce qui suit, d'abord du niveau de l'intégration économique en Afrique, puis du degré de réalisation des critères de convergence macroéconomique en RDC, et enfin de la proposition d'une voie d'intégration susceptible de maximiser les chances de réussite de ce processus en RDC.

Section 3. La régionalisation de la RDC par le Droit O.H.A.D.A

A. Contexte général

L'intégration et la coopération régionales peuvent aider l'Afrique à résoudre un certain nombre de problèmes :

- Les pays africains pourront élargir leurs marchés au-delà de petites tailles imposées par les limites nationales de manière à bénéficier des avantages liés aux économies d'échelle, à une concurrence plus forte et à des investissements nationaux et étrangers plus importants. Ces avantages pourront ainsi permettre une amélioration de la productivité et une diversification de la production et des exportations.
- -De même, une coopération régionale peut renforcer leur pouvoir de négociation et améliorer leur image. Paraphrasant le Professeur Mwayila Tshiyembe[239], nous sommes d'avis que l'union politique n'a de matérialité que si elle est fondée sur une union économique.

A l'instar de la majorité des pays autres fois anciennes colonies françaises membres de l'O.H.A.D.A, la République Démocratique du Congo fait partie de cette Afrique des codes napoléoniens. Il en résulte ainsi, particulièrement en droit des affaires, une « communauté de matrice conceptrice ou de moule » entre le Droit congolais des affaires et le Droit des affaires du système OHADA ; de nombreux auteurs affirment qu'il n'y a pas une différence fondamentale entre Droit O.H.A.D.A et le Droit congolais des sociétés, mais celui-là est techniquement avancé par rapport à la législation congolaise en matière des sociétés dont la plupart des dispositions sont restées inchangées.

La volonté d'intégration a toujours existé en Afrique ; il n'y a qu'à se référer aux multiples organisations qui le plus souvent se chevauchent. Certains regroupements se sont faits par zones géographiques (Union du Maghreb Arabe (UMA) pour l'Afrique septentrionale, la CEDEAO et l'UEMOA pour l'Afrique de l'Ouest, la CEPGL (communauté

---

[239]CDB CDP 2004 VII/28, paragraphe 3.1.4.

Économique des pays des grands Lacs) et la CEMAC pour l'Afrique centrale, le COMESA pour l'Afrique Orientale et l'Afrique Australe et l'Océan indien. D'autres par l'intermédiaire d'organisations spécialisées telles que les organisations monétaires (UMOA), des institutions financières (BAD, BOAD), des assurances (CIMA), de la propriété intellectuelle (OAPI).

Face à cette pluralité d'organisations, l'OUA lança en 1980 à Lagos un plan d'action devant aboutir en l'an 2000 à la fusion de toutes les organisations régionales d'intégration économique existantes en une seule de dimension continentale, la communauté Économique Africaine (CEA), marché unique sui serait opérationnel d'ici 2025 . D'où ces préoccupations :

Quelle est la place du Droit OHADA parmi les autres organisations de Droit uniforme ? L'originalité du Traité OHADA réside tant dans l'ampleur de l'intégration qu'il propose, dans l'objectif poursuivi que dans les moyens et méthodes préconisés pour atteindre sa mission.

La spécificité du Traité OHADA provient de son objectif fondamental qui est d'établir un programme grandiose et ambitieux, mais aussi précurseur dans les grands secteurs de la vie des affaires ; par une harmonisation progressive des législations afin de favoriser le développement de tous les États parties ainsi que par une unification de la Jurisprudence.

Sa particularité apparaît aussi par l'ampleur de l'intégration communautaire qu'il propose. En effet c'est la première fois qu'est mise en œuvre l'harmonisation des règles Juridiques à ce stade et à l'échelle du continent. L'article 53 dispose que "le présent Traité est dès son entrée en vigueur ouvert à l'adhésion de tout État membre de l'OUA et même à tout État non membre de l'OUA".

Enfin la différence du Traité OHADA par rapport aux autres organisations se trouve dans les moyens et méthodes retenus pour atteindre les objectifs. C'est ainsi que la réalisation des tâches prévues dans ce Traité est assurée par une Organisation pour l'Harmonisation en Afrique du Droit des Affaires (OHADA) (art-3) comprenant :

- Un conseil des ministres, qui est une institution supra nationale dotée d'un pouvoir normatif général (il est assisté d'un secrétariat permanent qui est au Cameroun auquel est rattachée une école régionale

Supérieure de la magistrature au Bénin) qui assure le pouvoir de décision.
- Une Cour commune de justice et d'arbitrage qui exerce le pouvoir de contrôle et de sanction (art-3, Traité) et dont le siège est à Abidjan (Côte d'Ivoire).

Ainsi donc le Traité OHADA acquiert une importance particulière pour les États Africains par la force particulière du droit qui en est issu et de son caractère contraignant (aucune dénonciation ne peut intervenir avant 10 ans). Le Traité OHADA ne consacre plus seulement la primauté du droit communautaire sur le droit national, il affirme la substitution du droit communautaire au droit national ainsi qu'une institution unique de contrôle et de règlement des différends. Il va dès lors bouleverser considérablement l'environnement juridique et judiciaire des affaires en Afrique.

Cette intégration économique plus large que l'on a voulu créer sur la base de ces principes contenus dans le Traité OHADA implique nécessairement un abandon de souveraineté, qui a été consenti par les divers États qui ont ratifié ce Traité, conscients de ce que l'intégration économique et juridique régionale est un moyen qui doit permettre le maintien de l'Afrique dans ce vaste mouvement qu'est la mondialisation.

B. Controverses sur le Droit OHADA

« Le temps du monde fini commence. Le recensement général des ressources, la statistique de la main d'œuvre, le développement des organes de relation se poursuivent. Quoi de plus remarquable et de plus important que cet inventaire, cette distribution et cet enchainement des parties du globe ? Leurs effets sont déjà immenses. Une solidarité toute nouvelle, excessive et instantanée, entre les régions et les événements est la conséquence déjà très sensible de ce grand fait »[240]

Une telle solidarité est nécessaire à la consolidation de la paix dans le monde et entre les peuples. « La paix, ce n'est pas l'absence de la guerre, mais la conviction chez tous que chaque être de la planète a droit à la prospérité. Noir ou blanc, c'est mon frère ; car trois choses nous rapprochent ou nous caractérisent : la naissance, la vie et la mort »[241]

---

240 Valery Paul (1931), Extrait de Regards sur le monde actuel.

241 Prem Rawat, reçu par Cecilia Venezuela, dans l'Emission « Worlds of peace (Paroles de paix) sur Canal 3 Cotonou, République du Bénin (www.wopg.org)

Malheureusement, comme pour le débat sur la mondialisation, l'opinion se rappelle que les politiques comme les juristes congolais sont divisés sur l'opportunité ou la nécessité de l'adhésion de la RDC au Droit OHADA. Ceux qui s'y opposent estiment qu'il s'agit là d'une embarcation de la France et ses anciennes colonies[242] (une autre colonisation qui ne dit pas son nom). Est-ce peut-être pour cela que la RDC n'était pas présente à la conception (création) Droit OHADA au rendez-vous de Port Louis du 17 octobre 1993 pour la signature du Traité y relatif, comme à celui de Québec du 17 octobre 2008 pour la révision dudit Traité ?

Tout compte fait, le tournant décisif, après plusieurs missions ou rencontres de sensibilisation ou d'explication[243], est pris avec le 25ème Congrès de la Conférence Internationale des Barreaux de tradition juridique tenu à Kinshasa du 14 au 19 décembre 2010, Palais du Peuple, Kinshasa, RDC où l'on a vu le feu Bâtonnier Mario Tsasi, ancien Secrétaire Général de la CIB, et ses compagnons très engagés dans un plaidoyer auprès des autorités du pays, afin d'obtenir cette intégration. Car, alors que la Loi n°10/002 du 11 février 2010 autorisait l'adhésion de la RDC au droit OHADA, les choses trainaient à se concrétiser.

A l'occasion, Alexis Coffi Aquereburu, Bâtonnier de l'Ordre des avocats de Togo et Président de la CIB de l'époque, a fait remarquer : « L'intégration économique et sociale souhaitée par les peuples africains nécessite une unité juridique. C'est de ce constat qu'est né le traité de l'OHADA qui a pour objectif essentiel de réaliser la sécurité juridique et judiciaire dans le but de favoriser l'enracinement de l'esprit d'entreprise, gage d'un réel développement. Mais, face à cette noble ambition, une question nous vient à l'esprit : comment sécuriser le monde des affaires si certains acteurs économiques sont au-dessus de la loi ou ne sont pas responsabilisés ? Le cas de la puissance publique symbolisée par l'Etat a

---

242 Il demeure constant que la plupart des pays signataires du Traité OHADA sont des anciennes colonies françaises ; mais ne autre évidence est que la justice de ces pays, s'agissant du monde des affaires, ne distribuait pas la justice très différemment qu'en RDC (les plaintes étaient presque les mêmes partout et qu'il était temps de trouver des voies de sortie au plan régional, et pourquoi pas mondial ?)

243 Au nombre de ces rencontres, citons la Conférence sur « Le droit de l'OHADA et son intégration en République Démocratique du Congo », 12 avril 2012 –Hôtel Memling de Kinshasa, organisée par le Barreau de Bruxelles-Ordre français, les Barreaux de Kinshasa et Nederlandse Orde van Advocaten bij de balie te Brussel (NOAB), avec l'appui financier de Bluebonet. C'est autant dire que l'intégration obtenue est principalement l'œuvre des avocats et des professeurs d'universités.

retenu l'attention du législateur OHADA. C'est dans ce sens que le texte communautaire fait de l'Etat un justiciable de droit commun dont la responsabilité est susceptible d'être engagée devant les tribunaux judiciaires en cas de non-respect de ses prérogatives en matière d'exécution des décisions de justice et autres titres exécutoires »[244]

Nous pensons quant à nous, s'agissant de la résistance d'une partie de l'opinion Congolaise au Droit OHADA, que les juristes, pour la plupart, sont conservateurs ; et fournir des efforts pour une adaptation à un ordre nouveau est une aubaine. Car, il exige de maitriser les nouvelles règles, de les apprendre ; ce qui n'est pas un exercice aisé pour tous.

Et donc, quel que soit le contexte dans lequel est né le Droit OHADA, les congolais comme les africains ont tout intérêt à noter, l'a dit Paul Valery ci-haut, que « le temps du monde fini commence ! ».Avec la loi autorisant l'adhésion de la RDC au Droit OHADA et le dépôt de ses instruments d'adhésion auprès du Sénégal, Etat dépositaire, le vin est tiré; et tous indistinctement (Enseignants d'universités, magistrats, avocats, opérateurs économiques, comptables) sont tenus à le boire, en se disposant à la formation approfondie sur les différentes règles secrétées par ce nouveau et complexe droit. C'est là le prix à payer !

C. Cadre d'application du Droit OHADA en RDC

Le processus a commencé en 2002.En 2003, le Président de la République a écrit au Fond monétaire international (FMI) pour lui faire part de sa volonté de passer des échanges à l'acte formel d'adhésion. Cette initiative a été soutenue par la Fédération des entreprises du Congo (FEC) en ces termes : « Pour garantir le développement et la prospérité économique de la RDC, il est impérieux que l'Etat et le secteur privé s'engagent dans un partenariat objectif et constructif afin d'améliorer l'environnement institutionnel des affaires et renforcer la bonne gouvernance publique »[245].

Pour relever les défis socio-économiques qui nous interpellent, il faut les faire accompagner d'une adaptation de notre Droit des affaires et d'une réhabilitation de notre système judiciaire. L'amélioration du climat

---

[244] Catalogue officiel du 25ème Congrès de la CIB-Conférence Internationale des Barreaux de tradition juridique, Thème : « L'Etat de droit par le droit », du 14 au 19 décembre 2010, Palais du Peuple, Kinshasa, RDC, P.11

[245] Mémorandum de la Fédération des entreprises du Congo adressé aux sénateurs, membres de la Commission des relations extérieures. Kinshasa, 26 octobre 2009.

des affaires et des investissements impose au gouvernement la prise des décisions courageuses et concrètes allant dans le sens de consolider la paix et juguler l'insécurité physique, juridique et judiciaire ; restaurer l'autorité de l'Etat par la mise en place d'un cadre administratif et réglementaire attrayant, clair, compétitif et applicable à tous.

Toutefois, le 12 novembre 2009, le projet de loi portant autorisation de l'adhésion de la RDC à l'OHADA fut rejeté par le Sénat. Sur 86 sénateurs présents, 53 d'entre eux ont voté contre le projet de loi, sept ont voté pour et 26 se sont abstenus. Face à cet échec du choix politique gouvernemental, le Président de la République est venu donner un mot d'ordre au Parlement, le 7 décembre 2009, à l'occasion de son discours sur l'état de la nation, en ces termes : « Notre stratégie de croissance et de réduction de la pauvreté assigne au secteur privé le rôle moteur dans la création des richesses et des emplois ». De toute évidence, celui-ci peine à jouer ce rôle, ce qui remet en cause l'ensemble de la stratégie.

L'initiative privée est bridée, voire découragée, par le climat des affaires. Nous devons urgemment changer cet état de choses. J'ai donc décidé de faire de l'amélioration du climat des affaires un objectif prioritaire ; un de ceux sur lesquels devra être jugée l'efficacité du Gouvernement, testée la cohésion de la majorité gouvernementale et évaluée la qualité de notre Administration et de notre Système judiciaire.

Au Gouvernement, je tiens à dire que nous ne pouvons pas, dans ce domaine comme dans bien d'autres, aller d'études en études, de conseils d'experts en conseils d'experts, ce qui souvent n'est qu'une excuse pour ne rien faire. Les raisons du mauvais classement de notre pays dans le répertoire de référence « Doing Business » sont connues. La solution pour obtenir une meilleure cotation l'est autant. Elle a pour noms transparence, simplification et souplesse. Le Gouvernement a déjà identifié une dizaine de mesures allant dans ce sens. Je souhaite cependant que nous allions plus loin et plus vite. Je lui assigne donc des objectifs complémentaires à atteindre impérativement d'ici la fin du mois de mars 2010.

Il s'agit en priorité de l'adhésion de notre pays à l'OHADA, mesure essentielle pour rassurer le secteur privé sur une préoccupation capitale, la sécurité juridique. J'espère qu'une issue plus heureuse à ce dossier, qui peine à obtenir la sanction législative, pourra être trouvée dès la plus prochaine rentrée parlementaire[246]. Dès lors, le dossier OHADA est revenu sur la table du Parlement, réuni en session extraordinaire. Il a ainsi adopté la Loi n°10/002 du 11 février 2010 autorisant l'adhésion de la RDC au Droit OHADA.

Selon le CIAN (Conseil Français des Investisseurs en Afrique), l'adhésion à l'OHADA « marque une avancée importante pour l'amélioration du climat des affaires et le respect de l'Etat de Droit en RDC, ainsi que pour l'intégration juridique en Afrique. Cette décision découle de la volonté du Gouvernement d'améliorer la position de la RDC dans le classement Doing Business de la Banque Mondiale, où le pays occupe la dernière place au niveau mondial. En pratique, cette adhésion devrait se traduire notamment par la facilitation des conditions de création d'entreprises ou encore d'exécution des contrats ».

Par sa Loi n°10/002 du 11 février 2010 autorisant l'adhésion de la République Démocratique du Congo au traité du 17 octobre 1993 relatif à l'harmonisation du Droit des affaires en Afrique, publiée dans le Journal Officiel de la RDC, Numéro Spécial du 12 septembre 2012, la République Démocratique du Congo a adhéré au Traité OHADA.

L'instrument d'adhésion signé le 27 juin 2012, en conformité avec cette loi, a été déposé auprès du Gouvernement du Sénégal, Etat dépositaire, le 12 Juillet 2012. On peut lire dans l'Exposé des Motifs de cette Loi ce qui suit : « Le Traité relatif à l'harmonisation du droit des affaires en Afrique, signé le 17 octobre 1993 à Port-Louis en Ile Maurice, a pour objet, d'une part, l'élaboration et l'adoption des règles communes simples, modernes et adaptées à la situation des économies des Etats parties et, d'autre part, la promotion de l'arbitrage ainsi que la mise en œuvre des mécanismes judiciaires adéquats en matière de règlement des litiges commerciaux ».

Le Traité vise, par ailleurs, à promouvoir l'intégration juridique, économique, régionale et à favoriser l'institution d'une communauté économique en vue d'accomplir de nouveaux progrès sur la voie de l'unité africaine. L'uniformisation du droit des affaires qui en résulte contribuera au renforcement de la sécurité juridique et judicaire des activités économiques, condition essentielle de l'amélioration du climat des affaires.

[246] Kabila Kabange J., Discours sur l'état de la nation, Kinshasa, 7 décembre 2009.

L'appartenance de la République Démocratique du Congo à l'Organisation pour l'Harmonisation en Afrique du Droit des Affaires « l'OHADA », accélérera l'harmonisation de l'ordre juridique congolais et optimisera le renforcement des capacités des magistrats et auxiliaires de justice, notamment grâce à l'Ecole Régionale Supérieure de la Magistrature de cette Organisation. Enfin, l'adhésion au Traité offrira à la République Démocratique du Congo une nouvelle opportunité d'assumer sa vocation africaine.

D. Les écueils dans l'application du Droit OHADA en RDC

L'article 53 du Traité OHADA du 17 octobre 1993 prévient : « Le présent traité, est dès son entrée en vigueur, ouvert à l'adhésion de tout Etat membre de l'OUA et non signataire du Traité. Il est également ouvert à l'adhésion de tout autre Etat non membre de l'OUA invité à y adhérer du commun accord de tous les Etats Parties. A l'égard de tout Etant adhérent, le présent traité et les Actes uniformes adoptés avant l'adhésion entreront en vigueur soixante jours après la date de dépôt de l'instrument d'adhésion ».

La RDC a déposé son instrument d'adhésion auprès du Gouvernement du Sénégal, Etat dépositaire, le 12 juillet 2012 ; et soixante jours comptés, le Traité OHADA et les Actes uniformes sont entrés en vigueur le 12 septembre 2012. Toutefois, l'Acte uniforme sur les sociétés commerciales et groupement d'intérêt économique accorde un moratoire de deux avant son entrée en vigueur, pour que toutes les sociétés existantes et à créer se transforment ou se conforment à cet Acte uniforme et d'autres qui lui sont connexes. Et donc, deux ans comptés depuis septembre 2012, l'AUSCGIE entrera en vigueur le 12 septembre 2014.

En ce sens, l'article 908 de cet AU dispose : « Les sociétés et les groupements d'intérêt économique constitués antérieurement à l'entrée en vigueur du présent Acte uniforme sont soumis à ses dispositions. Ils sont tenus de mettre leurs statuts en harmonie avec les dispositions du présent AU dans un délai de deux ans à compter de son entrée en vigueur. Les sociétés en commandite par actions existant régulièrement dans l'un des Etats parties devront être transformées, dans ce même délai de deux ans, en sociétés anonymes sous peine d'être dissoutes de plein droit à l'expiration du délai ».

Quid du sort des sociétés qui ne se seront pas mis en harmonie avec les dispositions de cet AU ? Aux termes de son article 908, une telle société est dissoute de plein droit, ce que le juge peut soulever même d'office. Toutefois, une telle société peut être assimilée ou considérée comme une société de fait telle qu'organisée par l'article 865 qui dispose qu'une société qui n'accomplit pas les formalités légales constitutives prévues par l'Acte uniforme ou qui adopte une forme non reconnue par cet Acte est une société de fait.

Le 12 septembre 2014, arrive à terme le moratoire de deux ans accordé par l'Acte Uniforme relatif aux Sociétés Commerciales et du Groupement d'Intérêt Economique (AUSEGIE) du 17 avril 1997 pour l'harmonisation des statuts des sociétés commerciales. Et les nouvelles sociétés commerciales et le groupement d'intérêt économique devront, dorénavant, se créer conformément à cet Acte.

Malheureusement, une étude menée aux juridictions du chef-lieu de la province du Kasaï Oriental nous a révélé que, nous ne doutons pas que ce soit pareil à l'intérieur de toute la RDC, l'absence du Guichet unique de création d'entreprise dans cette partie de la RDC rend difficile cette mutation ; lorsqu'on sait que tous les services intervenant dans la chaîne de cette création demeurent éparpillés avec des responsables sans connaissances en droit OHADA. Pour preuve, le greffe de commerce de la place continue à délivrer jusqu'à ce jour le Nouveau Registre de Commerce (NRC), à la place du Registre de Commerce et de Crédit Mobilier (RCCM) pour lequel ce greffe ne dispose d'aucun modèle. Ce pourrait être le cas à l'intérieur de toute la RDC.

Cela préjudicie gravement les opérateurs économiques de ces coins qui continuent à être à la merci ou à la traine de ces agents avec tous les abus déplorés et ayant justifié la création du Guichet unique. Bien plus, à cinq mois de la fin de ce moratoire, aucun statut au modèle OHADA n'est déposé au greffe compétent ; et les activités du Tribunal de commerce récemment installé à Mbuji-Mayi piétinent, probablement que les uns et les autres ne savent pas par où commencer, faute d'une formation adéquate.

L'urgence que revêt cette question appelle le Ministère provincial de Justice de chaque province dont relève le Guichet Unique à saisir la Direction Générale et son Ministère de tutelle (Le Ministère national de justice), pour obtenir dans un meilleur délai à l'intérieur du pays ; et éviter ainsi à ces opérateurs économiques de subir les conséquences désastreuses de la fin du moratoire sus décrit. Et donc, tous les praticiens du droit et autres experts connexes (Magistrats, Avocats, Enseignants d'universités, Juges consulaires, Greffiers, Huissiers, Comptables, Conseilleurs juridiques) devront se mettre au pas : savoir mener les procédures, rédiger les actes tels que le RCCM, l'intercalaire complémentaire au formulaire, le dépôt des Statuts de la société au greffe, le dépôt du PV de l'Assemblée Générale Ordinaire ou Extraordinaire et statuts, tenir la comptabilité suivant différents Actes uniformes. Ce qui justifie le besoin de formation continue pour tous.

Section 4. Nécessité d'organiser des partenariats responsables

A. Les contrats léonins en RDC : cas des contrats chinois

Le 17 septembre 2007, le gouvernement de la RDC et un groupe d'entreprises publiques chinoises concluent un accord de coopération entre les deux pays. Les chinois s'engagent à construire 3500 km de routes, autant de km de chemins de fer, des infrastructures de voiries surtout à Kinshasa, 31 hôpitaux de 150 lits et 145 centres de santé. Le tout pour une valeur estimée à 6,5 milliards de dollars.

Ces travaux seront exécutés par des entreprises chinoises et financés par les de la EXIM Bank. Le remboursement de ces prêts est garanti par la constitution d'une joint-venture avec la participation majoritaire chinoise qui va exploiter, produire et fournir huit millions de tonnes de cuivre, deux cents mille tonnes de cobalt et 372 tonnes d'or[247] Le prêt lié à la modernisation de l'appareil de production minière serait de 3.2 milliards de dollars ; le tout atteindrait la somme de 9.2 milliards de dollars, une somme équivalant au principal de la dette totale accumulée sous la deuxième République[248] Ce contrat, le plus grand de la Chine en Afrique pour le moment, était et est source de débats intenses et contradictoires. Certaines sources proches du gouvernement, mais pas uniques[249], se montrent euphoriques.

Ainsi, l'Editorial de **L'Avenir** appelle la population à résister, parce que les congolais sont restés longtemps sous le joug des gouvernements

---

[247] Voir le contrat complet sur le site web http://www.un.ac /main.aspx

[248] Airault P., Les dessous de l'offensive chinoise en RD Congo, Jeune Afrique, 30 septembre 2007.

[249] Tshilombo A., Plaidoyer pout le troc : Des actifs à valeur extrême en vue de l'accroissement des actifs à valeur interne, Congo-Afrique, Vol. 47, septembre 2007, pp.583-599.

occidentaux et des multinationales ; l'heure est venue de bousculer les traditions et de tenir bon devant le FMI et la Banque Mondiale.

Malheureusement, note Stefaan Marysse[250], le Congo n'a fait que creuser le fossé des inégalités sociales. La très forte pression que les occidentaux mettent aujourd'hui sur les dirigeants de la RDC n'est justifiée que par l'égoïsme et la mauvaise foi ; Tandis que les accords gagnant-gagnant conclus entre la RDC et la Chine sont un exemple de coopération dénuée d'arrière-pensées d'exploitation. Ils forment une coopération gagnant-gagnant[251].

A l'autre bout de la discussion, deux inquiétudes principales d'ordre économique et politique ont été ventilées. Du point de vue économique, les institutions internationales mettaient en garde la RDC, lui signalant que l'alourdissement de la dette pouvait de nouveau hypothéquer l'avenir de la reconstruction et augmenter « le risque du dérapage du cadre macro-économique »[252]. Si la première partie de cet argument (création d'un nouveau cycle de dette) est certes valable, la deuxième est plutôt une polie de dire qu'ils craignaient de voir la corruption augmenter.

En effet, la politique chinoise n'attache pas de conditions de « bonne gouvernance » à l'aide octroyée. Cette politique de coopération appelée en anglais « no strings attached » va à l'encontre de la politique de la communauté internationale des bailleurs de fonds qui lie l'aide octroyée à une politique de meilleure gouvernance[253] et à une diminution de la corruption rampante qui caractérise le fonctionnement de l'appareil de l'Etat en RDC.

L'exploitation minière destinée à rembourser les prêts contractés pour les infrastructures publiques en RDC est conçue comme les chinois le font avec des entreprises étrangères en Chine, par le biais de joint-ventures dans lesquelles les chinois ont le contrôle majoritaire. Le

---

250 Stefaan Marysse, Le bras de fer entre la Chine, la RDC et le FMI : la révision des contrats chinois en RDC, in Cahiers Economiques et sociaux, I.R.E.S, Faculté des Sciences Economiques et de Gestion, UNIKIN, Vol. XXVI, N°2, Novembre 2010, p.24.

251 Tshilombo A., idem.

252 C'est ainsi que s'est exprimé en langage diplomatique le Chef du Département Afrique du FMI, Brian Ames, lors d'une Conférence de presse du 20 décembre 2007 (Voir http://www.congo-actualites.net/spip.php ?article 1614.

253 La Déclaration de Paris impose, s'agissant de projets, cinq principes : l'appropriation, l'alignement, l'harmonisation, la gestion axée sur le résultat et la responsabilité mutuelle.

contrat, pour une durée de 30 ans, stipule que les chinois obtiendront 2/3 des votes et le gouvernement congolais 1/3.

L'article 5 du contrat stipule que dans la première étape, la totalité du résultat servira au remboursement du prêt et à l'amortissement de l'investissement minier extractif industriel et ce compris les intérêts ; tandis que la dans la deuxième étape 66% du résultat d'exploitation sera utilisé pour le paiement et le remboursement des travaux d'infrastructures. La troisième étape, dite étape commerciale, commence quand tout sera remboursé.

Mais au regard des conditions imposées par le FMI dans le cadre du Programme « Pays Pauvres Très Endettés », PPTE en Sigle, la Chine était obligée de revoir ses conditions, en signant des Avenants à la Convention de collaboration du 22 avril 2008 relative au développement d'un projet minier et d'un projet d'infrastructures Kinshasa-Beijing, en octobre 2009[254].

Dans l'Avenant n°3, l'article 5 modifie l'article 10.3 de la « Convention » comme suit :

« La garantie du remboursement est assurée par la RDC qui s'engage, dans le cadre de l'article 13.3.4 de la présente Convention de collaboration, à octroyer au Groupement d'Entreprises chinoises d'autres concessions minières ou d'autres ressources et moyens satisfaisants au cas où les bénéfices générés par la JV minière s'avèreraient insuffisants pour réaliser le remboursement de ces investissements dans le projet minier et d'infrastructures ». Egalement dans l'article 8, on peut observer que la garantie de l'Etat a été abandonnée pour le remboursement des investissements miniers. Le remboursement dépendra donc du succès de l'entreprise.

B. Atteinte du point d'achèvement par la RDC

Pour financer son développement, la RDC s'est endettée au fil des années à l'étranger pour plusieurs milliards de dollars américains. Une partie de cette dette a été contractée avant l'indépendance du pays (1960), mais l'essentiel est constitué d'emprunts sous la deuxième république 1965-1997.

---

[254] Journal Le Potentiel du 30 octobre 2009.

Ce recours aux capitaux étrangers a été justifié par la faible accumulation du capital intérieur et la faible dotation du pays en infrastructures de base, affectant ainsi les perspectives de croissance économique. Ceci est du reste normal, puisqu'un pays qui ressent un besoin de financement ne peut que s'endetter. Grâce aux capitaux étrangers et à l'assistance technique extérieure, la RDC a pu se doter du barrage d'Inga, des ponts, des immeubles modernes tels que la RTNC et le CCIC, de la sidérurgie de Maluku, d'un nombre considérable de diplômés dans divers domaines du savoir, etc.

Malheureusement, au terme de la décennie 1980, force était de considérer que ces projets d'investissement n'ont pas débouché sur les effets attendus. Ne pouvant pas faire face à ses engagements vis-à-vis de l'étranger, le pays était ainsi entré dans un cycle d'endettement, car il a accumulé et rééchelonné plusieurs arriérés, il est arrivé des fois à s'endetter à nouveau pour relancer la production et dégager des surplus financiers.

Le stock de la dette extérieure de la RDC s'est accru considérablement de 1980 à 1990 passant ainsi de 4.7 à 8.9 milliards USD. Chaque année, le pays devait payer des millions de dollars au titre du service de la dette ; ce qui réduisait considérablement l'espace budgétaire de l'Etat et sa capacité à soutenir le développement socio-économique.

Neuf rééchelonnements ont été conclus dans le cadre du Club de Paris, sans donner de véritables réponses au problème de la soutenabilité de la dette extérieure. Le non-paiement du service de la dette conjugué au massacre perpétré à l'Université de Lubumbashi en 1990 a conduit à un arrêt de la coopération internationale en 1993, avec comme conséquence, un assèchement des capitaux en provenance de l'étranger et une diminution brutale de l'aide.

Nonobstant cet arrêt de la coopération, au fur et à mesure que les années passaient, les intérêts ont continué de courir et ont ainsi gonflé le stock des arriérés, à concurrence de 500 millions USD par an. Le stock de la dette extérieure s'est chiffré à 13.57 milliards en 2001, une année avant la reprise de la coopération. En 2002, le paiement des intérêts de la dette représentant 3.2% du PIB, alors que les salaires payés par l'Etat représentaient 2.0% du PIB et les dépenses en capital, 0.5% du PIB.

La RDC comme d'autres pays pauvres et fortement endettés, s'est butée à de sérieux problèmes de financement de son développement. Puisque, étant très endettée et incapable de rembourser sa dette extérieure, elle a perdu sa crédibilité financière au plan international, pendant qu'elle continuait à ressentir d'importants besoins en capitaux frais pour financer la croissance économique et réduire l'incidence de la pauvreté.

Après plusieurs tentatives infructueuses d'allègement du fardeau de l'endettement extérieur des pays pauvres, la communauté des bailleurs de fonds a mis sur pieds en 1996 l'initiative en faveur des pays pauvres très endettés (I-PPTE). Cette initiative a vu le jour à la suite de l'inefficacité des mesures prises dans le cadre des Programmes d'Ajustement Structurel (PAS) basés notamment sur les rééchelonnements des services de la dette dans les années 1980-1990.

En effet, les critiques adressées aux PAS ont amené le FMI et la Banque Mondiale à mettre sur pied l'I-PPTE qui devrait déboucher sur une annulation considérable de la dette des pays très endettés qui feront preuve d'une volonté manifeste de stabiliser leurs cadres macroéconomiques et d'engager des réformes profondes. Au lieu de rembourser la dette dans sa totalité, les pays admis à l'Initiative devraient rembourser une partie de la dette et utiliser la partie annulée pour financer les secteurs sociaux de base (éducation, santé, logement…) C'est la raison pour laquelle il est demandé aux pays admis à l'Initiative de rédiger des Documents de Stratégies pour la Réduction de la Pauvreté (DSRP).

Pour sa part, la RDC a été admise à l'I-PPTE en 2002. Elle a accédé au point de décision de cette initiative en juillet 2003, puis au point d'achèvement en juillet 2010, soit sept ans après. Les populations congolaises pourraient tirer les dividendes de l'annulation de près de 90.0% du stock de la dette extérieure du pays[255].

---

[255] Nshue M. Mokime Alexandre, Admission à l'I-PPTE et atteinte du point d'achevement par la RDC. Qu'est-ce qui s'est passé et que peut-on espérer ?, in Cahiers économiques et sociaux, IRES, Faculté des Sciences Economiques et de Gestion, UNIKIN, Vol. XXVII, N°2, Novembre 2010, Editions Universitaires Africaines, pp. 158-171.

C. Causes du retard économique africain et nouvelle vision du développement africain et congolais

D'une économie villageoise des rapports parentaux, l'Afrique est passée partiellement à une économie marchande des rapports de production capitaliste organisée au sein des entreprises capitalistes d'un côté, et de l'autre, l'Afrique est demeurée fondamentalement en sa grande partie pré-capitaliste et rurale ; et des raisons endogènes comme exogènes expliquent cette situation[256]

Parlant de facteurs externes qui ont contribué au blocage des économies africaines, Coquery-Vidrovitch C. pointe « le moteur de la traite négrière, l'impact des lois coloniales ou d'une façon générale, les contraintes de l'économie méditerranéenne et atlantique qui se sont succédé sur le continent africain depuis dix siècles » ; et pense à juste titre que ces facteurs exogènes n'ont pas manqué d'influer sur les sociétés africaines, sur les hommes et mêmes sur leur univers en les précipitant dans le capitalisme[257]

Gunder Frank responsabilise la structure coloniale du capitalisme mondial ; tandis que Samir Amin évoque, lui, la dominance du mode de production capitaliste en tant que système mondial dominant, organisé et hiérarchisé, qui capture les autres modes de production, dont ceux des sociétés africaines, sous sa sphère et les soumet à ses propres lois[258]

Il y a, note Nzanda Buana Kalemba, une prise de conscience, celle des multiples échecs répétés ainsi que l'existence de l'ensemble des réflexes, des pratiques, des habitudes, des objectifs, des besoins et des modèles de production et de consommation ainsi que d'autres savoir-faire qui sont propres aux hommes africains et qui font penser que certains principes de la théorie économique universelle s'appliqueraient mal aux économies africaines, et ne peuvent expliquer parfaitement ni intégrer la réalité économique et culturelle africaine.

---

256 Nzanda Buana Kalemba Mathias, Les causes du retard économique africain : Histoire, Théories et Alternatives, in Cahiers économiques et sociaux, IRES, Faculté des Sciences Economiques et de Gestion, UNIKIN, Vol. XXVII, N°2, Novembre 2010, Editions Universitaires Africaines, p.117.

257 Coquery-Vidrovitch C. (1985), Afrique noire. Permanences et Ruptures. Editions PAYOT, Paris, p.9

258 Amin Samir (1973), Le développement inégal. Essai sur les formations sociales du capitalisme périphérique. Les éditions de Minuit, Paris, p.17

Ainsi donc, la base économique et la réalité culturelle africaines et congolaises devraient, d'une part, être approfondies dans leur essence et dans leur déroulement pour pouvoir déceler les vrais et les faux obstacles à la croissance et au développement ; et d'autre part, permettre de découvrir et de formaliser les nouveaux paradigmes, les hypothèses, les axiomes et les concepts spécifiques pour déboucher logiquement sur le savoir économique africain plus ou moins systématisé[259].

La réalité économique des sociétés africaines contemporaines est définie par ce que font les différentes instances de production, de consommation, de répartition et de reproduction des richesses, à savoir : entreprises, ménages, Etat, entités paysannes rurales et reste du monde, réalité, réalité tout aussi différente de celle des sociétés africaines traditionnelles que de celle des sociétés industrielles développées[260]. Chaque système économique comporte, selon Karl Polanyi qui parle de la typologie de différents systèmes économiques, trois principes généraux d'intégration et de fonctionnement : la réciprocité, la redistribution et l'échange[261] En effet, d'après la théorie de l'économie substantive telle qu'elle a été élaborée principalement par Karl Polanyi et ses nombreux disciples de l'Ecole de Chicago, dans chaque société particulière, l'économie occupe une place et joue des rôles qui sont spécifiques.

Ou bien le procès économique opère comme structure autonome et indépendante au sein de la société globale, ou bien il s'incruste comme structure dépendante et subordonnée à l'ordre social global dont il n'est dans les deux cas qu'un parmi d'autres ordres sociaux. Chaque société a son type et son rythme de croissance ; il en est de même du développement. La croissance est, dès lors, logiquement, une réalité identifiée au niveau de tous les pays du monde avec la nation comme unité d'observation.

Or, chaque nation a sa propre histoire et ses processus de croissance et de développement qui sont en partie tributaires de son héritage du passé ; tout cela au sein des structures économiques et sociales, elles-mêmes, produit de l'histoire. D'où la différence de vision et de modèle de croissance et développement entre des pays différents.

---

259 Bairoch P. (1964), *Révolution industrielle et sous-développement.* Société d'Editions d'Enseignement Supérieur, Paris.

260 Bairoch P. et Anne-Marie Puiz (1985), *Les passages des économies traditionnelles européennes aux sociétés industrielles*, Genève, Librairie Droz.

261 Polanyi, K. et Arensberg, C. (1975), *Les systèmes économiques dans l'histoire et dans la théorie.* Œuvre collective. Librairie Larousse, Paris, p.245.

D. Les causes endogènes du retard économique en RDC

L'analyse de l'économie congolaise post-coloniale a révélé les raisons endogènes qui entretiennent le retard économique au Congo[262], notamment :

1. L'absence de prise en compte de l'approche scientifique adaptée au traitement des questions économiques et sociales congolaises pour juguler le blocage de croissance et de développement de manière systématique et définitive.

C'est ce qui a souvent donné lieu à l'absence de calcul économique dans des programmes et projets, à l'incohérence dans les politiques économiques ainsi aux erreurs voulues ou non voulues qui n'ont fait qu'alimenter le blocage de la croissance et du développement économiques.

2. L'existence des habitudes et des pratiques de gestion qui produisent les quatre mécaniques qui soutiennent et perpétuent depuis des décades de médiocres résultats en gestion du développement, à savoir :

- la première mécanique est celle des politiques macroéconomiques inappropriées de l'Etat en matières budgétaire, financière et monétaire, avec les plans et les programmes ;
- la deuxième mécanique est celle des comportements politiques et économiques de l'Etat face aux projets industriels et commerciaux du pays en rapport avec les investissements et les résultats y relatifs, à savoir : la corruption, les détournements des deniers publics, etc. ;
- la troisième mécanique est celle du cercle vicieux de l'endettement extérieur ;
- la quatrième mécanique est celle de la « navigation à vue ».

Ce sont principalement ces quatre mécaniques qui ont soutenu et perpétué de si médiocres résultats en gestion du développement au Congo post-colonial.

---

262 Nzanda Buana Kalemba M. (2007), L'Economie Politique de l'Afrique Subsaharienne. Approche historique et théorique. Thèse de Doctorat en Sciences Economiques, Université de Kinshasa, Faculté des Sciences économiques et de Gestion, Kinshasa.

3. L'existence des minorités privilégiées nationales et étrangères, souvent des alliés des pouvoirs d'Etat, qui bénéficient de nombreux avantages illicites, polluent le climat de gestion et celui des affaires.

Ces minorités, non seulement, entretiennent la kleptomanie, la corruption et les détournements des deniers publics, mais contribuent à la généralisation de ces pratiques tout en étant elles-mêmes épargnées de toutes mesures punitives. Devant de nombreux constats historiques d'échecs répétés en Afrique contemporaine du modèle de développement d'inspiration coloniale et de celui post-colonial emprunté au modèle de croissance et de développement fondé sur le paradigme de la modernisation ou celui emprunté au modèle de l'économie politique d'ajustement structurel des Institutions de Bretton Woods, s'impose la nécessité d'une autre manière d'envisager le développement africain plus appropriée.

Il s'en suit, poursuit Nzanda Buana Kalemba, que le système économique africain à venir doit prendre une tendance dominante et inévitable à se marchéiser pour qu'il soit un jour équilibré et stable, grâce à l'unification des trois principes généraux d'intégration et de fonctionnement sous la dominance du principe général d'échanges marchands, sans pour autant rejeter catégoriquement les pratiques et les implications issues de deux autres principes généraux de fonctionnement analysés plus haut[263]

Les spécificités et les implications du modèle universel du libre-échange, du modèle congolais d'inspiration coloniale, du modèle japonais et des modèles des économies du Sud-est asiatique, les quatre dragons, les quatre tigres et de bien d'autres économies émergentes telles que celles de la Chine, de l'Inde et du Brésil, peuvent servir à donner en filigrane des formes et des contours au modèle universel de l'échange, mais ayant en plus des aspects contextuels et institutionnels propres à l'histoire et à l'environnement de l'espace économique donné.

Au vu des règles du jeu et des pratiques consacrées à ce jour au sein de l'empire marchand mondial, il parait exister une solution plus acceptable, logique et nécessaire d'intégrer des économies faibles au processus de mondialisation par les biais des bons offices des économies des pays riches, puisque l'interdépendance ruine des économies faibles en ce contexte mondial.

---

[263] Nzanda Buana Kalemba, op.cit., p.138

Il reste apparemment, chute Nzanda Buana Kalemba, une solution raisonnable au vu de l'histoire des économies qui ont réussi leur émergence et/ou leur développement au sein de l'empire marchand mondial. Il s'agirait d'un partenariat de type nouveau avec le monde industrialisé, option dont il faudrait envisager la faisabilité dans tous les sens et dans toutes les directions et que Nzanda Buana nomme autrement le « modèle de parrainage » qui découlerait dudit partenariat de type nouveau pouvant intégrer l'espace économique national à l'économie mondiale. Ce sont là la logique et les processus qui constituent la vision nouvelle du développement africain et congolais.

La politique économique appropriée au développement africain ne peut être que l'émanation logique d'un cadre théorique fondé sur les expériences empiriques des économies africaines, expériences enrichies d'apports de la civilisation de l'universel.

Par contre, les principaux obstacles au développement de l'Afrique subsaharienne sont notamment :

1° L'absence d'une manière appropriée d'envisager le développement ;
2° L'absence d'un modèle de développement conscient et volontariste qui prenne en compte les possibilités internes et externes qui s'offrent à la Nation congolaise, susceptible de créer l'enrichissement de cette Nation, tout au moins des pistes stratégiques du développement ;
3° L'absence d'un cadre théorique qui soutienne cette manière appropriée d'envisager le développement congolais et africain en contexte de mondialisation ;
4° L'absence d'un cadre opérationnel d'Etudes et de Recherches sur les Relations Internationales, économiques et commerciales du Congo ainsi que la nécessité de renforcer la recherche scientifique, l'éducation orientale de la jeunesse pour le développement et la constitution des groupes organisés porteurs de valeurs pour le développement.

La traite des capitaux et des technologies, comme hier la traite des nègres, pourrait se faire dans le cadre du parrainage à la manière des asiatiques : d'une part, les transferts sous moult conditions des capitaux, des technologies et know how Nord-Sud, pourquoi pas Sud-Sud ; et d'autre, la recherche de performance et la soumission aux exigences du commerce mondial de la part des pays à la recherche du développement. C'est bien là des faits et des événements historiques qui peuvent se répéter. C'est bien aussi une intégration au contexte de la mondialisation concrétisée par l'établissement des relations d'affaires profitables.

DEUXIEME PARTIE
LES RESSOURCES FORESTIERES
DE LA REPUBLIQUEDEMOCRATIQUE CONGO

La deuxième partie porte sur les ressources forestières de la République Démocratique Congo et comporte aussi quatre chapitres :

Le premier chapitre analyse la situation des forêts de la RDC et leur cadre légal. Nous y rappelons le contexte d'élaboration du Code forestier de 2002, les définitions des concepts clés, les fonctions et l'évolution de la forêt, sa gestion participative (quelques principes de gestion participative, décentralisation et organisation socio-politique locale, forêts et avenir des populations, institutions de gestion forestière en RDC, activités socio-économiques liées aux forêts et y occasionnant de fortes pressions), la problématique des droits forestiers des communautés locales (contexte lié au régime foncier, garanties aux droits forestiers et de pêche des communautés locales, zones à gestion communautaire).

Le deuxième chapitre porte sur l'ampleur, les causes et les conséquences de la déforestation en RDC. Avant de nous plancher sur l'ampleur et l'impact de la déforestation dans ce pays, nous nous sommes appaisenti l'état des lieux des forêts dans le monde et en Afrique. L'expérience rd congolaise des plantations forestières et puits de carbone comme les aires protégées en RDC ont fait également partie de notre préoccupation dans cette partie du travail.

Dans le troisième chapitre de cette partie, nous abordons la question de la contribution des redevances forestières au développement socio-économique des populations rd congolaises. Nous y avons évoqué la situation du système d'allocation des forêts aux opérateurs privés (redevances forestières, nomenclature des redevances forestières, système de collecte des redevances forestières), l'interprétation de la LAP par les provinces forestières (organes d'accueil, et de décision délibérant sur l'utilisation des redevances, impact global des redevances forestières).

Le quatrième chapitre renvoie au régime forestier congolais, avec un accent sur la politique forestière et le cadre juridique de la gestion forestière en RDC (préalable sémantique et cadre institutionnel, législation forestière congolaise).

CHAPITRE CINQUIEME
LES FORETS DE LA RDC ET LEUR CADRE INSTITUTIONNEL ET LEGAL

Section 1. Rappel du contexte d'élaboration du Code forestier de 2002

La Conférence internationale sur la gestion durable des forêts en République Démocratique du Congo, tenue à Bruxelles en février 2007, a constitué un cadre propice pour cerner certains aspects, jusqu'alors ignorés, du code forestier. Méconnue parce qu'insuffisamment vulgarisée, l'actuelle loi n° 011-2002 du 29 août 2002 portant code forestier (CF) est l'instrument juridique de base de ce secteur depuis sa promulgation.

Le Code a été élaboré avec l'appui financier du PNUD et de la Banque mondiale ainsi qu'un apport technique de la FAO, en collaboration avec le gouvernement de la RDC. Entre 1998 et 2000, plusieurs réunions ont été organisées à Kinshasa dans l'urgence de l'élaboration d'un Code forestier. Il a fallu attendre la perspective d'une fin de guerre en 2001-2002 pour qu'un avant-projet, financé dans le cadre du Programme Multi-sectoriel d'Urgence de Reconstruction et de Réhabilitation (PMURR), soit enfin disponible.

L'actuel code forestier a connu quatre versions successives : la première version est celle d'avril 2002, produite par les experts du gouvernement et de la FAO. Elle comporte 155 articles. La deuxième version de juin 2002 prend en compte et intègre les suggestions et remarques de la Banque mondiale. Elle comprend 161 articles. La troisième version de juillet 2002 est celle de la Commission économico-financière du parlement de transition. Elle n'a apporté aucun amendement de fond.

Elle a seulement proposé à la plénière du parlement de transition la fusion de certains articles passant de 161 à 156. La dernière version d'août 2002 est celle du parlement de transition qui a adopté, en sa plénière du 14 août 2002, 68 articles sans amendements et 88 articles avec amendements de forme. Il s'est agi principalement de la reformulation et de la fusion d'articles proposés par sa Commission. Le président de la République l'a promulgué le 29 août 2002.

Les principales nouveautés qui le différencient du décret du 11 avril 1949 sont notamment la création d'un cadastre forestier et de commissions consultatives, ainsi que l'érection au titre d'obligations des avantages socio-économiques en faveur des populations locales. En effet, sous l'ancien décret, ces avantages étaient considérés comme des actes de charité et d'humanisme de la part de l'exploitant qui agissait ainsi pour conserver « la paix sociale »[264] avec les populations locales en vue de poursuivre, dans la pleine tranquillité, l'exploitation du bois.

Après plusieurs années d'absence de politique cohérente en matière forestière, il était opportun de briser le manque de volonté politique de la part des autorités congolaises qui s'abstenaient de conformer le secteur forestier à l'évolution internationale et régionale du traitement de la question forestière. Le principal défaut de cette initiative est d'avoir voulu répliquer un modèle (celui du Cameroun) sans tenir compte des évolutions et des leçons apprises, de sorte que certains acteurs de terrain (par exemple l'ONG Greenpeace) ont qualifié le code de « copier-coller »[265]. C'est alors que l'on peut se demander : en faveur de qui le code forestier est-il élaboré ? Des investisseurs privés, des élites politiques nationales ou des populations locales ?

Quant au statut des forêts, Il existe trois catégories de forêts : forêts classées, forêts protégées et forêts de production permanente. Elles sont la propriété de l'Etat. Mais ce droit de propriété n'est pas exclusif comme c'est le cas en matière foncière. Sous réserve de certaines conditions, le code Forestier autorise, en effet, aux concessionnaires ou aux communautés locales d'être propriétaires des forêts naturelles ou plantées comprises dans leurs concessions ou qu'elles possèdent en vertu de la coutume[266].

En définitive, la concession foncière diffère de la concession forestière dans la mesure où un propriétaire forestier n'est pas toujours le propriétaire foncier et vice-versa. Le Président de la République, le Ministre chargé de forêts, le Parlement et le Gouverneur de province ont chacun, en ce qui les concerne, des compétences que le Code leur attribue, notamment et successivement en matière de création de parcs nationaux et réserves naturelles intégrales, l'élaboration de la politique forestière nationale, l'approbation d'une concession dont la superficie

---

[264]Trefon, 2006.

[265]Greenpeace, 2007.

[266] Articles 7 à 9 et 22 CF

dépasse 400.000 hectares et la politique d'allumage des feux hâtifs de forêts.

De manière générale, la lettre et l'esprit du Code et de ses mesures d'application, notamment le décret du 24 octobre 2005, s'inscrivent dans l'optique de reconnaître au gouvernement un pouvoir de régulation. Le rôle de recommandation, de décision est théoriquement dévolu aux instances administratives mises en place à cet effet. Il s'agit de la Commission interministérielle, de la Direction de la gestion forestière, du Cadastre forestier et de Directions spécialisées dépendant du Ministère, notamment le Service Permanent d'Inventaire et Aménagement des forêts[267].

Ainsi, par exemple, en matière d'octroi des contrats de concession à la suite de la conversion des titres forestiers, le Ministre chargé de forêts a une compétence liée, c'est-à-dire qu'il ne pourra entériner la recommandation prise par consensus ou aux deux tiers par les membres de la Commission interministérielle. Il est toutefois peu probable que les membres de l'administration résistent aux injonctions des autorités politiques.

L'exploitation forestière est industrielle ou artisanale. Dans le premier cas, l'adjudication qui est le mode d'obtention de concession par concurrence constitue la règle, alors que la procédure de gré à gré est une exception[268]. C'est le Ministre chargé de forêts qui est compétent pour signer les contrats d'exploitation industrielle. Sa signature peut être conditionnée par l'approbation du Président de la République, si la superficie de la concession dépasse 300.000 ha ou du parlement si elle dépasse 400.000 hectares (article 92 CF).

Dans le cas de l'exploitation artisanale, elle n'est admissible que dans les forêts des communautés locales et sur autorisation du gouverneur de Province dont relève la forêt. C'est le type de matériel, notamment une scie en long ou une tronçonneuse mécanique, qui détermine la qualité de l'exploitant artisanal. Il existe divers types de permis d'exploitation forestière : le permis ordinaire de coupe, le permis de coupe artisanale, le permis de coupe de feu et de carbonisation, le permis de récolte et les permis spéciaux[269].

---

[267] Articles 12 et 15 du décret du 24 octobre 2005

[268] Karsenty, 2006.

[269] Articles 5 et 6 de l'arrêté n°035/2006 du 05 octobre 2006

En termes d'avantage, on citera notamment le régime fiscal prévu à l'article 121 CF prévoit les différents types de taxes et de redevances dont sont redevables les exploitants forestiers. Il s'agit de la redevance de superficie concédée, de la taxe d'abattage, de la taxe de déboisement, de la taxe de reboisement, des taxes à l'exportation dont les produits sont versés tantôt au Trésor public, tantôt au Fonds forestier national, tantôt aux Entités Territoriales Décentralisées (ETD). Nous allons nous appesantir sur les droits dont sont bénéficiaires les ETD.

D'une part, l'article 122 CF dispose que la redevance de superficie profite à concurrence de 40 % aux ETD et 60 % au Trésor public. Les fonds en faveur des ETD reviennent à 25 % pour la province et 15 % pour l'entité décentralisée concernée et sont affectés exclusivement à la réalisation d'infrastructures de base d'intérêt communautaire.

D'autre part, le contrat de concession comprend des clauses particulières concernant la réalisation d'infrastructures socio-économiques au profit des communautés locales, spécialement la construction, l'aménagement des routes ; la réfection, l'équipement des installations hospitalières et scolaires ; les facilités en matière de transport des personnes et des biens[270].

Les deux obligations socio-économiques prévues aux articles 122 et 89 CF ainsi que l'article 7 du décret de 2005 sont cumulatives, de sorte que l'exploitant doit réaliser l'une et l'autre. On peut mentionner que les avantages et les infrastructures socio-économiques sont à considérer comme étant des « réalisations durables ». Il faudrait, par conséquent, écarter l'octroi des biens périssables comme le sel, le savon, les casiers de bière, le sucre, les habits, les paquets de café et tout ce qui ressemble à des biens qui disparaissent à la première consommation, parce qu'ils servent aux individus et non pas à la collectivité.

Par contre, l'implantation des sociétés industrielles en milieu rural entraîne irrémédiablement des conséquences néfastes, notamment l'émergence des conflits parmi les membres de la communauté pour le contrôle des revenus issus de l'exploitation ; la transformation du contexte social et relationnel entre les membres de la communauté ; la mise en cause du rôle ancestral et traditionnel des forêts[271].

---

[270] Article 89 CF et article 7, F du décret du 24 octobre 2005

[271] Trefon, 2006.

Au cas où certains exploitants ou utilisateurs de la forêt ne respecteraient pas leurs engagements, il existe des organes de contrôle, tels que les Secteurs ou les Chefferies. Les inspecteurs forestiers, les fonctionnaires assermentés et les autres officiers de police judiciaire sont investis de pouvoirs de recherche et de constat des infractions en matière forestière. Ils doivent préalablement avoir prêté serment devant le Procureur de la République. Ils transmettent les procès-verbaux au parquet, qui conserve, en concurrence avec eux, des droits de poursuite. Ces PV indiquent la nature, le lieu et les circonstances des infractions constatées.

Selon le taux de l'amende prévue par la loi, les inspecteurs forestiers, le directeur de la gestion forestière ou le ministre chargé des forêts peuvent mettre fin à la poursuite en proposant une transaction[272]. Une procédure de transaction ne sera définitivement close que si le parquet l'avalise, après avoir reçu le PV confirmant le payement des montants requis.

Le parquet conserve son pouvoir traditionnel en matière de poursuite d'infractions en concurrence avec les inspecteurs et agents forestiers précités. Les ONG environnementales et les associations représentatives des communautés locales disposent de prérogatives particulières qui ne sont pas reconnues aux ONG d'autres domaines. Le code forestier leur accorde la possibilité de se constituer partie civile au côté de l'action menée par le parquet pour solliciter la réparation des dégâts causés à la forêt ou à l'environnement.

Pour les mêmes motifs, il est logique qu'elles soient autorisées à saisir le tribunal par citation directe, lorsque le parquet s'abstient de déclencher les poursuites. Ce droit est assorti de certaines conditions ; d'abord, l'ONG doit être nationale et agréée ; ensuite, elle doit être reconnue comme contribuant à la protection de l'environnement.

Cette condition semble subjective, dans la mesure où son appréciation dépend de l'autorité judiciaire qui statue et doit tenir compte des activités effectives de ladite ONG. On ne manquera pas de mentionner qu'une ONG est considérée comme ayant rempli les deux premières conditions si elle figure dans la liste publiée chaque année par le Ministre de l'environnement, conformément à l'article 32 du code forestier ; enfin, le

---

[272] Arrêté ministériel n°60/2002 du 3 octobre 2002

préjudice doit être direct ou indirect par rapport aux intérêts collectifs que l'ONG défend.

On peut considérer comme préjudice direct le fait pour une ONG, qui a pour objet la protection des forêts, de se constituer partie civile dans une affaire concernant les défrichements illicites des territoires forestiers. Le préjudice est indirect, par exemple lorsqu'une ONG qui défend une espèce rare de singes estime que l'exploitation en cours perturbe les habitats des espèces qu'elle protège. De même, les actions en justice émanant de riverains protégeant un cours d'eau seront recevables si celles-ci concernent la destruction de forêts adjacentes à ce cours d'eau.

Il convient de préciser que cette disposition légale ne concerne pas seulement le secteur forestier mais l'ensemble du domaine environnemental. Les sanctions Les défrichements illicites, la contrefaçon du marteau forestier, l'entrave à l'accomplissement des devoirs des inspecteurs et agents forestiers sont parmi les faits répréhensibles et dont les sanctions varient entre deux mois et cinq ans de prison et au payement de 5 mille à 1 million de francs congolais d'amende. La personne reconnue coupable peut être astreinte à la remise en état des forêts illégalement défrichées.

Cette sanction compensatoire se fait par le reboisement équivalent en qualité et en superficie, au couvert forestier initial (Article 52 CF). Reconnaissons néanmoins que les populations et les ONG n'ont pas encore intériorisé les réflexes et les habitudes de déférer des cas de violations de l'environnement et des lois forestières devant les cours et tribunaux. Les cas de sanctions sont, à ce jour, inexistants.

Car, le Code forestier est méconnu tant de la part des agents forestiers chargés de le mettre en œuvre que de la population qui vit de la forêt. Comme il a été souligné lors de la Conférence internationale de Bruxelles, le problème des ressources humaines qualifiées est toujours d'actualité. Un travail d'information, d'éducation, de formation et de vulgarisation s'impose. En effet, près de 10 ans après sa publication, ce code demeure plutôt une réalité juridique que sociologique.

Section 2. Définitions des concepts clés

A. Forêt et Déforestation

Plusieurs définitions sont données, en rapport avec le mot « forêt » : des définitions doctrinales ainsi que des définitions légales.

1. Définitions doctrinales

La forêt, d'après Viney, se définit par un cortège d'êtres vivants végétaux et animaux qui y trouvent leurs conditions favorables d'existence et dont l'arbre est le roi. C'est une biocénose. Chaque essence s'épanouit avec ses accompagnants dans des conditions naturelles définies par une température moyenne, par des températures minimales et maximales, par une hauteur de chute d'eau annuelle et une répartition pluviométrique au cours de l'année, par l'intensité du sous-sol[273]. On parle ainsi de l'écosystème forestier.

Pour le Professeur Lubini[274], la forêt est une étendue de terre couverte par des groupes de végétaux, dominée par des arbres, présentant une structure régie par la convergence des exigences écologiques des espèces, abritant une faune et des communautés de micro-organismes : le tout formant un système fonctionnel et dynamique.

D'où les quatre caractéristiques essentielles des écosystèmes forestiers :

- Ils sont producteurs des biomasses et stocks d'énergies ;
- Ils sont gestionnaires de l'eau (infiltration) ;
- Ils sont co-responsables de l'évolution des sols ;
- Ils sont consommateurs d'éléments minéraux (cycles biogéochimiques).

2. Définition légale

Au sens de la loi congolaise (article premier de la loi n°001/2002 du 29 août 2002 portant code forestier), il faut entendre :

---

273 Raymond Viney (1972), *L'économie forestière, « Que sais-je »*, PUF, p. 11.

274 Lubini Aiyingweu, Problématique de l'environnement mondial et régional, Module professé au Département des Droits de l'Homme et Gestion de l'Environnement, D.E.A., Chaire UNESCO/UNIKIN, 2002-2004.

a. Par « Forêts » :

- Les terrains recouverts d'une formation végétale à base d'arbres ou d'arbustes aptes à fournir des produits forestiers, abriter la faune sauvage et exercer un effet direct ou indirect sur le sol, le climat ou le régime des eaux.

- Les terrains qui, supportant précédemment un couvert végétal arboré ou arbustif, ont été coupés à blanc ou incendiés et font l'objet d'opérations de régénération naturelle ou de reboisement.

Par extension, sont assimilées aux forêts, les terres réservées pour être recouvertes d'essences ligneuses soit pour la production du bois, soit pour la régénération forestière, soit pour la protection du sol.

b. Par « produits forestiers ligneux » :

- les matières ligneuses provenant de l'exploitation des forêts, comme les arbres abattus, les grumes, les houppiers, les branches, les bois de chauffage, les rondins, les perches, les bois de mine ;
- les produits de transformation de l'industrie primaire comme le charbon de bois, les copeaux, les bois à pâtes, les sciages, les placages.

c. Par « produits forestiers non ligneux » :

Tous les autres produits forestiers, tels que les rotins, les écorces, les racines, les rameaux, les feuilles, les fruits, les semences, les résines, les gommes, les latex, les plantes médicinales, le copal, le miel, les champignons, les chenilles et autres insectes, le gibier, les fibres, etc.

Le législateur béninois définit à sa manière la forêt : constituent des forêts, les terrains comportant une couverture végétale arbustive à l'exception des cultures agricoles et susceptibles : soit de fournir du bois ou des produits autres qu'agricoles ; soit d'abriter la faune sauvage ; soit d'exercer un effet indirect sur le sol, le climat ou le régime des eaux[275].

Quant au déboisement (**déforestation**), c'est l'opération consistant à défricher une terre forestière, à couper ou à extirper ses végétaux ligneux en vue de changer l'affectation du sol[276].

---

[275] Article 2 de la Loi n°93-009 du 02 juillet 1993 portant Régime des forêts en République du Bénin.
[276] Article 1, point 6 de la Loi n°011/2002 du 29 août 2002 portant code forestier.

Mais, il faut observer que tout déboisement ne vise pas nécessairement le changement d'affectation du sol ; il se fait dans plusieurs visées : économiques, sociales, culturelles, inécologiques ou destructrices (le braconnage, par exemple), Lorsque l'homme abat la forêt, il supprime les habitats de la flore et de la faune. En marge de cette destruction systématique, il y a d'autres facteurs plus subtils qui font des plantes et des animaux des « morts vivants » (extinction), à cause notamment de l'isolement. L'ensemble de toutes ces opérations, en termes de disparition de couvert végétal, s'appelle « déforestation ».

Il y a lieu de préciser que déboisement et déforestation ne traduisent pas nécessairement la même réalité : le premier vise les savanes arbustives ; tandis que le second mot vise essentiellement les essences précieuses. On recourt souvent au mot « déboisement », dans le cas de la périurbanisation1, entendue comme la création, autour de la ville et sa banlieue, de lieux de vie, d'activités et de loisirs, sous une forme diffuse ou polarisée.

Elle se traduit par une densification des anciens espaces ruraux, un développement excessif des déplacements en voitures individuelles, ainsi qu'une banalisation des paysages. L'aspiration à une meilleure qualité de vie pousse certains citadins à choisir un territoire périurbain. Mais d'autres facteurs concourent à la périurbanisation, comme le développement des infrastructures, des taxes locales plus faibles, des mesures facilitant l'achat des maisons individuelles et une charge foncière moins importante.

B. Exploitation, aménagement et conservation forestiers

L'exploitation forestière est l'ensemble des activités consistant notamment en l'abattage, le façonnage et le transport du bois ou de tout autre produit ligneux, ainsi que le prélèvement, dans un but économique, des autres produits forestiers.

Par l'aménagement forestier, il faut entendre l'ensemble des opérations visant à définir les mesures d'ordre technique, économique, juridique et administratif de gestion des forêts, en vue de les pérenniser et d'en tirer le maximum de profit.

Tandis que les mesures de gestion permettant une utilisation durable des ressources et des écosystèmes forestiers, y compris leur protection, entretien, restauration et amélioration, s'appellent conservation (forestière)[277].

C. La législation forestière

La législation forestière est l'ensemble des textes législatifs ou réglementaires qui régissent le secteur forestier. Ces textes organisent notamment, l'exploitation forestière, la conservation, l'aménagement, l'inventaire, la reconnaissance, la reconstitution des forêts.

En matière forestière au Congo, nous pouvons citer comme textes importants, notamment : la loi n° 011/2002 du 29 août 2002 portant code forestier, lequel abroge le décret du 11 avril 1949 ; l'arrêté ministériel n°CAB/MIN/AF.F-E.T/260/2002 du 03 octobre 2002 fixant la procédure des transactions en matière forestière ; l'arrêté ministériel n° CAB/MIN.A.F.FE.T 261/2002 du 03 octobre 2002 portant organisation et fonctionnement du cadastre forestier, etc.

Section 3. Fonctions et évolution de la forêt

A. Fonctions de la forêt

Depuis le début de l'humanité, et de plus en plus, avec l'accélération de l'accroissement de la population, la forêt joue un rôle capital comme ressource naturelle renouvelable, et remplit ainsi plusieurs fonctions dans la vie de l'homme, notamment la fonction de production de ressources, de régulation du climat, de protection des habitats et des sols.

Le bois, par exemple, est issu du soleil, de l'eau, de l'air et du sol. C'est le seul matériau non polluant de la terre ; il est biodégradable, et en tant que capteur de carbone, son rôle est immense comme dépollueur et doit être encore plus développé pour réduire l'effet de serre.

Le bois est aussi un ami de l'homme et l'accompagne au bureau, au cercueil, dans la construction de sa maison et de ses meubles, mais aussi pour le papier et les autres produits ligneux. Enfin, le bois chauffe l'homme et cuit sa nourriture (la FAO indique que ce bois domestique correspond à plus de 80% du prélèvement forestier en Afrique). La forêt reste aussi le garde-manger d'une grande partie de l'humanité (fruits, gibier, etc.), et sa pharmacie (plantes médicinales). Elle représente un

[277] Institut Français de l'Environnement, op.cit., p.98.

puits de carbone, un poumon d'oxygène, un réservoir d'eau et de matières premières.

Dans beaucoup de pays tropicaux, la forêt demeure un lieu de culte, d'initiation ; elle remplit des fonctions **écologique, économique et socio-culturelle.** Sur le plan économique, par exemple, l'activité forestière a une valeur économique de très grande importance, dans les pays africains, comme outil du développement.

Le secteur forestier et l'industrie du bois, qui sont généralement le deuxième employeur des pays après l'administration, ont de plus un rôle de fixation provinciale des populations auxquelles ils apportent régionalement une source de progrès social (écoles, hôpitaux, infrastructures de désenclavement, etc.).

Convenablement mise en valeur, la forêt tropicale doit donc, à l'exemple de celles des pays développés, constituer une base de développement économique et social durable des pays forestiers tropicaux. Les gouvernements, les populations et les opérateurs économiques ne donneront la priorité nécessaire à la sauvegarde de cette ressource importante que s'ils prennent en compte l'importance et la valeur multifonctionnelle de la forêt, non seulement pour les pays, mais aussi pour le développement de leurs propres conditions de vie.

La sauvegarde de la forêt tropicale et le développement d'une politique de sa gestion durable font aujourd'hui partie de principales préoccupations mondiales, tant pour des raisons économiques, écologiques que socio-culturelles[278].

Comment fonctionne alors l'écosystème forestier ?[279] Les forêts denses équatoriales se développent sous des climats aux températures élevées et constantes toute l'année (±25°C). Grâce aux fortes précipitations, entre 2000 et 5000 mm par an, l'atmosphère conserve une forte humidité et température, voilà donc les deux paramètres principaux qui commandent et « dopent » ce milieu forestier luxuriant.

Là, intervient la botanique, car les différentes sortes d'arbres qui les composent détiennent les clefs de tous les mécanismes de sa croissance

278 Interafrican Forest Industries Association (IFIA), *Code de déontologie de la gestion durable des concessions forestières en Afrique,* Côte d'ivoire, 5 février 2001, p 3.

279 Les éléments explicatifs du fonctionnement de l'écosystème forestier ci-après sont tirés du document *Crime suicidaire de « mange-forêt »*, Inédit.

rapide. La photosynthèse, tout d'abord, permet aux feuilles des arbres de transformer le gaz carbonique (C02) de l'air en matière organique, une fois tombée au sol (feuilles, bois), sera transformée en matière minérale (phosphore, azotes) par les réactions d'oxydoréduction, consommatrices d'oxygène, qu'utilise la faune du sol (des bactéries et champignons aux rats et serpents) pour vivre.

Ce cycle continu de matière passant de l'arbre au sol, puis du sol à l'arbre puisqu'il se nourrit lui-même des minéraux du sol, ne pourrait pas se poursuivre sans l'eau. Dans un flux continu du ciel vers la terre et de cette dernière vers le ciel, via les racines, l'eau transporte les éléments nutritifs alimentant les arbres par la sève. D'où vient cette eau ? On serait tenté de répondre : du ciel ! Bien sûr, mais pas entièrement. En effet, dans le milieu spécifique de la forêt tropicale, il est un phénomène qui joue un rôle primordial: l'évapotranspiration.

Chaque feuille représente une minuscule usine fabriquant de la vapeur d'eau qui transpirera, pour aller gonfler les nuages situés au-dessus des forêts. Aussi, 60% de la quantité des précipitations tombant sur la forêt amazonienne sont dues au phénomène « d'auto-alimentation hydrique ». Ce sont de tels mécanismes qui constituent l'écosystème forestier tropical, en équilibre constant et en circuit fermé, produisant à la fois la nourriture et la boisson utiles à sa croissance.

Voilà pourquoi, on dit que la forêt amazonienne (comme celle du bassin du Congo) est le « poumon de la terre », fournissant une partie de l'oxygène de la planète. Les arbres fabriquent de l'oxygène qui est capté par de milliards d'êtres vivants de la forêt, et plus particulièrement les microorganismes qui décomposent la matière organique du sol. L'oxygène produit par le feuillage sert essentiellement de combustible au fonctionnement de cette immense machine végétale qui s'auto génère à longueur de journées, d'années et de siècles.

B. Evolution des forêts

Les dernières statistiques de la FAO estiment à 157.000 km^2 les surfaces de forêt tropicale détruites chaque année, soit cinq fois la superficie de la Belgique. A ce rythme, la moitié de sa superficie mondiale pourrait disparaître d'ici l'an 2009 et la totalité, cinquante ans plus tard. Ces chiffres doivent être nuancés, car il s'agit d'une estimation globale. Or les continents ne possèdent pas les mêmes surfaces de forêts tropicales, et les rythmes de déforestation y sont différents. Ainsi, pour un total mondial de 11,6 millions de km2, 50% des forêts tropicales se trouvent en Amérique du Sud, 30% en Asie du Sud-est et en Australie, et seulement 20% en Afrique[280].

Au-delà des études réalisées par plusieurs auteurs, le nombre croissant de colloques, séminaires, conférences, campagnes au plan mondial explique l'ampleur de la destruction des ressources forestières, de sorte qu'on parle aujourd'hui en termes de recul des forêts, plutôt que de leur évolution. A titre illustratif, le Professeur Binzangi tire la sonnette d'alarme sur la destruction des écosystèmes forestiers du Bas Congo, une véritable menace à la vie. Car toute forme de vie forestière est unique et requiert une protection et un habitat adéquats.

La pression démographique met en péril la durabilité des ressources forestières, à cause des besoins en bois de feu, bois de construction, bois d'œuvre et en terres agricoles. La déforestation continue et la forêt se renouvelle difficilement, tant sur le plan quantitatif que qualitatif[281]. Pourtant, pour vivre, l'homme du Bas Congo a toujours besoin de la forêt. L'exploitation forestière est faite, poursuit Binzangi K., par des ignorants, profanes, cupides, égoïstes, qui ne savent pas répondre à la question suivante : d'où vient la matière ligneuse qu'ils utilisent et où doit-elle aller ?

En fait, l'évolution de la forêt peut être progressive ou régressive. Elle est progressive, lorsque la forêt s'auto-régénère, se développe et atteint l'âge d'exploitabilité jusqu'au stade de climax (équilibre entre les arbres, l'eau et la forêt). Elle est régressive, lorsque l'élimination de la forêt donne lieu à la savane, la savane à une steppe et la steppe au désert. Dans le cas de l'exploitation forestière, on perturbe, certes, l'écosystème forestier, en se frayant un chemin et en ouvrant les voies d'accès aux paysans. Mais si ces derniers n'y pratiquent pas de cultures sur brûlis, la forêt va se régénérer ; et c'est la forêt secondaire[282].

Les données sur les ressources forestières restent encore très partielles et ne concernent qu'une partie du territoire congolais. Jusqu'à 2004, les seuls chiffres disponibles provenaient d'inventaires nationaux ou

---

280 Stratégie mondiale pour la conservation, 1981 ; la Déclaration de Rio 1992, le onzième Congrès mondial sur la forêt, Antalaya 1997.

281 Binzangi Kamalandwa, Ecodéveloppement, Module professé au Département des Droits de l'Homme et Gestion de l'Environnement, D.E.A, Chaire UNESCO, UNIKIN, 2002-2004.

282 Idem.

d'inventaires dits d'allocation forestière, conduits sur des titres forestiers. Ces inventaires ont couverts environ 20 millions d'hectares, mais souvent avec de faibles taux de sondage. Depuis 2005, les premiers inventaires d'aménagement ont été conduits sur environ 2 millions d'hectare.

Ces différentes études mettent en évidence les faibles volumes actuellement mobilisables, estimés entre 1 et 3 m3/ha pour les essences régulièrement commercialisées. Ces résultats sont confirmés également par les données de production. Ainsi, les perspectives de production sous aménagement sont estimées à 0,2 à 0,4 m3/ha par an, soit 2 à 3 fois plus faibles que dans les autres pays du bassin du Congo[283]. De ce fait, l'aménagement des concessions forestières en RDC sera extensif. Il faudra de grandes superficies utiles de forêt pour garantir une activité économique performante.

Quant à l'évolution du couvert forestier, le taux annuel de déforestation est évalué à 0,20 % par an[284], ce qui, bien qu'étant le taux le plus élevé des pays du bassin du Congo, reste assez faible. Cependant ce chiffre masque des menaces réelles pesant sur les écosystèmes forestiers de RDC. Tout d'abord, du fait de l'existence d'un abondant réseau de pistes rurales reliant de nombreux villages, le massif forestier se fragmente.

En effet, les défrichements agricoles ouvrent des saignées de plusieurs kilomètres de largeur et isolent peu à peu les lots forestiers les uns des autres. D'autre part, le rythme de déforestation est localement beaucoup plus élevé que la moyenne nationale dans les régions fortement peuplées et dans lesquelles le secteur agricole est dynamique. La province du Bas-Congo, les territoires de Bumba et de Lisala dans la province de l'Equateur, ou la région des grands lacs à l'Est du pays sont des exemples de ce fort dynamisme local. Les forêts denses humides de RDC sont par endroit très densément peuplées[285].

Ainsi, dans le massif de Tumba Mai-Ndombé, situé entre les deux lacs, à cheval sur les provinces de l'Equateur (territoire de Bikoro) et du Bandundu (territoire de Inongo), où les travaux d'aménagement sont en cours, des études socio-économiques ont permis d'évaluer la densité de

283 Cassagne et alii., 2007.
284 Duveiller et alii., 2008.
285 Bayol et alii.,2008.

population à plus de 30 habitants par km². Une croissance démographique élevée 2,4 % par an[286], et la faiblesse de l'appui à une modernisation de l'agriculture vivrière font craindre à l'avenir une accélération de la déforestation.

La principale cause de déforestation, mais aussi la principale menace, en RDC est donc l'agriculture vivrière. Toutefois, le développement envisagé de plantations industrielles (palmiers à huile notamment) fait planer une menace supplémentaire sur le massif forestier de la RDC. Autour des grands centres urbains, la récolte du bois de feu est à l'origine d'une dégradation forestière, et parfois même de déforestation. L'exploitation forestière intensive dans la province du Bas-Congo a contribué à la dégradation des forêts de cette zone.

Tableau 1. Evolution du couvert végétal en Afrique centrale

Pays	**Surface forestière en 2000 (ha)**	**Déforestation nette 1990-2000 (%/an)**
Cameroun	19.639	0.19 %
RCA	6.250	0.07%
Congo	22.263	0.03%
Guinée équatoriale	1.900	Non disponible
Gabon	22.069	0.16%
RDC	108.339	0.26%
Afrique centrale	180.460	0.19%

Source : Bernard Cassagne et alii., 2007

286 Fa et al. 2003.

Tableau 2 : Production de grumes des 10 principales entreprises en RDC en 2007

Entreprise	Volume (m3)
1 SIFORCO	65.740
2 SODEFOR	48.699
3 TRANS M	48.442
4 ITB	36.259
5 SEDAF	18.794
6 FORABOLA	17.184
7 SAFBOIS	14.643
8 SOFORMA	14.417
9 BIMPE AGRO	13.794
10 SICOBOIS	8.063
Total pour les 10 compagnies	286.035

Source : MECNT-FORAF, 2008

Tableau 3 : Les principales essences prélevées en 2007 par l'exploitation industrielle en RDC

Essence	**Volume (m3)**	%
1 Sapelli	60.910	19,6
2 Wenge	52.000	16,8
3 Afrormosia	31.140	10,0
4 Sipo	27.000	8,7
5 Tola	24.130	7,8
6 Iroko	24.040	7,8
7 Acajou	13.600	4,4
8 Bomanga	13.400	4,3
9 Tiama	11.000	3,5
10 Tchitola	9.400	3,0
11 Total des autres essences (44)	43.510	14,0
Total (54 essences)	310.130	100,0

Source : MECNT-FORAF, 2008. Philippe Mayaux, 123

La gestion formelle et institutionnalisée de la biodiversité de la RDC se fait principalement à travers les aires protégées dans lesquelles se concentrent les efforts du gouvernement, des partenaires au développement et de la société civile nationale comme internationale. Bien que la loi en vigueur prévoit une dizaine de types d'aires protégées, la RDC ne compte en 2008 que quatre types d'aires protégées officiellement classées, c'est-à-dire dont les références des actes de classement sont disponibles, pour une superficie totale de près de 26.314.330 ha (ICCN et WWF-RDC, 2008).

Le Congo possède, en flore, plus de 170millions d'hectares de forêts naturelles représentant environ 54,6% de sa superficie, 10% de l'ensemble des forêts tropicales du monde et plus de 47% de celles de l'Afrique ; sa flore est l'une de plus riches de l'Afrique. Elle compte près de 377 familles, 2.196 genres et 10.324 espèces dont 3.000 seraient endémiques[287].

Le tableau ci-après indique les superficies des principales formations végétales du pays. La forêt congolaise est utilisée principalement pour l'agroforesterie, la production agricole, la récolte de combustibles ligneux (usage énergétique) et la production de bois de chauffe et de commercialisation. Environ 15 % de la superficie totale forestière ont été transformés en parcs nationaux ou en réserves intégrales.

Sept parcs nationaux existent actuellement : le parc des Virunga, le parc de la Garamba, le parc de Kahuzi-Biega, le parc de la Salongo, le parc de l'Upemba, le parc de Kundelungu, et le parc de la Maïko. Les quatre premiers sont inscrits sur la liste des biens du patrimoine mondial de l'UNESCO. A ces parcs, on ajoute le parc de la N'sele (3500 Ha).

Un projet de création de nouveaux parcs nationaux a été envisagé et comprend :

- le parc national à Okapi (1.372.625 Ha), appelé à protéger essentiellement l'Okapi, une espèce rare et endémique de la RDC ;
- le parc national de la Mondjo (812.000), protégera la forêt dense sèche dégradée ainsi que les troupeaux d'éléphants qu'il abrite ;
- le parc marin de Moanda (60.000 Ha), pour la protection du biotope spécial du littoral atlantique (les Mangroves à Palétuviers).

[287] Ministère de l'Environnement, Conservation de la Nature, Pêche et Forêts (1999).

Tableau 4 : Formations végétales de la RDC

FORMATION VEGETALE	SUPERFICIE (km2)	% SUPERFICIE FORESTIERE TOTALE	% TERRITOIRE NATIONAL
Forêt dense humide (Forêt sempervirente et semidécidue)	872.251,16	68,14	37,20
Forêt de montagne -Forêt dense de montagne - Forêt de bambou	38.612,39 1.666,72	3,01 0,13	1,65 0,07
Forêt dense sèche dégradée - Forêt dense tropicale - Forêt claire (Miombo)	51.946,17 102.225,61	4,06 7,99	2,22 4,36
Forêt sur sol Hydromorphe	88.614,08	6,92	3,78
Galeries forestières	2.500,05	0,19	0,11
Forêt de Mangrove	555,07	0,04	0,02
Forêt secondaire	121.670,70	9,54	5,19
TOTAL FORET	1.280.042,46	100	54,59
MOSAIQUE FORET-SAVANE PLANTATIONS SAVANESHERBEUSES ET ARBUSTIVES EAU NON INTERPRETE (Nuages)	165.838,83 555,57 768.358,82 62.502,24 67.502,24	7,07 0,02 32,77 2,67 2,88	
TOTAL PAYS	**2.344.800**		**100**

Source : Ministère de l'environnement, conservation de la nature, pêche et forêts (1999).

Il ressort de l'observation de ce tableau que la forêt dense humide occupe la première position, par sa superficie et représente 68,14% de la couverture forestière, suivie de forêts denses sèches dégradées (12,05%), des forêts secondaires (9,54%), des forêts sur sol hydromorphe (6,92%), des forêts de montagne (3,14%). Les galeries forestières et la forêt de mangrove sont les moins représentées avec respectivement 0,19 et 0,04% de la superficie forestière.

En dehors des forêts, il existe d'autres formations végétales notamment :

- la mosaïque forêt-savane, avec 7,07% ;
- les savanes herbeuses et arbustives qui représentent 32,77% du territoire national, etc.

La forêt congolaise regorge de nombreuses ressources végétales (essences ligneuses et non ligneuses, microflore) et animales.

Section 4. La gestion participative des forêts

Le code forestier de 2002 impose la consultation publique et la prise en compte de facteurs environnementaux dans le processus d'allocation des concessions forestières. En théorie, il s'agit là d'un progrès important par rapport aux anciennes lois et pratiques puisque avant la loi de 2002, le secteur était gouverné par un décret colonial datant de 1949. Le besoin de moderniser la législation en raison des pratiques de gestion forestière non durables était urgent.

Pour cette raison, un observatoire indépendant a été créé en 2005 afin de fournir un soutien technique à la conversion des anciens titres forestiers en nouvelles concessions[288]. L'observatoire a été mandaté pour identifier les titres qui ont été accordés illégalement au cours du moratoire après le rapport de l'ONU sur l'exploitation illégale des ressources naturelles du Congo, pour identifier les titres qui ne s'étaient pas acquittés des taxes de surface ou d'exploitation et pour assurer l'implication de toutes les parties prenantes dans le processus de conversion.

Parmi les défis majeurs auxquels est confronté l'observatoire, l'on retrouve la nécessité de tenir compte des revendications concurrentes des exploitants et des communautés indigènes et d'impliquer des groupes tels que les pygmées Batswa qui ont peu ou pas voix au chapitre lors des prises de décisions. La vraie raison d'être de l'observatoire, qui est parvenu à mobiliser un grand nombre de capacités organisationnelles et d'énergie est ambigu. Il examinera les demandes de conversion des titres en concessions sur la base de critères techniques, légaux et sociaux.

Même s'il jouit d'une visibilité et d'une crédibilité internationale, l'observatoire n'émet que des recommandations. Leur application n'est

[288] www.rdc-conversiontitresforestiers.org.

toutefois pas obligatoire. Si l'observatoire veille scrupuleusement à maintenir des normes élevées en matière de respect des procédures et de transparence, la décision d'octroyer des concessions reviendra à une commission interministérielle congolaise. La commission sera constituée de membres issus de divers ministères, de la société civile, des communautés locales et du secteur privé. Cette diversité pourrait parvenir à limiter les risques de corruption mais, vu les enjeux, n'y parviendra sans doute pas.

A. Quelques principes de gestion participative

Bien que le nouveau cadre légal et régulateur concernant l'exploitation forestière au Congo offre des occasions d'améliorer le bien-être des populations locales dans l'esprit de la gestion durable, il reste des défis majeurs. Les mécanismes de contrôle administratif, logistique et institutionnel sont largement insuffisants. Cela n'empêchera pas les exploitants de poursuivre les pratiques de corruption qui caractérisaient le secteur dans le passé. Il est de notoriété publique que les élites politiques et les exploitants se partageaient les profits sans se soucier ni des populations ni de l'environnement. Cette situation continue à générer de sérieux conflits entre les parties prenantes. Par ailleurs, cette observation vaut aussi pour l'économie politique de la RDC dans son ensemble et les autres pays producteurs de bois dans le bassin du Congo. Il faudra respecter quatre principes si l'on veut voir la situation s'améliorer des signes politiques allant dans ce sens existent.

Ces principes sont : la distinction entre les responsabilités de l'Etat et des entreprises forestières doit être clairement établie et respectée ; les exploitants doivent accepter de jouer un rôle social en faveur du développement des populations locales ; l'Etat et les exploitants, en partenariat avec les populations locales, doivent participer à l'amélioration du bien-être de ces dernières sous la forme d'avantages directs et indirects provenant de l'exploitation du bois ; et l'approche participative doit être ouverte, transparente et comprise par toutes les parties prenantes[289].

Des efforts en matière de prise de conscience, de communication, de renforcement des capacités et des coalitions de la société civile seront nécessaires si l'on veut véritablement espérer que tous les acteurs acceptent de mettre en pratique ces principes. Le processus en cours en

---

289 Theodore Trefon, 2007.

RDC aujourd'hui pourrait s'inspirer de l'exemple d'autres pays du bassin du Congo, notamment du Cameroun, où les efforts pour améliorer les partenariats entre les exploitants et les habitants de la forêt ont été entrepris depuis une décennie.

La conception de plans d'aménagement forestiers, fort coûteux par ailleurs et le respect des codes de conduite internationaux constituent de réels progrès en matière de respect des droits des populations locales, de l'environnement et des conditions dans les camps de travailleurs. Néanmoins, le bilan social global reste catastrophique. Une campagne de sensibilisation sur les droits et les responsabilités, ainsi qu'une plus grande implication des acteurs de la société civile, seraient un premier pas. Cela ne pourra se faire sans l'amélioration de l'éducation de base, sans laquelle toute participation au processus de développement est impossible.

La relance du secteur privé est une nécessité absolue si l'on veut remettre l'économie congolaise en piste. Si ce processus est un processus à long terme, cela ne devrait pas donner le droit au secteur privé d'exploiter les ressources naturelles sans en faire bénéficier les citoyens ordinaires. Les habitants des zones forestières sous concession doivent cependant avoir des attentes réalistes en matière d'investissements socio-économiques.

De manière générale, les besoins en investissements socio-économiques de ces communautés sont de nature très basique mais celles-ci sont souvent incapables de s'accorder de manière participative sur des priorités à soumettre aux aménagistes qui travaillent avec les exploitants. Dans le passé, l'état congolais s'est montré parfaitement incapable et peu motivé à l'idée de mener un travail de médiation entre les peuples forestiers et les sociétés d'exploitation. Une plus grande implication des acteurs de la société civile et le soutien actif de la communauté internationale peuvent aider à renforcer le processus de changement, même si encore une fois, il faudra de nombreuses années avant d'assister à un profond changement des pratiques politiques.

Une autre condition élémentaire est la nécessité d'ancrer l'approche participative dans les systèmes de logique et de croyance locaux. Il faut par conséquent prendre en compte une kyrielle de clivages, de tensions, de méfiances, ainsi que des fractures entre les sexes et entre les générations qui caractérisent profondément les communautés forestières.

Le code forestier de 2002 définit les droits d'usage des populations locales et stipule les obligations du titulaire de concession en matière de responsabilités sociales (Article 89 du CF). Un de ses principaux avantages est la tentative de réduire le hiatus entre la théorie du pouvoir de l'Etat et la réalité du droit coutumier (Article 36 du CF). Cela constitue un progrès notoire car les revendications traditionnelles sont désormais reconnues et institutionnalisées. A l'intérieur des concessions, les populations locales ont désormais le droit de chasser, de pêcher et de récolter les produits forestiers non ligneux (Article 44 du CF).

Jusqu'en 2002, l'Etat revendiquait la seule propriété de la terre et des ressources. La loi de 1949 officialisait l'absence des droits ou des revendications des peuples indigènes. Si les exploitants avaient construit précédemment des écoles, des hôpitaux, des magasins d'entreprise ou des lieux de détente avec télévision par satellite ou d'autres initiatives, c'était parce qu'ils cherchaient à s'assurer un minimum de paix sociale. Ils n'étaient nullement tenus de le faire. Ces initiatives étaient le fruit du lobbying des associations des populations indigènes et des ONG écologistes qui étaient parvenues à faire reconnaître dans la loi de 2002 l'importance de collaborer avec les populations locales.

Cependant, dans la pratique, les industries forestières rechignent à investir dans des infrastructures sociales car, selon elles, ce sont les taxes qu'elles paient au gouvernement central qui devraient financer ces investissements. Par ailleurs, elles prétendent que c'est à l'état de respecter ses engagements. En réponse à cette réticence, l'article 7(d) du Décret présidentiel N°116 du 24 octobre 2005 portant sur le processus de conversion des titres forestiers en concessions exige que les exploitants fassent des propositions concrètes dans leurs plans d'aménagement afin de garantir les droits et les usages des populations locales.

Dans l'esprit de la gestion participative, des commissions consultatives sont institutionnalisées par l'article 29 du code forestier ; elles doivent reposer sur les PV signés des réunions entre les exploitants et les représentants des communautés locales. L'Article 7(f) formule les mêmes exigences en ce qui concerne l'impact de l'exploitation forestière sur l'environnement (menaces contre la faune sauvage, par exemple) et son impact sur le bien-être des communautés.

En dépit de ces exigences, les pratiques de droit foncier n'ont pas perdu toute ambiguïté. La réforme foncière, pourtant urgente, n'a pas encore été sérieusement abordée. La lutte pour le pouvoir, pour l'accès aux ressources et pour la légitimité que se livrent les autorités traditionnelles et les agents de l'état prend souvent la forme de querelles de territoire et de marchandages dans et aux alentours des concessions forestières. Les processus de négociations sont sans fin. D'autres acteurs de la société civile tels que des représentants des églises, des travailleurs d'ONG et des experts internationaux en développement sont devenus omniprésents.

Cependant, ce ne sont pas toujours des acteurs de poids. Les rapports entre tous les acteurs sont de nature conflictuelle et dénués de logique apparente, et ce malgré un fragile modus vivendi. Selon le gouvernement de la RDC, le sol et le sous-sol appartiennent à l'état. La loi Bakajika de 1966 autorisait l'état à revendiquer l'entière souveraineté sur les questions foncières, y compris l'octroi des concessions agricoles, forestières et minières. L'autre logique est celle revendiquée par les populations rurales. Celles-ci se considèrent comme les vrais propriétaires fonciers sur base de leurs droits ancestraux : elles affirment être les gardiens de la terre, créant ainsi le lien cosmique entre leurs ancêtres et les générations futures à leurs yeux, la loi Bakajika n'est rien d'autre qu'une fiction dénuée de toute légitimité conçue par Kinshasa à des fins politiques.

Ce système hybride, exacerbé par les ambiguïtés des procédures et de leur application, est source de conflits potentiels dans des concessions. Il n'existe aucune règle dans ces espaces car dans le contexte d'état en faillite et de crise économique, celui qui détient la moindre parcelle de pouvoir ou d'autorité l'utilise afin de maximiser ses profits personnels. La récente prise en compte des revendications et des préoccupations des communautés forestières est un signe positif mais la volonté réelle et la capacité des administrations à faire appliquer la loi restent faibles.

B. La décentralisation et l'organisation socio-politique locale

La nouvelle constitution ratifiée en décembre 2005 stipule la décentralisation de l'Etat. La nouvelle logique institutionnelle prévoit que 60% des recettes soient destinés au gouvernement central et 40% aux 26 provinces. En retour, les provinces en rétrocèdent 15% aux entités décentralisées, appelées secteurs et communes, d'où viennent ces recettes. Concrètement, cela signifie que si une entreprise forestière paie 100 000 dollars d'impôts à Kinshasa, 15 000 dollars seront rétrocédés au secteur dans lequel le bois aura été récolté.

Des problèmes d'envergure demeurent : le Congo ne dispose de quasiment aucun système bancaire et les ministères commencent à peine à être équipés d'ordinateurs. Dans les zones rurales, les administrateurs ne disposent que rarement d'un véhicule pour se déplacer dans leur district. Par ailleurs, il se pose le problème de savoir qui exactement au sein de la communauté devrait recevoir ces 15%.

Il n'y a pas de consensus à l'échelle du village pour s'accorder sur la redistribution ou l'investissement de ces nouvelles sources de revenus. C'est particulièrement problématique dans des communautés qui vivent principalement en dehors de toute économie monétaire car les structures de pouvoir dans le Congo rural institutionnalisent un certain nombre de processus d'exclusion. Des aînés bantus de sexe masculin exercent le pouvoir et décident seuls de la manière dont la communauté doit préserver son héritage passé et organiser son avenir. Les femmes n'ont pas voix au chapitre. Les pygmées non plus.

Pourtant, dans les zones forestières de RDC, les communautés pygmées communément considérées comme « primitives », sont numériquement nombreuses. Si l'on constate une amélioration au niveau du discours, cela n'a pour ainsi dire aucun impact sur les réalités que vivent les femmes ou les peuples autochtones. De nombreux exemples de conflits au sein des communautés s'expliquent par le fait que leurs membres ne s'accordent pas toujours sur la manière de gérer la présence des exploitants dans la région.

La question des investissements socio-économiques qui devrait en apparence être positive est source de conflits quant au choix de la destination de l'investissement ou au choix du type d'initiative de développement : certains veulent une école, d'autres un pont, d'autres encore un puits. Les entreprises forestières contribuent au renforcement de ces formes d'exclusion car leurs interlocuteurs sont des aînés bantus de sexe masculin qui prennent les décisions de manière non participative.

C. Les forêts et l'avenir des populations

Au début des années quatre-vingt-dix, le nombre d'associations issues de la société civile, des ONG locales et internationales et des réseaux de solidarité communautaire a explosé au Congo. En dépit de son grand nombre d'affiliés, la société civile congolaise, apparemment dynamique, ne constitue pas pour autant une authentique société civile composée de citoyens revendiquant leurs droits mais, le plus souvent, de clients cherchant à tirer profit d'un processus de négociation arbitraire.

La société civile congolaise n'est pas non plus un corps homogène. Au contraire, elle est divisée par des intérêts conflictuels et est constituée de membres en opposition les uns avec les autres. La société civile est également prisonnière d'une situation sociale, politique et économique dégradée. L'application du code forestier est sérieusement handicapée par la faiblesse de la société civile congolaise.

Or, la Banque mondiale intègre celle-ci dans son plan d'amélioration de la médiation. Les experts internationaux ont cru que la société civile serait en mesure de remplir le rôle de médiateur. Sur le plan conceptuel, il s'agit là d'un pas dans la bonne direction mais cela ne correspond pas nécessairement à la réalité du terrain. En réalité, la société civile est quasiment absente des zones forestières. Un renforcement durable de la société civile s'impose d'urgence si l'on veut que celle-ci joue un rôle déterminant à l'avenir.

Si les populations font partie intégrante des écosystèmes des forêts tropicales et doivent être consultées, informées et impliquées dans l'élaboration des politiques nationales prioritaires telles que l'octroi des concessions, les mécanismes actuellement en place en RDC restent déplorablement insuffisants. La participation se heurte à une série d'obstacles allant de la nature complexe du pouvoir traditionnel à l'institutionnalisation de l'inégalité, en passant par des pratiques de corruption profondément enracinées dans le secteur forestier.

Si la logique des bailleurs de fonds consistant à se reposer sur le secteur forestier pour relancer l'économie ne manque pas de pertinence d'un point de vue macroéconomique, il ne faut pas escamoter son impact négatif sur les communautés locales qui vivent dans et autour des concessions forestières. Leur accès aux ressources vitales diminuera au fur et à mesure que les forêts seront exploitées. L'approche participative, à la mode dans certains cercles de donateurs ou d'ONG, n'a que peu cours dans le monde sans pitié de l'industrie forestière.

Par ailleurs, les recettes fiscales qui devraient leur revenir restent plus imaginaires que réelles. Ces populations ne disposent pas de médiateurs dignes de confiance et leur expérience en matière de stratégies participatives se révèle insuffisante. De nouvelles politiques concernant la gestion socialement et écologiquement durable de la forêt peuvent-elles donner des résultats ? Peu d'éléments nous autorisent à le croire. La foresterie durable n'est pas un défi technique : c'est avant tout un problème politique, social et culturel. Les autorités congolaises en charge de la gestion forestière pourront-elles concevoir et appliquer à l'échelle locale les politiques appropriées qui permettront à tout le pays de bénéficier des revenus de l'exploitation forestière ? Encore une fois, peu d'éléments nous autorisent à le penser.

Selon la Direction générale des Recettes administratives, judiciaires, domaniales et de participation (DGRAD) de la RDC, le secteur forestier formel contribuerait au PIB à hauteur de 1 % avec des recettes fiscales réalisées en 2007 de plus de 4,6 millions $ uniquement comptabilisées sur la base de la redevance de superficie. La valeur des exportations de bois d'œuvre est croissante passant de plus de 6,9 millions € en 2002 à plus de 35,3 millions € en 2006. Le secteur forestier industriel comptait 15.000 emplois directs en 2007 selon la Fédération des industriels du Bois en RDC. La gestion des ressources forestières s'effectue en RDC dans un contexte socio-économique et politique post-conflit qui lui donne un caractère délicat et particulier[290].

Le gouvernement a entrepris un effort d'apurement de la situation des contrats forestiers, avec l'abrogation en 2002 de 163 titres, représentant 25,5 millions d'ha, pour non-respect des obligations contractuelles. Cependant, l'instabilité politique qui a caractérisé la période dite de transition politique (avant les élections de juin 2006) a favorisé des attributions irrégulières de titres forestiers malgré un moratoire officiel sur les attributions de concessions décidé en mai 2002. En janvier 2009, le gouvernement congolais a achevé le processus dit de conversion des anciens titres forestiers en concessions, conformément à la nouvelle loi forestière. Des requêtes de conversion de titres forestiers avaient été déposées sur un peu plus de 22 millions d'hectares en janvier 2006[291].

Une commission interministérielle faisant une large place aux représentants de la société civile et à ceux des peuples autochtones a déclaré comme étant légalement acquis 65 titres forestiers couvrant près de 10 millions d'hectares. En outre, un nouveau moratoire d'une durée de 3 ans sur l'attribution de nouvelles concessions forestières a été

290 MECNT-FORAF, 2008.
291 Malela et alii., 2007.

annoncé en octobre 2008 par le Ministre de l'Environnement, Conservation de la Nature et Tourisme[292].

D. Les institutions de gestion forestière en RDC

La principale institution étatique responsable de la mise en œuvre de la politique gouvernementale dans le secteur forêt/environnement est le Ministère de l'Environnement, Conservation de la Nature et Tourisme (MECNT). Le ministère dispose de plusieurs Directions, notamment la Direction de la Gestion Forestière.

Ce Ministère dispose également de trois organismes sous-tutelle qui sont :

- L'Institut Congolais pour la Conservation de la Nature (ICCN), fondé en 1975, qui a pour missions :

1) d'assurer la protection de la faune et de la flore dans les réserves naturelles intégrales ou quasi intégrales ;
2) de favoriser en ces milieux la recherche scientifique et le tourisme dans le respect des principes fondamentaux de la conservation de la nature ; et
3) de gérer les stations dites de capture établies dans ou en dehors des réserves.

Il est à noter qu'il existe dans les provinces de nombreuses institutions, plus ou moins fonctionnelles, qui ont l'environnement dans leurs programmes de formation.

Tableau 5. Institutions de formation en foresterie et environnement en RDC

Institution	Domaine	Niveau de formation
-Université de Kisangani	Biologie, faune, botanique, foresterie	Universitaire et post-universitaire
-Institut Supérieur d'Etudes Agronomiques (ISEA) Bengamissa,	Foresterie, agronomie	Universitaire
-École Régionale d'Aménagement et de Gestion Intégrés des	Gestion intégrée des espaces ruraux (notions élémentaires	Post-universitaire

292 MECNT, 2008.

Forêts et Territoires Forestiers Tropicaux (ERAIFT)	en foresterie)	
-Université de Kinshasa, Faculté des sciences, Département de gestion de l'environnement	Environnement, Gestion des ressources naturelles	Universitaire et post-universitaire
-Institut Technique Agricole (ITA)/ Bafwansende	Agronomie	Technicien (secondaire)
-Institut technique agricole (ITA)/ Seke-Banza	Agronomie	Technicien (secondaire)

Sources : RIFFEAC, 2006.

L'évolution récente du secteur a été fortement marquée par les troubles dont a souffert la RDC. Ainsi, la production forestière a chuté entre 1998 et 2003, pour se situer à environ 50.000 m^3 annuels. Depuis, une forte croissance a été observée, permettant de retrouver en 2007 le niveau de production d'avant-guerre. Cette croissance sera probablement stoppée sur l'année 2008 par une forte crise touchant le marché des bois tropicaux[293] et par l'annulation d'une partie des titres forestiers en cours d'année (processus de conversion, voir supra).

La RDC est actuellement dans une phase de transition vers le cadre législatif inscrit dans le nouveau Code forestier de 2002. Le cadre législatif de RDC prévoit plusieurs types de titres d'exploitation forestière : des titres de longue durée, destinés à une exploitation industrielle, et des titres de courte durée, destinés à une exploitation artisanale.

En ce qui concerne les titres de longue durée, les titres issus de l'ancien schéma législatif sont actuellement en cours de conversion en concessions forestières, comme le prévoit le Code forestier. Ce processus de conversion a été l'occasion de mener une revue complète des tirs existants, et de juger de la validité légale de chacun d'eux. Des requêtes de conversion ont été introduites pour 156 anciens titres forestiers en

293 ITTO, 2008.

janvier 2006, couvrant un peu plus de 22 millions d'hectares. Après l'examen par la Commission interministérielle nommée à cet effet, 46 titres ont été convertis pour une superficie totale de 7.002.000 ha. Cet effort d'assainissement des surfaces vient en prolongement de l'abrogation de 25,5 millions d'hectares de titres forestiers en 2003, puis de 3 millions d'hectares en 2007[294].

Cette faiblesse des prélèvements s'explique, au-delà de la pauvreté des forêts en bois d'œuvre, par de grandes difficultés d'accès aux forêts et de transport des produits, induisant des coûts d'évacuation élevés. Le réseau routier, bien que dense, étant impraticable pour des camions à l'intérieur de la cuvette centrale, le transport des bois depuis la cuvette congolaise se fait uniquement par voie fluviale jusqu'à Kinshasa (de 1.500 km de transport depuis Kisangani).

Ensuite, le fleuve Congo n'étant plus navigable, le transport se fait par route jusqu'au port de Matadi qui, n'offrant pas une capacité de stockage importante, est fréquemment engorgé. À l'heure actuelle, seules les forêts situées à proximité de voies navigables sont valorisées. C'est sur ces forêts que doit porter en priorité l'effort de zonage du territoire, permettant l'affectation de nouvelles superficies à la production de bois d'œuvre.

E. Activités socio-économiques liées aux forêts et y occasionnant de fortes pressions

La flore et la faune congolaises sont essentiellement exploitées pour des besoins de production agricole, commerciale, de production de bois d'œuvre, de service, d'énergie, etc.

1. L'agriculture

L'agriculture demeure l'activité principale des populations congolaises : plus de 75% de la population active s'adonnent à l'agriculture. On distingue deux formes d'agriculture : une agriculture traditionnelle destinée à fournir la nourriture aux paysans (auto-consommation) et une agriculture d'économie moderne dont la production soutient le commerce et l'industrie.

L'agriculture traditionnelle repose partout sur la culture itinérante, sur les brûlis avec jachères plus ou moins longues. Les cultures sont variées

[294] Idem.

(racines et tubercules, céréales, légumes et fruits), le plus souvent associées sur le même terrain. Les principales cultures sont le manioc, le maïs, le riz, l'arachide, etc.

L'agriculture moderne a été introduite par la colonisation. Les principales cultures d'économie moderne sont les oléagineux, les plantes textiles, les plantes stimulantes, les plantes à sucres, etc. Leurs productions sont destinées au commerce d'exportation et à l'industrie. Il convient de signaler que la plupart de plantations de ces cultures industrielles ont été négligées et mal gérées à la suite de la zaïrianisation de 1973.

2. la production du bois

En République Démocratique du Congo, la forêt est exploitée pour des besoins en bois d'œuvre, de service et d'énergie. L'exploitation annuelle en bois d'œuvre prélève en moyenne entre 350 et 500.000 m^3 cela est faible par rapport aux pays comme le Gabon, le Cameroun, ...

La décision du gouvernement, lors du premier symposium sur la forêt congolaise, en avril 1984, était de porter la production nationale de bois d'œuvre de 500.000 m^3 à 600.000 m^3 de grumes par an, en 2000. Cela n'a jamais été atteint à cause de la situation socio-politique du pays[295].

L'exploitation de bois comme source d'énergie domestique est estimée à environ 50 millions de m^3/an. Le bois couvre environs les trois-quarts des besoins énergétiques du pays. On estime la consommation annuelle moyenne de bois de feu dans l'ensemble du pays à 1 m^3 équivalent bois par personne. Et plusieurs entreprises dont la liste vient en annexe exploitent aussi le bois en vue de le commercialiser.

3. La chasse

La chasse est une activité traditionnelle très répandue en en République Démocratique du Congo : 75% de protéines animales consommées par un congolais moyen proviennent, note Doumenge[296], du gibier. En milieu rural, la presque totalité de la viande consommée est d'origine sauvage.

---

[295] Ngando Biembe (2002), *Exploitation des ressources forestières et qualité de vie de la population de Lovo,* Mémoire de DES, ERAIFT, Kinshasa, p. 24.

[296] Doumenge, op.cit., p. 48.

4. La cueillette et le ramassage

En République Démocratique du Congo, la cueillette et le ramassage sont des activités aussi vieilles que le monde. La forêt procure aux populations de nombreux produits nécessaires à leur vie : écorces, racines, feuilles, fruits, champignons, chenilles, etc. Ces produits servent aussi bien à l'alimentation, à la médecine traditionnelle et, dans certains cas, à la médecine moderne. Cela conduit à l'amélioration de la qualité de vie de la population.

Section 5. Problématique des droits forestiers des communautés locales

A. Contexte lié au régime foncier

La communauté locale est définie comme une population traditionnellement organisée sur la base de la coutume et unie par des liens de solidarité clanique ou parentale qui fondent sa cohésion interne. Elle est caractérisée, en outre, par son attachement à un terroir déterminé[297].

Les droits des communautés locales sur les ressources naturelles ont été reconnus, dès l'aurore de la colonisation, juste après la Conférence de Berlin en 1885. Ils ont été précisés au fur et à mesure d'abord par le colonisateur, avant de connaître quelques transformations conceptuelles aux lendemains de l'indépendance et suivant les régimes politiques qu'a connus le pays.

On retient, en substance, que ces droits sont passés du régime d'indigénat, suffisamment précis et jouissant d'une clarté juridique à l'époque coloniale, à la notion de « communauté locale », quelque peu moins rigoureuse au niveau de sa clarté juridique. Mais il est fort à parier que ce concept nouveau sera, dans l'évolution la proche, juridiquement clarifié et précisé à la faveur des objectifs de la conservation de plus en plus affirmés en matière de gestion des ressources naturelles.

En matière foncière, le régime politique en place à l'époque avait procédé, depuis 1966, à la proclamation du principe de l'appartenance exclusive à l'Etat congolais de toutes les terres, y compris la catégorie des terres autrefois dites indigènes, sur lesquelles les communautés locales détenaient un droit d'occupation. Mais la réforme du droit foncier

[297] Article 1, point 17 de la Loi n°011/2002 du 29 août 2002 portant Code forestier.

intervenue avec la loi de 1973 va réserver aux communautés locales des droits de jouissance collectifs sur les terres qu'elles habitent, cultivent et exploitent d'une manière quelconque. Ainsi donc, les droits fonciers des communautés locales restent-ils des droits de jouissance, qui trouvent leur fondement dans la Constitution (article 9) et dans la loi (articles 387 à 389 CF) et qui s'exercent selon les coutumes et traditions locales.

1° Il faut premièrement noter que ce texte, qui s'inscrit dans le prolongement de la loi Bakajika de 1966, a renoncé au terme « indigènes » qui avait une connotation coloniale. Ce terme est remplacé par celui de « communauté locale ». L'on en est ainsi arrivé à parler de « droits des communautés locales ». La loi foncière est donc le premier texte congolais à avoir évoqué dans un texte légal le concept de « communauté locale ». Seulement, il en fera mention sans le définir. C'est, comme on le verra plus loin, le code forestier qui sera le premier texte à en avoir donné une première définition légale.

2° Après avoir supprimé la catégorisation des terres retenues par les textes coloniaux sus rappelés, cette classification consistait à avoir les terres domaniales et les terres enregistrées d'une part et les terres indigènes de l'autre ; la loi du 20 juillet 1973 introduit une autre, faite d'une part des « terres urbaines » et, de l'autre, des « terres rurales ». Les droits fonciers des communautés locales s'exercent en principe sur les terres rurales.

1. La nature des droits fonciers reconnus aux communautés locales dans la loi du 20 juillet 1973.

C'est, en effet, les dispositions des articles 387 à 389 de la loi du 20 juillet qui règlent le sort des droits que les communautés locales détiennent désormais sur les terres qu'elles occupent. Ils sont respectivement libellés comme suit : « Les terres occupées par les communautés locales deviennent, à partir de l'entrée en vigueur de la présente loi, des terres domaniales » (article 387) ; « Les terres occupées par les communautés locales sont celles que ces communautés habitent, cultivent ou exploitent d'une manière quelconque, individuelle ou collective, conformément aux coutumes et usages locaux » (article 388) ; « Les droits de jouissance régulièrement acquis sur ces terres seront réglés par une ordonnance du Président de la République » (article 389).

On peut constater que, contrairement aux droits de jouissance reconnus aux personnes physiques et morales et autres entités, qui sont clairement définis et organisés dans la loi du 20 juillet 1973 sous le vocable de « concession », les droits de jouissance des communautés locales ne sont ni définis, ni organisés ; le législateur a même évité de les désigner sous l'appellation de concession. La loi du 20 juillet 1973 renvoie à la signature d'une ordonnance présidentielle pour combler cette lacune. Malheureusement, cette ordonnance n'a jamais été prise jusqu'à ce jour, 32 ans après.

Cette négligence de l'Etat prive les communautés locales de titres pour faire valoir leurs intérêts sur les terres qu'elles occupent et exploitent.[298] Mais à l'analyse, il n'en est rien en effet. La domanialisation des terres par l'Etat congolais n'a pas eu pour conséquence d'abolir les droits fonciers des communautés locales. Elle en a plutôt changé la teneur : du droit d'occupation sur les terres dites indigènes, les communautés locales exercent désormais un droit de jouissance collectif sur les terres du domaine privé de l'Etat.

Il y a là une reconnaissance légale des droits fonciers des communautés locales qui sont au fait des droits de jouissance collectifs, en vertu desquels ces dernières sont fondées à habiter les terres qu'elles occupent, à les cultiver et à les exploiter d'une manière quelconque. Le titre par excellence dont elles peuvent se prévaloir sur les terres qu'elles occupent, c'est avant tout la loi elle-même. L'habitation de ces terres, aujourd'hui du domaine privé de l'Etat, les cultures qui y sont faites ainsi que toutes les formes d'exploitation que ces terres connaissent, se font selon les coutumes et les usages locaux.

Aussi longtemps que l'Ordonnance présidentielle annoncée par la loi du 20 juillet 1973 n'aura pas été prise pour réglementer leurs droits de jouissance, les communautés locales continueront à occuper les terres, à les habiter, à les cultiver et à les exploiter, en vertu de leurs coutumes et usages locaux. Les coutumes et usages locaux constituent le socle de la vie au village et les conflits se règlent en application de la coutume ; de sorte que l'on est fondé à affirmer que les droits fonciers des communautés locales sur les terres qu'elles occupent sont des droits

[298] Kangulumba et al. (2004), *La loi du 20 juillet 1973 portant régime général des biens, régime foncier et immobilier et régime des sûretés au Congo, Trente ans après : quel bilan ? Essai d'évaluation*, Edition Kazi, Kinshasa, p. 184.

coutumiers, alors même qu'ils trouveraient leurs premiers fondements dans la loi et dans la Constitution.[299]

Le parcours que nous avons fait de la zone d'étude a permis de comprendre que le plus grand nombre de conflits fonciers entre villageois et/ou leurs communautés se règlent en application des coutumes et usages locaux. Aussi les droits fonciers des communautés locales restent-ils des droits de jouissance, qui trouvent leur fondement dans la constitution (article 9) et dans la loi (articles 387 à 389) et qui s'exercent selon les coutumes et traditions locales.

2. La place de la coutume dans le Droit congolais

La coutume a toujours été reconnue dans toutes les constitutions que la RDC a connues comme une source auxiliaire du droit. L'actuelle Constitution n'a pas dérogé à la tradition ; elle dispose, à son article 149 que « les cours et tribunaux civils et militaires appliquent la loi et les actes réglementaires ainsi que la coutume pour autant que celle-ci soit conforme à l'ordre public et aux bonnes mœurs ».

Les coutumes sont d'application lorsqu'une matière n'a pas été réglementée par un texte légal ou règlementaire, pourvu qu'elles ne soient contraires ni à l'ordre public, ni aux bonnes mœurs. C'est, du reste, ce qui ressort de l'ordonnance législative de l'Administrateur Général au Congo du 14 mai 1886[300], qui dispose que « lorsqu'une matière n'est pas prévue par un décret, un arrêté ou une ordonnance déjà promulgués, les contestations qui sont de la compétence des tribunaux du Congo seront jugées d'après les coutumes locales, les principes généraux du droit et l'équité ».

Tel est le cas des droits de jouissance des communautés locales sur les terres qu'elles occupent ; lesquels, faute d'avoir été réglementés par un texte légal ou réglementaire, continuent à être régis par les coutumes locales, en vertu de l'ordonnance législative sus évoquée, qui reste encore en vigueur jusqu'à ce jour.

---

[299] Article 9 de la Constitution de 2006

[300] Cette ordonnance, bien que vieille, est encore d'application aujourd'hui. Elle a été approuvée par le décret du 12 novembre 1886.

3. Les garanties juridiques aux droits fonciers des communautés locales.

Il s'agit ici de relever les mécanismes qui existent dans le droit positif congolais pour garantir le respect des droits fonciers des communautés locales, tels qu'ils viennent d'être élucidés. La première garantie tient au fait que les droits fonciers des communautés locales sont des droits constitutionnellement garantis ; la seconde résulte des mécanismes mis en place, préalablement à toute attribution des droits de concession ou d'exploitation sur les terres rurales.

a Les droits des communautés locales sont des droits constitutionnellement garantis

La constitution actuellement en vigueur dispose, à son article 9, ce qui suit : « le sol et le sous-sol appartiennent à l'Etat ». Les conditions de leur concession sont fixées par la loi, qui doit protéger les intérêts des populations locales ; Le terme « population locale » est assez globalisant et emporte celui de « communauté locale ». Comme on s'en aperçoit, après avoir proclamé le principe de l'appropriation à l'Etat du sol et du sous-sol et après avoir délégué au législateur le pouvoir d'organiser les conditions de leur concession, le constituant congolais oblige cependant ce dernier à protéger les intérêts des populations locales.

C'est dire que, bien que les terres congolaises soient devenues propriété exclusive, inaliénable et imprescriptible de l'Etat, le législateur est cependant tenu au respect des intérêts des communautés locales, lorsqu'il organise les conditions d'octroi des droits des concessions et d'exploitation des terres, en vertu du principe de la constitutionnalité des lois.

En analysant la loi du 20 juillet 1973, qui régit le sol et le sous-sol, on se rend bien compte que le législateur a tenu compte des intérêts des communautés locales en matière foncière, alors même qu'il aurait délégué au pouvoir réglementaire du Président de la République la charge d'organiser les droits de jouissance, qu'il leur reconnaît. Dès lors, aucune modification de la loi du 20 juillet 1973 tendant à restreindre ou à méconnaître les droits fonciers des communautés locales, n'est envisageable, sans verser dans l'inconstitutionnalité.

De même le gouvernement, à travers ses différents ministères et ses représentations au niveau provincial et local, est tenu au respect des intérêts des communautés locales dans l'allocation des droits de concessions et d'exploitation des terres et du sous-sol. Les actes, aussi bien législatifs que réglementaires, qui violeraient les intérêts des communautés locales en matière foncière restent attaquables, selon le cas, pour inconstitutionnalité ou illégalité.

b. Aucune allocation des droits de concession ou d'exploitation sur les terres rurales n'est possible, sans la prise en compte préalable des intérêts des communautés locales

Les droits des communautés locales ayant été reconnus, la loi foncière conditionne toute attribution des droits de concession et d'exploitation des terres rurales par la réalisation d'une enquête dite de vacance des terres. En réalité, le législateur congolais n'innove pas ici, il n'a fait que reprendre les mécanismes autrefois prescrits par le décret royal du 31 mai 1934, qui prévoyait la réalisation d'une telle enquête pour arriver à la détermination des droits fonciers des indigènes et à la constatation de la nature et de l'étendue de ces droits, avant toute attribution des droits sur les terres dites indigènes.

Dans le cadre de la loi du 20 juillet 1973, l'enquête de vacance des terres a pour but de vérifier si, notamment, les terres sollicitées en concession ne servent pas aux communautés locales comme terres d'habitation, de culture ou d'une exploitation quelconque. Si l'enquête ne révèle l'existence d'aucun droit (et par rapport aux communautés locales, il s'agit ici des droits fonciers coutumiers), la superficie sollicitée sera déclarée vacante et l'Etat sera libre de l'attribuer.

Si, par contre, l'enquête révèle l'existence au profit d'une communauté des droits fonciers coutumiers d'habitation, de culture ou d'exploitation quelconque (pêche ou chasse), la superficie concernée ne sera attribuée qu'à l'issu des négociations à la fois sur l'accès du requérant à la terre et à la ressource et sur les bénéfices que la communauté concernée peut tirer de l'implantation du requérant sur ses terres. Les conditions et la procédure de réalisation de ladite enquête sont prévues par les dispositions des articles 19 et suivants de la loi foncière.

c. Est nulle toute allocation des droits de concession qui viole les droits fonciers des communautés locales

La loi du 20 juillet 1973 répute nul, tout contrat de concession conclu en violation des dispositions qu'elle contient, notamment celles relatives à la procédure d'enquêtes de vacance des terres (article 205, loi foncière) et punit d'une peine de 6 mois à cinq et/ou d'une peine d'amende, toute autorité qui aura conclu un tel contrat au nom de la République.

Par ailleurs, la même loi interdit de construire ou de réaliser n'importe quelle autre entreprise sur une terre concédée en vertu d'un contrat frappé de nullité (article 206), le contrevenant sera puni d'une peine de servitude pénale de 2 mois à un an et/ou d'une de ces peines seulement. Et l'administration pourra, dès lors, ordonner la démolition des constructions ou réalisations effectuées en vertu d'un contrat frappé de nullité. Et faute pour le contrevenant de s'exécuter, il pourra être procédé d'office à cette démolition, le tout à ses frais, soit par un entrepreneur que désignera l'administration, soit par l'administration elle-même.

Enfin, la loi foncière érige en infraction d'occupation illégale, tout acte d'usage ou de jouissance d'une terre quelconque qui ne trouve pas son titre dans la loi ou dans un contrat. Une telle infraction est punissable d'une peine de deux à six mois de servitude pénale et/ou d'une amende. Les coauteurs et complices de cette infraction seront punis conformément aux principes de la participation criminelle.

L'article 59 du décret du 21 avril 1937 sur la pêche reconnaît aux indigènes la liberté d'exercer leurs droits traditionnels de pêche, notamment au moyen de barrages, nasses et filets, dans la mesure fixée par la coutume et dans les limites de la circonscription, sous réserve de certaines restrictions. Ce texte consacre au fait ce que la doctrine coloniale avait désigné sous le vocable de « droit de riveraineté », droit au terme duquel certaines parties des lacs et des cours d'eau relèvent, coutumièrement et en matière de pêche, de différentes communautés riveraines. Ce droit était connu et respecté comme tel par les autres communautés voisines, et même par l'Administration locale.

En vertu du droit de riveraineté, les droits de pêche traditionnelle des communautés ne s'exerçaient que dans les limites coutumières des eaux relevant d'une communauté donnée. Dans certaines contrées de la RDC, ce droit de riveraineté est encore de mise. L'enquête réalisée dans le segment RDC du landscape Lac Tele-Lac Tumba[301] indique que l'accès au lac Ntomba ou dans le fleuve Congo est devenu libre, en dépit du fait que, coutumièrement, chaque communauté possède ses compartiments

301 Mpoyi Augustin, 2007.

sur ces grands espaces aquatiques. Il n'a été enregistré aucune communauté riveraine du lac ou du fleuve, qui s'oppose à l'accès des allochtones dans « ses eaux ».

En tout état de cause, on suivra dans chaque contrée les règles coutumières s'agissant des droits des communautés locales en matière de pêche, conformément au texte pré rappelé du décret du 21 avril 1937, qui décide que les droits de pêche des indigènes s'exercent dans la mesure fixée par la coutume. Il y a lieu de valoriser ce droit de riveraineté, qui permet aux riverains d'assurer la surveillance de « leurs eaux », d'identifier les non riverains ou les non locaux qui y accèdent et de contrôler la régularité des pratiques de pêche par ces derniers.

Enfin, le décret susdit interdit de détruire les installations indigènes destinées à la capture, sauf si elles entravent la navigation, provoquent l'envasement ou l'ensablement des cours d'eau, ou constituent un danger au point de vue sanitaire.

B. Les droits forestiers des communautés locales

Le code forestier fait une large place aux communautés locales, dont il essaie de concilier les modes de vie avec les principes modernes admis par les Etats en matière de gestion des forêts.

Il reconnaît, en effet, aux communautés locales des zones forestières le droit de possession coutumière des forêts locales, outre qu'il leur permet de participer au partage des bénéfices issus de l'exploitation forestière par le mécanisme du cahier des charges et la rétrocession des recettes perçues par le trésor public au titre de redevance de superficie.

Ce code garantit le droit à la consultation préalable, et le cas échéant, à l'indemnisation éventuelle des communautés locales, à l'occasion du classement ou du déclassement des forêts. Il reconnaît, par ailleurs, les droits d'usage forestiers des communautés locales et circonscrit leur étendue, selon les types des forêts qu'il institue. Enfin, le code précise les conditions de prélèvement des ressources forestières par les communautés locales à des fins commerciales, créant de la sorte une différenciation par rapport aux droits d'usage.

1. **Le droit de possession coutumière des forets**

C'est ce droit qui constitue la substance de ce que le Code appelle « forêt de communauté locale », qui est le correspondant de ce qu'on appelle dans la sous-région « forêt communautaire ».

En son art.22, la loi forestière dispose qu'une communauté locale peut obtenir à titre de concession forestière une partie ou la totalité des forêts protégées parmi les forêts régulièrement possédées en vertu de la coutume. Avant d'aller plus loin dans le commentaire de cette disposition de l'article 22 du Code forestier, un regard sur le texte antérieur au code forestier s'impose.

Sous le régime du décret du 19 avril 1949, ce qu'on appelle aujourd'hui forêt de communauté locale avait pour correspondant la catégorie dite « forêts indigènes ». En effet, ce décret distinguait trois sortes de forêts : les forêts domaniales, les forêts indigènes et les forêts privées. Les forêts domaniales étaient des forêts « sans maître », qui n'étaient ni occupées ou habitées, ni cultivées ou exploitées d'une manière quelconque.

Les forêts indigènes, au contraire, étaient définies comme des terrains couverts d'une formation végétale spontanée d'arbres ou d'arbustes sur lesquels un droit d'occupation au profit des indigènes était établi à la suite d'une constatation de l'administration territoriale. Les forêts privées renfermaient deux réalités : elles renvoyaient aux forêts faisant l'objet d'un titre de propriété au terme du décret du 30 juin 1913, mais aussi aux boisements effectués par les indigènes et les non indigènes. Il s'agit ici des forêts plantées ou régénérées.

Pour revenir aux forêts indigènes, il faut remarquer encore une fois qu'elles revêtaient ce statut, à la suite d'une constatation de l'administration coloniale, elle-même fondée sur la notion d'occupation coutumière. C'est, en d'autres termes, lorsqu'il était coutumièrement établi qu'une forêt était occupée par une communauté indigène, qu'elle passait pour une forêt indigène. Ce décret de 1949 prévoyait à son article 2 que la procédure de constatation du droit d'occupation des indigènes sur les forêts indigènes serait précisée ultérieurement par des instructions administratives.

Aucune instruction n'ayant été prise pour donner effet à la disposition qui précède, c'est donc par le recours à la procédure applicable en matière foncière, dite d'enquête de vacance des terres prévue par le décret précité du 31 mai 1934, que l'occupation coutumière de la forêt était constatée. Comme en matière foncière, c'est par un titre authentique, dénommé « procès-verbal d'enquête », établi par les soins de l'administrateur du territoire et du commissaire de district, et confirmé par le Procureur de la République du ressort, que l'occupation coutumière était constatée[302].

D'abord, il faut dire que la notion de forêt de communauté locale, telle que nouvellement appréhendée par le code forestier, est partie de celle des forêts dites indigènes sus évoquée. De l'analyse de l'article 22 susmentionné du code forestier, qui institue la catégorie de forêt de communauté locale, il ressort que la question de la détermination de la forêt de communauté locale est d'abord coutumière. C'est, en effet, en se référant à la coutume ou aux coutumes locales, que l'on arrive à identifier que telle forêt, avec les limites qu'elle comporte, relève de telle ou telle autre communauté locale. Le mot « régulièrement possédée » renvoie à la reconnaissance des autres communautés voisines, et même de l'administration locale.

A ce jour, les modalités de cette reconnaissance découleront du décret devant fixer les modalités d'attribution des forêts aux communautés locales, prévu à l'alinéa 2 du même article 22 précité. Mais l'on peut déjà dire qu'une telle attribution ne pourra nullement avoir lieu sans consultation préalable du public ni réalisation d'une enquête, ayant pour but d'informer les populations locales concernées, de recueillir les informations nécessaires sur la nature et l'étendue des droits qui grèvent la superficie concernée, etc.

C'est donc le décret susmentionné qui fixera, en amont, les conditions de la reconnaissance de la possession coutumière des forêts par une communauté locale et, en aval, celles de la transformation de la possession coutumière dûment constatée en concession forestière communautaire.

De ce qui précède, on peut donc arriver à définir une forêt de communauté locale comme une forêt régulièrement possédée par une communauté locale, en vertu de la coutume[303]. Une telle forêt ne devient

302 Mpoyi Augustin, 2007.

303 Mpoyi Augustin et csrts (2005), Les forêts en République démocratique du Congo, guide juridique pratique, Ed. Jusdata, Kinshasa, p. 58.

une concession communautaire qu'à la suite de son attribution par voie d'une décision administrative, dont la portée reste encore à préciser par le décret susmentionné d'attribution des forêts aux communautés locales.

2. Le droit de concession forestière communautaire

La concession forestière communautaire a pour fondement le même article 22 déjà cité, qui précise que : « Une communauté locale peut, à sa demande, obtenir à titre de concession forestière une partie ou la totalité des forêts protégées parmi les forêts régulièrement possédées en vertu de la coutume ». Et, à l'alinéa 2 : « les modalités d'attribution des concessions aux communautés locales seront déterminées par un décret du Président de la République. L'attribution est à titre gratuit » (Le processus d'élaboration de ce décret est en cours et s'inscrit dans le Projet FAO/Pays-Bas, dit FNPP).

La notion de concession forestière communautaire se fonde, en réalité, sur la possession coutumière des forêts par les communautés locales. Dès lors, aucune communauté locale ne peut prétendre à la concession forestière, si sa possession coutumière n'a pas été préalablement et régulièrement constatée. On le répète, le décret d'attribution des forêts aux communautés locales précité fixera aussi les conditions et la procédure par lesquelles cette possession coutumière sera constatée.

L'un des avantages de l'institution des concessions forestières communautaires, c'est notamment qu'il permet, sans les y obliger, aux communautés locales de solliciter et d'obtenir des titres écrits (concession forestière) identifiant leurs forêts ainsi que les limites que ces forêts comportent ; facilitant ainsi le traitement de nombreux conflits que l'on rencontre dans les milieux ruraux forestiers portant sur les limites des terroirs villageois ; lesquelles restent jusqu'à ce jour coutumières, et donc non écrites.

Un autre avantage que l'on ne peut s'empêcher de mentionner est celui de permettre à la communauté d'avoir un statut légal qui lui permet de jouir de ses droits forestiers, de les exercer et, le cas échéant, de les défendre. C'est, encore une fois, l'élaboration du décret d'attribution qui constitue le cadre idéal pour déterminer ce statut. A titre illustratif, il dira sous quelle forme une communauté peut solliciter et obtenir une concession forestière, il déterminera la qualité de la personne ou des personnes habilitées à engager la communauté et donnera le sens et les limites de leurs responsabilités vis-à-vis de leurs communautés, dans l'intérêt de leurs communautés, etc.

a. Les limites des concessions forestières des communautés locales

Le code forestier, encore moins ses premiers textes d'application déjà signés, contrairement à la législation camerounaise, ne détermine la superficie maximale qu'une forêt de communauté locale ou une concession communautaire pourrait avoir.

Il faut dire que cette souplesse du législateur forestier peut s'expliquer par le fait qu'il avait déjà lui-même, par l'article 22 susmentionné, résolu cette question en décidant de conditionner l'obtention de concessions forestières communautaires à la maîtrise coutumière d'une forêt par la communauté qui s'en prévaut. Ainsi, la superficie des concessions forestières sera fonction de l'étendue de la possession ou de la maîtrise qu'une communauté exerce déjà coutumièrement sur un espace forestier donné.

Cette superficie varie selon les provinces, et au sein des provinces, elle varie selon les territoires, etc. Il serait donc prudent de laisser cette question se résoudre cas par cas selon les réalités sociologiques de chaque contrée.

b. L'exploitation des concessions forestières communautaires

Le code prévoit que l'exploitation des forêts des communautés locales ou des concessions peut être soit le fait des communautés elles-mêmes avec l'assistance, si nécessaire, de l'administration forestière locale, soit le fait des exploitants privés artisanaux agréés. Le code énonce aussi la possibilité de l'exploitation des forêts des communautés locales par des tiers sur base d'un contrat d'exploitation, approuvé par l'Administration forestière locale (article 111 à 113 code forestier).

Le code forestier ne comporte pas de dispositions spécifiques relatives à l'inventaire et à l'aménagement des forêts ou de concessions des communautés locales. C'est l'arrêté ministériel CAB/MIN/AF.F-E.T/262/2002 fixant la procédure d'établissement d'un plan d'aménagement forestier du 03 octobre 2002 qui aborde la question et qui prévoit la réalisation préalable d'une enquête sommaire dont le but est de permettre la réalisation d'un état des lieux général du milieu et de connaître les besoins de la population concernée.

Cet arrêté conditionne l'exploitation d'une forêt de communauté locale ou d'une concession communautaire à l'élaboration d'un plan d'aménagement simplifié prévoyant la fixation des limites de la forêt sur carte ainsi que leur matérialisation par tous les moyens appropriés, l'élaboration des cartes de la forêt ainsi que la délimitation des aires de coupe et des zones de conservation.

Les droits d'usage forestiers sont définis par le code forestier comme des droits résultant de coutumes et des traditions locales et qui permettent aux populations vivant à l'intérieur ou à proximité des forêts de prélever des ressources forestières en vue de satisfaire à leurs besoins domestiques, individuels ou communautaires (article 36, code forestier).

L'étendue des droits d'usage forestiers varie selon le type de forêts dans lesquels ils s'exercent.

1° Dans les forêts classées

Les droits d'usage forestiers ne sont réservés qu'aux populations riveraines de ces forêts. Même alors, ils sont très limités et ne consistent que dans quelques actes bien précis, notamment : le ramassage du bois mort et de la paille, la cueillette de fruits, des plantes alimentaires ou médicinales, la récolte des gommes, des résines ou du miel, le ramassage des chenilles, escargot ou grenouilles ainsi que le prélèvement du bois destiné à la construction des habitations et pour usage artisanal.

Du reste, chaque acte de classement ainsi que le plan d'aménagement d'une forêt classée détermine les droits d'usages qui y sont autorisés.

2° Dans les forêts protégées

L'exercice des droits d'usage est ouvert à tous les congolais. Mais l'attribution d'une forêt à titre de concession forestière, qui fait de cette forêt une forêt de production permanente, a pour conséquence de mettre fin aux droits d'usage forestiers de « tout congolais », pour ne considérer que ceux des populations riveraines de la forêt concédée. Il en est de même des forêts qui ont déjà fait l'objet de l'enquête préalable et qui de ce fait, ont été rendues quittes de tous droits. Dans ces forêts, les populations riveraines continuent à exercer leurs droits d'usage.

3° Dans les forêts des communautés locales

Il faut distinguer ici trois situations :

- Si la forêt concernée n'a pas encore été attribuée et n'a pas non plus fait l'objet d'enquête, mais se trouve sous la possession coutumière d'une communauté locale bien identifiée, une telle forêt relève encore des forêts protégées de l'Etat et l'on devrait considérer que les droits d'usages sont autorisés à tous les congolais ;
- Si, ensuite, la forêt concernée n'a pas encore été attribuée, mais a fait l'objet d'enquête, qui a constaté le droit de possession coutumière d'une communauté sur cette forêt, les droits d'usage ne seront exercés que par les membres de la communauté concernée et ceux des communautés locales riveraines d'une telle concession. Car, en effet, l'enquête publique se termine par un procès-verbal d'enquête ; lequel, une fois établi et signé en bonne et due forme, confère un droit à devenir concessionnaire à la communauté concernée ;
- Si, enfin, la forêt concernée a déjà été attribuée, les droits d'usage forestiers ne seront, comme dans l'hypothèse précédente, exercés que par les membres de la communauté locale attributaire et ceux des communautés locales riveraines d'une telle concession.

CHAPITRE SIXIEME
AMPLEUR, CAUSES ET CONSEQUENCES DE LA DEFORESTATION EN REPUBLIQUE DEMOCRATIQUE DU CONGO

Section 1. Etat des lieux des forets dans le monde et en Afrique

A. Les forêts du monde

Les forêts et autres types de terres boisées couvrent au total près de 4 milliards d'hectares dans le monde, soit 30% de la superficie des terres émergées selon les données de l'Organisation des Nations unies pour l'alimentation et l'agriculture (FAO). La déforestation annuelle représente - 7,3 millions d'ha pour la période 2000-2005.

Ce bilan fait apparaître une amélioration sensible par rapport à la décennie 1990/2000 pendant laquelle le recul annuel des surfaces forestières s'élevait à -8,9 millions d'ha. D'importantes disparités ressortent de l'examen des statistiques régions par région : pour la période 1990/2005, les surfaces forestières ont reculé de 19% en Amérique centrale, de 9,1% en Afrique et de 6,6% en Amérique du Sud, tandis qu'elles progressaient en moyenne de 1,2% pour l'ensemble de l'Europe. Mais là encore, des disparités existent puisque la forêt a surtout augmenté dans l'Union européenne (+7,3%)[304].

Tableau6 : Les dix pays les plus boisés

Les dix pays les plus boisés	**(en millions d'ha)** :
Fédération de Russie	809.000.000
Brésil	478.000.000
Canada	310.000.000
Etats-Unis	303.000.000
Chine	197.000.000
Australie	164.000.000
République Démocratique du Congo	134.000.000
Indonésie	88.000.000

[304] Les forêts du bassin du Congo-Etat des forêts 2010, éd. : de Wasseige C., et alii., 2012

Pérou	69.000.000
Inde	68.000.000

Source : FAO, 2005

5. Graphique : Caractéristiques des forêts mondiales

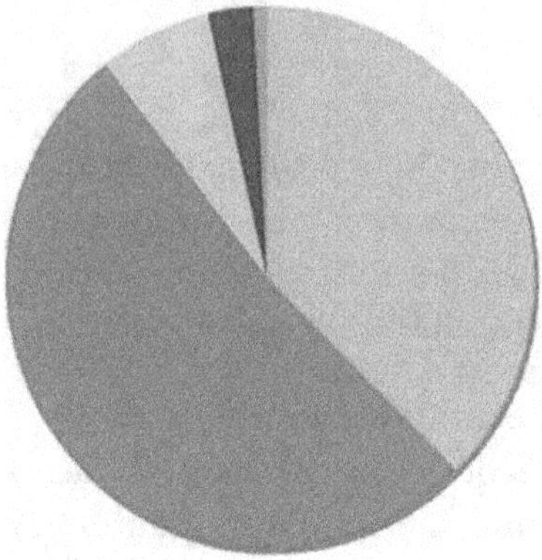

Source : www.fao.org/forestry/site/fra/fr

Les forêts primaires représentent encore plus du tiers des forêts du monde, mais chaque année, six millions d'ha disparaissent, soit par déforestation, soit par modification. Les plantations de production et de protection ont progressé de 2,8 millions d'ha par an entre 2000 et 2005. Elles couvrent désormais 140 millions d'ha, principalement au bénéfice des plantations de production. La production de bois rond a représenté près de 3,4 milliards de m^3 en 2005 sur un stock disponible évalué à 464 milliards de m3 pour l'ensemble des forêts[305].

Ce cubage se répartit à peu près en parts égales entre le bois à usage industriel et le bois de feu (avec une probable sous-estimation pour ce dernier due à des prélèvements informels). Par contre, la valeur du bois industriel a atteint 57 milliards de dollars, contre 7 milliards seulement pour le bois de feu. Les produits forestiers non-ligneux (alimentation, produits de base pour la pharmacie) s'élèvent à 4,7 milliards de dollars. Dix millions de personnes ont un emploi dans les métiers de la forêt (hors industrie de transformation), ce qui représente une baisse de 10% des effectifs depuis 1990 en raison d'une amélioration de la productivité.

---

[305]Les forêts du bassin du Congo-Etat des forêts 2010, Eds : de Wasseige C., et alii., 2012

Pour parvenir à une exploitation raisonnée, un effort de certification des produits forestiers est entrepris, mais celle-ci ne couvre encore que 90 millions d'ha, soit 2,3% de la superficie forestière mondiale[306].

B. Les forêts de l'Afrique

Denses, profondes, et apparemment impénétrables, les forêts de l'Afrique centrale s'étendent sur plus de 200 millions d'hectares. Elles offrent un refuge à tous, qu'il s'agisse d'espèces animales ou végétales rares en voie de disparition ou de miliciens redoutables.

Il est difficile d'imaginer que ces vastes étendues d'anciennes régions boisées risquent de disparaître. D'après l'Organisation des Nations Unies pour l'alimentation et l'agriculture (FAO), les forêts autochtones d'Afrique sont détruites au rythme de plus de quatre millions d'hectares par an. La FAO estime que, rien que de 1980 à 1995, la déforestation a représenté plus de 10 % du total de la couverture forestière du continent[307].

Protéger les forêts de l'Afrique de la tronçonneuse et de la hache qui symbolisent l'intrusion de l'homme est indispensable à la bonne marche et au rendement de la plupart des activités économiques du continent, affirment les experts. Les populations pauvres des zones rurales du continent en sont particulièrement dépendantes. Bien que les produits forestiers, essentiellement le bois brut, ne constituent qu'environ 2% des exportations de l'Afrique subsaharienne, les forêts représentent en moyenne 6% de la production intérieure brute de la région, soit trois fois plus que la moyenne mondiale. Dix-huit pays africains, dont le Cameroun et le Ghana, comptent parmi les 24 pays dont les économies dépendent à 10% ou plus de leurs forêts.

M. Lambrechts affirme qu'au cours d'une période de trois mois, les contrôleurs du PNUE ont constaté la perte de 14 000 arbres dans un seul camp d'exploitation forestière. L'ampleur du problème est gigantesque.

De vastes régions des forêts autochtones de l'Afrique centrale risquent de disparaître. Rien qu'en RDC, la Banque mondiale estime que

---

306 Idem.

307 Fleshman Michael (2008), La sauvegarde des forêts devrait favoriser la lutte contre les changements climatiques, Afrique Renouveau.

les concessions d'exploitation forestière, dont la plupart ont été accordées illégalement par des responsables sans scrupules pendant la guerre qui a déchiré ce pays, couvrent 50 millions d'hectares de forêts profondes. En 2002, le Gouvernement congolais a suspendu l'octroi de concessions d'exploitation dans l'attente d'une révision, sous la direction de la Banque mondiale, de douzaines de contrats d'exploitation forestière et d'extraction minière accordés par les gouvernements précédents. Le gouvernement a par ailleurs adopté un nouveau code forestier destiné à améliorer les méthodes de gestion et à assurer la transparence des procédures d'appels d'offre.

Mais l'incapacité de nombreux pays en développement à réguler et administrer leurs forêts en raison des conflits, du manque de moyens de coercition, des carences administratives et de la corruption a permis à l'exploitation illégale de prospérer. En 2006, la Banque mondiale a estimé à 15 milliards par an le manque à gagner en raison de l'exploitation illégale des forêts, dont cinq milliards de recettes publiques perdues pour cause de non-paiement d'impôts, de royalties et d'autres frais.

Au Gabon, on estime que l'exploitation illégale représente 70% des activités forestières du pays et au Ghana, environ 60%. De l'avis de la Banque mondiale, l'ampleur du problème, et la corruption et le mépris de la loi qui l'accompagnent, « compromettent les efforts des pays de parvenir à une croissance économique durable, à l'équilibre social et à la protection de l'environnement ».

L'exploitation légale et illégale des forêts autochtones contribue également à la déforestation en facilitant la construction de grandes zones d'habitation et commerciales. « Les sociétés d'exploitation forestière se substituent au génie civil, souligne un rapport de l'association environnementale Greenpeace sur l'exploitation forestière en RDC. L'ouverture des premières routes dans la forêt précède généralement des opérations de déboisement massif à des fins agricoles », ce qui a pour effet la perte définitive de terres forestières et l'émission de gaz à effet de serre.

Greenpeace estime que les concessions d'exploitation forestière accordées dans les principales forêts de l'Afrique centrale couvrent une superficie équivalente à l'Espagne, et que la déforestation risque de causer l'émission de plus de 34 milliards de tonnes de gaz carbonique d'ici à 2050, soit environ la quantité de gaz carbonique dégagée par le Royaume-Uni ces 60 dernières années. Malgré les efforts de la Banque mondiale, de l'ONU et des gouvernements du continent pour réduire l'ampleur et l'impact de l'exploitation illégale, Greenpeace et autres associations de défense de l'environnement font valoir que même l'exploitation légale des forêts autochtones fait courir le risque de la déforestation aux pays en développement, accélérant les changements climatiques et la détérioration de l'environnement.

Des efforts visant à engager le secteur privé dans la lutte pour la conservation des forêts anciennes se poursuivent également au niveau international. En vertu du mécanisme pour un développement propre élaboré par le Protocole de Kyoto, l'instrument international visant à réduire les émissions des gaz à effet de serre, les pollueurs du Nord ont la possibilité de compenser une partie de leurs émissions en finançant des projets « verts » dans le Sud en développement.

Les dispositions du protocole relatives à la foresterie autorisent les pays à recevoir des crédits pour la plantation de nouveaux arbres qui absorbent le gaz carbonique pendant leur croissance. Par contre, des incitations analogues pour épargner les forêts, connues sous le nom de « déforestation évitée », ont été écartées du mécanisme en raison des désaccords entre États sur la manière de calculer leur valeur en tant que réservoirs de gaz carbonique et sur les mesures à adopter au cas où les arbres protégés seraient coupés ultérieurement.

Les pays à fort couvert forestier ont dénoncé le refus d'autoriser le mécanisme à financer la préservation des forêts anciennes comme injuste et malavisée. En septembre 2007, le Gabon, le Cameroun, la RDC, Costa Rica, le Brésil, la Papouasie-Nouvelle-Guinée, l'Indonésie et la Malaisie, qui comprennent environ 80% des forêts tropicales de la planète, ont formé le Groupe forestier des Huit pour contester cette décision.

Le groupe a fait remarquer que si la « déforestation évitée » bénéficiait des mêmes incitations que les programmes de reforestation, les Huit auraient droit à recevoir des pays polluants des milliards de dollars au titre d'investissements « verts ». Cet argent servirait alors à financer d'autres programmes de lutte contre les changements climatiques. Les pays du groupe ont également fait remarquer que les efforts des pays africains et autres pays en développement d'attirer des capitaux du mécanisme avaient dans l'ensemble échoué et que ceux-ci ne disposaient pas des moyens nécessaires pour s'adapter à l'évolution climatique et réduire leurs propres émissions.

Au début de 2007, la Banque mondiale a annoncé un projet de constitution d'un fonds pilote de 250 millions de dollars pour financer les programmes de « déforestation évitée » dans les pays en développement. Un responsable de la Banque a précisé à Afrique Renouveau qu'elle souhaitait lancer le fonds d'ici la fin de l'année.

Soulignant que la déforestation était interdite dans la plupart des pays, un haut conseiller américain en matière d'environnement a dénoncé cette proposition, déclarant au journal britannique Financial Times« qu'on récompenserait les gens à ne pas se livrer à des activités illégales ». Cette question fera l'objet de débats plus tard cette année à Bali à l'occasion d'une première série de réunions destinées à négocier un successeur au Protocole de Kyoto, qui expire en 2012.

Mais quelle que soit la manière dont l'humanité entend conserver ses forêts autochtones, celles-ci sont tout simplement trop précieuses pour disparaître, résume M. Lambrechts. « Nous avons passé 10 000 ans à conquérir la Terre. Maintenant que c'est fait, on n'a plus qu'à bien l'administrer », a-t-il ajouté.

Le contrat passé en 1994 par une société à but non lucratif, créée par des centrales énergétiques hollandaises, avec les autorités ougandaises pour reboiser une zone en bordure du Parc national du Mont Elgon, semblait une bonne idée à l'époque. Pour l'Ouganda, c'était la perspective de disposer d'un parc plus vert que celui qui avait souffert des combats de la période de guerre civile. Mais un groupe d'agriculteurs y était déjà installé. Des gardes forestiers se sont rendus sur place et ont expulsé de force 500 familles pour faire de la place aux arbres. Ils ont brûlé des maisons, agressé leurs habitants et refusé de leur offrir d'autres terres ou des compensations prévues par la loi.

Lorsqu'au cours des années suivantes plus d'un demi-million d'arbres ont été plantés, les anciens habitants de cette zone ont saisi la justice pour demander que les terres leur soient rendues. Après qu'un tribunal ougandais ait tranché en leur faveur et ordonné un redécoupage du parc, les membres de la communauté ont récupéré leurs terres. Ils ont coupé les arbres et semé du maïs et des haricots entre les souches. Tous les crédits compensatoires de gaz carbonique accordés aux usines hollandaises ont été retirés et la société à but non lucratif a suspendu ses opérations de plantation tant que le différend n'a pas été réglé.

Pour les opposants du principe compensatoire d'émissions de gaz carbonique, le fiasco du Mont Elgon est le parfait exemple de la manière dont de tels projets peuvent dérailler. De l'avis de l'expert du Programme des Nations Unies pour l'Environnement, Christian Lambrechts, il s'agit d'une leçon sur l'importance de reconnaître les intérêts légitimes des communautés environnantes et de les engager activement dans les programmes sur les forêts. Même si les consultations ne garantissent pas une issue favorable, dit-il, elles permettent d'éviter les antagonismes. « Une fois qu'une communauté locale se voit offrir les moyens d'agir et comprend les enjeux, la forêt devient la leur », conclut-il.

Section 2. Ampleur et impact de la déforestation en RDC

A. Ampleur de la déforestation

Pour des raisons de rationalité et au regard des difficultés déjà évoquées, nous nous sommes limité à quelques études réalisées en la matière, à quelques échantillons pris çà et là, dans certains coins du pays, de manière à dégager l'ampleur de la déforestation en République Démocratique du Congo.

La régression des conditions socio-économiques des congolais, la pauvreté et leur nombre toujours croissant poussent ces derniers à pratiquer des activités lucratives informelles, notamment la production et le commerce de l'énergie-bois. De ce fait, le nombre des « mange-forêt », c'est-à-dire de bûcherons et ou charbonniers, s'est accru de façon vertigineuse.

Dans les villages et dans l'environnement forestier périurbain, on compte des dizaines sinon des centaines ou des milliers d'artisans forestiers. La production massive de très grandes quantités de bois de feu faite avec des techniques désuètes, sans planification ni aménagement forestier, ni reboisement, provoque une déforestation de très grande ampleur, périurbain dépassant 10, 20, 40.100 km de rayon.

Dès lors, ces espaces s'engagent dans la série régressive forêt-savane-steppe-désert observée au Katanga, dont les prémisses existent déjà presque partout. Autour de Lubumbashi et de Kinshasa, plus de 30 et

50% du capital forestier a déjà disparu et l'on prévoit le déboisement total du degré carré de Lubumbashi d'ici l'an 2030[308].

Les enquêtes réalisées, particulièrement au Katanga (villages de Shindayika, Ngandubensa, Mususwa, Masikini, Kawama, Chila, Tembo...) et dans le Bas Congo (Dibulu, Kasangulu, Kimpika I et Il, Selo, Ntampa, Kinseki, Luila, Ntendesi et Songo-Ntela), ont permis de constater que la production de l'énergie-bois est faite par de milliers de bûcherons.

On en comptait plus de 500 dans les seules localités de Tumbwe et Kawama (en 1981) au Katanga, plus de 1.000 dans les localités de Ntampa, Kinseki, Ntendessi et Songa-Ntela dans le Bas-Congo. A Ntendesi et Songo-Ntela, 75% des ménages sont bûcherons-charbonniers. Les effectifs ne font qu'augmenter. Plus de 60% d'entre eux viennent des villes[309].

On constate donc une espèce de ruée vers la production de combustibles ligneux, pour divers motifs. Au regard de la seule production de l'énergie-bois, les quelques tableaux et cartes ci-après dégagent l'ampleur de la déforestation et l'expliquent en même temps.

B. Impact de la déforestation

On peut réaliser un essai en prenant comme base de calcul les flux moyens routiers et ferroviaires de sacs de « Makala », c'est-à-dire 16.000 sacs. Ces derniers représentent environ 76 tonnes de charbon (dans l'hypothèse d'un sac de makala = 48 kg) par jour. En un an, ce flux serait de l'ordre de 26.280 tonnes.

Sachant que les environs de Kinshasa sont essentiellement constitués de recrus forestiers dont le rendement à l'hectare serait de l'ordre de 40m^3 de bois, avec le four traditionnel, un m3 de bois donne 3 sacs de « Makala » de 48 kg ; les 40 m3 peuvent produire 120 sacs, soit environ 60 tonnes de charbon de bois.

En d'autres termes, les 26.280 tonnes nécessiteraient le prélèvement du bois sur près de 4380 hectares de forêts. Cela est déjà considérable.

---

308 Kabala M. (1994), Protection des écosystèmes et développement des sociétés. Etat d'urgence en Afrique, L'Harmattan, Paris, p. 84.

309 F. Malaisse et Binzangi K (1984), *Wood* as *source of fuel in upper Shaba ('Zaire),* comrn. for. Rev., P.3.

Après 5, 10, 20 ans, le déboisement aura atteint des étendues énormes[310]. Ces résultats partiels mettent en relief la très forte pression exercée sur « le pétrole vert » ; et ce, en besoins énergétiques seulement. Ce qui est dit de Kinshasa comme du Bas Congo vaut également pour d'autres villes et centres de la République Démocratique du Congo.

Cette esquisse montre combien il est important, voire urgent d'évaluer le niveau global de l'approvisionnement du pays en combustibles ligneux, afin de pouvoir déterminer avec une certaine précision l'ampleur du déboisement forestier. Il est aussi important d'élaborer un plan de gestion comprenant l'utilisation, la conservation, l'aménagement, l'éducation relative à l'environnement, le contrôle, le suivi, les diverses autres activités (agroforesterie, agriculture écologique).

Il est important, avant de clore ce point, de dire un mot sur les fonctions ainsi que le rôle joué par le sol comme support des forêts.

Rôle sol et ses multiples fonctions :

- Porter : le sol est un support mécanique pour plusieurs infrastructures humaines et différentes cultures ;
- Produire : le sol nourrit les plants en vue d'une bonne production alimentaire ;
- Epurer : le sol est un véritable filtre qui fixe durablement des substances organiques ou minérales ;
- Réguler : le sol aide l'eau des précipitations à jouer son rôle (infiltration, stockage, migration) ;
- Stocker : le sol est une source ou un puits de gaz carbonique, avec 1500 milliards de tonnes de carbone ;
- Recycler : le sol contribue au fonctionnement des cycles biogéochimiques, recycle les matières organiques et produit la fertilité ;
- Héberger : le sol est un support de la végétation ;
- Archiver : le sol conserve les traces des activités humaines du passé et l'Archéologie s'en sert.

C. Causes et effets de la déforestation

Il a été déjà démontré par les scientifiques que les causes et conséquences de la déforestation sont multiples. Ici, nous passons en revue celles qui nous paraissent remarquables.

---

310 Binzangi K., « Approvisionnement de Kinshasa en énergie bois », idem, p. 34.

1. Causes de la déforestation

L'action anthropique sous diverses formes (prélèvement de l'énergie-bois, les activités agro-pastorales, l'exploitation forestière, etc.) est à la base de la déforestation décriée.

a. Prélèvement de l'énergie-bois

S'il était couramment admis que le facteur essentiel du déboisement en Afrique était dû aux activités agricoles ou à l'exploitation forestière, il apparaît aujourd'hui que l'ampleur prise par la production de bois de chauffe et charbon de bois, pour subvenir aux besoins énergétiques des villes peuplées de salariés sous-payés, amène à nuancer cette affirmation, note le Professeur Bizangi.

La production et la commercialisation de bois de chauffe et de charbon de bois ont façonné des mentalités. Elles ont permis la pénétration dans plusieurs régions africaines d'une économie de marché, très souvent synonyme de destruction écologique et économique1.

C'est le cas, par exemple, dans les pays tels que le Sénégal, la Mauritanie, le Cap Vert, le Ghana, le Kenya, la République Démocratique du Congo, le Niger, la Gambie, le Tchad, l'Ethiopie, la Tanzanie, le Burkina Faso et le Mali, où les combustibles végétaux assurent entre 63 et 97% de leurs besoins énergétiques[311].

Et Braner constate qu'en valeur absolue, l'Asie était le premier consommateur de bois à brûler dans le monde, suivi par l'Afrique. Si l'on considère la production totale de bois et la part de chaque catégorie de bois, l'Afrique venait au premier plan. Cette situation peut s'expliquer par les conditions socio-économiques et le niveau technologique des populations de cette partie du monde.

Compte tenu du prix de bois de chauffe, les familles à faible revenus vivant dans les zones urbaines lui consacrent parfois jusqu'à 30% de leur revenu, avec les conséquences que l'on peut imaginer sur leur alimentation. Au Soudan, par exemple, plusieurs familles font la cuisine ensemble, afin d'économiser le combustible. En Afrique de l'ouest, certains ménages cuisinent avec des sous-produits agricoles comme la

[311] Binzangi, op.cit., p. 34.

paille de mil, des coques d'arachides, etc. Dans le Sahel, c'est la fiente de bêtes qui est d'usage[312].

Parlant de la République Démocratique du Congo, le Professeur Binzangi note, à titre illustratif, qu'à la fin du 19ème siècle et au début du 20ème siècle, la création et le développement de la Ville de Kinshasa ont engendré la concentration des hommes, et leurs besoins en bois de feu ou énergie-bois (dendro-énergie) ont augmenté. Les écosystèmes forestiers des alentours furent mis progressivement en exploitation, notamment pour fournir à la capitale de la République Démocratique du Congo les combustibles ligneux (bois de chauffe, charbon de bois) dont sa population a besoin pour ses activités ménagères et industrielles.

Dans le passé, il fut possible de tirer des forêts tropicales de l'environnement immédiat et proche de Kinshasa, les ressources énergétiques propres à assurer un certain développement de la ville, mais sans garantir la conservation des écosystèmes forestiers.

Aujourd'hui, sur un rayon de près de 70km de Kinshasa, il y a conversion de la forêt et la menace de destruction pèse sur un rayon de plus de 100km. Seules les savanes boisées ou arbustives et des recrus forestiers pauvres subsistent. Cela signifie qu'actuellement, autour de Kinshasa, le déboisement s'effectue à un rythme tel qu'il a pris les dimensions d'une véritable catastrophe tant écologique qu'économique, et l'approvisionnement de Kinshasa comme d'autres villes congolaises voire africaines, en énergie bois, « pétrole du pauvre », constitue une problématique à multiples facettes[313]

On estime que la RDC a produit 54,7 millions de tonnes (75,4 millions de m3) de bois énergie en 2009, ce qui représente 94% du total de sa production de bois rond[314] A Kinshasa, la capitale qui compte près 8 millions d'habitants, on estime que la consommation totale de charbon de bois était, en 2010, d'environ 500.000 tonnes, pour une valeur marchande de 132 millions $. Le bois énergie représente 87% du combustible utilisé pour la cuisson dans la capitale. Différentes entreprises, comme les boulangeries, les forges d'aluminium, les brasseries, les restaurants et les briqueteries dépendent aussi de l'énergie bois.

---

312 Idem.
313 Ibidem.
314 FAO, 2011b.

Ainsi, les forêts qui entourent Kinshasa s'épuisent rapidement : on estime 60.000 ha de forêts détruites chaque année pour l'agriculture sur brûlis et la production de bois énergie[315]. Sur le Plateau de Batéké, à 150 Km de Kinshasa, une étude des images satellitaires a montré qu'entre 1984 et 2010 seuls 14% de la forêt dense étaient restés intacts[316]. Voilà pourquoi, le WWF a lancé le projet EcoMakala pour offrir à la fois des sources d'énergies alternatives et augmenter l'utilisation de foyers améliorés plus économes ; dommage que jusque-là, seulement 3,2% des ménages urbains y ont recours[317]

b. Activités agro-pastorales

Cultiver et élever, voilà l'activité économique de l'homme, dès sa création. Placé au jardin d'Eden, l'homme a été instruit par son Créateur de dominer la terre, car on ne peut manger qu'à la sueur de son front. Le laboureur n'a-t-il pas recommandé à ses enfants de travailler la terre et de prendre de la peine, leur faisant savoir qu'un trésor y était caché ?

En plus, tous les fonds générés par différentes activités de l'homme (professionnelles, commerciales, industrielles) sont apportés en priorité à l'alimentation, ventre affamé n'ayant point d'oreilles ! Autrement dit, tout le monde, sans exception, répond présent, avant toute chose, au rendez-vous de l'agriculteur (éleveur).

L'agriculture et l'élevage sont des activités à la portée de tous et sont même considérées, en droit, comme des activités civiles non incompatibles avec aucune fonction ni profession (politique, militaire, commerciale, magistrature, barreau, etc.).

Cependant, pour cultiver ou élever, l'homme est obligé de transformer son espace, notamment : déboiser, brûler, dénuder le sol, etc. Et cela n'est pas sans conséquence, sur le plan écologique et économique.

En effet, du fait de l'agriculture itinérante, des feux de brousse, du défrichement de la surcharge pastorale, l'activité agro-pastorale provoque

---

315 Marien, 2009.

316 Pennec et alii., 2010.

317 Bodson et alii., 2009 ; Le projet Makala-Gestion durable du bois énergie en RDC 2009-2013 est coordonné par le Centre de Coopération Internationale en Recherche Agronomique pour le Développement « CIRAD » et réalisé avec le support financier de l'Union européenne (http:/projets.cirad.fr/makala).

la disparition du couvert végétal, occasionnant ainsi la dégradation des sols (érosion), la disparition de l'habitat des animaux sauvages, la diminution ou l'extinction des espèces floristiques et fauniques, la pauvreté, le changement climatique qui conduit à la désertification, etc.

Aux termes de l'article 60 de la loi foncière, les terres (sols) sont, selon leur vocation, destinées à un usage résidentiel, commercial, agricole ou d'élevage. D'où les notions de terres urbaines et rurales. En principe, c'est sur les terres rurales que sont exercées les activités agropastorales.

L'espace rural comprend les terres des communautés locales, les parcs nationaux, les forêts et concessions forestières, les domaines de chasse, etc. Et cet espace est nécessaire pour l'exploitation projetée. L'espace cultivé ou exploité ne s'identifie pas nécessairement à l'espace agricole, c'est-à-dire l'espace exploitable, l'homme étant arrêté, dans sa conquête du sol utilisable, par des barrières de nature variée: inhospitalité du milieu, vie pénible, insuffisance de la main d'œuvre, absence des débouchées pour ses produits, impuissance technique dans certains cas, etc.[318].

L'exploitation agricole peut se faire de façon traditionnelle comme moderne. Qu'elle soit traditionnelle ou moderne, elle provoque la destruction des forêts ; d'autant plus que l'homme procède par le remplacement du couvert naturel par un couvert artificiel, notamment des plantations de caféier, de cacaoyer, de bananier. A cela s'ajoute le surpâturage appelé par la densité des animaux devenue excessive. Cette déforestation conduit à la perturbation de l'équilibre naturel, au changement climatique, partant, à la désertification.

c. Exploitation forestière

L'exploitation forestière est l'ensemble des activités consistant notamment dans l'abattage, le façonnage et le transport du bois ou de tout autre produit ligneux, ainsi que le prélèvement dans un but économique des autres produits forestiers (art. 1, point 7 de la loi n°011/2002 du 29 avril 2002 portant code forestier). Malgré l'abondance de textes en la matière, l'exploitation forestière continue à se faire de manière sauvage, anarchique, mieux inécologique.

---

[318] Kalambay Lumpungu, Cours de Droit agricole, Université de Kinshasa, p. 4, 2002-2004.

Or l'exploitation écologique exige de connaître, de comprendre d'abord l'écosystème forêt avant de procéder aux prélèvements, quels qu'ils soient. Elle demande de procéder préalablement à l'aménagement et à la planification forestière, par des études préalables, des inventaires et l'évaluation des besoins. Aussi, faut-il restituer la forêt après le prélèvement ou donner le temps à l'écosystème pour qu'il se reconstitue; autrement dit, il faut allonger la durée de vie de la forêt.

Malheureusement, la population ne cherche pas, avant toute exploitation, à savoir ce qu'est la forêt, à pénétrer le message contenu dans l'écosystème forestier : sa composition, sa structure, son fonctionnement et sa dynamique. C'est là la preuve du caractère de Prédateur de « l'Homo faber » qui se comporte en Homo economicus, au lieu de « l'Homo ecologicus-economicus ».

L'exploitation forestière est faite par les ignorants, profanes, cupides, égoïstes, qui ne savent pas répondre à la question suivante : d'où vient la matière ligneuse qu'ils utilisent et où doit-elle aller ? La cupidité de l'homme en vue de la survie et de la satisfaction des besoins économiques justifie cette situation.

Et les causes de ces pressions anthropiques sont multiples et complexes : accroissement démographique rapide, pauvreté extrême et répandue, mauvais système d'occupation et d'utilisation des terres (agriculture non sédentarisée), faiblesse des institutions qui devraient gérer la forêt, encouragement par les pouvoirs publics d'une exploitation forestière sans aménagement (octroi des concessions forestières), abattage destructeur tant par les paysans que par les entreprises commerciales, etc.[319].

En République Démocratique du Congo, on dénombre au sein de la Fédération des Entreprises du Congo des entreprises d'exploitation de bois, organisées en Comité Professionnel des Exploitants Forestiers et du Bois. A ces entreprises s'ajoutent plusieurs autres exploitants clandestins ou informels. Et l'application du code forestier qui régit ce secteur pose problème aujourd'hui, pour des raisons que nous expliquons dans la suite ; et dans l'entre temps, c'est la jungle. S'il y a présomption que les entreprises régulièrement enregistrées respectent les normes d'exploitation, tel n'est pas le cas avec les nombreux cas d'exploitants clandestins.

---

[319] Binzangi Kamalandua, « La destruction des écosystèmes forestiers du Bas-Congo : menace à la vie », in *Lukuni iwa Yurna,* 2000.

Tableau 7 : Titres jugés convertibles par société forestière

N° ord.	N°Requête	SOCIETE	N° TITRE	N° ord.	N°REQUETE	SOCIETE	N° TITRE
1	17	CFT	012/03	34	109	SIFORCO	007/95
2	18	CFT	013/03	35	110	SIFORCO	002/89
3	19	CFT	014/03	36	111	SIFORCO	025/04
4	20	CFT	015/03	37	112	SIFORCO	026/04
5	21	CFT	036/04	38	113	SIFORCO	027/04
6	25	COMPAGNIE DES BOIS	018/95	39	114	SIFORCO	028/04
7	28	ENRA	006/92	40	115	SIFORCO	029/04
8	33	FORABOLA	009/03	41	116	SIFORCO	030/04
9	34	FORABOLA	010/03	42	126	SODEFOR	018/03
10	35	FORABOLA	011/03	43	127	SODEFOR	019/03
11	37	FORABOLA	005/05	44	128	SODEFOR	020/03
12	38	FORABOLA	006/05	45	129	SODEFOR	021/03
13	41	FORABOLA	009/05	46	130	SODEFOR	022/03
14	47	ITB	002/01	47	131	SODEFOR	023/03
15	49	ITB	002/04	48	132	SODEFOR	024/03
16	52	LA FORESTIERE	002/92	49	133	SODEFOR	025/03
17	53	LA FORESTIERE	003/92	50	134	SODEFOR	026/03
18	54	LA FORESTIERE	002/93	51	135	SODEFOR	027/03
19	55	FORESTIERE DU LAC	024/05	52	136	SODEFOR	028/03
20	62	MAISON NBK SERVICE	041/05	53	137	SODEFOR	029/03
21	63	MAISON NBK SERVICE	042/05	54	138	SODEFOR	030/03
22	79	ONATRA	004/91	55	139	SODEFOR	031/03
23	82	RIBA CONGO	046/04	56	140	SODEFOR	032/03
24	85	SAFBOIS	091/03	57	141	SODEFOR	064/00
25	86	SAFBOIS	034/04	58	142	SOEXFORCO	045/04
26	93	SCIBOIS	093/03	59	143	SOFORMA	002/03
27	97	SEDAF	002/98	60	144	SOFORMA	003/03
28	98	SEDAF	003/98	61	145	SOFORMA	005/03
29	99	SEDAF	001/98	62	146	SOFORMA	006/03
30	105	SICOBOIS	042/04	63	147	SOFORMA	007/03
31	106	SICOBOIS	032/04	64	148	SOFORMA	008/03
32	107	SICOBOIS	033/04	65	149	SOFORMA	033/03
33	108	SIFORCO	018/00				

Source : Ministère de l'environnement, conservation de la nature et tourisme, 2008

6. Carte : Le domaine forestier de la République Démocratique du Congo : Situation au 31 Décembre 2009[320]

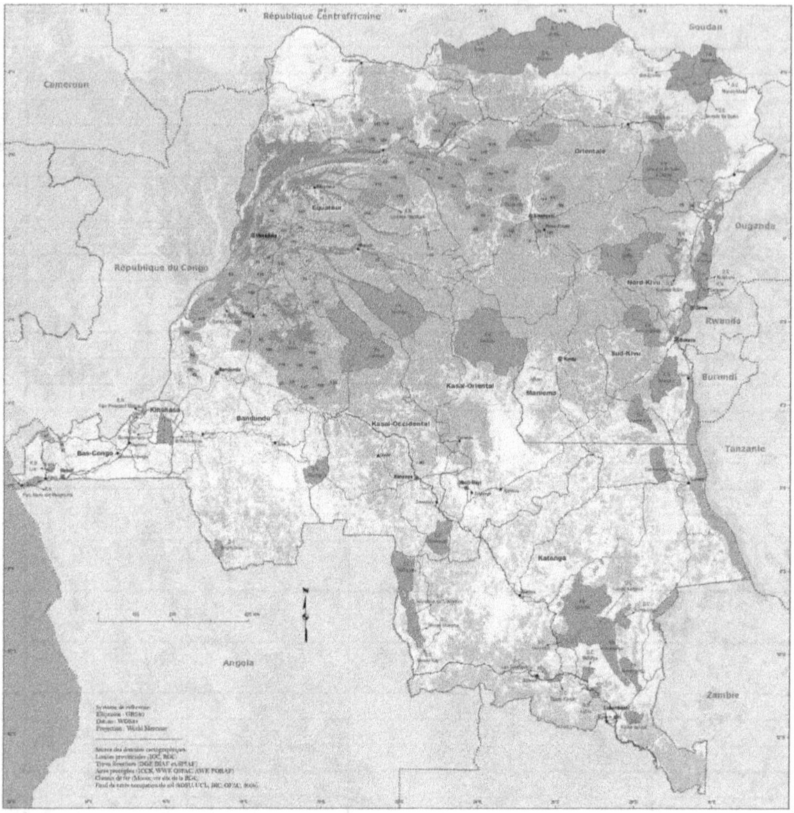

d. Urbanisation et travaux publics

---

[320] Carte produite par le Ministère de l'Environnement, Conservation de la Nature et Tourisme avec l'appui de World Resources Institute (WRI), grâce au financement du Programme Régional pour l'Environnement en Afrique Centrale (CARPE), de l'Agence Américaine pour le Développement (USAID). *Publication Octobre 2010* Système de référence : Ellipsoïde : GRS80 Datum : WGS84 Projection : World Mercator Source des données cartographiques : Limites provinciales (IGC, RGC) Titres forestiers (DGF, DIAF ex.SPIAF) Aires protégées (ICCN, WWF, OSFAC, AWF, FORAF) Chemin de fer (Monuc via site de la RGC) Fond de carte occupation du sol (SDSU, UCL, JRC, OFAC, 2008).

Légende/Aires protégées :

D.C : Domaine de Chasse.
P.N : Parc National.
R.B : Réserve de Biosphère.
R.F : Réserve de Faune.
R.N : Réserve Naturelle.
R.S : Réserve Scientifique.

L'aménagement du territoire conduit inévitablement au processus d'urbanisation, qui est un aménagement de l'espace d'habitat humain, particulièrement les villes. Il y a lieu de préciser, avant toute chose, que par habitat il ne faut pas entendre seulement une habitation, un logement ou une maison, mais davantage, un ensemble plus grand et plus complexe, un mode d'organisation et de peuplement par l'homme du milieu où il vit.

Les plus nombreux des éléments qui composent cet ensemble sont bien sûr des logements, qui servent à protéger l'homme contre les intempéries et lui permettent de garder en lieu sûr ses biens et jouir de l'intimité nécessaire. On peut y ajouter, suivant le cas: les voies qui desservent ces logements, les jardins qui les entourent.

La réalisation de toutes ces conditions en faveur d'un cadre de vie propice exige que soient réalisés de grands travaux publics et privés, outre l'assainissement des milieux. D'où la construction des infrastructures routières (voies ferrée et terrestre), sanitaires et autres, des maisons (constructions somptueuses), l'aménagement des espaces (structures viabilisées), etc.

Ainsi, a-t-il été créé en RDC, par Ordonnance n°87-331 du 11 septembre 1987, un office dénommé « Office des Voiries et Drainage » (OVD) qui poursuit plusieurs objectifs. Comme on peut le constater, qu'il s'agisse de constructions de maisons, de diverses infrastructures d'assainissement, d'aménagement en général, la réalisation des travaux nécessaires ne peut qu'obligatoirement passer par la dénudation des sols, le déboisement ou la destruction du couvert végétal. L'important c'est d'imaginer les solutions de substitution, pour tous ces espaces utilement dévastés[321].

e. Conflits armés

Shambaugh J., J. Oglethorpe et R. Ham[322], citant Kofi Annan, notent que « La préservation de l'environnement est une pierre angulaire de la paix et de la sécurité ». Il est évident que, lorsqu'un conflit ou une crise éclate, le premier impératif est de sauver des vies et de réduire les

321 Kalambay Lumpungu, Droit de l'environnement, idem, 2002-2004, p. 77.

322 Avec la participation de Sylvia Tognetti, 2001. L'Herbe foulée. Atténuer l'impact des conflits armés sur l'environnement, Whashington, D.C., USA, Biodiversity support, Program, p. 3.

souffrances humaines. Les préoccupations environnementales sont reléguées au second plan.

Bien qu'il puisse paraître normal que les préoccupations environnementales ne constituent pas une priorité, en temps de guerre et de crise humanitaire, la forte dépendance aux ressources naturelles de la plupart des communautés africaines et de celles d'autres régions des pays en développement, prouve, au contraire, que l'environnement doit demeurer une priorité. Un environnement dégradé menace la subsistance à long terme des populations et ouvre la voie à l'instabilité politique et à des conflits éventuels.

La communauté internationale a récemment porté son attention sur les économies de guerres dans des pays tels que la République Démocratique du Congo[323], le Libéria[324] et Angola.[325] En République Démocratique du Congo, au nombre d'impacts de la guerre sur l'environnement, on peut noter la destruction des habitats naturels de plantes et la perte d'animaux sauvages, la surexploitation et dégradation des ressources naturelles, la crise économique, sans oublier la pollution et les déchets (décombres), etc.

La destruction des habitats naturels et la disparition de végétaux et des animaux sauvages qui en découlent sont parmi les effets les plus répandus et les plus graves des conflits armés sur l'environnement. Elles se produisent pour des raisons stratégiques, commerciales ou de subsistance.

A titre d'exemple, la végétation peut être coupée, brûlée ou défoliée, pour accroître la mobilité et la visibilité des troupes. Au Rwanda, en 1991, l'armée rwandaise faucha une bande de 50 à 100 mètres de largeur à travers la forêt de bambous attenante aux volcans de Virunga, dans le but de réduire les risques d'embuscades le long d'une piste importante[326]. De ce fait, il y a eu destruction des habitats naturels sur une étendue importante et atteinte à la diversité biologique dont dépendent étroitement les populations rurales et urbaines, outre l'exposition des sols à la dessiccation, à l'érosion.

323 Nations Unies, 2001.

324 Global Witness, 2001.

325 Global Witness, 1998 et 1999.

326 Kalpers, 2001b.

La surexploitation des ressources naturelles est souvent reliée directement au conflit armé, pour des motifs aussi bien de subsistance que commerciaux. L'instabilité politique qui règne en temps de guerre a souvent, comme conséquence immédiate, l'impossibilité pour les résidents de se consacrer aux cultures.

Pour survivre, ils sont progressivement contraints de se retourner de manière très intense vers les aliments sauvages tels que la viande et les plantes alimentaires sauvages. Parallèlement, les personnes déplacées ramassent avec une fréquence inhabituelle des plantes alimentaires et d'autres ressources naturelles locales là où elles se trouvent. Même à court terme, une telle exploitation à grande échelle ne saurait durer.

La méconnaissance que pourraient avoir ces genres de pratiques de la gestion optimale des ressources naturelles ne ferait qu'empirer la situation (ex. réfugiés rwandais au Kivu); même les organisations humanitaires utilisent une quantité outrancière de bois à des fins de construction et autres.

De plus, lorsque les personnes déplacées regagnent leurs pays, elles dépendent involontairement et dans une grande mesure de ressources naturelles, du moins jusqu'à ce qu'elles aient pu rétablir leur mode de subsistance habituel, y compris l'agriculture. Toutes ces interventions peuvent se traduire par une pénurie ou par la dégradation des ressources et peuvent avoir une incidence négative considérable à long terme sur les modes de subsistance des résidents indigènes; le sol aussi a son lot de dégradation.

La pollution est aussi l'un des effets graves des conflits armés. Elle peut sévir sous différentes formes et découler directement d'opérations militaires ou d'interventions d'autres groupes armés ou indirectement de crises humanitaires et économiques imputables au conflit. Les réfugiés et les personnes déplacées vivant souvent dans des conditions de surpopulation deviennent une source indéniable de pollution potentielle.

Les personnes déplacées peuvent propager des maladies infectieuses lors de leur fuite et polluer les sols et les eaux de surface en luttant pour leur survie. Cette dernière réalité ne menace pas uniquement la santé publique des populations humaines mais également la santé de la forêt et de la faune indigènes[327] La pollution des rivières et des lacs est aussi

327 Kalpers, 2001 b.

imputable aux corps qui y sont déposés et qui finissent par se décomposer comme ce fut le cas lors du génocide du Rwanda.

Les organismes humanitaires qui travaillent sur le terrain, en période de crise humanitaire, peuvent aussi exacerber la pollution. L'objectif premier des opérations humanitaires étant d'améliorer le bien-être des réfugiés ou des populations déplacées, les préoccupations environnementales sont vite mises de côté. Il en résulte souvent que les installations et les infrastructures de certains camps de réfugiés ne sont pas conformes aux critères de protection à long terme de l'environnement.

A titre d'exemple, un emplacement mal choisi ou une conception inadéquate des latrines ou des installations médicales pourront contaminer le sol, l'eau, la flore. Parfois, les effets néfastes ne seront constatés qu'après le démantèlement des camps. Pour boucler la liste de causes de la déforestation et sans chercher à les épuiser, disons que les feux de brousse et l'exploitation minière s'y comptent aussi.

2. Effets (conséquences) de la déforestation

Plusieurs causes viennent, de manière non exhaustive, d'être, passées en revue, en rapport avec la déforestation, cadre de notre étude.

La déforestation ainsi provoquée n'est sans conséquences ; notamment : la disparition de poumon d'oxygène, la disparition de puits de carbone, la disparition des habitats naturels, la disparition de banques de gènes, la disparition de l'écran protecteur du sol (érosion), la perte de fertilité du sol (plus d'humus), la perturbation du cycle de l'eau, la réduction de la photosynthèse et de l'évapo-transpiration potentielle, la perte de garde-manger, de pharmacie naturelle tropicale, de réservoir de matières premières, d'éléments dépolluants, etc.

Ci-après l'analyse de quelques-unes d'entre elles :

a. La dégradation des sols

Le couvert végétal sert d'éponge et de protection des couches du sol ; sa disparition occasionne la dénudation des sols. Les érosions, les effondrements, les ravinements sont, entre autres, les manifestations de la dégradation des sols. Normalement la végétation empêche que la surface du sol soit emportée par les eaux de pluie, suite à l'impact des gouttes de pluie[328].

Les gouttes de pluies déplacent les particules du sol et les entassent à la surface, bouchant les pores ; ce qui réduit l'infiltration et favorise l'écoulement. L'érosion superficielle est une forme d'érosion grave : de fines couches de terre de surface sont emportées en entraînant les éléments nutritifs du sol.

Si les éléments nutritifs ne sont pas remplacés par un apport d'engrais, le rendement sera affecté négativement. Des rigoles sont créées par l'écoulement, et en l'absence de mesures de protection, la terre non récupérée deviendra totalement inutilisable.

Comme l'érosion par eaux, l'érosion par le vent est aussi nuisible : les parties les plus fines du sol, comme les limons, l'argile et la matière organique, qui contiennent le plus d'éléments nutritifs, sont emportés par les vents, en laissant sur place le sable qui lui aussi peut se déplacer.

L'impact des routes sur l'érosion et la dégradation des sols sont à la fois directs et indirects. Directement, certains aspects de la construction d'une route peuvent accélérer l'érosion, notamment la compaction de la surface de route, le reprofilage des pentes et la concentration des eaux de surface de la route. Les routes peuvent indirectement affecter la dégradation et l'érosion des sols en ouvrant un périmètre au « développement ». C'est le cas de la route Kisangani-Bukavu qui traverse 4 provinces et risque d'ouvrir les forêts à des multiples abus[329].

b. Le changement climatique

L'écosystème forestier joue un rôle fondamental dans l'équilibre naturel. Sa destruction provoque un changement climatique qui peut conduire à la désertification. Pourtant, la forêt, écosystème naturel, composée de plantes ou de végétaux verts, pérennise la vie, et ce, par le processus de la photosynthèse qui facilite la fabrication d'une gamme très variée de substances organiques dont elle se nourrit elle-même et les autres êtres vivants qui ne sont pas capables de réaliser la photosynthèse.

Comme on le voit, l'écosystème forestier fonctionne très bien tout seul, mais quand l'homme s'en mêle, notamment par l'exploitation

[328] Kalpers, 2001 b

[329] 'Kalambay Lumpungu, op.cit., p.64

irréfléchie, c'est le désastre. Ainsi, la déforestation rompt l'équilibre entre l'arbre, le sol, le climat et les activités de l'homme. Il s'en suit que la formation de savanes à très grande échelle et qui, si elles sont soumises à une gestion non écologique, peuvent se transformer en steppe, et celle-ci peut à son tour être convertie en désert.

C'est la série régressive forêt-savane-steppe-désert qu'il faut à tout prix éviter, car elle perturbe notamment le cycle de l'eau, le climat, ... A long terme, la déforestation conduit à la désertification et à la modification catastrophique du régime des eaux. Il y a lieu de faire remarquer que la forêt tropicale vit en état d'autosuffisance alimentaire. La forêt favorise l'évapotranspiration, tandis que la photosynthèse produit l'oxygène nécessaire aux nombreux animaux et micro-organismes qu'elle héberge. Mais l'exploitation forestière sauvage perturbe ce cycle naturel déjà fragile.

Dans son Avant-propos sur le livre de Swaminathan, Père de la Révolution verte en Inde, intitulé « Produire plus avec moins », Jacques Diouf, Directeur Général de la FAO (2004-2011), insiste sur le fait que l'intensification durable de la production agricole paysanne est l'un des objectifs stratégiques de la FAO.

Les savanes africaines posant les mêmes problèmes au regard des changements climatiques, une préoccupation mondiale aujourd'hui (François Hollande l'a rappelé à ses Pairs dans son Discours au 14ème Sommet de la Francophonie à Kinshasa), il était temps que les africains se rencontrent pour y réfléchir et proposer des solutions adéquates.

Tout en abordant cette question de manière générale, mon propos mettra un accent particulier sur les conséquences des changements climatiques sur l'activité agricole dans le sud de la Province du Kasaï Oriental en RD Congo, une partie savanicole de cette Province, de façon à susciter des actions concertées et des partenariats responsables.

1°. Historique sur les changements climatiques

Dès le 19èmeS, le Suédois Svante Arrhénius attire l'attention sur le fait que l'homme est en train de modifier la composition de l'atmosphère en gaz carbonique à travers l'utilisation du charbon. A partir d'un calcul relativement simple, il estime que notre planète devrait se réchauffer de 5°C vers la fin du 20èmeS. Mais ce n'est qu'à partir des années 1970 que ce problème de l'action potentielle des activités humaines sur le climat devient l'objet de l'attention des scientifiques.

Il existe de nombreux gaz à effet de serre, mais il en est un dont on parle peu et qui pourtant fait des ravages : le perfluorotributylamine. Fortement utilisé dans l'électronique, celui-ci est non seulement résistant, mais extrêmement polluant. Selon Cora Young, une chimiste de l'Université de Toronto, ce gaz artificiel a le même effet que 7.100 molécules de CO2 et on ne connaît aucun agent capable de l'éliminer, relate 20 Minutes. De plus, il dispose d'une très longue durée de vie dans la basse atmosphère avant de se dissiper dans les couches les plus élevées, ajoutent les cinq scientifiques responsables de cette étude.

En 1979, l'Organisation Météorologique Mondiale (OMM) met sur les rails le Programme de Recherche Mondial sur le Climat (PMRC) ; et puis est lancé en 1986 le Programme International Géosphère Biosphère (PIGB). Les Gouvernements ne tardent pas à emboiter le pas aux scientifiques ; ce qui a fait que la préoccupation relative au changement climatique soit l'un des thèmes centraux abordés lors du Sommet de la Terre de 1992 à Rio où s'est discutée la Convention Cadre des Nations Unies sur le Changement Climatique (CCNUCC) et le Protocole de Kyoto.

En Afrique tropicale, la plupart des peuples sont encore tributaires de leurs climats[330]. Le climat (précipitations) est le stimulus et le facteur le plus important de la production agricole[331] Des informations rapportées ou recueillies font état de ce que les paysans détiennent des connaissances qui témoignent de la forte relation existant entre le climat et l'agriculture[332].

2°. Les effets des changements climatiques sur l'agriculture

Pour sa réussite, l'agriculture fait appel à plusieurs facteurs, notamment le sol, le climat, les intrants (matériels et équipements agricoles destinés à la production végétale, tels que les semences, les engrais, les produits phytosanitaires et pharmaceutiques ; ainsi que les produits et équipements agricoles destinés à l'élevage des animaux, les additifs, les aliments, les produits vétérinaires). Seule la combinaison de

[330]Afouda, 1990

[331]Ndjendolé, 2001.

[332]Boko et Pérard, 1997.

ces différents facteurs permet les meilleurs rendements agricoles. Les uns sont naturels, c'est-à-dire relèvent de la nature (sol, climat) et les autres artificiels, c'est-à-dire relevant de l'ingéniosité de l'homme (les intrants). S'agissant du sol et du climat, même s'ils ne relèvent pas l'ingéniosité de l'homme, l'action anthropique et le comportement inécologique de ce dernier les modifient négativement par des pressions exercées sur la nature. Ignorant dans la plupart de cas les effets de ses actes sur l'environnement (la nature), l'homme perpétue sa dégradation.

Voilà pourquoi, Caldwell le qualifie d'animal inécologique, en ce sens qu'il semble dépourvu de certains garde-fous instinctifs que possèdent la plupart des animaux. Equipé d'une technologie en pleine évolution, l'homme est progressivement devenu plus dangereux pour toutes les formes de vie, y compris la sienne. Lorenz attribue ce comportement à un facteur génétique, à une inhibition relativement faible de l'agression intra-spécifique.

Les animaux possédant une grande force physique, dotés de dents et de griffes susceptibles de donner la mort ont acquis, dans leur développement, de fortes inhibitions quant aux attaques meurtrières qu'ils pourraient porter contre les individus de leur espèce et trouvent normalement une solution aux conflits relatifs à l'accouplement ou à la possession d'un territoire, soit par la soumission, soit par la fuite.

L'activité agricole se compte parmi celles qui provoquent les changements climatiques par la découverture végétale, le déboisement, la carbonisation...A titre illustratif, au sud de la Province du Kasaï Oriental en RDC, l'activité minière et la recherche de l'énergie bois ont le plus contribué aux pressions atmosphériques, au point d'y asphyxier l'agriculture. Une de onze provinces de la RDC, le Kasaï Oriental est situé au centre du pays, entre les parallèles 1° 49 et 8° de la latitude sud entre 21° 49 et 26° 16 de longitude Est. Cette province couvre une superficie de 173.110 Km2, soit environ 7% de l'étendue totale du pays. Elle est l'unique province qui ne partage pas de frontières avec les pays limitrophes de la RDC.

Malheureusement, les pressions exercées sur ses formations végétales du fait des activités minières, de la forte dépendance à l'énergie bois, de l'agriculture itinérante et sur brulis, de feux de brousse, de la pauvreté qui y atteint le seuil du tolérable depuis les déboires électoraux de 2006 et de

2011 sont tels que le climat est fort troublé aujourd'hui et les cultures sans rendements considérables[333].

Des solutions s'imposent : l'agriculture de conservation (Produire plus avec moins, comme le préconise Swaminathan, Père de la Révolution verte en Inde)[334], avec notamment les techniques d'agroforesterie, à travers des partenariats constructifs et responsables. Un accent particulier sera mis sur l'irrigation, au regard du potentiel hydrographique de la contrée. Car l'intensification durable des cultures nécessite des systèmes d'irrigation plus efficaces et précis, ainsi que des systèmes d'exploitation agricole utilisant une approche écosystémique pour préserver les ressources en eau.

Cependant, les systèmes culturaux liés à l'intensification durable réservent une place importante aux connaissances scientifiques. Il est donc urgent de renforcer les capacités et d'offrir les démarches d'apprentissage (par exemple à travers les écoles pratiques d'agriculture) ainsi qu'un soutien technique, de manière à améliorer les qualifications des parties prenantes. Il faudra, pour cela, pouvoir compter sur un soutien coordonné à l'échelle internationale et au niveau régional, afin de renforcer les institutions nationales et locales.

A cette fin, les institutions dispensant une éducation et une formation structurée aux niveaux tertiaire et secondaire devront adapter leurs programmes d'enseignement, de manière à ce qu'ils incorporent les principes et les pratiques d'intensification des cultures comme celles de l'agriculture de conservation, en s'appuyant sur les techniques d'agroforesterie, de sylviculture, de foresterie communautaire. Un accent particulier sera mis sur la participation citoyenne pour une gouvernance participative (voir la démocratie environnementale avec TAI PP10).

Il devient nécessaire, s'il on veut pratiquer une agriculture intensive et biologique, qu'un certain nombre d'instruments juridiques (textes légaux ou réglementaires) soient pris aussi bien sur le plan provincial, national

---

333 Kabuya Kabeya Tshilobo Hilaire, « Le Changement Climatique : frein à l'activité agricole dans le Sud de la province du Kasaï oriental, République Démocratique du Congo (RDC) », in Livre des Résumés du Colloque International sur « Les Défis de l'Eau et l'Adaptation au Changement Climatique en Afrique (DEACCA) », Bangui, du 24-27 octobre 2012.

334 Swaminathan, Produire plus avec moins. Guide à l'intention des décideurs sur l'intensification durable de l'agriculture paysanne (www.fao.org/save-and-grow/fr/produire plus avec moins.html)

qu'international en rapport avec les exigences environnementales et au regard des changements climatiques qui s'annoncent au jour le jour.

La sécheresse, les inondations aux allures des catastrophes naturelles se comptent au nombre des conséquences desdits changements avec une incidence négative sur l'agriculture. Les excès d'eau sont aussi catastrophiques que les préjudiciables (destructions des infrastructures telles que les routes, les ponts, les maisons, de la faune et de la flore).

Ainsi donc, le maintien de la fertilité du sol exige que soit sauvegardée la capacité de reproduction des cycles biologiques ; ce qui revient à récolter sans détruire, c'est-à-dire à favoriser les recyclages. Ceci nécessite la culture écologique qui permet de connaître la composition, la structure, le fonctionnement, la dynamique et l'évolution de la forêt. Or, la réalité dans beaucoup de communautés humaines est que globalement, l'homme est encore dans l'ignorance et l'incompétence écologiques.

3° Les perceptions paysannes des changements climatiques[335]

Les enquêtes menées dans le cadre de cette étude ont donné les résultats :

- Pour 84 % des enquêtés, la sécheresse est souvent annoncée par la floraison de quelques arbres comme : Ogbira (*Erythrina senegalensis*), Korowè (*Spathodea campanulata*), Gbèryé (*Combretum racemosum*), Djébéré (*Calotropis procera*), zèné (*Uvaria picta*). Mais, depuis quelques décennies, des modifications apparaissent : les espèces peuvent fleurir sans que la sécheresse ne se réalise. Le contraire est aussi souvent remarqué.
- Pour 61% des enquêtés, l'apparition des oiseaux est aussi un signe annonciateur d'une saison sèche souvent rude : c'est le cas des tourterelles à cou cendré (*Golgotto*) et des hérons blancs. Il en est de même des hiboux et chouettes qui apparaissent au mois de novembre, hululent dès la tombée de la nuit. Pour les tisserins, la présence de leurs nids en hauteur dans un bas-fond signale que la prochaine saison sèche sera catastrophique.
- Pour69% des enquêtés pensent que, de nos jours, ces signaux ne prévoient plus les saisons. Pour les paysans, une telle situation découle certes de l'évolution du climat et des conséquences de l'empreinte

335 Bertrand Doukpolo et alii., Perceptions paysannes du changement climatique et ses manifestations dans l'ouest de la Centrafrique, in Les défis de l'eau et l'adaptation au changement climatique en Afrique, Bangui 25-26 octobre 2012.

écologique mais surtout de la *colère des dieux en raison du non respect des interdits sociaux*.

- Pour 91% des paysans pensent que la pluviométrie a diminué de nos jours contre 6% depuis 1951. Par contre, pour 80 % des paysans de la zone d'étude, la pluviométrie était normale en 1951 jusqu'en 1980 contre moins de 2 % actuellement. Selon les données météorologiques, la tendance pluviométrique est régressive et évolue vers une aridification. Les hauteurs d'eau ont baissé de 17,4% entre 1951 et 2010.
- Pour 83% des paysans ont affirmé qu'en 1951, l'intensité de la température était faible contre 19% 30 ans (1980) après et 2% en 2010. Par contre, plus de 40 % des paysans considèrent que cette intensité a augmenté contre 0% de répondants60 ans avant. L'analyse révèle une tendance évolutive au réchauffement du climat dans l'Ouest de la Centrafrique. On y note une allure globalement linéaire avec un taux de croissance de 0,03°C/an et une différence de 1,9°C entre 1951 et 210 (26,2 °C à 28,3 °C).
- 69% des paysans ont affirmé que les saisons étaient normales en 1951 contre 28 % en 210 et 44 % disent qu'elles sont réduites actuellement contre 0% il y a 60 ans. L'un des repères du démarrage de la saison agricole est la pluie de février-mars appelée « *coroyifö* ».

Cet indicateur n'est plus fiable du fait de la persistance et de l'allongement de la durée de la saison sèche. Il en résulte une perturbation du calendrier agricole et une baisse des rendements agricoles selon 76% des paysans enquêtés. Depuis les années 1980, les événements climatiques extrêmes sont devenus plus fréquents selon 77% des enquêtés. Les populations paysannes ont encore souvenance des années de fortes inondations telles que 1962, 1963, 1968, 1999, 2009, etc. et les années de fortes sécheresses comme 1971, 1976, 1977, 1983, 2005.[336]

Les propos d'un vieil homme Dagba dans la commune de Ngatoua à Bouca à propos des événements extrêmes sont évocateurs : « Tout laisse croire que d'une année à l'autre, le climat devient plus inconfortable. Les inondations et les sécheresses apparaissent presque tous les trois ou cinq ans. Est-ce une malédiction de nos ancêtres ou une punition divine ?, Que deviendra la vie de demain ? »[337]. D'où ces explications :

---

336 Idem.

337 Source orale, mai 2010.

- La **lune** (*zè) éclaire la nuit mais ne chauffe pas,* permet de prévoir une bonne saison agricole lorsqu'elle apparaît de façon inclinée vers l'Est. Le sens contraire prédit une mauvaise saison agricole. Ce signe s'est révélé inefficace pour 86 % des paysans et ne permet plus de prendre des décisions.
- Le **vent** (*boù) ou* air en déplacement, permet de prévoir la sécheresse ou l'excès pluviométrique grâce à sa direction. Par exemple, lorsque le vent est dirigé de l'est vers l'ouest à l'approche de la saison pluvieuse, il y aura une sécheresse. Par contre, une direction ouest-est en ce même moment permet de prévoir un excès pluviométrique. Cet indicateur ne permet plus aux paysans de programmer les activités agricoles.
- Le **tonnerre** (*foundakoro) ou* bruit de la pluie, marque la fin d'une pluie ou l'annonce. De nos jours, le tonnerre peut gronder pendant plusieurs heures sans aucune goutte de pluie. Ceci témoigne d'une évolution du climat pour 81 % des paysans enquêtés.
- Les **nuages** (*yîkoro) ou* eau en suspension, permettent de prévoir les pluies. Lorsqu'ils se condensent à l'est, le paysan a la certitude qu'il va pleuvoir. Ces dernières décennies, des changements sont intervenus au point où personne ne peut prévoir une probable pluie rien qu'en tenant compte des manifestations des nuages.

Les CC, problèmes majeurs du XXIème siècle et grands défis : agriculture (perturbation cycles culturaux, etc.) ; Menace de survie pour un grand nombre de personnes. En Afrique tropicale, la plupart des peuples sont encore tributaires de leurs climats[338]. Le climat (précipitations) est le stimulus et le facteur le plus important de la production agricole[339]. Des informations rapportées ou recueillies font état de ce que les paysans détiennent des connaissances qui témoignent de la forte relation existant entre le climat et l'agriculture[340].

Les perceptions ethno-météorologiques du changement climatique sont des savoirs locaux basés sur les expériences vécues pour expliquer et comprendre l'évolution récente du climat. Connaissances endogènes transmises à travers des adages et chansons qui reflètent clairement

338 Afouda, 1990

339 Ndjendolé, 2001

340 Boko et Pérard, 1997

l'importance que le temps et le climat ont pour les activités agricoles et la vie sociale.

Dans un contexte de tradition fondée sur l'oralité, il n'existe aucun document relatant et conservant ces mines d'informations sur les connaissances paysannes de la dynamique du climat dans le Nord-ouest du pays[341]. Toutefois, au niveau de certaines communauté, il existe de savoirs locaux sur l'évolution du temps voire du climat basés sur le vécu des populations rurales. Ces savoirs locaux peuvent aussi être pris en compte dans la recherche des indicateurs sur l'évolution du climat.

4° Les avancées de l'Accord de BALI

Minimaliste, l'Accord de BALI[342] embarque pour la première fois l'ensemble des pays dans le combat contre le changement climatique rapporte NUSA DUA, envoyé spécial du journal le soir. Les commentaires éberlués fusent de toute part, samedi âpres midi, dans l'enceinte de la Conférence des Nations Unies sur les Changements Climatiques à BALI.

Après deux jours et deux nuits de négociations d'une extrême âpreté, l'Accord sur le climat est une réalité. Mais, que des sueurs froides et des retournements des situations. Dépassant de loin la dramatisation coutumière des fins des conférences, la négociation entre les pays industrialisés et les pays en voie de développement aura cumulé tous les ingrédients d'un suspens retransmis en mondovision.

Il est 8 heures samedi, poursuit cet envoyé spécial, lorsque les délégations reviennent en séance plénière, après l'ultime nuit blanche de palabres. Coup de théâtre, alors qu'un compromis semblait acquis, la Chine monte au créneau, suivie par l'Inde. Toutes deux demandent aux parties de reconsidérer le chapitre relatif aux efforts en matière de transferts de technologies, notamment, que devront consentir les pays riches pour combattre les changements climatiques. L'assemblée plénière est suspendue.

L'interruption de la séance ne calme pas les esprits. Dans un coup sang, le représentant chinois invective le Secrétaire Général des Nations Unies l'accusant de vouloir forcer la main aux pays en développement.

---

[341] Doukpolo *et al.* 2012.

[342] http://www.blogs.lesoir.be/empreinte-eco/2007/12/17/tous-unis-contre-le-réchauffement

Revenu d'urgence dans la nuit à BALI, le Secrétaire Général des Nations Unies, Ban Ki-Moon lance alors en début d'après-midi un appel solennel aux délégués des 188 pays présents : « Il se fait tard, il est temps de prendre une décision ». Rien n'y fait, la Chine s'arc-boute. Le Secrétaire Général de la Convention Climat, Yvo De Boer, monte à la tribune, pour expliquer « la clarté du processus ». Mais, il craque face à des accusations qu'il estime infondées. Epuisé, en sanglots, l'homme qui a piloté la Conférence pendant deux semaines quitte la salle. Le temps de se reprendre, il revient dans l'arôme, ovationné.

Apres une nouvelle interruption, la Chine et l'Inde se disent enfin satisfaites des amendements déposés. C'était compter sans la Sous-Secrétaire d'Etat américaine, Paula Dobriansky, qui manifeste son souhait de bloquer le compromis « insatisfaisant ». Huées, le Ministre sud-africain sème un vent de colère contre les Etats Unis. « Soyez leaders, signez cet accord ou sortez de la salle », s'exclame le Ministre de la Papouasie, Nouvelle Guinée.

Tempête à bord de l'esquif onusien. Paula Dobriansky redemande enfin la parole. Elle se justifie puis, de façon inattendue lâche. « Laissez-moi vous dire que nous irons plus loin et que nous rejoignons le consensus ». L'assemblée acclame le revirement américain. Il est 14H 32'. Le marteau présidentiel entérine la feuille de route de Bali au terme d'un psychodrame planétaire.

Tout en leur ménageant un statut à part, en tant que seul pays industrialisé à n'avoir pas ratifié KYOTO, l'Accord a la vertu d'enrôler les Etats Unis dans les efforts à venir, en les invitant à des « actions », plutôt qu'à des engagements. « La position américaine étant dictée en direct de la Maison Blanche, concède ce Ministre. Le ralliement était sans doute une mise en scène étudiée. Les Etats Unis ne pouvaient pas endosser un échec face à l'attente de l'opinion mondiale ».

Chef de file de délégation belge à Bali, la Ministre Bruxelloise de l'environnement, Evelyne Huytebroeck (Ecolo), se déclare de son côté impressionnée par la force et la détermination affichées par les pays en voie de développement. « Même s'il reste beaucoup de travail à effectuer, on sera tous autour de la table, y compris les Etats Unis. Il s'est passé quelque chose de magique, plein de personnes pleuraient dans la salle ! »

Pour Hilary Benn, Ministre britannique de l'Environnement, « C'est une percée historique ! ». De son côté, Sigmar Gabriel, le Ministre allemand, note qu'« Au bout de compte, personne ne voulait d'échec. Nous avons obtenu plus que nous ne pouvions espérer, même si c'est moins que ce qui est nécessaire face à l'urgence du problème ». Un constat que Greenpeace résume en d'autres termes : « La maison brûle encore, mais au moins on a pu sauver les meubles ! ».

Voici les principaux points et les principales décisions de la feuille de route de Bali qui doit conduire à l'adoption d'un nouveau traité en 2009 à Copenhague :

- Agenda

La feuille de route précise que les négociations sur les suites à donner au Protocole de Kyoto, dont les premiers engagements expirent en 2012, doivent commencer au plus tard en avril 2008 et aboutir en 2009. Un groupe de travail se réunira à huit reprises au cours des deux années à venir.

- Objectifs

L'Accord de Bali souligne « l'urgence » d'une action internationale face au réchauffement, sans donner de fourchette indicative des efforts à entreprendre mais, en renvoyant aux travaux du Groupe d'Experts Intergouvernemental sur l'Evolution du Climat (GIEC), par une note de bas de page dans le préambule (une exigence américaine).

Deux scénarios sont évoqués aux pages concernées : une réduction des émissions de gaz à effet de serre responsables du réchauffement de 10 à - 30% (par rapport à 1990) pour les pays industrialiser d'ici 2020, avec des efforts « marginaux » de la part des pays en développement. Le deuxième, plus ambitieux, recommande 25 à 40% d'ici 2020 pour les pays développés et 50% pour tout le monde d'ici 2050.

-Adaptation

Le fonds d'adaptation au changement climatique prévu par Kyoto pour aider les pays en développement à faire face aux impacts négatifs du réchauffement devait être opérationnel depuis 2008. Sa gestion est confiée pour trois ans à un Conseil d'Administration de 16 membres créé au sein du Fonds pour l'Environnement mondial (FEM), basé à Washington. Un prélèvement de 2% sur les projets de développement propre engagé par les pays riches dans le pays en voie de développement alimentera ce fonds. Il devait atteindre de 300 à 500 millions de dollars entre 2009 et 2012, selon l'ONU. Une paille par rapport aux besoins.

- Forêts

Les émissions dues à la déforestation et à la dégradation des sols représentent 20% des émissions mondiales. Elles n'étaient pas prises en compte dans les mécanismes inventés par Kyoto. Un nouveau système de lutte contre le déboisement et la dégradation des forets entrera en vigueur en 2012. Les quarte années seront consacrées à la mise au point de ce système qui récompensera les bons élèves du sud (Brésil, Indonésie et Bassin du Congo en tête). Cout : entre 5 et 25 milliards de dollars par an, pour stopper la déforestation.

- Transfert des technologies

La Conférence a lancé des mécanismes qui permettront d'agir dans le cadre du futur régime post 2012. C'est encore abstrait. Un groupe international d'experts lancera un programme de travail sur le sujet et mettra en place des indicateurs de performances. Il reviendra aux pays d'évaluer leurs besoins et de les transmettre au Fonds Mondial de l'Environnement (FEM).

5° L'essentiel de la Convention - Cadre des Nations Unies sur les Changements Climatiques

On peut lire, entre autres dans le préambule de cette Convention :

- « Les Parties à la présente convention (…) ;
- Notant que la majeure partie des gaz à effet de serre, émis dans le monde par le passé et à l'heure actuelle, ont leur origine dans les pays développés, que les émissions par habitant dans les pays en développement sont encore relativement faibles et que la part des émissions totales imputables aux pays en développements ira en augmentation pour leur permettre de satisfaire leurs besoins sociaux et leurs besoins de développement (…) ;
- Conscientes que le caractère planétaire des changements climatiques requiert de tous les pays qu'ils coopèrent le plus possible et participent à une action internationale efficace et appropriée, selon leurs responsabilités communes, mais différenciées, leurs capacités respectives et leur situation sociale et économique (…) ;

- Rappelant que, conformément à la Charte des Nations Unies et aux principes du Droit international, les Etats ont le droit souverain d'exploiter leurs propres ressources, selon leur propre politique d'environnement et de développements et ont le devoir de faire en sorte que les activités exercées dans les limites de leur juridiction ou sous leur contrôle ne causent pas de dommage à l'environnement dans d'autres Etats ou dans des régions ne relevant d'aucune juridiction nationale (…) ;
- Rappelant les dispositions de la Résolution 44/228 de l'Assemblée Générale en date du 22 décembre 1989 relative à la Conférence des Nations Unies sur l'Environnement et le Développement ; et des résolutions 43/53 du 6/12/1988,44/207 du 22 décembre 1989, 45/212 du 21 décembre 1990 et 46/169 du 19 décembre 1991 sur la protection du climat mondial pour les générations présentes et futures (…) ;
- Rappelant également les dispositions de la Résolution 44/206 de l'Assemblée Générale en date du 22 décembre 1989 sur les effets néfastes éventuels d'une hausse du niveau des mers, sur les îles et les zones côtières, en particulier la zone côtière de faible élévation ; ainsi que les dispositions pertinentes de la Résolution 44/172 du 19 décembre 1989 sur l'application du plan d'action pour lutter contre la désertification (...) ;
- Rappelant, en outre, la Convention de Vienne de 1985 pour la protection de la couche d'ozone et le protocole de Montréal de 1987 relatif à des substances qu'appauvrissent la couche d'ozone, ajusté et modifié le 29 juin 1990 ;
- Conscientes que tous les pays, et plus particulièrement le pays en développements, doivent pouvoir accéder aux ressources nécessaires à un développements social et économique durable ; et que pour progresser vers cet objectif, les pays en développement devront accroitre leur consommation d'énergie, en ne perdant pas de vue, qu'il est possible de parvenir à un meilleur rendement énergétique et de maitriser les émissions du gaz à effet de serre, d'une manière générale et notamment, en appliquant des technologies nouvelles, dans des conditions avantageuses du point de vue économique et du point de vue social.

Sont convenues de ce qui suit :

(…) Les Parties :

1° S'emploient à encourager et à faciliter au niveau national, et le cas échéant, sous régional et régional, conformément à leurs lois et règlements et selon leurs capacités respectives :

- L'élaboration et l'application des programmes d'éducation et de sensibilisation du public sur les changements climatiques et leurs effets ;
- L'accès public aux informations concernant les changements climatiques et leurs effets ;
- La participation publique à l'examen des changements climatiques et de leurs effets et à la mise au point des mesures appropriées pour y faire face ; et
- La formation de personnel scientifique, technique et de gestion.

2° Soutiennent par leur coopération et encourageant au niveau international, en recourant s'il y a lieu, aux organismes existants :

- La mise au point et l'échange de matériel éducatif et de matériel destiné à sensibiliser le public aux changements climatiques et à leurs effets ;
- La mise au point et l'exécution des programmes d'éducation et de formation, y compris par le renforcement des organismes nationaux et par l'échange ou le détachement de personnel chargé de former des experts en la matière, notamment pour les pays en développements (...).

6°. Du Protocole de Kyoto à la Convention–cadre des nations unies sur les changements climatiques

Notons l'essentiel de ce Protocole, à travers les quelques articles suivants :

Article 3 :

- « Les parties visées à l'annexe I font en sorte, individuellement ou conjointement, que leurs émissions anthropiques agrégées, exprimées en équivalent de dioxyde de carbone, des gaz à effet de serre indiqués à l'annexe A ne dépassent pas les quantités qui leur sont attribuées, calculées en fonction de leurs engagements chiffrés en matière de limitation et de réduction des émissions inscrits à l'annexe B, et conformément aux dispositions du présent article, en vue de réduire le total d'émissions de ces gaz d'au moins 5% par rapport au niveau de 1990, au cours de la période d'engagement allant de 2008 à 2012 (..) ;

- Chacune des parties visées à l'annexe I s'efforce de s'acquitter des engagements mentionnés au paragraphe ci-dessus, de manière à réduire au minimum les conséquences sociales, environnementales et économiques néfastes pour les pays en développements Parties, en particulier ceux qui sont désignés aux paragraphes 8 et 9 de l'article 4 de la Convention ;
- Dans le droit fil des décisions pertinentes de la Conférence des Parties concernant l'application de ces paragraphes, la Conférence des Parties agissant comme réunion des Parties au présent Protocole examine, à sa première session, les mesures nécessaires pour réduire au minimum les effets des changements climatiques et / ou l'impact des mesures de riposte sur les Parties mentionnées dans ces paragraphes. Parmi les questions à examiner, figurent notamment la mise en place du financement, l'assurance et le transfert des technologies ».

c. Extinction des espèces de la flore et de la faune

Lorsque les forêts sont détruites, les habitats naturels des végétaux et des animaux disparaissent; cela oblige les espèces qui y habitent à s'éloigner vers d'autres cieux, à la recherche d'un autre abri. De même, lorsqu'il y a déforestation, les produits ligneux comme non ligneux se raréfient. C'est cas, par exemple, au Bas Congo avec les entreprises Misson et Gérard, Makaya Lezi, etc.

D'où la menace de disparition de quelques espèces végétales, notamment : Ananas, Baobab (Adansonia digitalta), Goyavier (Lagerstosnia sp. L.), Mambulu (Landophia lanceolata), Mansiesi (Maesobotrya standtii Pax), Minkeni (Costus phyllocepihalus K. Schum), Misanga (Himenocardia ulmoides Oliv), Matete (Trachyphyrynium scandens Louis et Mail), Makoku (Raphia Laurentii de Wild), Mbota (Milletia Laurentii de Wild), Kigeti (Hymenocardia acida Tul), Kimbaki (Funtumia latifolia Stapf), Nkamba (Chlorophora excelsa), Eponge vététale (nsanu: Luffa aegyticia), Palmier à huile (Elaeïs guineensis), Sela (Albizzia adianthifolia-Schumach W.F. Wight), Mbondi, Mfumbwa, Mangungu, Mbamba, Makangu, Nkaka, Kimbiolongo, Lufualundomba[343].

---

[343] Binzangi K., La pauvreté et son impact sur la production de combustibles ligneux dans les milieux ruraux et péri urbain, in Lukuni iwa Yuma, Vol. 3, 2000, pp. 25-27.

C'est là une des conséquences de la déforestation qui engendre le mal développement, la pauvreté et ou la famine. Le mal développement, c'est un semblant de développement qui fait apparaître ou qui aggrave les inégalités ; c'est aussi un type de développement qui provoque la destruction de l'environnement et de ses ressources. Ceci provoque la pauvreté.

Quant à la pauvreté[344], c'est un état de privation de bien-être qui ne permet pas à un individu ou à une communauté de mener une vie décente. Les besoins minimaux qui entrent dans la définition de la pauvreté absolue ou relative sont définis par rapport à l'alimentation (coût du budget minimal, l'équilibre calorifique ou la ration alimentaire) ou par rapport à un niveau de revenu minimal de référence (seuil minimum d'l dollar par tête d'habitant, en valeur constante).

On peut aussi lire dans le Document de Stratégie de Réduction de la Pauvreté[345] que la pauvreté est un concept complexe dont les définitions varient selon les auteurs et les organismes. Les uns utilisent la pauvreté monétaire (revenu par tête d'habitant), les autres utilisent la pauvreté humaine (capacité de fonctionnement humain). D'autres encore utilisent les besoins de base, tels que l'alimentation et le logement. Ci-après, les politiques, méthodes et mécanismes adoptés pour soutenir et développer les rôles écologiques, économique, social et culturel multiples des arbres, des forêts et des terres forestières souffrent de graves insuffisances[346].

De nombreux pays développés sont confrontés aux effets de la pollution atmosphérique et des incendies sur leurs forêts. Il faut souvent adopter, au niveau national, des mesures et des méthodes plus efficaces, pour améliorer et harmonier l'élaboration des politiques, les plans et les programmes, les mesures et instruments législatifs, les modes de développement, la participation du grand public, et notamment des femmes et des populations autochtones, la participation des jeunes, le rôle du secteur privé, des organisations locales, des organisations non gouvernementales et des coopératives, le développement des compétences techniques et pluridisciplinaires et la qualité des ressources

344 PNUD, 2000

345 Ministère du Plan, Document de stratégie de réduction de la pauvreté, Kinshasa, février 2004.

346 Conférence des Nations Unies sur l'Environnement et le Développement (CNUED), Chapitre II (Lutte contre le déboisement) de l'Action 21 : Déclaration de Rio sur l'environnement et le développement, Déclaration des principes relatifs aux forêts, New York, 1993.

humaines ; la vulgarisation forestière et l'éducation du public, les moyens de recherche et l'appui à la recherche, les structures et mécanismes administratifs, y compris la coordination intersectorielle, la décentralisation et les systèmes de responsabilité et d'indication et la diffusion de l'information et les relations publiques.

Cela est particulièrement important, pour assurer une approche rationnelle et holistique d'un développement durable et écologiquement rationnel des forets. La nécessité de préserver le rôle multiple des forêts et des terres forestières par un renforcement adéquat et approprié des mécanismes institutionnels a été maintes fois souligné dans un grand nombre de rapports, décisions et recommandations de la FAO, de l'OIBT, du PNUD, de la Banque mondiale, de L'UICN et d'autres Organisations.

Les principales activités à cet égal consistent notamment à :

a. Rationaliser et renforcer les structures et mécanismes administratifs, notamment par l'affectation d'un personnel adéquat et une bonne répartition des tâches, la décentralisation de la prise de décision, la mise en place d'infrastructures (installations et matériels), la coordination intersectorielle et un système de communication efficace ;
b. Encourager la participation du secteur privé, des syndicats, des coopératives rurales, des commandés locales, des populations autochtones, des jeunes, des femmes, des groupes d'utilisateurs et des organisations non gouvernementales aux activités relatives aux forêts et leur accès à l'information et aux programmes de formation dans le cadre national ;
c. Passer en revue et, au besoin, modifier les mesures et les programmes relatifs à tous les types de forêts et de végétation et aux ressources connexes provenant des terres et des forêts et les rattacher aux politiques et dispositions législatives concernant les autres modes d'utilisation et de mise en valeur des sols, promouvoir les mesures législatives et autres en tant que base contre la conversion incontrôlée à d'autres types d'utilisation des sols ;
d. Elaborer et exécuter des plans et des programmes s'attachant notamment à définir des objectifs, des programmes et des critères à l'échelon national et, au besoin, régional et sous régional, pour en assurer l'application et l'amélioration ultérieures ;
e. Créer, mettre au point et maintenir un système efficace de vulgarisation forestières et d'éducation du public, pour assurer une prise de conscience plus grande et une meilleure compréhension du rôle

multiple et de la valeur des arbres, des forêts et des terres forestières et obtenir une meilleure gestion ;

f. Créer ou renforcer des établissements et moyens d'enseignement et de formation dans le domaine forestier ainsi que dans celui des industries forestières, en vue de former en nombre suffisant des spécialistes, des techniciens et du personnel qualifié, en s'adressant particulièrement aux jeunes et aux femmes ;
g. Créer et renforcer les capacités de recherche sur les différents aspects des forêts et des produits forestiers, y compris par exemple, la recherche sur la gestion rationnelle des forets, la diversité biologique, les effets des polluants atmosphériques sur les utilisations traditionnelles des ressources forestières par les populations locales et les populations autochtones, et sur l'amélioration des revenus commerciaux et d'autres valeurs non commerciales que procure la gestion des forêts, etc.

Toutes les forêts sont menacées par leur dégradation et par le développement incontrôlé d'autres types d'utilisation des sols, dû en partie à l'accroissement des besoins de l'homme, par l'expansion de l'agriculture, une mauvaise gestion de l'environnement englobant par exemple, l'insuffisance des moyens de lutte contre les incendies des forêts et le braconnage, l'abattage à des fins commerciales insoutenable à terme, le surpâturage et la paissance non réglementée, les effets nocifs des polluants atmosphériques, les incitations économiques et autres mesures prises par d'autres secteurs de l'économie.

L'appauvrissement et le dépérissement des forets ont pour conséquences : l'érosion des sols, la perte de la diversité biologique, les dommages causés à l'habitat de la faune et de la flore et la dégradation des bassins hydrographiques, la détérioration de la qualité de vie et la réduction des possibilités de développement.

La situation actuelle appelle des mesures urgentes et cohérentes, pour conserver et entretenir les ressources forestières. La création d'espaces verts appropriés constitue, par toutes les activités dont elle se compose, un moyen efficace d'accroitre la sensibilisation du public et sa participation à la protection et à la gestion des ressources forestières. Il convient, notamment d'examiner les modes d'utilisation des sols et de faire valoir les besoins locaux et d'énoncer clairement les objectifs de différents types d'activités de boisement.

Les principales activités à envisager consistent à :

a. Assurer une gestion viable de tous les écosystèmes forestiers et des terres boisées, par une bonne planification, une meilleure gestion et l'exécution en temps utile des activités sylvicoles, y compris les inventaires et les recherches pertinentes ainsi que la remise en état des forêts naturelles dégradées, afin de restaurer leur productivité et leur contributivité écologique, en accordant une attention particulière aux besoins des populations, en ce qui concerne les services et produits forestiers, autres que le bois, la protection des bassins et des sols, la gestion de la faune sauvage et les ressources génétiques forestières ;
b. Créer, développer et aménager, en fonction du contexte de chaque pays, des zones protégées comprenant des systèmes d'unités de conservation, compte tenu de leurs fonctions et leurs valeurs écologique, sociale et spirituelle, notamment en assurant la protection des forêts qui représentent des systèmes écologiques et des paysages typiques des forêts anciennes, la protection e la gestion de la faune sauvage, la désignation, le cas échéant, des sites comme patrimoine mondial, dans le cadre de la conservation relative au patrimoine mondial, la conservation des ressources génétiques par des mesures in situ et ex situ et la mise en œuvre des mesures d'appui, pour assurer l'exploitation rationnelle des ressources biologiques et la préservation de la diversité biologique et des habitats traditionnels forestiers, des habitants des forêts et des collectivités locales ;
c. Entreprendre et promouvoir l'aménagement de zones tampon et de zones de transition ;
d. Régénérer la végétation dans les zones appropriées de montagne sur les hauts plateaux, les terres dénudées, les terres agricoles dégradées, les terres arides et semi-arides et les zones côtières, pour lutter contre la désertification et éviter les problèmes d'érosions et à d'autres fins de protection, ainsi que dans le cadre de programmes nationaux de remise en état des sols dégradés, y compris des activités forestières communautaires et sociales, des activités agro forestières et le pâturage en forêt, tout en tentant compte du rôle des forets en tant que puits et réservoirs à carbone ;
e. Développer les forêts plantées, industrielles et non industrielles, pour appuyer et promouvoir les programmes nationaux écologiquement rationnel de boisement et de reboisement, régénération sur des sites appropriés et améliorer les forêts plantées existantes répondant à des besoins industriels, non industriels et commerciaux, pour augmenter leur

contribution à la satisfaction des besoins des populations et à atténuer les pressions sur les anciennes forets ;

Des mesures devraient être prises, en vue d'assurer des rendements intermédiaires et d'améliorer le taux de rendement des avertissements effectués dans les forêts plantées, par la mise en place de plantations intercalaires ou des plantations en sous étage sui sont des plus utiles dans ces domaines ;

f. Mettre au point et renforcer un plan national ou directeur pour les forêts plantés à titre prioritaire, en indiquant notamment l'emplacement, l'étendue, les essences, en délimitant les forêts plantées existantes nécessitant une remise en état, en tenant compte des aspects économiques, pour le développement de futures forets plantées et en privilégiant les essences indigènes ;
g. Renforcer la protection des forêts contre les polluants, les incendies, les parasites, les maladies ainsi que d'autres activités humaines telles que le braconnage, l'extraction minière et l'agriculture itinérante abusive et non réglementée, l'introduction de végétaux et d'espèces animales exotiques, développer et accélérer la recherche, afin de mieux comprendre les problèmes ayant trait à la gestion et à la régénération de tous les types de forêts, renforcer ou mettre en place des mesures appropriées, pour contrôler et pour évaluer le mouvement transfrontalier des végétaux et matériaux connexes ;
h. Encourager le développement de la foresterie urbaine, pour la création d'espaces verts dans les villes, à leur périphérie et dans les zones rurales habitées, à des fins d'agrément, de loisirs et de production, et pour la protection des arbres et des bosquets ;
i. Créer ou améliorer les conditions d'une participation de tous les secteurs de la population, notamment les jeunes, les femmes, les populations autochtones et les communautés locales à la formulation, à la mise au point et à l'exécution des programmes et activités relatives aux forêts, compte dument tenu des besoins locaux et des valeurs culturelles ;
j. Limiter l'agriculture itinérante ayant des effets destructeurs et s'efforcer d'y mettre fin, en s'attaquant à ses causes sociales et écologiques profondes.

Le vaste potentiel que représentent les forêts et les terres forestières, en tant que ressources essentielles au développement, n'est pas pleinement mis en valeur. Une meilleure gestion des forêts permettrait d'accroitre la production de bois et d'autres produits forestiers, et contribuerait aussi à créer des emplois et des revenus, à augmenter la valeur ajoutée, par la transformation et le commerce des produits forestiers, à accroitre l'apport de ce secteur aux recettes en devises, et à améliorer le rendement de l'investissement.

Les ressources forestières, étant renouvelables, elles peuvent être gérées durablement d'une manière compatible avec la protection de l'environnement. Les incidences de l'exploitation des ressources financières à d'autres frais devraient être dument prises en considération, dans l'élaboration de politiques forestières. Il est également possible d'accroitre la valeur des forets, par des utilisations « inoffensives », comme l'écotourisme et la production surveillée de matériel génétique.

Il est nécessaire de prendre des mesures concertées, pour donner au public une meilleure perception de la valeur des forêts et des avantages qu'elles procurent. La survie des forêts et leur contribution permanente au bien être de l'humanité dépendent en grande partie du succès de cette entreprise.

Les activités à mener dans ce cadre :

a. Effectuer des études d'investissement détaillées, harmoniser l'offre et la demande et analyser l'impact sur l'environnement, en vue de rationaliser et d'améliorer l'utilisation des arbres et des forêts et d'instituer des systèmes d'incitations appropriés et les mesures régulatrices, notamment en matière d'occupation des terres, pour un climat favorable à l'investissement et encourager une meilleure gestion ;
b. Formuler les critères de valeur scientifique éprouvée ainsi que des directives concernant la gestion, la conservation et le développement durable de tous les types de forêts ;
c. Améliorer les méthodes et pratiques sans risque pour l'environnement de récolte des produits forestiers qui sont écologiquement et économiquement viables, notamment la planification et la gestion des opérations et utilisation du matériel, le stockage et le transport pour réduire les déchets et en faire, si possible, le meilleur usage et améliorer la valeur du bois et des autres produits forestiers ;
d. Promouvoir l'amélioration de l'utilisation et du développement des forêts naturelles et des terres boisées dont les forêts plantées, partout où cela peut se faire, par des pratiques sylvicoles appropriées et écologiquement et économiquement viables et par la gestion d'autres espèces animales et végétales ;

e. Promouvoir et soutenir le traitement en aval de produits forestiers, pour augmenter les profits nets et autres bénéfices ;
f. Promouvoir et faire connaitre les produits forestiers autres que le bois et autre type de ressources forestières, à l'exception du bois de feu (par exemple les plantes médicinales, les matières colorantes, les fibres, les gommes, les résines, le fourrage, les produits culturels, le rotin, le bambou), au moyen de programmes et activités de foresterie sociale, d'activités forestières participatives, y compris les recherches sur leur traitement et leurs utilisations ;
g. Développer les industries de transformation des produits forestiers et améliorer leur efficacité, notamment par de bonnes techniques de transformation, une meilleure et durable utilisation des déchets de récolte et de transformation, la promotion des essences sous utilisées des forêts naturelles par la recherche, la démonstration et la commercialisation, l'encouragement des activités de transformation secondaire valorisantes, pour améliorer l'emploi, le revenu et la valeur nette, la promotion, l'amélioration des débouchés et du commerce des produits forestiers par des institutions, des politiques et des mécanismes adéquats ;
h. Encourager et appuyer la gestion de la faune sauvage et de l'écotourisme ainsi que l'élevage, afin d'améliorer le revenu et l'emploi ruraux, et de créer ainsi des avantages écologiques et sociaux sans nuire à l'environnement ;
i. Favoriser le développement des petites entreprises forestières appropriées pour soutenir le développement rural et les entreprises locales ;
j. Améliorer et promouvoir les méthodes d'évaluation globale qui permettront de mesurer la valeur intégrale des forets, en vue de l'incorporer à la structure tarifaire des produits dérivés du bois et des autres produits forestiers;
k. Harmoniser le développement durable des forêts avec les politiques et impératif de développement et les politiques commerciales nationales qui sont compatibles avec une utilisation écologiquement rationnelle des ressources forestières, en utilisant, par exemple, les directives de l'OIBT, pour la gestion rationnelle des forêts tropicales ;
l. Elaborer, adopter et renforcer les programmes nationaux qui tiennent compte de la valeur économique et non économique des forets.

L'évaluation et l'observation systématique sont des éléments essentiels de la planification à long terme, car ils permettent d'étudier les effets sur les plans quantitatif et qualitatif et de remédier aux insuffisances. Or, ce mécanisme est un aspect souvent négligé de la gestion de la conservation et de l'exploitation des ressources forestières. Bien souvent, les données les plus élémentaires sur la superficie et les caractéristiques des forets, le potentiel existant et le volume de la récolte, etc. font défaut.

Beaucoup de pays en développement n'ont ni les structures ni les mécanismes nécessaires pour exécuter ces taches. Il est urgent de remédier à cette situation, pour faire mieux comprendre le rôle et l'importance des forêts et d'établir des plans réalistes, en vue d'en assurer efficacement la conservation, la gestion, la régénération et le développement durable.

Section 3. Une expérience congolaise des plantations forestières et puits de carbone[347]

A. Une initiative locale, une vision globale

Le projet Puits de Carbone Ibi-Batéké (PCI-B) est la composante principale d'un programme de développement rural intégré initié depuis 1998 sur le site d'Ibi Village. Le cahier des charges complet de ce programme original comprend la mise œuvre simultanée de 4 axes opérationnels : (i) l'agroforesterie, (ii) l'agro-industrie, (iii) la construction rurale et (iv) l'écotourisme.

D'inspiration locale et bénéficiant d'un soutien international, le PCI-B est un projet de reforestation et d'énergie propre renouvelable. Il va convertir une savane herbeuse naturelle édaphique, régulièrement brûlée par des feux intenses d'origine anthropique, en une source abondante et renouvelable de bois de feu et de charbon de bois. L'absorption du carbone atmosphérique et sa séquestration par la forêt en croissance se complèteront par les réductions d'émissions de gaz à effet de serre (GES) liés à la disparition des feux de savanes ainsi qu'aux perspectives de substitution de combustibles fossiles par de l'énergie renouvelable.

Cette action de type MDP forestier est mise en œuvre sur le plateau des Batéké en République démocratique du Congo. Ce plateau est couvert à 90% par des savanes herbeuses ou faiblement boisées, incendiées plusieurs fois par an malgré un régime de pluies équatoriales et à 10% de forêts galeries, sujettes à une forte pression de déforestation

[347]Mushiete Olivier, Plantation forestière et puits de carbone d'Ibi-Batéké : un souffle d'espoir pour la forêt congolaise, 2007.

exercée par les populations locales qui y pratiquent une agriculture de subsistance peu productive (maïs, manioc, arachide, niébé) ainsi que la fabrication artisanale et extensive de charbon de bois.

La stratégie du projet dont les promoteurs sont issus de la communauté locale des Batéké présente sur le plateau depuis plusieurs générations est conçue pour intégrer des productions agricoles et forestières avec des productions agro-industrielles de produits à valeur ajoutée tels que la farine de manioc, la farine de maïs ou le charbon de bois tout en assurant une forte participation des communautés locales.

Les objectifs du PCI-B visent à la fois le progrès économique et la mise en œuvre de systèmes durables de développement. Le PCI-B prévoit de protéger et de développer les plantations forestières, de préserver la biodiversité en harmonie avec les populations locales, et ce, tout en apportant une contribution substantielle à la lutte contre le réchauffement climatique grâce à la séquestration forestière du CO2.

Dans le contexte de la RDC, le mécanisme du puits de carbone forestier est la voie la plus pertinente pour participer efficacement au marché du carbone et pour encourager les acteurs responsables de la déforestation à modifier leur comportement en leur proposant des emplois mieux adaptés à la mise en valeur et à la préservation des ressources naturelles. Les revenus issus du marché du carbone offriront aux populations actives des communautés locales des incitants économiques qui les encourageront à se réorienter vers des pratiques porteuses d'avenir et beaucoup plus intéressantes pour eux.

B. Un projet durable

La phase de lancement du PCI-B produira un stock permanent de 345.000 tCO2 ou UREC (Unité de Réduction d'émission Certifiée) en 2017. Pour atteindre ce premier objectif, une forêt de 1800 hectares composée d'essences à croissance rapide sera plantée et remplacera la savane herbeuse ponctuée de maigres arbustes éparpillés. A partir de 2013, une partie de la biomasse ligneuse sera transformée en charbon de bois destiné au marché de la capitale Kinshasa, grande cité d'environ 10 millions d'habitants. Une autre partie du bois récolté sera commercialisée localement comme bois d'œuvre (construction) ou bois de service (charpente). Les prélèvements de bois se feront sur des superficies de 400 hectares de manière à assurer un stock permanent de carbone tout au long du temps, note Olivier Mushete.

Entre les arbres, des plantations intercalaires de manioc garantiront l'entretien des arbres et la protection contre les incendies. Elles contribueront à la sécurité alimentaire de la population kinoise et, grâce à la vente de farine, fourniront une trésorerie régulière au projet[348]. Une fois la première phase solidement installée, le projet abordera une seconde phase de montée en puissance pour s'étendre sur un total de 8000 hectares, assurant en 3 années supplémentaires un stock stable de CO2 d'environ 2 millions de tonnes. La phase I, Lancement est nécessaire pour mettre en place les infrastructures et pour maîtriser le savoir- faire permettant cette forte extension sur une courte période.

Pour parvenir à ces objectifs, l'activité forestière MDP PCI-B se compose de quatre types de plantations divisées en deux phases distinctes :

Phase 1, Phase de lancement (2007–2009) : 1 200 ha de plantations d'eucalyptus urophylla en mélange avec diverses variétés d'acacia en essence de bourrage ; 600 ha de diverses espèces de feuillus locaux et de plantations expérimentales mixtes.

Phase 2, Montée en puissance (2010–2012) : 2 500 ha de plantations d'eucalyptus PF1 en mélange avec diverses variétés d'acacia ; 3 200 ha de plantations de pins en mélange avec diverses variétés d'acacia.

Les tables de croissance et de séquestration du carbone établies à partir des paramètres de base, sous l'hypothèse de la phase 1 uniquement, illustrent l'évolution annuelle du stockage de carbone, en valeur cumulée au fil du temps. Elles démontrent que le stock de base reste positif malgré les récoltes périodiques de bois.

C. Des espèces variées pour un projet aux multiples facettes

1° Matériel végétal

Les espèces d'arbres utilisées sont :

a. Espèces introduites : eucalyptus urophylla, E. grandis, E. tereticornis, E. camaldulensis, E. pellita, E. resinifera, acacia mangium, A. auriculiformis, A. crassicarpa, pinus oocarpa, P. caribea, P. tecunumannii. Les espèces introduites retenues pour le projet sont plantées depuis plus de 20 ans dans la région, au Congo Brazzaville et

[348] Ibivillage : www.ibi-village.cd

en RDC. Pour commencer, le PCI-B se fournira en graines provenant de ces anciennes plantations, ceci jusqu'à ce qu'il produise lui-même les semences nécessaires à son extension. Aucune des espèces choisies n'est répertoriée comme invasive ou comme OGM.

b. Espèces locales : millettia laurentii, M. drastica, cleistopholis glauca, C. patens, erythrophleum africanum et d'autres, selon la demande du marché local et selon les progrès des travaux de recherche appliquée entrepris dans le cadre du projet.

Le PCI-B poursuit une stratégie d'utilisation d'espèces locales nouvelles ou anciennes mais peu utilisées jusqu'ici telles que le cleistopholis, millettia laurentii, milletia drastica, pentacletra sp., erythrina tomentosa ; cussonia angolensis ; uapaca ; xylopia.

D'autres espèces particulières telles que mangifera indica, anacardium occidentale, dacryodes edulis seront utilisées comme coupe-feux. Les pins seront mis en place en utilisant un processus de pré-fertilisation avec des plantations d'acacia mangium et d'autres préparations de sol appropriées.

Des cycles annuels de plantation et de récolte se succéderont régulièrement, avec des espèces sélectionnées pour leurs caractéristiques intéressantes : hauts rendements ; largement utilisées dans les plantations tropicales, sans risque de contamination en dehors de l'aire de plantation ; possibilité du contrôle de la provenance du matériel végétal d'origine et contrôle parfait de la reproduction végétative dans les lits de germination ; possibilité d'obtenir le matériel végétal immédiatement dès le démarrage du projet qui peut ainsi monter en puissance sans délai ; espèces déjà utilisées en RDC et dont les performances sont connues et ont été évaluées pendant la préparation du PCI-B.

2° Préparation du sol

La préparation du sol sera faite manuellement en utilisant les techniques de Haute Intensité de Main d'œuvre (HIMO) appuyées par une force mécanique légère. Les entretiens des plantations et des coupe-feux nécessiteront des efforts manuels combinés à un appui mécanique approprié. On propose de réaliser un travail superficiel de préparation du terrain avec un contrôle de la concurrence herbacée par du désherbage manuel renforcé par des pulvérisations chimiques à faible concentration. Le recours à des techniques simples et rustiques de plantation permet une mise en œuvre rapide du projet, tout en mobilisant les ressources humaines locales de façon intensive.

Ainsi, en 3 ans, une première étape de 1800 hectares de forêt plantée est atteinte avec un coût d'investissement modéré et attractif. Aspects sociaux et environnementaux La création d'emplois locaux figure parmi les impacts positifs les plus attendus du PCI-B qui fournira de 25 à 40 emplois permanents et jusqu'à 300 emplois temporaires durant 4 à 6 mois par an. La production de charbon de bois nécessitera à elle seule, la mobilisation permanente d'une trentaine de compagnons carbonisateurs.

Sur le plan environnemental, en générant des revenus pour les communautés locales et en produisant du charbon de bois à partir de plantations forestières bien gérées, le projet réduira la déforestation des galeries forestières qui se régénéreront progressivement. à long terme, les surfaces forestières de plus en plus étendues constitueront d'importants refuges pour la faune sauvage. Du fait de la croissance rapide des espèces d'arbres choisies, en moins de 10 ans, une partie importante de la savane d'Ibi sera transformée en forêt et le paysage du domaine se verra profondément modifié.

3° Standards internationaux

La gestion durable de la forêt plantée par le PCI-B sera certifiée en conformité avec les standards internationaux reconnus en matière de gestion forestière comme par exemple le FSC (Forest Stewardship Council). Le PCI-B aura recours à des techniques adaptées et reconnues pour la production du charbon de bois. Toutes les parties concernées par le projet état congolais, population locale, investisseurs reconnaissent que l'activité forestière MDP PCI-B apportera une contribution majeure au développement durable et intégré local.

D. Le puits de Carbone d'Ibi-Batéké, un projet-pilote pour la RDC

Parmi les différentes voies proposées par le Mécanisme de Développement Propre du protocole de Kyoto, l'afforestation retient particulièrement notre attention. Jusqu'à présent, personne n'avait réussi à mobiliser les ressources techniques, humaines et financières indispensables pour donner un coup de frein réel et sérieux à la dynamique de déforestation autour de la ville de Kinshasa.

Le PCI-B établit ce lien essentiel entre une demande forte exprimée sur le terrain, d'une part, et les ressources disponibles dans le monde industrialisé, d'autre part. Au nombre de ses arguments les plus solides figurent en particulier : sa vaste étendue de savane, sa localisation, ses frontières naturelles, un contexte écologique homogène, sa disponibilité en eau et la grande expérience de ses promoteurs.

Dans un contexte international de prise de conscience, le PCI-B offre des opportunités à ne pas manquer. Premier véritable MDP forestier en Afrique, il présente l'attrait d'être sur de grands espaces disponibles et faciles d'accès un modèle-pilote innovant et reproductible. Ses productions visent des marchés en pleine expansion à la fois au niveau international dans le secteur des crédits CO2 et au plan national, pour les produits agro-alimentaires.

Le PCI-B est un exemple moderne de partenariat public/privé qui associe de nombreux acteurs nationaux et internationaux dans une démarche commune. Il relève de la question globale du changement climatique, un sujet d'actualité qui figure désormais aux premiers rangs des préoccupations de l'opinion publique internationale.

Section 4. Les Aires Protégées en RDC

Avec 10 millions d'hectares d'aires protégées[349], dont plus de la moitié ont été désignées par l'UNESCO comme Sites du patrimoine mondial, la RDC a un rôle primordial à jouer pour la conservation de la biodiversité, des écosystèmes et des ressources génétiques du bassin du Congo, dont la contribution globale aux équilibres environnementaux de la planète est de plus en plus reconnu. Une Revue Institutionnelle de l'Institut Congolais pour la Conservation de la Nature (ICCN), en charge de la gestion de ce réseau d'aires protégées a, entre autres, identifié l'importance de mettre en place un mécanisme de financement durable pour assurer le fonctionnement de ce réseau à travers la création d'un fonds fiduciaire pour la conservation.

Le présent article rappelle les principes de base du concept de fonds fiduciaire pour la conservation et étudie la faisabilité de la création d'un tel fonds en faveur des aires protégées de la RDC. Sur la base des expériences relatives à la mise en place de fonds similaires en Afrique, les étapes nécessaires sont proposées pour définir le profil du fonds afin

[349] Brigitte Carr-Dirick et alii, 2007.

d'en établir clairement les caractéristiques fondamentales et de servir d'outil de marketing vis-à-vis des fondateurs et partenaires potentiels. Suite à l'annonce par le ministre belge chargé de la Coopération d'une contribution belge pour la création et la capitalisation du fonds, les prochaines étapes pour le processus de création sont également exposées.

Les aires protégées de la République démocratique du Congo couvrent près de 10 millions d'hectares, répartis sur 8,5% de la superficie du pays. Elles comptent sept parcs nationaux et trois réserves de biosphère, et sont complétées par plusieurs dizaines de réserves de faune et de chasse. Ensemble, elles abritent près de 500 espèces de mammifères, 1.000 espèces d'oiseaux, 350 espèces de reptiles et plus de 200 espèces de batraciens. Elles forment une mosaïque unique au monde, essentielle à de nombreux égards : non seulement par les écosystèmes et la biodiversité qu'elles abritent, mais aussi en raison des réservoirs génétiques majeurs qu'elles renferment, et de leur contribution globale à l'économie locale et nationale ainsi qu'aux équilibres environnementaux de la planète.

L'importance internationale de ce réseau d'aires protégées est notamment démontrée par le fait que cinq d'entre elles (quatre parcs nationaux et une réserve de faune) ont été inscrites sur la prestigieuse Liste du patrimoine mondial de l'UNESCO, en raison de leur valeur exceptionnelle en termes de biodiversité et d'écosystèmes. Le Gouvernement a par ailleurs exprimé sa volonté d'étendre le réseau d'aires protégées jusqu'à au moins 15% du territoire national.

La gestion de ce réseau national d'aires protégées est confiée à l'Institut Congolais pour la Conservation de la Nature (ICCN), une institution publique créée en 1969. L'ICCN reçoit, tant au niveau national que local, l'appui technique et financier d'une large gamme d'institutions partenaires. Parmi celles-ci, on compte notamment les bailleurs bilatéraux et multilatéraux suivants : la Banque mondiale (BM), le Central African Regional Program for the Environment (CARPE) financé par USAID, la Coopération allemande, la Coopération belge, le Fonds pour l'Environnement Mondial (FEM/GEF), le Programme des Nations Unies pour le Développement (PNUD), l'Union européenne (UE) et l'UNESCO. L'ICCN travaille également en étroite collaboration avec de nombreuses ONG nationales et internationales, y compris : African Wildlife Foundation (AWF), African Parks Foundation (APF),

Conservation International (CI), Wildlife Conservation Society (WCS), et le World Wide Fund for Nature (WWF).

Au cours des deux dernières années, avec l'appui de l'Union européenne, l'ICCN a fait l'objet d'une Revue Institutionnelle qui avait pour objectif : (i) d'évaluer l'institution afin de déterminer l'état réel dans lequel elle se trouve, et (ii) de formuler un programme de réforme et de renforcement, à court et moyen terme, afin de la rendre effectivement apte à mettre en œuvre la politique nationale de conservation de la nature sur le terrain.

Les recommandations de la Revue sont basées sur une consultation étroite de tous les acteurs concernés. L'un des aspects importants de la Revue traite de la question du renforcement du financement à long terme des activités de conservation dans le pays. Dès avant le début de la guerre, l'ICCN n'est plus parvenu à assurer le paiement de son personnel, en particulier celui des gardes des parcs nationaux. A des degrés divers, ce fait a eu des répercussions graves sur le statut de conservation des aires protégées.

De 2000 à 2005, l'UNESCO a couvert ces frais pour les cinq Sites du patrimoine mondial et, à la suite de la conférence « Congo, patrimoine en danger » organisée à Paris en septembre 2004, ces paiements sont assurés par les projets de différents bailleurs. Cette situation n'est cependant pas soutenable. La subvention quasi totale du fonctionnement et des activités de l'ICCN par la coopération internationale, bien que largement insuffisante, a constitué une réponse ponctuelle à une situation de crise, qui ne saurait être maintenue indéfiniment.

L'une des recommandations de la Revue à cet égard est de créer un fonds fiduciaire international « trust fund », ci-après appelé « la Fondation », dont les revenus du capital placé sur des marchés financiers internationaux permettraient de financer de manière pérenne des actions de conservation dans le pays. Cette recommandation se base, entre autres, sur les résultats positifs obtenus par des projets similaires en Afrique, tels que la Fondation pour la Biodiversité et les Aires Protégées à Madagascar, la Fondation Internationale du Banc d'Arguin (Afrique de l'Ouest) ou encore, plus près dans la région, la Fondation pour le Tri-National de la Sangha (Cameroun, République du Congo, République Centrafricaine), créée au début de l'année 2007.

De nombreux acteurs tant publics que privés ont, de manière formelle ou informelle, exprimé un intérêt pour une telle proposition. Le présent article a donc pour objet, d'abord, de rappeler brièvement ce qu'on entend généralement par « fonds fiduciaire pour la conservation », ainsi que les principaux avantages et contraintes d'un tel mécanisme de financement. Il vise ensuite à examiner les perspectives quant à la faisabilité de la création de la Fondation, à proposer quelques éléments initiaux concernant les caractéristiques principales qu'elle pourrait avoir et, enfin, à émettre des suggestions sur le processus de création de cette Fondation.

A. Concept de « fonds fiduciaire pour la conservation »

Un fonds fiduciaire peut être défini, de manière générale, comme une somme d'argent ou un ensemble de biens qui ne peuvent être utilisés que pour atteindre un ou plusieurs objectif(s) spécifique(s), doivent être maintenus séparés d'autres sources financières, et sont gérés et contrôlés par un Conseil d'Administration indépendant.

Des fonds fiduciaires pour la conservation ont été établis dans plus de cinquante pays afin d'assurer le financement à long terme d'objectifs différents tels qu'une aire protégée particulière, un réseau complet d'aires protégées d'un pays, une aire protégée transnationale, la conservation d'une espèce particulière ou l'octroi de petites subventions à des communautés ou des ONG locales menant des projets de conservation.

Les éléments nécessaires à l'existence d'un fonds comprennent tout d'abord la mise en place d'une structure juridique qui va définir la façon dont les fonds vont être utilisés et qui est dotée d'un Conseil d'Administration mixte, comprenant des représentants des différents acteurs impliqués. Le fonds doit également se doter des instruments opérationnels et stratégiques nécessaires à sa mise en œuvre : manuel de procédures, stratégie de mobilisation des fonds, manuel relatif à l'octroi des fonds et stratégie d'investissement.

Les fonds fiduciaires peuvent prendre l'une, ou combiner plusieurs, des trois formes suivantes : (a) fonds de dotation, où le capital du fonds est investi de manière perpétuelle en vue de générer un flux constant de revenus (en moyenne 5% par an), et où seuls les revenus des investissements sont utilisés pour appuyer les activités de conservation, (b) fonds d'amortissement, où non seulement les revenus d'investissement mais aussi, annuellement, un certain pourcentage du capital sont dépensés de telle façon que celui-ci diminue graduellement jusqu'à zéro sur une période prédéterminée (généralement entre 10 et 20 ans) et (c) fonds renouvelables, provenant de revenus périodiques résultant des droits d'utilisation ou de taxes à affectation spéciale.

Certains écueils potentiels doivent être évités dans le cadre de la création et de la gestion d'un fonds fiduciaire pour la conservation, notamment le risque d'engendrer des coûts administratifs trop élevés ou encore de mettre en œuvre une stratégie d'investissement trop audacieuse sur les marchés internationaux.

Mais, de manière générale, ces fonds comportent des avantages significatifs : la possibilité de planifier les activités à long terme d'une manière coordonnée ; la participation de nombreux acteurs dans la gouvernance, contribuant ainsi à la transparence et à l'appropriation du pouvoir de décision, et permettant de contribuer au renforcement du rôle de la société civile ; l'indépendance vis-à-vis des changements politiques ; la possibilité d'éviter les fluctuations de devises nationales par le placement des fonds en devises fortes ; la possibilité de réagir avec flexibilité à la capacité d'absorption des bénéficiaires ; l'attraction de nouveaux acteurs publics et privés.

Les étapes de la création d'un fonds comprennent généralement une étude de faisabilité, la mise en place d'un comité de pilotage, la définition participative du profil du fonds, la réalisation d'études sur le statut juridique du fonds, la définition des outils opérationnels, l'identification des membres du Conseil d'Administration et les formalités juridiques de création.

B. Faisabilité de la création d'une Fondation pour les aires protégées en RDC

La Revue Institutionnelle recommande de créer une Fondation internationale, dont les revenus du capital placé sur des marchés financiers internationaux permettront de financer de manière pérenne des actions de conservation dans le pays. Une étude réalisée par l'UNESCO en 2002 a déjà démontré la faisabilité d'une telle initiative en ce qui concerne les cinq Sites du patrimoine mondial du pays. Si l'on se réfère aux facteurs considérés comme importants pour la création de fonds fiduciaires pour la conservation tels que définis par le Fonds pour l'Environnement Mondial il y a quelques années, les perspectives de succès pour la création d'un tel mécanisme au bénéfice des aires protégées en RDC apparaissent effectivement très positives.

On relèvera particulièrement à cet égard les aspects suivants: le pays dispose de ressources de biodiversité essentielles pour le patrimoine mondial, et les actions à financer s'inscrivent dans le long terme. Les pouvoirs publics ont marqué leur accord sur le principe d'un fonds privé présentant les garanties juridiques et fiscales requises pour attirer de nouveaux acteurs et il existe dans le pays des mécanismes permettant d'associer largement les parties prenantes à la conception de la nouvelle Fondation.

Des « promoteurs » tels que la Coopération allemande, la Coopération belge, l'UNESCO, l'Union européenne et le WWF sont prêts à fournir un appui moral et technique à la Fondation aux stades du démarrage et de mise en œuvre. Il existe en outre des programmes d'appui existants ou futurs permettant d'opérer les réformes nécessaires pour mettre en place des systèmes de gestion solides au niveau de la Direction de l'ICCN et des aires protégées. Enfin, un certain nombre d'acteurs ont déjà marqué un intérêt formel à mobiliser des capitaux. Conservation International, le Gouvernement français à partir des mécanismes d'allègement de la dette, la Coopération allemande et la Coopération belge ; d'autres bailleurs ont exprimé leur intérêt de manière informelle.

C. Proposition de Profil initial pour la Fondation

La première étape de la création de la Fondation sera la définition de son « Profil », et l'objectif sera d'en établir clairement les caractéristiques fondamentales et de servir d'outil de marketing vis-à-vis des fondateurs et des partenaires potentiels. Le Profil présentera les caractéristiques suivantes de la Fondation : objectifs, structure légale, structures de gestion et d'administration, stratégie de mobilisation de fonds, stratégie d'investissement, et critères d'éligibilité pour accéder aux ressources du fonds.

Le Profil devra être défini dans le cadre d'un large processus participatif sur base des recommandations de la Revue et de discussions récentes entre l'ICCN et ses partenaires. Quelques éléments peuvent déjà être proposés à ce stade comme base de discussion. L'objectif proposé pour la Fondation sera de contribuer en priorité aux besoins financiers spécifiques à la gestion des aires protégées qui seront considérées comme prioritaires par l'ICCN dans le cadre de sa planification stratégique, tant en termes de protection que de gestion durable des ressources naturelles.

Ces besoins financiers correspondront aux charges récurrentes prioritaires telles que définies et approuvées dans les plans de gestion et les plans de financement, comme les charges liées à la protection, à la formation et au renforcement des capacités du personnel et des acteurs concernés, à la sensibilisation des populations locales, des opérateurs économiques, des autorités locales et des administrations, au développement et au fonctionnement des mécanismes de collaboration effective entre acteurs, au suivi/évaluation (biologique et socio-économique), etc.

En ce qui concerne le choix de la structure juridique de la Fondation, les facteurs suivants doivent être pris en compte : l'absence de régime juridique spécifique sur les fonds fiduciaires en RDC, les possibilités encore limitées d'investissement dans le pays, le besoin de développer un mécanisme à la fois rentable et efficace, ainsi que l'examen des perspectives en termes de mobilisation de fonds.

Il est donc proposé de créer, dans un pays tiers disposant d'un régime juridique et fiscal attractif, une Fondation internationale qui sera ensuite autorisée à opérer en RDC où lui sera octroyé un régime lui permettant de bénéficier d'allocations budgétaires nationales et d'une exemption fiscale. Le choix du pays d'établissement devra se faire sur la base de l'expérience d'autres fondations similaires (telle que la Fondation TNS créée au Royaume-Uni), et en tenant compte du besoin de trouver le régime juridique le plus flexible, les conditions fiscales les plus favorables et le meilleur rendement financier possible.

La structure de gouvernance proposée devra viser à minimiser les coûts tout en assurant un maximum d'efficacité technique. Elle comprendra donc un Conseil d'Administration indépendant et mixte, avec une majorité de représentants du secteur privé, et composé d'un nombre limité d'Administrateurs représentant les intérêts de tous les acteurs concernés (gouvernement, bailleurs, communauté scientifique, ONG nationales et internationales, secteur privé, société civile), avec un intérêt marqué pour la conservation de la biodiversité et la gestion des aires protégées, et disposant d'un large éventail de compétences techniques, scientifiques, juridiques, administratives et financières et en matière de mobilisation de fonds. L'exécution des décisions du Conseil d'Administration et la gestion journalière de la Fondation sera exercée par une structure exécutive légère afin de minimiser les frais administratifs.

La structure financière devra permettre d'avoir des « guichets » alloués à une ou plusieurs aires protégées spécifiques pour tenir compte du fait que certains bailleurs souhaiteront poursuivre les relations privilégiées avec certaines aires protégées spécifiques, qu'ils ont développées depuis longtemps. Un processus de développement harmonisé des projections financières des coûts de chacune des aires protégées devra être mené pour fournir une estimation cohérente, réaliste et précise du niveau de capitalisation requis pour la Fondation.

Les sources de financement potentielles incluront des sources nationales, telles certains revenus du tourisme ou taxes sur la chasse et des sources internationales (bailleurs multilatéraux : Banque mondiale, Fonds pour l'Environnement Mondial, Programme des Nations Unies pour le Développement, Union européenne, etc.), bailleurs bilatéraux (Allemagne, Belgique, Canada, Etats-Unis d'Amérique, France, Pays-Bas, etc.), ONG internationales et fondations privées.

Les investissements de la Fondation devront être gérés par un Gestionnaire de Portefeuille de réputation internationale sur la base d'orientations décidées par le Conseil d'Administration. La stratégie devra se baser sur une diversification des types et des marchés d'investissement. Les fonds reçus en devises seront investis sur les marchés financiers internationaux avec un taux de rendement acceptable. La Fondation devra faire l'objet d'un audit annuel par une firme d'audit internationale reconnue.

D. Proposition pour le processus de création de la Fondation

Les principales étapes de la création de la Fondation peuvent donc être décrites comme suit :

La première étape est la définition du « Profil » de la Fondation afin d'en définir les caractéristiques fondamentales qui permettront de fournir un cadre au développement de ses éléments essentiels. Une fois le Profil de la Fondation défini, la seconde étape est le développement et l'enregistrement des instruments juridiques, qui comprendra la rédaction des documents juridiques requis (acte constitutif, statuts, règlement intérieur, etc.) et la mise en œuvre des actions requises pour l'enregistrement des instruments juridiques, l'octroi des autorisations requises, la nomination du Conseil d'Administration et du Directeur Exécutif, etc.

Enfin, un certain nombre d'études techniques seront menées pour que la Fondation soit pourvue des instruments opérationnels et stratégiques nécessaires à son opérationnalisation : manuel de procédures, stratégie de mobilisation des fonds, manuel relatif à l'octroi des fonds et stratégie d'investissement. La mise en œuvre du processus se basera sur les trois composantes suivantes : tout d'abord, il s'avère souhaitable d'avoir une phase préparatoire réalisée par une équipe restreinte menée par un représentant de l'ICCN et comprenant des représentants de chacune des entités suivantes : la Banque mondiale, la GTZ, le PNUD, l'UNESCO et l'Union européenne.

Cette phase préparatoire, qui pourra recevoir l'appui d'experts en financement durable des ONG partenaires, aura deux missions essentielles. Tout d'abord, elle organisera une réunion technique rassemblant tous les acteurs concernés afin de les sensibiliser au concept de fonds fiduciaire pour la conservation, sur les perspectives initiales et réelles pour la Fondation, et sur le processus participatif menant à la conception et à la création de la Fondation.

Ensuite, elle facilitera l'organisation de la première réunion d'un Conseil International qui aura la responsabilité d'orienter, de catalyser et de promouvoir activement la finalisation des éléments requis pour créer la Fondation et de le doter des structures de gestion et stratégies adéquates. Sur la base de l'expérience dans d'autres pays, il est recommandé que le Conseil International soit composé d'un maximum de 10 membres, désignés à titre personnel et dont plus de 50% proviendront du secteur privé et de la société civile.

Le Conseil International devra se réunir régulièrement pour discuter et valider les orientations et documents techniques préparés sous la coordination d'un Facilitateur national qui sera le point focal responsable de l'animation et de la facilitation du processus continu de conception et de création de la Fondation, avec le Conseil International.

E. Prochaines étapes

L'annonce par le ministre belge en charge de la coopération à la conférence de Bruxelles de la disponibilité de la Belgique à appuyer le processus de la création de la Fondation, ainsi qu'à apporter une contribution initiale à sa capitalisation constitue une étape majeure. Actuellement, le Gouvernement belge, le WWF, l'UNESCO et la Banque mondiale (à travers l'Alliance pour les forêts BM/WWF) préparent le démarrage du processus. Comme mentionné ci-dessus, plusieurs bailleurs ont déjà annoncé de manière informelle leur intérêt pour ce fonds.

Les efforts de mise en place et de capitalisation de la Fondation devront aller de pair avec la mise en œuvre des recommandations et des réformes proposées par la Revue Institutionnelle. La transformation de l'ICCN en une institution performante, capable de gérer de façon efficace le réseau des aires protégées de la RDC et dotée d'un appui financier pérenne à travers la Fondation, constituera une contribution majeure à la conservation de la biodiversité du deuxième massif forestier mondial.

CHAPITRE SEPTIEME
CONTRIBUTION DES REDEVANCES FORESTIERES AU DEVELOPPEMENT SOCIO-ECONOMIQUE DES POPULATIONS CONGOLAISES

Section 1. Système d'allocation des forêts aux opérateurs privés

Lorsqu'est engagée en 2002 la réforme du secteur, 43,5 millions d'hectares étaient alloués sous forme de concessions de 25 ans, attribuées avant et pendant la guerre. Une première vague de résiliation de titres pour non conformité avec la législation fiscale intervient avril en 2002 portant sur 25,5 millions d'hectares (163 titres) reversés au domaine privé forestier de l'Etat Congolais[350].

En mai 2002, est imposé un moratoire sur de nouvelles allocations en attendant que soit (i) évaluée la légalité des titres existants, (ii) mis en place un système d'allocation transparent et (iii) adopté un outil de planification des nouvelles allocations au regard des besoins définis dans le cadre d'une politique forestière nationale.

Si environ 15 millions d'hectares ont fait l'objet d'échanges, de relocalisation et même d'allocation, en violation du moratoire, sous le gouvernement de transition (juin 2003-février 2007), conduisant à un accroissement net de 2,4 millions d'hectares, la surface totale sous concession était ramenée à 20,4 millions lors de l'installation du gouvernement issu des élections générales, soit près du tiers des forêts exploitables.

Au terme de la revue légale engagée en octobre 2005, près de la moitié, soit 9,7 millions d'hectares ont été jugés convertibles sous le nouveau régime forestier (soit moins d'un quart des forêts exploitables), la situation de 2,7 millions d'hectares supplémentaires portant sur 16 titres est encore en suspens, les autres titres étant résiliés début 2009.

Mais ce chiffre de 9,7 millions d'hectares correspond à des données « papier » utilisées par l'administration pour la délivrance des concessions. Les relevés établis à l'aide des systèmes d'information géographiques par le SPIAF (le service en charge des inventaires et de

---

[350] Mpoyi Mbunga Augustin, Etude sur l'évaluation de la contribution des redevances forestières dans le développement socio-économique des populations en Afrique centrale. Cas de la République Démocratique du Congo.

l'aménagement forestier qui bénéficie d'appuis internationaux pour la cartographie automatisée) indiquent une superficie d'environ 12 millions d'hectares. Cette différence souligne les difficultés de maîtrise de l'administration, qui travaille avec des cartes en partie obsolètes.

Ainsi, à la suite de la revue légale, aucune autre attribution des forêts aux fins de l'exploitation industrielle n'est encore possible jusqu'à l'accomplissement des trois conditions du décret n 05/116 du 05 octobre 2005, qui confirme le moratoire sur les attributions et conditionne sa levée à l'accomplissement des trois conditions cumulatives suivantes :

- La fin complète de la revue légale, suivies de la publication de ses résultats définitifs (condition déjà accomplie à ce jour ;
- L'adoption, sur la base d'une programmation géographique des futures allocations (ce qui suppose le zonage préalable du domaine forestier congolais) ;
- La levée du moratoire par voie d'un décret.

Aussi, à ce jour, seuls les 9,7 millions d'hectares des forêts congolaises sont sous concessions et relèvent, dès lors, des forêts de production permanente.

- -La fiscalité forestière et la répartition du revenu forestier pour les différents types de forêts de production.

A. Les redevances forestières

Il faut d'abord faire remarquer qu'en République Démocratique du Congo, les redevances forestières organisées par le code forestier font partie de la catégorie des recettes publiques dites « recettes administratives, judiciaires, domaniales et de participation », qui relèvent des attributions de la DGRAD (Direction Générale des Recettes Administratives, Domaniales, judicaires et de participations), l'une des trois principales régies financières dont dispose le pays[351]. Elles constituent des dettes envers l'Etat dans le chef des contribuables concernés.

La nomenclature de ces droits, taxes et redevances est fixée à la fois par le code forestier qui les institue ainsi que par la loi n°04/015 du 16 juillet 2004 fixant la nomenclature des actes générateurs des recettes

---

351 Les deux autres régies sont la DGI (Direction Générale des Impôts) et l'OFIDA (Office des Douanes et Accises).

administratives, judiciaires, domaniales et des participations, telle qu'elle a été modifiée et complétée par les dispositions de la loi n°05/008 du 31 mars 2005.

Leurs modalités de perception sont fixées par la loi précitée n°05/008 du 31 mars 2005 fixant la nomenclature des actes générateurs des recettes administratives, judiciaires, domaniales et de participations ainsi que leurs modalités de perception, qui a unifié les modalités de perception des recettes administratives, judiciaires, domaniales et des participations ainsi que la nomenclature des actes générateurs de ces recettes.

L'assiette et le taux de chacune de ces taxes sont fixés en principe chaque année par les Ministres ayant les finances et les forêts dans leurs attributions. A ce jour, ils sont fixés par l'arrêté interministérielle n°006/CAB/MIN/ECN-EF/2007 et N°004/CAB/MIN/FINANCES/2007 DU 08 MAI 2007 portant fixation des taux, des droits, taxes et redevances à percevoir en matière forestière sur l'initiative du Ministre de l'Environnement, Conservation de la Nature, Eaux et Forêts.

La redevance de superficie est annuelle. Son taux a été fixé par l'arrêté interministériel n°005/CAB/MIN/ENV/2005 et n°107/CAB/MIN/FINANCES/2005 du 25 juillet 2005 à 0,20 Ff/Ha pour 2005, à 0,30 Ff/ha pour 2006 et à 0, 50/ha à partir de 2007. A ce jour, l'arrêté n°006/CAB/MIN/ECN-EF/2007 et n°004/CAB/MIN/FINANCES/2007 du 08 mai 2007 l'a fixé à CDF 560/ha.

La DGF est le service poseur d'acte (service d'assiette) compétent pour constater et liquider la redevance de superficie, tandis que l'ordonnancement est le fait de la DGRAD. La Banque Centrale du Congo encaisse, en sa qualité de Caissier de l'Etat Congolais. Les statistiques disponibles au niveau de la DGRAD font état d'un accroissement très remarquable de la RSF : parti de 41.098, 16 US $ en 2000, l'on en est arrivé de 2003 à 2007 à 11.959.257,59 US $ comme montant ordonnancée et à 7.299.964,64 US $, comme montant réellement recouvré.4.659.292, 95 US $ restaient à recouvrer en fin 2007. De sorte qu'aujourd'hui, elle constitue la principale recette forestière.

B. Le système de collecte des redevances forestières

Le système de collecte des redevances forestières en République démocratique du Congo répond aux modalités prévues par loi n°05/008 du 31 mars 2005 pour toutes les recettes administratives, judiciaires, domaniales et des participations. La perception de toutes les taxes et redevances susmentionnées est faite conformément aux exigences du texte susmentionné. Il se résume dans les différentes phases principales suivantes :

- Constatation et liquidation ;
- Ordonnancement ;
- Notification des titres de la créance à l'assujetti ;
- Paiement et mode de paiement ;
- Recouvrement par le Trésor public.

1. Constatation et liquidation.

La constatation de la dette envers l'Etat, au titre de droit, taxe ou redevance, ainsi que sa liquidation sont l'œuvre du service poseur d'acte (générateur de revenu) ou (service d'assiette). La constatation revient noter que telle personne se trouve dans une position d'assujettie au paiement d'un droit, taxe ou redevance envers l'Etat ; tandis que la liquidation revient à déterminer le montant dû par l'intéressé ou, autrement, à procéder à l'opération de taxation.

Après avoir calculé le montant dû, le service poseur d'acte dresse une note de débit, qui constitue le premier titre de constatation et de liquidation de la créance de l'Etat. Cette note, elle la transmet ensuite, pour ordonnancement, à l'ordonnateur des recettes domaniales qui lui est attaché. L'article 4 de la loi précitée n°05/008 du 31 mars 2005 prévoit qu'en cas de non constatation et liquidation par le service poseur d'acte, et pour autant que les faits générateurs d'une recette soient prévus par la loi et/ou la réglementation, la DGRAD peut procéder à un ordonnancement d'office.

2. Ordonnancement.

L'ordonnancement n'est rien d'autre que l'autorisation de payer. L'agent de la DGRAD, après avoir obtenu la note de débit, procède d'abord au contrôle de la conformité des opérations de taxation à la loi. Il procède ensuite à l'ordonnancement, en établissant une note de perception, s'il juge les opérations conformes. Une fois la note de perception établie avec indication du montant dû et du délai de paiement, l'ordonnateur l'adjoint à la note de débit et les retourne au service poseur d'acte.

3. Notification des titres de la créance à l'assujetti

C'est, en effet, le service poseur d'acte qui transmet les notes de perception et de débit à l'assujetti, avec copie pour information et disposition à la Direction Générale de la DGRAD, en précisant les délais de paiement, qui est généralement de 14 jours.

La Direction Générale de la DGRAD, qui reçoit son ampliation, transmet les copies des notes de perception et de débit à la Direction provinciale de la DGRAD, au cas où le fait générateur a eu lieu en province ; laquelle transmet également les deux notes au Chef du Ressort de la DGRAD (au niveau de la ville ou au niveau local (au cas où le fait générateur a eu lieu au niveau du territoire). L'article 5 de la loi n°05/008 du 31 mars 2005 oblige la Direction Générale de la DGRAD, à la clôture de chaque mois comptable, de notifier au Ministre des Finances, avec ampliation à chaque service concerné, l'état des sommes à liquider, dressé en fonction des recettes recouvrées ou portion de celles-ci, afin de solliciter les titres de paiement.

4. Paiement de la créance de l'Etat.

Le paiement, c'est le versement du montant dû par le contribuable au compte du Trésor. Le paiement répond au mode de paiement fixé par le décret n°007/2002 du 02 février 2002 relatif au mode de paiement des dettes envers l'Etat, conformément à l'article 4 de la loi n°05/008 du 31 mars 2005, dont ci-après le libellé : « les paiements des droits, taxes et redevances dus au Trésor au titre des recettes administratives, judiciaires, domaniales et des participations s'effectue conformément aux procédures légales et règlementaires relatives au mode de paiement des dettes envers l'Etat ».

L'article 3 du décret 007/2002 du 02 février 2002 précité décide que le règlement des dettes envers l'Etat, dont les taxes, redevances et autres droits, doit être obligatoirement effectué auprès des banques, de la Caisse Générale d'Epargne du Congo, la CADECO ou des institutions financières agréées.

A titre purement exceptionnel, et dans les localités où les institutions bancaires et financières agréées ne sont pas representees, les receveurs des douanes ou les comptables publics des recettes affectées aux régies financières (l'OFIDA, la DGRAD, la DGI et la DGE) ou aux entités administratives décentralisées peuvent, sur autorisation du Ministre ayant les finances dans ses attributions, recevoir paiement des dettes envers l'Etat[352]. Le paiement s'effectue en numéraire (espèces) et/ou en scripturale

5. Preuve de paiement de la créance de l'Etat.

L'article 4 du décret susmentionné dispose que la preuve de paiement est constituée de l'ensemble des documents délivrés par la banque ou l'institution financière agréée ou encore la CADECO, attestant l'encaissement des paiements effectués en règlement envers l'Etat et dont les références sont portées sur la note de perception ou de versement. Par son arrêté n°076/CAB/MIN/ECO-FIN & BUD/2002 du 11 février 2002 portant mesure d'application du décret n°007/2002 du 02 février précité, le Ministre en charge des Finances donne les précisions suivantes, s'agissant de la preuve de paiement des dettes envers l'Etat :

- lorsque le règlement de la dette envers l'Etat s'effectue en espèces, le paiement sera fait contre remise d'un bordereau de versement et d'une attestation de paiement ;
- lorsque le paiement s'effectue par voie scripturale, lié soit à un ordre de paiement, soit à un bordereau de remise de titre, il sera prouvé par un avis de débit et l'attestation de paiement ;
- lorsque le paiement s'effectue auprès d'un receveur des douanes, d'un comptable public des recettes affectées aux Régies financières et aux entités administratives décentralisées, dans les localités ou les institutions bancaires ne sont pas représentées, la preuve d'un tel paiement est administrée par la note de perception ou de versement émargée par l'Intervenant.

Dans les trois cas ci-dessus, les imprimés ne pourraient avoir le caractère libératoire au profit de l'assujetti que s'ils sont repris sur le relevé journalier des encaissements des recettes publiques établi par les intervenants. Les références des preuves des paiements susmentionnées doivent être obligatoirement portées sur la note de perception ou de

---

[352] Article 2 et 3 du décret n°007/2002 du 02 février 2002

versement par l'Intervenant. Le Trésor public dispose d'un compte ouvert dans les livres de la Banque Centrale du Congo, de ses agences ou correspondants. Les recettes qui sont perçues par la Banque Centrale du Congo, la CADECO, les institutions bancaires et financières agréées précitées ainsi que par tous les autres intervenants au niveau des localités sont reversées dans le compte du Trésor.

Les délais de ce reversement varient selon que l'on se trouve ou non dans les villes ou localités où la Banque Centrale du Congo est implantée ou représentée. Dans les villes ou localités où la Banque Centrale est représentée, ces recettes sont reversées au compte du Trésor dans les 48 heures de leur encaissement, tandis que dans les villes et localités où la Banque Centrale du Congo n'est pas implantée ou représentée, le reversement se fait au moins une fois par mois au moyen des bordereaux d'envoi des fonds. Les recettes des entités administratives décentralisées sont reversées dans les mêmes délais dans leurs comptes bancaires respectifs. Les encaissements, une fois effectués sont notifiés par les Intervenants à la Direction Générale de la DGRAD. Et fort de cette notification, la DGRAD apure au niveau du recouvrement.

Tableau 8 : Opérations liées aux redevances forestières

Service (institution) intervenant	**Actes du service (institution)**	**Documentémis**
Ministère de l'Environnement	Allocation forestière	Lettre d'intention, garantie d'approvisionnement ou Contrat de concession forestière, selon le cas
Ministères de l'Environnement et des Finances	Fixation du taux et de l'assiette	Arrêté interministériel (Forêts et Finances)
DGF	Calculs de la redevance	Note de débit
DGRAD	Vérification et avis de conformité	Note de perception

DGF	Transmission note de perception et de débit à l'exploitant et à la DGRAD Kinshasa	Lettre de transmission et annexes
DGRAD Kinshasa	Transmission note de perception et de débit à la DGRAD province et territoire	Lettre de transmission et annexes
Exploitant forestier	Paiement à la Banque Centrale	Titre de paiement ou liquidités
Banque ou CADECO	Délivrance de la preuve du paiement	Bordereau de versement et attestation de paiement
DGRAD Direction Générale	Apurement	

Source : Augustin Mpoyi, 2007

Tableau 9 : Synthèse des redevances forestières de 2010 - 2012

Année	**Superficie (ha)**	**Taux en $**	**Montant en $**
2010	10.760.010	0.50$/ha	5.380.006
2011	11.788.223	0,50$/ha	5.894.112
2012	8.773.972	0.50$/ha	4.386.986

Source : Direction de Gestion Forestière du MECNT (2012).

D. Montants des revenus annuels alloués aux communautés par des redevances forestières allouées aux communautés locales par rapport aux recettes forestières globales.

Il faut préciser que même s'il est vrai que la rétrocession est un droit des communautés et populations locales du lieu du prélèvement de la ressource, il reste que les sommes rétrocédées passent par les provinces et les entités territoriales décentralisées dont relèvent ces populations et communautés.

Le système de rétrocession ne se traduit pas en RDC par le transfert au profit des communautés locales des sommes d'argent ou d'un chèque, comme il fonctionne au Cameroun. Les bénéficiaires directes des sommes rétrocédées sont donc les institutions étatiques, en raison du caractère public des recettes forestières, parce qu'il est présumé qu'elles assurent les services publics au profit des populations.

Tel que le système fonctionne en RDC, il ne semble pas évident d'établir des statistiques fiables des revenus d'origine forestière qui sont rétrocédées aux provinces et aux territoires, étant donné que tous les revenus provenant des recettes à caractère national, quelle qu'en soit la provenance, sont canalisées indistinctement vers le compte du trésor, pour être par la suite rétrocédées indistinctement aux provinces et entités locales.

Le système étant ce qu'il est, il y a lieu de faire en sorte que les populations aient l'occasion d'être associées dans les processus de programmation des dépenses publiques à tous les niveaux, de sorte à avoir un choix sur les investissements à opérer et le monitoring du système d'affectation des dépenses publiques nationales, provinciales ou locales.

Section 2. L'interprétation de la loi LAP par les provinces forestières

Les trois provinces forestières (Bas-Congo, Bandundu et Province Orientale) se sont saisies de l'article 50 de la loi sur la libre administration des provinces du 31 juillet 2008 pour exiger des exploitants forestiers le paiement direct et en totalité de la redevance de superficie à la province au motif qu'il s'agit d'une de leurs ressources propres. Conformément à l'article 49 de la loi LAP, l'Assemblée provinciale de l'Orientale a adopté un édit instituant la Direction des Recettes de la Province Orientale (DRPO) chargée du recouvrement de ladite redevance.

Une solution qui conviendrait aux concessionnaires forestiers de la FIB qui, depuis 2007, se réunit régulièrement avec les gouverneurs des provinces du Bas-Congo, Bandundu, Equateur, Orientale (réunions quadripartites). Les tensions en Province Orientale, avaient conduit à la signature d'un protocole d'accord en 2007 entre la FIB et le gouverneur sur le paiement d'une taxe d'évacuation ($ 1,23 par m^3 pour les grumes, $ 1,84 par m^3 pour les sciages) étendu ensuite aux autres provinces.

Pour le moment, le ministère du gouvernement central en charge des forêts n'a pas accepté de transiger (le règlement de la question est renvoyée à la loi de finance en cours de révision) et les exploitants sont contraints de se plier à sa décision, les autorisations d'exploitation et d'exportation devant être données par le Ministre, après validation du contrat de vente par la DGF. En payant aux provinces, le recollement avec la DGRAD ainsi que l'exportation de leurs bois deviendraient impossibles. Du reste, ils n'auraient plus de permis de coupe.

Il ressort de la première Conférence des Gouverneurs de Province réunie en juin 2009 (c'est l'institution chargée d'assurer la coordination entre le gouvernement et les provinces dans la mise en œuvre de la décentralisation) que la meilleure façon de faire la rétrocession consistera pour le Ministre des Finances, qui est l'Ordonnateur du Budget National, d'établir un ordre de paiement permanent au profit des provinces auprès des succursales de la Banque Centrale ou des banques privées agréées installées en provinces, pour permettre aux provinces d'avoir leur dû en temps réel, mais aussi d'avoir une idée exacte sur leurs disponibilités en fonds à une date précise afin de pouvoir faire utilement la programmation des dépenses.

A. Organes d'accueil et de décision délibérant sur l'utilisation des redevances

D'après les instructions du Ministre du budget relatives à l'élaboration du budget et selon les responsables des services administratifs provinciaux consultés, les recettes propres devraient servir au fonctionnement des services administratifs provinciaux, tandis que les recettes rétrocédées (les 15%) servir au financement de l'investissement.

La question qui est abordée ici s'inscrit dans le cadre des dépenses publiques au niveau des provinces et des entités locales. Elle touche au processus d'affectation des recettes, et donc d'exécution du budget de la province et des entités locales.

1. Au niveau de la province

Au niveau des provinces, les responsables de l'exécution du budget au niveau des provinces sont des gestionnaires des crédits. Ils ont le pouvoir, dans les limites des crédits budgétaires qui leur sont accordés par la loi ou décisions et, dans le respect des lois, règlements et instructions qui régissent ces matières, d'engager et de liquider les dépenses nécessaires au fonctionnement de leurs provinces. Ils peuvent aussi déléguer tout ou partie de leurs attributions. Jusqu'il y a peu, les dépenses publiques ont été réalisées sous la responsabilité du Gouverneur de Province, qui en constitue jusque-là l'Ordonnateur, pouvoir qu'il délègue à un ordonnateur délégué provincial, un agent des finances qui gérait le compte de la province, sous la responsabilité de celui-là.

Cependant, le processus des réformes en cours dans la territoriale tend à établir un nouveau fonctionnement de la chaîne au niveau des provinces ; laquelle s'opère en suivant les quatre phases suivantes :

- L'engagement : par le service émetteur qui engage les dépenses ;
- La liquidation : par le Ministère du Budget pour le Gouvernement provincial et le service du budget pour les divisions provinciales ;
- L'ordonnancement : par le Ministère des Finances pour le Gouvernement provincial et le service des finances pour les divisions ;
- Le paiement : par la Banque.

2. Au niveau du Territoire

La réalisation des dépenses publiques de l'entité territoriale décentralisée s'inscrit dans le cadre de l'exécution du budget. C'est également une matière qui se trouve régie par la loi financière, comme dans le cas qui concerne les finances publiques nationales et provinciales. La loi qui régit encore la gestion budgétaire est celle n°80/003 du 23 février 1983. Cette loi dispose en son article 21 que : « les règles d'exécution des budgets des entités administratives décentralisées sont les mêmes que celles régissant le budget de l'Etat ».

Il y a lieu de préciser que le Territoire est une entité déconcentrée et non décentralisée.

B. Impact global des redevances forestières

1. L'impact dans le budget communal et proportions affectées au fonctionnement et à l'investissement

Les investigations menées aux fins du présent rapport ont permis de relever que l'exécution du budget de 2008 de la province Orientale a été passé au crible par les organisations de la société civile, en collaboration avec Caritas Congo, dans un souci d'évaluation de la politique du gouvernement provincial au regard de la lutte contre la pauvreté.

Il en est ressorti que les recommandations du DSCRP provincial avaient retenu cinq secteurs prioritaires (santé, Enseignement primaire, secondaire et professionnel, travaux publics et Infrastructures, énergie et environnement) pour un total de 58,5 % du budget global. Cependant, le budget provincial exercice 2008, quant à lui, n'y a réservé que 35,06 % de son total.

De l'analyse de l'exécution du budget 2008, il s'est dégagé que :

Quant aux recettes provinciales :

- les recettes à caractère national ont atteint 94,93% alors que les prévisions représentaient 19,52% ;
- les recettes d'intérêt commun ont été réalisées à l'ordre de 2,54% alors que les prévisions étaient de 6,44% ;
- les recettes des taxes spécifiques ont été réalisées à l'ordre de 1,86% alors que les prévisions étaient de 33,93% ;
- les recettes exceptionnelles : 0,67% de réalisation contre 40,10% de prévisions.

Quant aux dépenses publiques provinciales :

- la province n'a fonctionné qu'avec 3,74% des recettes générées par elle-même, étant donné que les 96,26% autres ont été transférées par Kinshasa, au titre des recettes à caractère national ; et ces sommes représentent plus de quarante pourcent prescrits pas l'article 175 de la constitution ;
- l'accroissement des dépenses courantes au détriment des dépenses d'investissement.

Cette analyse a permis de dégager les difficultés suivantes :

- un accroissement des dépenses courantes (de fonctionnement) au détriment des dépenses d'investissement ;
- des réaménagements budgétaires suite à des prévisions incohérentes ;
- la présence des lignes budgétaires avec des justifications et des accroissements difficiles à interpréter ;
- la non prise en compte des charges relatives à l'investissement dans la programmation du budget provincial ;

- Part de l'investissement communal ayant un impact direct sur la vie des communautés.

Il découle des statistiques qui précèdent que le niveau d'exécution du budget de la province est très faible et n'aide pas encore à améliorer la situation globale de la province et de sa population.

La plupart des projets de réhabilitation des routes, de construction et réhabilitation des écoles, de réparation de la voirie urbaine de la ville de Kisangani, la réhabilitation des marchés urbains de la ville de Kisangani sont financés, les uns par des bailleurs des fonds, les autres par le contrat chinois de 8 milliards, dont une première tranche de 350.000.000 US a déjà été libérée par une banque chinoise.

Le fait qu'il n'ait pas été possible de se rendre sur le terrain ne permet pas d'avancer des chiffres sur la part du budget de la province dans le financement des investissements locaux durant les cinq dernières années. Cependant, les chiffres susmentionnés sur l'exécution du budget 2008 de la province Orientale montrent que non seulement la province ne parvient pas à mobiliser ses recettes propres, mais également que la contribution de ces recettes au financement des investissements locaux est quasiment nulle.

En 2008, les engagements en dépenses courantes étaient de l'ordre de 87,93 % alors que les prévisions étaient de 65,77 %. Les engagements des dépenses d'investissements ne se sont élevés qu'à la hauteur de 12,07 % alors que leurs prévisions étaient fixées à 34,23 %[353]. Il y a donc une importante part des recettes qui sont consacrées aux dépenses courantes au détriment des dépenses d'investissement.

2. Lancement, réception des travaux, implication des populations.

Il faut d'abord noter que l'étude de cas sur la province Orientale a permis d'attester l'existence d'instruments de planification du développement économique et social, à savoir : le DSCRP national et le DSCRP provincial, d'une part ; et le Programme Economique du Gouvernement provincial (PEG), adopté par les députés provinciaux avant l'entrée en fonction du gouvernement provincial ainsi que le budget annuel de la province voté par les mêmes députés, d'autre part. Si les populations et les organisations de la société civile ont participé à l'élaboration des DSCRP national et provincial par l'animation des

353 Le Potentiel du 02 avril 2009.

consultations qui ont été organisés, elles ne l'ont été, s'agissant du PEG, que par ses représentants (les députés provinciaux), à l'occasion des discussions ayant précédé son approbation par l'Assemblée provinciale.

Résiduelle, la participation de la population et de la société civile, même quand elle prend la forme indirecte, ne se limite qu'à l'élaboration de ces instruments, mais ne s'étend pas à la prise des décisions dans l'exécution des instruments de planification ainsi que dans le suivi d'une telle exécution. La participation de la population est restée une participation informelle qui ne s'inscrit pas dans le cadre d'une structure permanente en charge d'élaboration du Budget ou du monitoring et du suivi des instruments de planification et de l'exécution du budget. Les organisations de la société civile ainsi que les populations restent, de ce fait, à l'écart de la gouvernance des finances publiques provinciales et locales.

3. Organes de contrôles internes et externes aux communes et aux communautés ; implication de la société civile

La loi financière soumet l'exécution du budget de l'Etat et des EAD au contrôle de tutelle (c'est-à-dire du Ministère de l'Intérieur), au contrôle parlementaire, au contrôle de la Cour des comptes et au contrôle du Ministère du Budget. Pour les ETD, la loi sur la décentralisation de 1998 prévoit en outre la mise en place d'un Corps d'Inspecteurs de la territoriale, dont le statut devrait être fixé par le Président de la République. Il a été institué récemment par une loi votée par le Parlement et promulguée par le Président de la République.

Par ailleurs, le contrôle de la Cour des Comptes au niveau des provinces ainsi que celui du Ministère de Budget est quasi-inexistant. Avec la mise en place des assemblées provinciales, ces dernières exercent un suivi et contrôlent les finances publiques provinciales. On déplore cependant le fait que les coalitions politiques au niveau de l'Assemblée provinciale diluent l'efficacité de l'Assemblée provinciale dans son travail de monitoring. L'on mentionne également l'existence des contrôles ponctuels de l'Inspection des Finances, dont les inspecteurs viennent, mais assez rarement de Kinshasa, dans le cadre du contrôle des directions provinciales des régies financières (DGRAD, DGI et OFIDA).

Impact : éducation, santé, approvisionnement en eau potable, électrification rurale, création des activités rémunératrices alternatives, etc. au niveau des communes et des communautés.

4. Recommandations

Des incertitudes subsistent encore quant à la contribution des redevances et taxes forestières dans le développement socio-économique des communautés locales. Il s'agit-là d'une perspective qui ne peut être poursuivie en RDC sans intégrer la question de l'amélioration de la gouvernance des finances publiques, dans laquelle s'inscrit légalement et institutionnellement la perception, la redistribution ainsi que l'affectation des recettes publiques, dont les taxes et redevances forestières ne constituent qu'un aspect.

Par ailleurs, un autre défi à relever, non de moindre, tient à la capacité des entités provinciales à assurer une gestion responsable aussi bien des fonds propres que des fonds rétrocédés et à mettre en œuvre un système d'affectation des recettes qui garantissent l'intérêt des populations.

La participation citoyenne dans la l'élaboration et le suivi des instruments de planification économique et sociale et dans l'exécution des marchés publics d'intérêt provincial et local reste une exigence fondamentale préconisée par le présent rapport pour faire face aux dérapages relevés. Un besoin d'appui institutionnel et de renforcement des capacités techniques aussi bien des institutions provinciale et locales que des organisations de la société civile a été relevé tout au long des analyses de ce rapport.

Concrètement :

1° En matière de perception des recettes publiques :

- Informatiser la chaîne des recettes par la mise en place des mécanismes d'interconnexion informatique reliant la banque perceptrice à la Banque Centrale, à la D.G.R.A.D, le service d'assiette émetteur de la note de débit, de sorte à permettre aux parties prenantes concernées (BCC, la DGRAD et le service d'assiette) d'être informées en temps réel des paiements, dès lors qu'ils sont effectués par les assujettis ; c'est à ce prix que l'on peut garantir la sécurité des transactions relatives aux paiements des dettes envers l'Etat ;
- Procéder à une revue de différents outils de perception des recettes publiques entre les services poseurs d'actes (qui établissent la note de

débit), la DGRAD (qui établit la note de perception), les banques privées (qui établissent les attestations de paiement) ainsi que la Banque Centrale (qui confirme les paiements par les assujettis), de sorte à détecter assez facilement la fraude et la situer et à établir les responsabilités ;

- -Assurer une totale maîtrise du système d'émission des imprimés des valeurs, dont le défaut occasionne la fraude et donne lieu aux développements des circuits parallèles et à l'enrichissement illicite ; cette maîtrise devant passer par l'établissement des mécanismes transparents de passation des marchés pour l'impression de ces imprimés des valeurs entre les services publics concernés et les firmes qui les fournissent ; la réhabilitation de la Revue Nationale d'Approvisionnement et d'Imprimerie (RENAPI) est proposé comme une des solutions au problème ;
- -Restaurer la comptabilité des matières dans les services publics par rapport aux imprimés des valeurs et renforcer les mécanismes de contrôle y afférents.

2° En matière de réalisation des dépenses publiques

- Améliorer le fonctionnement de la chaine de la dépense, en remédiant à la lourdeur bureaucratique ;
- Respecter et faire respecter strictement la chaine de la dépense, dégager les responsabilités et engager des poursuites dans tous les cas où il y a non respect de la chaîne ;
- Etendre la chaîne de la dépense au niveau des provinces et des EAD. Cela aiderait à garantir la transparence de la gouvernance financière et budgétaire au niveau de toutes les provinces et entités locales ;
- Renforcer les systèmes de contrôle sur les comptes de l'Etat (notamment le contrôle de la Cour des comptes et de l'Inspection Générale des Finances et autres) ;
- Renforcer les institutions provinciales et locales en matière de gestion budgétaire et financière. Si la retenue à la source fonctionne efficacement, les provinces et les entités locales, ou du moins certaines d'entre elles, verront leurs revenus sensiblement augmenter. Et si, par ailleurs, les institutions provinciales et locales ne sont pas renforcées en matière de gestion budgétaire et financière, les risques de dilapidation et de gabegie restent énormes ; notamment celui de les voir gonfler outre mesure leurs salaires, émoluments et autres avantages, au préjudice des dépenses d'investissement. La formation devra également concerner les règles et principes en matière de passation des marchés publics, de

sorte à éradiquer la corruption et le favoritisme et stimuler la transparence et l'objectivité.

3° En matière de participation citoyenne :

- Appuyer les organisations de la société civile qui travaillent sur les expertises en matière de monitoring de la gouvernance budgétaire et des finances publiques, pour renforcer la surveillance et exercer de manière professionnelle et éclairée les pressions nécessaires pour le respect des normes et principes en matière de gouvernance financière ;
- Promouvoir la collaboration et la coopération entre la Cour des comptes, les parlementaires et les organisations de la société civile spécialisées en matière de suivi budgétaire et de lutte contre la corruption et l'impunité ;
- Appuyer le rôle des organisations de la société civile pour qu'elles puissent se présenter, face aux institutions publiques nationales, provinciales et locales et des exploitants des ressources naturelles comme des interfaces attitrés pour remonter les besoins et préoccupations des populations dans la programmation économique et sociale et assurer le suivi des projets d'investissement et des marchés publics nationaux, provinciaux et locaux ;
- Mettre sur pieds des mécanismes d'accès à l'information et de participation populaire. La meilleure façon d'assurer une participation efficace des populations à la définition des programmes économiques et sociales au niveau national, provincial et local est d'encourager leur accès à l'information et à la connaissance en matière de programmation économique et de suivi des investissements locaux, d'assurer leur formation pour qu'elles soient à mesure de demander des comptes ;
- Elaborer des outils d'accès à l'information sur la gouvernance budgétaire pour promouvoir la participation citoyenne dans le suivi et le monitoring des finances publiques ;
- Vulgariser l'usage des instruments modernes de contrôle politique par l'opinion publique, tel la pétition prévue à l'article 27 de la constitution du 18 février 2008, par laquelle les autorités étatiques peuvent être appelées à s'expliquer sur leurs actes jugés non conformes aux lois par l'opinion publique.

CHAPITRE HUITIEME
REGIME FORESTIER CONGOLAIS

Le phénomène de la déforestation, avons-nous vu, est vécu à l'échelle mondiale ; ses causes et conséquences sont quasiment les mêmes partout. L'exploitation irrationnelle, dans différents cas, perpétue cette déforestation. Il devient important de savoir la manière dont chaque pays organise la gestion de ses forêts, au regard des exigences écologiques, économiques et sociales.

Pour ce faire, l'analyse de la politique forestière nationale ainsi que de son cadre juridique s'imposent. Ici, le cadre de la République Démocratique du Congo est l'objet de notre préoccupation et ce, en deux sections : la première consacrée à sa politique forestière et la seconde à son cadre juridique en matière forestière.

Section 1. Politique forestière de la République Démocratique du Congo

Mener une politique de l'environnement, c'est dès lors tenter de diminuer et, si possible, de prévenir les effets nocifs du développement de la société industrielle sur le milieu naturel et plus généralement, sur le milieu de vie. C'est aussi, plus positivement, introduire dans les activités humaines à tous les niveaux et en particulier au niveau des « décideurs » publics et privés, une dimension nouvelle qui prenne en considération le maintien des équilibres écologiques et le respect de certaines valeurs immatérielles indispensables à la vie de l'homme et de la société.

C'est, d'une certaine façon, contester l'intangibilité du dogme d'après lequel toute satisfaction provient de la faculté de consommer davantage et suivant lequel le progrès signifie « productivisme ». Erigé en dogme universel et absolu, le productivisme, note J.M. Pelt[354], conduit à des errements que l'on décèle aujourd'hui dans toutes les sociétés industrielles.

D'une part, il réduit l'homme à son seul rôle de producteur et de consommateur et débouche sur un matérialisme exacerbé; amputant la personne de sa dimension culturelle et spirituelle, il feint d'ignorer la force de l'utopie, cette part du rêve et de l'imaginaire propre au cerveau

---

354 Cité par Carpentier M., « La problématique de l'environnement », in Actes des travaux de la Faculté de Droit de Namur sur Les aspects juridiques de l'environnement, 25 et 26 octobre 1974, P.U.N., p.15

humain. La nature, de même, est réduite à son rôle de réservoir de matières premières, dépoétisée et exploitée sans vergogne au détriment des grands équilibres écologiques. Les impératifs de la production et de la rentabilité à court terme l'emportent systématiquement sur les choix à long terme.

Ainsi cinq paramètres ou facteurs à interactions multiples jouent négativement sur l'environnement, dans l'optique d'une croissance économique. Il s'agit de: la population, la production alimentaire, l'industrialisation, la pollution, l'utilisation des ressources naturelles non renouvelables.

Certaines approches justifient l'idée d'une bonne politique forestière nationale, notamment par la prise de conscience : la gestion forestière est en fait une source importante d'activités génératrices de revenus et pas seulement une réponse à la crise de désertification. Ceci doit être lié à l'intégration de l'idée selon laquelle la conservation ne saurait se bâtir sur le dos de personnes pauvres, mais qu'elle devait, pour réussir, faire largement partie de leur propre intérêt économique, social et écologique.

Un deuxième point essentiel, c'est l'attention à accorder au rôle des arbres dans les systèmes agricoles, la promotion des pratiques agro forestières et de conservation de l'eau et des sols qui ont un impact direct et favorable sur la régénération naturelle à l'intérieur et autour des champs cultivés.

L'approche participative de cogestion approche viable pour une gestion améliorée des forêts est souhaitable. L'implication des communautés dans les processus de gestion des ressources forestières donne du pouvoir aux individus et aux communautés et leur permet de prendre des décisions concernant les ressources dont elles dépendent pour vivre. Cela les motivera davantage et assurera une gestion durable.

D'où l'intérêt qu'il y a à penser à la forêt de demain dès aujourd'hui. Cette forêt (dynamique, économique, sociale, intégrée, plurielle, autofinancée, cogérée, développementale, privée, impulsée par le marché) sera partout: dans les champs des agriculteurs, les jachères, le long des routes, dans les concessions familiales, sur les coteaux et sur les terres dégradées.

Telle devait être la politique forestière nationale d'un pays, conformément aux décisions de la Conférence de RIO en juin 1992, particulièrement l'Action 21. La R.D. Congo en a-t-elle une ? C'est la question à laquelle nous consacrons les lignes qui suivent. Mais bien avant cela, quelques expériences inspiratrices de quelques pays africains.

A. Expériences de quelques pays africains

A l'occasion de l'Atelier international organisé à Banjul, Gambie, du 26 au 30 avril 1999 sur la foresterie communautaire en Afrique, huit pays (Gambie, Burkina, Cameroun) ont mis en commun et échangé leurs expériences en la matière. Ci-après quelques-unes de ces expériences pouvant positivement influencer la politique forestière congolaise, en vue d'une exploitation durable.

Les populations ayant commencé à vivre la disparition de leurs précieuses forêts, en même temps que les valeurs traditionnelles, sociales, spirituelles, locales, économiques et écologiques associées à cette forêt, certaines communautés ont pris l'initiative de les protéger contre les feux de brousse et l'abattage illégal des arbres.

Parallèlement, les gouvernements eux-mêmes ont commencé à se heurter à des difficultés inhérentes à l'affaiblissement de la capacité des forêts à générer des revenus, compte tenu de mauvaises méthodes de collecte des revenus, de la réduction des ressources forestières, de la pression sans cesse croissante des populations sur les zones forestières. La fertilité des sols a diminué. Il en est résulté une menace pesant sur l'autosuffisance et la sécurité alimentaires ; les menaces de sécheresse et de désertification se sont accrues.

Une variété d'approches conceptuelles ont, par conséquent, émergé, telles que la gestion intégrée des forêts, la gestion conjointe des forêts, la gestion participative des forêts et la foresterie pour le développement rural.

Dans l'approche de gestion intégrée des forêts, l'accent doit être mis sur l'intégration des autres fonctions économiques et sociales de la forêt dans la gestion des activités, l'orientation de la valeur ajoutée locale, l'association et la participation active des autres acteurs comme partenaires à la gestion et à la conservation des forêts ainsi qu'à la répartition des bénéfices. Toutefois, la réaction s'est fait attendre, puisque les politiques et les lois sont restées les mêmes.

Pour des raisons politiques et la peur de la perte de pouvoir et de source de revenus, les gouvernements et leurs structures de gestion des ressources étaient hésitants à apporter des modifications à la politique en vigueur et à procéder à l'amendement des lois, pourtant désiré. Ces changements auraient permis de transférer le droit de propriété et le pouvoir de gestion des ressources forestières aux populations locales.

La durabilité[355]est la caractéristique de tout ce qui dure ou doit durer. En effet, sur la planète terre ou dans la biosphère, la *vie* doit durer le plus longtemps possible. Assurer l'économie c'est exploiter sans détruire, c'est conserver pour développer.

Du point de vue de l'écodéveloppement, la durabilité doit être écologique, technique, économique, sociale, spatiale, institutionnelle et culturelle[356] Dans le domaine de la gestion forestière, la durabilité ne peut être assurée que par la planification et l'aménagement écologiques. D'ailleurs, il n'y a de développement rural durable que si sont pris en compte simultanément tous les aspects de la durabilité signalés par Sachs.

Aujourd'hui, les pays africains réexaminent de plus en plus leurs politiques et législations du secteur des ressources naturelles, dans le but de les modifier et de promouvoir la participation des populations locales à leur gestion[357].

1. Expérience de la Gambie

La Gambie tient le flambeau, en matière de gestion communautaire des ressources naturelles, aussi bien pour la forêt que pour la pêche, depuis la fin des années 70 et le début des années 80. Autrement dit, c'est le premier pays africain qui a mis en place une politique appropriée et un cadre juridique, pour la mise en application de la foresterie communautaire.

La Direction des forêts a utilisé l'approche de gestion participative. Les phases de cette approche (phase de démarrage, phase préliminaire et phase de consolidation) permettent d'établir des relations de compréhension et de confiance entre la Direction et la Communauté

355 Binzangi K. (1988), Contribution à l'étude du déboisement en Afrique tropicale.
356 Sachs (1993).
357 Jonkong Bojang, « Perspectives villageoise de la foresterie communautaire du village de Kanleng », in Actes de l'atelier international sur *La foresterie communautaire en Afrique. La gestion participative - une stratégie pour une gestion durable des forêts d'Afrique,* 26-30 avril 1999, Banjul, Gambie, p.p. 263-264

cible. Ces dernières déterminent la continuité ou non du programme et permettent d'associer d'autres collaborateurs, notamment les ONG.

La phase de démarrage (première) permet une consultation entre la communauté et la Direction des forêts. Lors de cette phase, la communauté forme un comité de gestion, procède aux négociations nécessaires avec ses membres, et entre ces derniers et les villages environnants; suit une formation dispensée par la Direction des forêts sur les principes de gestion.

La phase de démarrage dure six mois, pendant lesquels la communauté identifie et démarque sa forêt et limite son utilisation à l'exploitation de produits non ligneux et à la collecte du bois à des fins domestiques. Lors de cette phase, la communauté se prépare à demander l'Accord Préliminaire de Gestion de la Forêt Communautaire auprès de la Direction des forêts.

Lors de la phase préliminaire (deuxième), l'accord signé entre la communauté et la Direction des forêts est mis en œuvre. Cette phase dure normalement trois ans, avec possibilité d'être prolongée pour une autre période d'une durée maximum de deux ans, le tout dépendant des résultats d'une évaluation conduite au terme de ladite phase.

Cette phase sert également à la résolution de conflits, à la consolidation de mesures institutionnelles au niveau national, à l'élaboration de plans de gestion et à la résolution de toutes les questions administratives et juridiques. La commercialisation du bois comme source d'énergie est permise à ce niveau, et tous les revenus y afférents sont gardés par la communauté locale.

C'est une phase « test » à la fois pour la communauté et pour la Direction des forêts. Elle permet à la communauté de démontrer sa capacité à collaborer avec l'Administration forestière et sa volonté à coopérer. Elle offre également à la communauté l'occasion de déterminer si la Direction est à la hauteur des attentes et donne aussi à la communauté la possibilité de se retirer du projet, si elle le désire.

Les communautés qui ne répondent pas aux critères de la Direction en termes d'engagement ont une chance de s'y conformer durant la phase d'extension de deux ans qui a été accordée. L'accord est retiré si la communauté ne parvient pas de toute évidence à remplir les critères d'évaluation élémentaires.

C'est lors de la phase de consolidation (troisième et dernière) qu'un accord définitif de gestion communautaire de la forêt est signé entre la Direction des forêts et la communauté, et partant, un transfert définitif du pouvoir et du droit de propriété de la forêt à la communauté concernée. La conclusion de cet accord dépend d'une évaluation positive de la communauté, de la préparation et de la mise en œuvre d'un simple plan de gestion qui sont strictement observées à ce niveau.

Les communautés sont autorisées à cultiver les terres en suivant les prescriptions de la Direction des Forêts et doivent verser 15% de leurs revenus au fonds forestier national, qui est utilisé par la Direction pour le développement de la foresterie communautaire. Les communautés doivent, par ailleurs, placer 40% du montant restant dans un fonds local qu'elles gèrent et contrôlent à des fins de réinvestissement dans la forêt. Elles utilisent les 60% pour les autres activités de développement communautaire.

Le témoignage rapporté ci-après par Madame Jonkong Bojang, Présidente de l'Association de Foresterie Communautaire Jaboka du village Kanleng, en Gambie, démontre combien l'agir collectif, en matière de foresterie, est plus que déterminant dans la gestion naturelle et durable des forêts/ressources naturelles.

II y a deux ans, notre village Kanleng s'est joint au programme de foresterie communautaire. D'abord, les forestiers sont venus pour sensibiliser notre village. Lors de la première réunion, nous ne sommes pas parvenus à un consensus. Car avons-nous dit, les forestiers viennent nous tromper pour que nous donnions la forêt au gouvernement, et ni notre bétail, ni nous-mêmes n'aurons plus accès à ces forêts. Même les femmes ne pourront plus collecter du bois.

Après cette première réunion, lorsque les forestiers sont partis, nous avons réfléchi profondément à ce qu'il fallait faire. Cette année-là, nous avons appris par la radio que dans la région de Kombo, il y avait eu beaucoup de pluies. Dans notre village, nous avons vu des nuages s'amonceler, mais les pluies restaient faibles.

Cette année donc, nous n'avons pas eu beaucoup de pluies. Plus tard, nous avons décidé d'envoyer quelqu'un rencontrer les forestiers et leur demander de revenir pour que nous puissions continuer nos discussions. Les forestiers pourraient nous aider à aménager notre propre forêt ; les nuages s'amoncellent toujours au-dessus de notre village mais les pluies tombent plutôt sur les forêts de Kombo.

Lorsque les forestiers sont revenus, nous leur avons dit que nous étions intéressés par leurs propositions. Ils nous ont posé la question pourquoi avez-vous changé d'idée ? Nous avons répondu que nous voyions souvent les nuages s'amonceler au-dessus de notre village, mais que les pluies tombaient plutôt sur Kombo où il y a beaucoup plus d'arbres. Alors, nous avons demandé aux forestiers de nous aider dans ce sens.

Lors de la réunion, les forestiers nous ont présenté les étapes du concept de foresterie communautaire. Nous avons beaucoup apprécié l'idée et avons identifié une zone que nous avons montrée aux forestiers. Plus tard, cette zone a fait l'objet d'une étude. Après cette étude, nous avons formé un comité. Lors d'une réunion du village, nous avons donné à chaque membre du comité des responsabilités précises. Les forestiers ont dit qu'ils reviendront après trois ans pour évaluer le travail que nous allons effectuer dans notre forêt.[358]

2. Expérience du Niger[359]

Pays sahélien et continental, le Niger est un des pays les plus chauds du globe. Sa superficie est de 1.267.000 Km^2 dont le quatre cinquième est désertique. Le climat est de type sahélien ; il est caractérisé par deux grandes saisons, soit une longue saison sèche d'une durée d'environ huit mois et une courte saison pluvieuse de quatre mois. La situation de maigres ressources forestières du pays est encore compliquée par la situation de pauvreté de la population nigérienne qui utilise dans à peu près 98% de cas, le bois comme source de combustible.

Voilà pourquoi le Niger s'est engagé, depuis 1989, dans la mise en œuvre d'une nouvelle politique forestière ayant pour objectif l'amélioration de la gestion et de l'exploitation des forêts naturelles, en vue de l'approvisionnement en bois de feu des principales villes, avec la participation des populations riveraines de massifs forestiers.

---

358 Idem, pp. 263-264.

359 P. Montagne et Al., « Dix ans de mise en oeuvre de la stratégie énergie domestique au Niger : premier bilan », in Actes de l'atelier international sur la foresterie communautaire en Afrique. La gestion participative : une stratégie pour une gestion durable des forêts d'Afrique 26-30 avril 1999, Banjul, Gambie, p.p. *275*-276

Cette nouvelle politique baptisée Stratégie Energie Domestique (SED) se fonde sur le postulat de base que le bois de feu est et sera pour longtemps encore le seul combustible domestique d'origine naturelle, peu coûteux et facilement accessible aux populations urbaines et rurales.

L'approche testée par cette opération se veut pragmatique et vise à donner à l'arbre une valeur sur pied, qui aide à la prise de conscience par les populations que la forêt, pour elles, sans autre valeur que celle donnée par les droits d'usage traditionnel, mérite d'être entretenue et exploitée dans une perspective è long terme.

Les opérations d'aménagement des forêts naturelles se sont donc développées à partir des années 80 et, à travers elles, la SED a stabilisé, sinon, réduit la consommation des combustibles ligneux par la substitution et l'économie de bois, d'une part et d'autre part, a remplacé progressivement le système d'exploitation anarchique des forêts par un système contrôlé, rationnel et durable. La SED s'est développé à partir des quatre axes suivants:

1°- Schéma Directeur d'Approvisionnement (SDA)

C'est un outil de planification et d'orientation qui définit les modes de gestion et l'organisation souhaitable de l'exploitation du bois, énergie destiné à l'approvisionnement des villes, sur les plans géographique, technique et socio-économique. C'est un document résultant d'un diagnostic global physique, historique et socio-économique du milieu.

2°- Réforme de la législation sur le bois

Cette réforme est l'élément central structurel de la SED. Elle a permis de transférer la gestion des forêts aux communautés rurales et de les rétablir dans leurs droits, en instituant les marchés ruraux de bois-énergie. Elle a modifié les rôles des acteurs de la filière-bois en confiant la production primaire et le commerce du bois en milieu rural aux villageois; le transport et le commerce du bois en milieu urbain aux commerçants-transporteurs et enfin, le contrôle et le suivi-conseil aux agents de l'administration forestière.

La réforme fiscale a aussi transféré la perception de la taxe forestière aux villageois et institué une répartition des recettes au profit de tous les partenaires, à savoir : les ruraux, les collectivités territoriales, le trésor national et également l'administration forestière, par la création d'un fonds de contrôle forestier.

3°- Structures locales de gestion des forêts et marchés ruraux de l'énergie bois

Elles ont été instituées par l'ordonnance n°92-037 du 21 août1992. Ce sont des organisations villageoises chargées de gérer les forêts et de produire le bois-énergie destiné à l'approvisionnement de grands centres urbains.

Dans le processus de développement d'un marché rural, qui comprend six étapes (de l'information des villageois à la formation des responsables locaux, en passant par la délimitation des terroirs sylvopastoraux qui sont exploités), le moment crucial, qui permet de dire que le marché rural est effectivement créé et opérationnel, est celui où l'administration accorde l'agrément et remet le carnet de coupons permettant la collecte de taxes par le gestionnaire villageois.

Chaque village exploite son terroir sylvopastoral selon des règles définies dans un dossier d'agrément et fixe notamment la relation avec l'Administration, les droits et devoirs de tous les intervenants.

4°- Le renforcement du contrôle forestier et le suivi administratif

L'appui des agents de l'Administration forestière est indispensable à la mise en œuvre de la SED. L'intervention des agents forestiers a été sciemment subdivisée en deux volets :

- Un volet purement de contrôle, dit contrôle forestier exercé principalement sur les commerçants-transporteurs (lutte contre toutes les formes de fraude par exemple), mais aussi sur les marchés ruraux (respect des quotas d'exploitation et du parcellaire, respect des normes de coupe, vérification des reversements de taxes, etc.). H s'agit là de l'aspect de vérification, du respect des règles du jeu par tous les acteurs concernés ou de l'aspect de police forestière ;
- Un volet d'appui, conseil aux marchés ruraux, appelé suivi administratif, qui porte principalement sur les activités de suivi, de formation et d'encadrement des ruraux à la mise en œuvre des plans d'aménagement: appui (formation, en début de campagne, à l'identification de parcelles à mettre sous exploitation) ; rappel en début de campagne de quotas d'exploitation et de normes techniques de coupe ; appui à l'identification, à l'élaboration et à l'exécution de fiches d'opérations pour les travaux de régénération de la forêt et pour les actions de développement villageois ; suivi et appui/conseil en matière

de fonctionnement institutionnel, en matière fiscale et commerciale; appui aux demandes de villageois pour lutter contre toutes agressions extérieures portant sur la forêt etc. Il s'agit là du rôle de conseiller de développement de l'agent forestier.

B. Cas de la République Démocratique du Congo

Comparativement aux autres pays africains aux médiocres potentialités forestières comme le Niger, dont les expériences dans le domaine forestier ont été rapportées ci-dessus, comment la R.D. Congo, scandale écologique et géologique, gère-t-elle ses ressources naturelles et, dans le cas d'espèce, les forêts ? L'analyse de sa politique forestière nous préoccupe ici, le développement durable étant tributaire de la politique nationale en la matière.

1. Avant 1972

Différents textes législatifs et réglementaires de la République Démocratique du Congo, pris dans le domaine des forêts, analysés dans la section suivante, dégagent sa politique nationale en la matière. L'autorité coloniale, à travers le Service Forestier du C.S.K. au Katanga (1913) comme à travers le décret du 11 avril 1949 sur les forêts, avait mis en place une politique forestière ferme et continue, par l'organisation d'un commerce régional de bois sous forme privée ou coopérative, afin de supprimer les petites coupes industrielles, tout en enrichissant et en favorisant la régénération naturelle de la forêt, à travers un programme de reboisement autour des centres extra coutumiers.

Les notions de forêts classées et protégées apparaissent avec le décret du 11 avril 1949. Il en résulta la constitution de 70.000 hectares de réserves forestières de production et 11.000 hectares de réserves forestières de protection qui, en fait, étaient des réserves intégrales pour la sauvegarde du régime de certaines têtes de sources dans les régimes d'élevage.

Eu égard au manque de tradition forestière moderne chez les autochtones, le CSK créa une Division du domaine faunier qui comprenait : un ingénieur, chef de division, un ingénieur assistant, un spécialiste en matières économiques et commerciales chargé de l'administration, six agents forestiers hautement qualifiés et installés à poste fixe dans les principaux centres, quarante garde- forestiers, pour la surveillance des exploitations et des forêts permanentes et 150 travailleurs spécialisés.

Toutefois, le vide d'après 1960 (avec l'avènement de l'indépendance) a sérieusement affecté le secteur de l'administration forestière. Conscient de la crise de bois déjà prévisible, Schmitz (1966) élucide le problème de plantation des pins dans le Haut-Katanga. Il présente toute la stratégie qu'il fallait mettre en œuvre pour mener à bien ce genre d'entreprise: du semis à la pépinière, au repiquage, à la plantation, en passant par les méthodes et les techniques à utiliser, les coûts des opérations et leur rentabilité.

En 1969, Schmitz propose de réformer la législation forestière en République Démocratique du Congo, projet resté lettre morte jusqu'il y a peu. En collaboration, Schmitz et Herincks (1969) émettent des considérations sylvicoles sur le Katanga. Ce sont en fait les résultats des essais de plantation d'Eucalyptus et de pins effectués avant l'indépendance[360].

Il a fallu attendre la multiplication de travaux à l'échelle mondiale, notamment la Convention sur La diversité biologique (Rio de Janeiro 5 juin 1992), pour voir la R.D. Congo se mettre au pas de la modernité et des aspirations locales par rapport à la gestion forestière. Cela a conduit à la réforme du décret du 11 avril 1949 sur les forêts, par la promulgation de la loi n° 11/2002 du 29 août 2002 portant code forestier.

Dans l'exposé des motifs de cette nouvelle loi, on peut lire que « le texte de base du régime forestier congolais et ses mesures d'exécution datent du 11 avril 1949 ». La mise en œuvre de ce régime s'est avérée difficile au fur et à mesure de l'évolution politique, économique, sociale et culturelle du pays.

Ainsi, on constate que, 42 ans après son accession à l'indépendance, la République Démocratique du Congo ne s'était pas encore dotée d'un régime forestier approprié, à savoir un cadre légal qui permet à la fois, à la forêt de remplir, en équilibre, ses fonctions écologiques et sociales, à l'Administration forestière de contribuer substantiellement au développement national et aux populations riveraines de participer

[360] Binzangi K., Contribution à l'étude du déboisement en Afrique Tropicale : cas du Shaba Méridional, thèse de doctorat, Lubumbashi, 1988, *p. 23* et s.

activement à la gestion des forêts, pour pouvoir en tirer un bénéfice légitime (...).

2. Après 1972

Face aux pressions humaines galopantes et leur tendance à dégrader l'environnement, la République Démocratique du Congo a développé, depuis 1975, un cadre institutionnel approprié, en créant le Ministère de l'Environnement, Conservation de la Nature et Tourisme avec des services spécialisés dans les matières de l'environnement. Et c'est ce Ministère qui mène aujourd'hui la politique nationale en matière environnementale. Cette politique a pris un élan certain, depuis la participation du Congo et de bien d'autres pays à la Conférence des Nations Unies sur l'Environnement et le Développement (CNUED) en 1992 à Rio de Janeiro.

Signalons, toutefois, qu'avant cette Conférence d'intérêt mondial sur la diversité biologique, bien d'initiatives étaient prises et des actions concrètes réalisées au Congo en matière environnementale. C'est le cas de l'Atelier International sur la Forêt Tropicale Africaine : Patrimoine à préserver d'urgence, organisé à Kinshasa/N'sele du 18 au 23 Mars 1991 ; à la suite duquel (Atelier) l'Ecole Régionale d'Aménagement Intégré de Foresterie Tropicale (ERAIFT) fut créée et installée à Kinshasa sur le site de l'Université de Kinshasa.

A la suite de la Conférence de Rio, fut créé un Comité Interministériel de Coordination (CIC) au sein du Ministère de l'Environnement, (Ordonnance n°75/232 du 12 juillet 1975 créant le Comité Interdépartemental pour l'Environnement) et élaboré un Programme National d'Action Environnemental (PNAE), lequel répond aux préoccupations de la CNUED Agenda 21, comme réplique nationale. Le PNAE de 1997 est le résumé du document intitulé « Etat Actuel de l'Environnement en cours depuis septembre 1996 », lequel trace la problématique en ressources naturelles, terre, pollution de l'air et de l'atmosphère, assainissement urbain, patrimoine culturel et historique.

Le PNAE couvre ainsi des domaines touchant à plus de 13 Ministères (Environnement, Agriculture et Elevage, Enseignement Supérieur et Universitaire et Recherche Scientifique, Intérieur, Santé, Affaires Foncières, Energie, Transport et Communication, Mines, Travaux Publiques, Affaires Sociales, Culture et Arts, Plan).

Le Comité Interministériel de Coordination avait en charge le suivi et la mise en œuvre des décisions de la CNUED de 1992, avec des tâches spécifiques : assurer la concertation et la coopération avec tous les départements ministériels, les services concernés, l'Université, le secteur privé et les ONG dans l'élaboration d'une réplique nationale à l'Agenda 21. C'est le CIC qui a piloté le PNAE et conduit à la création :

- de l'Agence Nationale de l'Environnement (ANE), chargée de concevoir, préparer et coordonner toute activité de planification, de programmation et la révision périodique du PNAE et de la mise en œuvre des politiques, stratégies et actions de protection de l'environnement et de gestion durable des ressources ;
- d'un Fonds National de l'Environnement (FNE) destiné à financer le projet de protection de I 'environnement, aider les entreprises à réaliser des investissements anti-pollution et à mettre en œuvre des mesures incitatives à l'utilisation des technologies non polluantes.

Une trentaine d'actions prioritaires furent identifiées par le PNAE, notamment : la mise sur pied de l'Agence Nationale de l'Environnement (Action *n°1)*, l'élaboration du cadre juridique indispensable à l'utilisation rationnelle des ressources naturelles (Action n°2), le zonage du territoire national (Action n°13), la réhabilitation des quatre aires protégées des forêts ombrophiles de transition et des forêts afro-montagnardes (Action n°20), la promotion agro-forestière dans les savanes boisées (Action n°21), la gestion des forêts denses ombrophiles (Action n°22), etc. Le souci de concrétiser ces différentes actions a conduit en juin 1999 à l'élaboration, au sein du Ministère de l'Environnement, d'une Stratégie Nationale et d'un Plan d'Action de la biodiversité, un document de 134 pages[361].

La problématique de la Stratégie a été élaborée autour de 21 thèmes : l'acquisition des connaissances ; les aires protégées ; les espèces et écosystèmes vulnérables ou menacés ; la conservation ex situ ; la biosécurité (organismes indigènes ou étrangers nuisibles et organismes vivants modifiés) ; la lutte contre les changements globaux néfastes (croissance démographique, développement urbain, réduction de gaz à effet de serre) ; les mesures d'urgence environnementales ; les ressources fauniques ; les ressources forestières ; les ressources agricoles ; les

---

[361] Ministère des Affaires Foncières, Environnement, Conservation de la Nature, Pêche et Eau, Stratégie nationale et plan d'action de la biodiversité, Kinshasa, Juin 1999 p.p.42-43.

ressources minières ; les ressources biotechnologiques ; les ressources energétiques ; les évaluations environnementales ; l'information, la sensibilisation, l'éducation et la formation ; la participation des populations, des organisations non gouvernementales et du secteur privé; les collectivités autochtones ; le cadre juridique et institutionnel ; les mesures incitatives ; la coopération internationale ; l'évaluation et le suivi[362].

Plusieurs projets furent ainsi arrêtés en rapport avec ces différents thèmes, notamment : le Plan de gestion des ressources floristiques (forestières) exploitées (Projet *9.1),* pour un montant de 3.413.800 $; le Programme national de reboisement (Projet 9.2), pour 122.720.000 $; la Stratégie nationale d'efficacité dendro énergétique (Projet 12.1), pour un montant de 1.510.800$; le Programme de formation et de recherche universitaire en gestion de l'environnement(Projet 15.1), pour un montant de 260.000 $; la Loi cadre sur l'environnement (Projet 18.2), pour un montant de 345.000$;etc.

Tous ces projets sont restés, malheureusement, lettre morte jusqu'à ce jour[363].

Il est important de noter que le CICa disparu sous le Ministre Edi Angulu et le Secrétaire Général Mbusu Ngamani et sera remplacé plus tard par la Direction de Développement Durable (DDD) du Ministère de l'environnement qui gère aujourd'hui le PNAE tel qu'adopté le 13 Février 2002 par le Gouvernement de la République. Cette mutation, nous a fait remarquer le Directeur Kasulu qui gérait la DDD, n'a pu permettre la libération du montant de 25.000.000 $ pourtant disponibilisé par le PNUD dans le cadre de la Gestion Stratégique de l'Environnement.

Ce montant qui devait servir à la mise en place de l'Agence Nationale de l'Environnement (Action prioritaire n°1) et à la concrétisation du cadre juridique (Action prioritaire n°2). Et que le terme « Inter » compris dans le CIC était pour beaucoup dans sa disparition, dans la mesure où aucun texte de l'autorité compétente (Chef de l'Etat) ne précisait qui des Ministères ou du Comité avait la responsabilité de la coordination du

362 Ministère de l'Environnement, Conservation de la nature et Tourisme, Plan National d'Action Environnemental, Kinshasa, Septembre 1997,130 pages.

363 Ministère de l'Environnement, Idem, P.P.85-130.

Comité, bien que ce soit de toute évidence le Ministère de l'Environnement.

Sur le plan forestier, certains services du Ministère de l'environnement concourent à la réalisation de la politique nationale en la matière, notamment : la Direction d'Inventaire et Aménagement Forestiers (DIAF) et la Direction de Gestion Forestière (DGF) qui fournissent au pays des données relatives aux forêts. On constate, malheureusement, qu'en dépit de tous ces efforts, la gestion forestière demeure dans la pratique chaotique. Les populations riveraines comme toute la communauté nationale ne tirent nullement profit de leurs ressources naturelles, particulièrement des forêts.

Ainsi, plusieurs tentatives, en vue de mieux faire sont au rendez-vous en République Démocratique du Congo. Tel est le cas de l'Accord signé en date du 28 août 2003 entre la République Démocratique du Congo et le Mécanisme pour les Programmes Forestiers Nationaux (PFN).

Cet accord est consécutif au document de conception produit par la Direction de la Gestion Forestière du Ministère de l'Environnement, Conservation de la Nature, Eaux et Forêts et soumis au Comité Directeur du mécanisme en mai 2003. L'objectif de l'Accord, d'après ce Ministère, est de renforcer les capacités d'intervention de la République Démocratique du Congo dans le domaine des forêts, notamment dans le domaine de la foresterie communautaire.

Ce sont là des volets importants du PFN qui jouent un rôle majeur dans la lutte contre la pauvreté en milieu rural et la gestion durable des ressources forestières. Un appel d'offre pour l'étude sur l'état des lieux de la foresterie communautaire en République Démocratique du Congo a été ainsi lancé par ce Ministère depuis le 30 août 2004.

Parmi les activités jugées prioritaires pour le démarrage du projet de foresterie communautaire en République Démocratique du Congo, il y a notamment :

- l'état des lieux sur la foresterie communautaire ;
- le développement d'un consensus pour la stratégie de foresterie communautaire ; et
- le lancement des opérations pilotes permettant à terme de définir les implications opérationnelles de cette stratégie.

L'état des lieux devra permettre d'apprécier les rôles de la forêt en termes de lutte contre la pauvreté, d'évaluer les conflits associés à l'utilisation de la forêt par les divers acteurs locaux et d'en déduire les multiplications socio-économiques et institutionnelles, pour le développement de la foresterie communautaire en République Démocratique du Congo.

Comme on le voit, la République Démocratique du Congo est aujourd'hui sur les traces des pays comme la Gambie, le Niger, etc. dont les expériences ont été rapportées ci-dessus. Leur modèle de gestion des ressources forestières devra inspirer davantage la politique forestière de la République Démocratique du Congo, tant il est vrai que seule la gestion intégrée et participative peut amener les populations (les communautés locales) à s'impliquer positivement dans la conservation de leurs ressources naturelles, en vue d'un développement durable. Car elles y trouvent aussi leur compte.

Section 2 : Le cadre juridique de la gestion forestière en R.D. Congo

A. Préalable sémantique et cadre institutionnel

Les forêts tropicales humides sont de plus en plus considérées comme un bien environnemental mondial, à cause de leur biodiversité et de leur impact possible sur le climat[364]. Même si, sur le plan juridique et politique, il apparaît une inadéquation de cette notion résultant d'une incapacité objective du titulaire du patrimoine de s'acquitter des devoirs et des responsabilités qui lui incombent à ce titre. La notion est également irrecevable parce qu'elle s'applique à une ressource faisant l'objet d'une allocation naturelle à des Etats. Elle est donc en conflit avec le principe de la souveraineté des Etats sur leurs ressources naturelles.

Concrètement, cette notion appelle celle de « res communis », tout en se heurtant, quelle que soit la matière, à l'indétermination du titulaire du patrimoine. Car qui est l'humanité ? Qui en est la représentation concrète voire physique ? Autrement dit, qui peut parler et agir en son nom ? Or, les forêts sont avant tout des ressources naturelles à valeur économique. Elles constituent donc des richesses nationales au même titre que le pétrole, l'or, le diamant, le phosphate, l'uranium, etc. ; et les Etats qui, par le hasard de la géologie et de la géographie abritent ces ressources sur

364 Forest Po liey : An approach paper, Banque Mondiale, *25* octobre 1990.

leurs territoires les perçoivent d'abord sous cet angle, avant toute autre considération[365].

Au-delà de cette controverse, principalement sémantique, on peut lire au paragraphe I de la déclaration de Rio : « Conformément à la Charte des Nations Unies et aux principes du droit international, les Etats ont le droit souverain d'exploiter leurs propres ressources selon leur politique .d'environnement et ils ont le devoir de faire en sorte que les activités exercées dans les limites de leurs juridictions ou sous leur contrôle ne causent pas le dommage à l'environnement dans d'autres Etats ou dans des régions ne relevant d'aucune juridiction nationale ».

Et le paragraphe 2, plus spécifique aux forêts, est formel : « Les Etats ont le droit souverain et inaliénable d'utiliser, de gérer et d'exploiter leurs forêts conformément à leurs besoins en matière de développement et à leur niveau de développement économique et social ». Cela amène les Etats du Sud (africains) à préférer la notion voisine de « patrimoine national aux portées planétaires », plutôt que de parler de « patrimoine commun de l'humanité ».

La notion de l'Etat implique une aire, c'est-à-dire une étendue géographique sur laquelle doit s'exercer la souveraineté. Or la forêt est une étendue de terre, un espace géographique couvert par une végétation dominée par les arbres de différentes dimensions et abritant d'autres êtres vivants et ressources. Ce qui implique les droits de l'Etat en matière de gestion des ressources qui s'y trouvent.

Aussi, la réflexion du Président Félix Houphouet Boigny en 1971 est éloquente : « La Côte d'Ivoire est trop harmonieuse et réservée, pour que la responsabilité soit prise de détruire aveuglement ses beautés naturelles et ses richesses les plus authentiques. L'homme est allé sur la lune, mais il ne sait pas encore fabriquer un flamboyant ou un chant d'oiseau. Gardons notre cher pays d'erreurs irréparables qui pourraient, dans l'avenir, l'amener à regretter ses oiseaux et ses arbres »[366]

[365]Pierre Marie Dupuy, « Le droit international de l'environnement et la souveraineté des Etats », in L'avenir du droit international de l'environnement, colloque de la Haye 12-14 novembre 1984, Martinus Nijhoff Publishers, 1985, p. 29.

[366] Dupuy Pierre Marie, op.cit., p. 29.

B. Législation forestière congolaise

La première législation forestière fut ébauchée au Katanga par le Service Forestier du CSK en 1913, puis modifiée en 1920. En 1921, le CSK confie l'étude systématique des forêts du Katanga à Delevoy ; son aboutissement fut la création en 1923 d'un Service Forestier Permanent. Au cours de la même année, le CSK crée aux environs d'Elisabethville (entre les communes Elisabethville et Ruashi) l'Arboretum d'Etoile (qui vient après celui de Kisantu) destiné à l'étude des essences locales et exotiques[367].

Les expériences et connaissances accumulées par Delevoy l'ont poussé à contraindre l'autorité coloniale à mettre en place une politique forestière ferme et continue, à organiser un commerce régional de bois sous forme privée ou coopérative, afin de supprimer les petites coupes individuelles, d'enrichir et de favoriser la régénération naturelle de la forêt et à établir un programme de reboisement autour des centres extra-coutumiers.

L'Ordonnance n°52-119 du 02 mai 1951 indique les règles à suivre dans les coupes de bois autorisées par le décret sur le régime forestier. Pour assurer le respect de ces prescriptions, les opérations de coupe sont suivies par la tenue d'un registre d'exploitation et les chantiers sont inspectés par les agents forestiers[368].

A propos des coupes individuelles à accorder aux autochtones, Delevoy préconisait qu'elles devraient avoir 50m de largeur mais illimitées en profondeur. En 1949, le même Delevoy initia la révision de la première législation forestière qui fut sanctionnée par le décret du 11 avril 1949. Ce décret établit une distinction entre les forêts classées et les forêts protégées tant domaniales qu'indigènes[369].

Le décret du 11 avril 1949 reste le fondement de bien de textes réglementaires sur le régime forestier congolais. On peut, à titre illustratif, citer l'ordonnance n°79-244 du 16 octobre 1979 fixant les taux et règles d'assiette et de recouvrement des taxes et redevances en matière administrative, judiciaire et domaniale perçues à l'initiative du Département de l'Environnement, Conservation de la Nature et

[367] Kamto Maurice, « Les forêts, patrimoine commun de l'humanité et Droit international », in Droit, Forêts et Développement durable, op. cit., p. 87.
[368] Idem.
[369] Delevoy (1948).

Tourisme dont le titre II est consacré à l'exploitation forestière ; l'arrêté départemental du 26 janvier 1983 réajustant les taxes et redevances fixées à l'ordonnance précitée ; l'ordonnance n°85/211 du 30 août 1985 créant le Fonds de Reconstruction du Capital Forestier.

Le séminaire sur le thème « Rigueur dans la gestion forestière en République du Zaïre » tenu à Kinshasa du 26 au 30 novembre 1984 et le Fonds de Reconstruction du Capital Forestier ont prévu la redynamisation du secteur forestier, mais il faut attendre quelques années après la mise en place de leurs structures et l'application de leur plan d'action pour en apprécier les résultats[370].

La législation coloniale a mis l'accent sur l'environnement urbain, sur la protection des sources d'eau, des cours d'eau, sur la faune et la flore. Le niveau des textes législatifs et réglementaires correspondait à l'état des connaissances scientifiques de l'époque. Et sur le terrain, les textes connaissaient leur application. Mais depuis l'indépendance, beaucoup de textes, non seulement se sont vus dépassés, mais ont cessé d'être appliqués et la conséquence est la dégradation généralisée de l'environnement.

Ainsi, l'état rudimentaire et lacunaire actuel de la législation environnementale milite pour l'actualisation des textes, soit en les complétant, soit en les modifiant ; et ce, dans un premier temps. Dans le second temps, il faut doter le Congo d'une loi-cadre de l'environnement, loi édictant les principes normatifs généraux en matière de l'environnement qui tiendront compte des conventions internationales ratifiées par le Congo[371].

Voilà pourquoi, au regard de l'évolution de la situation économique, sociale, culturelle et politique au pays comme d'importantes conventions internationales telles que la convention sur la diversité biologique- Rio de Janeiro 1992 et la convention internationale sur le commerce des espèces menacées d'extinction Washington 1973, la République Démocratique du Congo a, par la loi n°011/2002 du 29 août 2002 portant code forestier, reformé le décret du 11 avril 1949 sur son régime forestier.

---

[370] Kalambay Lumpungu, « Législation zaïroise en matière forestière et sa pratique », in Actes de l'Atelier International sur La Forêt tropicale africaine: patrimoine à préserverd'urgence, Kinshasa/N'sele, 18-23 mai 1991, p.p. 1-9.

[371] Binzangi K., op. cit., p. 26.

La nouvelle loi forestière introduit des innovations suivantes[372] :

a. Sur le plan institutionnel

- L'Etat a l'obligation d'élaborer une politique forestière nationale matérialisée par un plan forestier national à réviser périodiquement en fonction de la dynamique de l'industrialisation forestière ;
- Les forêts sont classées et déclassées par arrêtés du Ministre (ayant les forêts dans ses attributions), suivant la procédure fixée par décret du Président de la République[373] ;
- Trois catégories des forêts sont désormais prévues par la présente loi, à la différence de l'ancienne loi, à savoir : forêts classées, forêts protégées et forêts de production permanente. Celles-ci sont soustraites de forêts protégées, à la suite d'une enquête publique en vue de leur concession ;
- La création d'un cadastre forestier tant au niveau de l'Administration centrale qu'à celui de l'Administration provinciale. Si la mission du cadastre forestier provincial consiste à conserver tous les actes et contrats relatifs à la gestion forestière, le cadastre forestier national doit, tout en ayant la même mission, constituer une banque de données permettant au ministre chargé des forêts d'élaborer la politique forestière sur base des informations fiables ;
- La création d'un conseil consultatif national et des conseils consultatifs provinciaux des forêts. Le premier s'occupe essentiellement de la planification et de la coordination du secteur forestier au niveau national, tandis que les seconds surveillent la gestion forestière des provinces et des autres entités décentralisées, d'une part, et d'autre part, ils se chargent de donner des avis dans les projets de classement ou de déclassement des forêts.

b. Sur le plan de la gestion forestière

- Toute forêt à concéder fait l'objet d'une enquête préalable de manière à pouvoir la rendre quitte et libre de tout droit. Ici également, la consultation des populations riveraines de la forêt est obligatoire, pour garantir la paix sociale et la jouissance paisible des forêts concédées ;
- Pour assurer le développement durable des ressources naturelles, la présente loi introduit dans la gestion forestière deux concepts, celui d'inventaire forestier et celui d'aménagement forestier ;

---

372 Kalambay Lumpungu (2004), Droit de l'environnement, Module, DEA, Chaire Unesco de l'Université de Kinshasa, p. 91.

373 Idem.

- Dans la présente loi, la concession forestière se démarque nettement de la concession foncière et constitue un droit réel immobilier « sui generis » parce que portant uniquement sur le bois. Il est sous-tendu par un contrat de concession forestière accompagnée de cahiers des charges dans lesquels sont spécifiés les droits et obligations des parties contractantes. La concession forestière peut s'acquérir par deux voies : l'une principale, l'adjudication, et l'autre, exceptionnelle, le gré à gré. Toutefois, les communautés locales, c'est-à-dire en fait les populations locales, peuvent acquérir, à titre gratuit, une concession forestière sur leurs terres ancestrales ;
- Par rapport au décret du 11 avril 1949, cette loi insère dans le régime forestier des dispositions spécifiques relatives à la fiscalité forestière. Celle-ci se distingue de la fiscalité ordinaire et vise à asseoir une politique de taxation forestière qui soit à même de garantir à la fois une gestion durable de la ressource forestière, une invitation à la meilleure gestion forestière et de l'accroissement des recettes forestières. La présente loi, se voulant générale, se borne à définir les principes et les matières générales, lesquels feront l'objet des textes réglementaires permettant ainsi au gouvernement une adaptation dynamique aux conditions socio-économiques du pays.

3. Etat de lieux de la législation environnementale et forestière en RDC

La lenteur ou le retard dans l'application du Code Forestier, c'est aussi le constat dégagé par l'Atelier National de Restitution, Projet d'Appui à la Relance du Secteur forestier, organisé à Kinshasa du 12 au 13 avril 2005 à l'Alliance Belgo-Congolaise par le Ministère de l'Environnement, en collaboration avec le Programme de Partenariat FAO-Pays Bas.

A l'occasion, planchant sur « L'évaluation de la mise en œuvre du Projet par la Composante Législation Forestière », Me Mutumbe Mbuya, Consultant National en législation forestière, a fait observer qu'à ce jour, outre des projets en élaboration ou en souffrance, plusieurs textes de mesures d'exécution ci-dessus signalées sont revus et attendent d'être signés. A ce jour la situation se présente comme suit :

I. Le code forestier : Loi N°011/2002 du 29 aout 2002 portant code forestier.

II. Textes transitoires organisant la conversion des anciens titres forestiers (LI et GA) en contrat de concession forestière.

1. Décret N°08/02 du 21 janvier 2008 modifiant le décret N°05/116 du 24 octobre 2005 fixant les modalités de conversion des anciens titres forestiers et portant extension du moratoire en matière d'octroi des titres d'exploitation forestière ;
2. Décret présidentiel N°06/141 du 10 novembre 2006 portant nomination des membres de la Commission Interministérielle de conversion des titres forestiers ;
3. Décret N°05/116 du 24 octobre 2005 fixant les modalités de conversion des anciens titres forestiers en contrat de concession forestière et portant extension du moratoire en matière d'octroi des titres d'exploitation forestière ;
4. Arrêté ministériel N°090 CAB/MIN/ECN-T/15/JEB/2009 du 23 janvier 2009 portant mesures de mise en œuvre des décisions de rejet des requêtes de conversion et de résiliation des anciens titres forestiers ;
5. Arrêté ministériel N°035/CAB/MIN/ECN-EF/2005 du 26 mai 2009 rapportant l'arrêté ministériel N°071.CAB/MIN/ECN-EF/2004 du 22 novembre 2004 portant modification de l'arrêté ministériel N°050/CAB/MIN/ECN-EF/2004 du 02 juillet 2004 fixant les modalités de conversion des conventions portant octroi des garanties d'approvisionnement en matière ligneuse et lettres d'intention en contrat de concession forestière ;
6. Arrêté N°CAB/MIN/AF.F-E.T/194/MAS/02 du 14 mai 2002 portant suspension de l'octroi des allocations forestières ;
7. Message radiophonie N°001/CAB/MIN/ECN-T/15/JEB/2009, etc. ;

III. Textes ayant trait à l'administration du domaine forestier et à l'attribution des titres forestiers.

1. Décret N°011/27 du 20 mai 2011 fixant les règles spécifiques d'attribution des concessions forestières de conservation ;
2. Décret N°011/26 du 20 mai 2011 portant obligation de publier tout contrat ayant pour objet les ressources naturelles ;
3. Décret N°011/25 du 20 mai 2011 modifiant le décret N°08/09 du 08 avril 2008 fixant la procédure d'attribution des concessions forestières ;
4. Décret N°08/09 du 08 avril 2008 fixant la procédure d'attribution des concessions forestières ;
5. Décret N°08/08 du 08 avril 2008 fixant la procédure de classement et de déclassement des forets ;

6. Arrêté ministériel N°023/CAB/MIN/ECN-T/28/JEB/10 du 07 janvier 2010 fixant le modèle d'accord constituant la clause sociale du cahier de charges du contrat de concession forestière ;
7. Arrêté ministériel N°035/CAB/MIN/ECNT/15/JEB/08 du 22 aout 2008 portant mesures relatives à l'estimation des prix des forets à concéder ;
8. Arrêté ministériel N°037/CAB/MIN/ECN-T/15/JEB/2008 du 18 septembre 2008 fixant les critères de sélection des soumissionnaires des concessions forestières ;
9. Arrêté ministériel N°024/CAB§MIN§ECN-T/15/JEB/08 du 07 aout fixant la procédure publique préalable à l'octroi des concessions forestières ;
10. Arrêté ministériel N°028/CAB/MIN/ECN-T/15/JEB/08 du 07 aout 2008 fixant les modèle des contrats de concession d'exploitation des produits forestiers et de cahier des charges y afférent ;
11. Arrêté ministériel N°022/CAB.MIN/ECN-T/15/JEB/2008 du 07 aout 2008 fixant la procédure d'autorisation de cession, de location, échange ou donation d'une concession forestière ;
12. Arrêté ministériel N°011/CAB/MIN/ECN-EF/2007 portant réglementation de l'autorisation de coupe industrielle de bois d'œuvre et des autorisations d'achat, vente et exploitation de bois d'œuvre ;
13. Arrêté ministériel N°035/CAB/MIN/ECN-EF/2006 du 05 octobre 2006 relatif à l'exploitation forestière ;
14. Arrêté ministériel N°105/CAB/MIN/ECN-T/15/JEB/009 du 17 juin 2009 complétant l'arrêté N°035/CAB/MIN/ECN-EF/2006 du 05 octobre 2006 relatif à l'exploitation forestière ;
15. Arrêté ministériel N°CAB/MIN/AF.F-E.T/276/2002 du 05 novembre 2002 déterminant les essences forestières protégées.

IV. Textes relatifs à l'inventaire et à l'aménagement forestier

1. Arrêté N°038/CAB/MIN/ECN-T/15/JEB/2008 du 23 septembre 2008 fixant les modalités d'élaboration et de mise en œuvre du plan d'aménagement d'une forêt classée ;
2. Arrêté ministériel N°034/CAB/MIN/ECN-T/15/JEB/08 du 22 aout 2008 portant réglementation de la récolte de certains produits forestiers ;
3. Arrêté ministériel 020/CAB/MIN/ECN-T/15/JEB/2008 du 07 aout 2008 fixant les mesures relatives aux autorisations de reconnaissance et d'inventaire forestiers d'allocation ;

4. Arrêté ministériel N°021/CAB/MIN/ECN-T/15/JEB/2008 du 07 aout 2008 portant normes relatives aux installations à implanter dans les concessions forestières ;
5. Arrêté ministériel N°025/CAB/MIN/ECN-T/15/JEB/2008 du 07 aout 2008 portant réglementation du permis de déboisement ;
6. Arrêté ministériel N°036/CAB/MIN/ECN-EF/2006 du 05 octobre 2006 fixant les procédures d'élaboration, d'approbation et de mise en œuvre des plans d'aménagement des concessions forestières de production des bois d'œuvre.

V. Textes sur l'exportation des produits forestiers

1. Arrêté interdépartemental N°BCE/CE/ECNT/007/85 portant réglementation de l'exportation de grumes.

VI. Textes relatifs à la fiscalité forestière

1. Arrêté interministériel N°002/CAB/MIN/ECN-T/2010 et N°028/CAB/MIN/FINANCES/2010 du 26 avril 2010 portant fixation des taux des droits, taxes et redevances en matière d'établissements dangereux, insalubres ou incommodes à percevoir à l'initiative du ministère de l'environnement, conservation de la nature et tourisme ;
2. Arrêté ministériel N°021/CAB/MIN/FINANCES/2010 du 26 mars 2010 portant rationalisation des missions de contrôle et des recettes non fiscales sur place ;
3. Arrêté interministériel N°003/MIN/ECN-T/2010 et N°029 CAB/MIN/FINANCES/2010 du 26 avril 2010 portant fixation des taux des droits, taxes et redevances à percevoir en matière forestière à l'initiative du ministère de l'environnement, conservation de la nature et tourisme.

VII. Textes sur la police et la surveillance des forets.

1. Ordonnance N°52/175 du 23 mai 1953 sur l'interdiction de l'incendie des herbes et des végétaux sur pieds ;
2. Arrêté ministériel N°104 CAB/MIN/ECN-T/15/JEB/09 du 16 juin 2009 fixant la procédure de transaction en matière forestière ;
3. Arrêté ministériel 102/CAB/MIN/ECN-T/15/JEB/09 fixant les règles et les formalités du contrôle forestier ;

4. Arrêté ministériel 027/CAB/MIN/ECN-T/15/JEB/2008 du 07 aout 2008 relatif au marteau forestier de l'administration et à son utilisation ;
5. Arrêté ministériel 026/CAB/MIN/ECN-T/15/JEB/2008du 07 aout 2008 portant dispositions relatives à la supervision, au suivi et l'élaboration des opérations de reconstitution du capital forestier ;
6. Arrêté ministériel N°CAB/MIN/AF.F.T/277/2002du 05 novembre 2002 portant réglementation de l'uniforme et des insignes distincts des gardes des inspecteurs, fonctionnaires et agents forestiers assermentés ;
7. Arrêté ministériel 0001/71 du 15 février 1971 portant interdiction absolue des déboisements ou débroussaillement, comme des feux de brousse, de taillis ou de bois dans la concession ou dans tous les terrains formant le domaine dénommé « site d'Inga ».

VIII. Textes organiques relatifs au secteur forestier.

1. Décret N°09/40 la 26/11/2009 portant création, composition et organisation de la structure de mise en œuvre du processus de réduction des émissions issues de la déforestation et de la dégradation des forets « REDD » en sigle ;
2. Décret N°09/24 du 21 mai 2009 portant création, organisation et fonctionnement du fonds forestier national en abrégé « F.F.N » ;
3. Décret N°08/03 du 26 janvier 2008 portant composition, organisation et fonctionnement du conseil consultatif national des forêts ;
4. Arrêté ministériel N°010/CAB/MIN/ECN-T/015/JEB/11 du 07 février2011 relatif à l'enregistrement des organisations non gouvernementales et associations sans but lucratif, environnementales et à leur partenariat avec le ministère en charge de l'environnement ;
5. Arrêté ministériel N°053/CAB/MIN/ECN-T/27/JEB/A0 du 27 novembre 2010 portant création, organisation et fonctionnement de la commission technique des négociations de l'accord de partenariat volontaire entre la République Démocratique du Congo et l'union européenne dans le cadre du plan d'action FLEGT ;
6. Arrêté ministériel N°026/CAB/MIN/ECN-T-15/0010 du 28 juin 2010 portant nomination des membres du comité interministériel du processus de réduction des émissions issues de la déforestation et de la dégradation des forêts (REDD) ;
7. Arrêté ministériel N°25/CAB/MIN/ECN-T/15/0010 du 28 juin 2010 portant nomination des membres du comité national de

processus de réduction des émissions issues de la déforestation et de la dégradation des forets (REDD) ;

8. Arrêté N°107/CAB/MIN/ECN-T/15/JEB/09 du 20 aout 2009 portant création, composition, organisation et fonctionnement du comité national de pilotage du zonage forestier ;
9. Arrêté ministériel N°107/CAB/MIN/ECN-T/15/JEB/09 du 09 juillet 2009 portant mise en place de la commission ad hoc de suivi des mesures de mise en œuvre des décisions de la commission interministérielle de conversion des titres forestiers ;
10. Arrêté ministériel N°103/CAB/MIN/ECN-T/15/JAB/09 du 16 juin 2009 portant organisation et fonctionnement de la commission de règlement des différends forestiers ;
11. Arrêté ministériel N°0100 CAB/MIN/ECN-T/27/JEB/09 du 01 juin 2009 portant affectation des directeurs chefs des services du secrétariat général à l'environnement et conservation de la nature ;
12. Arrêté ministériel N°CAB/MIN/ECN-T/15/JEB/2008 du 07 aout 2008 portant affectation des directeurs chefs des services du secrétariat général à l'environnement de la nature ;
13. Arrêté ministériel N°023/CAB/MIN/ECN-T/15/JEB/2008 du 07 aout 2008 portant création et organisation du comité de pilotage du projet de foresterie communautaire en République Démocratique du Congo ;
14. Arrêté ministériel N°004/CAB/MIN/ECN-EF/2007 du 25 janvier 2007 portant création, composition, organisation et fonctionnement du comité de coordination des travaux des contrôles forestiers ;
15. Arrêté ministériel N°034/CAB/MIN/ECN-EF/2006 du 05 octobre 2006 portant composition, organisation et fonctionnement des conseils consultatifs provinciaux des forets ;
16. Arrêté ministériel N°033 du 02 octobre 2006 portant organisation et fonctionnement du cadastre forestier ;
17. Arrêté ministériel N°CAB/MIN/AF.F-E.T/039/2001du 07 novembre 2001 portant création et organisation d'un service public dénommé « centre de promotion du bois », en abrégé« CPB » ;

18. Arrêté 012/DECNT/CCE/81du 18 février 1981 portant création et organisation du service national de reboisement.

IX. Textes non forestiers mais ayant une incidence sur le secteur forestier.

1. Dispositions constitutionnelles du 18 février 2006 ;
2. Loi N°10/007 du 27 février 2010 modifiant et complétant l'ordonnance N°68-400du 23 octobre 1968 relative à la publication et à la notification des actes officiels ;
3. Loi organique N°08/016 du 31 juillet 2008 portant composition, organisation et fonctionnement des entités territoriales décentralisées et leurs rapports avec l'Etat et les provinces ;
4. Loi N°08/012 du 31 juillet 2008 portant principes fondamentaux relatifs à la libre administration des provinces ;
5. Loi N°05 :008 du 31 mars 2005 fixant la nomenclature des actes générateurs des recettes administratives, judiciaires, domaniales et de participation ;
6. Loi N°004/2002 du 21 février 2002 portant code des investissements ;
7. Loi N°004/2001 du 20 juillet 2001 portant règlementation des associations sans but lucratif et des établissements d'utilité publique ;
8. Ordonnance N°08 :007 du 25 janvier 2008 complétant l'ordonnance N°07/018 du 16 mai 2007 fixant les attributions des ministères ;
9. Ordonnances N°07/018du 16 mai 2007 fixant les attributions des ministères ;
10. Ordonnance-loi N°68/400 du 23 octobre 1968 relative à la publication et à la notification des actes officiels ;
11. Ord 41-48 du 12 février 1968 sur les établissements dangereux, insalubres ou incommodes ;
12. Arrêté ministérielN°004/CAB/MIN/ECN-T/012 du 15 février 2012 fixant la procédure d'homologation des projets REDD+.

X. Textes internationaux ayant trait aux forêts.

1. Accord international sur les bois tropicaux ;
2. Convention africaine sur la conservation de la nature et des ressources naturelles ;
3. Traité relatif à la conservation et la gestion durable des écosystèmes forestiers d'Afrique centrale et instituant la commission des forêts d'Afrique centrale(COMIFAC) ;
4. Loi N°09/005 du 31 décembre 2009 autorisant la ratification du relatif à la convention et à la gestion durable des écosystèmes forestiers d'Afrique centrale et instituant la commission des forêts d'Afrique centrale(COMIFAC) ;

5. Convention des nations unies sur la diversité biologique ;
6. Convention-cadre des nations unies sur les changements climatiques ;
7. Protocole de Kyoto à la convention-cadre des nations unies sur les changements climatiques ;
8. Déclaration de quelques principes des Nations - Unies sur les forêts.

4. Observations sur le Code forestier congolais

La lecture attentive de la loi n°011/2002 du 29 août 2002 portant code forestier en République Démocratique du Congo (Code produit en entièreté à la fin de ce travail, Annexe III) conduit aux observations ci-après, présentées comme des faiblesses audit Code :

1° Toutes les infractions prévues et punies par ce code sont de la compétence du Tribunal de Paix. Seulement, en dépit du fait que la loi prévoit l'installation d'un ou plusieurs tribunaux de paix dans chaque territoire ou commune, pour rapprocher la justice du justiciable. Il faut donc assez de tribunaux pour que ce code donne les résultats escomptés ; cela appelle la finalisation du processus d'installation des tribunaux de paix à travers toute la République et y affecter le personnel approprié et compétent. D'où l'impérieuse nécessité de mettre à niveau magistrats et officiers de police judiciaire de la RDC.

2° L'article 9 attribue la propriété des arbres situés dans un village ou son environnement immédiat, ou dans un champ collectif ou individuel audit village ou au propriétaire du champ; ces derniers ont le droit de les céder au tiers. Cet article semble être en contradiction avec l'article 7. Car, non seulement le statut juridique d'un village est confus, mais qu'il y a risque de retrouver sur un même terrain deux exploitants dont un tient son droit de l'Etat, et l'autre du village ou du propriétaire du champ cédant; encore qu'on ne perdra pas de vue que l'article 74 prévoit la consultation des populations riveraines. Ce qui les rend puissantes ;

3° Le contrôle du déboisement prévu aux articles 52 et 54 devrait suffisamment être observé Fonds Forestier National récemment constitué (créé) ;

4° Il faut suffisamment des moyens pour le contrôle de feux de brousse (coupe-feu et surveillance) prévu aux articles 55 à 64. Sinon, c'est à tort que l'autorité administrative locale est tenue responsable des conséquences desdits faits ;

5° L'inventaire et l'aménagement forestiers prévus aux articles 65 à 76 devraient davantage se concrétiser, pour éviter que seul l'exploitant réalise l'inventaire pour des concessions sollicitées avec risque de sous-estimation. Cela est possible avec les conditions précaires des agents forestiers pouvant être corrompus à tout moment ;

6° Il est prévu la reconstitution des forêts aux articles 77 à 81. Malheureusement, le reboisement est délaissé pour compte, alors que le Fonds National Forestier est déjà opérationnel en RDC ;

7°Alors que la concession forestière (contrat) prévue aux articles 82 à 95 doit en principe se faire par adjudication, elle se réalise dans la pratique de gré à gré (mode pourtant exceptionnel), l'Administration forestière n'ayant pas les moyens de sa politique ;

8° L'article 89 prévoit que dans le cahier des charges constituant la deuxième partie du contrat de concession forestière y figurent certaines clauses particulières relatives notamment à la réalisation d'infrastructure socioéconomique au profit des communautés locales (construction et aménagement des routes, équipements des installations hospitalières et scolaires, les facilités de transport). Les communautés locales et les peuples autochtones n'en savent presque rien ou n'en bénéficient pas du tout jusque là. Il s'agit là des droits imposés et non des faveurs que les exploitants font aux riverains.

Au regard de ces observations et de bien d'autres insuffisances relevées ci-haut relativement à la politique et à la législation forestière en République Démocratique du Congo, nous proposons donc que, dans l'élaboration des textes du secteur forestier, il soit pris en compte les priorités suivantes :

- accorder priorité aux textes qui visent la conversion et l'adjudication des concessions forestières ;
- considérer les recommandations des études techniques d'autres composantes de l'appui à la relance du secteur forestier (normes d'inventaire, normes d'aménagement forestier, critères de zonage) ; ce qui exige le recours à l'expertise nationale qui existe d'ailleurs dans sa multidisciplinarité ;

- consulter et faire participer les populations riveraines en synergie avec d'autres partenaires (ONG, les établissements d'enseignement supérieur et universitaire, les exploitants forestiers, ...) ;
- renforcer les capacités d'administration en la matière, impliquer toutes les parties prenantes dans le processus d'élaboration des mesures d'exécution et dans la lutte contre la criminalité forestière ;
- organiser des sessions parlementaires sur des questions environnementales.

La forêt étant une des composantes de l'environnement, sa survie tient à la mise sur pied de la loi-cadre sur l'environnement en général dont le projet ne peut être compris et discuté par les parlementaires que s'ils ont la maîtrise des questions environnementales. Malheureusement, le projet de cette loi présenté en deux versions (celle du Professeur Kalambay avec son Collègue tunisien du nom de Mezghani comptant 87 articles) et celle du Professeur Ouedrago, nécessitée par les observations formulées par la FAO et comptant 103 articles) était en souffrance depuis quelques années, faute de financement[374]. C'est en 2011 seulement qu'elle a été publiée[375].

5. La loi n°11/009 du 09 juillet 2011 portant principes fondamentaux relatifs à la protection de l'environnement et son incidence positive sur la gestion des forets

Consciente de la responsabilité qui est la sienne dans l'équilibre de l'environnement mondial à travers notamment les services environnementaux offerts par ses forêts, et pour se conformer aux engagements internationaux librement consentis, la République Démocratique du Congo s'est vue contrainte d'harmoniser son arsenal juridique en matière environnementale en se dotant de la loi n°11/009 du 09 juillet 2011 portant principes fondamentaux relatifs à la protection de l'environnement.

Cette loi, qui se veut le socle de toutes les autres législations ayant une incidence directe ou indirecte sur l'environnement, édicte les principes généraux qui servent de base aux différents secteurs de l'environnement, à savoir : le secteur agricole, le secteur minier, le secteur forestier, le

---

374 Directeur Kasulu (Ministère de l'Environ.), Propos recueillis par nous lors de notre interview du 14 avril 2005.

375 Loi n°11/009 du 09 juillet 2011 portant principes fondamentaux relatifs à la protection de l'environnement.

secteur pétrolier. Elle vise à définir les grandes orientations en matière de protection de l'environnement, d'orienter la gestion de l'immense potentiel dont dispose le pays dans tous les secteurs productifs dans une vision de développement durable et de prévenir les risques en luttant contre toutes les formes de pollutions et de nuisances.

Parmi les innovations qu'elle apporte, citons :

a. Deux affirmations majeures :

1° Le principe que « l'environnement fait partie du patrimoine commun de la nation, sur lequel l'Etat exerce sa souveraineté (art 3 al 1) » ;

2° Le principe que sa gestion et sa protection sont d'intérêt général et sont soumis au principe du développement durable (art 3 al 2).

Il résulte de ses deux affirmations majeures les obligations et les droits suivants :

- L'obligation pour tous de protéger l'environnement et de participer à l'amélioration de sa qualité. Cette obligation s'impose à l'Etat, à la province et aux entités territoriales décentralisées ainsi qu'à toute personne physique ou morale de Droit public ou de Droit privé (art. 3 al 3) ;
- Le droit à l'éducation environnementale garanti aux citoyens (Art 4 al 1) ;
- L'obligation pour les organismes publics et privés de créer en leur sein une fonction relative au suivi de la gestion environnementale de leurs secteurs d'activités respectifs en guise d'interface du ministère de l'environnement (art 4 in fine) ;
- L'obligation pour le gouvernement de prendre des mesures incitatives en vue de prévenir ou de réduire les dommages à l'environnement, de le restaurer ou d'en améliorer la qualité (art 5) ;
- L'obligation pour l'Etat à tous les niveaux de prendre en compte, les impératifs de protection de l'environnement et du bien-être de la population locale dans le choix et l'emplacement des zones d'activités lors de l'élaboration des plans d'aménagement du territoire ou de l'urbanisme (Art 6 al 1) ;
- L'obligation d'une concertation avec la population locale, les usagers et les ASBL agrées dans l'établissement de ces plans qui doivent faire l'objet d'une étude environnementale et sociale (art 6 al 2).

Cette loi intègre les huit principes fondamentaux de l'environnement tels que définis par la Déclaration de RIO de 1992 sur l'environnement et le développement durable ainsi que dans les différents accords multilatéraux sur l'environnement dont l'Etat congolais est partie.

Il s'agit de principes ci-après :

1° **Le principe du développement durable,** selon lequel « la protection de l'environnement et la gestion des ressources naturelles sont assurées de manière à répondre équitablement aux besoins de développement des générations présentes sans compromettre la capacité des générations futures à répondre à leurs propres besoins » (Art. 7 alinéa 1).

Toute politique nationale en matière de développement économique et social intègre ce principe (Art.7 alinéa 2).

2° **Le principe d'information, s**elon lequel « toute personne a le droit d'accéder aux informations disponibles, complètes et exactes relatives à l'environnement, y compris celles aux substances et activités dangereuses et aux mesures prises pour leur prévention, traitement et élimination, selon les cas » (Art 8 alinéa 1).

L'Etat, la province et l'ETD ont l'obligation de mettre à la disposition du publique toute information relative à l'état de l'environnement (Art 8 al 2).

3° **Le principe de participation du public au processus de prise de décision en matière d'environnement**, selon lequel « toute personne a le droit de participer au processus de prise de décision en matière d'environnement et de gestion des ressources naturelles » (Art 9 alinéa 1).

Le Public participe au processus d'élaboration par les autorités publiques des politiques, programmes, plans et règlements relatifs à l'environnement dans un cadre transparent et équitable défini et mis en place par lesdites autorités (Art 9 alinéa 2).

La participation dont question s'effectue dès le début et tout au long du processus de prise de décisions ayant une incidence sur l'existence de ce public ou pouvant avoir un effet important sur l'environnement ; c'est le cas notamment des décisions en matière d'aménagement, des autorisations de mise en chantier d'un projet ou d'une activité, de celles de construction ou d'exploitation des installations classées, des émissions ainsi que des études d'impact environnemental et social .Le public a en outre, le droit d'être informé de la décision finale (article 9 alinéa 3).

4° **Le principe d'action préventive et de correction**, en vertu duquel « l'Etat, la province et l'Entité Territoriale Décentralisée (E.T.D) veillent à ce que soient prises, dans toute activité humaine, artisanale ou industrielle, des mesures d'action préventive ou de correction, par priorité à la source des atteintes à l'environnement en utilisant les technologies moins polluantes disponibles à un coût économiquement acceptable ». (art 10 alinéa 1).

5° **Le principe de précaution,** selon lequel l'Etat, la province et l'Entité Territoriale Décentralisée (ETD) veuillent à la mise en œuvre des procédures d'évaluation des risques et prennent toute mesure de précaution nécessaire pour assurer la protection efficace de l'environnement.(Article 11alinéa 1).

Notons cependant que, l'absence de certitude, compte tenu des connaissances scientifiques et techniques du moment ne doit pas servir de prétexte pour retarder l'adoption de mesures effectives et proportionnées visant à prévenir un risque de dommages graves et irréversibles à l'environnement (Article 11 alinéa 2).

6° **Le principe de pollueur payeur,** en vertu duquel, les coûts résultant des mesures de prévention, de lutte contre la pollution et de la réduction de celle-ci ou de remise en état des sites ou paysages pollués sont supportés par le pollueur (c'est la base même de la fiscalité environnementale).

7° **Le principe de coopération entre États en matière d'environnement**, en vertu duquel « le gouvernement met en œuvre des politiques et programmes de coopération avec d'autres Etats et partenaires désireux de contribuer à la protection de l'environnement et à la gestion durable des ressources naturelles dans le cadre des conventions, traités et accords internationaux auxquels la République est partie ». (Article 13).

8° **Le principe d'intégration,** en vertu duquel « l'Etat, la province et les Entités Territoriales Décentralisées s'assurent que l'élaboration et la mise en œuvre des plans et programmes sectoriels intègrent les normes en matière d'environnement et de développement durable. »

b. Sur le plan institutionnel.

L'environnement étant un domaine transversal, il est prévu la création d'un Organe national de l'environnement et du développement durable placé sous l'autorité du premier ministre et ayant pour mission de donner les avis notamment sur la définition et la mise en œuvre de la politique nationale en matière de l'environnement, l'élaboration des plans et programmes sectoriels en matière de l'environnement ou ayant une incidence sur l'environnement (tel est le cas du secteur minier).

Cet Organe pourrait s'appeler ***Autorité Administrative Indépendante*** « AAI », une sorte d'Autorité de régulation indépendante d'autres autorités politiques (passagères), laquelle peut en permanence fournir une expertise assurée.

Le désengagement des services ministériels (ministères de l'environnement et des mines) dans le processus, d'évaluation et d'approbation de l'étude d'impact environnemental et social ainsi que du suivi de sa mise en œuvre, cette mission étant confiée à un Etablissement public (Agence Congolaise de l'environnement), doté d'une personnalité juridique distincte de celle de l'Etat et disposant des moyens techniques et financiers nécessaires pour assumer son indépendance et son impartialité.

c. Quant aux mécanismes de financement :

Il est prévu la création d'un fonds d'intervention pour l'environnement destiné à financer notamment, la recherche environnementale, la conservation de la biodiversité, des opérations d'assainissement, de prévention, de lutte contre la pollution, de réhabilitation et de la restauration des sites ou paysages pollués ou dégradés.

d. S'agissant des mécanismes procéduraux, elle prévoit :

1° La nécessité de l'évaluation environnementale préalable de toute politique, plan et programme élaboré par l'État, la Province et l'Entité Territoriale Décentralisée (E.T.D) ou un établissement public dont la réalisation est susceptible d'avoir des incidences notables sur l'environnement (art. 19), sauf ceux destinés à des fins militaires ou de protections civiles dont l'évaluation ne relève pas du domaine public, et est couverte par le secret militaire (art. 20).

2° La nécessité d'une étude d'impact environnemental et Social (EIES) préalable pour tout projet de développement, d'infrastructures ou d'exploitation de toute activité industrielle, agricole, forestière, minière, de télécommunication ou autre susceptible d'avoir un impact sur l'environnement, et cette E.I.E.S doit être assortie d'un Plan de Gestion Environnemental et Social (P.G.E.S),dûment approuvé, qui est au fait une propriété de l'Etat(art.21).

3° La création d'un établissement public (agence congolaise de l'environnement) comme déjà évoquée ci-dessus, ayant pour mission l'évaluation et l'approbation des études d'impact environnemental et social ainsi que le suivi de leur mise en œuvre (art 22).

4° L'audit environnement est confié au Ministre ayant l'environnement dans ses attributions, qui audit et out ouvrage ou toute activité présentant un risque potentiel sur l'environnement. Celui-ci donne lieu à la prescription de toute mesure appropriée de protection de l'environnement. (art.23).

5° L'enquête publique préalable est imposée à tout projet ou tout activité susceptible d'avoir un impact sur l'environnement, et ce, pour informer le public et la population locale sur le projet ou l'activité ; de recueillir les informations sur la nature et l'étendue des droits que pourraient détenir les tiers ; de collecter les appréciations, suggestions et contrepropositions, afin de permettre à l'autorité compétente de disposer de tous les éléments d'appréciations (art.24) ;

e. Quant à la responsabilité civile environnementale

Cette loi prévoit :

1° Le principe de la responsabilité civile de l'exploitant pour les faits commis par ses préposés, en ce qui concerne notamment un dommage à l'environnement et à la santé en violation de la loi cadre sur l'environnement et ses mesures d'application.

2° La condamnation solidaire de l'exploitant pour les infractions environnementales prononcées contre son préposé, à moins de prouver qu'il était dans l'impossibilité d'en empêcher la commission.

f. Sur le plan pénal.

Toute une panoplie des sanctions répressives est prévue pour dissuader les opérateurs économiques qui ne se conforment pas aux normes environnementales, mais il est également des mesures incitatives pour encourager les atténuations de la pollution par l'utilisation d'une technologie innovante.

L'harmonie voulue par la loi n° 11/009 du 09 juillet 2011 portant principes fondamentaux relatifs à la protection de l'environnement, les reformes ou les adaptations de certaines lois, notamment la loi minière, la loi sur les hydrocarbures, la loi foncière.

Global Witness recommande que les nouveaux codes minier et pétrolier de la RDC doivent inclure des mesures rigoureuses en matière de transparence, d'appels d'offres et de droits des communautés locales. En mettant en place ces règles fondamentales, le Congo pourrait contribuer à prévenir bon nombre de problèmes qui affectent les secteurs minier et pétrolier[376]

6. Formalisation de la plate-forme FLEGT de la société civile environnementale en RDC

Les participants à l'atelier de formalisation du cadre de concertation de la société. civile environnementale pour le suivi des négociations de l'Accord de partenariat volontaire pour l'application des règlements, de la gouvernance et des échanges commerciaux (APV/FLEGT) ont formalisé une structure dénommée « Plate-forme des organisations de la société civile (OSC) » sur les APV-FLEGT / RD Congo.

Ce préalable s'était concrétisé au cours des travaux de l'atelier qui se sont tenus, à cet effet, du 04 au 05 décembre à Kinshasa, auquel ont pris part les ONG de la société civile environnementale de la province ville de Kinshasa et des provinces forestières, l'ONG internationale FERN (Organisation non gouvernementale) pour suivre l'implication de l'Union européenne dans la gestion durable des forêts), European Forest Institute ((EFI) et la Commission Technique Nationale des Négociations de l'APV FLEGT de la RDC.

Les participants ont également confirmé la désignation de trois délégués de la société civile environnementale à la Commission

376 Balint Kurti, 2012

Technique des Négociations APV-FLEGT et des membres du Secrétariat technique de la plate-forme. Le porte-parole du Secrétariat de la plate-forme, le Pasteur Mathieu Yela, a indiqué à l'ACP que les raisons fondamentales de la tenue de ces assises n'étaient qu'une suite logique des réunions précédentes en rapport avec le processus que l'ONG Cercle pour la Défense de l'Environnement (CEDEN) a co-organisé en septembre dernier avec le Fonds mondial pour la nature (WWF), à l'issue desquelles ont découlé des recommandations relatives à la participation de la société civile aussi bien au processus FLEGT qu'à celui de la REDD (Réduction des émissions de gaz dues à la réduction et à la déforestation des forêts).

Il s'en est également suivi un autre atelier, a-t-il rappelé, que l'ONG OCEAN (Organisation Congolaise des Ecologistes et Amis de la Nature), le Réseau Ressources Naturelles (RRN) et le CEDEN ont conjointement tenu, à Kinshasa, en août 2012. Il était encore impérieux que la société civile environnementale approfondisse davantage les aspects de participation et qu'un cadre de concertation de la société civile pour des négociations de l'APV-FLEGT soit mis en place, à côté du Groupe de travail climat REDD de la société civile, qui suit un autre processus, notamment la REDD.

Le coordonnateur national des services de développement de Caritas Congo s'est, pour sa part, dit satisfait d'avoir été associé aux réflexions qui ont été menées pour asseoir la plate-forme de la société civile engagée dans les négociations APV-FLEGT entre le gouvernement congolais et l'UE. Son organisation, a-t-il annoncé, est en train de mettre en œuvre un projet sur l'implication des acteurs locaux de la société civile du Bas-Fleuve, dans la province du Bas- Congo, dans le processus de négociations de ces accords entre le gouvernement et l'UE.

Un des délégués de la société civile au sein de la Commission technique des négociations(CTN) de l'Accord de partenariat volontaire pour l'application des règlements, de la gouvernance et des échanges commerciaux (APV-FLEGT), l'Abbé Willy Loyombo, a, dans un entretien, jeudi avec l'ACP, expliqué le bien-fondé de la plate-forme de ce processus en RDC. Cette structure, a-t-il dit, va aider la société civile dans sa représentation aux négociations et faire entendre les points de vue des communautés locales et des peuples autochtones au niveau des négociations APV-FLEGT en cours entre le gouvernement congolais et l'Union Européenne (UE).

Parlant du rôle des délégués de la société civile au sein de la Commission technique des négociations APV-FLEGT, il a laissé entendre que ces représentants ont pour mission, à ce niveau, de rendre régulièrement compte de l'évolution dudit processus aux acteurs de la société civile impliqués dans le processus.

« Notre tâche, au niveau de la CTN, consiste à définir le système de la légalité en élaborant des grilles des concessions industrielles et de l'exploitation artisanale du bois. La grille de l'exploitation industrielle est en train d'être finalisée, tandis que, présentement, nous nous attaquons au travail qui porte sur les exploitants artisanaux forestiers et même plus tard sur la grille de légalité des concessions des communautés locales », a-t-il expliqué.

C'est après l'étape de vérification du système de légalité(VSL) qu'il sera nécessaire de mener des tests blancs sur le terrain, qui consistent à organiser des missions de terrain pour tester l'applicabilité des indicateurs et des vérificateurs et s'assurer si ces grilles peuvent fonctionner ou sont empiriquement utilisables. Les grilles de légalité, a défini l'Abbé Loyombo, établissent les principes, les critères et les vérificateurs qui rassurent que tels exploitants forestier artisanal et industriel sont en ordre avec les textes réglementaires et les lois en vigueur dans le pays.

Toutes les lois et textes réglementaires ayant trait à l'enregistrement des entreprises, à l'accès aux droits légaux, au transport et à la commercialisation du bois, à la fiscalité, aux droits des communautés et des travailleurs font partie de la grille de légalité telle que définie par la Commission Technique de Négociations de l'APV-FLEGT. La Commission Technique a été mise en place par un arrêté du Ministre en charge des forêts et comprend en son sein 33 membres dont trois membres seulement de la société civile. Cette Commission est régie par un Règlement intérieur qui détermine les modalités de son fonctionnement.

Elle est dirigée par un Point Focal, le Dr Yvonne Sansa, nommée par le Ministre de l'Environnement, Conservation de la Nature et Tourisme. Les réunions de ladite Commission tiennent compte du chronogramme des activités planifiées par elle, et la périodicité de ces réunions dépend du volume des matières à traiter et de la feuille de route adoptée entre la RDC et l'Union européenne. Les délégués de la société civile demande à la Commission d'autoriser la société civile de désigner des suppléants qui pourront remplacer, le cas échéant, leurs délégués à la CTN de l'APV-FLEGT, pour que les points de vue des communautés locales et peuples autochtones soient pris en compte durant toute la durée des négociations entre la RDC et l'Union Européenne.

TROISIEME PARTIE
PERSPECTIVES D'AVENIR POUR PREVENIR LA DEFORESTATION ET BIEN GERER LES FORETS

L'exploitation mal réfléchie des ressources forestières, l'agriculture, l'industrialisation, l'urbanisation, les conflits armés, l'action anthropique d'une manière générale, contribuent grandement à la dégradation des forêts et des sols, voire à la désertification.

Pour maintenir les forêts, en faveur d'un équilibre biophysique, d'un régime climatique régulier, de sols fertiles et sans lésions, il est important d'envisager, pour l'avenir, des solutions sur plusieurs fronts: le front forestier et celui de l'aménagement du territoire, notamment. Cette partie contributive pour notre travail tente d'y parvenir à travers quatre chapitres.

Le premier chapitre porte sur les solutions du point de vue forestier, foncier et agricole. Nous y parlons de la reconstitution des forêts ; de l'agroforesterie et la foresterie communautaire ; de la réforme foncière en vue d'une gestion paisible et durable des forêts de la République Démocratique du Congo ; de l'éducation mésologique ; de la bonne gouvernance et de l'application rigoureuse de la loi.

Le deuxième chapitre de cette partie aborde la question de la légalité et de la traçabilité comme la meilleure façon de générer les forêts rd congolaises. Nous y parlons de la genèse et contenu de la certification forestière ; de l'état actuel de la certification dans le bassin du Cogo.

Son troisième chapitre porte sur les solutions du point de vue de l'aménagement du territoire et des conflits armés. Un accent particulier y est mis sur l'aménagement ou l'urbanisation des espaces fonciers congolais ; la planification et l'aménagement forestiers ; les questions organisationnelles et financières ; la décentralisation, notamment.

Le quatrième chapitre de cette partie traite, enfin, de résultats et recommandations de notre dissertation doctorale.

CHAPITRE NEUVIEME
SOLUTIONS DU POINT DE VUE FORESTIER, FONCIER ET AGRICOLE

Il y a lieu, au regard de différentes causes et conséquences de la déforestation telles que analysées ci-dessus, d'éduquer la masse, de pratiquer une agriculture sédentarisée, de privilégier la sylviculture ou l'agroforesterie, de sauver la nature par rapport aux conflits armés, de pratiquer la bonne gouvernance, de bien légiférer en la matière et d'appliquer la loi dans toute sa rigueur, d'encourager l'action internationale et les recherches scientifiques, etc.

Dans les lignes qui suivent, nous insistons sur l'éducation des masses, la reconstitution des forêts, les solutions par rapport aux conflits armés, la bonne gouvernance ainsi que l'application rigoureuse de la loi en la matière.

Section 1. Reconstitution des forêts

L'idéal, pour voir les forêts reconstituées, c'est de reboiser tous les espaces déboisés, pratiquer la sylviculture ou l'agroforesterie. Le reboisement étant de compréhension facile pour tout le monde, un accent particulier sera mis sur la technique de sylviculture. On créera ou boisera là où il n'a jamais existé de forêts ; et on reboisera là où les forêts ont existé, mais ont malheureusement disparu dans la suite.

L'influence climatique de grands massifs forestiers qui régularisent les chutes d'eau, la température, la photosynthèse, la protection du sol contre les multiples causes de dégradation (évaporation, érosion entraînant l'affleurement de cuirasses ferrugineuses), le rôle social, économique et écologique sont des bienfaits de la forêt plus ou moins indépendants de son état cultivé. Mais, dans les pays tropicaux comme en zone tempérée, la « sylviculture » est nécessaire pour tirer le maximum de rendement de la forêt, soit directement, soit indirectement[377].

Que signifie ce qui précède ? C'est d'abord, répond Didier Normand, conserver la forêt existante, pour autant qu'on la juge indispensable là où elle se trouve. En second lieu, c'est augmenter son potentiel économique: aménagement touristique ou cynégétique, multiplication de bois utiles pour l'utilisation locale ou l'exportation. En troisième lieu, ce sera

---

[377] Normande (1971), *Forêts et Bois Tropicaux*, « Que sais-je ? », PUF, Paris, *p. 46*

reboiser là où les boisements spontanés ne suffisent pas aux besoins des populations ou de l'industrie. Par exemple, pour alimenter des usines qui ne trouveraient plus les bois nécessaires à leur fonctionnement au bout d'un laps de temps trop court, pour justifier les investissements d'implantation.

Il y a lieu de noter que les traitements de la forêt (sylviculture) et les systèmes de gestion (aménagement) dépendent d'une formation forestière à une autre et d'un gouvernement à l'autre. A ce propos, un forestier hollandais a écrit que l'adoption d'une politique d'aménagement forestier marchait toujours de pair avec le degré de maturité du système gouvernemental. Ainsi, la sylviculture des forêts denses équatoriales peut apparaître comme un luxe, suite à l'ignorance de nombreuses personnes sur leur véritable potentiel de production.

Ce fait conduit à considérer le financement de travaux d'enrichissement, pourtant nécessaires, comme du gaspillage. Dès lors, ce manque de financement compromet l'action forestière dans les périodes de compression budgétaire. Si les déprédations causées par l'homme à la végétation forestière augmentent avec la densité des habitants, une forte population permet, à l'opposé, de trouver des travailleurs en nombre suffisant pour réparer les dommages et, si possible, faire mieux que la nature.

La création et l'amélioration de voies de communication, de la navigabilité de cours d'eau, augmentent, dans une zone forestière, la valeur des produits et permettent un enlèvement rapide des marchandises. Il y a lieu de signaler aussi que les méthodes et moyens utilisés dans la sylviculture dépendent d'une zone à une autre. En forêt dense, par exemple, on recourt à l'enrichissement en essences par régénération naturelle ou par régénération artificielle de plantations, après coupe rase ou à l'afforestation des savanes.

Dans le cas d'enrichissement, il peut être fait recours à la méthode « Taungya », où interviennent l'agriculteur et le forestier. Elle exige de concilier au mieux les intérêts de l'un et l'autre. Taungya, mot d'origine birmane, désigne une culture itinérante sur défrichement ; c'est une forme de culture pratiquée dans tous les pays tropicaux et cette technique sylvicole apparaît adaptée aux espèces s'élaguant bien, partout où la jachère arbustive fait partie du cycle agricole. Quand la destruction du couvert de la forêt préexistante a été réalisée par l'agriculteur, le forestier introduit des lignes de plants forestiers en intercalaire de plantes agricoles ; le cultivateur entretiendra le tout, pendant la durée de la mise en culture (deux ou trois ans). Cette méthode a été conçue par le célèbre organisateur du service forestier des Indes, Sir D. Brandis, vers 1861.

Lorsqu'on parle déforestation, on pense immédiatement à l'exploitation industrielle : coupe des arbres avec ces grandes machines comme ces grands grumiers qui entrent en forêt et en ressortent avec des troncs d'arbres énormes. Même si l'exploitation commerciale qui ne prend que les essences nobles ne détruit pas la forêt directement, elle ouvre, néanmoins, des percées qui permettent aux agriculteurs de pénétrer facilement dans la forêt et de conquérir un milieu qui leur était jusque là hostile[378].

Voilà pourquoi, il est important de pratiquer l'agroforesterie, c'est-à-dire que les essences de reboisement seront intercalées dans le champ des cultures vivrières. De cette manière, au moment où les cultures vivrières sont entretenues, les plantules de ces essences en bénéficient aussi[379]. Dès que l'effet d'ombrage commence à se faire sentir, le terrain restera occupé par les arbres. Les quelques essences conseillées par les spécialistes sont : le Maesopsis emi (Ndûngà en Tshiiuba), le Terminalia superba (Limba), le Leucoena leucocephala, l'Acassia auriculiformis, etc.[380].

L'Okoumé et le Limba en Afrique équatoriale sont cultivés sur base de ces méthodes, à grand écartement (4x4, 6x6, 12x12, 14x14 m). La méthode de plateaux, imaginée par Anderson pour reboiser les landes d'Ecosse, a été transposée par les forestiers belges à l'enrichissement de la forêt dense du Congo-Kinshasa, sous le couvert sélectif. Elle conserve, dans le peuplement originel, des essences utiles, de telle sorte que les plantations serrées dans les plateaux de 4x4 m n'entraînent pas la constitution d'un peuplement uniforme et continu de la part des espèces plantées, comme c'est le cas d'autres méthodes comme la technique des layons[381].

Nous devons faire remarquer que le reboisement est une pratique courante. Mais il faut savoir où, comment, pourquoi reboiser, et surtout avec quelles essences ? D'où la nécessité de la rotation, de la planification

---

378 Normande, op.cit., p. 46. .

379 *C.D.* Ntambwe Mutindi (DGF/ Min. Env.), Propos recueillis par nous lors de notre interview du 09/05/2005.

380 Voir la liste complète des essences forestières de la RDC à l'annexe 2 de ce travail.

381 M. Deveze (1973), *Histoire des forêts*, « Que sais-je », PUF, Paris, pp. 116-124.

et de l'aménagement forestiers. L'entretien, le suivi ainsi que l'évaluation de toutes ces activités sont recommandés.

Section 2. L'agroforesterie et la foresterie communautaire

A. L'agroforesterie

L'agroforesterie est un mode d'exploitation des terres agricoles associant des plantations d'arbres dans des cultures ou des pâturages Le mot dérive d'un néologisme anglophone (« agroforestry ») apparu dans les années 1970. Il s'agit d'un terme moderne ayant un usage traditionnel proche de la complantation, technique culturale traditionnelle[382].

Pour ce type de cultures associées, trois configurations principales existent, éventuellement complémentaires :

- cultures d'arbres (en rangs, en quinconce) espacés au sein de parcelles agricoles labourées et cultivées de manière pérenne ;
- Implantation de cultures (pérennes ou non) dans des clairières, ou sous les arbres de parcelles boisées qui ont été éclaircies ;
- silvopastoralisme, faisant cohabiter arbres et animaux domestiques.

L'agroforesterie est une idée testée par l'INRA était de voir si en imitant la nature, en mélangeant des arbres et des herbacées on ne pouvait pas augmenter les rendements[383]. Les quelques avantages qu'elle présente sont :

- Outre ses qualités paysagères, qui ne doivent pas être négligées ne serait-ce que dans une perspective touristique, l'agroforesterie permet d'augmenter la rentabilité des terres. En effet, les arbres plantés dans une parcelle, en sollicitant une surface négligeable au sol, constituent un investissement important qui rapportera sensiblement la même somme que les cultures elles-mêmes au moment où on les abattra pour les exploiter trente ou quarante ans plus tard.
- Les arbres agro-forestiers constituent un stock non négligeable de carbone, à la fois dans leur bois, mais aussi dans le sol qui est enrichi en

---

[382] Mary Fabienne et Besse François (1995-1996), Guide d'aide à la décision en Agroforesterie, collection Le Point sur, Coopération française, CTA, GRET, tomes 1 & 2.

[383] Rapey H. (2000). Conditions économiques d'adoption de systèmes agro forestiers, Enquête et modélisation dans le cas du silvopastoralisme. These, ENSA de Montpellier, pp. 7-91.

profondeur en matière organique par la décomposition continuelle de leurs racines fines, année après année.

- Les « agro-forestiers » peuvent créer des associations de plantes complémentaires, mieux en mesure de se protéger les unes les autres contre leurs parasites et de favoriser mutuellement leur développement. Le besoin d'engrais et surtout de pesticides est alors moindre qu'en agriculture intensive classique. Cependant, l'agroforesterie n'a pas nécessairement vocation à se placer dans une perspective d'agriculture biologique : elle autorise également des pratiques agricoles dites « conventionnelles ».
- L'arbre a un effet protecteur des cultures (brise-vent, moindres impacts des pluies violentes, grêles et insolations excessives). L'arbre en compétition avec la culture dès sa plantation enfonce naturellement ses racines plus profondément. Ce faisant, il décolmate le sol et favorise la circulation capillaire de l'eau profonde, tout en permettant aux pluies de mieux s'infiltrer pour recharger la nappe. Les arbres résistent ainsi mieux aux sécheresses et à la chaleur. Cet enracinement profond permet aussi de récupérer les nitrates en profondeur et donc de limiter la pollution des eaux. De plus, les arbres poussent plus vite car ils bénéficient à la fois d'engrais, d'irrigation et d'un éclairage optimal facilitant la photosynthèse[384].
- Du point de vue agronomique, les arbres et leurs racines et les champignons associés permettent de lutter contre l'érosion et recharger le sol en matière organique. Ils contribuent à lutter contre l'érosion, la salinisation et les inondations par la limitation du ruissellement responsable des pics de crue des rivières. Ils réduisent la pollution des nappes par les engrais agricoles en "pompant" les surplus d'azote libre.

La qualité des sols est également améliorée grâce à la litière formée par la chute des feuilles et éventuellement par le BRF que l'on peut produire à partir des tailles des arbres (haies). Les arbres forment un filet racinaire qui passe sous les couches superficielles du sol occupées par les cultures. Les champignons qui vivent en symbiose avec ces bactéries augmentent la fertilité du sol et sa capacité à retenir et faire circuler l'eau et les nutriments, améliorant la productivité sylvicole et agricole. Un plan

---

384 Rosenzweig ML (2003) Reconciliation ecology and the future of species diversity. Oryx 37(2) :194–205

de gestion des haies permet d'optimiser leur valeur agro sylvicole, voire d'augmenter leur productivité[385].

- L'espacement entre les arbres (le plus souvent alignés, afin de faciliter le passage des machines agricoles) limite leur concurrence. De ce fait, contrairement à ce qui se pratique habituellement en sylviculture, on peut planter différentes espèces au sein d'une même parcelle, ce qui permet à la fois de ne pas perdre toute la production en cas de maladie ou d'évènements touchant une espèce particulière, et de diversifier la production, avec des arbres arrivant à maturité à des moments différents.

En France, la première législation d'envergure sur l'agroforesterie a été prise à Mayotte[386] par l'ordonnance 92-1140 du 12 octobre 1992 relative au Code forestier applicable dans la collectivité territoriale de Mayotte (J.O. 16 octobre, p.14446, et qui figure maintenant sous le titre de Code forestier de Mayotte dans le site légifrance). Plus récemment la circulaire du ministère de l'alimentation, de l'agriculture et de la pêche, DGPAAT/SDBE/SDFB/C2010-3035 du 6 avril 2010 Agroforesterie, NOR : AGRT1009394C rassemble toutes les informations pouvant être utiles aux services pour faciliter la mise en œuvre de systèmes agro forestiers de façon à répondre aux défis auxquels fait écho le programme Objectif Terre 2020[387].

8. Photo : Du sorgho pousse sous des *Faidherbia albida* et7. Photo : Graminées et herbacées sous oliviers séculaires des borasses près de Banfora au Burkina Faso.

---

385 Liagre Fabien et Girardin Nicolas, "Agroforesterie, produire autrement", DVD de 65 min aux Éditions Agroof, 2009 http://www.agroof.net

386 Lagarde Michel « Législation et financement de l'agroforesterie (circulaire du 6 avril 2010) », La Forêt privée, 2010, n°314, pp. 75 à 87, et sur droitforestier.com).

387 Dupraz Christian et Fabien Liagre (2008), *Agroforesterie, des arbres et des cultures*, éditions France Agricole.

10. Photo : Graminées sous chênes9 Photo : Le bocage traditionnel du Cotentin, France, 1945

Source : Torquebiau Emmanuel (2007), *L'agroforesterie, des arbres et des champs* éd. L'Harmattan, CIRAD

B. La foresterie communautaire

Initialement, la FAO a défini la foresterie communautaire comme s'intéressant à "toutes les situations dans lesquelles les populations locales sont étroitement associées à une activité forestière. Ces situations très diverses vont de l'établissement de parcelles boisées dans les régions déficitaires en bois et autres produits forestiers pour les besoins locaux, aux activités traditionnelles de communautés forestières, en passant par l'arboriculture commerciale sur l'exploitation agricole et la transformation de produits forestiers au niveau familial, artisanal ou de la petite industrie" [388]. Ainsi, la foresterie communautaire comprend des activités menées par des ménages, des agriculteurs et d'autres individus, ainsi que celles intéressant l'ensemble d'une communauté.

Dans sa publication de 1975 qui fit autorité « The Other Energy Crisis : Firewood », Eckholm a précisé que « pour un tiers de la population mondiale, la crise énergétique réelle se traduit par une lutte quotidienne pour cuisiner les repas »[389]. Cette dépendance avait des conséquences manifestes: il fallait satisfaire les besoins nutritionnels de base tout en conservant le couvert forestier nécessaire à la stabilité de l'environnement.

La foresterie communautaire était censée englober trois éléments principaux : la fourniture de « combustible et autres matériaux indispensables à la satisfaction des besoins fondamentaux des familles et des collectivités rurales » ; la fourniture « d'aliments et la stabilité de

[388] FAO, 1978
[389] Eckholm, (1975)

l'environnement nécessaire à une production vivrière continue » ; enfin, la création de « revenus et d'emplois dans la collectivité rurale »[390]. Cette définition couvrait ainsi un large éventail de liens possibles entre l'homme et les arbres ou les produits ligneux et s'intéressait autant à la dépendance des populations vis-à-vis des forêts existantes qu'au reboisement.

On pouvait conclure d'une façon générale que la végétation forestière existante était fortement exploitée pour satisfaire la demande de combustible, qu'il n'était pas possible de remplacer dans de vastes proportions le combustible ligneux (si ce n'est par d'autres produits de la biomasse comme les résidus de récolte et les bouses) et que le principal moyen propre à prévenir une pénurie croissante, ainsi que le déboisement et les souffrances humaines qui en résultent, consistait à planter beaucoup de nouveaux arbres.

Ces analyses, appliquées à divers pays et régions, ont débouché sur des objectifs énormes. Par exemple, selon une étude importante de la Banque mondiale concernant l'Afrique sub-saharienne, il faudrait multiplier par 15 la plantation d'arbres afin de combler le déficit prévu de combustible ligneux en l'an 2000[391]. En conséquence, une très grande partie des investissements initiaux dans la foresterie communautaire ont pris la forme de projets de reboisement afin d'augmenter les disponibilités de bois de feu. De nombreux projets de foresterie communautaire ont donc au début été conçus pour faire face au problème d'offre/demande d'énergie et non pas pour satisfaire les besoins locaux en arbres et produits dérivés[392].

Section 3. La réforme foncière, pour une gestion paisible et durable des forêts congolaises

Les conflits des terres constituent, dans la plupart de cas un frein aux activités forestières et autres, à cause du langage divergent entre le pouvoir traditionnel et l'administration foncière ou l'autorité politico-administrative en général. Une réforme foncière s'impose, tout en prenant en compte les quelques propositions suivantes :

---

390 FAO, (1978)

391 Anderson et Fishwick, (1984)

392 Leach et Mearns, (1988)

A. Veiller aux droits acquis conformément à la coutume.

Préciser par voie réglementaire le statut juridique des terres coutumières, afin d'asseoir les droits coutumiers sur des bases incontestables ; consacrer le principe de consultation préalable des communautés locales dans tous les processus d'affectation des espaces et d'acquisition des droits fonciers et des droits d'exploitation des ressources naturelles (foncière, minière, forestière etc.) ; consacrer les principes d'indemnisation compensatoire équitable dans les cas où les droits fonciers coutumiers des communautés locales seraient affectés ou lorsque l'Etat recourt à la procédure d'expropriation pour cause d'utilité publique.

Accélérer le processus d'élaboration des textes légaux et règlementaires sur le statut des autorités coutumières et traditionnelles en définissant clairement leurs attributions au regard de la gestion des terres.

B. Résoudre la question des populations sans terres et d'accaparement des terres des communautés locales.

Reconnaître les droits fonciers des peuples autochtones dans les différents textes légaux et règlementaires relatifs au foncier et aux ressources naturelles ; inclure l'approche clip (consentement libre, informé et préalable) dans les textes régissant le foncier et les ressources naturelles; que la loi reconnaisse et sécurise les terroirs fonciers des peuples autochtone ; délimiter les terroirs occupés en vertu de la coutume, en vue d'accroître leur sécurité.

Préconiser une réforme agraire au regard des différents textes légaux et règlementaires régissant les domaines fonciers et connexe ; rétrocéder aux communautés locales le droit de jouissance des espaces non mis en valeur par des exploitants. Assurer l'accès de la femme aux terres arables et leur sécurisation.

Mettre en place des mécanismes normatifs et institutionnels de consultation, de concertation et de conciliation entre ministères ayant des compétences sur le foncier ; harmoniser les textes juridiques ayant incidence sur le foncier ; harmoniser les cadastres, et les redéfinir au regard des standards internationaux et des spécificités sectoriels ; doter le pays d'un plan d'aménagement du territoire.

C. Régler le conflit entre le pouvoir traditionnel et l'Administration foncière.

L'article 194 définit la procédure d'enquête avant l'attribution des terres. Il faut que cet article soit modifié et que l'on associe le pouvoir traditionnel et la communauté dans la procédure d'attribution des terres (enquête préalable de vacance des terres). L'article 190 définit la procédure d'attribution des terres. Cette procédure devrait donc partir de l'autorité coutumière reconnue et investie par le ministère compétent. C'est donc cette autorité coutumière qui atteste de l'existence ou de la disponibilité des terres qu'on peut concéder par un acte écrit et légalisé. Dans ce cas, l'autorité compétente prend un arrêté qui définit le format de l'enquête préalable de vacance de terres.

En vue de garantir les droits des communautés locales, il faut que l'investisseur qui a obtenu la concession signe un cahier des charges qui détermine ses obligations et les droits des communautés locales. Que le conservateur puisse chaque fois obtenir toutes les informations nécessaires avant d'établir un certificat d'enregistrement, pour cela, il faut qu'il entre en contact avec l'autorité traditionnelle. En matière minière, une solution a déjà été trouvée, il est possible qu'un mécanisme similaire soit trouvé en matière foncière pour éviter ce genre de conflits. Que la loi en préparation sur le statut des chefs coutumiers, puisse clairement définir les compétences de ces derniers en ce qui concerne la gestion des terres coutumières. Que la révision de la nouvelle loi foncière (article 183) tienne compte de la répartition opérée par la loi d'application de l'article 203 de la Constitution.

D. Etablir un mécanisme extra-judiciaire de résolution des conflits liés à l'occupation des terres.

Instituer une procédure préalable à la saisine des cours et tribunaux, à l'instar de celle prescrite en matière du travail et agricole, notamment pour assurer la médiation, la conciliation et/ou l'arbitrage des conflits fonciers. Interdire la procédure par défaut en matière immobilière et ce, par une disposition spéciale à insérer dans la loi foncière sans modifier le code de procédure civile.

Section 4. Education mésologique

De la simple observation de la vie du congolais, il nous a été donné de constater que la majorité d'entre eux, les intellectuels y compris, accordent trop peu d'importance à la qualité de vie autour d'eux : leurs conditions hygiéniques et sanitaires laissent à désirer ; leurs espèces végétales et animales ne bénéficient pas de l'attention voulue ; leur habitat n'est pas toujours décent ; l'alimentation saine et équilibrée est la moindre de leurs préoccupations, avec tout ce que cela a comme chapelet de conséquences.

Le moins qu'on puisse en dire, est que l'environnement est menacé et l'avenir compromis ! Seule l'éducation peut combler et réparer ces insuffisances[393] Dans le cas de la République Démocratique du Congo où l'éducation de cueillette, de paternalisme et de dissipation bat le plein, l'éducation relative à l'environnement devrait mettre un accent particulier sur les notions ou principes de gestion en général, en même temps que seront prises en compte les grandes lignes (recommandations) environnementales.

Car, aucune entreprise, même pas le petit ménage, ne peut réussir sans la maîtrise de notions élémentaires de gestion, telle qu'entendue par les économistes et les écologistes. Cela est davantage vrai pour l'environnement (l'écologie), dans toute sa complexité (atmosphère, hydrosphère, lithosphère, pedosphère, biosphère).

L'ignorance de la population, par exemple, conduit à la déforestation, alors que la plante (forêt) joue un rôle déterminant dans la vie de l'homme. On peut même dire que la plante est un support de la vie ; l'eau est considérée jusque là comme source de vie, étant tributaire de la plante, mieux de la forêt. Voilà pourquoi il est important, à notre avis, que l'éducation relative à l'environnement se fasse à tous les niveaux de scolarisation, dans les milieux professionnels, en famille. Elle accordera une place de choix aux notions de gestion.

C'est à ce prix seulement que les exigences ou les recommandations environnementales pourront être comprises et prises en compte, surtout en République Démocratique du Congo où l'abondance de ressources favorise le gaspillage, mieux la dissipation. Le peuple congolais paraît répondre aux caractéristiques de ce qu'une longue tradition d'anthropologie économique appelle « société dissipative ». Il s'agit en

---

[393] Kabuya Kabeya Tshilobo Hilaire (2004), L'éducation relative à l'environnement et l'intellectuel congolais, P.U.C., Kinshasa.

l'occurrence, note le Professeur Kabeya Tshikuku[394], d'une communauté humaine ayant une préférence absolue pour la consommation par rapport à l'épargne et à l'investissement.

Une telle communauté répond aux caractéristiques ci-après :

a. L'essentiel de biens que possèdent les hommes sont obtenus tels quels dans la nature. Le don, la cueillette et le ramassage constituent les principaux modes d'accès aux biens convoités.
b. Les richesses ont un caractère essentiellement périssable. Leur conservation est techniquement difficile ; elle est économiquement plus pénible que leur ramassage dans la nature. Donc, leur destruction par la consommation constitue leur principale destination.
c. Les objets ont pour seule valeur celle que leur confère l'usage social qu'on en fait effectivement. Par elles-mêmes, intrinsèquement, les choses n'ont aucune valeur. Un objet virtuellement utile, ramassé mais par la suite détruit ou perdu, avant toute affectation à une consommation précise, ne donne lieu à aucune perte. En effet, un tel objet n'aura eu l'occasion d'être valorisé ni par un effort de production, ni par une affectation à l'usage. Comment donc déplorer une perte dans un objet où il n'y a jamais eu de valeur ?
d. L'accumulation des biens matériels est un exercice aussi vide de sens qu'inutile. Elle revient à faire la sommation de choses non affectées à l'usage, c'est-à-dire de valeurs intrinsèquement nulles.

Et pourtant, dans le monde capitaliste d'aujourd'hui, la longévité d'une entreprise est justifiée par la seule raison d'accumuler les richesses et, par-delà celle-ci, d'acquérir la renommée et d'accéder à la notoriété. Aux yeux de la société dissipative, par contre, la longévité d'une entreprise ainsi conçue n'est au service d'aucune valeur.

Elle est socialement abominable, en ce qu'elle n'est commandée par aucun usage précis. C'est un gaspillage de temps et une dépense inutile d'énergie. En définitive, c'est une pratique aussi insensée qu'elle est vaine.

Dans ce type de société, aucune institution n'est justifiée par sa fonction d'accumulation. Les hommes survivent aux richesses et non les

[394] Kabeya Tshikuku (1999), « L'espace kasaïen, berceau des sociétés dissipatives ? » In actes du colloque sur *La création, la croissance et la pérennité de l'entreprise privée au Kasaï,* Presses Universitaires de Mbujimayi, pp.66-68.

richesses aux hommes. Toute institution qui, comme l'entreprise capitaliste moderne, s'attribue la vocation de faire survivre les objets aux hommes, est condamnée à un rituel social de pillage, suivi d'une consommation frénétique de bien accumulés. S'il s'avère impossible de tout détruire par la consommation, le pillage est suivi d'une destruction par le feu[395].

Ainsi, sans management efficace (bonne et saine gestion), nulle société, entreprise ne peut se développer ; le management étant entendu d'une part, comme la prise de décision (management is decision marketing) et d'autre part, comme le fait d'obtenir que les choses soient faites par d'autres (getting thing done through other people).

Et comme principes de base du management, Fayol cite la planification, l'organisation, la coordination (ou commandement) et le contrôle[396]. Tels sont les principes que devrait maîtriser tout congolais pour la bonne gestion de son environnement. A titre illustratif, la planification appelle la bonne gestion du temps. Mais combien de congolais savent-ils gérer le temps (le respecter) ? En effet, les congolais passent, pour la plupart de temps, des journées entières à se consacrer à des activités non productives.

Sans être contre la religion, nous constatons, malheureusement, que bon nombre de congolais sont permanents dans des églises, soit pour des cultes, soit pour des réunions, soit pour des séances de guérison, etc. Se basant sur des versets tels que « les oiseaux du ciel vivent sans travailler », ces congolais trouvent normal de vivre de la charité équipollente à la mendicité, pendant que la Bible recommande que (celui qui ne travaille pas ne mange pas non plus).

Pendant que le taux de congolais qui se livrent aux activités des églises est déjà fort inquiétant, les autres congolais se livrent, en proportion considérable, à longueur de journées, à de vaines discussions sur la politique, la musique, le football, outre les jeux de pari et autres. Cela s'explique par sa culture de cueillette, de quasi facilité, de main tendue ou de paternalisme.

---

395 Kabeya Tshikuku, op.cit., p. 68.

396 Kazadi Nduba (1999), « L'entreprise privée nationale et la gestion moderne », In Actes du colloque sur la création, la croissance et la pérennité de l'entreprise privée au Kasaï, Presse Universitaire de Mbuji-Mayi, pp.27-32.

Alors que ses différentes ressources font le bonheur de nombreux pays, le congolais croit naïvement que ces pays peuvent lui procurer le bien-être voulu. Voilà pourquoi la plupart de congolais rêvent toujours d'aller vivre en Europe, « Poto, Mikili ». Et le congolais n'imite le blanc que dans les apparences (accoutrement, parler avec mimétisme, légèreté des mœurs, fêtes et autres objets de bourgeoisie, etc.) et non pas dans la discipline, l'organisation ainsi que dans le travail, seule source de noblesse.

A quoi ça servirait de parler Bordeaux, fêter (même les événements inutiles, seulement, par pure imitation et comble de choses, sur base de cotisations ou faire-part encouragé par une solidarité mal comprise et méchante), se parfumer comme un blanc, lorsqu'on côtoie chaque jour et à chaque pas les odeurs des ordures, les sachets, les eaux usées et puantes serpentant nos rues et parcelles ? Chez le blanc imité, trouve-t-on pareil laisser-aller ?

Or, il suffit, par contre, que chaque congolais comprenne qu'un voyage de mille kilomètres commence par un pas, pour qu'il réalise ses rêves. Autrement dit, le développement commence toujours par des petites initiatives. Un fonctionnaire, par exemple, peut s'organiser pour que le capital de temps dégagé par les heures où il ne preste pas soit alloué au petit élevage et au petit potager chez lui, à domicile ou ailleurs. Le produit de ces activités peut bien venir à la rescousse de son enveloppe salariale déjà inconsistante, au lieu de continuer à se lamenter.

La vente de deux ou trois poulets peut lui procurer les 6.000 F.C. qu'il espère comme salaire, et le potager lui procurer des légumes pour son ménage, et pourquoi pas pour le marché. Ainsi, pourra-t-il, à partir de ces petites activités, à l'échelle du ménage, comprendre déjà l'importance et l'utilité de l'espèce végétale comme animale. A grande échelle, sa considération et son amour pour la nature pourront s'éveiller sans effort. Pareil congolais, même appelé à la gestion des ressources autres que celles de la flore et de la faune, ne peut que réussir, les notions d'utilité, de croissance, de production jouant. Et là, il n'est pas loi du développement durable.

Par rapport à ces problèmes, le correctif ne peut que passer par l'éducation relative à l'environnement. Déjà, pour faire face aux six enjeux fondamentaux que sont l'eau, l'air, le bruit, les déchets, les produits propres sans risques, la nature elle-même, Jacques Vernier proposait six leviers d'action, à savoir : des lois, des incitations économiques ou fiscales, des citoyens et des associations actifs, une éducation à l'environnement, des recherches scientifiques et une action internationale[397].

Ces leviers sont envisagés sous forme de stratégies ; et dans le cadre de la République Démocratique du Congo, l'accent peut être mis sur la formation de lobbies, c'est-à-dire des organisations capables de véhiculer le message mésologique, partant des ligues de défense de la nature. Le cadre juridique y relatif a été déjà tracé par la loi n°004/2001 du 2 juillet 201 portant dispositions applicables aux ASBL.

On peut, dans ce sens, saluer la mise sur pied des organisations non gouvernementales de défense et de conservation de l'environnement, sous l'impulsion, dans certains cas, des organismes internationaux tels que l'USAID, CARPE, PNUD, FAQ. Nous pouvons, au nombre des ONGD congolaises de protection et conservation de la nature (écologie), citer l'Environnement Propice Jardin d'Eden, EPJE en sigle dont l'objet dégage les préoccupations de l'éducation relative à l'environnement, les Avocats verts, etc.

Outre des programmes scolaires bien élaborés et mieux adaptés, de telles actions et organisations devraient être intensifiées à travers tout le pays. C'est à cette condition seulement que l'éducation relative à l'environnement peut gagner son pari ; de la sorte, toutes les couches de la population, toutes catégories confondues, pourront être atteintes par le message mésologique, en faveur d'un développement durable.

Par pareils procédés, les notions élémentaires sur l'environnement telle que l'importance de la plante peuvent être véhiculées facilement et atteindre différentes couches de la population. Les projets économiques marchent bien dans les villages, lorsqu'ils suivent la loi de la triple participation valable pour toute démocrate : participation à la conception du projet ou à son amendement, participation à l'exécution et participation au profit[398].

« La parole, c'est du miel, c'est pourquoi on se la dispute », dit un proverbe. Par-là, il faut comprendre l'exigence de participation aux discussions concernant u projet commun. Donner la parole à quelqu'un

---

397 J. Vernier (2001), L'environnement, « Que sais-je ? », éd., PUF, Paris.

398 Nkombe Oleko et Jean Murhega (2009), La famille congolaise entre tradition et modernité, Mediaspaul, Kinshasa, p.62.

et tenir compte de son avis, c'est respecter son humanité. Lui refuser la parole ou ne pas en tenir compte, c'est lui dénier cette humanité. Autant on aura participé à la conception, autant l'exécution devient plus aisée, comme dit une sagesse : « Si ton frère tend des pièges, toi apporte lui les matériaux ! ». Mais, la solidarité exige la justice distributive : « Quand ton frère dépièce un gibier, ton cœur se réjouit, car ton auras un morceau »[399].

Eduquer, c'est développer l'intelligence de l'enfant de façon à augmenter sa créativité devant toutes les circonstances de la vie, affermir sa volonté pour pouvoir les affronter, l'aider à acquérir des techniques et de savoir-faire qui l'aideront à exercer un métier ou à se tailler une place au soleil. Eduquer c'est aussi éveiller chez l'enfant la conscience morale de ce qui est bien et de ce qui est mal ; la conscience éthique de ce qui est beau ou laid ; la conscience logique de ce qui est vrai ou faux, etc. Eduquer, c'est ouvrir à l'enfant la voie de l'amour et de la transcendance, le mettre en contact avec le Créateur.

Généralement, l'enfant donnera à Dieu l'image de son père et à la vierge Marie, celle de sa mère, les parents constituent ainsi les premières portes ouvrant sur le Sacré. Un enfant en révolte contre son père ou sa mère portera cette révolte jusque dans la sphère du sacré. D'où la grande responsabilité qu'ont les parents dans l'éducation de leurs enfants.

Pour une éducation harmonieuse, l'enfant a besoin de la tendresse maternelle et de l'autorité paternelle. Si l'une de deux manque, l'enfant grandira avec un sentiment d'abandon qui le conduira dans le durcissement de cœur et la méchanceté (manque de tendresse) ou dans l'anarchie (manque d'autorité).

Dans la famille, il doit y avoir un dialogue permanent entre l'autorité parentale et la liberté filiale. Si l'autorité se fait tyrannique, elle provoque la peur et façonne un enfant névrosé. Si l'autorité se fait absente, l'enfant devient anarchiste et tyrannise les parents. Grace au dialogue, une démocratie véritable peut s'établir au foyer. L'autorité sera à l'écoute de la liberté, pour mieux la diriger et la liberté acceptera avec respect l'autorité[400].

Enfin, aucune éducation ne pouvant réussir sans recours à la sanction, il est plus que recommandable que les divers textes légaux et

---

[399] Idem.

[400] Ibidem.

réglementaires en la matière soient appliqués avec la dernière rigueur c'est à ce prix seulement que l'environnement global, en particulier la forêt, peut être sauvé. Car, « Qui aime bien, châtie bien ».

Section 5. Bonne gouvernance

La bonne gouvernance se définit comme la capacité du pouvoir public à gérer sans heurts la chose publique (res publica). Elle n'est autre chose que la bonne gestion des affaires de l'Etat. Lorsque la gouvernance est performante, on la qualifie de bonne ; tandis qu'on parle de mauvaise gouvernance lorsqu'elle est non performante[401].

D'où, la bonne gouvernance inclut les caractéristiques suivantes :

a. une fonction publique ou une administration publique performante et responsable ;
b. un système judiciaire indépendant et un cadre légal de renforcement de contacts ;
c. le respect de la loi et des droits humains à tous les niveaux de l'Etat ;
d. un service de contrôle redevable à une législation représentative ;
e. une structure institutionnelle pluraliste et une presse libre.

Au sens le plus étendu du terme, la bonne gouvernance sous- entend un ensemble de mécanismes ou de procédés qui guident un Etat dans sa quête quotidienne de procurer à sa population la satisfaction des besoins fondamentaux : une alimentation adéquate, un logement et un habitat décents, des soins de santé et une éducation appropriés[402].

La bonne gouvernance comme la démocratie, la justice, la responsabilité des citoyens (culture politique et juridique), sont le reflet d'un Etat de droit, sans lequel la bonne gestion et le partage équitable des ressources naturelles en vue d'un développement durable ne serait qu'un leurre.

A travers les efforts conjugués par les congolais (toutes tendances confondues), à l'occasion de différentes rencontres (Table Ronde de Bruxelles, Conférence Nationale Souveraine de Kinshasa, l'Accord de

---

401 Niemba Souga J. (2002), Etat de droit, démocratique, fédéral au Congo Kinshasa. Source de stabilité en Afrique Centrale, L'Harmattan, Paris, p.93.

402 Word Bank Report, *in* Andran Lefturch, governance, democraty anddevelopment in the thirdwor in stuart corbrige, Developrnent studiesa reader,New-York Arnold, 1995, p.427.

Lusaka, le Sommet de Victoria FalIs I et Il, Prétoria, Durban, Port-Louis, Nairobi, Windhoek, Dodoma, Gaborone, Sirte,) et de différentes Constitutions (Loi Fondamentale, Constitution de Luluabourg, Acte constitutionnel de transition du 05 avril 2003), on peut s'apercevoir que l'Etat de Droit, vu utilement sous son aspect de la prééminence de la loi, de l'idée de bonne gouvernance, de démocratie, de responsabilité des citoyens (culture politique et juridique), de justice et d'administration de la cité, demeure la préoccupation de la majorité de congolais.

Par ailleurs, certaines notions sont nécessaires à la compréhension de l'Etat de Droit, notamment celles de Constitution, institution politique, régime politique, démocratie, justice, etc. Turgot dit à Louis XVI : « Sire, votre royaume n'a point de constitution ». Il ne veut pas dire, précise Maurice Duverger; que la France d'alors ne possédait point d'Institutions politiques, mais que celles-ci n'étaient point coordonnées, reliées les unes aux autres, organisées[403]. Il s'en suit qu'un vrai Etat de Droit appelle un cadre constitutionnel et institutionnel.

L'idée de la Constitution se rattache à celle de « contrat social » de Jean-Jacques Rousseau : pacte par lequel des hommes décident d'établir entre eux une société avec les obligations et les restrictions qu'elle comporte. La constitution est, en un certain sens, le contrat social lui-même; et on considère que ce texte écrit, supérieur aux lois et aux règlements des autorités, s'impose à celles-ci et donne ainsi une garantie aux individus. Cette théorie de la « suprématie » de la constitution est un moyen de protéger les libertés fondamentales ainsi que les droits des citoyens.

La Constitution ne définit pas seulement la forme de l'Etat, mais aussi les principes sur lesquels repose le régime politique, les règles régissant les rapports des pouvoirs publics entre eux et avec les citoyens. Dans l'idéal, elle est immuable. Elle marque l'achèvement d'un processus de construction de l'Etat et l'identification du régime.

A partir du moment où la constitution est considérée par tous comme la clef de voûte du système politique, il ne peut y avoir de mutation importante, de tournant politique véritable sans changement de texte constitutionnel. D'où le caractère mouvant et discontinu du Droit constitutionnel classique, que l'on a pu opposer en France, à la continuité

[403] Duverger Maurice (1960), Institutions politiques et droit constitutionnel, PUZ, Paris, p.30.

de cette autre branche fondamentale du droit public qu'est le droit administratif.

Savoir gérer la crise et travailler ensemble: une opportunité pour le développement. Par suite du caractère extraverti de son économie, la RDC subit plus que d'autres pays des effets dévastateurs de la crise financière mondiale. Ses exportations, constituées principalement de mines et du bois, se sont drastiquement réduites en valeurs et en quantités.

Les rares entreprises qui exportent encore dans ce secteur n'osent plus investir davantage. Les coffres de la Banque centrale sonnent creux. Face au dollar américain et autres monnaies fortes le franc congolais se déprécie de jour en jour. En l'espace de trois mois il a perdu plus de 35% de sa valeur[404]

Les prix s'emballent sur le marché. D'ailleurs, ils ne sont plus affichés qu'en monnaies étrangères convertibles au taux du jour, pour éviter la valse des étiquettes. Le Ministère de l'économie ne sait plus où donner de la tête. Les décideurs se demandent s'il faut organiser un contrôle a priori ou se contenter de vérification après coup. Sur le plan social, l'érosion monétaire aggrave la misère de la population qui assiste, impuissante, à l'effritement de son pouvoir d'achat. Dans notre fief électoral où nous avons passé les vacances parlementaires, poursuit Modeste Mutinga, les demandes sociales se font de plus en plus nombreuses. Les mêmes tristes réalités sont observées dans toutes les provinces.

Le budget de l'Etat voté par le Parlement à la va vite en décembre dernier se trouve aujourd'hui largement dépassé. Le taux de change qui y était retenu, 585Fc pour un dollar américain, est loin en deca de celui qui se négocie sur le marché. A ce rythme, la barre de 1000Fc pour un dollars pourrait être franchie avant la fin de l'année en cours. La cellule économique mise sur pied par le gouvernement au début du mois de février a fait illusion pendant un temps. Elle avait réussi à stopper l'envolée de la monnaie américaine jusqu'à ramener la parité au niveau de 640Fc.

---

404 Mutinga Modeste, « Demandes sociales et budget de l'Etat », in Magazine de communication institutionnelle de la Chambre Haute du Parlement congolais, n°3 mai 2009, Kinshasa

Et puis, le roi dollar a repris son irrésistible ascension vers les cimes, laissant aphones les autorités monétaires. Il y a peu, le Gouverneur de la Banque centrale, cheville ouvrière de cette cellule, a du faire un aveu d'impuissance devant la descente aux enfers de la monnaie nationale. Bien plus, toutes les mesures d'encadrement préconisées par cette structure se sont révélées inefficaces pour sauver le franc congolais de la noyade, pense Modeste Mutinga.

Le collectif budgétaire annoncé par le gouvernement pour le mois d'avril constitue, à notre avis, une chance pour limiter des dégâts. Loin du bruit et de la fureur qui alimentent actuellement la sphère politique, l'Exécutif devra saisir cette opportunité, pour corriger les erreurs d'un montage réalisé dans la précipitation. Dans cet exercice, il réexaminera la part du budget réservée aux secteurs sociaux, comme la santé, l'éducation ou l'agriculture dans le but de répondre aux demandes sociales toujours croissantes de la population.

Le gouvernement aura tort de se contenter de simples mesures cosmétiques. Il lui faudra user de beaucoup d'imagination créatrice, pour opérer des réformes profondes destinées à contrer les effets pervers de la crise financière mondiale. L'ultime objectif étant de remettre le peuple au travail et surtout de soustraire l'économie nationale d'une trop grande dépendance extérieure.

Il ne s'agit pas ici de faire l'apologie d'un quelconque repli sur soi, d'un autre âge, dans un monde qui tend à se réduire aux dimensions d'un village planétaire. Mais, plutôt d'empêcher le Congo, bien qu'impliqué dans la mondialisation de s'enrhumer chaque fois que ses partenaires toussent.

De nombreux pays montent des stratégies de sorties de crise, affirme Léon Kengo wa Ndondo[405]. Ils envisagent des mesures concrètes à court et moyen termes, pour venir au secours des secteurs d'activités les plus touchés. Si notre pays ne s'assume pas dès à présent, prévient-il, cette crise va aggraver davantage la situation de précarité dans laquelle vivent déjà nos populations.

Si l'appui extérieur est indispensable pour sortir le pays du bourbier, Kengo wa Dondo pense toutefois qu'il faut mobiliser toute notre

---

405 Nkashama Joseph, « Léon Kengo wa Dondo invite le gouvernement à entrer en programme avec le FMI », in Magazine de communication institutionnelle de la Chambre Haute du Parlement congolais, n°3 mai 2009, Kinshasa, pp. 31-32

expertise, en misant d'abord sur l'ingéniosité du peuple congolais. En d'autres termes, personne ne viendra faire notre bonheur à notre place. A nous donc de nous organiser dans tous les secteurs de la vie nationale ; les apports extérieurs viendront comme un supplétif.

Les investisseurs, ce gibier peureux, conclut Kengo, hésitent à risquer leurs capitaux, tant que le climat des affaires ne sera pas assaini dans le secteur de leur choix. Il appartient donc au gouvernement chargé d'exécuter la politique générale de la nation de réaliser ces réformes, en effectuant des choix prioritaires dans le respect des conditions et de la procédure comminées par les lois.

Cette crise financière est la première à extension véritablement planétaire. Elle est plus profonde, plus brutale, plus ample et plus puissante que les précédentes. Ses effets économiques sont néfastes. C'est le lieu de dire que toute crise financière est soit une remise en cause du système économique du moment, soit une occasion d'en tester la puissance[406].

Alors qu'on assiste à la croissance de la valeur des patrimoines et de la production, des institutions financières qui les animent s'octroient, sans aucun contrôle, l'essentiel de la richesse sans courir le moindre risque, grâce à la titrisation. On peut remarquer que bien que le marché soit le meilleur mécanisme de répartition des ressources rares, il reste incapable de créer par lui-même l'Etat de droit dont il a besoin, ni la demande nécessaire au plein usage des moyens de production. Il faudra alors :

- Installer une gouvernance plus exigeante du système financier global, par une réglementation mieux adaptée à l'inventivité des marchés ;
- Superviser la finance doit relever d'une fonction publique à ne pas laisser aux mains du privé ni d'un seul gouvernement. L'intervention de l'Etat devra de plus en plus revenir dans la conduite des affaires, ce qui passe parfois par la nationalisation des entreprises et ou banques, si nécessaire, au financement ou soutien financier de certains plans et programmes de relance économique et de restructuration ;
- Remettre de l'ordre dans chaque économie nationale, américaine d'abord ;
- Faire fonctionner efficacement, enfin, une société de marché ;il faut à la fois qu'un Etat de droit garantisse le droit de propriété ; impose le

406 Attali Jacques, La crise et après, in Magazine de communication institutionnelle de la Chambre Haute du Parlement congolais, n°3 mai 2009, Kinshasa, pp. 40-43

maintien de la concurrence et crée une demande par des salaires décents et des commandes publiques ; ce qui suppose une intervention politique, si possible démocratique, dans la répartition des revenus et des patrimoines[407].

Il faut également les alliances ; lesquelles peuvent revêtir différentes formes :

- Un accord contractuel (c'est le cas, lorsqu'une grande organisation engage une autre organisation pour réaliser des taches et travaux spécifiques.
- Un partenariat (lorsque deux organisations conviennent de collaborer sur un projet spécifique ou d'atteindre un objectif particulier, mutuellement bénéfique.
- Un consortium (inclut trois ou plusieurs organisations collaborant sur des projets spécifiques qui impliquent une responsabilité et une prise des décisions conjointes.

Les quelques principes pour les alliances efficaces sont :

1° Créer des alliances simples

Les alliances simples sont plus efficaces et plus faciles à gérer que les alliances plus complexes et peuvent avoir un plus grand impact en termes de conservation. Plus une alliance compte d'organisations, plus elle aura des compétences et des ressources ; mais plus grands seront aussi la complexité et le risque de problèmes.

Les organisations d'une alliance peuvent combiner leurs compétences et même sons traiter des taches spécifiques, le cas échéant. Si une alliance doit inclure plusieurs organisations membres, il faut veiller notamment à ce que l'objectif du projet soient clairs et que le rôle de chaque organisation soit clairement défini.

2° Permettre une prise des décisions aux niveaux appropriés

Les membres de l'alliance doivent savoir à qui appartient le pouvoir de prendre des décisions, pour éviter que le projet s'enlise à cause de trop grand nombre des personnes impliquées dans la prise des décisions.

---

407 Attali Jacques, op.cit., p.43.

3° Garantir une direction forte

Les alliances sont plus efficaces, lorsqu'elles n'ont qu'un seul chef de file compétent, plutôt que plusieurs chefs de file d'organisations différentes, se faisant concurrence pour obtenir le pouvoir. Au début d'un projet, il faut rechercher des chefs de file charismatiques, mais également former les autres à diriger. En formant d'autres personnes à être chefs de file, il y a plus de chances que les projets puissent continuer à fonctionner sans heurts avec ou sans certaines personnes.

4° Négocier et maintenir des objectifs de projet clairs.

Sans objectifs clairs, les chances de réussite de l'alliance ne sont pas nombreuses. Il faut prendre le temps nécessaire, dès que l'alliance est formée, de discuter, négocier et documenter les objectifs de l'alliance.

S'il est trop difficile de se mettre d'accord sur des objectifs acceptables pour tous, arrêtez et ne persévérez pas dans la phase de conception ou de mise en œuvre du projet.

Au lieu d'ignorer les différences et de penser que tout se résolvera ultérieurement, reconsidérez vos partenaires dans l'alliance ; cela signifie probablement qu'au moins une des organisations ne devait pas en faire partie.

5° Définir et maintenir clairement les rôles et les responsabilités

Il est extrêmement important de clairement définir les rôles et les responsabilités, afin de s'assurer que chaque organisation est consciente du rôle qu'elle a à jouer dans l'alliance et se sent bien dans ce rôle.

Maximalisez le rôle de votre organisation dans le projet selon les compétences et les ressources dont vous disposez. Si les organisations locales et nationales sont souvent meilleures dans la mise en œuvre des projets sur le terrain, les organisations internationales doivent jouer un rôle de soutien et se focaliser sur la politique, la formation, l'assistance technique et la collecte de fonds.

L'accent doit être mis sur l'importance de la responsabilité au sein de l'alliance. La bonne foi ne suffit pas. Il faut passer une espèce d'accord contractuel pour garantir la responsabilité ; une telle disposition est exigée à la création de l'alliance, une sorte de contrainte.

6° Etre prêt à s'adapter aux changements dans le projet

Les alliances doivent être capables, le cas échéant, de s'adapter aux changements survenus dans le projet ; elles doivent également être capables de résister à des crises naturelles, sociales, politiques ou économiques imprévues qui pourraient les accompagner. Les alliances doivent également résister aux changements de membres au sein de l'alliance.

7° Renforcer la capacité de gestion au sein de l'alliance

Quelle que soit la personne chargée des principales tâches administratives dans le cadre du projet, il faut renforcer la capacité de gestion, de prise des décisions et d'administration des organisations de plus petite taille au sein de l'alliance. Il faut s'assurer que le transfert des compétences nécessaires est prévu au tout début de la formation de l'alliance.

Si vous envisagez de participer à une alliance, il est toute une série des questions auxquelles vous devez réfléchir, pour vous assurer que l'alliance que vous considérez convient à votre organisation et que votre organisation convient à cette alliance.

a. Posez-vous d'abord des questions sur votre organisation

- Quel est l'objectif de notre organisation dans ce projet ? Est-il similaire aux objectifs des autres organisations ?
- Quelles compétences notre organisation peut- elle apporter à l'alliance ? Quelles compétences sont complémentaires aux nôtres pour les projets sur lesquels nous voulons travailler ?
- Quel rôle notre organisation entend- elle jouer dans le projet ? Est- ce là que nous pouvons être le plus efficace ?
- Notre organisation a-t-elle travaillé avec l'une de ces organisations auparavant ? Si oui, quelle a été notre expérience ?
- Notre organisation envisage-t-elle d'avoir du personnel sur place ?
- Si oui, quelles compétences et caractéristiques ce personnel doit–il présenter pour contribuer au projet de manière efficace ?
- Notre personnel présente-t-il ces compétences ?
- Jusqu'à quel point notre organisation veut-elle être impliquée dans des tâches administratives ?

- Le projet est-il une priorité au sein de notre organisation ? Les autres organisations le savent- elles et en sont-elles satisfaites ?
- Y a-t-il quelqu'un dans notre organisation qui pourrait être un chef de file approprié pour l'alliance ou voulons-nous être dirigés par une autre organisation ?

b. Posez-vous ensuite des questions sur l'alliance.

- L'alliance est- elle formée en raison d'intérêts mutuels, d'une subvention ou pour un autre motif ? Les règles d'adhésion à l'alliance sont-elles claires ?
- L'objectif du projet de l'alliance est-il clair ?
- Combien d'organisations seront impliquées dans l'alliance ?
- Quels genres d'organisations formeront l'alliance ? Les organisations de l'alliance ont-elles des objectifs institutionnels similaires ou compatibles ?
- Les organisations ou personnes travaillant dans ces organisations ont-elles déjà collaboré auparavant ?
- Y-a-t-il des compétences nécessaires au projet qui ne sont présentes dans aucune des organisations ?
- Y-a-t-il un processus clairement identifié de la manière dont sont prises les décisions au sein de l'alliance et qui prend ces décisions ?
- Chaque organisation connait–elle son rôle et est elle-satisfaite de la répartition des tâches et responsabilités ?
- Y a-t-il un chef de file fort et compétent pour l'alliance ? Le chef de file fait-il l'objet d'un consensus ?
- D'où viennent les fonds destinés à financer l'alliance ? Quel en est le montant ? Comment les fonds sont-ils distribués au sein de l'alliance ? Ces fonds seront-ils assortis d'une assistance technique ?

a. Si vous êtes une ONG nationale ou locale, demandez- vous :

- Notre organisation a-t-elle les compétences pour mettre en œuvre le projet sur le terrain ou a-t-elle besoin de l'assistance d'une autre organisation ? Est-ce qu'un membre de l'alliance veut et est capable de nous fournir l'assistance technique nécessaire.
- Pouvons- nous acquérir d'autres compétences par notre participation à l'alliance ?
- Y-a-t-il des organisations de plus grande taille désireuses de travailler avec notre organisation, en jouant un rôle de support et de donner à

notre organisation l'autorité capable de prendre des décisions pour le projet ?

- Notre organisation a-t-elle la capacité administrative pour le projet ou doit-elle trouver une autre organisation pour s'en occuper ?
- Notre organisation veut-elle travailler avec des organisations internationales ou préfère-t-elle travailler avec d'autres organisations nationales ou locales ?
- Les organisations avec lesquelles notre organisation veut travailler sont-elles considérées comme crédibles par le gouvernement, d'autres ONG et parties pendantes ?
- Notre organisation cherche-t-elle à acquérir des compétences dans cette alliance ou est-elle prête à renforcer des compétences d'autres organisations ?
- Notre organisation veut- elle travailler avec une organisation qui soit plus proche du site ou être plus directement impliquée dans la mise en œuvre d'activités sur le terrain ?
- Notre organisation a-t-elle la créativité suffisante au sein de la communauté pour travailler sans partenaire local ?
- Notre organisation a-t-elle la capacité et la crédibilité suffisantes pour traiter efficacement avec le gouvernement et d'autres ONG ?

b. Si vous êtes une ONG internationale, demandez-vous :

- Comment pouvons-nous aider l'alliance à définir et à maintenir des objectifs clairs pour son projet ?
- Quel serait le meilleur rôle que notre organisation pourrait jouer dans l'alliance ? Comment pouvons- nous aider l'alliance à définir clairement les rôles de toutes les organisations membres ?
- Le siège central de notre organisation renoncera-t-il à contrôler la gestion du projet et permettra-t-il que les décisions pragmatiques au sein de l'alliance soient prises par ceux qui gèrent les activités sur le terrain ?
- L'organisation principale chargée de la mise en œuvre du projet a-t-elle les compétences et la crédibilité nécessaires pour travailler sur le site du projet ?
- Les autres organisations présentent-elles des lacunes au niveau des compétences techniques nécessaires au projet ? Notre organisation a-t-elle la capacité d'aider à former d'autres organisations membres ?
- Notre organisation a-t-elle la capacité et la crédibilité nécessaire pour traiter, le cas échéant, avec le gouvernement de manière efficace ?

1° Cinq conditions du succès d'après le BSP[408]

- Clarté des buts et des objectifs en matière de conservation.
- Les buts et objectifs devraient être négociés, discutés et convenus par tous les partenaires et intervenants impliqués dans le projet. Cela comprend aussi bien les concepteurs et les chefs de projets que ceux qui seront concernés par la mise en place du projet.
- Lorsque la direction à prendre n'est pas clairement indiquée et qu'il n'y a pas de consensus sur ce que l'on essaie d'accomplir, il y a peu d'espoir de mettre ses forces réellement en commun pour accomplir quelque chose.
- La recherche appliquée est à prendre en compte ici.
- Le fait d'établir des priorités peut aider les institutions à déterminer où elles devraient concentrer leurs efforts en fonction d'un ensemble de critères spécifiques établis en commun.

2° Alliances et processus sociaux efficaces et équitables en matière de conservation

Une des raisons est que les alliances permettent de mettre en commun les ressources et les compétences nécessaires pour entreprendre des taches complexes qui seraient autrement impossibles.

Les alliances créées de façon honnête, efficace et avec une vision commune peuvent améliorer considérablement l'impact de la conservation tout en étant bénéfiques aux organisations partenaires.

D'âpres Chery Margolius, les alliances permettent aux organisations de partager les informations et le savoir des unes et des autres. Les alliances peuvent aider les organisations à accomplir davantage que si elles étaient isolées.

3° Motivations appropriées pour évaluer et conserver la biodiversité

Les gens protègent-ils un lieu pour sa valeur spirituelle ou parce qu'ils peuvent y cultiver certains types de plantes commercialisables ou chasser des animaux dont ils peuvent consommer la viande ? Est-ce parce qu'ils pensent que leur propre bien être est lié à la santé de l'environnement naturel qui les entoure ?

---

408 Que faut-il pour que la conservation réussisse ?, Leçons du Terrain de Biodiversity Support Program, Juillet 2000, www.bsponline.org.

Différentes innovations poussent les gens à constater et à utiliser les ressources naturelles de façons différentes. Afin de réussir, les initiatives de conservation doivent identifier et soutenir les motivations exprimées par les populations locales pour protéger la biodiversité[409].

La plupart des gens supposent que l'argent est la principale incitation, mais les planificateurs doivent garder à l'esprit qu'il y a d'autres types de motivations qui possèdent les gens à s'intéresser à la conservation. Un bon exemple des différents types de motivations vient d'un village des iles Fidji où des activités de bio prospection ont conduit à réduire les menaces sur la biodiversité locale.

Pour ce projet, les communautés locales se sont associées à une grande université et à un laboratoire pharmaceutique international pour accueillir et examiner des invertébrés marins dont les propriétés thérapeutiques pouvaient avoir un potentiel commercial. La plupart des revenus de ce projet sont versés dans un fonds en fiducie plutôt qu'aux individus.

Bien que l'incitation monétaire ait joué un rôle ici, la notoriété de la communauté et le prestige du pouvoir traditionnel ont été aussi importants que l'argent, pour motiver les populations locales à conserver la biodiversité marine de leurs côtes.

Stephen Kelleher, chargé de Programme pour l'Asie et le Pacifique note, s'agissant du Projet Ban Udyam au Népal, que bien qu'il soit basé sur la génération de revenus grâce à la gestion viable des forets, le fait que les habitants aient des droits plus sûrs et à plus long terme est une incitation clé pour conserver les ressources forestières.

4°. Politiques locales, nationales et internationales en faveur de la conservation

Même avec des buts clairement établis, des alliances saines et des projets qui mettent en valeur les motivations appropriées, il est difficile d'atteindre ou de maintenir l'impact de la conservation sans le soutien d'un cadre politique efficace. Les mesures politiques ne doivent pas simplement être rédigées et figurer « dans les livres » ; elles doivent aussi être véritablement mises en application.

---

409 Idem.

D'après Kath Shurcliff, Chef d'équipe du projet KEMALA, en Indonésie, « Tout commence avec une ONG locale qui réussit à faire changer la politique du gouvernement local. Ceci constitue alors une preuve qui aidera à convaincre les décideurs politiques au niveau national que les changements proposés fonctionnent vraiment sur le terrain ».

C'est ainsi que le Bureau des forêts du gouvernement indonésien, avec l'aide de KEMALA, révoque la licence d'une entreprise d'exploitation de bois pour avoir gravement dégradé la forêt et une importante rivière à Acel, au nord de Sumatra. En coopération avec Indonésien Ecolabilling Institute, cette ONG utilise les leçons apprises pour promouvoir la réglementation nationale qui permettra d'établir un système d'auto-surveillance des activités de foresterie communautaire.

Après avoir examiné l'expérience du CARPE, Somé note : « Nous avons compris qu'un des plus grands obstacles à l'amélioration des prises de décisions et à leur mise à exécution provenant de problèmes de gestion des affaires publiques. Pour que les mesures de conservation réussissent, les personnes qui seront le plus touchées par cette mesure doivent avoir accès à une situation légale solide qui leur permettra de participer à la conception, à l'application, au suivi et aux modifications de cette mesure »[410].

Le BSP a permis de remarquer que le fait de travailler avec les communautés locales à dresser les cartes qui délimitent les concessions et la propriété foncière peut constituer une stratégie efficace de promotion de mesures locales et de politiques nationales favorables.

Par exemple, des membres de la population tagbanua aux Philippines pensaient que leurs ressources naturelles sacrées étaient menacées par des plans de développement régionaux, plus particulièrement par le projet d'une compagnie pétrolière internationale qui consistait à installer un pipeline sous-marin au milieu des récifs coralliens et des lieux de pêche de la communauté.

Grace au soutien du projet Peuples, Forets et Récifs (PEFOR), Programme pour l'Asie et le Pacifique, BSP, l'ONG Philippine PAFID, a collaboré avec la communauté Tagbanua à la cartographie de leur territoire ancestral. Cette collaboration a eu un impact encore plus grand que ne l'avait anticipé l'équipe du projet. Les membres de la

---

410 Ibidem.

communauté ont pu utiliser des cartes et convaincre la compagnie pétrolière de détourner son oleoduc loin du territoire communautaire. Ceci a permis de protéger les massifs coralliens et les lieux de pêche d'une destruction certaine.

Entre temps, les communautés ont aussi utilisé leurs cartes pour faire ajouter les eaux ancestrales au langage juridique du territoire ancestral, constituant la version préliminaire de l'Acte des droits des populations indigènes (octobre 1997). C'est la première fois que les droits fonciers de la communauté sur des eaux et des récifs côtiers ont été reconnus par le gouvernement des Philippines.

Janis Alcorn, Directrice du Programme pour l'Asie et le Pacifique, BSP, observe : « Quand les communautés avoisinantes ont réalisé l'importance de posséder des cartes, elles ont chacune de l'aide pour dresser leurs propres cartes, la cartographie leur à fournir à la fois un outil important et les informations nécessaires pour jouer un rôle actif dans les prises de décisions concernant leurs terres ; décisions qui, dans le passé, étaient laissées à la discrétion du gouvernement ».

5° Perception, connaissance et capacité suffisantes pour conserver la biodiversité.

Pour transformer des idées en actions, on doit posséder aussi les talents et la capacité nécessaires. Le renforcement des capacités est important au niveau individuel, mais les individus vont et viennent. Ce sont les institutions elles-mêmes qui doivent développer et maintenir la capacité de gérer avec des Programmes et des projets de conservation.

Locker affirme que « Bien que le renforcement des capacités puisses être réalisé de plusieurs manières dans chaque cas ; le but est de contribuer à l'objectif ultime qui est d'aider les gens du pays à gérer leurs propres ressources »[411].

Section 6. Application rigoureuse de la loi

Le domaine de l'environnement est, contrairement à ce que croit le commun des mortels congolais, couvert par diverses législations (nationales) et conventions (internationales). Aujourd'hui, c'est le recensement ou collecte, la vulgarisation et l'application rigoureuse de

---

[411] Ibidem.

tous les textes épars, qui s'imposent pour le triomphe du pari environnemental.

Signalons que différentes législations et actes réglementaires pris en la matière avant comme après l'indépendance au Congo nécessitent révision et adaptation, en raison de leurs circonstances ou contexte, du fait des dernières technologies (évolution) et de la mondialisation surtout.

Déjà, l'Administrateur Délégué de la Fédération des Entreprises du Congo, dans son allocution au Forum sur les forêts en RDC (Kinshasa, 13 novembre 2004), préconisait :

- la révision des textes réglementaires portant modalités de conversion des conventions portant octroi des garanties d'approvisionnement en matière ligneuse et lettres d'intention en contrats de concession forestière ;
- la publication des plans d'aménagement et de zonage ainsi que les cahiers de charge en vue de la mise en œuvre d'une nouvelle politique de gestion forestière impliquant différents partenaires ;
- l'encouragement des entreprises du secteur à envisager des transformations plus poussées, afin de donner une grande valeur ajoutée aux produits forestiers et résorber le chômage ;
- la coopération avec les organismes internationaux et les ONG, pour aider les exploitants à ce que la certification du bois se réalise d'ici à partir de l'an 2010 ;
- la mise en place des données techniques, en vue d'attirer, encadrer et encourager les nouveaux investisseurs pour une exploitation durable des forêts en RDC ;
- la création d'une école professionnelle de métier pour résoudre la question de carence des ingénieurs forestiers, etc.

Aujourd'hui, le problème est latent, et il faut une effectivité des mesures d'exécution du code forestier, pour alléger la tâche de l'administration forestière qui, privée des moyens de sa politique, ne saurait être à la hauteur de celle-ci. Cela complique davantage la mission de la justice.

Car, sans agents forestiers mieux outillés, sans structures ni conditions de travail adéquates, l'officier de police judiciaire comme l'officier du ministère public chargés de la recherche des infractions ainsi que de poursuites de leurs auteurs ne peuvent qu'être limités dans leur mission, vu d'ailleurs l'immensité du territoire, les distances à parcourir et la technicité du secteur.

En dehors de ces causes qui compliquent la bonne application de la loi en la matière, on peut aussi citer la crise de culture juridique chez les congolais, la quasi absence de préoccupations relatives à l'environnement, surtout dans son secteur forestier, des eaux, de la salubrité (hygiène) par ceux qui sont censés appliquer la loi, notamment les Officiers de Police Judiciaire, les Officiers du Ministère Public, les Juges. Car ces matières seraient, d'après eux, moins alléchantes que les matières minières, mobilières, etc.

Nous avons vu, par exemple, des magistrats qui exercent dans les zones minières comme Mbujimayi, Tshikapa... s'intéresser plus aux dossiers de diamant dont le gain est immédiat et consistant; ceux de grandes villes comme Kinshasa, Lubumbashi... s'intéresser plus aux dossiers d'immeubles et de successions[412].

Pourtant, à ne prendre que le cas du Kasaï Oriental[413], cette province (située au cœur de la République Démocratique du Congo et totalement enclavée entre les provinces de l'Equateur et orientale au Nord, de Maniema à l'Est, du Katanga au Sud et du Kasaï occidental à l'Ouest, avec 173.110 km^2, conformément à l'ordonnance n°66/205 du 06 avril 1966 qui l'a créée) renferme plusieurs ressources naturelles à valeur économique considérable, en dehors des ressources minières notoirement connues.

La négligence rencontrée dans le secteur tient aussi au fait que les questions environnementales sont, à ce jour, nouvelles, pour la majorité de juristes[414]. Dans la pratique, les magistrats font souvent recours aux textes en rapport avec des matières réellement apprises à l'université (la matière foncière et immobilière, la matière minière....).

Par contre, les questions qui touchent à la pêche, à la chasse, à l'agriculture, aux forêts, aux eaux... font rarement l'objet de leur préoccupation. Cela parce que le cours de droit de l'environnement n'a

---

412 Kabuya Kabeya Tshilobo, « Le droit congolais face à la pléthore des conflits fonciers et immobiliers: cas de la ville de Mbujimayi », in JUSTITIA, Vol. 1V, pp. 155-176.

413 Coordination Provinciale de l'environnement au Kasaï-Oriental, 2001.

414 Fromageau J., (1989) « L'histoire du droit, l'évolution des concepts juridiques qui servent de fondement au droit de l'environnement », in Ecologie et Loi, éd. L'Harmattan, Paris, p.27.

été introduit que récemment dans le programme de la Faculté de Droit, comme simple cours à option en licence.

D'où l'intérêt d'une formation personnelle continue, d'ateliers et de séminaires de formation et d'information en rapport avec ce droit nouveau à l'intention des praticiens du droit. Aussi toutes les Facultés de droit devraient inscrire obligatoirement dans leurs programmes le droit de l'environnement comme cours de tronc commun avec une pondération importante.

En plus, l'étendue de la RDC appelle un nombre suffisant des magistrats et agents forestiers ou d'agents de l'ordre, avec des conditions de travail qui les mettent à l'abri de toutes tentatives de corruption et de laisser aller. Un outillage conséquent est à mettre à leur disposition. Tel n'est pas malheureusement le cas jusque-là dans ce pays.

A peine, pense-t-on, à cause des grèves çà et là, à revoir, comme promis, les conditions salariales et de travail des magistrats et des autres fonctionnaires en général.

En attendant, les textes légaux et réglementaires en matière environnementale demeurent une fleur dans le désert; et une fleur dans le désert, s'exclamait le Feu Professeur Kalombo Mbanga wa Manshimba, qui s'en préoccupe !

Aussi la répression des infractions du fait du caractère territorial du droit pénal est limitée à des situations de fait exclusivement nationales, alors qu'une nuisance peut résulter d'une situation extranationale. Les problèmes de responsabilité civile ne sont pas moins délicats. Ils se posent notamment avec une acuité particulière en cas de pollution de l'air, de l'eau et des nappes phréatiques.

Si les dispositions des articles 258 (tout fait quelconque de l'homme qui cause dommage à autrui, oblige celui par la faute duquel il est arrivé à le réparer) et suivant du Code civil congolais livre III sont en général reconnues applicables, cette application se révèle parfois difficile, étant donné la spécificité des problèmes des responsabilités dues à la pollution. L'Evaluation du montant d'un préjudice, lequel n'est souvent qu'indirect, n'est pas l'unique difficulté. Il y a toutes celles relatives à la preuve du lien de causalité entre la faute et le dommage; il y a aussi celle relative à un éventuel partage de responsabilité en cas de pluralité des pollueurs.

Dans le domaine international, si la détermination des droits des Etats sur les fleuves et les cours d'eaux internationaux fait encore l'objet de quelques controverses, la discussion reste entière relativement au fondement juridique des responsabilités en cas de pollution des cours d'eau internationaux.

A cet égard, il semble que l'on s'efforce de rechercher une explication, en transposant, au plan du droit international, certaines institutions de droit privé : la théorie de l'abus de droit et celle de rapport de voisinage. Comme on le voit, dans le domaine de l'environnement, non seulement les problèmes juridiques sont d'une redoutable complexité, mais ils exigent en outre une concertation internationale[415].

Il est important, sur le plan interne d'abord, de trouver un terrain d'entente entre différents protagonistes du code forestier, en ayant à l'esprit les revendications du Comité des exploitants forestiers ou des investisseurs :

- que la garantie soit supprimée, le patrimoine des investisseurs constituant déjà un gage pour l'Etat ;
- que le Gouvernement publie, par voie d'arrêtés, les plans d'aménagement et les cahiers de charges. En attendant, que le contrat provisoire soit supprimé et que l'Administration Forestière délivre aux exploitants un document valant titre ;
- que tous les dossiers de conversion soumis à la commission d'examen ne soient pas confiés à un seul expert mais plutôt à un expert indépendant par dossier ;
- que les requêtes de conversion soient publiés au Journal Officiel et que le délai de leur introduction à l'Administration Forestière soit prolongé jusqu'au 31 décembre 2004, etc.

[415] Discours de M.E. Cerexhe, Doyen de la Faculté de Droit de Namur, In actes des travaux de la Faculté de droit de Namur sur Les aspects juridiques de l'environnement, *25* et 26 octobre 1974, P.U.N, pp.6-7

CHAPITRE DIXIEME
LA LEGALITE ET LA TRACABILITE : LA MEILLEURE FACON DE GERER DURABLEMENT LES FORETS DE LA RDC

La Gestion Forestière Durable (GFD) et la certification forestière, outil au service de la première, sont des phénomènes récents dans le bassin du Congo. Leur implantation est loin d'être achevée et elle est à la fois complexe et pleine de promesses pour l'avenir. L'objectif de cet article est de dresser un état des lieux de la certification actuelle des forêts du bassin du Congo, sans aborder les problèmes en amont (définition de la durabilité, identification des parties prenantes, etc.) et en aval (traçabilité de la chaîne de contrôle, etc.) qui sont largement traités dans la littérature.

Section 1. Genèse et contenu de la certification forestière

Fin des années 80, des appels au boycott de la consommation des bois tropicaux ont été lancés par des ONG environnementalistes (Greenpeace, Rainforest Alliance, les Amis de la Terre et certaines antennes nationales du WWF) dans plusieurs pays du Nord dans le but de freiner la dégradation des forêts tropicales. L'argument de base était que l'exploitation industrielle et commerciale des bois tropicaux constituait la principale cause de destruction de ces forêts. Boycotter les produits provenant de ces forêts en réduirait l'exploitation et donc la destruction.

Cette initiative menée à grand renfort de campagnes médiatiques est apparue au début des années 90 comme ayant eu un résultat mitigé. Elle incitait d'autant peu les exploitants forestiers à revoir leurs pratiques que ceux-ci étaient considérés comme les acteurs principaux de la déforestation alors qu'une faible partie seulement des bois exploités avait pour destination les marchés occidentaux « sensibles » et qu'une bonne part de la déforestation était due à d'autres acteurs (agriculteurs, éleveurs, mineurs, etc.). L'impact de ce boycott sur l'évolution de la ressource forestière a donc été faible et jugé incertain, voire contre-productif par ses promoteurs[416].

En 1989, l'ONG américaine Rainforest Alliance a donc lancé un programme avec une autre logique. Plutôt que de boycotter les produits

[416]Buttoud & Karsenty, 2001.

provenant des forêts tropicales, elle a préféré soutenir la consommation de produits issus de forêts bien gérées. Afin d'identifier ces produits, elle a développé un nouveau système : la certification. Dès le début des années 90, le nombre de labels de certification atteignit presque 600, menaçant la crédibilité de la nouvelle logique. Un groupe d'organisations décida alors de mettre en place un système commun dans lequel les critères seraient harmonisés et un seul label de certification serait délivré. En 1993, le Forest Stewardship Council (FSC) était né.

Parallèlement, en 1992, l'Organisation Internationale des Bois Tropicaux proposa le concept des Critères & Indicateurs (C&I) pour la gestion durable des forêts de production[417]. Ce concept allait gagner une attention internationale certaine suite à l'adoption des Principes Forestiers lors du Sommet de la Terre de Rio et être décliné de nombreuses manières par un certain nombre d'acteurs. Il s'agissait pour l'essentiel d'un outil d'aide à la décision visant à évaluer la durabilité de la gestion forestière, soit au niveau national, soit au niveau des massifs forestiers.

Par rapport au boycott sur les marchés occidentaux, ces deux initiatives « certification » et « critères et indicateurs » se veulent réalistes et directes, en s'adressant aux gestionnaires et en influençant à terme les pratiques de terrain. Techniquement, la difficulté pour concevoir un système opérationnel de C&I réside dans l'obligation de couvrir la diversité des aspects de la Gestion Forestière Durable en n'en mesurant que certains éléments représentatifs[418] et dans la nécessité de définir la signification et le contenu de la « gestion forestière durable » quand on se réfère à la forêt tropicale.

A l'heure actuelle, aucune acception générique ne fait autorité et chaque institution ou organisme travaillant sur la gestion forestière produit sa propre définition. En fait, plusieurs considérations sont presque toujours présentes (écologiques, économiques, sociales, institutionnelles, techniques, etc.), mais leur pondération diffère et leurs formulations divergent. Ces divergences sont encore accrues quand ces C&I sont utilisés pour mettre en place une procédure de certification forestière dont les modalités procédurales, les acteurs et les finalités pratiques peuvent présenter des différences significatives. C'est notamment le cas dans les pays du bassin du Congo.

---

417 ITTO, 1992
418 Lescuyer, 2006

Section 2. Etat actuel de la certification forestière dans le bassin du Congo

Cette pression internationale en faveur de la certification des forêts s'est fait ressentir dans le bassin du Congo par l'arrivée à partir de 1996 de nouveaux financements, de nouveaux acteurs et de nouvelles coalitions. Les systèmes existant de certification de la durabilité forestière en Afrique centrale

La réticence des sociétés forestières à la fin des années 1990 par rapport au processus de certification n'a toutefois pas empêché plusieurs organisations importantes, comme l'OAB, l'OIBT, le WWF ou le CIFOR d'en faire un enjeu stratégique, d'obtenir pour cela des financements substantiels et de solliciter à bon escient des Groupes Nationaux de Travail (GNT). À cela s'ajoute une pression internationale croissante sur les sociétés forestières, exercée à la fois par ces mêmes organismes internationaux, leurs sociétés mères, les marchés occidentaux et les ONG. La certification devient alors pour ces sociétés un moyen de « reverdir » leur image de marque, sans compter l'intérêt potentiel d'accaparer de nouvelles niches commerciales sur les marchés occidentaux. Il en va de même pour les États concernés qui voient en la certification une vitrine des enjeux plus larges de gestion durable et de bonne gouvernance.

L'obligation de réaliser un plan d'aménagement pour toute concession obtenue a également constitué une incitation au passage à la certification des sociétés forestières. En améliorant considérablement le système de gestion de l'environnement de l'entreprise, l'élaboration et la mise en œuvre d'un plan d'aménagement permettent de remplir une partie importante des conditions requises par la certification.

Ainsi, par rapport aux obligations légales d'aménagement durable et à la condition qu'elles soient véritablement mises en œuvre, le saut quantitatif/qualitatif vers la certification peut paraître relativement faible: il implique essentiellement de prendre en compte certains C&I supplémentaires et de supporter les coûts directs liés à la procédure de la certification. Ces incitations/pressions ont engendré une évolution rapide des compagnies forestières par rapport à la certification : dès 2002-2003, la plupart de celles qui se sont lancées sérieusement dans la mise en œuvre des plans d'aménagement s'intéressent à la possibilité de certifier à moyen terme leurs concessions.

Elles se tournent alors vers les quatre systèmes de certification forestière actuellement proposés en Afrique centrale : le système de certification Keurhout, qui correspond aux critères minima de GFD, établis par le gouvernement hollandais pour son marché domestique. Le prérequis fondamental est que la gestion forestière assure l'intégrité des fonctions écologiques et garantisse la continuité des fonctions économiques, sociales et culturelles de la forêt. Ce label, créé en 1996 et suspendu fin 2003, a été relancé courant 2004 par la Fédération Néerlandaise du Commerce de Bois. Son ambition à court terme est, en amont de la filière, de couvrir davantage de concessions dans le bassin du Congo, et, en aval, d'étendre son label à d'autres marchés européens.

Le système FSC, dont l'organisation internationale a fixé 10 Principes et Critères de gestion durable de la forêt. Ceux-ci sont ensuite déclinés par des Initiatives FSC nationales en standards nationaux/locaux de performance. Ces structures nationales, comme l'organisation internationale, sont composées de trois chambres représentant les intérêts économiques, environnementaux et sociaux de l'aménagement forestier.

Il n'en existe aujourd'hui aucune dans le bassin du Congo, malgré le support apporté aux GNT du Cameroun et du Gabon par exemple. L'implantation du FSC au Cameroun et, à moyen terme, en République Centrafricaine et en République démocratique du Congo devrait toutefois faciliter la constitution de ces chambres de consultation ainsi que l'élaboration des référentiels nationaux. Le système PAFC (Pan-African Forest Certification), établi fin 1999 sur la base des travaux réalisés par l'OAB/OIBT sur les C&I. Ces C&I conçus pour la sous-région sont déclinés dans chaque pays, notamment par l'entremise des GNT. L'intérêt est ensuite de faire valider ces systèmes nationaux de certification par le PEFC (Programme for the Endorsement of Forest Certification) afin qu'ils soient reconnus internationalement.

C'est déjà le cas du Gabon dont le PAFC est en cours de validation par le PEFC. Le PAFC Cameroun devrait démarrer d'ici fin 2007. Le système ISO (Organisation Internationale de Normalisation) qui offre un cadre pour la certification des Systèmes de Gestion de l'Environnement. Les séries ISO 9001 et 14001 traitent plus ou moins des mêmes domaines que la certification de la gestion des forêts, sauf qu'elles ne précisent pas de normes de performance en matière de gestion forestière et n'autorisent pas l'utilisation d'un label pour les produits.

C'est donc à l'organisation candidate à la certification ISO de faire son propre bilan environnemental et, sur cette base, de se définir une politique avec des objectifs et des moyens de réalisation et de suivi. ISO n'effectue donc pas d'évaluation de conformité, laquelle est assurée par des organismes certificateurs indépendants.

A. Les certificats de légalité

La multiplicité des systèmes de certification de la durabilité forestière ne doit pas cacher la difficulté de cette approche, ce qu'atteste d'ailleurs leur application tardive dans le bassin du Congo.

Les entreprises tournées vers l'exportation, tout comme les états importateurs de bois tropicaux, ont ainsi envisagé de recourir à une procédure plus légère visant à reconnaître la légalité des bois échangés sur le marché mondial. Dans les pays où les textes de loi prescrivent la durabilité de la gestion forestière, certifier l'origine légale d'un bois revient de manière indirecte à attester de son exploitation durable au moins pour le PAFC basé sur le respect de règles internationales.

Pour le FSC, qui impose des standards de performance, ce ne sera qu'une étape, certes indispensable, vers la certification. Le principal avantage de cette approche vient de la plus grande facilité à contrôler la légalité d'un produit forestier par rapport au travail d'analyse des différents C&I de gestion durable. L'inconvénient majeur est que ce certificat de légalité ne débouche sur aucun label commercial. Il existe actuellement dans le bassin du Congo deux systèmes d'attestation de la légalité du bois : par des firmes privées (Eurocertifor, SGS, Smartwood) qui évaluent le respect des réglementations nationales par les sociétés d'exploitation forestière.

Cette évaluation débouche sur un certificat d'origine et de légalité des produits forestiers, qui peut constituer une étape intéressante dans la voie d'une certification ultérieure[419]. La difficulté centrale de ces certificats est qu'ils sont à la fois vendus et contrôlés par des firmes privées, qui se trouvent alors en position de juge et partie ; par l'Etat, comme c'est le cas au Cameroun qui a établi un accord de partenariat volontaire avec l'Union européenne dans le cadre du processus FLEGT (Forest Law Enforcement, Governance and Trade) afin de contrôler la légalité des produits forestiers exportés.

[419]Vandenhaute & Heuse, 2006

Une grille de contrôle de la légalité a été élaborée et largement discutée au cours d'un atelier national en septembre 2006 et des discussions ont toujours lieu à propos du système de traçabilité au Cameroun. Le tout devrait déboucher à moyen terme sur une stratégie de contrôle et de traçabilité. Les autres pays du bassin de Congo devraient également s'engager, dans les prochaines années, dans cette procédure.

B. La mise en œuvre actuelle

La certification forestière prend plusieurs visages en Afrique centrale puisqu'il convient de distinguer les systèmes de certification de la durabilité forestière de ceux portant sur la légalité. Le tableau suivant récapitule les différentes initiatives de certification de la durabilité/légalité au début de 2007 pour les pays du bassin du Congo.

Tableau 11 : Initiatives de certificat de certification

	Cameroun		Congo		Gabon		Guinée Equatoriale, RCA, RDC	
Certificat	Nbe sociétés	Surface	Nbe sociétés	Surface	Nbe sociétés	Surface	Nbe sociétés	Surface
FSC	1	41.965	1	267.048				
Engagés dans FSC	6	1.047.639	1	480.000	2	905.000		
Certificat Keurhout (expiré)					3	1.480.268		
Attestation ISO					3	1.480.268		
Certificat PAFC								
Certificat de légalité	4	787.872	2	2.600.000			1	1.900.000

Source : Vandenhaute & Heuse, 2006

A l'heure actuelle, c'est donc le FSC qui tient le leadership avec deux forêts certifiées, l'une au Cameroun (UFA 09-021 de Wijma) et l'autre en République du Congo (concession de Kabo de la CIB). A l'échelle de la sous-région, c'est une petite dizaine de sociétés qui ont développé des relations plus ou moins poussées avec le FSC (pré audit, audit, etc.) et qui devraient déboucher, à moyen terme, à certifier environ 1,3 millions d'hectares. Le label Keurhout est, lui, en perte de vitesse puisque les certificats n'ont pas été renouvelés par les compagnies forestières, probablement en raison de son manque de lisibilité sur les marchés européens.

Ces compagnies ont toutefois profité du passage au système Keurhout pour adopter les normes de gestion ISO, ce qui demeure une avancée importante pour tout système de certification. Le PAFC est encore en phase de validation au Gabon et de conception au Cameroun. Cependant, trois entreprises implantées au Gabon se disent intéressées par ce système de certification pour une superficie totale proche de 1,5 millions d'hectares.

Enfin, les attestations de légalité, après avoir connu une accélération en 2004-2005, semblent aujourd'hui subir le contrecoup de leur manque d'influence sur les marchés occidentaux. Ces certificats sont pourtant considérés comme un passage obligé pour nombre de compagnies vers la certification de portée internationale.

Au total, tous systèmes confondus, c'est environ une trentaine d'audits externes de certification qui ont été menés dans les pays d'Afrique centrale à ce jour pour une quinzaine d'entreprises. On peut supposer qu'à moyen terme, ce seront environ 4,2 millions d'hectares qui seront certifiés à la fois sous label FSC ou PAFC. On est donc encore loin de l'objectif de l'IFIA (Association Interafricaine des Industries Forestières) d'une certification de 10 millions d'hectares en 2012.

La Guinée équatoriale, la RCA et la RDC participent encore peu à cette dynamique mais il est probable que la situation évolue positivement. Il n'en demeure pas moins que la certification des forêts tropicales reste réduite à l'échelle globale, avec seulement 10% de la surface mondiale des forêts certifiées, et que les forêts d'Afrique centrale y contribuent encore de manière négligeable.

C. Difficultés spécifiques à la certification dans le bassin du Congo

1. Des contraintes propres à la sous-région

La rénovation des codes forestiers dans l'ensemble des pays du bassin du Congo dans les années 1990-2000 a instauré partout l'obligation de procéder à des plans d'aménagement durable des forêts avant leur exploitation. Cette nouvelle prescription d'aménagement forestier détaillé constitue le préalable à toute certification puisque celle-ci doit se plier aux réglementations nationales.

Or, si ces réglementations forestières sont relativement semblables entre les pays d'Afrique centrale générant ainsi peu de discrimination, elles diffèrent largement de celles appliquées dans les autres bassins de forêts tropicales. Par exemple, les sociétés forestières implantées au Brésil se contentent d'un aménagement par superficie, suivi d'inventaires d'exploitation soignés, ce qui réduit largement le coût de l'aménagement par rapport à l'Afrique centrale.

Les certifications recouvrent donc des réalités très différentes en Afrique et en Amérique du Sud, ce qui s'explique principalement par les dissemblances des réglementations nationales. Ces difficultés s'expriment clairement quand il s'agit de déterminer des référentiels nationaux sur la base des systèmes internationaux de certification. à ce jour, aucun référentiel national n'a été établi en Afrique centrale par le FSC ou le PAFC : les audits ne sont possibles que sur la base de référentiels développés spécifiquement par les bureaux accrédités à partir de référentiels internationaux ou sous-régionaux.

Là encore, ce travail d'élaboration de C&I spécifiques constitue un coût qui n'existe pas dans d'autres pays couverts par le FSC ou le PEFC. Cela complique le travail d'audit et entraîne, pour les sociétés forestières auditées, la crainte de se voir jaugées selon des normes peu claires et variables d'un bureau accrédité à l'autre.

2. La difficile prise en compte des aspects sociaux

La faible attention portée aux populations dans les systèmes actuels de certification se constate avant tout par la place restreinte accordée aux considérations socio-économiques locales[420]. Les travaux de l'OAB/OIBT sont malheureusement révélateurs de cette tendance : alors que les principes de production soutenue de biens/services et de maintien des fonctions écologiques sont contraignants, celui de la contribution socio-économique au bien-être des populations rurales est conditionné par « l'importance et l'intensité des opérations forestières »[421].

Ainsi, comme on peut notamment le voir dans l'application des cahiers des charges au Cameroun, il suffit à l'exploitant de justifier d'une faible production de bois d'œuvre pour qu'il soit libéré de toute obligation socio-économique vis-à-vis des populations rurales. Or, c'est précisément la réalisation de telles « œuvres sociales » qui constitue aux yeux des communautés un élément essentiel d'une gestion durable de la forêt[422].

En théorie, comme en pratique, la déconnexion est donc réelle entre les C&I établis par les grandes institutions et les besoins des populations rurales. Il en résulte un impact très marginal des forêts certifiées sur le développement local[423]. Et, réciproquement, la faible implication des communautés dans la définition et l'application des C&I de gestion

---

[420]Pokorny & Adams, 2003
[421]ATO/ITTO, 2003
[422]Lescuyer, 2007.
[423]Eba'a Atyi & Simula, 2002.

durable explique sans doute partiellement le nombre limité de forêts certifiées dans les pays d'Afrique centrale.

Sur un plan plus large, il serait indispensable de mieux préciser les rôles respectifs de l'état et des concessions forestières dans le développement des communautés locales. Pour mémoire, les redevances forestières ont été sensiblement relevées depuis quelques années et une partie de cette manne financière est en principe destinée au développement local. En pratique, relativement peu arrive au niveau des collectivités villageoises et celles-ci attendent des exploitants forestiers, en particulier s'ils gèrent des unités forestières certifiées, qu'ils remplacent l'état défaillant.

3. Un instrument de marché ou un levier de l'action publique ?

A côté du développement de systèmes de certification tournés vers les marchés privés occidentaux, les pays du bassin du Congo se lancent dans le cadre du processus FLEGT dans la définition de critères de légalité. Le Cameroun a déjà signé un Accord Volontaire de Partenariat avec l'Union européenne qui va, à terme, garantir que l'état camerounais exportera vers l'Europe des produits forestiers dont l'exploitation aura respecté la réglementation nationale.

Ce processus est diligenté par l'administration camerounaise principalement avec l'appui du service de coopération allemande. Il ne vise pas à produire un label dont la notoriété sera appréciée sur les marchés privés mais est davantage tourné vers l'approvisionnement des marchés publics européens en bois tropicaux d'origine légale.

Cette superposition des systèmes privés de certification et celui public de légalisation est aujourd'hui peu organisée sans doute parce qu'elle oppose deux approches aux philosophies différentes. D'un côté, la démarche de légalisation FLEGT est un outil d'action publique qui s'impose aux sociétés exportatrices tout en se cantonnant au seul respect de la légalité tel que défini dans le cadre national. De l'autre côté, la certification FSC ou PAFC est une option de valorisation de la GFD sur les marchés privés occidentaux. La combinaison de ces différents modes de légalisation/certification est un enjeu des prochaines années.

4. Une politique à double standards de certains Etats africains

Les besoins en matières premières des pays asiatiques émergents ont entraîné une présence croissante d'entreprises forestières asiatiques dans certains pays du bassin du Congo. Ainsi, pour le Gabon, l'analyse des statistiques d'exportation de bois pour 2005 révèle que pratiquement deux tiers des exportations se font vers l'Asie.

Une grande partie de ces bois sont récoltés dans des concessions obtenues et gérées par des ressortissants asiatiques, à tous les niveaux de personnel. Aucune de ces concessions ne possède un plan d'aménagement agréé et leurs titulaires ne paraissent aucunement disposés à gérer leurs forêts selon les concepts de GFD, encore moins de viser à une quelconque certification.

Le laxisme des états africains concernés devant ce pillage systématique de leurs forêts tranche étonnamment avec leur politique rigoureuse vis-à-vis des sociétés forestières européennes. Par ailleurs, l'Union européenne mène une action vigoureuse pour pousser les entreprises forestières européennes actives dans le bassin du Congo sur la voie difficile de la GFD. Mais elle laisse entrer sur son marché des bois africains transformés en Asie, récoltés en Afrique sans aucun respect pour les règles de la GFD.

Cette incohérence politique fausse le jeu des marchés commerciaux et risque à terme de freiner considérablement l'implantation de la certification dans le bassin du Congo.

5. Quelle évolution probable pour la certification ?

En simplifiant quelque peu, on pourrait attribuer les difficultés d'implantation de la certification dans le bassin du Congo, d'une part, aux caractéristiques particulières des plans d'aménagement et des C&I et, d'autre part, à la stratégie d'implantation locale des principaux systèmes de certification.

Les plans d'aménagement et les C&I ont été élaborés essentiellement par des ingénieurs forestiers et des biologistes de la conservation sans probablement prendre suffisamment en compte les attentes des exploitants forestiers. Il en a résulté des documents d'une très haute technicité, d'un coût élevé à la fois pour leur réalisation, leur application et leur suivi, et faisant la part trop belle aux aspects de production de bois et de conservation de la biodiversité aux dépens des aspects sociaux.

Des essais sont en cours ou sont planifiés par l'ATIBT, avec le soutien des administrations forestières, des ONG internationales et des bailleurs de fonds, en vue de remédier autant que possible à ces défauts, d'élargir les efforts de GFD au niveau des PME et de faire en sorte que les retombees au niveau des populations locales soient sensiblement augmentées. La stratégie d'implantation du FSC et du PAFC manque de rigueur.

En particulier, l'élaboration de référentiels nationaux a pris beaucoup de retard, ce qui complique les audits et augmente leur coût. On peut prévoir que ce travail sera achevé fin 2008 au plus tard.

Enfin, il faut espérer que les Etats du bassin du Congo et l'Union européenne veilleront à harmoniser et à appliquer sur leur terrain une politique plus cohérente d'implantation de la GFD en général et de la certification en particulier. Si toutes ces conditions sont réunies, on peut raisonnablement prévoir une extension progressive de la certification et parier sans trop de risques sur un niveau de certification avoisinant les 20% d'ici une dizaine d'années.

CHAPITRE ONZIEME
SOLUTIONS DU POINT DE VUE DE L'AMENAGEMENT DU TERRITOIRE ET DES CONFLITS ARMES

Section 1. Aménagement et ou urbanisation des espaces congolais

L'aménagement du territoire, c'est aussi, nous l'avons souligné, un des facteurs qui contribuent à grand prix à la lutte contre la déforestation et la dégradation des sols. Faire un bon et rationnel aménagement qui tienne compte des impératifs économiques, sociaux, environnementaux ou écologiques. Voilà qui peut concourir à la connaissance, à la protection, à la conservation, à la gestion écologique, économique et sociale de l'environnement congolais.

L'aménagement du territoire devra, pour ce faire, se jouer sur plusieurs scènes superposées, l'Etat n'occupant que la plus haute. Il y a un territoire communal : donc l'aménagement se déroule à travers les permis de construire ; un territoire départemental, un territoire régional, dont Les élus doivent nécessairement prendre en compte les problèmes d'aménagement. Il y a enfin le territoire national.

Or ces territoires, du plus petit au plus grand, sont inclus les uns dans les autres ; de sorte que le territoire d'une commune donnée concerne quatre aménageurs: commune, département, région, Etat. Ici, c'est la doctrine politique qui joue, selon que l'Etat est unitaire ou décentralisé. Ainsi, chaque niveau de collectivité est en droit de définir ses objectifs d'aménagement, mais qui doivent être en harmonie avec les objectifs nationaux.

Dans pareille situation, l'Etat conserve cependant une responsabilité primordiale. D'abord, parce qu'il a en mains les équipements les plus structurants : universités, autoroutes et routes nationales, liaisons ferroviaires et aériennes, télécommunications... ; et ensuite, parce que les collectivités sont loin de posséder l'esprit de solidarité qu'exige la réduction des inégalités.

Il suffit, à cet égard, de considérer l'attitude souvent décevante prise par les responsables de la capitale, affamés de crédits et peu disposés à admettre que l'équipement de la province est l'unique moyen de sauver la capitale. Si la recherche de l'équilibre devait dépendre de seules collectivités, l'égoïsme des uns et l'indifférence des autres auraient vite fait d'interdire les transferts de ressources et d'emploi des régions riches vers les régions pauvres[424].

Au moment où la dégradation de la qualité de vie urbaine et les facilités accrues de localisation des entreprises devraient favoriser le renouveau des zones rurales, l'exode des agriculteurs a provoqué un recul d'ensemble de l'économie : fermeture de services publics, disparition des artisans et de petits commerces. « La population a lâché pied, laissant tout en place, comme on évacue en temps de guerre une position que l'on ne peut plus tenir »[425]

Certains n'hésitent pas à considérer que le choix de plus sages serait d'encourager, dans les zones les moins peuplées, le départ des derniers habitants, éventuellement d'y réintroduire des espèces végétales et animales menacées, et de classer le dossier. C'est ce que l'on appelle « Oser le désert ». Quoi qu'il en soit, le pouvoir public devra s'y mettre avec des moyens conséquents et surtout avec ses instruments juridiques, de manière à revitaliser l'espace environnemental ou le territoire, en prenant plus en compte les exigences agricoles, forestières et socio-économiques.

La spécialisation agricole suppose, note P. George, un aménagement parfait, des transports à bas prix sur des distances plus ou moins grandes et un système très libéral d'échange ; puisque, par définition, on renonce à pratiquer localement un ensemble de cultures et d'élevage traditionnel assurant la nourriture du groupe humain avec le minimum de déplacements d'aliments.

Par urbanisation, J. Claude Mitchell entend le fait de se fixer à la ville, de quitter la campagne et les travaux des champs, pour chercher un emploi dans l'un ou l'autre des métiers urbains et s'adopter, ce faisant, des habitudes et un comportement différents. Il préfère se servir de ce mot pour décrire l'évolution des modes de comportement et des normes particulières aux zones urbaines[426]

Quant à la détribalisation, il la définit comme le passage de l'ensemble des traditions de la tribu aux normes de comportement occidentales. Et

---

424 Monod J., cité par Kalambay Lumpungu, Droit de l'Environnement, DE.A., Chaire UNESCO, UNIKIN,2002-2004

425 Idem.

426 Breese Gerard (1969), Urbanisation et tradition, Les Editions internationales, Paris, p. 199

par la stabilisation, il entend l'installation permanente des migrants dans la zone urbaine où ils résident ; ce qui élude la question de savoir à quel moment le migrant devient résident[427]

On parle couramment d'économie de substance dans un contexte agricole pour designer un niveau de vie déterminé par la production du travail de la terre qui permet tout juste à l'exploitant de vivre et ne lui laisse aucun surplus qu'il puisse exporter, vendre ou troquer d'une manière ou d'une autre contre l'argent nécessaire pour améliorer ses conditions d'existence ; autrement dit, c'est ne posséder que le strict minimum.

Il y a parfois intérêt à remplacer l'expression de « pays en voie de développement » par celle de « pays en voie de modernisation », au sens défini par Wilbert E. Moore, c'est-à-dire « la transformation totale d'une société traditionnelle ou pré-moderne selon des normes technologiques et autres modes d'organisation social liés au développement de la technique, qui caractérisent les peuples du monde occidental ayant atteint un degré avancé de prospérité économique et une relative stabilité sur le plan politique »[428].

En conséquence, il se pourrait fort bien que le choc psychologique du transfert d'une culture à l'autre fût moindre qu'onavait pu le penser jusqu'ici. Le choc psychologique se répercute sur plusieurs plans, et il est du aussi bien au passage d'une économie de substance à une économie monétaire, qu'au passage de la caste à la classe, du travail de la terre au travail sur des machines, qu'aux changements intervenus dans la position sociale, du fait de l'argent gagné en salaire ; il est même dû, parfois, à la dégradation du statut élevé de l'ouvrier agricole au statut misérable du travailleur des villes[429].

Tous ces facteurs peuvent contribuer à engendrer une sorte de malaise ou d'apathie par l'accumulation des déceptions qu'ils entrainent. Les conflits entre les cultures sont inévitables. A Rangoon, par exemple,

---

427 Clyde Mitchell J., « Urbanization, detribalization and stabilization in Southern Africa : a problem of definition and Maesurement », Rapport de l'Institut International Africain à Londres. Préparé sous les auspices de l'UNESCO ; Aspects sociaux de l'industrialisation et de l'urbanisation en Afrique au sud du Sahara, Paris, UNESCO, 1956, p.16

428 Wilbert E. Moore, Social change, Englewood Cliffs, N.J. Prentico-Hall, Inc., (1963), p. 89

429 Idem

chaque demeure est protégée par un esprit familier pour lequel on construit devant la maison une petite niche où il s'abrite.

En milieu urbain, la survivance de cette coutume ne poserait aucun problème, s'il était possible d'identifier chaque habitation particulière. Mais quand des centaines des familles, se recommandant à la protection d'une douzaine d'esprits différents, cohabitent dans le même groupe d'immeubles construits par le gouvernement, à quel esprit confiera-t-on la garde du grand ensemble ? Lequel habitera dans le petit temple ?

Les chances pour le nouvel émigrant, à la suite de la coexistence d'un ordre ancien avec un ordre, d'un système de statut agraire avec un système de statut émergeant de la condition urbaine de voir la réalité répondre à ses espoirs, sont infimes ; la probabilité du succès dans ses entreprises est souvent désespérément réduite.

Il y a limite, même aunombre des pousse-pousse que les activités traditionnelles du paysan ou de l'artisan rural n'ont qu'une faible valeur marchande à la ville. Presque partout, il y a un excèdent de main d'œuvre dans les catégories d'emploi pour lesquels l'émigrant serait qualifié. Un abîme tend donc à se creuser entre ce que l'individu pourrait faire et les chances que la ville lui offre de réaliser ses espoirs.

On peut avoir une idéede la vitesse d'expansion du phénomène d'urbanisation depuis cent cinquante ans, en relisant le Rapport sur la situation sociale dans le monde, publié par l'ONU en 1957 : « Entre 1800 et 1950, la population du monde vivant dans des villes de plus de 20.000 habitants est passée de 21, 7 millions environ à 502,8 millions, ce qui représente un accroissement de 23 fois, volume en 150 ans, alors que pour la population mondiale totale, dans le même temps, le taux d'accroissement n'a été environ que de 2,6%.

Alors qu'en 1800, seulement 2.4%de la population du globe vivait dans des centres urbains de plus de 20.000 habitants, en 1950, la proportion était passée à 20,9% »[430] Les sources indiquées dans le passage cité pour les données statistiques sont décrites en note comme

[430] Secretariat des Nations Unies, Bureau des affaires sociales en coopération avec le Bureau international du Travail, la FAO, l'OMS et l'UNESCO : Report on the World Social Situation Including Studies of Urbanisation, in Underdeveloped Areas, New York, Nations Unies, 1957, p. 113, désigné ci après sous le titre « Situation sociale dans le monde ».

s'appuyant en grande partie sur les estimations de Kingsley Davis et Hilda Hertz, dans Patterns of worjd urbanization[431].

Les frontières nationales actuelles reflètent le découpage arbitraire des zones d'influence européenne, selon les intérêts des pays de tutelle qui, soit par ignorance, soit intentionnellement, divisèrent des zones culturelles ou fonctionnelles anciennement établies. Le résultat, c'est que le développement des villes dans ces pays a souvent dû s'opérer au milieu des contraintes exceptionnelles, ou même en dépit de ces contraintes.

Pratiquement, toutes les villes africaines, quelle que soit leur taille et particulièrement celles qui comptent plus de 100.000 habitants, sont obligées de faire face à un problème grave des populations déplacées, à l'intérieur de leur territoire métropolitain ; problème qui est la conséquence, à la fois, de la seconde guerre mondiale, à cause des masses de réfugiés ainsi créés et des conflits internationaux qui ont suivi.

En 1964, par exemple, des rapports dignes de foi chiffraient le nombre des refugiées sans abri à 80.000 pour le Burundi, à près de 40.000 pour la RDC et à quelques 100.000 pour l'Ouganda[432]. La ville capitale, de simple chef-lieu qu'elle était, a tôt fait d'attirer vers elle tout ce que la nation compte de talents les plus qualifiés, autant que des misérables qui constituent des réserves de cadres et de main d'œuvre ; en même temps qu'elle concentre sur elle la majeure partie des investissements disponibles.

On ne saurait encore affirmer, avec preuves concluantes à l'appui, que la cité exerce un pouvoir sélectif en n'attirant vers elle que les meilleurs éléments de la population globale. Il semble, toutefois, s'avérer qu'il existe une probabilité favorable que les individus les plus doués subissent davantage que les autres cette attraction.

Le risque est que la ville capitale ou d'une façon plus générale la ville, quand il en existe plusieurs, absorbe ainsi ce qu'il y a de meilleur dans le pays, sans pouvoir rétribuer les talents pour lesquelles elle a contribué à leur formation. Ceux qui ont goûté à la ville, après y avoir vécu quelque

---

431 Le Rapport de Philippe M. Hanser, World and Asian Urbanization in Relation to Economic, Developpement and Social Change ; Les journes d'etudes organisées conjointement par l'ONU et l'UNESCO sur le thème : « Urbanization in the ECAFE », Region, E/CN. 11/URB/10 du 18 juillet 1956, p. 29.

432 Bascom William, « Some Aspects of Yoruba Urbanism », American Anthrpologist, aout 1962, p.699

temps, sont rarement enclins à retourner à la campagne de leur plein gré ou autrement.

De toute évidence, ceci représente une perte sèche lourde, grave de conséquences, pour l'encadrement des activités du village ou de l'exploitation rurale. Le phénomène est général ; on l'observe aussi bien à propos de l'exode rural, qui se retrouve pratiquement dans tous les pays occidentaux, que dans les pays en voie de développement récent. Cette sorte de sélection à rebours qui vide les campagnes et les villages de leurs éléments les plus actifs au profit des agglomérations urbaines peut avoir des conséquences incalculables sur les zones rurales qu'elle affecte.

Les répercussions de l'exode rural peuvent même se faire sentir sur l'administration du pays tout entier en drainant, comme il le fait, des villages et des campagnes, les éléments les plus aptes à devenir sur place d'excellents agents d'exécution des programmes du gouvernement et ses représentants dans le cadre d'une administration décentralisée. Ainsi, il y a peut-être quelque chose qui va à l'encontre de visées d'une économie rationnelle dans cette tendance qu'ont les meilleurs éléments à déserter les campagnes, alors que leur présence y serait tellement nécessaire, pour assurer la mise en œuvre des programmes nationaux.

De toute évidence, il n'y a pas que des meilleurs qui partent et comme le pourcentage des individus exceptionnellement doués dans une population donnée, quelle qu'elle, soit est relativement peu élevé, on peut estimer que l'immense majorité de ceux qui émigrent vers les villes ne possède pas les qualités requises pour former les cadres.

Cette immense majorité se compose pour une bonne part de gens qui comptent parmi les plus nécessiteux, les plus étroitement dépendants les existants de récolte que l'agriculture peut produire, les plus dépourvus d'expérience politique ; et par conséquent, les plus aptes à se laisser mener. L'ascendant sur les masses que peuvent acquérir certains agitateurs dans les villes capitales n'est peut-être que le reflet de relative naïveté de la majorité des émigrants qui s'y sont réfugiés.

Entre les mieux doués parmi les migrants qui trouveront à la ville l'emploi de leur talent et les plus misérables, il y a tous ceux qui, si on leur donne le chance et les moyens, pourront devenir petits cadres de l'industrie, employés de bureau, commerçants, gérants de petites entreprises, ainsi que la grande majorité de fonctionnaires, à un échelon modeste, de la machine administrative et gouvernementale.

Il faut encore noter le fait, tout aussi important, que la ville capitale ou d'une façon générale la ville, s'il en existe plusieurs, devient le réceptacle des principaux investissements disponibles, qu'il s'agisse de ressources financières propres au pays ou de ressources extérieures provenant, soit de l'assistance étrangère, soit de l'entreprise privée, sur le plan industriel ou commercial. Le problème crucial est ici de savoir si cette concentration de capitaux annonce ou permet d'espérer, à une échéance plus ou moins lointaine, une redistribution équitable des fonds d'investissement disponibles à l'ensemble du pays[433]. Le phénomène de transplantation des coutumes rurales ou, si l'on préfère, leur survivance en milieu urbain, est très fréquent. En fait, ce sont peut-être ces transplantations ou ces survivances qui protègent le nouvel immigrant contre le milieu où il se trouve brusquement plongé et l'immunisent jusqu'à ce qu'il ait pu acquérir une certaines accoutumance.

La solution serait peut-être de rester attaché à la terre ou au village ; mais cette solution est en général inacceptable pour celui qui a pris contact avec la grande ville. Une autre possibilité serait d'émigrer vers une autre ville ; mais l'expérience de ceux qui ont tenté de le faire indique généralement qu'il y a peu de chances pour que les conditions soient meilleures dans une autre ville.

La solution à long terme, celle qu'envisagent les responsables de l'administration, mais qui ne peut porter ses fruits que dans un avenir lointain, consiste en une réduction progressive de la population accompagnée d'un accroissement similaire des possibilités d'emploi. Perspective trop lointaine pour ceux qui habitent aujourd'hui ces grandes villes, à supposer qu'elle soit réalisable.

Pour l'homme de la rue, la perspective immédiate est que les choses ne feront qu'empirer. Plus l'entassement dans ces villes augmentera, plus les conditions de l'urbanisme risquent de se détériorer car la question n'est pas seulement de savoir où logeront matériellement tous ces gens, encore faut-il leur fournir les aménagements qui rendent la condition urbaine tolérable.

Cela appelle l'occupation de l'espace géographique de ces lieux par des constructions devant abriter tout ce monde allant grandissant. Tenant compte du relief ou du cadre géographique, les constructions se réaliseront en tenant compte de normes urbanistiques et

433 Breese Gerald (1969), op.cit., Paris, p. 61.

environnementales (canalisations, respect des courbes et pentes, géotechnie, aménagements des espaces verts, champs de bois, etc.).

La géographie vient étymologiquement de « géo » : terre et de « graphein » : décrire. Elle est donc la Science de la description de la terre (description et explication des paysages terrestres). La géographie ne touche qu'à un ordre des connaissances de la terre ; elle s'intéresse uniquement au paysage et n'est qu'une des multiples sciences de la terre.

Le domaine de la géographie se limite à la surface de la terre, y compris la couche inferieure de l'atmosphère ou se font sentir les climats[434].

L'espace géographique est l'espace accessible aux hommes, utilisé par l'humanité pour son existence. Cet espace inclut aussi les mers et les airs. Sur la surface de la terre, se succèdent des paysages variés. Ces paysages sont caractérisés par des traits particuliers du relief, de l'hydrographie, de la végétation, de la faune, du climat, des groupements des hommes et de leurs activités. Le domaine de l'espace géographique dans son sens le plus large, c'est l'épiderme de la terre (la biosphère), espace habité qu'on appelle « œkoumène » : là où les conditions naturelles permettent l'organisation de la vie en société ; autrement dit, l'espace accessible aux hommes et utilisé par l'humanité pour son existence.

La crise de 1929 va faire naitre le sentiment de l'importance et de la nécessité d'une utilisation plus rationnelle des ressources de la terre. On devait lutter contre le gaspillage, contre l'érosion des solos fertiles, aménager les zones urbaines de plus en plus congestionnées au saturées, construire et créer les nouveaux centres commerciaux[435].

La faim sévit dans de nombreuses régions du globe. Et on signale que l'alimentation des populations africaines de la zone intertropicale est encore déséquilibrée. Elle est caractérisée par la prédominance des denrées alimentaires végétales (céréales, tubercules, farineux divers) et par la faiblesse et parfois l'absence totale des apports d'origine animale.

Les seules réponses valables ne doivent être recherchées que dans l'accroissement des productions animales, autrement dit par le

434 Solotshi, Géographie humaine, G1 Géographie, Université de Lubumbashi.

435 Ngwanza Vag, Parasitisme par des coccidies bovines dans les fermes Wetshindjadi (Kasai Oriental) et celle de l'UNAZA Lubumbashi (Diagnostics clinique et coprologique), juillet 1981, Mémoire, Faculté de Médecine vét. P. 2

développement des élevages dans les pays du Tiers Monde comme le nôtre. Vaste et disposant d'énormes potentialités agricoles, notre pays ne comptait en 1977 que 1.144.000 têtes de bovins pour une population estimée à l'époque à plus de 25 millions. Tandis que le Tchad, avec une population de 4 millions, disposait de plus de 3.000.000 de bovins[436].

Or développer l'efficacité de production au niveau des exploitations signifie diminuer les obstacles pour accroitre les effectifs des cheptels. Entre autres obstacles, on cite le pourcentage élevé de décès des jeunes animaux, pourtant plus importants à la croissance démographique des troupeaux[437].

Section 2.Planification et aménagement forestiers

L'aménagement forestier comme l'aménagement agricole font partie de l'aménagement rural qui est l'opposé de l'aménagement urbain (urbanisme). Si les plans d'urbanisme existent depuis longtemps, l'idée de plans d'aménagement rural est récente.

D'où le déséquilibre entre les ces deux types d'aménagement. La lourde machine de l'urbanisation broie, dévore et fait disparaître à jamais d'importantes étendues de forêts. Cela parce que l'aménagement de ces forêts est négligé, sinon coûteux.

Alors que la terre est indispensable à la végétation, l'urbanisation, l'industrialisation ainsi que les équipements collectifs s'emparent du sol à des fins non écologiques. Chaque année, des terres fertiles sont arrachées à l'agro-sylviculture, perdues d'une façon définitive, puisqu'elles sont utilisées à l'édification de constructions, soit à des voies de communication.

Les forêts et l'agriculture ne peuvent s'en défendre que par le zonage et l'aménagement conséquents. Seul l'aménagement forestier retiendra notre attention, particulièrement l'aménagement forestier congolais envisagé dans le cadre de la planification nationale de la gestion environnementale.

Dans un premier temps, la République Démocratique du Congo a mis l'accent sur la maîtrise et la gestion de l'espace physique, en conciliant le développement économique du pays avec celui des provinces. C'est dans

436 Annuaire de la FAO, 1977

437 Ngwanza Vag, op.cit., p. 1

ce cadre qu'une esquisse du schéma national d'aménagement du territoire a été élaborée en 1982 par le Bureau d'Etudes d'Aménagement et d'Urbanisme.

Cette esquisse, approuvée par le Gouvernement en 1983, a ouvert la voie à l'élaboration des schémas régionaux. Malheureusement, cette initiative s'est arrêtée à 4 provinces (Bas-Congo, Nord et Sud-Kivu, Equateur), la coopération avec la France ayant été suspendue en 1992. Ces schémas régionaux devraient pourtant constituer un cadre essentiel pour la connaissance du territoire et de ses potentialités ; la sélection et la mise en cohérence de différents projets nationaux[438].

En 1996, le pays s'est doté d'une Stratégie Nationale de Gestion de l'Environnement traduite dans son Plan National d'Action Environnemental. Elaboré à l'issue d'un diagnostic sévère sur l'état de l'environnement national, ce plan constitue un cadre de référence pour les différentes actions devant concourir à l'exploitation durable des ressources[439].

Enfin, certains secteurs ont particulièrement retenu l'attention des décideurs ; des plans sectoriels d'orientation de politique et de gestion des ressources naturelles ont été élaborés. Il s'agit notamment du secteur forestier, du secteur des ressources halieutiques et de celui des aires protégées.

Le secteur forestier, dans son sens le plus restreint limité à la matière ligneuse, fait l'objet d'une planification soutenue, étant donné son importance et sa contribution potentielle au développement socio-économique du pays.

En 1984, se tenait à Kinshasa le premier symposium sur « La forêt: richesse nationale à préserver », lequel a établi un diagnostic du secteur et proposé différents remèdes devant permettre de le redynamiser. En 1987, la Banque Mondiale finançait l'institut International pour l'Environnement et le Développement (lIED), en vue d'aider le pays à identifier les contraintes à l'essor du secteur forestier.

---

438 Grenier Sargos A. (1975), La défense de l'environnement-Agriculture et environnement : un combat commun, PUF, Paris, p.31

439 Ministère de l'Environnement, Stratégie Nationale et Plan d'Action de la Biodiversité, Kinshasa, juin 1999, p.33

Fort de ce diagnostic et sur base de principes du Programme d'Action Forestier Tropical adopté en 1985 par la FAO, la République Démocratique, bénéficiant du leadership du Canada, a élaboré son Plan d'Action Forestier National. Pour les cinq domaines prioritaires du PAFT, le PNFN de la République Démocratique du Congo a retenu 97 actions à entreprendre à court, moyen et long termes, dans le but d'harmoniser le secteur forestier avec les autres secteurs économiques du pays.

Malheureusement, en dehors de quelques actions formulées pour les aires protégées du Nord-Kivu, du Sud-Kivu, de la Province Orientale et du Bas-Congo, pour lesquelles des financements ponctuels ont été octroyés, la mise en œuvre du PAFN n'est pas encore effective.

Aujourd'hui, la création au sein du Ministère de l'Environnement d'une Direction chargée du Service Permanent d'Inventaire et d'Aménagement Forestiers (SPIAF) paraît une réponse à ces préoccupations. Quelques plans d'aménagement de forêts de production ont été élaborés par le SPIAF. Ils visent essentiellement l'exploitation soutenue de la matière ligneuse, sans compromettre le capital initial.

Il s'agit du Plan d'Aménagement des Forêts du Bas-Fleuve, du Plan d'Aménagement des forêts claires du Katanga Méridional, du Plan d'Aménagement des forêts de montagne du Nord-Kivu. Ce travail reste malheureusement stationnaire; et nos contacts avec le Directeur Mabiala du SPIAF ont révélé que depuis une dizaine d'années, ce Service ne dispose pas de nouvelles statistiques sur les superficies forestières du pays.

Car l'aménagement et l'inventaire forestiers nécessitent des moyens colossaux dont la République Démocratique du Congo ne dispose pas pour le moment ; le recours aux images satellitaires coûtant cher. Néanmoins, a précisé le Directeur Mabiala, les dernières données (Superficie des forêts inventoriées : 19.767.718 ha, soit 8,43% du territoire national ; Superficie cartographiée :16.794.544 ha, soit 7,16% du territoire national ou 13,63% des forêts nationales ; Inventaire en cours : 704.145 ha ; Cartographie en cours :2.759.996 ha) en leur possession n'ont pas tellement changé.

Car, sur terrain, le matériel utilisé dans l'exploitation forestière face aux concessions attribuées, les difficultés d'évacuation des produits de cette exploitation ainsi que la crise multiforme qui se vit au pays sont tels que le rythme d'exploitation est plus que lent. Monsieur Kage Mwanzita, Président du Comité des Exploitants Forestiers et du Bois de la Fédération des Entreprises du Congo que nous.

Au demeurant, les travaux d'aménagement forestier sont plus qu'importants, pour déterminer les espaces réservés aux forêts ou à la végétation et pour lesquels l'exploitation devrait être soumise rigoureusement aux normes en la matière. L'importance de cet aménagement comme de l'aménagement agricole est telle que l'Etat congolais doit y mettre les moyens conséquents, sans compter toujours sur l'étranger qui ne goûte pas aux retombées directes d'une telle politique. Les pays avancés sur le plan environnemental comme la France y mettent le paquet, l'urgence et le temps, car les bénéfices à en tirer sont énormes[440].

Les espaces à urbaniser ou à industrialiser ne peuvent être dégagés, qu'après comptabilisation des espaces agricoles et forestiers, la démographie étant sans conséquences sur le plan économique (agricole) et écologique (forestier)[441].

Sur le plan socio-économique, le contrat de concession signé entre l'Etat (Ministre des forêts) et l'opérateur privé de bois contient des clauses particulières concernant la réalisation d'infrastructures socio-économiques au profit des communautés locales, spécialement la construction, l'aménagement des routes ; la réfection, l'équipement des installations hospitalières et scolaires ; les facilités en matière de transport des personnes et des biens (Article 89 CF et article 7, F du décret du 24 octobre 2005).

Cela étant énoncé, ces mesures pourraient être de nature à promouvoir la création des emplois, à assurer un désenclavement des îlots et des zones entières actuellement inaccessibles, l'augmentation de la masse monétaire, et par conséquent, une élévation du pouvoir d'achat, la possibilité d'une éducation scolaire décente et une formation plus importante des travailleurs.

Le code forestier a prévu plusieurs mécanismes de protection de l'environnement notamment l'institution de la catégorie « forêts

---

440 Lubini A., « Cartographie de la végétation forestière au Zaïre », in Actes de l'Atelier International sur La forêt tropicale africaine: patrimoine à préserver d'urgence, Kinshasa, N'sele, 18-23 mars 1991, p.p.

441 Institut Français de l'Environnement, op.cit., p.p. *75-76*

classées » au sein desquelles il existe d'importantes restrictions quant aux modalités d'exploitation (articles 12 et suivants CF). De même, le code envisage de constituer en forêts classées 15% du territoire national (article 14 CF). Quand on sait le rôle que les forêts jouent sur l'environnement, on peut affirmer que le pari est de taille. Le code prévoit également que tout déboisement doit être compensé par un reboisement équivalent, en qualité et en superficie, au couvert forestier initial (Article 52 CF).

D'autres mesures servent aussi à la protection de l'environnement notamment la subordination de toute mise en exploitation par un inventaire qui permet d'évaluer et de décrire les arbres et les milieux forestiers ; ainsi que par un plan d'aménagement qui peut être orienté vers une production durable des produits forestiers ou des services environnementaux (Articles 65, 71 et 72 CF). Le plan d'aménagement a pour but de préciser les modes d'exécution des obligations relatives à la protection de l'environnement.

Le plan d'aménagement examine l'impact des infrastructures sur l'écosystème et la biodiversité et indique les mesures d'atténuations. Lorsque les concessions sont situées en périphérie d'une aire protégée, le plan d'aménagement porte un résumé de l'étude d'impact environnemental et indique les mesures d'atténuation, de réduction ou de compensation incorporées dans le projet industriel[442].

Aucun acteur ne peut s'approprier à titre privé les avantages résultant de l'impact de la protection de l'environnement, il profite à tous de manière indistincte. Si les dispositions prévues sont mises en application, la forêt congolaise continuera à jouer son rôle d'équilibre de la biosphère au niveau national et international. Le défi reste à venir.

Dans le même temps, une réflexion plus globale sur la mise en valeur et la préservation de l'ensemble de la forêt congolaise pourra être conduite : Quelles seront les autres futures concessions forestières ? Comment la production de bois d'œuvre pour les besoins locaux et régionaux est-elle possible ? Où et avec quel encadrement et quelle assistance ? Cet exercice devra aussi conduire au renforcement du dispositif des aires protégées et désigner les territoires réservés aux seules

[442] Article 14 de l'arrêté ministériel n°036/CAB/MIN/ECN-EF/2006 du 05 octobre 2006 fixant les procédures d'élaboration, d'approbation et de mise en œuvre des plans d'aménagement des concessions forestières de production des bois d'œuvre.

populations locales. La contribution de la forêt congolaise à la problématique de la sequestration du carbone pourra également être précisée dans le cadre de cet exercice.

Un dispositif de suivi de l'aménagement durable doit être mis en place. Pour cela, l'administration forestière doit être renforcée et l'appui d'un observateur indépendant sera nécessaire, au moins en phase de renforcement des capacités nationales. Cette tâche essentielle de suivi ne peut s'inscrire dans la durée de vie d'un projet avec des financements externes toujours limités dans le temps. Les bailleurs de fonds qui financent ces observateurs devront en tenir compte. Une autre solution pourrait consister à privatiser totalement cette tâche.

Section 3. Solutions par rapport aux conflits armés

A. Questions organisationnelles

Les mesures d'atténuation des effets néfastes des conflits sur l'environnement peuvent, d'après J. Shambaugh et alii.[443], être mises en place au cours de trois phases suivantes :

- Prévention et préparation: l'adoption d'une approche proactive avant le déclenchement d'une crise peut contribuer de manière significative à atteindre les objectifs de conservation pendant le conflit ;
- Adaptation et atténuation: au cours de la crise ou des conflits armés, des stratégies d'adaptation aideront à atténuer les effets néfastes du conflit sur l'environnement et à exploiter pleinement les opportunités qui se présenteront. Cette phase englobe la période actuelle du conflit et la phase de transition vers la paix :
- Après crise : une fois le conflit terminé, des programmes de relance, de réhabilitation et reconstruction à plus long terme pourront être développés et appliqués dans le but de promouvoir une action appropriée en faveur de la protection de l'environnement[444].

Il importe de souligner qu'il n'existe pas de plan directeur quant à l'orientation à adopter. Chaque situation est particulière. Il n'existe aucun remède universel. Il faut donc accepter que les interventions potentielles n'aient qu'une portée limitée, tout en comprenant que peu vaut mieux

---

443 Russel D., cité par Shambaugh J.et alu, Idem.

444 Sharnbaugh J. et alu, op.cit., p. 3.

que rien. L'important est de savoir que trois principaux secteurs d'activités s'imposent :

- Réponse organisationnelle : Evaluation, intervention, surveillance et adaptation ; Maintien d'une présence ; Gestion du personnel ; Formation en prévision des périodes de conflit ; Formation en prévision de la paix ; Souplesse organisationnelle et de programme ; Préservation de la neutralité.

Le Programme International de Conservation des Gorilles (PICG) et le Programme UNESCO/UNF/RDC ont demandé à la Commission du Droit de l'environnement à Bonn d'envisager la possibilité de définir une mission entièrement neutre ainsi que de définir et d'accorder un « statut neutre », reconnu sur le plan juridique, aux personnes qui travaillent pour les autorités responsables de la gestion des aires protégées, spécialement, en temps de conflit.

Ce statut pourrait faciliter le maintien des activités dans les aires protégées en situation de conflit armé. La pertinence de ce mécanisme dépendra cependant de la volonté politique à le reconnaître de droit.

- Collaboration au sein du secteur de la conservation ; avec et entre les autorités gouvernementales ; avec les organes de pression ou les ONG ; avec les secteurs du secours et de développement; partenariats avec les communautés ; interactions avec les forces militaires et les groupes armés ; collaboration transfrontalière.

Une facilitation dynamique peut contribuer à promouvoir la collaboration. Les organisations de conservation sont souvent bien placées pour faciliter la collaboration. Elles peuvent aussi faire appel à une tierce partie neutre pour faciliter la collaboration avec les autres intervenants. L'expérience du Programme International de Conservation des Gorilles (PICG) illustre bien la manière dont certaines interventions effectuées au moment opportun et au bon endroit peuvent avoir une influence considérable sur la stabilité à court et long termes d'une région.

Le PICG, coalition de trois organisations internationales de conservation (African Wildlife Foundation, Fauna and Flora International et le Fonds Mondial pour la Nature International) a été mis sur pied en 1991, dans le but de regrouper les ressources techniques et financières et ainsi accroître l'efficacité des organisations dans la poursuite commune de la conservation des gorilles.

La chaîne de volcans Virunga, habitat du gorille de montagne, chevauche les frontières de l'Ouganda, du Rwanda et de la République Démocratique du Congo. Pendant plus d'une décennie, cette région fut le théâtre de conflits armés et d'instabilité qui allaient poser de graves problèmes pour la conservation.

Toutefois, en collaborant avec d'autres organisations de conservation et des organisations d'autres secteurs, ainsi qu'avec les communautés avoisinantes, le PICG a pu faire face à ces crises et poursuivre ses activités de conservation tout en favorisant et en soutenant financièrement des modes de subsistance durables[445].

B. Questions financières et de financement

Malgré l'instabilité qui régnait en R.D. Congo en 1999, l'USAID a pu financer certaines activités axées sur la forêt et la biodiversité, à une époque où seules les activités humanitaires et de la santé étaient financées. Deux conditions principales ont rendu la chose possible.

Bien que l'aide américaine à de nombreux secteurs fut réglementée, un mandat du congrès autorisait l'USAID à collaborer avec le Gouvernement de la R.D. Congo en matière de foresterie tropicale et de biodiversité. La mission de l'USAID en R.D. Congo disposait déjà d'un mécanisme de financement, grâce à ses partenaires du Central Africain Régional Program for the Environment (CARPE), un programme régional financé par l'USAID pour la promotion de la conservation des forêts du Bassin du Congo.

Ces fonds facilitèrent le déroulement de diverses activités restreintes de collaboration avec des organisations de la RDC: le développement de la capacité, un programme de micro-financement, la préparation aux activités de paix, la collecte de données, les intrants de gestion des aires protégées, l'éducation et la formation relatives à L'environnement et l'établissement de la présence au pays du CARPE pour appuyer ces activités.

Grâce à leurs mécanismes de financement, les partenaires du CARPE firent conserver les fonds sur plus d'un exercice financier et les utiliser à bon escient dès que l'occasion se présentait. Malgré un niveau de financement peu élevé (970.000$ US sur trois ans), ces fonds jouèrent un

---

[445] Kalpers et Plurnptre, cités par Shambaugh et *M,* op.cit., p.27.

rôle important en matière de soutien du secteur environnemental en contribuant directement à la conservation, au développement de la capacité, à préserver la motivation et l'engagement des personnes et, à préparer la paix[446].

Section 4. Les conflits liés aux ressources naturelles et les solutions possibles

Beauchard a écrit que « le conflit est dynamique[447], Il a la capacité d'entretenir la vie d'une société, de déterminer son devenir, de faciliter la mobilité sociale et de valoriser certaines configurations ou formes sociales au détriment d'autres ».

C'est le cas de l'économie de la guerre, c'est-à-dire que les opérations de la guerre financent la guerre. En Ituri, le conflit armé des milices était financé par l'exploitation artisanale de l'or, du Colombo tantalite ou coltan, la vente du bétail, en Ouganda, la perception en espèces des recettes de la douane à Aru ; ce qui a fait perdurer les hostilités[448] Le conflit armé interne comme externe peut opposer des forces armées égales en quantité ou en nature. Il s'agit d'un conflit symétrique ; et la lutte est égalitaire. Par contre, lorsque la lutte est disproportionnée, car les ressources sont déséquilibrées, il s'agit d'un conflit armé asymétrique[449]

Steven Rosen, Professeur américain, a fait l'analyse statistique des 40 guerres internationales livrées entre 1885 et 1945, pour constater que dans l'ensemble les vainqueurs ont été mieux nantis sur le plan des richesses disponibles et ont perdu moins de vie au combat, tant dans l'absolu que proportionnellement à leur population[450]

Les conflits armés internationaux actuels plus sophistiqués que ceux d'avant 1945 auront tendance à donner le même constat : plus un pays

---

[446] Idem.

[447] Beauchard J. (1981), *La dynamique conflictuelle*, Paris, Ed. Réseaux, p. 25

[448] Kulele Ngampo Nicodème, Consolidation d'une paix durable dans le district de l'Ituri en Province Orientale, RDC. Thèse de Doctorat Ph.D, Université de Bangui, Octobre 2012, p. 46.

[449] Cheuzeville H. (2006), *Chroniques africaines de guerres et d'espérance. République Démocratique du Congo, Ouganda, Rwanda, Burundi, Soudan.* Aix-en-Provence, Ed. Persée, p. 63.

[450] Steven R. War power and the willingness to suffer in Bruce Russet M. Beverly Hills, Sage, Ed. Peace, War and numbers, 1972, p.167-183.

est riche et puissant, plus son armement est moderne, intelligent et plus il est vainqueur du conflit armé avec moins de pertes en vies humaines.

Quant aux conflits armés des pays africains, pays souvent pauvres, ils sont plus meurtriers, car asymétriques, dans ce sens que les grandes puissances ou transnationales s'y impliquent d'une manière ou d'une autre.

En RDC, le cas de l'agression du Rwanda et de l'Ouganda en est un. En 1998, ces pays moins nantis et pauvres ont, grâce aux Etats Unis, la Grande Bretagne et les autres pays interposés, causé plus de 4.000.000 de morts[451]. Du point de vue temps, le conflit armé interne comme international peut être cyclique, revenir suivant un certain rythme de temps ou acyclique, c.-à-d. conjoncturel et dépendant de certaines circonstances. Les conflits armés ethniques en Afrique sont souvent cycliques ; ils surviennent souvent lors des élections.

La colonisation en Afrique qui était surtout une colonisation d'exploitation ou d'encadrement, différente de la colonisation de peuplement, comme au Canada et en Australie, exigeait la violence pour la bonne exploitation des richesses de la contrée. Ainsi la population était-elle obligée de force et souvent sans salaires ou salaires modiques de produire pour la Métropole[452]. Proudhon recommande que « La connaissance de la paix est tout entière dans l'étude de la guerre »[453].

En droit international moderne, le terme de conflit armé est plus usité que celui de la guerre. Ceci exclut le terme guerre froide, utilisé dès 1947. Il s'agissait d'une situation de tension entre les deux grands vainqueurs de la deuxième guerre mondiale, les Etats Unis d'Amérique et l'Union Soviétique, devenus des belligérants potentiels et vivant en état de tension. Cette situation de guerre froide a pris fin en 1989, après la destruction du symbole de cet état des choses, le mur de Berlin en Allemagne.

Le concept conflit armé a été usité récemment en Droit International Humanitaire dans le cadre de la Convention de la Haye de 1899 et de 1907 sur le Code de la guerre. Les quatre conventions de Genève de 1949 et ses deux protocoles additionnels de 1977 sur la conduite à tenir

---

451 www.universalia@universalis.fr

452 Maunier R. (1932) Sociologie coloniale. Introduction à l'étude du contact des races, Paris, Ed. Domat-Montchrestien, p.22

453 Proudhon P.J. (1927), *La guerre et la paix*, Paris, Ed. Rivière, p.311

dans les conflits armés, outre qu'ils posent des interdits sur les méthodes de guerre, et fixent les normes minimales de traitement des individus, donnent aussi des règles suivant lesdits individus et leurs situations. La consolidation de la paix exige la recherche, la mise en place des instruments, c.-à-d. des mécanismes, des dispositifs, des valeurs et des structures institutionnelles pouvant assurer durablement la paix rétablie[454].

Certes, la paix totale et définitive n'existe pas dans la communauté humaine ; mais dès lors que les conditions matérielles, morales, sécuritaires, psychiques et spirituelles sont réalisées pour une grande majorité de la population dans une communauté, nous pouvons dire que cette société est paisible. La joie d'exister se lit sur la figure d'un bon nombre de citoyens et le citoyen peut individuellement la proclamer. C'est donc un idéal à poursuivre et à atteindre[455].

Fédérico Mayor, Ancien Directeur Général de l'Unesco, déclarait à ce sujet : « Une paix durable est la condition préalable de l'exercice de tous les droits et devoirs de l'être humain. Cette paix n'est pas celle du silence, celle d'hommes et de femmes silencieux, « silenciés », mais la paix de la liberté et par là même de lois justes, celle de la joie, de l'égalité, de la solidarité, où tous les citoyens comptent, vivent ensemble, partagent »[456].

La Déclaration sur le droit des peuples à la paix du 08 novembre 1984 reconnait que chaque Etat a le devoir sacré d'assurer aux peuples une vie pacifique. Elle proclame solennellement que les peuples de la Terre ont un droit sacré à la paix. Préserver le droit des peuples à la paix et contribuer à la réalisation de ce droit constituent une obligation fondamentale pour chaque Etat.

Le chapitre III de la Section II du Rapport Mapping sur la RDC 1993-2003 *(paragraphes 726-782)* examine le rôle qu'a joué l'exploitation des ressources naturelles dans la commission des violations massives des droits de l'homme. Le territoire de la RDC dispose d'un énorme potentiel économique, comprenant un grand nombre de minerais dont les diamants, l'or, le cuivre, le cobalt et le coltan ainsi que du bois, du café et de pétrole.

---

454 Ngoma Binda, op cit p.406

455 Kulele, op. cit, p.5

456 Fédérico Mayor (1988), Le droit de l'être humain à la paix, in Déclaration du Directeur Général de l'Unesco, Paris, UNESCO, p.2

Toutefois, ces vastes ressources n'ont guère profité à la population congolaise. Au lieu de cela, elles ont contribué à des décennies de conflit ainsi qu'à de nombreuses et graves violations des droits de l'homme et du droit international humanitaire. Le lien entre l'exploitation des ressources naturelles et les violations des droits de l'homme remonte à l'époque coloniale et s'est poursuivie pendant les trois décennies de règne du président Mobutu Sese Seko.

Le territoire de la RDC dispose d'un énorme potentiel économique : il représente notamment environ 17% de la production mondiale de diamants bruts. La ceinture de cuivre (*copper belt*) qui s'étend du Katanga à la Zambie représente 34% de la production mondiale de cobalt et 10% de la production de cuivre du monde.

De plus, de 60 à 80% des réserves mondiales de coltan, utilisé dans la fabrication des téléphones portables, des ordinateurs et autres appareils électroniques, se trouvent dans la région des Kivu. Pourtant ces vastes ressources n'ont que très rarement été exploitées pour le bien des Congolais.

Une part marginale des revenus tirés de l'exploitation des ressources naturelles a ainsi été réinvestie dans le pays afin de contribuer à son développement et élever le niveau de vie de sa population. En 2003, la RDC se trouvait ainsi au 167ème rang sur une liste de 177 pays en matière d'indice de développement humain selon l'ONU ; et l'espérance de vie ne dépassait pas 43 ans. *(729)*

Les deux guerres de 1996 et 1998 ont encore aggravé la situation économique du pays, « en entraînant la destruction de nombreuses infrastructures et en généralisant les pratiques de pillage des ressources héritées du régime kleptocrate de Mobutu sous couvert de financer l'effort de guerre. Compte tenu de l'importance de diamants dans l'économie du pays, la manière dont les Présidents Mobutu, puis Kabila, ont géré ce secteur est symptomatique des pratiques de mauvaise gestion et de pillage auxquelles les gouvernements successifs ont eu recours dans le pays ». *(731)*

Avec le déclenchement de la première guerre, l'exploitation des ressources naturelles s'est militarisée. Alors que sous Mobutu, les secteurs forestiers et miniers étaient principalement contrôlés par les civils, en dépit du fait qu'une partie des bénéfices était récupérée directement par les militaires. Le rapport indique que « cependant à partir de 1996, ces secteurs sont tombés progressivement sous la coupe de la nouvelle armée nationale ; d'armées étrangères et de différents groupes armés. Il en a résulté une militarisation des zones minières, forestières et commerciales qui a débouché sur un surcroît de violence à l'encontre des populations civiles. »*(732)*

« Un nombre croissant d'acteurs étrangers s'est impliqué directement dans l'exploitation des ressources naturelles en RDC. Des groupes rebelles, mais aussi les armées nationales de pays tiers, se sont lancés dans cette exploitation, certains pays comme le Zimbabwe avec la bénédiction des autorités congolaises, d'autres comme l'Ouganda et le Rwanda, soit par l'intermédiaire de leurs partenaires ou relais congolais ou bien en occupant directement une partie du territoire. Étant donné la faiblesse et la corruption de l'État central, les richesses de la RDC ont été à la portée de n'importe quel groupe assez violent et déterminé pour imposer son contrôle par la force. »*(732)*

Les motifs des parties belligérantes dans le conflit ont évolué avec le temps. « Initialement, en 1996, l'implication des différentes parties au conflit était motivée essentiellement par des considérations politiques, ethniques et sécuritaires. Au cours de la deuxième guerre cependant, l'exploitation des ressources naturelles est devenue de plus en plus attrayante, non seulement parce qu'elle a permis à ces groupes de financer leurs efforts de guerre, mais aussi parce qu'elle a été pour un grand nombre de responsables politico-militaires le moyen de s'enrichir sur le plan personnel. Les ressources naturelles sont donc graduellement devenues un élément moteur de la guerre. » *(733)*

L'importance croissante du facteur économique dans le conflit explique en partie les renversements d'alliances entre les différents groupes armés tout au long du conflit. L'appât du gain peut être vu comme une des raisons pour lesquelles des acteurs du conflit ont parfois soudainement rejoint les rangs d'un groupe adversaire et pourquoi de proches alliés se sont inopinément retournés les uns contre les autres, le rapport cite ainsi l'exemple des forces rwandaises et ougandaises s'affrontant à Kisangani comme une des « illustrations la plus claire de ce phénomène ». Les ennemis devenaient parfois des partenaires d'affaires tout en continuant à s'affronter sur le terrain. *(735 / 736)*

« Les civils qui ont tenté de résister à l'usurpation des ressources naturelles, ou qui n'ont pas collaboré avec ceux qui détenaient le pouvoir, ont fait l'objet d'attaques. Des villages entiers ont été déplacés pour faire place à l'exploitation minière ou l'exploitation forestière et les groupes armés ont commis des massacres, des violences sexuelles et des traitements cruels et inhumains pendant ce processus. Ils ont également attaqué et incendié des villages afin de saisir le coltan qui avait été extrait artisanalement par leurs habitants ». *(742)*

En 2002, le Groupe d'experts arrivait à la conclusion que toutes les mines de coltan situées dans l'est de la RDC profitaient soit à un groupe rebelle soit à des armées étrangères. « Les preuves démontrant que le Rwanda et l'Ouganda ont financé leurs dépenses militaires grâce aux revenus tirés de l'exploitation des ressources naturelles de la RDC sont abondantes. Pour le Rwanda, selon certaines estimations, ces revenus couvraient en 1999 80% de l'ensemble des dépenses de l'APR (armée nationale rwandaise). L'armée ougandaise a également vu son budget considérablement renforcé grâce aux profits tirés des richesses de la RDC, particulièrement des districts de l'Ituri et du Haut-Uélé, de 1998 à 2002 ».

Une grande partie de l'or produit en Ituri a été exportée par l'Ouganda, puis réexportée comme s'il provenait de sa production intérieure un modèle semblable à celui qui caractérise ses exportations de diamants. *(767-768)*

L'exploitation illicite des ressources naturelles de la RDC et les graves violations des droits de l'homme et du droit international humanitaire qui y sont associées n'auraient pas eu lieu sur une telle ampleur « s'il n'y avait pas eu de clients désireux de faire le commerce de ces ressources ».

Il n'y a en effet jamais eu pénurie d'acheteurs étrangers prêts à faire le commerce de ces marchandises en dépit de l'existence de rapports dénonçant les graves violations du droit international commises par leurs partenaires commerciaux et financiers. Les acheteurs étaient non seulement des négociants en RDC et dans les pays voisins, mais aussi des sociétés privées enregistrées dans d'autres pays, y compris des sociétés multinationales. *(773)*

Des sociétés étrangères ne contrôlaient que rarement l'origine des minéraux ou des autres marchandises qu'elles achetaient, et payaient parfois directement les groupes armés : « Dans certains cas, les sociétés étrangères ou multinationales participaient directement aux négociations avec les auteurs de violations des droits de l'homme, payaient des groupes armés ou leur fournissaient des installations ou des moyens logistiques pour l'exploitation des ressources naturelles ». *(775)*

Le trafic des ressources naturelles en RDC, particulièrement durant le conflit, a été étroitement associé à d'autres réseaux criminels, en particulier ceux qui sont impliqués dans le commerce d'armes. « Les liens avec ces réseaux ont permis aux auteurs de violations des droits de l'homme en RDC d'exporter du pays en contrebande des ressources naturelles sans aucune difficulté, d'utiliser les profits pour acheter des armes, et de commettre encore d'autres violations des droits de l'homme ». *(776)*

L'impunité pour les crimes commis dans le contexte de l'exploitation des ressources naturelles en RDC reflète l'absence générale de justice concernant les violations des droits de l'homme et du droit international humanitaire dans tout le pays.

L'affaire Kilwa a démontré les difficultés à prouver la responsabilité juridique des entreprises privées, même lorsqu'elles fournissent des armes ou un soutien logistique aux groupes armés, dans la commission de violations des droits de l'homme et du droit international humanitaire.

Ce procès a également illustré que lorsqu'on s'attaque à des intérêts économiques, les interférences politiques[457] et le manque d'impartialité sont encore plus criants que dans d'autres affaires.

Dans cette affaire, au moins 73 personnes auraient été tuées par l'armée congolaise (FARDC) en 2004 au Katanga, dans la ville de Kilwa tombée aux mains d'un groupe rebelle. Une société minière australo-canadienne était accusée d'avoir fourni à l'armée des moyens logistiques et de transport durant son opération militaire[458]. En 2007, dans le premier cas de cette nature, neuf soldats congolais et trois employés expatriés de la société minière ont été respectivement accusés de crimes de guerre et de complicité pour crimes de guerre en lien avec ces événements. L'affaire aurait créé un important précédent du point de vue de la responsabilité des sociétés.

---

[457]Division des droits de l'homme de la MONUC, « La situation des droits de l'homme en RDC au cours de la période de juillet à décembre 2006 », 8 février 2007.

[458]MONUC, Rapport sur les conclusions de l'enquête spéciale sur les allégations d'exécutions sommaires et autres violations de droits de l'homme commises par les FARDC à Kilwa (Province de Katanga) le 15 octobre 2004, par. 24 à 29.

Au lieu de cela, tous les défendeurs ont été acquittés des accusations relatives aux evenements de Kilwa, à l'occasion d'un procès présidé par un tribunal militaire qui fut loin de respecter les normes internationales en matière d'équité. *(777-778)*

« L'abondance des ressources naturelles en RDC et l'absence de réglementation et de responsabilité dans ce secteur a créé une dynamique particulière qui a manifestement contribué directement aux violations généralisées des droits de l'homme et du droit international humanitaire ». *(780)*

Compte tenu des principes de responsabilité pénale individuelle, « des personnes morales telles que des entreprises multinationales pourraient être condamnées à verser des dommages et intérêts aux victimes de crimes pour lesquelles leur responsabilité pénale serait établie par une juridiction compétente ». *(1124)*

Pour voir la paix s'installer durablement, la Communauté locale, l'Etat congolais et la Communauté internationale, particulièrement africaine, doivent insuffler de nouvelles valeurs positives, mettre en place certains mécanismes et institutions nécessaires, porteurs de la paix durable au niveau local, national et international.

1° Au niveau local (à la base) avec des secteurs et des chefferies qui deviennent les pivots de développement au regard de trois pouvoirs classiques, il faut une concertation régulière et structurelle des dépositaires des coutumes et des autorités politico-administratives notamment, les Administrateurs de territoire, les Chefs des Secteurs et des Chefferies, les Chefs de groupement et des clans ; aussi des rencontres et échanges spontanés et réguliers des populations.

2° Au niveau national, l'Etat assumer ses prérogatives régaliennes par sa capacité à s'assumer sur l'ensemble du territoire et par la qualité de ses options.

3° Au niveau international, que les Etats africains, culturellement et géographiquement proches, se créent des convergences (de grands ensembles régionaux), en vue d'accélérer le développement humain et matériel de la population.

Section 5. La décentralisation : développement de proximité

La réforme administrative marque la nécessité de concevoir l'administration de façon dynamique, la machine administrative ne devant pas rester figée dans ses structures, dans son personnel, dans ses habitudes et ses méthodes de travail[459]. Ainsi, constamment, d'administration doit s'adapter à l'évolution des finalités politiques de l'environnement socio-économique et des besoins des administrés. Cette réforme s'avère indispensable pour tous les pays du monde industrialisés ou sous équipés ; ils devront déployer des efforts continus, pour adapter l'administration à l'évolution plus ou moins rapide ou profonde des besoins sociaux, de la technologie et des missions de l'Etat.

Reformer l'administration pour faire face aux besoins nouveaux de développement constitue un défi pour l'Afrique. Ce défi est particulièrement important pour la RDC, à cause de la négligence coupable du colonisateur qui n'avait pas préparé le pays, des institutions et le personnel administratif congolais à accéder sans heurts à l'indépendance.

On connait la célèbre formule belge : « Pas d'élites, pas de problèmes ». La nécessité de procéder aux actions de réforme de l'administration s'est donc imposée au Congo Kinshasa dès l'indépendance, le 30 juin 1960[460]

A. Centralisation, déconcentration et décentralisation

Il existe une différence entre centralisation, déconcentration et décentralisation.

1. La centralisation

La centralisation est un mode d'organisation des services publics qui consiste à confier leur gestion au pouvoir central de l'Etat. Les décisions émanent des organes centraux pour toute l'étendue du territoire national ; les administrateurs locaux ne sont que les exécutants des décisions des autorités centrales. Ses circonscriptions administratives

---

459 Toengaho Lokundo Faustin, La décentralisation et la forme de l'Etat, in Guide du Formateur sur la décentralisation sectorielle, Unité d'appui à la décentralisation sectorielle « UADS », Ministère de la Décentralisation et Aménagement du Territoire, Novembre 2009, Kinshasa, p.48.

460 Idem.

n'ont pas de vie juridique autonome. Le pouvoir central nomme les autorités chargées d'administrer ces collectivités et les garde sous son entière dépendance.

Les avantages de la centralisation sont :

- L'autorité centrale assure un contrôle effectif direct sur toute la population du pays et renforce ainsi son pouvoir ;
- Elle contrôle facilement l'application rigoureuse du respect de la voie hiérarchique ;
- La centralisation est un facteur favorable pour le maintien ou la consolidation de l'unité nationale, etc.

Ses inconvénients sont :

- La lenteur et la rigidité administrative, car toutes les décisions doivent venir d'en haut avec risque d'inadaptation des décisions aux contingences locales ;
- Elle étouffe l'esprit de créativité et d'initiative des autorités subalternes et ne favorise pas l'émulation des entités (centralisées) sur les plans culturel et économique ;
- L'absence des procédés démocratiques : la concentration des pouvoirs de décisions en un centre unique implique parfois l'utilisation des méthodes qui peuvent porter atteinte aux droits des administrés, voire entrainer des procédés dictatoriaux (contrainte).

2. La déconcentration

Elle est, dans le cadre de la centralisation, la délégation au profit d'un agent local de l'Etat, du pouvoir de décision exercé par le Chef de la hiérarchie. Dans le cadre d'une personne publique, la déconcentration consiste « à donner la compétence d'accomplir certains actes juridiques, non pas aux chefs du service, aux organes statutaires, mais à des agents qui leur sont hiérarchiquement subordonnées ».

Dans la pratique, la centralisation ne s'accompagne pas toujours de la concentration des pouvoirs ; elle est atténuée parfois. On donne à certains agents de l'Etat le pouvoir de décider sur place sur des questions déterminées qu'il n'est pas nécessaire de faire remonter jusqu'à l'autorité centrale. L'autorité centrale peut modifier ou retirer ces pouvoirs qu'elle a délégués.

Il convient de signaler que c'est toujours l'Etat qui décide sur place au nom de l'Etat. La déconcentration corrige la centralisation. Les entités déconcentrées et les autorités déconcentrées bénéficient d'une délégation des pouvoirs des autorités centrales.

3. La décentralisation

Décentraliser signifie « opérer un mouvement contraire à la centralisation ». La décentralisation est un mode de gestion des services publics qui se traduit par le transfert d'attributions de l'Etat à des institutions (territoriales ou non) juridiquement distinctes de lui et bénéficiant, en vertu d'une loi organique, d'une certaine autonomie.

Les éléments constitutifs de la décentralisation sont : la personnalité juridique, l'autonomie organique, l'autonomie financière et l'autonomie de gestion reconnues par une loi organique.

Il existe deux types de décentralisation :

- La décentralisation territoriale ou géographique, qui aboutit à la création des collectivités locales.
- La décentralisation technique ou par service, par lequel l'Etat détache un service déterminé de la masse de ses services en le constituant en un service autonome. C'est le processus de création des Etablissements publics ou des services publics. L'Office des Routes, la RVA... sont nés grâce à ce processus.

Les principaux avantages de la décentralisation sont :

- Elle permet la participation des entités décentralisées à la gestion du pays ;
- Elle assure la souplesse et la rapidité dans la gestion de la chose publique ;
- Elle garantit l'adaptation des décisions administratives aux contingences locales ;
- Elle est un facteur de développement de l'esprit civique et public du citoyen, car il est associé à la gestion de la chose publique. Il s'initie à la gestion des affaires, d'abord au niveau local.

Les importants inconvénients de la décentralisation sont :

- Mal comprise par la population, elle provoque l'affaiblissement du pouvoir central, surtout s'il y a décentralisation politique ;

- Le risque de méconnaitre l'intérêt général au profit des intérêts regionaux ou locaux est certain ; ce qui, pour les adversaires de la décentralisation, est une menace à l'unité nationale ;
- Elle peut être une source de gaspillage et des désordres financiers, surtout si la gestion des affaires publiques, principalement dans le cadre de la décentralisation technique, est confiée à des gens incompétents et si les mécanismes de contrôle ne sont pas clairs et efficaces, etc.

Deux types de contrôle s'exercent dans les deux cas : le contrôle hiérarchique pour la centralisation et la tutelle administrative pour la décentralisation.

Dans l'Administration centralisée, le Supérieur possède de larges pouvoirs à l'égard des actes de ses subornées qui se situent avant ou après leurs actes. Il peut les inspirer par ses instructions ; les dicter par ses ordres ; les réformer, les annuler pour illégalité ou inopportunité ; il peut aussi se substituer au subordonné défaillant.

Quant à la tutelle administrative ou contrôle de tutelle, c'est un contrôle indispensable car l'autonomie accordée aux entités décentralisées ne signifie pas une indépendance. Il s'exerce tant sur les organes que sur les actes des organes décentralisés.

a. Sur les organes

L'Etat exerce sa tutelle sur les personnes des collectivités décentralisées par la nomination, la suspension ou la révocation. Le contrôle varie en force et comporte 3 degrés :

- Le contrôle de tutelle atténué, qui existe si l'autorité de tutelle vérifie seulement la régularité des élections des autorités des entités décentralisées ;
- Le contrôle de tutelle renforcé, celui dans lequel l'autorité de tutelle nomme une partie des agents représentants de la personne décentralisée, les suspend, mais ne peut les révoquer ;
- Le contrôle de tutelle énergétique, celui dans lequel l'autorité de tutelle choisit et nomme les autorités de la personne décentralisée.

b. Sur les actes

Ce contrôle porte sur l'opportunité et sur la légalité. Les techniques de la tutelle sur les actes sont :

- L'autorisation préalable
- L'approbation
- La suspension
- L'annulation
- La substitution

4. La décentralisation et le fédéralisme

Le fédéralisme est un modèle de forme de l'Etat, alors que la décentralisation est un simple procédé ou mode de gestion administrative qu'on peut appliquer aussi bien dans un Etat unitaire qu'à l'intérieur des Etats fédérés. Le degré d'autonomie différencie également les deux : l'autonomie est administrative pour la décentralisation et accordée par une loi organique aux entités territoriales décentralisées.

Elle est, par contre, politique et consacrée par la Constitution, lorsqu'il s'agit de composantes d'un Etat fédéral. L'autonomie politique suppose la rupture de l'unité législative : chaque province fédérée devient un Etat secondaire disposant de sa propre Constitution, de sa propre législation et de sa propre organisation.

Toutefois, la Constitution de l'Etat fédéré et ses lois ou les édits provinciaux ne peuvent, en aucun cas, être en contradiction avec la Constitution et les lois nationales ou fédérales.

5. Décentralisation et régionalisme politique

Le régionalisme politique ou constitutionnel constitue également un procédé d'aménagement du pouvoir d'Etat qui consiste à décentraliser politiquement et constitutionnellement les provinces qui, dans un Etat unitaire, deviennent des composantes politiques et administratives dotées de la personnalité juridique et de l'autonomie institutionnelle et financière.

Par rapport à la décentralisation, l'originalité du régionalisme politique réside dans le fait que la répartition des compétences entre le pouvoir central et les provinces ainsi que l'ordre institutionnel de celles-ci sont définis par la Constitution et non par une loi organique.

La loi fondamentale prend soin de distinguer clairement, un peu comme dans le fédéralisme :

- Les matières de la compétence exclusive du pouvoir central (matières liées à la souveraineté et celles d'importance nationale) ;
- Les matières à la compétence concurrente (nécessitant le concours de deux niveaux central et provincial pour une gestion efficace) ; et
- Les matières de la compétence exclusive des provinces (nécessitant une gestion de proximité et d'intérêt provincial ou local).

Cependant, à la différence des Etats fédérés, les provinces, dans un régionalisme politique ou constitutionnel, ne jouissent pas de la liberté de se doter chacune de sa propre Constitution et de son organisation interne. Et, à la différence d'un Etat unitaire décentralisé, le pouvoir central n'exerce pas la tutelle administrative sur les provinces, dans le cadre du régionalisme politique. Seul le contrôle juridictionnel est admis.

En définitive, le régionalisme constitutionnel traduit clairement ce que d'aucuns appellent « Un Etat unitaire fortement décentralisé ». C'est donc une formule de gestion intermédiaire entre un Etat unitaire décentralisé et un Etat fédéral. Mais, les trois modes de gouvernement (décentralisations, fédéralisme et régionalisme politique) reposent tous sur le principe de la libre administration.

La décentralisation est un vaste et ambitieux programme de la Républiques qui poursuit trois principaux objectifs :

- La réforme de l'Etat, c.à.d. redéfinir le rôle de l'Etat, en recentrant ses fonctions sur les missions régaliennes (défense, sécurité, justice, diplomatie) et normatives (en ce qui concerne les autres secteurs) ;
- La promotion de la démocratie à la base (par l'organisation périodique des élections et la participation de la population à la gestion de la chose publique) ;
- La promotion du développement local (mobiliser les citoyens autour d'un idéal commun afin de construire une vision à moyen et long terme).

Pour atteindre ces objectifs, la mise en œuvre de la décentralisation doit relever plusieurs défis :

- La volonté politique du pouvoir central
- Le respect de l'autonomie des provinces et ETD
- La capacité de gestion rationnelle des conflits
- La participation de la population au processus de décentralisation
- La capacité de lutte contre la culture de l'échec.

- La capacité de mobilisation et de gestion orthodoxe des ressources
- La sauvegarde de l'unité nationale.

En définitive, la décentralisation est un impératif de la gouvernance de proximité, de la démocratie participative et une stratégie de développement par la base. Comme la démocratie a besoin des démocrates, la décentralisation a besoin des hommes à l'esprit décentralisé qui refusent de croire à la centralisation de l'Etat.

Le transfert des compétences du gouvernement central vers la base ne doit pas être considéré comme un obstacle, mais plutôt comme une chance, pour bien appréhender les problèmes de la population afin de trouver des solutions appropriées.

Pour aboutir aux résultats escomptés, la décentralisation territoriale doit passer par la décentralisation sectorielle[461].

B. La décentralisation de la fonction publique

La décentralisation de la fonction publique est consignée dans le programme général de la réforme de l'ensemble de l'Administration publique qui tire ses origines de :

- La volonté fermement exprimée des autorités du pays pour rendre performante l'Administration publique.
- La Déclaration de la Baule, liant l'octroi de l'aide des pays occidentaux à l'instauration de la bonne gouvernance dans les pays demandeurs.
- La Déclaration de Paris recommandant notamment la gestion axée sur les résultats et la participation des bénéficiaires à la conception et à la réalisation d'un projet de développement.
- La Constitution de la RDC du 18 février 2006.

La réforme de la fonction publique vise :

- La mise sur pied d'une Administration publique saine, moderne et performante, capable d'assurer les missions régaliennes de l'Etat et de contribuer au développement économique du pays.
- L'émergence d'un nouveau type d'agent de l'Etat, bien formé et efficace, bref revalorisé.

---

461 Toengaho Lokundo Faustin, op.cit., pp. 3 à 15.

- La promotion de la bonne gouvernance et l'éthique au sein des services publics de l'Etat.

Ce, à la suite de plusieurs mutations dictées par l'évolution institutionnelle et politique caractérisée par l'instabilité de l'ordre constitutionnel et ses implications sur la vie politique, économique et sociale avec une incidence négative sur l'organisation administrative et territoriale de la République. En effet, la RDC a, à ce jour, connu 8 Constitutions issues des crises politiques et institutionnelles que le pays à traversées (1960, 1964, 1967, 1974, 1991, 2003 et 2006), avec le cortège des misères pour les agents et fonctionnaires de l'Etat[462].

C. La décentralisation du secteur agricole et rural

La décentralisation du secteur agricole représente un enjeu d'importance majeure, dans la mesure où l'agriculture est appelée à jouer un rôle de premier plan dans le combat pour la réduction de la pauvreté.

Il est, en effet, admis qu'aucun autre secteur ne peut mettre au travail autant de personnes et procurer des plus-values et des vraies richesses que le secteur agricole, et qu'une augmentation de 10% de la production agricole peut se traduire par une diminution de plus de 7% du nombre de personnes vivant en dessous du seuil de pauvreté.

C'est le secteur agricole qui offre les meilleures perspectives pour une croissance équitable et soutenue, parce qu'il est en mesure de créer beaucoup d'emplois et générer des revenus pouvant bénéficier à des larges couches de la population.

La situation agricole et alimentaire de la RDC se caractérise par un paradoxe assez saisissant : d'une part, un potentiel agricole parmi les plus importants et les plus riches du monde ; et d'autre part, un taux de pauvreté et de malnutrition se situant parmi les plus élevés de la planète. Et malgré le fait que le secteur agricole a toujours été érigé en « priorité des propriétés » par des autorités politiques du pays, sa dégradation a été quasi continue depuis l'indépendance du pays.

---

[462] Tudienu Magenga Fernand, La décentralisation de la fonction publique : impact et propositions, in Guide du Formateur sur la décentralisation sectorielle, Unité d'appui à la décentralisation sectorielle « UADS », Ministère de la Décentralisation et Aménagement du Territoire, Novembre 2009, Kinshasa.

Le processus de décentralisation implique un transfert d'autorité et de responsabilité, de fonctions de l'Etat (planification, administration, fiscalité, affectation des ressources) du gouvernement central à d'autres niveaux de gouvernement (province, etc.). Ainsi, la décentralisation implique le secteur public, le secteur privé, la société civile et les organisations associatives[463]. Ci-après, la répartition des matières dans le secteur agricole et rural :

1° Matières relevant de la compétence exclusive du pouvoir central :

- L'élaboration des programmes agricoles, forestiers et énergétiques d'intérêt national et la coordination des programmes d'intérêt provincial ;
- Les Offices des produits agricoles et les Organismes assimilés ainsi que la répartition des cadres, conformément au Statut des agents de carrière des services publics de l'Etat ;
- Les régimes énergétiques, agricoles et forestiers sur la chasse et la pêche, sur la conservation de la nature (flore et faune), sur la capture, sur l'élevage, sur des denrées alimentaires d'origine animale et l'art vétérinaire.

2° Matières relevant de la compétence concurrente du pouvoir central et des provinces :

- L'engagement du personnel médical et agricole de commandement ;
- Les calamités naturelles ;
- La prévention des épidémies et épizooties dangereuse pour la collectivité ;
- La réglementation sur les régimes énergétiques, agricoles et forestiers, l'élevage, les denrées alimentaires d'origine animale et végétale ;

3° Matières relevant de la compétence exclusive des provinces :

- La fonction politique provinciale et locale ;
- Les finances publiques provinciales ;
- La dette publique provinciale et les emprunts intérieurs pour des besoins de la province ;

---

463 Makala Patrick, Impact de la décentralisation dans le secteur agricole et rural de la RDC, in Guide du Formateur sur la décentralisation sectorielle, Unité d'appui à la décentralisation sectorielle « UADS », Ministère de la Décentralisation et Aménagement du Territoire, Novembre 2009, Kinshasa, p. 23 à 35

- Les impôts, les taxes et les droits provinciaux et locaux, notamment l'impôt foncier, l'impôt sur les revenus locatifs et l'impôt sur les véhicules automoteurs ;
- L'élaboration des programmes agricoles et forestiers et leur exécution, conformément aux normes du planning national, l'affectation du personnel agricole, des cadres conformément aux dispositions du statut des agents de carrière des services publics de l'Etat, l'application de la législation nationale concernant l'agriculture, la foret, la chasse et la pêche ainsi que l'environnement, la conservation de la nature et la capture des animaux sauvages, l'organisation et le contrôle des campagnes agricoles, la fixation des prix agricoles ;
- L'affectation en province du personnel vétérinaire, conformément au statut des agents de carrière des services publics de l'Etat, l'élaboration des programmes de campagne de santé animale et l'application des mesures de police sanitaire vétérinaire, notamment en ce qui concerne les postes frontaliers et de quarantaine ;
- L'organisation des campagnes de vaccination contre les maladies azootiques, l'organisation des laboratoires, cliniques et dispensaires de la province ainsi que l'application de la législation nationale en matière vétérinaire, l'organisation de la promotion de la santé de base ;
- La planification provinciale.

D. La décentralisation dans le secteur de la santé

Le Plan Directeur de Développement Sanitaire (PDDS) couvrant une période de 10ans, 2001 à 2009 avait pour objectif :

- L'adaptation du système de santé à une législation et à une organisation adaptées au contexte socio-politique du pays ;
- La dotation des structures sanitaires en équipes de santé requises ;
- L'opérationnalité et ou la revitalisation des Zones de Santé ;
- L'accessibilité aux soins de santé de qualité ;
- La mobilisation des ressources financières ;
- La santé de la mère et de l'enfant ;
- La lutte contre la maladie et accidents de travail ;
- La nutrition ;
- L'environnement sain ;
- La gestion des programmes de santé ;

- La protection sanitaire des groupes spécifiques ;
- La communication pour la santé ;
- La participation communautaire et le partenariat.

Le prochain plan stratégique du secteur de la santé va s'appeler « Plan National du Développement Sanitaire (PNDS) », en remplacement de PDDS. La différence entre les deux est que le PDDS se justifie dans un Etat unitaire fortement centralisé où tout est décidé par le pouvoir central, alors que le PNDS s'articule mieux avec un Etat décentralisé, dans la mesure où il devra prendre en compte les priorités contenues dans les Plans provinciaux, à la suite des prérogatives constitutionnelles reconnues aux nouvelles Divisions Provinciales à mettre en place, notamment les compétences exclusives, en ce qui concerne la planification provinciale, l'organisation des soins de santé primaires, l'autonomie dans la gestion de leurs ressources, etc. Le processus de l'élaboration du PNDS 2010-2015 doit être largement participatif.

Le secteur de santé est régi jusqu'à ce jour par le Décret loi de 1952 et les arrêtés ministériels. La loi cadre de 2001 a été soumise à la deuxième délibération au parlement, dans l'entretemps, le contexte sociopolitique a complètement changé (OMD, Reforme, Nouvelle Constitution, Décentralisation politique et administrative).

E. La décentralisation du secteur de l'EPSP

La reforme dans ce secteur est dictée par la Constitution du 18/02/2006, notamment ses articles :

- 42 : Protection de la jeunesse contre toute atteinte à sa santé, à son éducation et à son développement intégral ;
- 43 : Droit à l'éducation garanti pour toute personne à l'enseignement national ; conditions de création et de fonctionnement des Etablissements scolaires ; Enseignement National Public et Privé ;
- Droit des Parents à choisir le mode d'éducation pour leurs enfants ; obligation scolaire et gratuite de l'enseignement primaire ;
- 44 : Eradication de l'alphabétisme ;
- 45 : Liberté de l'enseignement sous surveillance publique et dans les conditions fixées par la loi ; Abolition de toute discrimination ; Age de majorité à 18ans ;
- 202, points 23, 30, 31 et 32 : compétences exclusives du pouvoir central ;

- 203, point 3,20, et 23 : compétences concurrentes ;
- 204, points 10 et 13 : compétences des provinces[464].

[464] Mangobe Bomungo Jean Marie, L'impact de la décentralisation dans le secteur de l'EPSP, in Guide du Formateur sur la décentralisation sectorielle, Unité d'appui à la décentralisation sectorielle « UADS », Ministère de la Décentralisation et Aménagement du Territoire, Novembre 2009, Kinshasa.

CHAPITRE DOUZIEME
RESULTATS ET RECOM-MANDATIONS DE L'ETUDE

Section 1. Les idées cardinales de l'étude

Pays de démesure, aux ressources du sol et du sous-sol innombrables, la République Démocratique du Congo a, en grande partie, des populations très paupérisées. Pourtant, l'un de plus important des droits de l'homme, c'est le droit à la vie[465] ; et celle-ci suppose un certain nombre d'éléments pour que l'homme se maintienne le plus longtemps possible, notamment la bonne santé. Aux termes de l'article 53 de la Constitution de la République Démocratique du Congo du 18 février 2006, « Toute personne a droit à un environnement sain et propice à son épanouissement intégral. Elle a le devoir de le défendre. L'Etat veille à la protection de l'environnement et à la santé des populations ».

L'article 58 de la même Constitution, matérialisant le Pacte international relatif aux droits économiques, sociaux et culturels[466], ajoute : « Tous les congolais ont le droit de jouir des richesses nationales. L'Etat a le devoir de les redistribuer équitablement et de garantir le droit au développement ». Malheureusement, la pauvreté que vit la majeure partie des populations congolaises, au regard de l'IDH de la RDC classant ce pays à queue de tous les autres pays du monde, est la négation de ces dispositions fondamentales.

---

465 Article 3 de la Déclaration Universelle des Droits de l'Homme, Adoptée et proclamée par l'Assemblée Générale de l'ONU dans sa Résolution 217 A (III) du 10 décembre 1948 ; et Article 16 de la Constitution de la République Démocratique du Congo du 18 février 2006.

466 Le Pacte international relatif aux droits économiques, sociaux et culturels a été adopté par l'Assemblée Générale de l'ONU dans sa Résolution 2200 A (XXI) du 16 décembre 1966 et ratifié par la RDC le 1er novembre 1976. L'article 1 de ce Pacte dispose : « Tous les peuples ont le droit de disposer d'eux-mêmes. En vertu de ce droit, ils déterminent librement leur statut politique et assurent librement leur développement économique, social et culturel. Pour atteindre leurs fins, tous les peuples peuvent disposer librement de leurs richesses et de leurs ressources naturelles, sans préjudice des obligations qui découlent de la coopération économique internationale, fondée sur le principe de l'intérêt mutuel et du droit international. En aucun cas, un peuple ne pourra être privé de ses propres moyens de substance ». Et l'article 25 du même Pacte ajoute : « Aucune disposition du présent Pacte ne sera interprétée comme portant atteinte au droit inhérent de tous les peuples à profiter et à user pleinement et librement de leurs richesses et ressources naturelles. »

L'Indice de Développement Humain (IDH) indique le degré de développement ou le pourcentage des personnes menant une vie longue, pleine de savoir, évoluant dans un environnement sain et doté d'un épanouissement humain maximal. Ces conditions sont mieux représentées en ville qu'en milieu rural. L'IDH est calculé par le PNUD depuis 1990 et intègre quatre donnés :

- la longévité ou l'espérance de vie à la naissance.
- le savoir ou le pourcentage d'alphabétisation des adultes.
- le niveau de vie ou le Produit Intérieur Brut (PIB) réel par habitant.
- le taux de scolarisation brut.

Chacune de ces données est calculée en fonction de son écart avec un minimum mondial et un maximum mondial. L'indice va théoriquement de 0 à 1[467]. La République Démocratique du Congo figure pour l'année 2012 à la 186è place sur 186 pays classés dans le rapport de l'Indice de Développement Humain (IDH) du PNUD[468].

Au-delà de ces questions d'intérêt national, la République Démocratique du Congo pourra retrouver sa place de géant économique au sein de la communauté internationale, au regard de ses potentialités naturelles ou de sa biodiversité remarquable. Non seulement, ce pays a des superficies de forêts considérables, mais il a également bien des espèces de la faune comme de la flore qui lui sont endémiques et capables de lui générer des fonds sur le plan touristique et commercial.

Apprendre et agir en vue d'une gestion durable et responsable de ces diverses ressources devient ainsi la voie obligée de la bonne gouvernance et de la gestion de la chose publique en République Démocratique du Congo ; le comportement de ses dirigeants devra ipso facto s'y conformer.

A l'origine, l'homme a vécu dans un environnement sain et intégralement équilibré (absence des pollutions, surabondance des ressources naturelles, régularité des cycles des pluies) car, limité dans ses besoins, il ne prélevait dans la nature toute vierge que le strict minimum nécessaire pour sa nourriture faite essentiellement de produits de la chasse, de la cueillette, du miel et son logement en paille.

---

467 Constantin Kakese Kunyima (2006), Eléments de géographie humaine et économique, Mediaspaul, Kinshasa, pp. 43-44.

468 La RDC classée en dernière position sur l'indice de développement humain du PNUD (Source : Radio Okapi du 15 mars 2013).

Cependant, le cortège des besoins dictés par l'évolution technologique et la croissance démographique a fait que l'homme modifie le tissu environnemental originel par une exploitation inécologique : l'habitat, la route, l'industrie, et autres infrastructures sont à la base de la destruction d'importants espaces verts et de la disparition (raréfaction) de bien d'espèces floristiques et fauniques.

La situation devient encore plus critique en RDC, à cause de l'insuffisance de culture écologique à laquelle s'ajoute l'ignorance des textes chez la plupart de congolais sans formation ou information adéquates, sans compter avec la pauvreté qui les poussent à glaner dans la nature jusqu'à détruire par une exploitation irrationnelle pour leur survie ; ce qui n'est pas sans conséquences (réchauffement planétaire, phénomène érosif, épidémies, insécurité alimentaire).

C'est autant dire qu'aujourd'hui appel doit être fait au respect des exigences écologiques, économiques, culturelles et juridiques en vue d'une gestion des ressources qui permette une justice distributive.

La gestion formelle et institutionnalisée de la biodiversité de la RDC se fait principalement à travers les aires protégées dans lesquelles se concentrent les efforts du gouvernement, des partenaires au développement et de la société civile nationale comme internationale. Bien que la loi en vigueur prévoit une dizaine de types d'aires protégées, la RDC ne compte en 2008 que quatre types d'aires protégées officiellement classées, c'est-à-dire dont les références des actes de classement sont disponibles, pour une superficie totale de près de 26.314.330 ha (ICCN et WWF-RDC, 2008).

Le Congo possède, en flore, plus de 170millions d'hectares de forêts naturelles représentant environ 54,6% de sa superficie, 10% de l'ensemble des forêts tropicales du monde et plus de 47% de celles de l'Afrique ; sa flore est l'une de plus riches de l'Afrique. Elle compte près de 377 familles, 2.196 genres et 10.324 espèces dont 3.000 seraient endémiques[469].

Sept parcs nationaux existent actuellement: le parc des Virunga, le parc de la Garamba, le parc de Kahuzi-Biega, le parc de la Salongo, le parc de l'Upemba, le parc de Kundelungu, et le parc de la Maïko. Les quatre premiers sont inscrits sur la liste des biens du patrimoine mondial

---

[469] Ministère de l'Environnement, Conservation de la Nature, Pêche et Forêts (1999).

de l'UNESCO. A ces parcs, on ajoute le parc de la N'sele (3500 Ha). Auxquels s'ajoutent le parc national à Okapi (1.372.625 Ha), appelé à protéger essentiellement l'Okapi, une espèce rare et endémique de la RDC; le parc national de la Mondjo (812.000), protégera la forêt dense sèche dégradée ainsi que les troupeaux d'éléphants qu'il abrite; le parc marin de Moanda (60.000 Ha), pour la protection du biotope spécial du littoral atlantique (les Mangroves à Palétuviers).

Même si le nouveau cadre légal et régulateur concernant l'exploitation forestière au Congo offre des occasions d'améliorer le bien-être des populations locales dans l'esprit de la gestion durable, il reste des défis majeurs. Les mécanismes de contrôle administratif, logistique et institutionnel sont largement insuffisants. Cela n'empêchera pas les exploitants de poursuivre les pratiques de corruption qui caractérisaient le secteur dans le passé.

Il est de notoriété publique que les élites politiques et les exploitants se partageaient les profits sans se soucier ni des populations ni de l'environnement. Cette situation continue à générer de sérieux conflits entre les parties prenantes. Par ailleurs, cette observation vaut aussi pour l'économie politique de la RDC dans son ensemble et les autres pays producteurs de bois dans le bassin du Congo.

Il faudra respecter quatre principes si l'on veut voir la situation s'améliorer des signes politiques allant dans ce sens existent. Ces principes sont : la distinction entre les responsabilités de l'Etat et des entreprises forestières doit être clairement établie et respectée ; les exploitants doivent accepter de jouer un rôle social en faveur du développement des populations locales ; l'Etat et les exploitants, en partenariat avec les populations locales, doivent participer à l'amélioration du bien-être de ces dernières sous la forme d'avantages directs et indirects provenant de l'exploitation du bois ; et l'approche participative doit être ouverte, transparente et comprise par toutes les parties prenantes[470].

Des efforts en matière de prise de conscience, de communication, de renforcement des capacités et des coalitions de la société civile seront nécessaires si l'on veut véritablement espérer que tous les acteurs acceptent de mettre en pratique ces principes. Le processus en cours en RDC aujourd'hui pourrait s'inspirer de l'exemple d'autres pays du bassin

---

[470] Trefon Theodore, 2007.

du Congo, notamment du Cameroun, où les efforts pour améliorer les partenariats entre les exploitants et les habitants de la forêt ont été entrepris depuis une décennie.

La conception de plans d'aménagement forestiers, fort coûteux par ailleurs et le respect des codes de conduite internationaux constituent de réels progrès en matière de respect des droits des populations locales, de l'environnement et des conditions dans les camps de travailleurs. Néanmoins, le bilan social global reste catastrophique. Une campagne de sensibilisation sur les droits et les responsabilités, ainsi qu'une plus grande implication des acteurs de la société civile, seraient un premier pas. Cela ne pourra se faire sans l'amélioration de l'éducation de base, sans laquelle toute participation au processus de développement est impossible.

La relance du secteur privé est une nécessité absolue si l'on veut remettre l'économie congolaise en piste. Si ce processus est un processus à long terme, cela ne devrait pas donner le droit au secteur privé d'exploiter les ressources naturelles sans en faire bénéficier les citoyens ordinaires. Les habitants des zones forestières sous concession doivent cependant avoir des attentes réalistes en matière d'investissements socio-économiques.

De manière générale, les besoins en investissements socio-économiques de ces communautés sont de nature très basique mais celles-ci sont souvent incapables de s'accorder de manière participative sur des priorités à soumettre aux aménagistes qui travaillent avec les exploitants. Dans le passé, l'état congolais s'est montré parfaitement incapable et peu motivé à l'idée de mener un travail de médiation entre les peuples forestiers et les sociétés d'exploitation. Une plus grande implication des acteurs de la société civile et le soutien actif de la communauté internationale peuvent aider à renforcer le processus de changement, même si encore une fois, il faudra de nombreuses années avant d'assister à un profond changement des pratiques politiques.

Une autre condition élémentaire est la nécessité d'ancrer l'approche participative dans les systèmes de logique et de croyance locaux. Il faut par conséquent prendre en compte une kyrielle de clivages, de tensions, de méfiances, ainsi que des fractures entre les sexes et entre les générations qui caractérisent profondément les communautés forestières.

Le code forestier de 2002 définit les droits d'usage des populations locales et stipule les obligations du titulaire de concession en matière de responsabilités sociales (Article 89 du CF). Un de ses principaux avantages est la tentative de réduire le hiatus entre la théorie du pouvoir de l'Etat et la réalité du droit coutumier (Article 36 du CF). Cela constitue un progrès notoire car les revendications traditionnelles sont désormais reconnues et institutionnalisées. A l'intérieur des concessions, les populations locales ont désormais le droit de chasser, de pêcher et de récolter les produits forestiers non ligneux (Article 44 du CF).

Selon la Direction générale des Recettes administratives, judiciaires, domaniales et de participation (DGRAD) de la RDC, le secteur forestier formel contribuerait au PIB à hauteur de 1% avec des recettes fiscales réalisées en 2007 de plus de 4,6 millions $ uniquement comptabilisées sur la base de la redevance de superficie. La valeur des exportations de bois d'œuvre est croissante passant de plus de 6,9 millions € en 2002 à plus de 35,3 millions € en 2006. Le secteur forestier industriel comptait 15.000 emplois directs en 2007 selon la Fédération des industriels du Bois en RDC. La gestion des ressources forestières s'effectue en RDC dans un contexte socio-économique et politique post-conflit qui lui donne un caractère délicat et particulier[471].

Le gouvernement a entrepris un effort d'apurement de la situation des contrats forestiers, avec l'abrogation en 2002 de 163 titres, représentant 25,5 millions d'ha, pour non-respect des obligations contractuelles. Cependant, l'instabilité politique qui a caractérisé la période dite de transition politique (avant les élections de juin 2006) a favorisé des attributions irrégulières de titres forestiers malgré un moratoire officiel sur les attributions de concessions décidé en mai 2002. En janvier 2009, le gouvernement congolais a achevé le processus dit de conversion des anciens titres forestiers en concessions, conformément à la nouvelle loi forestière. Des requêtes de conversion de titres forestiers avaient été déposées sur un peu plus de 22 millions d'hectares en janvier 2006[472].

Une commission interministérielle faisant une large place aux représentants de la société civile et à ceux des peuples autochtones a déclaré comme étant légalement acquis 65 titres forestiers couvrant près de 10 millions d'hectares. En outre, un nouveau moratoire d'une durée de 3 ans sur l'attribution de nouvelles concessions forestières a été

---

471 MECNT-FORAF, 2008

472 Malela et alii. 2007

annoncé en octobre 2008 par le Ministre de l'Environnement, Conservation de la Nature et Tourisme[473].

En 2007, l'ICCN employait environ 2.700 personnes.[474]En ce qui concerne la recherche et la formation en foresterie et environnement, la RDC dispose d'un Institut pour l'Etude et la Recherche Agronomique (INERA) créé en 1948, et de huit autres principales institutions de formation. Il est à noter qu'il existe dans les provinces de nombreuses institutions, plus ou moins fonctionnelles, qui ont l'environnement dans leurs programmes de formation.

Ainsi, pour arrêter ou prévenir la déforestation, dans le contexte particulier du Congo, outre les six leviers d'action proposés par Jaques Vernier pour faire face aux six enjeux fondamentaux que sont: l'eau, le bruit, les déchets, les produits propres et sans risque, la nature elle-même ; avec comme leviers d'action, pour relever les défis, sont : des lois, des incitations économiques ou fiscales, des citoyens et des associations actifs, une éducation à l'environnement, des recherches scientifiques et une action internationale[475], il importe notamment :

- de mettre un accent particulier sur l'éducation mésologique, l'homme étant l'agent principal de destruction ;
- de recourir aux techniques de reconstitution et/ou de conservation des forêts ;
- de faire une application rigoureuse de la loi, outre la bonne gouvernance.

Face à l'ignorance inconsciente ou consciente dont a fait montre l'homme au cours des siècles, l'éducation mésologique retraçant les grandes lignes (recommandations) environnementales semble être le premier remède puissant. A la suite de la conférence de Stockholm, il a été remarqué que les difficultés inhérentes à un changement conceptuel et institutionnel aussi vaste imposent une évolution graduelle de la situation.

Il s'agit d'établir, dès à présent, le fondement permettant le renforcement d'une conscience et d'une éthique de l'environnement à l'échelle mondiale; de créer aussi les mécanismes favorisant le

---

473 MECNT, 2008

474 ICCN, 2008

475 Jacques Vernier, L'environnement, 2001

développement des capacités scientifiques et techniques, pour affronter les problèmes de l'amélioration du cadre de vie. Il faut également stimuler la participation effective de la population au processus de conception, de décision et de contrôle de nouvelles politiques de développement.

S'agissant de forêts, l'humanité devrait déjà intérioriser l'importance de la plante, de la forêt... Il pourra lui être enseigné, par exemple, l'importance de la plante (atténuation ou absorption du C02, l'abondance des pluies ou des eaux), sa conservation et sa régénération. La culture de la paix lui est aussi d'intérêt, dans la mesure où les conflits armés contribuent à grand prix à la déforestation et pourquoi pas à la destruction du tissu environnemental, d'une façon générale (destruction de l'habitat, surexploitation des ressources naturelles, pollution) ; le tout bâti sur une bonne gouvernance.

La forêt joue plusieurs rôles : habitat des animaux sauvages, grenier pour l'alimentation humaine et animale, pharmacie (plantes médicinales), équilibre biologique.., Il est donc important de la protéger et de la conserver. La sylviculture ou l'agrosylviculture demeure une des solutions, à côté de l'éducation mésologique.

En matière de gestion des ressources naturelles, il faut, note Didier Normande[476], conserver la forêt existante, pour autant qu'on la juge indispensable là où elle se trouve. En second lieu, la conserver, c'est augmenter son potentiel économique : aménagement touristique ou cynégétique, multiplication de bois utiles pour l'utilisation locale ou l'exploitation. En troisième lieu, ce sera reboiser là où les boisements spontanés ne suffisent pas aux besoins des populations ou de bois nécessaires à leur fonctionnement au bout d'un laps de temps trop court pour justifier les investissements d'implantation.

Les traitements de la forêt (sylviculture) et les systèmes de gestion (aménagement) dépendent d'une formation forestière à une autre et d'un groupement à l'autre. A ce propos, note Didier Normande[477], un forestier hollandais a écrit que l'adoption d'une politique d'aménagement forestier marchait toujours de pair avec le degré de maturité du système gouvernemental.

---

476 Normande Didier (1971), *Forêts et bois tropicaux*, « Que sais-je », n°20, PUF, Paris, p. 46.

477 Idem.

Ainsi, la sylviculture des forêts denses équatoriales peut apparaître comme un luxe par suite de l'ignorance de nombreuses personnes sur leur véritable potentiel de production. Ce fait conduit à considérer le financement des travaux d'enrichissement, pourtant nécessaires, comme du gaspillage et il compromet l'action forestière dans les périodes de compression budgétaire. L'agroforesterie et la foresterie communautaire sont vivement indiquées.

Si les déprédations causées par l'homme à la végétation forestière augmentent avec la densité des habitants, une forte population permet, à l'opposé, de trouver des travailleurs en nombre suffisant pour réparer les dommages et, si possible, faire mieux que la nature. Quand bien même les traitements des forêts sur de grandes étendues nécessitent de gros moyens, le boisement ou le reboisement à petite échelle (parcelle d'habitation, les abords des routes ou parois des ravins) peut être, sans exigence de gros efforts, réalisé par quiconque.

Le nombre d'ateliers de formation, d'accords (conventions) ainsi que leur fréquence à l'échelle mondiale, régionale, nationale met en évidence les menaces qui pèsent sur les ressources forestières et les préoccupations qui en découlent. Ainsi, le choix du sujet que nous avons traité est étroitement lié à l'importance de la forêt en tant qu'écosystème, mais aussi à l'ampleur des impacts qui résultent de la déforestation. Interpeller les gouvernants et les gouvernés sur cette question devient une impérieuse nécessité.

Le domaine de l'environnement est, contrairement à ce que croit le commun des mortels congolais, couvert par diverses législations (nationales) et conventions (internationales). Aujourd'hui, c'est plutôt le recensement (collection), la vulgarisation et l'application rigoureuse de tous ces textes qui s'imposent, pour le triomphe du pari environnemental.

La difficulté tient au fait que les études environnementales étant elles-mêmes récentes, la discipline juridique qui peut en dégager les règles, Droit de l'environnement, est aussi embryonnaire.

Des efforts devraient aller dans les sens de mettre sur pied un code de l'environnement. En RD Congo, il existe, de manière éparse, des textes légaux et règlements d'avant comme d'après 1960, outre différentes conventions internationales ratifiées par le pays.

Nous pouvons, à titre illustratif, par rapport au domaine de la foret, cadre de la présente étude, citer le Décret du 11avril 1949sur l'exploitation forestière, modifié et complété aujourd'hui par la loi du 29 août 2002 portant Code forestier et différentes mesure d'exécution.

Tous les biens possibles pour le développement économique ne se prélevant que dans la nature, les écologiques ne s'opposent pas à leur prélèvement, mais conseillent plutôt une attitude responsable vis-à-vis de ces ressources ; au regard de fortes pressions exercées aujourd'hui sur les forêts (l'ampleur du phénomène de la déforestation aux conséquentes fort déplorables).

Former et informer les gestionnaires de la chose publique sur cette catégorie de ressources naturelles constitue aujourd'hui une préoccupation certaine dans le cadre de la démocratie environnementale, partant de la bonne gouvernance A la suite du Principe 10 (PP10) de la Déclaration de RIO de 1992, les Nations du monde ont, depuis le Sommet de la Terre, Johnsbourg 2002 mis sur pied un cadre dénommé TAI (The Access Initiative) qui est une Initiative d'Accès par les populations, dans le cadre de la démocratie environnementale, à toutes les informations possibles relatives à leur environnement, en vue d'un développement durable. La RDC pourrait facilement se développer à partir de ses forêts, tout en les conservant pour l'équilibre écologique, à condition d'observer ou d'appliquer scrupuleusement et efficacement la législation en la matière[478]

Les parlementaires sont des acteurs essentiels, dès lors qu'il s'agit de promouvoir et de défendre les droits de l'homme (c'est pourquoi il faut élire utilement). L'activité parlementaire dans son ensemble (élaboration des lois, adoption du budget et le contrôle de l'exécutif) couvre tout le spectre des droits politiques, civils, économiques, sociaux et culturels ; et a donc un impact immédiat sur la jouissance des droits de l'homme[479].

---

[478] La loi n°011/2002 du 29 août 2002 portant code forestier et ses différentes mesures d'exécution.

[479] Beenthoin David, Parlement et démocratie au 21ème siècle, Guide des données pratiques, Union Internationale, Genève, Suisse, 2006, p.167, cité par Mwamba Mushikonke, Le parlement et les mécanismes de promotion et de protection des droits de l'homme. Bilan de la production législative de 2006 à 2011, in Cahiers Africains des Droits de l'Homme et de la Démocratie, CRIDHAC, Faculté de Droit de l'Université de Kinshasa, Volume III, Avril-Juin 2012, pp. 161-180.

La défaillance dans la gestion des ressources naturelles tiendrait au fait que nous n'avons probablement pas « The right man in the right place ! ». Nous avons peut-être l'homme de Science, mais sans Conscience ; ou, à l'inverse, l'homme de Conscience, mais sans Science. Gérer s'apprend ; encore que la politique est l'art de gérer la cité. L'idéal serait de concilier la Science avec la Conscience, car « La Science sans Conscience n'est que ruine de l'âme ». Nombreux possèdent aujourd'hui le diplôme universitaire ou autre, plutôt que des connaissances scientifiques.

Tout en conservant nos forêts aux fins écologiques, il y a lieu de les mettre en même temps sur le marché et tirer le plus de profits possibles à partir des richesses qu'elles pourraient créer. Les décideurs politiques de la RDC comme ses populations, premières bénéficiaires des merveilles de leur nature, ont intérêt à comprendre que conserver une forêt ne signifie pas « ne pas y toucher, ne pas l'exploiter », mais plutôt « y toucher ou l'exploiter autrement » ; c.-à-d. de manière durable et rationnelle.

Pierre Muller[480] voit dans la politique publique « la Science de l'Etat en action », l'action gouvernementale. La France, par exemple, dispose dans le domaine de l'action publique des institutions comme le Comité National d'Evaluation (CNE) qui produit des rapports annuels d'évaluation dans lesquels on relève à travers le paysage des politiques publiques de ces pays développés, la complexité des actions publiques prenant la forme des actions contractualisées, polycentriques, polyarchiques, partenariales, associatives ou coopératives[481].

Les multiples facettes des politiques publiques sont :

- La facette symbolique (effet d'annonce, inauguration, apparats) ;
- La facette technique avec la problématique d'une gestion orthodoxe (mise en place des institutions, planification et organisation, suivi et contrôle dans diverses actions) ;

---

480 Cité par Makala Patrick, Evaluation de la politique publique et analyse diagnostique de l'administration agricole en RDC. Pour une intelligibilité du mode de gestion publique, Thèse de doctorat, UNIKIN, 2005-2006, p. 54

481 Muller, L'analyse cognitive des politiques publiques, vers une sociologie publique de l'action publique, http ://www.Muller. Pierre, 22/5/2003.

- La facette politique avec la question de l'évaluation et des interprétations socio-politiques (compréhension, communication, confrontation et gestion des conflits)[482].

Pour J.LECA, « Toute politique publique recouvre une théorie du changement social, car c'est à partir des ajustements repérables dans une société que l'on parle de politique publique »[483]. La théorie de changement social se formule comme une modélisation de la société et de ses problèmes ; modélisation qui se traduit par un redécoupage et une reconstruction qui prennent une ampleur globale. Ces représentations normatives sont analysables comme un corps des règles qui ordonne, segmente, classifie les situations et les réalisations publiques.

D'après Sylvie TROSA, l'évaluation dans le secteur public est considérée comme ayant pour principal objectif celui d'appuyer le processus de gouvernance et de gestion des politiques et des programmes pour juger de la pertinence, de l'efficacité et de l'efficience de ces politiques et programmes[484].

Cet auteur distingue l'évaluation managériale de l'évaluation de légitimation. L'évaluation managériale se définit comme l'étude de l'efficacité et de l'efficience d'une politique et de programmes publics. Pour ce faire, elle compare les résultats d'une politique ou d'un programme aux règles et normes édictées par les planificateurs et dirigeants étatiques. L'évaluation de légitimation s'intéresse elle à la raison d'être, aux impacts et aux rendements des politiques et des programmes.

Pour Muller, évaluer une politique, c'est rechercher si les moyens juridiques, administratifs ou financiers mis en œuvre permettent de produire les effets attendus de cette politique et d'atteindre les objectifs qui lui sont fixés.

---

482 Muller et Surel Y., L'analyse des politiques publiques, Collection « Clefs Politiques », Mont Chrétien, O.F. Harcourt Brace Journoutech, 1972 pp 73-75.

483 Leca J., Le rôle de l'évaluation dans la modernisation de l'Etat, In revue française d'administration publique, N°66, avril 1993, P.140.

484 Trosa S., Eléments de réflexion issus de l'expérience internationale : approche scientifique et approche participative, In l'évaluation au service de l'avenir, rapport annuel, CNE, Paris, 1999, pp 119-136.

Section 2. Les résultats de l'étude

Certains indicateurs nous ont permis de vérifier ces hypothèses, notamment : la déforestation, le changement climatique, l'extinction ou la disparition des espèces floristiques et fauniques, la pollution (en rapport avec l'hypothèse 1) ; l'IDH de la RDC, le faible budget de l'Etat sur le social (en rapport avec l'hypothèse 2) ; la pauvreté, le manque, l'insuffisance ou le délabrement des infrastructures de base, l'accès difficile aux services sociaux de base (en rapport avec l'hypothèse 3) ; l'absence ou l'insuffisance des connaissances scientifiques et transdisciplinaires chez la plupart des décideurs intervenants dans la gestion de la chose publique, les forêts particulièrement et le manque de vision incarnée pour les droits de l'homme (en rapport avec l'hypothèse 4) ; le quasi défaut de vulgarisation des textes légaux et réglementaires, la formation locale quasi inexistante en matière forestière (en rapport avec l'hypothèse 5).

Et les recherches menées dans le cadre de cette étude, notamment l'enquête et le travail de terrain conduits dans quelques milieux forestiers du pays[485], nous ont également permis de confirmer ces hypothèses et d'atteindre les résultats ci- après en rapport avec nos objectifs.

1° La RDC regorge d'importantes ressources naturelles, notamment les forêts qui génèrent peu de richesses inégalement distribuées entre les congolais, pour la plupart pauvres. S'agissant de l'évolution du couvert forestier, le taux annuel de déforestation est évalué à 0,20 % par an[486] ; ce chiffre masque des menaces réelles pesant sur les écosystèmes forestiers de RDC. Ses causes sont l'agriculture itinérante et sur brûlis, la recherche de l'énergie, bois, les conflits armés, l'urbanisation et les grands travaux publics… ; avec comme conséquences les changements climatiques, les pollutions de plusieurs ordres, les érosions, la crise alimentaire. Les droits des populations riveraines (COLO et PA) ne sont pas pris en compte, outre le fait que le niveau des recettes est faible, à cause de l'exploitation illégale des forêts et du non-paiement du crédit carbone à la RDC.

2° La législation forestière et ses mesures d'exécution existent bel et bien au Congo. C'est plutôt leur connaissance et leur application

485 Une dizaine des personnes ont répondu volontiers à notre questionnaire en rapport avec le sujet ; des photos et vidéos prises en rapport avec la déforestation dans certains milieux.

486 Duveiller et alii., 2008.

rigoureuse qui font défaut. Au-delà de l'adage « nul n'est censé ignorer la loi », nous estimons d'importance capitale la vulgarisation de tous ces textes relatifs à l'environnement forestier et la sensibilisation des magistrats et divers auxiliaires de la justice, pour l'application sans faille de ces textes.

3° Les mauvaises conditions de travail des magistrats et des agents de garde ou de police intervenant dans la criminalité forestière contribuent pour beaucoup aux mauvais rendements enregistrés souvent dans ce domaine. C'est ici, peut-être, le lieu de compter aussi avec l'action internationale. Mais, la réussite ne peut venir qu'avec un état de Droit, lequel appelle la bonne gouvernance, la démocratie, la justice distributive,….

4° Il se pose, en RD Congo, la question de l'existence d'un système d'évaluation des politiques publiques, car telle qu'elle se déroule, l'évaluation ne vise ni l'optimisation des moyens administratifs, ni l'accroissement des services publics. Le profil du dirigeant politique congolais prend en compte non pas les critères de compétence, d'honnêteté, d'efficacité, mais plutôt les critères de clientélisme, de tribalisme, de corruption, etc.

De plus, l'absence d'éthique professionnelle est telle qu'il n'y a pas à l'heure actuelle d'impact significatif sur les valeurs et comportements des agents de l'Etat (conscience professionnelle, loyauté, probité morale, assiduité et ponctualité). Les valeurs n'ont pas beaucoup été partagées et diffusées par les agents publics.

En fait, la politique administrative courante renvoie à l'image d'une personnalisation des fonctions favorisant ainsi la gestion patrimoniale. Dans un tel contexte, la compétence et la rigueur deviennent non-valeurs et cessent d'être des critères de promotion[487]. Et que l'éducation mésologique pose problème.

5° Quelques recommandations sont formulées en rapport avec les préoccupations soulevées, en précisant qu'une ouverture sera laissée pour des recherches futures. D'autres chercheurs ou nous-même pourront dans l'avenir étudier un modèle d'une bonne gouvernance forestière et ou de la gestion des ressources naturelles en général. Les enquêtes ci-après nous permettent cette prise de position :

[487] Niane SN, op.cit., pp 99-110.

N°	Identité des enquêtés	Adresse	sexe	Age	Observations
1	KAZINGA NGAMBO Jean Agronome A3, Superviseur ECN / TSB	Citéet Territoire de Seke Banza, District de Bas-Fleuve, Province de Bas-Congo	M	55ans	-Tous ont reconnu que leurs zones forestières connaissent aujourd'hui des reculs importantsen termes de déforestation ; d'où la raréfaction de certainesespèces floristiques et fauniques (gibier, chenilles, champignons). Ils citent notamment : la recherche de l'énergie bois, l'agriculture sur brûlis, l'exploitation forestière. Comme zones forestières, ils citent notamment : la réserve de biosphère de la Lukiet celle de l'INERA Ngimbi, les forêts communautaires, les concessions forestières et les forêts pérennes. -Ces milieux connaissent des
2	KHONDE VUVU Justin Diplômé d'Etat	Village Kinkazu I, Territoire de Seke Banza, District de Bas-Fleuve, Province de Bas-Congo	M	46 ans	
3	LUTETE MAVINGA Henri Diplômé d'Etat	Cité de Kinzau Nvuete, Territoire de Seke Banza, District de Bas Fleuve, Province de Bas Congo	M	36 ans	

4	BAYIVANGA BOLOKO Bayson Diplômé d'Etat, Exploitant forestier	Cité et Territoire de Mbanza Ngungu, District des Cataractes, Province de Bas Congo	M	52 ans	changements climatiques avec perturbations des saisons (deux dont une sèche avec 5 mois allant habituellement du 16/05 au 14/10 et une pluvieuse du 15/05 au 15/05) ; ce qui a eu incidence très négative sur leurs cultures. -Comme solutions à la déforestation, ils proposent entre autres : le reboisement, les activités de substitution comme l'élevage et la pisculture, l'amélioration des méthodes culturales (la bio-agriculture),le tout fondé sur une forte sensibilisation et une éducation mésologique-Ils renseignent que les communautés locales et les peuples autochtones ne sont pas au courant de la clause sociale du cahier des charges
5	MAVUNGU NZAWU Guillaume Diplômé d'Etat, Exploitant forestier	Cité et Territoire de Mwanda, District de Bas Fleuve, Province de Bas Congo	M	40 ans	
6	NUMBI wa NUMBI Tryphonse Licencié, Président de la Société civile	Secteur de Kinzau-Nvuete, Territoire de Seke Banza, District de Bas Fleuve, Province de Bas Congo	M	45 ans	
7	YENGO MAWUMBI Joseph Gradué en Droit, Défenseur	Cité de Kinzau-Nvuete, Territoire de Seke Banza,	M	47 ans	

	Judiciaire	District de Bas Fleuve, Province de Bas 8Congo			qu'ils doivent signer avec les exploitants forestiers conformément à l'arrêté ministériel n°28/CAB/MIN/ECN-T/27/JEB/08 du07 août 2008 fixant les modèles de contrat de concession d'exploitation des produits forestiers et de cahier des charges y afférent, à cause de la faible vulgarisation des textes régissant le secteur. Etl'exercice par eux des droits d'usage traditionnels reconnus par la loi (prélèvement de bois de chauffe, récolte des fruits sauvages, des plantes médicinales et des chenilles comme des champignons, pratique de la chasse et de la pêche coutumières) n'est presque pas respecté par les concessionnaires ou les exploitants.
8	LAWU PHANZU Pauline 6ème Primaire, Paysanne	Village Kimbuandi, Territoire de Lukula, District de Bas Fleuve, Province de Bas Congo	F	50 ans	
9	MATONDO SUNGA Roger Paysan	Ville Kimbodi à Lubuzi, Territoire de Tshela, District de Bas Fleuve, Province de Bas Congo	M	68 ans	
10	BAWOKELE MATONDO	Kinzau I, Territoire	M	47 ans	

	Samson 4ème des Humanités Pédagogiques, Agriculteur	de Seke Banza, District de Bas Fleuve, Province de Bas Congo.			-Ils préconisent, pour une gestion durable et participative des forêts : la vulgarisation et le respect des textes en la matière, l'implication des communautés locales et les peuples autochtones par la prise en compte des leurs aspirations et de leurs savoirs locaux ; une gouvernance forestière quitienne compte des compétences.

Source : Hilaire Kabuya Kabeya Tshilobo, Interview avec la population riveraine de la forêt de mayomb, Province du Congo central, RDC, 2014.

De ce qui précède, nous pouvons conclure que :

1. Les forêts de la RDC sont exploitées de manière inécologique.

   La première hypothèse est confirmée.

2. Les forêts génèrent moins de recettes ; et par conséquent, moins de ressources financières pour l'Etat.

   La deuxième hypothèse est confirmée.

3. Les forêts n'entrainent pas assez de développement socio-économique et humain en RDC.

   La troisième hypothèse est confirmée.

4. Les règles du droit forestier ne sont pas prises suffisamment en compte, à cause d'un déficit managérial et de manque de culture des droits de l'homme.

   La quatrième hypothèse est confirmée.

Il en est de même de droits des communautés locales et des peuples autochtones, car ils les ignorent dans la plupart de cas, d'une part ; et ceux qui sont censés les libérer les bloquent, d'autre part.

La cinquième hypothèse est confirmée.

En conséquence, complétant les études précédentes et ouvrant la voie à bien d'autres lesquelles pourront s'appuyer sur nos perspectives d'avenir comme sur nos insuffisances, notre étude s'est appesantie sur les leviers d'une gestion qui permette aux gouvernants de la République Démocratique du Congo de créer des richesses à partir des ressources naturelles en général et des forêts en particulier, richesses nécessaires à la satisfaction de l'ensemble des besoins de leurs populations[488] ; et rompre ainsi avec la chaine des misères que vivent contrastément ses populations et les poussent même à aller affronter le ridicule sous d'autres cieux. Ces leviers sont notamment : le management public pour une gouvernance

[488] Tous les congolais ont le droit de jouir des richesses nationales. L'Etat a le devoir de les redistribuer équitablement et de garantir le droit au développement (article 58 de la Constitution de la RDC du 18 février 2006 telle que révisée par la Loi n°11/002 du 20 janvier 2011). Et l'article 59 de la même Constitution d'ajouter : « Tous les congolais ont le droit de jouir du patrimoine commun de l'humanité. L'Etat a le devoir d'en faciliter la jouissance ».

forestière favorisant une meilleure prise en compte des droits des rd congolais, principalement ceux des populations riveraines (communautés locales et peuples autochtones), les connaissances éprouvées sur les ressources naturelles nationales et l'application rigoureuse des instruments juridiques internationaux et nationaux en la matière.

Section 3. Recommandations de l'étude

A. Aux institutions publiques

Assurer à tous les rd congolais une formation de qualité en allouant un budget conséquent au secteur de l'enseignement et de la recherche, de façon à prendre en compte la trilogie savoir, savoir-faire, savoir être dans la gestion de la gestion publique et avoir ainsi des dirigeants étatiques veillent à la promotion des droits de l'homme ainsi qu'à une justice distributive :

- Appliquer efficacement le Code forestier, après l'avoir suffisamment vulgarisé (principalement l'arrêté ministériel n°28/CAB/MIN/ECT-T/27/JEB/08 du 07 août 2008 fixant les modèles de contrat de concession d'exploitation des produits forestiers et de cahier des charges y afférent).
- Rendre effectives les mesures d'exécution du CF déjà prises et prendre de toute urgence celles en souffrance, en impliquant différentes parties prenantes (Communautés locales, Peuples autochtones, Société civile, Exploitants forestiers, Bailleurs des fonds) dans le processus d'élaboration desdites mesures ainsi que dans la lutte contre la criminalité forestière.
- Harmoniser les Codes foncier, minier, forestier, pétrolier, de l'eau, agricole pour régler la question de l'occupation des terres, des carrés miniers, des blocs pétroliers et subsidiairement la question de destruction des espèces comme celle de la pollution de divers espaces ou écosystèmes et de la promotion des droits de l'homme.
- Consulter et faire participer les populations riveraines en synergie avec d'autres partenaires (ONG, les établissements d'enseignement supérieur et universitaire, les exploitants forestiers, ...) à la gestion des forêts, en mettant un accent particulier sur les techniques qui favorisent la reconstitution des forêts : l'agroforesterie, la foresterie communautaire... avec une agriculture intensive s'appuyant sur les Indicateurs Géographiques ou les Normes/Standards internationaux et sur les expériences comme celle de Plantations forestières et puits de

Carbone d'Ibi-Batéké, initiée par Olivier MUSHETE au plateau de Bateke en RDC.

- Renforcer les capacités managériales des décideurs politiques dans le domaine des connaissances scientifiques sur les ressources naturelles en général et les forêts en particulier et opérer un choix judicieux (qui tienne compte de la maitrise de ces connaissances) pour les cadres et agents de l'administration en charge de ces questions. Outre l'effectivité de la décentralisation avec le respect de la clé de répartition des revenus générés par les forêts. Et le modèle serait la personne qui maitrise les propositions de notre étude.
- Veiller à la bonne prise en charge de tous ceux qui sont appelés à intervenir dans la criminalité forestière (Magistrats, Officiers de Police Judiciaire, Inspecteurs et Agents Forestiers, ...), en mettant à leur disposition des moyens et des matériels qui tiennent compte de l'étendue du pays, de la délicatesse de la mission et de bonnes conditions de travail. Ce qui pourra les mettre à l'abri des corruptions et autres tentatives, et sauver ainsi les écosystèmes forestiers, partant l'environnement en général.
- Encourager le recours aux énergies renouvelables comme l'énergie solaire, éolienne; avec à bonne place à l'énergie hydro-électrique. Ce qui pourra réduire sensiblement les pressions exercées sur les forêts pour la recherche de l'énergie-bois. De même, l'élevage et la pisculture seront intensifiés, en vue de combattre l'abatage du gibier pour besoins d'alimentation, au-delà du braconnage justifié plus par le commerce.

B. A la communauté internationale

- Appuyer le gouvernement rd congolais dans la finalisation et la mise en œuvre de l'APV-FLEGT, avec l'implication des organisations de la société civile ;
- Accompagner la RDC dans ses efforts de faire régler la question des crédits carbones pouvant compenser son obligation de conserver les forêts naturelles.

C. A la population (société civile, communautés locales et peuples autochtones)

- S'impliquer dans les efforts de la protection de l'environnement et de la conservation de la nature par des actions de participation avertie (avec accès à l'information et à la justice) à la gestion des ressources naturelles du pays ainsi que par des actions de lobbing.

CONCLUSION GENERALE

Notre étude a porté sur « De la gestion des forêts en République Démocratique du Congo. Contribution à l'étude des problèmes d'ordre écologique, économique et juridique ». Pour arriver aux résultats et formuler des recommandations, nous avons eu recours aux méthodes juridique et sociologique appuyées sur la technique documentaire, l'interprétation, l'entretien, le questionnaire, notamment.

Nous avons cherché à répondre à question principale suivante : Comment gérer durablement les forêts de la République Démocratique du Congo ? Et quels aspects prendre en compte, pour une telle gestion ? Cette préoccupation a engendré cinq questions spécifiques que voici :

- De quelle manière sont gérées les forêts de la RDC ?
- Génèrent-elles des recettes à la dimension du domaine forestier congolais ?
- Assurent-elles un développement socio-économique et une justice distributive ?
- Les règles du Droit forestier congolais sont-elles prises en compte ?
- En est-t-il de même de droits des communautés locales et des peuples autochtones ?

Pour répondre à ces différentes questions, l'examen de plusieurs paramètres s'avère indispensable. Ainsi, d'une façon générale, une exploitation conforme aux normes édictées par les instruments juridiques internationaux et nationaux, une gestion rationnelle et managériale des forêts par le pouvoir public en seraient une réponse. Et les aspects à prendre en compte seraient multidimensionnels.

D'où, plus spécifiquement, ces hypothèses (confirmées dans la suite) :

- Les forêts de la RDC seraient exploitées de manière inécologique.
- Elles généreraient moins de recettes ; et par conséquent, moins de ressources financières pour l'Etat.
- Elles n'entraineraient pas assez de développement socio-économique et humain.
- Les règles du Droit forestier ne seraient pas prises suffisamment en compte, à cause d'un déficit managérial et de manque de culture des droits de l'homme.

- Il en serait de même de droits des communautés locales et des peuples autochtones, car ils les ignorent dans la plupart de cas, d'une part ; et ceux qui sont censés les libérer les bloquent, d'autre part.

Nous étions à la croisée des chemins : l'impératif de conservation de la nature et la nécessité d'exploitation des ressources naturelles, en vue de satisfaire divers besoins de l'homme, maître de cette nature, nous avons éprouvé des préoccupations en rapport, principalement avec une des composantes desdites ressources, **la forêt**. Comment pouvons-nous socialement, économiquement, écologiquement, culturellement tirer profit de nos forêts, tout en les conservant, pour combattre la pauvreté que vit paradoxalement la majeure partie de la population de la République Démocratique du Congo, et tirer le pays du mal développement contradictoire dans lequel il se maintient sans raison.

Le potentiel des ressources naturelles de la RDC est tel que chaque congolais devrait trouver sa place au soleil. Différentes études ou sources renseignent que la RDC regorge d'abondantes ressources naturelles ; elles sont considérables en quantité comme en qualité.

Citons, notamment :

- Ses 80 millions d'hectares de terres arables dont à peine 10% sont mises en valeur (2ème pays de la planète en termes de terres cultivables après le Brésil, la RDC, complètement aménagée, serait capable, grâce à la diversité des climats et à la densité du réseau hydrographique, de nourrir près de 2 milliards de personnes dans le monde et faire ainsi face à la crise alimentaire mondiale) ;
- Ses 120 millions d'hectares de forêts denses qui constituent le 2ème poumon de la planète au tant qu'elles recyclent le dioxyde de carbone et libèrent l'oxygène dont l'humanité a besoin pour sa survie ;
- Ses plans d'eau qui représentent 35% du territoire national large de 2.345.409 km^2, se prêtant ainsi à la pêche artisanale et industrielle, à l'hydroélectricité ;
- Son coltan qui fait prospérer l'informatique et la télécommunication dans le monde, sans oublier son cobalt, son cuivre, son diamant, son or, son uranium, son mercure, ses blocs pétroliers et son gaz méthane, etc.[489]

[489] Banamuhere Baliene, Conflits armés et politique nationale de conservation des ressources naturelles en République Démocratique du Congo. A l'occasion du Séminaire-Atélier organisé à Kinshasa du 18 au 19 juin 2001 sur le thème :

Malheureusement, la vie du congolais moyen ne cadre pas avec la réalité de ces richesses. Le fossé ne fait que s'agrandir entre les riches et les pauvres. Ces inégalités sont à la base de plusieurs conflits ouverts ou latents sur le plan interne. Ces conflits menacent également la RDC de l'extérieur, à cause de la répartition inégale des ressources naturelles. D'où les successives guerres imposées à notre pays par ses voisins ou les grandes multinationales en complicité avec leurs pays respectifs (les grandes puissances du monde).

Les ressources naturelles, note le Professeur Musibono, sont actuellement à la base de nombreux conflits nationaux et internationaux. Ceci s'explique par le fait que la vie de l'homme est étroitement liée à l'exploitation des ressources environnementales ou simplement des écosystèmes, pour produire des biens et services[490].Ainsi, aliments, habitats, médicaments, machines, vêtements... sont-ils les produits de la transformation des ressources naturelles. Malheureusement, les ressources ne sont ni également reparties sur la planète, ni identiques par leur qualité.

Il y a donc une double limitation (quantitative, par leur distribution géographique et qualitative, par leur nature et par leur dégradation accrue due aux erreurs antérieures). Cette double limitation est une source des conflits réels ou latents tant internes qu'externes. Au niveau interne, la répartition des ressources naturelles et des richesses qu'elles créent n'est pas équitable: géographiquement, certaines régions sont plus nanties que d'autres ; et socialement, une minorité richissime détient l'essentiel de la fortune, pendant que la grande majorité croupit dans l'indigence. Il y a donc mal développement, surtout dans les pays du tiers monde mal gérés comme la RDC. Et Musibono termine par citer, à la base de conflits en République Démocratique du Congo, les ressources hydriques, énergétiques et minières, principalement[491].

Pourtant, au regard de sa riche biodiversité, la RDC devrait dans le concert des nations se compter parmi les économies les plus émergentes et procurer à ses populations une vie de qualité. Ses dirigeants devraient donc axer leur gestion sur un tel résultat. Ne pas y parvenir c'est créer

---

Préparons la paix, conflits armés et conservation en République Démocratique du Congo : contraintes et opportunités, p.2

490 Musibono Dieudonné, Draft sur le thème : La gestion des ressources naturelles et conflits environnementaux, Département de l'environnement, Faculté des sciences, UNIKIN, 2002-2004, p.1

491 Musibono D., op.cit., p.2

d'éternels mécontents qui s'expriment par divers langages (rebellions, assassinats, coups d'état, vols, grèves, sabotages). Tel est malheureusement le cas dans ce pays, comme dans bien d'autres de l'Afrique.

Pourtant, l'un de plus importants des droits de l'homme, c'est le droit à la vie (Article 3 de la Déclaration Universelle des Droits de l'Homme, Adoptée et proclamée par l'Assemblée Générale de l'ONU dans sa Résolution 217 A (III) du 10 décembre 1948 ; et Article 16 de la Constitution de la République Démocratique du Congo du 18 février 2006) ; et celle-ci suppose un certain nombre d'éléments pour que l'on se maintienne le plus longtemps possible, notamment la bonne santé[492].

Aux termes de l'article 53 de la Constitution de la République Démocratique du Congo du 18 février 2006, « Toute personne a droit à un environnement sain et propice à son épanouissement intégral. Elle a le devoir de le défendre. L'Etat veille à la protection de l'environnement et à la santé des populations ».

L'article 58 de la Constitution, matérialisant le Pacte international relatif aux droits économiques, sociaux et culturels, ajoute : « Tous les congolais ont le droit de jouir des richesses nationales. L'Etat a le devoir de les redistribuer équitablement et de garantir le droit au développement ». La pauvreté que vit la majeure partie des populations congolaises, au regard de l'IDH de la RDC classant ce pays à la queue de tous les autres pays du monde, est la négation de ces dispositions fondamentales.

Le Pacte international relatif aux droits économiques, sociaux et culturels a été adopté par l'Assemblée Générale de l'ONU dans sa Résolution 2200 A (XXI) du 16 décembre 1966 et ratifié par la RDC le 1er novembre 1976. L'article 1 de ce Pacte dispose : « Tous les peuples ont le droit de disposer d'eux-mêmes. En vertu de ce droit, ils déterminent librement leur statut politique et assurent librement leur développement économique, social et culturel. Pour atteindre leurs fins, tous les peuples peuvent disposer librement de leurs richesses et de leurs ressources naturelles, sans préjudice des obligations qui découlent de la coopération économique internationale, fondée sur le principe de

---

492 Eloko Eya Matangelo Gérard (2012), Participation des relais communautaires aux activités des Soins de Santé Primaires dans la Ville Province de Kinshasa/RDC, Thèse de Doctorat Ph.D, Université de Bangui, p.9

l'intérêt mutuel et du droit international. En aucun cas, un peuple ne pourra être privé de ses propres moyens de substance ». Et l'article 25 du même Pacte ajoute : « Aucune disposition du présent Pacte ne sera interprétée comme portant atteinte au droit inhérent de tous les peuples à profiter et à user pleinement et librement de leurs richesses et ressources naturelles ».

L'Indice de Développement Humain (IDH) indique le degré de développement ou le pourcentage des personnes menant une vie longue, pleine de savoir, évoluant dans un environnement sain et doté d'un épanouissement humain maximal. Ces conditions sont mieux représentées en ville qu'en milieu rural. L'IDH est calculé par le PNUD depuis 1990 et intègre quatre données :

- la longévité ou l'espérance de vie à la naissance.
- le savoir ou le pourcentage d'alphabétisation des adultes.
- le niveau de vie ou le Produit Intérieur Brut (PIB) réel par habitant
- le taux de scolarisation brut.

Chacune de ces données est calculée en fonction de son écart avec un minimum mondial et un maximum mondial. L'indice va théoriquement de 0 à 1[493]. La République Démocratique du Congo figure pour l'année 2012 à la 186ème place sur 186 pays classés dans le rapport de l'Indice de Développement Humain (IDH) du PNUD[494]. Et dans la panoplie des ressources naturelles dont dispose la RDC et à partir desquelles elle peut décoller avec son développement, nous allons, dans notre étude, nous limiter aux ressources forestières, lesquelles sont, malheureusement, mal gérées.

Nous sommes arrivé à la conclusion que cette situation s'explique par : l'absence de culture et de compétence écologiques ainsi qu'une vision limitée des droits de l'homme chez la plupart de rd congolais (y compris leurs dirigeants étatiques) ; situation aux conséquences néfastes (manque d'esprit de partage, changements climatiques, disparition d'importantes espèces floristiques et fauniques, notamment).

Le renforcement des capacités managériales des dirigeants étatiques, l'amélioration des conditions de travail des magistrats, des Officiers de

---

493 Kakese Kunyima Constantin (2006), Eléments de géographie humaine et économique, Mediaspaul, Kinshasa, pp. 43-44.

494 Magistrats, La RDC classée en dernière position sur l'indice de développement humain du PNUD (Source : Radio Okapi du 15 mars 2013).

Police Judiciaire et autres agents intervenant dans la criminalité forestière, l'application efficace et efficiente de la loi en la matière en vue d'une bonne gouvernance forestière, l'éducation mésologique, des partenariats responsables et réfléchis sont des ingrédients nécessaires à la résolution de cette équation.

BIBLIOGRAPHIE

I. Ouvrages généraux

1. Amin Samir (1973), *Le développement inégal. Essai sur les formations sociales du capitalisme périphérique* ; Les éditions de Minuit, Paris.

2. Aron R. (1965), *Démocratie et totalitarisme*, Paris, Gallinard

3. Aubert J.M. (1987), *Droits de l'homme et libération évangélique*, Paris

4. Avril Pierre et Gicquel Jean (2004), *Droit parlementaire*, Ed. Montchrétien, 3ème édition, Paris.

5. Bairoch P. (1964), *Révolution industrielle et sous-développement*, Société d'Editions d'Enseignement Supérieur, Paris.

6. Bairoch P. et Puiz Anne-Marie (1985), *Les passages des économies traditionnelles européennes aux sociétés industrielles*, Genèse, Librairie Droz.

7. Banyaku Luape Epotu (1997), *Les concepts et les approches théoriques du phénomène de développement*, Editions Universitaires Africaines, Kinshasa.

8. Bastide R. (1970), *le prochain et le lointain*, Paris.

9. Beauchard J. (1981), *La dynamique conflictuelle*, Paris, Ed. Réseaux.

10. Bossa Gilbert et alii (2008), *L'entreprise et le droit, OHADA UEMOA-CEMAC-CIMA-OAPI*, Juriscope, 3ème édition.

11. Cheuzeville H. (2006), *Chroniques africaines de guerres et d'espérance. République Démocratique du Congo, Ouganda, Rwanda, Burundi*, Soudan. Aix-en-Provence, Ed. Percée.

12. Coquery-Vidrovitch C. (1985), *Afrique noire. Permanences et Ruptures*, Editions PAYOT, Paris.

13. Debbach, R. (2000), *Droit constitutionnel*, Litec, Paris.

14. De Grauwe, P. (1996), *Economie de l'intégration monétaire*, Bruxelles, De Boeck Université s.a.

15. Garandy Roger (1977), *Dialogue des civilisations : l'Occident est un accident*, Ed. De Moel, Paris.

16. Freyssinet J. (1977), « *Le concept du sous–développement* », 4ème édition, Ed. Mouton, Paris.

17. Issa Sayegh Joseph, *Répertoire quinquennal OHADA 2000–2005*, Porto Novo.

18. Kakese Kunyima Constantin (2006), *Eléments de géographie humaine et économique*, Mediaspaul, Kinshasa.

19. Kama F., *Géographie (1971)*, 3ème secondaire, Editions Hatier, Paris.

20. Kanguluba et al (2004), *La loi du 20 juillet 1973 portant régime général des biens, régime foncier et immobilier et régime des sûretés au Congo, Trente ans après : quel bilan ? Essai d'évaluation*, Edition Kazi, Kinshasa.

21. Kant E. (1971), *Métaphysique des mœurs, II, Doctrine de la vertu*,Paris.

22. Kimoni I., *Une image du Noir et de sa culture. Esquisse de l'évolution de l'idée du noir dans les lettres françaises du début du siècle à l'entre deux guerres*, Neuchatel, s.d, 125 p.

23. Lacasse F. et Thoenig JC. (1996), *L'action publique, Institut de Management public*, L'Harmattan, Paris.

24. Lacroix J. (1955), *Personne et amour*, Paris.

25. Marcel G. (1965), *Paix sur la terre. Deux discours. Une tragédie*, Paris. Aubier.

26. Mbumba Ngimbi (1982), *Kinshasa 1881-1981.100ans après Stanley. Problèmes et avenir d'une ville*, Kinshasa.

27. Melin François (2008), *Droit international privé*, Gualino Lextenso éditions, 3ème édition, Paris.

28. Mercier J.R (1991), *La déforestation en Afrique: situation et perspectives,* EDISUD.

29. Mumengi D. (2001), *L'avenir à bras le corps : prospective pour le développement de la République Démocratique du Congo*, Editions Universitaires Africaines.

30. Mucchielli J., et Mayer T. (2005), *Economie internationale*, Paris, Dalloz.

31. Muller, *L'analyse cognitive des politiques publiques, vers une sociologie publique de l'action publique*, http//www.Muller. Pierre, 22/5/2003.

32. Muller et Surel Y. (1972), *L'analyse des politiques publiques*, Collection « Clefs Politiques », MontChrestien, O.F. Harcourt BraceJournoutech.

33. Ngoma Binda (2005), *La Participation politique. Ethique civique et Politique pour une culture de paix, de démocratie et de bonne gouvernance*, 2ème édition revue et augmentée, Academic ExpressPress, Kinshasa.

34. Niemba Souga J. (2002), *Etat de droit, démocratique, fédéral au Congo-Kinshasa : source de stabilité en Afrique centrale,* L'Harmattan, Paris, 393 pages.

35. Nkombe Oleko et Murhega Jean (2009), *La famille congolaise entre tradition et modernité*, Mediaspaul, Kinshasa.

36. Ntuaremba Onfre Leonard (1999), *Le développement endogène : données pour une nouvelle orientation théorique*, Editions Universitaires Africaines, Kinshasa.

37. Paul VI (1967), *Populorum Progressio*, Vatican, Typographie Polyglotte.

38. Pisani Edgard (1988), *Pour l'afrique*, Ed. Odile Jacob, Paris.

39. Polanyi, K. et Arensberg, C. (1975), *Les systèmes économiques dans l'histoire et dans la théorie. Œuvre collective*, Librairie Larousse, Paris.

40. Pradervand Pierre (1989), *Une Afrique en marche*, Editions Plon, Paris.

41. Proudhon P.J (1927), *La guerre et la paix*, Paris, Ed. Rivière.

42. Ricoeur P. (1995), *La critique et la conviction*, Paris.

43. Robberechts L. (1971), *Essai sur la philosophie réflexive I : De Binan à Brunsching*, Namur.

44. Sossa C. Dorothée et Djogbenou Joseph (2012), *Introduction à l'étude du droit. Perspectives africaines*, Les éditions du CREDIJ, Cotonou.

45. Sumaili N'gaye Lussa G. (1981), *Systole et diastole*, Editions BALISA, Kinshasa.

46. Thomas L.V et R. Luneau (1975), *La terre africaine et ses religions. Traditions et changements*, Paris.

47. Valadier P. (198O), *Agir en politique*, Paris, Cerf.

48. Valadier P. (1969), *Violences et sociétés. Economie et humanité*, Paris, Les Editions ouvrières.

49. Valery Paul (1931), *Extrait de Regards sur le monde actuel.*

II. Ouvrages spécialisés

50. Bakandeja wa Mpungu Grégoire (2009), *Droit minier et des hydrocarbures en Afrique centrale. Pour une gestion rationnelle, formaliste et transparente des ressources naturelles*, Editions Larcier, Bruxelles.

51. Caldwell L.K. (1973), *La terre en danger: pour une protection internationale de la biosphère,* éditions Inter-Nationale.

52. De WASSEIGE C., et alii (2009), *Les forêts du bassin du Congo–Etat des forêts 2008*, Office des publications de l'Union européenne.

53. De Wasseige C., et alii (2012), *Les forêts du bassin du Congo Etat des forêts 2010.*

54. Doumenge (1990), *La conservation des Ecosystèmes forestiers du Zaïre,* UICN, Gland.

55. Dupraz Christian et Liagre Fabien (2008), *Agroforesterie, des arbres et des cultures*, éditions France Agricole.

56. Hart Robert et J. Sholto Douglas (1984), *Forest Farming.*

57. Hary Vad der Linde et al. (2001), *Au-delà des frontières : la gestion transfrontalière des ressources naturelles en Afrique SubSaharienne,* BSP, Washington.

58. Kabala M. (1994), *Protection des écosystèmes et développement des sociétés. Etat d'urgence en Afrique,* L'Harrnattan, Paris.

59. Kabuya Kabeya Tshilobo Hilaire, (2004), *L'éducation relative, l'environnement et l'intellectuel congolais*, P. U. C., Kinshasa

60. Kiss, A. et al. (1989), *L'écologie et la loi : le statut juridique de l'environnement,* L'Harmattan, Paris.

61. Lagarde Michel (2010), « *Législation et financement de l'agroforesterie (circulaire du 6 avril 2010)* », *La Forêt privée*, n° 314, pp. 75 à 87, et sur droitforestier.com).

62. Liagre Fabien et Girardin Nicolas (2009), *« Agroforesterie, produire autrement »*, DVD de 65 min aux Éditions Agroof.

63. Mary Fabienne et Besse François (1995-1996), *Guide d'aide à la décision en Agroforesterie*, collection Le Point sur, Coopération française, CTA, GRET, tomes 1 & 2.

64. Maharaj K., Muthoo et Chipeta ME, *L'arbre et la forêt dans l'aménagement du territoire,* FAQ, 1991.

65. Mpoyi Augustin et csrts (2005), *Les forêts en République démocratique du Congo, Guide juridique pratique*, Ed. Jusdata, Kinshasa.

66. Paquerot S. (2002), *Le statut des ressources vitales en droit international: essai sur le concept de patrimoine commun de l'humanité*, Bruylant, Bruxelles.

67. Prieur M. (1991), *Droit de l'environnement,* 2ème éd. Dalloz, Paris

68. Prieur M. et Doumbe, S. (1996), Droit, *forêt et développement durable,* Bruxelles, Bruylant.

69. Sachs I. et al. (1981), *Initiation à l'écodéveloppement*, Privat, Toulouse

70. Sénechal, J. et al (1989), Revue de connaissance sur le Mayombe, UNESCO/PNUD

71. Torquebiau Emmanuel (2007), *L'agroforesterie, des arbres et des champs*, éd. L'Harmattan, CIRAD.

III.THESES, DEA ET MEMOIRES

72. Binzangi Kamalandua (1988), Contribution à l'étude du déboisement en Afrique Tropicale : le cas du Shaba Méridional, Thèse de doctorat, Lubumbashi, 187 pages.

73. Eloko Eya Matangelo Gérard (2012), Participation des relais communautaires aux activités des Soins de Santé Primaires dans la Ville Province de Kinshasa/ RDC, Thèse de Doctorat Ph.D, Université de Bangui.

74. Garry Sakata Moke Tawab (2009), La gouvernance en matière de ressources naturelles. De la centralisation vers un système décentralisé et participatif. Le cas des ressources forestières en République démocratique du Congo, Thèse de Doctorat.

75. Kabuya Kabeya Tshilobo Hilaire, Le droit congolais face à la déforestation, fléau qui menace gravement l'environnement, Mémoire de DEA en Droits de l'Homme et Gestion de l'environnement, Chaire UNESCO de l'Université de Kinshasa, 2002-2004.

76. Katambwe Malipo Gérard (2009), De la souveraineté permanente des Etats sur leurs richesses et leurs ressources naturelles : portée et application en droit positif congolais Thèse de doctorat.

77. Kulele Ngampo Nicodème (2012), Consolidation d'une paix durable dans le district de l'Ituri en Province Orientale, RDC. Thèse de Doctorat Ph.D, Université de Bangui.

78. Makala Nzengu Patrick, Evaluation de la politique publique et analyse diagnostique de l'administration agricole en RDC. Pour une intelligibilité du mode de gestion publique, Thèse de doctorat, UNIKIN, 2005-2006.

79. Ngando Biembe (2002), Exploitation des ressources forestières et qualité de vie de la population de Lovo, Mémoire de DES, ERAIFT, Kinshasa.

80. Ntuaremba Onfre (1991), La culture politique : une nécessité pour la démocratie au Zaïre, Conférence académique organisée à l'Institut des Sciences et Techniques de l'Information, Kinshasa.

81. Nzanda Buana Kalemba M. (2007), L'Economie Politique de l'Afrique Subsaharienne. Approche historique et théorique. Thèse de Doctorat en Sciences Economiques, Université de Kinshasa, Faculté des Sciences économiques et de Gestion, Kinshasa.

82. Rapey H. (2000). Conditions économiques d'adoption de systèmes agro forestiers, Enquête et modélisation dans le casdu silvopastoralisme. Thèse, ENSA de Montpellier.

83. Segihobe Bigira Jean-Paul (2009), Le Partenariat pour les forêts du Bassin du Congo entre non-droit et droit. Contribution à l'étude de la responsabilité des acteurs, Thèse de Doctorat.

IV. Documents et études diverses

84. Alain Karsenty (2007), Tour d'horizon des mécanismes possibles de financement de modèles alternatifs d'utilisation des forêts.

85. Atelier organisé à Kinshasa du 18 au 19 juin 2001 sur le thème : « Préparons la paix, conflits armés et conservation en République Démocratique du Congo : contraintes et opportunités ».

86. Atelier national sur le pétrole tenu à Kinshasa, du 20 au 21 Février 2013, Thème : Conflit Pétrole-Aire Protégée :Cas du Parc National des Virunga. Parles Acteurs environnementaux et des Droits Humains de la Société Civile du Nord-Kivu (Réseau CREF, CREDDHO, IDPE, SOPR).

87. Banamuhere Baliene, Conflits armés et politique nationale de conservation des ressources naturelles en République Démocratique du Congo. A l'occasion du Séminaire

88. Bokondu Georges (2012), Rapport des journées ouvertes sur les ressources naturelles, SARW, Kinshasa.

89. Billand, A., Séminaire international: Enjeux de développement durable et des forêts de production du Bassin du Con go : questions nouvelles et agendas de recherche, 18-20 octobre 2004, Montpellier, France.

90. Bokondu Georges (2010), L'expérience de la révisitation des contrats miniers en RDC, SARW, Kinshasa,Kinshasa.

91. Bruneau J. et Simon Th., Zaire : Espace écartelé, Kinshasa, Bureau d'Etudes et d'Aménagement urbain (B.E.A.U).

92. Cassagne Bernard et alii. (2007), Aménagement durable des forêts de production de la RDC : progrès et perspectives.

93. Catalogue officiel du 25ème Congrès de la CIB-Conférence Internationale des Barreaux de tradition juridique, Thème : « L'Etat de droit par le droit », Palais du Peuple, Kinshasa, du 14 au 19 décembre 2010.

94. Communiqué de l'ONG Greenpeace International lancé le 24 septembre 2008.

95. Conférence des Nations Unies sur l'Environnement et le Développement (CNUED), Chapitre II (Lutte contre le déboisement) de l'Action 21 : Déclaration de Rio sur l'environnement et le développement, Déclaration des principes relatifs aux forêts, New York, 1993.

96. Defourny Pierre et alii., (2007), Cartographie et suivi forestier par télédétection pour une gestion durable des ressources naturelles. L'expérience pilote du projet sygiap pour les parcs du patrimoine mondial en RDC.

97. Division des droits de l'homme de la MONUC, « La situation des droits de l'homme en RDC au cours de la période de juillet à décembre 2006 », 8 février 2007.

98. Guide de l'investisseur du secteur des mines et hydrocarbures, Ministère des mines et hydrocarbures, Kinshasa, 2004.

99. Guariglia (1961), Les grandes caractéristiques des sectes modernes (Mouvements prophetico-salvifiques) en terres de mission, dans Devant les sectes non-chrétiennes. Rapport et compte rendu de la XXXème semaine de Missiologie, Louvain, 18 P.

100. Hans Beeckman, (2007), Luki : la recherche scientifique au cœur d'une réserve forestière.

101. Faculté de Droit de Namur (1975), Aspects juridiques de l'environnement, Namur, PUN, 208 pages.

102. Kabila Kabange J., Discours sur l'état de la nation, Kinshasa, 7 décembre 2009.

103. LokadI Pierre, La décentralisation dans le secteur de la sante : état des lieux de la question, in Guide du Formateur sur la décentralisation sectorielle, Unité d'appui à la décentralisation sectorielle « UADS », Ministère de la Décentralisation et Aménagement du Territoire, Novembre 2009, Kinshasa, pp.36 à 44.

104. Mabika Kankonde, Quelques observations sur la déforestation. Cas de la ville de Kinshasa.

105. Maharaj K., Muthoo et M.E. Chipeta, L'arbre et la forêt dans l'aménagement du territoire, Actes de l'atelier international sur *La forêt tropicale africaine: patrimoine à préserver d'urgence,* Kinshasa/N'sele, 18-23 mars 1991.

106. Makala Patrick, Impact de la décentralisation dans le secteur agricole et rural de la RDC, in Guide du Formateur sur la décentralisation sectorielle, Unité d'appui à la décentralisation sectorielle « UADS », Ministère de la Décentralisation et Aménagement du Territoire, Novembre 2009, Kinshasa, pp. 23 à 35

107. Martin S., Les communautés économiques régionales au sein du NEPAD. Quelles perspectives pour un développement économique et social durable en Afrique ?, Conférence Economique Africaine, Addis-Abeba.

108. Mayaux Philippe et alii., (2007), Observatoire des forêts d'Afrique centrale: renforcer l'information forestière pour améliorer les décisions de gestion.

109. Mbiti JS (1969), African religious and philosophy, London Ibadan, Nairobi Lusaka, Heinemam.

110. Mémorandum de la Fédération des entreprises du Congo adressé aux sénateurs, membres de la Commission des relations extérieures. Kinshasa, 26 octobre 2009.

111. Ministère de l'Environnement, Actes de l'atelier international sur La forêt tropicale africaine : patrimoine à préserver d'urgence, Kinshasa/N'sele, 18-23 mars 1991.

112. Ministère du Plan, Document de Stratégie de Réduction de la Pauvreté, Kinshasa, février 2004, 100 pages.

113. Ministère du Plan, Document de stratégie de réduction de la pauvreté, Kinshasa, février2004.

114. Mpoyi Mbunga Augustin (2007), Etude sur l'évaluation de la contribution des redevances forestières dans le développement socio-économique des populations en Afrique centrale. Cas de la République Démocratique du Congo.

115. Mpoyi Augustin et Kabamba Félicien, Contribution à l'analyse de l'impact sur la pauvreté et le social des réformes forestières

entreprises en RD CONGO, cas de la redevance de superficie forestière, état de la question et perspective, Rapport de consultation sollicitée à Avocats Verts, juin 2007.

116. MONUC, Rapport sur les conclusions de l'enquête spéciale sur les allégations d'exécutions sommaires et autres violations des droits de l'homme commises par les FARDC à Kilwa (Province de Katanga) le 15 octobre 2004.

117. Musibono Dieudonné, Draft sur « La gestion des ressources naturelles et conflits environnementaux », Département de l'environnement, Faculté des sciences, UNIKIN, 2002-2004.

118. Musibono Dieudonné, Impacts environnementaux et sociaux du secteur pétrolier en RDC, inédit.

119. Ndjele Mianda Bungi (1991), Comment conserver la forêt menacée de Kisangani, in Actes de l'atelier sur la forêt tropicale africaine : patrimoine à préserver d'urgence, Kinshasa.

120. Olivier Mushiete (2007), Plantation forestière et puits de carbone d'Ibi-Batéké : un souffle d'espoir pour la forêt congolaise.

121. Ouedrago L. et Mignot Lefebrove Y. (1978), Participation et auto développement le cas de groupement Naan au Yatenga en Haute volta : Rapports Etudes ETD, Division de l'étude du développement, mise en forme de E. Montiel, UNESCO, Paris.

122. Ousseynou Ndoye et alii. (2007), Marchés des produits forestiers non ligneux dans les provinces de l'Équateur et de Bandundu : présentation d'une enquête de terrain.

123. PNUD, Profil Province Orientale, pauvreté et conditions de vie des ménages, mars 2009.

124. Rapport de l'institut Néerlandais pour l'Afrique Australe, en sigle NIZA, Ong de défense des Droits de l'Homme britannique sur « L'Etat contre le peuple : la gouvernance, l'exploitation minière et le régime transitoire en RDC », 2006.

125. Rosenzweig ML (2003) Reconciliation ecology and the future of species diversity. Oryx 37(2),194-205.

126. Sakata Garry (2007), Code forestier: analyse du statut juridique de la forêt et des acteurs de gestion.

127. Sakata M. Tawab Garry, (2009), Le code forestier et le code minier de la RDC : Rôle des acteurs et impacts socio-économiques et environnementaux. Essai comparatif.

128. Southern Africa Ressourch Watch (SARW), Impact of the Global Financial Crisis on Mining in Souther Africa, Johannesburg 2009.

129. Southern Africa Resource Watch (SARW), Rapport du Sommet Alternatif de la Société Civile de la Région des Grands Lacs sur « L'exploitation illégale des ressources naturelles », Hôtel Memling, Kinshasa, du 11 au 12 novembre 2010.

130. Trefon Theodore (2007), Exploitation industrielle du bois au Congo : une approche participative est-elle possible ?

131. Toengaho Lokundo Faustin, La décentralisation et la forme de l'Etat, in Guide du Formateur sur la décentralisation sectorielle, Unité d'appui à la décentralisation sectorielle « UADS », Ministère de la Décentralisation et Aménagement du Territoire, Novembre 2009, Kinshasa, p.48

132. Tudienu Magenga Fernand, La décentralisation de la fonction publique : impact et propositions, in Guide du Formateur sur la décentralisation sectorielle, Unité d'appui à la décentralisation sectorielle « UADS », Ministère de la Décentralisation et Aménagement du Territoire, Novembre 2009, Kinshasa.

133. Une corruption profonde : fraude, abus et exploitation dans les mines de cuivre et cobalt du Katanga. Rapport de Global Witness juillet 2006.

134. UNICEF, Niger : enfance, jeunesse et plans de développement 1972 ; Rapport national de la Republique du Niger, Niamey, 1971.

135. Université de Mbujimayi, Actes du Colloque sur La création, la croissance et la pérennité de l'entreprise privée au Kasaï, Kinshasa, Presses Universitaires de Mbujimayi, 03-05-1999, 151 pages.

136. Willy Delvingt et alii. (2007), Certification et gestion forestière : Enjeux et perspectives pour les forêts du bassin du Congo.

V. Revues, Bulletins et Journaux

137. Airault P., Les dessous de l'offensive chinoise en RD Congo, Jeune Afrique, 30 septembre 2007.

138. Amadou Matharr Mbow, « Les aspects culturels du nouvel ordre économique international », Annuaire du Tiers monde, Tome II, Paris, Breger Levrault, 1975-1976.

139. Aubard Audrey, Consultante, Communication dans le cadre des ateliers régionaux ACP sur les Indications géographiques, Avril-mai 2010.

140. Attali Jacques, La crise… et après, in Magazine de communication institutionnelle de la Chambre Haute du Parlement congolais, n°3 mai 2009, Kinshasa.

141. Banaba Wilfried, Le bombardement des nuages au Burkina Faso, est-il sans conséquences écologiques ? In Afrique d'Espérance, n°2 mars-avril 2008, Kinshasa.

142. Binzangi Kamalandua, « L'approvisionnement de Kinshasa en énergie, bois : état de la question », in Lukuni lwa Yuma, Vol. III, n° 5 janvier 2000, U.L.L.

143. Binzangi et Kivuedi, « La valorisation des déchets, facteur de lutte contre la pauvreté », in Les cahiers de l'ISP-Gombe, Ed. CERES, n° 12, vol.ll, août 2004.

144. Binzangi K., « La pauvreté et son impact sur la production des combustibles ligneux dans les milieux ruraux et péri-urbains congolais », in Lukuni lwa Yuma, Vol. III, n° 6 juillet-décembre 2000, U.L.L., Kinshasa.

145. Beenthoin David, Parlement et démocratie au 21ième siècle, Guide des données pratiques, Union Internationale, Genève, Suisse, 2006.

146. Boumediene Houari, « L'impérialisme aresurgi dans sa forme la plus implacable », Message du Président Houari Boumediene à M. Kurt Waldheim, Secrétaire Général de l'ONU, In l'Economiste du tiers monde, n°6, Paris, Nov-déc. 1974.

147. « Budget 2011 : Le niveau très bas des barèmes de rémunération inquiète », In Les Dépêches de Brazzaville, Quotidien d'actualité, n°1129 du Vendredi 03/12/2010.

148. Burche Wilfred, Corée du nord : plein feu sur l'indépendance, in l'Economiste du tiers Monde n°5 oct, 1974.

149. Caputo O. et R. Pizarro « Le capital étranger : une utopie du développementisme », In Amériquelatine : crise et dépendance », Editions Anthropos, Paris, 1972, pp.409-462.

150. Corea Camani, Secrétaire Général de la CNUCD, Interview de Edgar Montiel, in Revue économie du tiers monde n°21, nov. 1977

151. CUNUCED IV, Orientations Nouvelles et Structures Nouvelles pour le commerce et le développement. Rapport du Secrétaire General de la CNUCED à la Conférence TD/183, Nairobi, mai 1976.

152. Destanne de Bernis Gérard, « Stratégie du développement et investissement privé », In Dépendance–Marginalité-Développement, Les presses de l'Université de Québec, Montréal, 1973.

153. Domenach J.M, « Aide au développement, obligation morale ? », Centre de l'information économique et sociale de l'ONU. Document d'information, n°4 new York, 1971.

154. Doukpolo Bertrand et alii., Perceptions paysannes du changement climatique et ses manifestations dans l'ouest de la Centrafrique, in Les défis de l'eau et l'adaptation au changement climatique en Afrique, Bangui 25–26 octobre 2012.

155. Elgueta B. et A. Chelen, « Breve historia de Medio Siglo en Chili », In America latina : historia de Medio Siglo, Coordination Pablo Conzalez Casanova, Siglo XXI, Editores Mexico, 1977.

156. Essengue Amougou Yannick, Ecologie, religion et religiosité : prise de conscience ou phénomène de mode ? In Afrique d'Espérance, Kinshasa, N°2 mars-avril 2008.

157. Fleshman Michael, La sauvegarde des forêts devrait favoriser la lutte contre les changements climatiques, Afrique Renouveau, 2008.

158. Gunder A. Frank (1974),« A propos du modèle historique du capitalisme mondial, appelé aussi métropole- colonie, métropole-satellite, centre–périphérie, nord-sud actuellement », In El Desarrollo et Capitalismo y Subdesarrollo en America Latina, Ed. Siglo XXI, Argentina.

159. Kabuya Kabeya Hilaire, « Le Changement Climatique : frein à l'activité agricole dans le Sud de la province du Kasaï oriental, République Démocratique du Congo (RDC) », in Livre des Résumés du Colloque International sur « Les Défis de l'Eau et l'Adaptation au Changement Climatique en Afrique (DEACCA) », Bangui, du 24-27 octobre 2012.

160. Kabuya Kabeya Tshilobo Hilaire, « Le droit congolais face à la pléthore des conflits fonciers et immobiliers : cas de la ville de Mbuji-Mayi », in JUSTITIA, vol. IV, janvier 2001.

161. Kabuya Kalala François et Tshuinza Mbiye Omer, Communautés économiques régionales : quelle stratégie d'intégration en RDC ?, in Cahiers économiques et sociaux de l'Institut de Recherches économiques et Sociales, Faculté des Sciences Economiques et de Gestion, Université de Kinshasa, Vol. XXVII, N°2, Novembre 2010, Editons Universitaires Africaines.

162. Kalambay L., Législation zaïroise en matière forestière et sa pratique, in Actes de l'atelier sur les forêts tropicales, Kinshasa, 1991 145. Lubini A., Cartographie de la végétation forestière au Zaire, in Actes de l'atelier sur les forêts tropicales, Kinshasa, 1991.

163. Kamga Joseph et Marlize Elodie Ngnidjio Tsapi, « L'insertion du droit de l'Ohada en RD Congo : les roses et les épines », in Droit des Affaires-Pratique Professionnelle, Revue de l'ERSUMA, N°2 Mars 2013.

164. Kimpianga Mahaniah, « Les rôles historiques attribués à l'Afrique Noire par le monde », in LUKUNI LWA YUMA, Vol. 2, n° 3, janvier-juin 1999, Université Libre de Lwozi.

165. Kimpianga Mahaniah, Bonne gouvernance, démocratie et développement en Afrique noire, Vol. III, n° 5, janvier-juin 2000, U.L.L.

166. La gestion des ressources naturelles, les contrats léonins, la fraude douanière : le déballage de la Société Civile, in Journal « Le Potentiel » N°4674 du 15/07/2009.

167. Leca J., Le rôle de l'évaluation dans la modernisation de l'Etat, In revue française d'administration publique, N°66, avril 1993.

168. Lemfuka Ava, Lettre à Saint François d'Assise, Patron de l'écologie, In Afrique d'Espérance, Kinshasa, n°2 mars-août 2008.

169. Les Nations Unies en R.D.C., Les Nations Unies et la R.D.Congo : partenaires pour le développement, Bulletin d'informations, Kinshasa, octobre 2002.

170. Litefu Vincent de Paul, L'agriculture peut-elle nous aider à sortir de la crise financière mondiale ?, in Renaitre, Bimensuel chrétien d'information et d'opinion, n° 03 du 15 février 2009, XVIIIème Année, Kinshasa.

171. Malaly Sangare ; Guinée : à l'horizon de 1978, in l'Economiste du tiers monde, n°6.

172. Malango Jean Luc, Les minings et la pollution au Katanga : après la Saga Somika, le Gouvernement Moise Katumbi ferme trois entreprises minières, in Afrique d'espérances n°2 mai–août 2008.

173. MangaNgobe Bomungo Jean Marie, L'impact de la décentralisation dans le secteur de l'EPSP, In Guide du Formateur sur la décentralisation sectorielle, Unité d'appui à la décentralisation sectorielle « UADS », Ministère de la Décentralisation et Aménagement du Territoire, Novembre 2009, Kinshasa.

174. Mayor Fédérico (1988), Le droit de l'être humain à la paix, in Déclaration du Directeur Général de l'Unesco, Paris, UNESCO.

175. Mbolokala Imbuli, « La thérapeutique philosophie : mythe ou réalité », in Recherches Philosophiques Africaines, Facultés catholiques de Kinshasa, 1996. Mwamba Mushikonke, Le parlement et les mécanismes de promotion et de protection des droits de l'homme. Bilan de la production législative de 2006 à 2011, in Cahiers Africains des Droits de l'Homme et de la Démocratie, CRIDHAC, Faculté de Droit de l'Université de Kinshasa, Volume III, Avril-Juin 2012.

176. Mbombo Mwendela Raphael, A quoi bon préserver la diversité biologique ? In Afrique d'Esperance, Kinshasa, n°2 mars-aout 2008.

177. Mbuyi Serge, Afrique : entre le rêve du développement et le souci écologique. In Afrique d'Esperance, Kinshasa, n°2 mars - avril 2008.

178. Mpay Kemboly, L'Egypte ancienne et l'écologie : lettre d'un scribe d'autrefois à l'homme d'aujourd'hui. In Afrique d'Espérance, n°2 mars-août 2008, Kinshasa.

179. Mutinga Modeste, Demandes sociales et budget de l'Etat, in Magazine de communication institutionnelle de la Chambre Haute du Parlement congolais, n°3 mai 2009, Kinshasa

180. Mutuy Euloge Landry, L'impératif d'une politique écologique globale, in Afrique d'Espérance,n°2 mars-août 2008.

181. Ngamasana Ladi Emery, Changement climatique : des mesures de politique économique s'imposent. In Afrique d'Espérance,n°2 mars–août 2008.

182. Ngoma Khuabi Camille (2012), « Dégradation de l'environnement, épuisement des ressources naturelles, explosion démographique et changements climatiques : menace sur les frontières », inMélanges Célestin Nguya Ndila, La République Démocratique du Congo : Les défis récurrents de décolonisation, de l'Etat de droit et du développement économique et social, Editions CEDESURK, Collection Droit, Sciences Sociales, Politiques et Administratives, Kinshasa.

183. Ngimbi Nseka Hippolyte (2001), « Ethique et intersubjectivité. Essai sur les fondements philosophiques de la vie en société », in Recherches Philosophes Africaines, Facultés Catholiques de Kinshasa.

184. Nkashama Joseph, Léon Kengo wa Dondo invite le gouvernement à entrer en programmeavec le FMI, in Magazine de communication institutionnelle de la Chambre Haute du Parlement congolais, n°3 mai 2009, Kinshasa.

185. Normande Didier (1971), *Forêts et bois tropicaux,* in « Que sais-je », n°20, PUF, Paris.

186. Ntumba Luaba Lumu (1998), La conception africaine du temps et son impact sur la coopération internationale, In temps et développement dans la pensée de l'Afrique subsaharienne, Ed, Rodopi B.v, Amsterdam Atlanta, GA.

187. Nshue M. Mokime Alexandre, Admission à l'I-PPTE et atteinte du point d'achèvement par la RDC. Qu'est-ce qui s'est passé et que peut-on espérer ?, in Cahiers économiques et sociaux, IRES, Faculté des Sciences Economiques et de Gestion, UNIKIN, Vol.XXVII, N°2, Novembre 2010, Editions Universitaires Africaines.

188. Nyenga Wimana Angèle, Quelle solution pour la Province du Katanga confrontée aux dangers écologies ? In Afrique d'Espérance, Kinshasa, n°2 mars-août 2008.

189. Nzanda Buana Kalemba Mathias, Les causes du retard économique africain : Histoire, Théories et Alternatives, in Cahiers économiques et sociaux, IRES, Faculté des Sciences Economiques et de Gestion, Unikin, Vol.XXVII, N°2, Editions Universitaires Africaines Novembre 2010.

190. Philosophie et Droits de l'Homme. Actes de la Vème Semaine Philosophique de Kinshasa du 26 au 30 avril 1981, Kinshasa, 1982.

191. Ressources naturelles, in Afriquespoir, n°46 Avril-Juin 2009.

192. Secrétaire Général de l'ONU, Allocution au sommet mondial sur le développement durable, In Les Nations Unies en République Démocratique du Congo, Bulletin d'informations du Système des Nations Unies en RDC, Kinshasa, octobre2002.

193. Sicault Georges, « Le développement aura du sol », in Tiers Monde, IEDES, PUF, Paris, Tome XVIII, N°72, octobre-décembre 1977.

194. Syauswa Daniel, De l'Eucharistie à l'écologie : il n'y a qu'un pas. In Afrique d'Esperance, n°2, mai-août 2008, Kin.

195. Thomas L. V, « Développement, sous - développement et sociétés négro-africaines », in Revue Développement et Civilisation IRFED, n°41-42, sept-déc., 1970.

196. Trosa S. (1999), Eléments de réflexion issus de l'expérience internationale : approche scientifique et approche participative, In l'évaluation au service de l'avenir, rapport annuel, CNE, Paris.

197. Tshilombo A., Plaidoyer pour le troc : Des actifs à valeur extrême en vue de l'accroissement des actifs à valeur interne, Congo-Afrique, Vol. 47, septembre 2007.

198. Tshula Kabongo Charles, « Le diamant, une ressource inépuisable ? », in Actes des travaux des Etats généraux sur l'environnement au Kasaï oriental, Ong Environnement Propice Jardin d'Eden, Mbuji-Mayi, 12-14 avril 2007, Editions Academic Express Press, Kinshasa 2007.

199. Usele Mawisa, « Importance du secteur d'économie zaïroise et des perspectives », in Wajengaji, Industrie minière et développement au Zaïre, vol. I, Kinshasa, PUZ 1983.

200. Vernier Jacques (2001), l'Environnement, in Collection « Que sais-je » *6ème* éd., P.U.F., Paris.

201. Viney R. (1972), L'économie forestière, « Que sais-je? », PUE, Paris.

202. Wightman D. (1972), « L'intérêt du développement du Tiers Monde pour l'économie des pays industriels », Centre de l'information économique et sociale de l'ONU. Document d'information, n°5, New York.

VI. Recueils et textes de loi

203. Conseil pour la Défense Environnementale par Légalité et la Traçabilité, Les Codes verts. Textes juridiques de la République Démocratique du Congo en matière de l'environnement et des ressources naturelles, Tome I, Textes juridiques en matière des forêts, 2ème Edition, revue et augmentée, Kinshasa, 2012.

204. Mbalanda Kisoka, Recueil des textes juridiques en matière environnementale en R.D.Congo, Jusdata Editions, 2000

205. Loi n°011/2002 du 29 août 2002 portant code forestier.

206. Loi n°73/021 du 20 juillet 1973 portant régime foncier et immobilier, ainsi que ses modifications apportées par la loi n°80/006 du 18 juillet 1980.

207. Décret n°08/02 du 21 janvier 2008 modifiant le décret n°05/116 du 24 octobre 2005 fixant les modalités de conversion des anciens titres forestiers et portant extension du moratoire en matière d'octroi des titres d'exploitation forestière.

208. Arrêté ministériel n°107/CAB/MIN/ECN-T/15/JEB/009 du 20 août 2009 portant création, composition, organisation et fonctionnement du Comité national de Pilotage du Zonage forestier.

209. Arrêté ministériel n°018 du 28 avril 2010 portant nomination des membres du Comité National de Pilotage du Zonage Forestier en RDC de Son Excellence monsieur le Ministre en charge des forets.

217. Arrêté ministériel n°036/CAB/MIN/ECN-EF/2006 du 05 octobre 2006 fixant les procédures d'élaboration, d'approbation et de mise en œuvre des plans d'aménagement des concessions forestières de production des bois d'œuvre.

218. Arrêté ministériel n°28/CAB/MIN/ECN-T/27/JEB/08 du 07 août 2008 fixant les modèles de contrat de concession d'exploitation des produits forestiers et de cahier des charges.

VII. Cours

204. Bizangi Kamalandwa, Ecodéveloppement, Module professé au Département des Droits de l'Homme et Gestion de l'Environnement, D.E.A, Chaire UNESCO, UNIKIN, 2002-2004.

205. Bizangi Kamalandwa, Notions d'Ecologie générale, Module en Droits de l'Homme et Gestion de l'Environnement, Chaire Unesco, Université de Kinshasa, 2002-2004, 85 pages.

206. Kalambay Lumpungu G., *Droit de l'environnement,* Module, Chaire Unesco de Kinshasa, 2002-2004.

207. Kalambay Lumpungu G., *Droit agricole,* Faculté de Droit, Université de Kinshasa, 2001-2002.

208. Lubuni A., Problématique de l'Environnement Mondial et Régional, Module professé au Département des Droits de l'Homme et gestion de l'Environnement, D.E.A., Chaire UNESCO,UNIKIN, 2002-2004.

209. Vigneron Roger, Le Droit romain, Notes de cours, Premier graduat, Faculté de Droit, Université de Mbuji-Mayi, année académique 1994-1995.

VIII. Webographie

210. http://www.agroof.net
211. http://www.Muller. Pierre
212. www.universalia@universalis.fr
213. http://lrc.geo.umn.edu/ideal
214. http://www.viepublique.fr/th/glossaire/famille.html
215. http://www.vie-publique.fr/th/glossaire/constitutionnalite.html
216. http://www.vie-ublique.fr/th/glossaire/gouvernement.html
217. http://www.vie-publique.fr/th/glossaire/libertes-publiques.html
218. http://www.wipo.org
219. http://www.maine-anjou.fr
220. http://www.maine-anjou.fr
221. www.wopg.org
222. http//www.un.ac/main.aspx
223. http:/www.congo-actualites.net/spip.php
224. www.rdc-conversiontitresforestiers.org
225. www.un.org/africarenewal/fr/taxonomy/term/1
226. www.fao.org/save-and-grow/fr/produire plus avec moins.html)
227.http://blogs.lesoir.be/empreinte–eco/2007/12/17/tous-unis-contre–le–réchauffement
228. www.ibi-village.cd
229. http://www.agroof.net
230. www.bsponline.org.

ANNEXE I

QUESTIONNAIRE D'ENQUETE SUR LA GESTION PARTIPATIVE DES FORETS EN REPUBLIQUE DEMOCRATIQUE DU CONGO

A. Identité de l'enquêté

- Nom :

- Postnom :

- Prénom :

- Age :

- Sexe :

- Profession :

- Niveau d'études :

- Adresse de résidence :

    - Province :

    - District/Ville :

    - Territoire/Commune :

    - Secteur/Quartier :

    - Village :

B. Questions-types

1. Avez-vous une zone forestière dans votre contrée ? Si possible, la décrire brièvement par rapport zonage.

R/

2. Connaissez-vous des dégradations environnementales dues à l'exploitation forestière ? Si oui, lesquelles ?

R/

3. a)Combien de saisons connaissez-vous dans votre contrée ?

R/

b) De combien de mois chacune ?

R/

4. Vous arrive–t–il de connaitre la rareté des pluies ou des perturbations dues aux changements climatiques ?

R/

5. a) Quelles en sont les causes d'après vous?

R/

b) Et quelles peuvent en être les solutions ?

R/

6. Il y a-t-il des exploitants forestiers artisanaux et ou industriels dans votre zone forestière ? Les citer, si possible.

R/

7. Les communautés locales ont-elles l'information relative à la clause sociale du cahier des charges à signer avec les exploitants forestiers, conformément à l'arrêté ministériel n°28/CAB/MIN/ECN-T /27/JEB/08 du 07 août 2008 fixant les modèles de contrat de concession d'exploitation des produits forestiers et de cahier des charges y afférent ?

R/

8. L'exercice par les communautés locales ou le peuple autochtone des droits d'usage traditionnels leur reconnus par la loi, notamment : le prélèvement de bois de chauffe, la récolte des fruits sauvages et des chenilles, la récolte des plantes médicinales, la pratique de la chasse et de la pêche coutumières, est-il respecté, dans me cadre du cahier des charges ?

R/

9. Les exploitants forestiers tiennent-ils leurs obligations ou charges relatives à la construction et aménagement des routes ; réfection, équipement des installations hospitalières et scolaires ; facilités en matière de transport des personnes et des biens ou autres ?

R/

10. a) Connaissez-vous des conflits liés à l'occupation des terres coutumières aux fins d'exploitation agricole et forestière, notamment le conflit de compétence entre l'autorité coutumière et étatique ? Quelle en est souvent l'origine ?

R/

b) Que préconisez-vous pour une occupation ou exploitation paisible des terres et des forets ?

R/

11. Avez-vous des suggestions pour une gestion participative et durable des forêts ou une bonne gouvernance forestière ?

R/

12. La population est-elle suffisamment sensibilisée sur la législation forestière ?

R/

Fait à........., le ...../.../2014

Nom :

Signature :

ANNEXE II

Loi n°011/2002 du 29 aout 2002 portant code forestier
Journal officiel de la République Démocratique du Congo
Cabinet du Président de la République
43eme annee numéro spécial 6 novembre 2002
Sommaire

Exposé des motifs

1. Fondement de la réforme du régime forestier

Plusieurs facteurs majeurs commandent la révision totale du régime forestier congolais. Ces facteurs sont de deux ordres : interne et externe.

1.1. SUR LE PLAN INTERNE

Le texte de base du régime forestier congolais et ses mesures d'exécution datent du 11avril 1949. La mise en œuvre de ce régime s'est avérée difficile au fur et à mesure de l'évolution politique, économique, sociale et culturelle du pays. Ainsi, on constate que, 42 ans après son accession à l'indépendance, la République Démocratique du Congo ne s'est pas encore dotée d'un régime forestier approprié, à savoir un cadre légal qui permet, à la fois, à la forêt de remplir en équilibre ses fonctions écologiques et sociales, à l'administration forestière de contribuer substantiellement au développement national et aux populations riveraines de participer activement à la gestion des forêts pour pouvoir en tirer un bénéfice légitime.

1.2. SUR LE PLAN EXTERNE

La communauté internationale en général et les Etats en particulier ont considérablement pris conscience de l'importance et de la nécessité de la protection de la nature et de l'environnement. Il suffit, pour s'en convaincre de compter le nombre toujours croissant des conventions et accord s internationaux conclus en matière de l'environnement.

La République Démocratique du Congo est consciente du rôle de premier plan joué par son écosystème forestier dans l'équilibre de la biosphère au niveau tant international et continental que national et même local, et est disposée à assumer les responsabilités qui en résultent. C'est pour cette raison qu'elle a ratifié beaucoup de ces conventions et accords et s'est engagée, en conséquence, à harmoniser ses lois par rapport aux dispositions pertinentes de ces instruments internationaux.

La présente loi s'inscrit donc dans la logique des principes modernes de gestion des ressources forestières et des conventions internationales en matière de l'environnement.

2. PRINCIPALES INNOVATIONS

La présente loi introduit des innovations suivantes :

2.1. SUR LE PLAN INSTITUTIONNEL

a. L'Etat a l'obligation d'élaborer une politique forestière nationale matérialisée par un plan forestier national à réviser périodiquement en fonction de la dynamique de l'industrialisation forestière.
b. Les forêts sont classées et déclassées par arrêtés du Ministre suivant la procédure fixée par décret du Président de la République.
c. Trois catégories des forêts sont désormais prévues par la présente loi, à la différence de l'ancienne loi, à savoir : forêts classées, forêts protégées et forêts de production permanente. Celles-ci sont soustraites des forêts protégées à la suite d'une enquête publique en vue de leur concession.
d. La création d'un cadastre forestier tant au niveau de l'administration centrale qu'à celui de l'administration provinciale. Si la mission du cadastre forestier provincial consiste à conserver tous les actes et contrats relatifs à la gestion forestière, le cadastre forestier national doit, tout en ayant la même mission, constituer une banque de données permettant au ministère chargé des forêts d'élaborer la politique forestière sur base des informations fiables.
e. La création d'un conseil consultatif national et des conseils consultatifs provinciaux des forêts. Le premier s'occupe essentiellement de la planification et de la coordination du secteur forestier au niveau national, tandis que les seconds surveillent la gestion forestière des provinces et des autres entités décentralisées, d'une part, et d'autre part, ils se chargent de donner des avis dans les projets de classement ou de déclassement des forêts.

Notons que dans cette procédure de classement et de déclassement, la population locale n'est pas absente.

2.2. SUR LE PLAN DE LA GESTION FORESTIERE

a. Toute forêt à concéder fait l'objet d'une enquête préalable de manière à pouvoir la rendre quitte et libre de tout droit. Ici également, la consultation des populations riveraines de la forêt est obligatoire pour garantir la paix sociale et la jouissance paisible des forêts concédées.
b. Pour assurer le développement durable des ressources naturelles, la présente loi introduit dans la gestion forestière deux concepts, celui d'inventaire forestier et celui d'aménagement forestier.
c. Dans la présente loi, la concession forestière se démarque nettement de la concession foncière et constitue un droit réel immobilier « sui generis » parce que portant uniquement sur le bois.

Il est sous-tendu par un contrat de concession forestière accompagné des cahiers des charges dans lesquels sont spécifiés les droits et obligations des parties contractantes. La concession forestière peut s'acquérir par deux voies : l'une principale, l'adjudication, et l'autre, exceptionnelle, le gré à gré.

Toutefois, les communautés locales, c'est-à-dire en fait les populations locales, peuvent acquérir, à titre gratuit, une concession forestière sur leurs terres ancestrales.

d. Par rapport au décret du 11 avril à la loi de 1949, cette loi insère dans le régime forestier des dispositions spécifiques relatives à la fiscalité forestière. Celle-ci se distingue de la fiscalité ordinaire et vise à asseoir une politique de taxation forestière qui soit à même de garantir à la fois une gestion durable de la ressource forestière, une incitation à la meilleure gestion forestière et une conciliation d'objectifs de développement de l'industrie forestière et de l'accroissement des recettes forestières.

La présente loi, se voulant générale, se borne à définir les principes et les matières générales, lesquels feront l'objet des textes réglementaires permettant ainsi au gouvernement une adaptation dynamique aux conditions socio-économiques du pays. Tels sont le fondement et l'économie de la présente loi.

L'Assemblée Constituante et Législative, Parlement de Transition a adopté ;

Le Président de la République promulgue la loi dont la teneur suit :

TITRE PREMIER : DES DISPOSITIONS GENERALES

Article 1er:

Au sens de la présente Loi, il faut entendre par :

1. Forêts

a. les terrains recouverts d'une formation végétale à base d'arbres ou d'arbustes aptes à fournir des produits forestiers, abriter la faune sauvage et exercer un effet direct ou indirect sur le sol, le climat ou le régime des eaux.
b. les terrains qui, supportant précédemment un couvert végétal arboré ou arbustif, ont été coupés à blanc ou incendiés et font l'objet d'opérations de régénération naturelle ou de reboisement. Par extension, sont assimilées aux forêts, les terres réservées pour être recouvertes d'essences ligneuses soit pour la production du bois, soit pour la régénération forestière, soit pour la protection du sol.

2. Produits forestiers ligneux :

a. les matières ligneuses provenant de l'exploitation des forêts, comme les arbres abattus, les grumes, les houppiers, les branches, les bois de chauffage, les rondins, les perches, les bois de mine ;
b. les produits de transformation de l'industrie primaire comme le charbon de bois, les copeaux, les bois à pâtes, les sciages, les placages.

3. Produits forestiers non ligneux :

Tous les autres produits forestiers, tels que les rotins, les écorces, les racines, les rameaux, les feuilles, les fruits, les semences, les résines, les gommes, les latex, les plantes médicinales.

4. Aménagement forestier :

Ensemble des opérations visant à définir les mesures d'ordre technique, économique, juridique et administratif de gestion des forêts en vue de les pérenniser et d'en tirer le maximum de profit.

5. Conservation :

Mesures de gestion permettant une utilisation durable des ressources et des écosystèmes forestiers, y compris leur protection, entretien, restauration et amélioration.

6. Déboisement :

Opération consistant à défricher une terre forestière ou à couper ou à extirper ses végétaux ligneux en vue de changer l'affectation du sol.

7. Exploitation forestière :

Activités consistant notamment dans l'abattage, le façonnage et le transport du bois ou de tout autre produit ligneux, ainsi que le prélèvement dans un but économique des autres produits forestiers.

8. Inventaire forestier :

Evaluation et description de la quantité, de la qualité et des caractéristiques des arbres et des milieux forestiers.

9. Ministre :

Ministre ayant les forêts dans ses attributions.

10. Plan d'aménagement forestier :

Document contenant la description, la programmation et le contrôle de l'aménagement d'une forêt dans le temps et dans l'espace.

11. Reboisement :

Opération consistant à planter, sur un terrain forestier, des essences forestières.

12. Reconnaissance forestière :

Opération qui consiste à examiner une forêt par voie aérienne et/ou à terre, afin d'en acquérir une connaissance générale préliminaire à d'autres études plus approfondies telles que l'inventaire et l'aménagement.

13. Reconstitution de forêt :

Opération consistant à rétablir le couvert forestier soit par le reboisement et/ou la régénération naturelle.

14. Saisie :

Acte par lequel les agents forestiers assermentés retirent provisoirement à une personne physique ou morale l'usage ou la jouissance des produits forestiers issus d'un acte infractionnel et/ou des moyens d'exploitation ou de transport de tels produits.

15. Sylviculture :

Science et l'art de cultiver des peuplements forestiers.

16. Unité forestière :

Espace forestier découpé en considération des caractéristiques écologiques propres à chaque zone et des objectifs de la politique forestière nationale, en vue de le soumettre à un même type de gestion

17. Communauté locale :

Une population traditionnellement organisée sur la base de la coutume et unie par des liens de solidarité clanique ou parentale qui fondent sa cohésion interne. Elle est caractérisée, en outre, par son attachement à un terroir déterminé.

18. Emondage :

Opération culturale qui consiste à supprimer les pousses ou les bourgeons latéraux d'un jeune plant.

19. Feu hâtif ou précoce :

Feu allumé très tôt en début de saison sèche aux fins d'aménagement des aires de formations herbeuses.

20. Essartage :

Le défrichement d'une portion de terrain boisé ou broussailleux et son incinération en vue de sa mise en culture périodique.

21. Ebranchage :

L'action de couper une ou des branches d'un arbre que ce dernier soit encore sur pied ou abattu, aussitôt avant ou après son abattage.

22. Bioprospection :

Activité consistant à inventorier ou évaluer les éléments constitutifs de la diversité biologique importants pour sa conservation et son utilisation durable tout en tenant compte des normes d'inventaire prévues.

Article 2 :

La présente loi définit le régime applicable à la conservation, à l'exploitation et à la mise en valeur des ressources forestières sur l'ensemble du territoire national. Le régime forestier vise à promouvoir une gestion rationnelle et durable des ressources forestières de nature à accroître leur contribution au développement économique, social et culturel des générations présentes, tout en préservant les écosystèmes forestiers et la biodiversité forestière au profit des générations futures.

Article 3 :

Le Code forestier est l'ensemble des dispositions régissant le statut, l'aménagement, la conservation, l'exploitation, la surveillance et la police des forêts et des terres forestières. Le Code forestier définit également les règles juridiques applicables à la sylviculture, à la recherche forestière, à la transformation et au commerce des produits forestiers. Le Code forestier contribue également à la valorisation de la biodiversité, à la protection de l'habitat naturel de la faune sauvage et au tourisme.

Article 4 :

Il est institué une politique forestière nationale dont l'élaboration incombe au ministère ayant les forêts dans ses attributions. La politique forestière nationale définit des orientations générales qui sont traduites dans un plan forestier national. Le plan forestier national fixe les objectifs à atteindre et définit les actions à mettre en œuvre. Il comporte notamment :

a. la description des ressources forestières ;
b. l'estimation des besoins en produits forestiers ;

c. le programme des actions à mener en vue d'assurer la conservation des forêts et le développement du secteur forestier ;
d. la prévision des investissements nécessaires ;
e. les niveaux d'intervention et le rôle des différents acteurs concernés ; et
f. toutes autres indications utiles pour l'exécution de la politique forestière nationale.

Article 5 :

Dans le cadre de l'élaboration de la politique forestière nationale, le Ministre implique l'ensemble des acteurs tant publics que privés concernés, à tous les échelons territoriaux. La politique forestière nationale est adoptée en conseil des Ministres sur proposition du Ministre et approuvée par décret du Président de la République.

Article 6 :

Afin d'adapter la politique forestière nationale aux particularités de chaque province, un plan forestier provincial est élaboré par chaque Gouverneur de province concernée après avis du conseil consultatif provincial. Le Gouverneur implique les acteurs tant publics que privés du secteur forestier. Après approbation du plan par le Ministre, le Gouverneur prend un arrêté le rendant exécutoire sur toute l'étendue de la province.

TITRE II : DU STATUT DES FORETS

Chapitre Premier : DU CADRE JURIDIQUE DES FORETS

Article 7 :

Les forêts constituent la propriété de l'Etat. Leur exploitation et leur utilisation par les personnes physiques ou morales de droit privé ou de droit public sont régies par les dispositions de la présente loi et ses mesures d'exécution.

Article 8 :

Les forêts naturelles ou plantées comprises dans les terres régulièrement concédées en vertu de la législation foncière appartiennent à leurs concessionnaires. Les droits attachés à ces forêts sont exercés dans le respect des dispositions de la présente loi et ses mesures d'exécution.

Article 9 :

Les arbres situés dans un village ou son environnement immédiat ou dans un champ collectif ou individuel sont la propriété collective du village ou celle de la personne à laquelle revient le champ.

Ils peuvent faire l'objet d'une cession en faveur des tiers.

Chapitre II : DE LA CLASSIFICATION DES FORETS

Article 10 :

Le domaine forestier comprend les forêts classées, les forêts protégées et les forêts de production permanente. Les forêts classées sont celles soumises, en application d'un acte de classement, à un régime juridique restrictif concernant les droits d'usage et d'exploitation ; elles sont affectées à une vocation particulière, notamment écologique. Les forêts protégées sont celles qui n'ont pas fait l'objet d'un acte de classement et sont soumises à un régime juridique moins restrictif quant aux droits d'usage et aux droits d'exploitation. Les forêts de production permanente sont les forêts soustraites des forêts protégées par une enquête publique en vue de les concéder ; elles sont soumises aux règles d'exploitation prévues par la présente loi et ses mesures d'exécution.

Article 11 :

Toutes forêts classées, protégées ou de production permanente peuvent être grevées d'une servitude foncière.

Section 1ère :

Des Forêts classées

Article 12 :

Les forêts classées font partie du domaine public de l'Etat. Sont forêts classées :

a. les réserves naturelles intégrales ;
b. les forêts situées dans les parcs nationaux ;
c. les jardins botaniques et zoologiques ;

d. les réserves de faune et les domaines de chasse ;
e. les réserves de biosphère ;
f. les forêts récréatives ;
g. les arboreta ;
h. les forêts urbaines ;
i. les secteurs sauvegardés

Article 13 :

Sont en outre classées, les forêts nécessaires pour :

a. la protection des pentes contre l'érosion ;
b. la protection des sources et des cours d'eau ;
c. la conservation de la diversité biologique ;
d. la conservation des sols ;
e. la salubrité publique et l'amélioration du cadre de vie ;
f. la protection de l'environnement humain ; et
g. en général, toute autre fin jugée utile par l'administration chargée des forêts.

Font également l'objet de classement, les périmètres de reboisement appartenant à l'Etat ou à des entités décentralisées. Les forêts classées avant la date d'entrée en vigueur de la présente loi conservent leur statut.

Article 14 :

Les forêts classées doivent représenter au moins 15 % de la superficie totale du territoire national.

Article 15 :

Dans chaque province, les forêts sont classées suivant la procédure fixée par décret du Président de la République. Le classement s'effectue par arrêté du Ministre après avis conforme du conseil consultatif provincial des forêts concernées, fondé sur la consultation préalable de la population riveraine. Toutefois, la création des réserves naturelles intégrales, des parcs nationaux et des secteurs sauvegardés relèvent de la compétence du Président de la République.

Article 16 :

L'arrêté de classement détermine la localisation et les limites de la forêt concernée, sa catégorie, sa dénomination, le mode de gestion de ses ressources, les restrictions qui lui sont applicables, les droits d'usage susceptibles de s'y exercer et l'institution chargée de sa gestion. L'emprise des forêts classées peut être fixée de telle sorte que certaines de leurs parties soient laissées à la disposition des populations riveraines en vue de la satisfaction de leurs besoins domestiques, notamment en produits forestiers et en terres de culture temporaire.

Article 17 :

Chaque forêt classée fait l'objet d'un plan d'aménagement dans les conditions fixées par un arrêté du Ministre.

Article 18 :

La mise en valeur des forêts classées est faite conformément aux prescriptions de l'acte de classement et aux dispositions du plan d'aménagement.

Article 19 :

Il ne peut être procédé au déclassement partiel ou total d'une forêt classée qu'après avis conforme des conseils consultatifs national et provinciaux des forêts. Le déclassement est soumis à la réalisation préalable d'une étude d'impact sur l'environnement. La décision de déclassement est prise dans les mêmes conditions de procédure et de forme que le classement.

Section 2 : Des forêts protégées

Article 20 :

Les forêts protégées font partie du domaine privé de l'Etat et constituent le domaine forestier protégé. Les produits forestiers de toute nature se trouvant sur le domaine forestier protégé, à l'exception de ceux provenant des arbres plantés par des personnes physiques ou morales de droit privé ou par des entités décentralisées, appartiennent à l'Etat.

Article 21 :

Les forêts protégées peuvent faire l'objet de concession moyennant un contrat dont la durée ne peut excéder vingt-cinq ans. Ce terme est renouvelable dans les conditions stipulées au contrat. L'octroi d'une concession forestière confère un droit réel sur les essences forestières concédées, à l'exclusion d'un quelconque droit sur le fonds de terre.

Toutefois, le concessionnaire peut obtenir sur sa concession forestière une concession foncière superficiaire pour ériger les constructions nécessaires aux activités liées à l'exploitation.

Article 22 :

Une communauté locale peut, à sa demande, obtenir à titre de concession forestière une partie ou la totalité des forêts protégées parmi les forêts régulièrement possédées en vertu de la coutume. Les modalités d'attribution des concessions aux communautés locales sont déterminées par un décret du Président de la République. L'attribution est à titre gratuit.

Section 3 :

Des forêts de production permanente

Article 23 :

Les forêts de production permanente sont composées des concessions forestières et des forêts qui, ayant fait l'objet d'une enquête publique, sont destinées à la mise sur le marché. Elles sont quittes et libres de tout droit. Elles sont instituées par arrêté conjoint des Ministres ayant les forêts et l'agriculture dans leurs attributions.

CHAPITRE III : DES INSTITUTIONS DE GESTION ET D'ADMINISTRATION DES FORETS

Article 24 :

La responsabilité de la gestion, de l'administration, de la conservation et de la surveillance et la police des forêts incombent au ministère ayant les forêts dans ses attributions. Le ministère travaille constamment en collaboration et en concertation avec les autres ministères dont les attributions peuvent avoir une incidence sur le secteur forestier. Il implique également les autres acteurs, notamment le secteur privé économique et les organisations non gouvernementales.

Article 25 :

Le Ministre peut, par arrêté, déléguer en tout ou en partie, la gestion de forêts classées à des personnes morales de droit public ou à des associations reconnues d'utilité publique dans le but de les protéger et de les mettre en valeur et d'y conduire les travaux de recherche ou d'autres activités d'intérêt public.

Article 26 :

Le Ministre peut déléguer, en tout ou en partie, les pouvoirs que lui confère la présente loi, aux Gouverneurs de province, à l'exception du pouvoir de réglementation.

Article 27 :

Le Ministre pourvoit son administration de moyens et instruments adéquats pour lui permettre d'assurer efficacement la mise en application de la présente loi et de ses mesures d'exécution. En particulier, il dote les services chargés des opérations de martelage et de saisie, d'un marteau forestier dont l'empreinte est déposée au Ministère de la Justice et Garde des Sceaux.

Article 28 :

Il est créé au niveau tant national que provincial un cadastre forestier assurant la conservation :

a. des arrêtés de classement et de déclassement des forêts ;
b. des contrats de concession forestière ;
c. des actes d'attribution des forêts aux communautés locales ;
d. des arrêtés d'attribution de la gestion des forêts classées ;
e. des arrêtés de délégation de pouvoir d'administration des forêts ;
f. des documents cartographiques ;
g. de tous actes constitutifs de droits réels, grevant les actes cités aux literas b, c et d ci-dessus.

Un arrêté du Ministre détermine les modalités d'organisation et de fonctionnement du cadastre forestier. En cas de nécessité, un cadastre forestier peut être tenu dans une localité déterminée.

Article 29 :

Il est créé un conseil consultatif national des forêts et des conseils consultatifs provinciaux des forêts dont l'organisation, le fonctionnement et la composition sont fixés respectivement par décret du Président de la République et par arrêté du Ministre.

Article 30 :

Le conseil consultatif national des forêts est compétent pour donner des avis sur :

1°. Les projets de planification et la coordination de la politique forestière ;

2°. Les projets concernant les règles de gestion forestière ;

3°. Toute procédure de classement et de déclassement des forêts ;

4°. Tout projet de texte législatif ou réglementaire relatif aux forêts ;

5°. Toute question qu'il juge nécessaire se rapportant au domaine forestier.

Article 31 :

Le conseil consultatif provincial des forêts donne des avis sur tout projet de classement ou de déclassement des forêts dans la province et, en général, sur toute question qui lui est soumise par le Gouverneur de province. Il peut saisir le Gouverneur de toute question qu'il juge importante dans le domaine forestier. Dans l'exercice de leurs fonctions, les membres du conseil peuvent accéder librement à toutes les concessions forestières.

Article 32 :

Le Ministre publie chaque année, et ce, avant le 31 janvier, la liste des associations et organisations non-gouvernementales agréées exerçant leurs activités statutaires dans le secteur de l'environnement en général et de la forêt en particulier.

CHAPITRE IV : DE LA RECHERCHE FORESTIERE

Article 33 :

En vue de promouvoir la gestion rationnelle et durable des forêts, le Ministre prend, en collaboration avec les ministères et les organismes concernés, les mesures nécessaires et met en œuvre des programmes visant à favoriser le développement de la recherche forestière.

Article 34 :

La recherche forestière porte notamment sur la gestion, l'inventaire, l'aménagement, la conservation, l'exploitation, la transformation, la génétique forestière, la sylviculture, la technologie du bois et la commercialisation des produits forestiers.

Article 35 :

La planification, la réalisation et le suivi des travaux de recherche forestière sont assurés en concertation entre les services et organismes relevant des différents ministères et autres institutions concernées, chacun agissant dans les limites de ses compétences. A cet effet, les services, organismes et institutions concernés sont dotés de moyens et de ressources adéquates leur permettant de s'acquitter de leur mission.

TITRE III : DES DROITS D'USAGE FORESTIERS

CHAPITRE PREMIER : DU PRINCIPE GENERAL

Article 36 :

Les droits d'usage forestiers des populations vivant à l'intérieur ou à proximité du domaine forestier sont ceux résultant de coutumes et traditions locales pour autant que ceux-ci ne soient pas contraires aux lois et à l'ordre public. Ils permettent le prélèvement des ressources forestières par ces populations, en vue de satisfaire leurs besoins domestiques, individuels ou communautaires. L'exercice des droits d'usage est toujours subordonné à l'état et à la possibilité des forêts.

Article 37 :

La commercialisation des produits forestiers prélevés au titre des droits d'usage n'est pas autorisée, excepté certains fruits et produits dont la liste est fixée par le Gouverneur de province.

CHAPITRE II : DES DROITS D'USAGE DANS LES FORETS CLASSEES

Article 38 :

Dans les forêts classées, à l'exception des réserves naturelles intégrales, des parcs nationaux et des jardins botaniques, les droits d'usage sont exercés exclusivement par les populations riveraines et leur jouissance est subordonnée au respect des dispositions de la présente loi et de ses mesures d'exécution.

Article 39 :

Dans les forêts classées, les droits d'usage sont limités :

a. au ramassage du bois mort et de la paille ;
b. à la cueillette des fruits, des plantes alimentaires ou médicinales ;
c. à la récolte des gommes, des résines ou du miel ;
d. au ramassage des chenilles, escargots ou grenouilles ;
e. au prélèvement du bois destiné à la construction des habitations et pour usage artisanal.

En outre, le plan d'aménagement de chaque forêt classée détermine les droits d'usage autorisés pour la forêt concernée.

Article 40 :

Les périmètres reboisés appartenant à l'Etat ou aux entités décentralisées sont affranchis de tout droit d'usage forestier.

CHAPITRE III : DES DROITS D'USAGE DANS LES FORETS PROTEGEES

Article 41 :

Tout Congolais peut exercer des droits d'usage sur l'ensemble du domaine forestier protégé, à condition de se conformer aux dispositions de la présente loi et de ses mesures d'exécution.

Article 42 :

Dans les forêts protégées, les cultures peuvent être pratiquées. Toutefois, elles peuvent être prohibées par le Gouverneur de province, après avis des services locaux chargés de l'agriculture et des forêts, lorsque l'état de la forêt ou son intérêt futur rend cette mesure nécessaire. L'arrêté du Gouverneur mentionne la durée de l'interdiction. Les Ministres ayant les forêts et l'agriculture dans leurs attributions réglementent, conjointement, là où ils le jugent utile, le zonage et les modalités de mise en culture des terres forestières.

Article 43 :

Le prélèvement des produits forestiers à des fins domestiques est libre en forêt protégée. Il ne donne lieu au paiement d'aucune taxe ou redevance forestière. Toutefois, le Ministre peut réglementer la récolte de tout produit forestier dont il juge utile de contrôler l'exploitation.

Article 44 :

Les populations riveraines d'une concession forestière continuent à exercer leurs droits d'usage traditionnels sur la concession dans la mesure de ce qui est compatible avec l'exploitation forestière à l'exclusion de l'agriculture. Le concessionnaire ne peut prétendre, à une quelconque indemnisation ou compensation du fait de cet exercice.

TITRE IV : DE LA PROTECTION DES FORETS

CHAPITRE PREMIER : DES MESURES GENERALES DE PROTECTION ET DES ESSENCES PROTEGEES

Article 45 :

Le domaine forestier est protégé contre toute forme de dégradation ou de destruction du fait notamment de l'exploitation illicite, de la surexploitation, du surpâturage, des incendies et brûlis ainsi que des défrichements et des déboisements abusifs. Sont particulièrement interdits, tous actes de déboisement des zones exposées au risque d'érosion et d'inondation.

Article 46 :

L'introduction sur le territoire national de tout matériel végétal forestier, vivant ou mort, est soumise à l'autorisation préalable du Ministre ou de son délégué, sur présentation d'un certificat d'origine et d'un certificat phytosanitaire délivrés par l'organisme compétent du pays de provenance.

Article 47 :

Dans les forêts classées, sont interdits, l'émondage et l'ébranchage des arbres ainsi que la culture par essartage.

Article 48 :

Est interdit, tout déboisement sur une distance de 50 mètres de part et d'autre des cours d'eau et dans un rayon de 100 mètres autour de leurs sources.

Article 49 :

La liste des essences forestières protégées est fixée par arrêté du Ministre et fait l'objet dans la même forme, de mises à jour périodiques.

Article 50 :

Sont interdits sur toute l'étendue du domaine forestier, l'abattage, l'arrachage et la mutilation des essences forestières protégées. Sont également interdits, le déplacement, le brisement ou l'enlèvement des bornes servant à limiter les forêts.

Article 51 :

Dans le but de protéger la diversité biologique forestière, l'administration chargée des forêts peut, même dans les zones forestières concédées, mettre en réserve certaines essences ou édicter toutes restrictions qu'elle juge utiles.

Chapitre II : DU CONTROLE DU DEBOISEMENT

Article 52 :

Tout déboisement doit être compensé par un reboisement équivalent, en qualité et en superficie, au couvert forestier initial réalisé par l'auteur du déboisement ou à ses frais.

Article 53 :

Toute personne qui, pour les besoins d'une activité minière, industrielle, urbaine, touristique, agricole ou autre, est contrainte de déboiser une portion de forêt, est tenue au préalable d'obtenir à cet effet un permis de déboisement. Pour les activités agricoles, ledit permis n'est exigé que lorsque le déboisement porte sur une superficie égale ou supérieure à 2 hectares.

Article 54

Le permis de déboisement est délivré par le Gouverneur de province, lorsque la superficie à déboiser est égale ou inférieure à 10 hectares. Au-delà de cette superficie, il est délivré par le Ministre. Dans les deux cas, un avis préalable de l'administration forestière locale fondée sur une étude d'impact est requis. La délivrance dudit permis donne lieu à l'acquittement préalable d'une taxe de déboisement, dont l'assiette, le taux et les modalités sont fixés par un arrêté conjoint des Ministres ayant les forêts et les finances dans leurs attributions. Les recettes générées par cette taxe sont affectées à la reconstitution du capital forestier.

CHAPITRE III : DU CONTROLE DES FEUX DE FORETS ET DE BROUSSE

Article 55 :

Le Gouverneur de province fixe, par arrêté pris sur proposition de l'administration provinciale des forêts, les dates et les conditions d'allumage des feux hâtifs.

Article 56 :

Afin de prévenir et de combattre les feux de forêts et de brousse, l'administration forestière ou les entités décentralisées doivent prendre notamment, les mesures suivantes :

1. constituer, former et équiper des brigades chargées de la lutte contre les feux, ainsi que de la sensibilisation, de la formation et de l'encadrement des populations locales ;
2. créer des postes d'observation dans certaines régions particulièrement celles menacées d'incendies.

Article 57 :

Il est interdit de provoquer ou d'abandonner un feu susceptible de se propager dans la forêt ou dans la brousse. Dans le domaine forestier, il est interdit d'abandonner un feu non éteint.

Article 58 :

Il est défendu de porter ou d'allumer un feu en dehors des habitations et des bâtiments d'exploitation situés à l'intérieur des forêts. Toutefois, l'allumage d'un feu pour la fabrication de charbon est autorisé à condition que son auteur prenne toutes les dispositions utiles, pour éviter que ce feu n'échappe à son contrôle et ne se propage dans le domaine forestier.

Article 59 :

Tout feu provoqué est à maîtriser par son auteur qui répond des dommages résultant de son fait conformément à l'article 258 du code civil des obligations.

Article 60 :

Il est interdit d'allumer un feu dans un rayon de 500 mètres autour des forêts situées dans la savane ou en bordure de celle-ci. Il est également interdit d'allumer en zone de savane un feu le long des routes et chemins qui traversent les forêts classées.

Article 61 :

L'interdiction est absolue dans les réserves naturelles intégrales et les parcs nationaux où aucun feu ne peut être allumé, sauf pour les besoins d'aménagement.

Article 62 :

En saison favorable, après information des populations locales concernées, les agents forestiers procèdent d'office à l'incinération des herbages dans les environs des forêts classées afin de les préserver des conséquences des feux incontrôlés. A cet effet, ils aménagent un coupe-feu d'une largeur suffisante pour empêcher la transmission du feu aux périmètres à protéger.

Article 63 :

Afin de prévenir et de combattre les incendies de forêt, l'autorité administrative locale ou, à défaut, le responsable local chargé des forêts peut requérir, même verbalement, les habitants des villages riverains de la forêt concernée. Toute personne constatant la présence d'un feu incontrôlé dans le domaine forestier est tenue d'en aviser l'autorité la plus proche. Toute personne se trouvant à proximité d'un incendie de forêt a le devoir d'apporter son concours à son extinction.

Article 64 :

L'autorité administrative locale répond civilement des conséquences dommageables, pour les personnes et les biens, des feux allumés sous son contrôle. Toutefois, la responsabilité de l'autorité locale est dégagée si elle établit, pour ce qui concerne les feux hâtifs ou précoces, qu'une information préalable suffisante a été faite par affichage ou proclamation et, s'agissant des opérations de lutte contre les incendies, que les dommages résultent d'un cas de force majeure.

TITRE V : DE L'INVENTAIRE, DE L'AMENAGEMENT ET DE LA RECONSTITUTION DES FORETS

CHAPITRE PREMIER : DE L'INVENTAIRE DES FORETS

Article 65 :

La mise en exploitation de toute l'existence préalable d'un inventaire forestier.

Article 66 :

L'administration chargée des forêts établit et met périodiquement à jour l'inventaire forestier national. Elle peut confier la réalisation de cet inventaire à des bureaux d'études privés ayant les compétences et l'expérience requises et jouissant de crédibilité. Les normes techniques, les données à relever, les travaux à réaliser et les méthodes à suivre pour l'établissement des inventaires sont fixés par arrêté du Ministre.

Article 67 :

Lorsqu'une forêt sollicitée n'a pas encore fait l'objet d'inventaire, les travaux de reconnaissance et d'inventaire sont à la charge du requérant, sous le contrôle de l'administration.

Article 68 :

La reconnaissance forestière est soumise à une autorisation délivrée par le Gouverneur de province sur avis de l'administration forestière locale. L'autorisation donne lieu au paiement d'une taxe dont le montant est déterminé par arrêté conjoint des Ministres ayant les forêts et les finances dans leurs attributions. Le bénéficiaire de l'autorisation de reconnaissance doit aussitôt en entreprendre les travaux. La réalisation de l'inventaire est également soumise à une autorisation délivrée par le

Gouverneur de province. L'autorisation donne lieu au paiement d'une taxe dont le montant est déterminé par arrêté conjoint des Ministres ayant les forêts et les finances dans leurs attributions. Les travaux d'inventaire doivent être réalisés, sous peine de déchéance, dans un délai maximum d'un an à compter de la date de l'octroi de l'autorisation. Le délai accordé pour la réalisation de l'inventaire peut être prorogé d'une année au maximum et une seule fois sur demande motivée du requérant.

Article 69 :

Lorsqu'une demande de reconnaissance ou d'inventaire émane d'un concessionnaire ou d'un exploitant forestier déjà installé, elle ne peut être instruite que si le requérant s'est acquitté de tous les droits et taxes afférents à la concession ou à l'exploitation et s'il a respecté les clauses de son cahier des charges.

Article 70 :

Le titulaire d'une autorisation de reconnaissance ou d'inventaire forestiers ne peut disposer d'aucun produit forestier dans la zone concernée. L'autorisation de reconnaissance ou d'inventaire forestiers ne préjuge nullement l'obtention ultérieure, par son bénéficiaire, d'une concession forestière ou d'un droit d'exploitation dans la zone concernée.

CHAPITRE II : DE L'AMENAGEMENT DES FORETS

Article 71 :

Toute activité de gestion et d'exploitation forestière est soumise à l'élaboration préalable d'un plan d'aménagement forestier.

Article 72 :

Le domaine forestier est divisé en unités forestières d'aménagement aux fins d'exécution des tâches de planification, de gestion, de conservation, de reconstitution et d'exploitation des ressources forestières. L'aménagement forestier peut être orienté vers :

- la production durable de tous les produits forestiers et de produits pour la biotechnologie ;
- les services environnementaux ;
- le tourisme et la chasse ;

- les autres objectifs compatibles avec le maintien du couvert forestier et la protection de la faune sauvage.

Article 73 :

Le découpage du domaine forestier en unités forestières d'aménagement est effectué par voie d'arrêté du Ministre, sur proposition de l'administration chargée des forêts, après concertation avec toutes les administrations concernées. Ce découpage est réalisé en considération des caractéristiques forestières propres à chaque zone et des objectifs de la politique forestière nationale.

Article 74 :

Pour chaque unité forestière, le plan d'aménagement évalue l'état des ressources forestières, fixe les mesures et détermine les travaux requis pour leur conservation ainsi que leur aménagement et les modalités de leur exploitation. Le plan d'aménagement d'une unité forestière est préparé soit par l'administration chargée des forêts soit, sous son contrôle, par des organismes ou bureaux d'études qualifiés. L'administration s'assure de la consultation des populations riveraines, des autorités locales compétentes et des particuliers concernés. Le plan d'aménagement de l'unité forestière est approuvé par arrêté du Ministre pour une durée déterminée en fonction du type de forêt et de la nature de l'aménagement. Le plan d'aménagement est mis à jour périodiquement et approuvé suivant la même procédure que le plan antérieur.

Article 75 :

Le contrôle, le suivi et l'évaluation de l'exécution du plan d'aménagement de l'unité sont assurés par l'administration chargée des forêts. Le plan d'aménagement de l'unité est révisé, lorsque les circonstances le justifient, suivant la même procédure et dans la même forme que pour son approbation.

Article 76 :

Le plan d'aménagement d'une concession est élaboré sous la responsabilité du concessionnaire par une personne physique ou morale qualifiée. Le plan d'aménagement de la concession est approuvé par arrêté du Gouverneur de province, après avis de l'administration forestière locale compétente. L'exploitant d'une forêt est responsable de la mise en œuvre de son plan d'aménagement dont il est tenu de respecter les prescriptions. Le contrôle, le suivi et l'évaluation de l'exécution du plan d'aménagement de la concession sont assurés par l'administration chargée des forêts.

CHAPITRE III : DE LA RECONSTITUTION DES FORETS

Article 77 :

L'administration chargée des forêts assure la reconstitution des forêts à travers l'élaboration et l'application des programmes de régénération naturelle et de reboisement qu'elle met à jour périodiquement.

Article 78 :

La reconstitution des ressources forestières incombe à l'Etat, aux entités décentralisées, aux concessionnaires, aux exploitants forestiers et aux communautés locales. Elle s'effectue sous la supervision et le contrôle technique de l'administration chargée des forêts, dans les conditions fixées par le Ministre.

Article 79 :

L'Etat encourage l'implication de tous les citoyens, des communautés locales et des entités décentralisées dans les opérations de reboisement. A cet effet, des terrains forestiers domaniaux, des plants et graines d'essences forestières ainsi que l'encadrement nécessaire sont mis à la disposition des personnes physiques ou morales dans les conditions fixées par arrêté du Ministre.

Article 80 :

Les personnes et communautés qui réalisent des reboisements bénéficient, en tout ou en partie, des produits forestiers qui en sont issus, dans les conditions fixées par arrêté du Ministre. L'exploitation desdits produits doit être effectuée dans le respect des dispositions de la présente loi et de ses mesures d'exécution, notamment quant à la protection de l'environnement.

Article 81 :

Pour assurer le financement des opérations de reboisement et d'aménagement, de contrôle et de suivi de leur réalisation, il est créé un fonds forestier national émargeant au budget pour ordre et alimenté notamment par les recettes des taxes de reboisement et autres redevances forestières. Le Fonds est placé sous la responsabilité du Ministre. Un décret du Président de la République détermine le statut, l'organisation et les modalités de fonctionnement du Fonds.

TITRE VI : DE LA CONCESSION FORESTIERE

CHAPITRE PREMIER : DES PRINCIPES GENERAUX

Article 82 :

Toute personne désirant obtenir une concession forestière doit remplir les conditions suivantes :

1. être domiciliée, pour une personne physique, en République Démocratique du Congo, ou être constituée, pour une personne morale, conformément à la loi et avoir son siège social en République Démocratique du Congo ;
2. déposer un cautionnement auprès d'une institution financière établie en République Démocratique du Congo, en vue de garantir le paiement de toutes indemnités si les travaux sont de nature à causer un dommage ou s'il est à craindre que ses ressources ne soient pas suffisantes pour faire face à sa responsabilité. Le cautionnement reste acquis à l'Etat, à concurrence des sommes dues, si le concessionnaire est débiteur à un titre quelconque. Le cautionnement peut être remplacé par une garantie donnée par une banque ou par une institution financière agréée. Le montant du cautionnement est fonction de la valeur ou de la superficie de la concession forestière.

Article 83 :

L'attribution des concessions forestières se fait par voie d'adjudication. A titre exceptionnel, elle peut l'être de gré à gré conformément à l'article 86 de la présente loi.

Article 84 :

Le contrat de concession forestière est précédé d'une enquête publique, exécutée dans les formes et suivant la procédure prévue par arrêté du Ministre. L'enquête a pour but de constater la nature et l'étendue des droits que pourraient détenir des tiers sur la forêt à concéder, en vue de leur indemnisation éventuelle. Le montant de l'indemnité est fixé à l'amiable ou, à défaut, par voie judiciaire. Le paiement de l'indemnité rend la forêt quitte et libre de tout droit.

Article 85 :

La forêt à mettre en adjudication publique est proposée par l'administration chargée des forêts qui en effectue l'estimation et fixe la mise à prix. Les cahiers des charges de chaque adjudication sont établis par l'administration chargée des forêts et soumis à l'approbation du Ministre. Ils spécifient les conditions de l'adjudication ainsi que les règles auxquelles est soumise l'exploitation. La mise en adjudication publique d'une forêt est soumise à la décision du Ministre suivant une procédure particulière fixée par décret du Président de la République.

Article 86 :

Sans préjudice des dispositions de l'article 83 de la présente loi, l'attribution d'une forêt de gré à gré doit être motivée et autorisée par le Ministre. Le prix d'acquisition de la forêt ne peut être en deçà du prix planché appliqué dans la procédure d'adjudication publique pour les forêts de même type.

CHAPITRE II : DU CONTRAT DE CONCESSION FORESTIERE

Article 87 :

Toute personne physique ou morale qui conclut un contrat de concession forestière avec l'Etat doit présenter des garanties techniques et financières jugées suffisantes pour notamment :

- l'exploitation des produits forestiers ;
- la conservation ;
- le tourisme et la chasse ;
- les objectifs de bio prospection ;
- l'utilisation de la biodiversité.

Article 88 :

Le contrat de concession forestière comprend deux parties : le contrat proprement dit qui détermine les droits et les obligations des parties, et un cahier des charges qui fixe les obligations spécifiques incombant au concessionnaire.

Article 89 :

Le cahier des charges comporte des clauses générales et des clauses particulières. Les clauses générales concernent les conditions techniques relatives à l'exploitation des produits concernés. Les clauses particulières concernent notamment :

a. les charges financières ;
b. les obligations en matière d'installation industrielle incombant au titulaire de la concession forestière ;
c. une clause particulière relative à la réalisation d'infrastructures socio-économiques au profit des communautés locales, spécialement :
  - la construction, l'aménagement des routes ;
  - la réfection, l'équipement des installations hospitalières et scolaires ;
  - les facilités en matière de transport des personnes et des biens.

Le cahier des charges est établi suivant un modèle défini par voie d'arrêté du Ministre.

Article 90 :

Le contrat de concession forestière confère au concessionnaire le droit d'exploiter la superficie de forêt concédée, dans le respect des dispositions de la présente loi et de ses mesures d'exécution. Avant toute exploitation, le concessionnaire est tenu d'obtenir l'autorisation prévue à l'article 97 point 3 de la présente loi.

Article 91 :

Les normes relatives aux installations devant être implantées dans les concessions forestières sont fixées par arrêté du Ministre.

Article 92 :

Le contrat de concession forestière est signé, pour le compte de l'Etat, par le Ministre. Le contrat est approuvé par décret du Président de la République lorsque la ou les forêts à concéder dépassent une superficie totale de 300.000 hectares. Il est approuvé par une loi lorsque la superficie totale à concéder est supérieure à 400.000 hectares. Sous réserve des droits acquis, il ne peut être concédé à une même personne, en un seul ou plusieurs tenants, des forêts d'une superficie totale supérieure à 500.000 hectares.

Article 93 :

Sans préjudice du paiement d'autres taxes relatives à l'exploitation forestière, l'exploitant est tenu, pour toute concession forestière au payement d'une redevance calculée en fonction de la superficie.

Article 94 :

Le concessionnaire forestier a le droit exclusif de prélever, dans la zone concédée, tous les bois exploitables pour leur transformation locale ou leur exportation. L'exportation de certaines essences peut être soumise à des restrictions particulières définies par arrêté du Ministre.

Article 95 :

Le concessionnaire ne peut louer, céder, échanger ou donner la concession forestière sans l'autorisation préalable, selon les cas, du Ministre ou du Président de la République. En cas de cession totale de la concession, le nouveau concessionnaire est subrogé dans les droits et obligations du concessionnaire originaire. Dans les autres cas, les concessionnaires originaire et nouveau sont tenus solidairement de leurs obligations envers l'Etat.

TITRE VII : DE L'EXPLOITATION FORESTIERE

CHAPITRE PREMIER : DES MODES D'EXPLOITATION

Article 96 :

L'exploitation forestière s'entend, non seulement de la coupe ou de la récolte des produits forestiers, mais aussi de l'utilisation de la forêt à des fins touristiques ou récréatives.

Article 97 :

Les forêts de production permanente peuvent être exploitées soit :

1. en régie par l'administration forestière ou les entités administratives décentralisées ;
2. par un organisme public créé à cette fin ;
3. par des exploitants forestiers privés en vertu d'une autorisation appropriée.

Article 98 :

Les autorisations d'exploitation sont strictement personnelles et ne peuvent être ni cédées ni louées. Elles ne peuvent être accordées qu'à titre onéreux. Elles sont réglementées par arrêté du Ministre qui en fixe les types, les modalités d'octroi, les droits y attachés et la durée de validité et détermine les autorités habilitées à les délivrer.

CHAPITRE II : DES DROITS ET OBLIGATIONS DE L'EXPLOITANT FORESTIER

Article 99 :

L'exploitation des forêts domaniales, y compris celles faisant l'objet d'une concession forestière, est assujettie à l'élaboration préalable d'un plan d'aménagement.

Article 100 :

L'exploitation de toute portion de forêt domaniale doit être effectuée conformément aux prescriptions du plan d'aménagement s'y rapportant. Elle est subordonnée à un inventaire préalable des ressources forestières réalisé dans les conditions prévues par les articles 65 à 70 de la présente loi. L'exploitant est tenu de se soumettre aux dispositions des législations relatives à la protection de la nature, à la chasse et à la pêche.

Article 101 :

Pour la production de bois, notamment le bois de feu et le charbon de bois, l'exploitant assure, conformément à l'article 107 ci-dessous, une exploitation durable de la forêt, sous peine de l'annulation de son autorisation par l'autorité compétente.

Article 102 :

Sous réserve de l'exercice des droits d'usage forestiers reconnus aux populations locales, l'exploitation de tout produit forestier est soumise à l'une des autorisations prescrites par l'article 98 de la présente loi et donne lieu au paiement d'une taxe dont l'assiette et le taux sont fixés par arrêté conjoint des Ministres ayant les forêts et les finances dans leurs attributions. Toute coupe de bois en dehors d'une concession forestière donne lieu au paiement d'une taxe d'abattage.

Article 103 :

Tout concessionnaire ou exploitant forestier a le droit d'accéder à une voie d'évacuation publique, par des routes, pistes, chemins de triage ou voies ferrées, cours d'eau sans aucune entrave de la part de l'occupant ou du concessionnaire du fonds traversé. Toutefois, lors de l'établissement du tracé du réseau d'évacuation, si l'occupant ou le concessionnaire du fonds traversé s'estime lésé, il saisit l'administration locale chargée des forêts en vue de trouver une solution à l'amiable.

A défaut d'une solution à l'amiable, le différend est soumis à une commission composée comme suit :

1. un représentant de l'autorité administrative locale ;
2. un représentant de l'administration locale chargée des forêts ;
3. un représentant des organisations ou des associations des exploitants forestiers ;
4. un représentant désigné par chacune des parties en conflit.

L'organisation et le fonctionnement de ladite commission sont fixés par arrêté du Ministre. En tout état de cause, la partie non satisfaite de la décision de la commission peut porter le litige devant les juridictions de droit commun.

Article 105 :

Les concessionnaires et exploitants forestiers sont tenus de donner toutes facilités d'accès à leur concession ou exploitation aux agents de l'administration chargée des forêts et aux membres du conseil consultatif provincial des forêts, lorsqu'ils sont en mission de service.

Article 106 :

Sans préjudice de l'exercice de tous les droits reconnus par la loi aux communautés locales, le concessionnaire ou l'exploitant forestier a l'exclusivité d'utilisation du réseau d'évacuation qu'il a établi. Aucune entrave ne peut être portée par quiconque à l'utilisation de ces voies ni à celles du réseau d'évacuation public. Les concessionnaires et les exploitants forestiers laissent continuer le libre usage des sentiers et pistes traversant leur concession ou exploitation.

Article 107 :

Toute exploitation des produits forestiers doit être effectuée dans le respect des clauses du cahier des charges annexé au contrat ou des dispositions mentionnées dans le permis.

Article 108 :

Les produits forestiers bruts sont soumis aux règles de normalisation et de classification définies par arrêté interministériel pris par les Ministres ayant l'Industrie et les forêts dans leurs attributions. Pour fins d'identification ou de mise sur le marché des bois ou arbres destinés à être exploités, déjà exploités ou en circulation, tout exploitant concerné doit utiliser un marteau à empreinte indélébile et personnelle dont le modèle est déposé, accepté et enregistré à l'administration forestière. La forme, la nature du marteau et les modalités de son utilisation sont fixées par arrêté du Ministre.

Article 109 :

L'Etat encourage la promotion de l'industrie de transformation locale en vue de garantir la valeur ajoutée du bois et d'autres produits forestiers. Seuls les détenteurs des unités de transformation opérationnelles et les exploitants nationaux dûment autorisés peuvent, pour une période de 10 ans au maximum à compter de la date du démarrage de l'exploitation, exporter des bois sous forme de grumes, moyennant un quota ne dépassant pas 30% de leur production totale annuelle. Dans les conditions fixées par arrêté du Ministre, les quotas d'exportation sont définis et accordés en tenant compte de l'importance du volume de bois transformé dans le pays. Les produis forestiers sont commercialisés, importés ou exportés conformément à la législation en vigueur.

Article 110 :

L'administration chargée des forêts peut, sous réserve de réparation des dommages subis par le concessionnaire ou l'exploitant forestier, soustraire d'une zone concédée ou exploitée les arbres ou les superficies nécessaires à l'exécution de travaux d'intérêt général ou d'utilité publique.

Dans ce cas, le concessionnaire ou l'exploitant forestier a droit à une indemnisation comme en matière d'expropriation pour cause d'utilité publique.

CHAPITRE III : DE L'EXPLOITATION DES FORETS DES COMMUNAUTES LOCALES

Article 111 :

L'exploitation des forêts des communautés locales se fait sous la supervision et le contrôle technique de l'administration locale chargée des forêts.

Article 112 :

Outre les droits d'usage, les communautés locales ont le droit d'exploiter leur forêt. Cette exploitation peut être faite soit par elles-mêmes, soit par l'intermédiaire d'exploitants privés artisanaux, en vertu d'un accord écrit. Les exploitants privés artisanaux ne peuvent opérer dans les forêts des communautés locales que moyennant la détention d'un agrément délivré par le Gouverneur de province, sur proposition de l'administration forestière locale.

Article 113 :

Pour les besoins d'exploitation de leurs forêts, les communautés locales peuvent demander le concours de l'administration forestière et obtenir une assistance de sa part. Les produits de l'exploitation reviennent à la communauté locale après déduction des frais dus à l'administration forestière pour ses prestations. L'exploitation des forêts des communautés locales peut être confiée à des tiers en vertu d'un contrat d'exploitation. Ce contrat doit être subordonné à l'approbation de l'administration forestière locale.

CHAPITRE IV : DE LA DECHEANCE DES DROITS DE L'EXPLOITANT FORESTIER

Article 114 :

Les exploitants forestiers sont tenus de respecter les délais d'exploitation prescrits par les dispositions de la présente loi et ses mesures d'exécution.

Article 115 :

Le concessionnaire est tenu de s'installer et d'exploiter la forêt dans les dix-huit mois qui suivent la signature du contrat de concession. Si à l'expiration de ce délai l'installation et l'exploitation ne sont pas réalisées, l'administration chargée des forêts met le concessionnaire en demeure d'entreprendre l'exploitation de sa concession dans un délai de douze mois. Passé ce délai, il est déchu d'office de ses droits. La déchéance est constatée, selon le cas, par arrêté du Ministre ou du Gouverneur de province, notifié à l'intéressé et publié au Journal Officiel.

Article 116 :

Sauf cas de force majeure prouvée, l'arrêt de l'exploitation par le concessionnaire pendant deux années consécutives entraîne la reprise par l'Etat de la forêt concédée.

Article 117 :

La déchéance des droits du concessionnaire entraîne la saisie à titre conservatoire des installations et du matériel immobilisé. Sur la valeur de ces biens, l'Etat prélève, par privilège, ce qui lui est dû à quelque titre que ce soit, y compris les frais de conservation engagés jusqu'à la réalisation des biens.

Article 118 :

En cas de cessation de paiement ou d'insolvabilité du concessionnaire, il est fait application du droit commun. L'état de cessation de paiement constitue de plein droit une cause de déchéance et entraîne la résiliation du contrat de concession forestière.

Article 119 :

Les concessions de conservation et de bio prospection ne sont pas concernées par les dispositions des articles 115 à 118 de la présente loi.

TITRE VIII : DE LA FISCALITE FORESTIERE

Article 120 :

Aucun exploitant forestier, aucun exportateur ni transformateur des produits forestiers ne peut, quel que soit le régime fiscal auquel il est soumis, être exonéré du paiement des droits, taxes et redevances prévues par la présente loi ou ses mesures d'exécution.

Article 121 :

Les taux des taxes et des redevances prévues par la présente loi sont fixés par arrêté conjoint des Ministres ayant respectivement les forêts et les finances dans leurs attributions suivant les modalités ci-après :

1° Redevance de superficie concédée : le taux-plancher fixé par l'administration est augmenté de l'offre supplémentaire proposée par le concessionnaire au moment de l'adjudication ;

2° Taxe d'abattage : le taux varie selon les classes des essences forestières et les zones de prélèvement ;

3° Taxes à l'exportation : les taux de taxes à l'exportation des produits bruts sont supérieurs à ceux des taxes à l'exportation des produits transformés ;

4° Taxe de déboisement : le taux correspond au coût du reboisement à l'hectare ;

5° Taxe de reboisement : le taux correspond à 10% du coût de reboisement à l'hectare.

Article 122 :

Les produits des taxes et des redevances forestières sont versés au compte du Trésor Public et répartis comme suit :

1° Redevance de superficie concédée : 40 % aux Entités administratives décentralisées de provenance des bois ou des produits forestiers et 60 % au Trésor Public ;

2° Taxe d'abattage : 50% au Fonds forestier national, et 50 % au Trésor Public ;

3° Taxes à l'exportation : 100% au Trésor Public ;

4° Taxes de déboisement : 50% au Trésor Public et 50% au Fonds forestier national ;

5° Taxes de reboisement : 100% au Fonds Forestier National.

Les fonds résultant de la répartition dont il est question au point 1 du présent article, en faveur des entités administratives décentralisées, sont affectés exclusivement à la réalisation des infrastructures de base d'intérêt communautaire. Ils reviennent de droit, à raison de 25%, à la province et de 15% à l'entité décentralisée concernée. Ils sont versés dans un compte respectif de l'administration de la province et de la ville ou du territoire dans le ressort duquel s'opère l'exploitation.

Article 123 :

Les taxes et redevances forestières ainsi que les intérêts de retard sont recouvrés conformément aux dispositions de la législation fiscale.

Article 124 :

Le recouvrement des taxes et redevances est garanti par les privilèges et hypothèques prévus par les législations fiscale et foncière.

Article 125 :

Les réclamations sur les taxes et redevances forestières sont recevables jusqu'au 31 décembre de l'année suivant celle du versement de la taxe, de la redevance ou de la notification de mise en recouvrement, s'il a été procédé à cette notification. Elles sont soumises à la procédure relative aux impôts directs.

TITRE IX : DES DISPOSITIONS PENALES

CHAPITRE PREMIER : DE LA PROCEDURE

Article 126 :

L'action publique en matière d'infraction forestière se prescrit :

1. Après un an révolu, si l'infraction n'est punie que d'une amende ou si le maximum de la peine applicable ne dépasse pas une année ;
2. après trois ans révolus, si le maximum de la peine applicable ne dépasse pas cinq années.

Article 127 :

Sans préjudice des prérogatives des officiers du ministère public, les infractions forestières sont recherchées et constatées par les inspecteurs forestiers, les fonctionnaires assermentés et les autres officiers de police judiciaire dans leur ressort territorial. En matière d'infractions forestières, les agents non assermentés de l'administration chargée des forêts ne peuvent établir que des rapports.

Article 128 :

Avant d'exercer les fonctions d'officier de police judiciaire, les inspecteurs forestiers, les fonctionnaires et agents de l'administration prêtent serment devant le Procureur de la République du ressort dans les termes suivants : « Je jure fidélité à la Nation congolaise, obéissance à la Constitution et aux lois de la République, de remplir fidèlement les fonctions qui me sont confiées et d'en rendre loyalement compte à l'officier du ministère public ».

Article 129 :

Les inspecteurs forestiers, fonctionnaires, agents assermentés et officiers de police judiciaire peuvent procéder à la saisie et à la mise sous séquestre des instruments, véhicules et objets ayant servi à commettre une infraction forestière ou qui en sont le produit. Ils ne peuvent procéder à des visites et perquisitions dans les maisons d'habitation, dans les bâtiments, dans les cours adjacents et dans les enclos que sur autorisation d'un officier du ministère public. En cas de refus, l'agent concerné en fait mention dans son procès-verbal.

Article 130 :

Les frais de séquestre et de vente sont taxés et prélevés sur le produit de la vente. Le surplus est déposé auprès de l'administration locale chargée des forêts.

Article 131 :

Les inspecteurs forestiers, fonctionnaires, agents assermentés et officiers de police judiciaire peuvent appréhender et conduire devant l'officier du ministère public du ressort, toute personne surprise en flagrant délit d'infraction forestière.

Article 132 :

Les inspecteurs forestiers, fonctionnaires, agents assermentés et officiers de police judiciaire peuvent requérir la force publique pour la répression des infractions forestières et pour la saisie des produits forestiers illégalement détenus, transportés, vendus ou achetés.

Article 133 :

Les inspecteurs forestiers, fonctionnaires, agents assermentés et officiers de police judiciaire consignent dans des procès-verbaux la nature, le lieu et les circonstances des infractions constatées, les éléments de preuve relevés et des dépositions des personnes ayant fourni des renseignements. Ces procès-verbaux font foi jusqu'à la preuve du contraire et sont transmis dans les meilleurs délais à l'officier du ministère public, en même temps qu'un rapport est adressé par l'officier de police judiciaire à l'administration chargée des forêts.

Article 134 :

Les associations représentatives des communautés locales et les organisations non gouvernementales nationales agréées et contribuant à la réalisation de la politique gouvernementale en matière environnementale peuvent exercer les droits reconnus à la partie civile en ce qui concerne les faits constituant une infraction aux dispositions de la présente loi et de ses mesures d'exécution, ou une atteinte, selon les accords et conventions internationaux ratifiés par la République Démocratique du Congo et causant un préjudice direct ou indirect aux intérêts collectifs qu'elles ont pour objet de défendre.

Article 135 :

L'Etat a le droit d'exposer l'affaire devant le tribunal et de déposer ses conclusions. Au cas où il n'est pas représenté à l'audience, le tribunal prononce d'office les dommages-intérêts.

Article 136 :

Les jugements en matière forestière sont signifiés au ministère de la Justice, qui en porte connaissance à l'administration forestière. Sur l'appel de l'une ou l'autre des parties, l'Etat a le droit d'exposer l'affaire devant la juridiction d'appel et de déposer des conclusions.

Article 137 :

Avant jugement, les transactions peuvent être consenties dans les conditions et selon les modalités fixées par arrêté du Ministre. Cet arrêté définit notamment les formalités et procédures à observer lors des transactions, la liste des agents habilités à transiger et les barèmes des transactions. Dans tous les cas de récidive, la transaction n'est consentie que de façon exceptionnelle et seulement par le Ministre. L'action est éteinte par la transaction.

Article 138 :

Le montant des transactions est acquitté dans le délai fixé par l'acte de transaction, faute de quoi, il est procédé aux poursuites.

Article 139 :

Après jugement définitif, les transactions ne peuvent porter que sur les modalités de réparation pécuniaire.

Article 140 :

Le délinquant peut se libérer d'une transaction soit par un payement en espèces, soit par l'exécution des travaux d'intérêt forestier. Les conditions et modalités d'exécution des travaux sont fixées par arrêté du Ministre.

Article 141 :

Sous réserve des dispositions particulières du présent titre, les dispositions du Code de procédure pénale relatives aux enquêtes, actions, poursuites et citations, à l'instruction, au jugement et aux voies de recours sont applicables aux infractions forestières.

Article 142 :

Dans l'exercice de leurs fonctions de contrôle et de répression, les inspecteurs, fonctionnaires et agents forestiers sont astreints au port de l'uniforme et des insignes de leur grade, dans les conditions fixées par arrêté du Ministre. Cet arrêté détermine les cas exceptionnels dans lesquels ils peuvent exercer leurs fonctions en tenue civile. Dans tous les cas, ils doivent se munir de leur carte de service.

CHAPITRE II : DES SANCTIONS

Article 143 :

Sans préjudice des dommages-intérêts et de la saisie ou de la restitution des produits de l'infraction, des instruments ayant servi à la commettre et de la remise en état des lieux, est puni d'une servitude pénale de trois mois à deux ans et d'une amende de 20.000 à 100.000 francs congolais constants ou d'une de ces peines seulement, quiconque :

1. se livre à l'exploitation forestière en violation des dispositions de la présente loi ou de ses mesures d'exécution ;
2. transporte ou vend du bois obtenu en violation des dispositions de la présente loi ou de ses mesures d'exécution.

Article 144 :

Est puni d'une servitude pénale de six mois à trois ans et d'une amende de 100.000 à 500.000 francs congolais constants ou d'une de ces peines seulement :

1. le titulaire d'une autorisation de reconnaissance forestière ou d'inventaire qui exploite des produits forestiers sans y avoir été autorisé ;
2. celui qui procède à une reconnaissance forestière ou à un déboisement de forêts sans l'autorisation y afférente.

Article 145 :

Est puni d'une peine de servitude pénale de six mois à deux ans et d'une amende de 20.000 à 100.000 francs congolais constants ou d'une de ces peines seulement, quiconque falsifie l'une des autorisations prévues par la présente loi et ses mesures d'exécution. Sont considérées illicites, les coupes pratiquées sous une autorisation falsifiée et la détention des produits forestiers en vertu d'une telle autorisation. Les agents assermentés qui en font le constat ordonnent l'arrêt des travaux de coupe et saisissent les produits ainsi que les outils, machines et véhicules ayant servi aux travaux.

Article 146 :

Est puni d'une peine de servitude pénale de deux mois à deux ans et d'une amende de 25.000 à 125.000 francs congolais constants ou d'une de ces peines seulement, quiconque contrefait ou falsifie les marques régulièrement déposées, fait usage de marteau contrefait ou falsifié, ou, s'étant indûment procuré le marteau véritable, en fait frauduleusement usage, en enlève ou tente d'en enlever les marques. En cas de récidive, il est puni d'une peine de servitude pénale de six mois à trois ans et d'une amende de 500.000 à 1.000.000 francs congolais constants.

Lorsque ces marteaux servent de marque de l'administration chargée des forêts, la peine de servitude pénale est d'un an à cinq ans et l'amende, de 100.000 à 2.500.000 francs congolais constants.

Article 147 :

Est puni d'une servitude pénale d'un mois à trois ans et d'une amende de 10.000 à 500.000 francs congolais constants ou d'une de ces peines seulement, le concessionnaire forestier qui :

1. refuse l'accès de sa concession à des agents de l'administration chargée des forêts ou aux membres du conseil consultatif provincial des forêts en mission de service ;
2. loue, échange ou cède sa concession sans autorisation de l'autorité compétente ;
3. exporte des essences en violation des restrictions instituées par les mesures d'exécution de la présente loi ;
4. exploite les produits forestiers, sans autorisation requise.

Article 148 :

Est puni d'une servitude pénale de six mois à cinq ans et d'une amende de 20.000 à 500.000 francs congolais constants ou d'une de ces peines seulement celui qui :

1. dégrade un écosystème forestier ou déboise une zone exposée au risque d'érosion ou d'inondation ;
2. dans une forêt classée, procède à l'émondage ou l'ébranchage des arbres ou pratique la culture par essartage ;
3. déboise la forêt sur une distance de 50 mètres de part et d'autre des cours d'eau ou dans un rayon de 100 mètres autour de leur source ;
4. sans y être autorisé, coupe, arrache, enlève, mutile ou endommage des arbres ou plants d'essences forestières protégées ;
5. enlève, déplace ou dégrade des bornes, marques ou clôture servant à délimiter des forêts ou des concessions forestières.

Article 149 :

Les infractions aux articles 57 à 63 sont punies d'une servitude pénale de deux mois à deux ans et d'une amende de 60.000 à 1.000.000 francs congolais constants ou d'une de ces peines seulement.

Article 150 :

Est puni d'une servitude pénale de deux mois à un an et d'une amende 10.000 à 50.000 francs congolais constants ou d'une de ces peines seulement quiconque, dans une forêt classée, exerce un droit d'usage forestier en violation des dispositions de la présente loi ou de ses mesures d'exécution.

Article 151 :

Est puni d'une servitude pénale d'un mois à un an et d'une amende de 5.000 à 25.000 francs congolais constants ou de l'une de ces peines seulement, quiconque, dans une forêt protégée, exerce un droit d'usage forestier en violation des dispositions de la présente loi ou de ses mesures d'exécution.

Article 152 :

Les concessionnaires et les exploitants forestiers sont, non seulement civilement responsables des condamnations pour les infractions commises en violation de la présente loi ou de ses mesures d'exécution par leurs préposés dans les limites de leurs concessions ou exploitations, mais aussi solidairement responsables du paiement des amendes et frais résultant des mêmes condamnations, à moins de prouver qu'ils étaient dans l'impossibilité d'empêcher la commission de l'infraction.

Article 153 :

Est puni d'une servitude pénale d'un à cinq ans et d'une amende de 20.000 à 500.000 francs congolais constants ou de l'une de ces peines seulement, quiconque fait obstacle à l'accomplissement des devoirs des inspecteurs forestiers, fonctionnaires et agents de l'administration chargée des forêts.

Article 154 :

Sans préjudice de l'alinéa 2 de l'article 146 de la présente loi, le récidiviste est puni du maximum de la peine d'amende encourue pour toute infraction à la présente loi ou à ses mesures d'exécution. Aux termes de la présente loi, il y a récidive lorsque, dans les douze mois qui précèdent le jour où l'infraction a été commise, il a été prononcé contre le prévenu une peine définitive pour une infraction forestière.

TITRE X : DES DISPOSITIONS TRANSITOIRES ET FINALES

Article 155 :

Les détenteurs de titres dénommés garantie d'approvisionnement ou lettre d'intention disposent d'un délai d'un an, à dater de l'entrée en vigueur de la présente loi, pour les convertir en concessions forestières pour autant qu'ils remplissent les conditions d'exploitation prévues par la présente loi.

Article 156 :

La présente loi abroge le décret du 11 avril 1949 portant régime forestier ainsi que toutes les autres dispositions antérieures contraires. Elle entre en vigueur à la date de sa promulgation.

Fait à Kinshasa, le 29 août 2002.

Joseph KABILA

ANNEXE III

CONVENTION SUR LA DIVERSITÉ BIOLOGIQUE NATIONS UNIES 1992

Préambule

Les Parties contractantes,

Conscientes de la valeur intrinsèque de la diversité biologique et de la valeur de la diversité et de ses éléments constitutifs sur les plans environnemental, génétique, social, économique, scientifique, éducatif, culturel, récréatif et esthétique ;

Conscientes également de l'importance de la diversité biologique pour l'évolution et pour la préservation des systèmes qui entretiennent la biosphère ;

Affirmant que la conservation de la diversité biologique est une préoccupation commune à l'humanité ;

Réaffirmant que les Etats ont des droits souverains sur leurs ressources biologiques ;

Réaffirmant également que les Etats sont responsables de la conservation de leur diversité biologique et de l'utilisation durable de leurs ressources biologiques ;

Préoccupées par le fait que la diversité biologique s'appauvrit considérablement par suite de certaines des activités de l'homme, Conscientes du fait que les renseignements et les connaissances sur la diversité biologique font généralement défaut et qu'il est nécessaire de développer d'urgence les moyens scientifiques, techniques et institutionnels propres à assurer le savoir fondamental nécessaire à la conception des mesures appropriées et à leur mise en œuvre ;

Notant qu'il importe au plus haut point d'anticiper et de prévenir les causes de la réduction ou de la perte sensible de la diversité biologique à la source et de s'y attaquer ;

Notant également que lorsqu'il existe une menace de réduction sensible ou de la perte de la diversité biologique, l'absence de certitudes scientifiques totales ne doit pas être invoquée comme raison pour différer les mesures qui permettraient d'en éviter le danger ou d'en atténuer les effets ;

Notant en outre que la conservation de la diversité biologique exige essentiellement la conservation *in situ* des écosystèmes et des habitats naturels ainsi que le maintien et la reconstitution de populations viables d'espèces dans leur milieu naturel ;

Notant en outre que des mesures ex situ, de préférence dans le pays d'origine, revêtent également une grande importance ;

Reconnaissant qu'un grand nombre de communautés locales et de populations autochtones dépendent étroitement et traditionnellement des ressources biologiques sur lesquelles sont fondées leurs traditions et qu'il est souhaitable d'assurer le partage équitable des avantages découlant de l'utilisation des connaissances, innovations et pratiques traditionnelles intéressant la conservation de la diversité biologique et l'utilisation durable de ses éléments ;

Reconnaissant également le rôle capital que jouent les femmes dans la conservation et l'utilisation durable de la diversité biologique et affirmant la nécessité d'assurer leur pleine participation à tous les niveaux aux décisions politiques concernant la conservation de la diversité biologique et à leur application ;

Soulignant qu'il importe et qu'il est nécessaire de favoriser la coopération internationale, régionale et mondiale entre les Etats et les organisations intergouvernementales et le secteur non gouvernemental aux fins de conservation de la diversité biologique et de l'utilisation durable de ses éléments ;

Reconnaissant que le fait d'assurer des ressources financières nouvelles et additionnelles ainsi qu'un accès satisfaisant aux techniques pertinentes devrait influer sensiblement sur la mesure dans laquelle le monde sera à même de s'attaquer à l'appauvrissement de la diversité biologique ;

Reconnaissant en outre que des moyens spéciaux sont nécessaires pour satisfaire les besoins des pays en développement, notamment la fourniture de ressources financières nouvelles et additionnelles ainsi qu'un accès approprié aux techniques pertinentes ;

Notant à cet égard les conditions particulières des pays les moins avancés et des petits Etats insulaires ;

Reconnaissant que des investissements importants sont nécessaires pour assurer la conservation de la diversité biologique, dont on peut escompter de nombreux avantages sur les plans environnemental, économique et social ;

Reconnaissant que le développement économique et social et l'éradication de la pauvreté sont les premières priorités des pays en développement qui prennent le pas sur toutes les autres ;

Conscientes du fait que la conservation et l'utilisation durable de la diversité biologique revêtent la plus haute importance pour la satisfaction des besoins alimentaires, sanitaires et autres de la population de la planète, qui ne cesse de croître, et que l'accès aux ressources génétiques et à la technologie ainsi que leur partage sont de ce fait indispensables ;

Notant qu'à terme la conservation et l'utilisation durable de la diversité biologique renforceront les relations amicales entre Etats et contribueront à la paix de l'humanité ;

Désireuses d'améliorer et de compléter les arrangements internationaux existant en matière de conservation de la diversité biologique et d'utilisation durable de ses éléments ;

Déterminées à conserver et à utiliser durablement la diversité biologique au profit des générations présentes et futures ;

Sont convenues de ce qui suit :

Article premier : Objectifs

Les objectifs de la présente Convention, dont la réalisation sera conforme à ses dispositions pertinentes, sont la conservation de la diversité biologique, l'utilisation durable de ses éléments et le partage juste et équitable des avantages découlant de 1'exploitation des ressources génétiques, notamment grâce à un accès satisfaisant aux ressources génétiques et à un transfert approprié des techniques pertinentes, compte tenu de tous les droits sur ces ressources et aux techniques, et grâce à un financement adéquat.

Article 2 : Emploi des termes

Aux fins de la présente Convention, on entend par :*Biotechnologie* :toute application technologique qui utilise des systèmes biologiques, des organismes vivants, ou des dérivés de ceux-ci, pour réaliser ou modifier des produits ou des procédés à usage spécifique ;

Conditions in situ : conditions caractérisées par 1'existence de ressources génétiques au sein d'écosystèmes et d'habitats naturels et, dans le cas des espèces domestiquées et cultivées, dans le milieu où se sont développés leurs caractères distinctifs ;

Conservation ex situ : la conservation d'éléments constitutifs de la diversité biologique en dehors de leur milieu naturel ;

Conservation in situ :la conservation des écosystèmes et des habitats naturels et le maintien et la reconstitution de populations viables d'espèces dans leur milieu naturel et, dans le cas des espèces domestiquées et cultivées, dans le milieu où se sont développés leurs caractères distinctifs ;

Diversité biologique : Variabilité des organismes vivants de toute origine y compris, entre autres, les écosystèmes terrestres, marins et autres écosystèmes aquatiques et les complexes écologiques dont ils font partie; cela comprend la diversité au sein des espèces et entre espèces ainsi que celle des écosystèmes ;

Ecosystème : le complexe dynamique formé de communautés de plantes, d'animaux et de micro-organismes et de leur environnement non vivant qui, par leur interaction, forment une unité fonctionnelle ;

Espèce domestiquée ou cultivée : toute espèce dont le processus d'évolution a été influencé par l'homme pour répondre à. ses besoins ;

Habitat : le lieu ou type de site dans lequel un organisme ou une population existe à l'état naturel ;

Matériel génétique : le matériel d'origine végétale, animale, microbienne ou autre, contenant des unités fonctionnelles de l'hérédité ;

Organisation régionale d'intégration économique :toute organisation constituée par des Etats souverains d'une région donnée, à laquelle ces Etats membres ont transféré des compétences en ce qui concerne les questions régies par la présente Convention et qui a été dûment mandatée, conformément à ses procédures internes, pour signer, ratifier, accepter, approuver ladite Convention ou y adhérer ;

Pays d'origine des ressources génétiques : pays qui possède ces ressources génétiques dans des conditions *in situ ;*

*Pays fournisseur de ressources génétiques :*tout pays qui fournit des ressources génétiques récoltées auprès de sources *in situ,* y compris les populations d'espèces sauvages ou domestiquées, ou prélevées auprès de sources *ex situ,* qu'elles soient ou non originaires de ce pays ;

Ressources biologiques : les ressources génétiques, les organismes ou éléments de ceux-ci, les populations, ou tout autre élément biotique des écosystèmes ayant une utilisation ou une valeur effective ou potentielle pour 1'humanité ;

Ressources génétiques : le matériel génétique ayant une valeur effective ou potentielle ;

Technologie : toute technologie y compris la biotechnologie ;

Utilisation durable : l'utilisation des éléments constitutifs de la diversité biologique d'une manière et à un rythme qui n'entraînent pas leur appauvrissement à long terme, et sauvegardent ainsi leur potentiel pour satisfaire les besoins et les aspirations des générations présentes et futures ;

Zone protégée : toute zone géographiquement délimitée qui est désignée ou réglementée et gérée en vue d'atteindre des objectifs spécifiques de conservation.

Article 3. Principe

Conformément à la Charte des Nations Unies et aux principes du droit international, les Etats ont le droit souverain d'exploiter leurs propres ressources selon leur politique d'environnement et ils ont le devoir de faire en sorte que les activités exercées dans les limites de leur juridiction ou sous leur contrôle ne causent pas de dommage à 1'environnement dans d'autres Etats ou dans des régions ne relevant d'aucune juridiction nationale.

Article 4. Champ d'application

Sous réserve des droits des autres Etats et sauf disposition contraire expresse de la présente convention, les dispositions de la Convention s'appliquent à chacune des Parties contractantes :

a. Lorsqu'il s'agit des éléments de la diversité biologique de zones situées dans les limites de sa juridiction nationale ;
b. Lorsqu'il s'agit des processus et activités qui sont réalisés sous sa juridiction ou son contrôle, que ce soit à l'intérieur de la zone relevant de sa juridiction nationale ou en dehors des limites de sa juridiction nationale, indépendamment de 1'endroit où ces processus et activités produisent leurs effets.

Article 5. Coopération

Chaque Partie contractante, dans la mesure du possible et selon qu'il conviendra, coopère avec d'autres Parties contractantes, directement ou, le cas échéant, par l'intermédiaire d'organisations internationales compétentes, dans des domaines ne relevant pas de la juridiction nationale et dans d'autres domaines d'intérêt mutuel, pour la conservation et l'utilisation durable de la diversité biologique.

Article 6. Mesures générales en vue de la conservation et de l'utilisation durable

Chacune des Parties contractantes, en fonction des conditions et moyens qui lui sont propres :

a. Elabore des stratégies, plans ou programmes nationaux tendant à assurer la conservation et l'utilisation durable de la diversité biologique ou adapte à cette fin ses stratégies, plans ou programmes existants qui tiendront compte, entre autres, des mesures énoncées dans la présente Convention qui la concernent ;
b. Intègre, dans toute la mesure possible et comme il convient, la conservation et l'utilisation durable de la diversité biologique dans ses plans, programmes et politiques sectoriels ou intersectoriels pertinents.

Article 7. Identification et surveillance

Chaque Partie contractante, dans la mesure du possible et selon qu'il conviendra, notamment aux fins des articles 8 à 10 :

a. Identifie les éléments constitutifs de la diversité biologique importants pour sa conservation et son utilisation durable, en tenant compte de la liste indicative de catégories figurant à l'annexe I ;
b. Surveille par prélèvement d'échantillons et d'autres techniques, les éléments constitutifs de la diversité biologique identifiés en application de l'alinéa a) ci-dessus, et prête une attention particulière à

ceux qui doivent d'urgence faire l'objet de mesures de conservation ainsi qu'à ceux qui offrent le plus de possibilités en matière d'utilisation durable ;

c. Identifie les processus et catégories d'activités qui ont ou risquent d'avoir une influence défavorable sensible sur la conservation et l'utilisation durable de la diversité biologique et surveille leurs effets par prélèvement d'échantillons et d'autres techniques ;
d. Conserve et structure à l'aide d'un système les données résultant des activités d'identification et de surveillance entreprises conformément aux alinéas a, b et c ci-dessus.

Article 8. Conservation in situ

Chaque Partie contractante, dans la mesure du possible et selon qu'il conviendra :

a. Etablit un système de zones protégées ou de zones où des mesures spéciales doivent être prises pour conserver la diversité biologique ;
b. Elabore, si nécessaire, des lignes directrices pour le choix, la création et la gestion de zones protégées ou de zones où des mesures spéciales doivent être prises pour conserver la diversité biologique ;
c. Réglemente ou gère les ressources biologiques présentant une importance pour la conservation de la diversité biologique à l'intérieur comme à l'extérieur des zones protégées afin d'assurer leur conservation et leur utilisation durable ;
d. Favorise la protection des écosystèmes et des habitats naturels, ainsi que le maintien de populations viables d'espèces dans leur milieu naturel ;
e. Promeut un développement durable et écologiquement rationnel dans les zones adjacentes aux zones protégées en vue de renforcer la protection de ces dernières ;
f. Remet en état et restaure les écosystèmes dégradés et favorise la reconstitution des espèces menacées moyennant, entre autres, l'élaboration et l'application de plans ou autres stratégies de gestion ;
g. Met en place ou maintient des moyens pour réglementer, gérer ou maîtriser les risques associés à l'utilisation et à la libération d'organismes vivants et modifiés résultant de la biotechnologie qui risquent d'avoir sur l'environnement des impacts défavorables qui pourraient influer sur la conservation et l'utilisation durable de la diversité biologique, compte tenu également des risques pour la santé humaine ;

h. Empêche d'introduire, contrôle ou éradique les espèces exotiques qui menacent des écosystèmes, des habitats ou des espèces ;
i. S'efforce d'instaurer les conditions nécessaires pour assurer la compatibilité entre les utilisations actuelles et la conservation de la diversité biologique et l'utilisation durable de ses éléments constitutifs ;
j. Sous réserve des dispositions de sa législation nationale, respecte, préserve et maintient les connaissances, innovations et pratiques des communautés autochtones et locales qui incarnent des modes de vie traditionnels présentant un intérêt pour la conservation et l'utilisation durable de la diversité biologique et en favorise l'application sur une plus grande échelle, avec l'accord et la participation des dépositaires de ces connaissances, innovations et pratiques et encourage le partage équitable des avantages découlant de l'utilisation de ces connaissances, innovations et pratiques ;
k. Formule ou maintient en vigueur les dispositions législatives et autres dispositions réglementaires nécessaires pour protéger les espèces et populations menacées ;
l. Lorsqu'un effet défavorable important sur la diversité biologique a été déterminé conformément à l'article 7, réglemente ou gère les processus pertinents ainsi que les catégories d'activités ;
m. Coopère à l'octroi d'un appui financier et autre pour la conservation *in situ* visée aux alinéas a b ci-dessus, notamment aux pays en développement.

Article 9. Conservation ex situ

Chaque Partie contractante, dans la mesure du possible et selon qu'il conviendra, et au premier chef afin de compléter les mesures de conservation in situ :

a. Adopte des mesures pour conserver *ex situ* des éléments constitutifs de la diversité biologique, de préférence dans le pays d'origine de ces éléments ;
b. Met en place et entretient des installations de conservation ex *situ* et de recherche pour les plantes, les animaux et les microorganismes, de préférence dans le pays d'origine des ressources génétiques ;
c. Adopte des mesures en vue d'assurer la reconstitution et la régénération des espèces menacées et la réintroduction de ces espèces dans leur habitat naturel dans de bonnes conditions ;
d. Réglemente et gère la collecte des ressources biologiques dans les habitats naturels aux fins de la conservation *ex situ* de manière à éviter

que soient menacés les écosystèmes et les populations d'espèces *in situ,* excepté lorsque des mesures *ex situ* particulières sont temporairement nécessaires, conformément à l'alinéa c) ci-dessus ;

e. Coopère à l'octroi d'un appui financier et autre pour la conservation *ex situ* visée aux alinéas a à d ci-dessus, et à la création et au maintien de moyens de conservation *ex situ* dans les pays en développement.

Article 10. Utilisation durable des éléments constitutifs de la diversité biologique

Chaque Partie contractante, dans la mesure du possible et selon qu'il conviendra

a. Intègre les considérations relatives à la conservation et à l'utilisation durable des ressources biologiques dans le processus décisionnel national ;
b. Adopte des mesures concernant l'utilisation des ressources biologiques pour éviter ou atténuer les effets défavorables sur la diversité biologique ;
c. Protège et encourage 1'usage coutumier des ressources biologiques conformément aux, pratiques culturelles traditionnelles compatibles avec les impératifs de leur conservation ou de leur utilisation durable ;
d. Aide les populations locales à concevoir et à appliquer des mesures correctives dans les zones dégradées où la diversité biologique a été appauvrie ;
e. Encourage ses pouvoirs publics et son secteur privé à coopérer pour mettre au point des méthodes favorisant l'utilisation durable des ressources biologiques.

Article 11. Mesures d'incitation

Chaque Partie contractante adopte, dans la mesure du possible et se ion qu'il conviendra, des mesures économiquement et socialement rationnelles incitant à conserver et à utiliser durablement les éléments constitutifs de la diversité biologique.

Article 12. Recherche et formation

Les Parties contractantes, tenant compte des besoins particuliers des pays en développement :

a. Mettent en place et poursuivent des programmes d'éducation et de formation scientifiques et techniques pour identifier et conserver la diversité biologique et ses éléments constitutifs et en assurer l'utilisation durable, et apportent un appui à l'éducation et à la formation répondant aux besoins particuliers des pays en développement ;

b. Favorisent et encouragent la recherche qui contribue à conserver la diversité biologique et à en assurer l'utilisation durable, en particulier dans les pays en développement, en se conformant entre autres aux décisions de la Conférence des Parties faisant suite aux recommandations de 1'organe subsidiaire chargé de fournir des avis scientifiques, techniques et technologiques ;
c. Conformément aux dispositions des articles 16, 18 et 20, encouragent l'exploitation des progrès de la recherche scientifique sur la diversité biologique pour mettre au point des méthodes de conservation et d'utilisation durable des ressources biologiques, et coopèrent à cet effet ;

Article 13. Education et sensibilisation du public

Les Parties contractantes :

a. Favorisent et encouragent une prise de conscience de l'importance de la conservation de la diversité biologique et des mesures nécessaires à cet effet et en assurent la promotion par les médias, ainsi que la prise en compte de ces questions dans les programmes d'enseignement ;
b. Coopèrent, selon qu'il conviendra, avec d'autres Etats et des organisations internationales, pour mettre au point des programmes d'éducation et de sensibilisation du public concernant la conservation et l'utilisation durable de la diversité biologique.

Article 14. Etudes d'impact et réduction des effets nocifs

1. Chaque Partie contractante, dans la mesure du possible et selon qu'il conviendra :

a. Adopte des procédures permettant d'exiger l'évaluation des impacts sur l'environnement des projets qu'elle a proposés et qui sont susceptibles de nuire sensiblement à la diversité biologique en vue d'éviter et de réduire au minimum de tels effets, et, s'il y a lieu, permet au public de participer à ces procédures ;
b. Prend les dispositions voulues pour qu'il soit dûment tenu compte des effets sur l'environnement de ses programmes et politiques susceptibles de nuire sensiblement à la diversité biologique ;

c. Encourage, sur une base de réciprocité, la notification, l'échange de renseignements et les consultations au sujet des activités relevant de sa juridiction ou de son autorité et susceptibles de nuire sensiblement à la diversité biologique d'autres Etats ou de zones situées hors des limites de la juridiction nationale, en encourageant la conclusion d'accords bilatéraux, régionaux ou multilatéraux, selon qu'il conviendra ;
d. Dans le cas d'un danger ou d'un dommage imminent ou grave trouvant son origine sous sa juridiction ou son contrôle et menaçant la diversité biologique dans une zone relevant de la juridiction d'autres Etats ou dans des zones situées en dehors des limites de la juridiction des Etats, en informe immédiatement les Etats susceptibles d'être touchés par ce danger ou ce dommage, et prend les mesures propres à prévenir ce danger ou ce dommage ou à en atténuer autant que possible les effets ;
e. Facilite les arrangements nationaux aux fins de l'adoption de mesures d'urgence au cas où des activités ou des événements, d'origine naturelle ou autre, présenteraient un danger grave ou imminent pour la diversité biologique, et encourage la coopération internationale en vue d'étayer ces efforts nationaux et, selon qu'il est approprié et comme en conviennent les Etats ou les organisations régionales d'intégration économique concernés, en vue d'établir des plans d'urgence communs.

2. La Conférence des Parties examine, sur la base des études qui seront entreprises, la question de la responsabilité et de la réparation, y compris la remise en état et l'indemnisation pour dommages causés à la diversité biologique, sauf si cette responsabilité est d'ordre strictement interne.

Article 15. Accès aux ressources génétiques

1. Etant donné que les Etats ont droit de souveraineté sur leurs ressources naturelles, le pouvoir de déterminer l'accès aux ressources génétiques appartient aux gouvernements et est régi par la législation nationale.
2. Chaque Partie contractante s'efforce de créer les conditions propres à faciliter l'accès aux ressources génétiques aux fins d'utilisation écologiquement rationnelle par d'autres Parties contractantes et de ne pas imposer de restrictions allant à 1'encontre des objectifs de la présente Convention.

3. Aux fins de la présente Convention, on entend par ressources génétiques fournies par une Partie contractante, et dont il est fait mention dans le présent article et aux articles 16 et 19 ci-après, exclusivement les ressources qui sont fournies par des Parties contractantes qui sont des pays d'origine de ces ressources ou par des Parties qui les ont acquises conformément à la présente Convention.
4. L'accès, lorsqu'il est accordé, est régi par des conditions convenues d'un commun accord et est soumis aux dispositions du présent article.
5. L'accès aux ressources génétiques est soumis au consentement préalable donné en connaissance de cause de la Partie contractante qui fournit lesdites ressources, sauf décision contraire de cette Partie.
6. Chaque Partie contractante s'efforce de développer et d'effectuer des recherches scientifiques fondées sur les ressources génétiques fournies par d'autres Parties contractantes avec la pleine participation de ces Parties et, dans la mesure du possible, sur leur territoire.
7. Chaque Partie contractante prend les mesures législatives, administratives ou de politique générale appropriées, conformément aux articles 16 et 19 et, le cas échéant, par le biais du mécanisme de financement créé en vertu des articles 20 et 21, pour assurer le partage juste et équitable des résultats de la recherche et de la mise en valeur ainsi que des avantages résultant de l'utilisation commerciale et autre des ressources génétiques avec la Partie contractante qui fournit ces ressources. Ce partage s'effectue selon des modalités mutuellement convenues.

Article 16. Accès à la technologie et transfert de technologie

1. Chaque Partie contractante, reconnaissant que la technologie inclut la biotechnologie, et que l'accès à la technologie et le transfert de celle-ci entre Parties contractantes sont des éléments essentiels à la réalisation des objectifs de la présente Convention, s'engage, sous réserve des dispositions du présent article, à assurer et/ou à. Faciliter à d'autres Parties contractantes l'accès aux technologies nécessaires à la conservation et à l'utilisation durable de la diversité biologique, ou utilisant les ressources génétiques sans causer de dommages sensibles à l'environnement, et le transfert desdites technologies.
2. L'accès à la technologie et le transfert de celle-ci, tels que visés au paragraphe 1 ci-dessus, sont assurés et/ou facilités pour ce qui concerne les pays en développement à des conditions justes et les plus favorables, y compris à des conditions de faveur et préférentielles s'il en est ainsi mutuellement convenu, et selon que de besoin

conformément aux mécanismes financiers établis aux termes des articles 20 et 21.

Lorsque les technologies font l'objet de brevets et autres droits de propriété intellectuelle, l'accès et le transfert sont assurés selon des modalités qui reconnaissent les droits de propriété intellectuelle et sont compatibles avec leur protection adéquate et effective. L'application du présent paragraphe sera conforme aux dispositions des paragraphes 3, 4 et 5 ci-après.

3. Chaque Partie contractante prend, comme il convient, les mesures législatives, administratives ou, de politique générale voulues pour que soit assuré aux Parties contractantes qui fournissent des ressources génétiques, en particulier celles qui sont des pays en développement, l'accès à la technologie utilisant ces ressources et le transfert de ladite technologie selon des modalités mutuellement convenues, y compris à la technologie protégée par des brevets et autres droits de propriété intellectuelle, le cas échéant par le biais des dispositions des articles 20 et 21, dans le respect du droit international et conformément aux paragraphes 4 et 5 ci-après.

4. Chaque Partie contractante prend, comme il convient, les mesures législatives, administratives, ou de politique générale, voulues pour que le secteur privé facilite l'accès à la technologie visée au paragraphe 1 ci-dessus, sa mise au point conjointe et son transfert au bénéfice tant des institutions gouvernementales que du secteur privé des pays en développement et, à cet égard, se conforme aux obligations énoncées aux paragraphes 1, 2 et 3 ci-dessus.

5. Les Parties contractantes, reconnaissant que les brevets et autres droits de propriété intellectuelle peuvent avoir une influence sur l'application de la Convention, coopèrent à cet égard sans préjudice des législations nationales et du droit international pour assurer que ces droits s'exercent à l'appui et non à rencontre de ses objectifs.

Article 17. Echange d'informations

1. Les Parties contractantes facilitent l'échange d'informations, provenant de toutes les sources accessibles au public, intéressant la conservation et l'utilisation durable de la diversité biologique en tenant compte des besoins spéciaux des pays en développement.

2. Cet échange comprend l'échange d'informations sur les résultats des recherches techniques, scientifiques et socio-économiques ainsi que d'informations sur les programmes de formation et d'études, les connaissances spécialisées et i es connaissances autochtones et traditionnelles en tant que telles ou associées aux technologies visées au paragraphe 1 de l'article 16. Cet échange comprend aussi, lorsque c'est possible, le rapatriement des informations.

Article 18. Coopération technique et scientifique

1. Les Parties contractantes encouragent la coopération technique et scientifique internationale dans le domaine de la conservation et de l'utilisation durable de la diversité biologique, au besoin par le biais des institutions nationales et internationales compétentes.
2. Chaque Partie contractante encourage la coopération technique et scientifique avec d'autres Partiels contractantes, en particulier les pays en développement, pour l'application de la présente Convention, notamment par l'élaboration et l'application de politiques nationales. En encourageant cette coopération, il convient d'accorder une attention particulière au développement et au renforcement des moyens nationaux par le biais de la mise en valeur des ressources humaines et du renforcement des institutions.
3. La Conférence des Parties, à sa première réunion, détermine comment créer un centre d'échange pour encourager et faciliter la coopération technique et scientifique.
4. Conformément à la législation et aux politiques nationales, les Parties contractantes encouragent et mettent au point des modalités de coopération aux fins de l'élaboration et de l'utilisation de technologies, y compris les technologies autochtones et traditionnelles, conformément aux objectifs de la présente Convention. A cette fin, les Parties contractantes encouragent également la coopération en matière de formation de personnel et d'échange d'experts.
5. Les Parties contractantes encouragent, sous réserve d'accords mutuels, l'établissement de programmes de recherche conjoints et de coentreprises pour le développement de technologies en rapport avec les objectifs de la présente Convention.

Article 19. Gestion de la biotechnologie et répartition de ses avantages

1. Chaque Partie contractante prend les mesures législatives, administratives ou de politique voulues pour assurer la participation effective aux activités de recherche biotechnologique des Parties

contractantes, en particulier les pays en développement, qui fournissent les ressources génétiques pour ces activités de recherche, si possible dans ces Parties contractantes.

2. Chaque Partie contractante prend toutes les mesures possibles pour encourager et favoriser l'accès prioritaire, sur une base juste et équitable, des Parties contractantes, en particulier des pays en développement, aux résultats et aux avantages découlant des biotechnologies fondées sur les ressources génétiques fournies par ces Parties. Cet accès se fait à des conditions convenues d'un commun accord.
3. Les Parties examinent s'il convient de prendre des mesures et d'en fixer les modalités, éventuellement sous forme d'un protocole, comprenant notamment un accord préalable donné en connaissance de cause définissant les procédures appropriées dans le domaine du transfert, de la manutention et de l'utilisation en toute sécurité de tout organisme vivant modifié résultant de la biotechnologie qui risquerait d'avoir des effets défavorables sur la conservation et l'utilisation durable de la diversité biologique.
4. Chaque Partie contractante communique directement ou exige que soit communiquée par toute personne physique ou morale relevant de sa juridiction et fournissant des organismes visés au paragraphe 3 ci-dessus toute information disponible relative à l'utilisation et aux règlements de sécurité exigés par ladite Partie contractante en matière de manipulation de tels organismes, ainsi que tout renseignement disponible sur l'impact défavorable potentiel des organismes spécifiques en cause, à la Partie contractante sur le territoire de laquelle ces organismes doivent être introduits.

Article 20. Ressources financières

1. Chaque Partie contractante s'engage à fournir, en fonction de ses moyens, un appui et des avantages financiers en ce qui concerne les activités nationales tendant à la réalisation des objectifs de la présente Convention, conformément à ses plans, priorités et programmes nationaux.
2. Les Parties qui sont des pays développés fournissent des ressources financières nouvelles et additionnelles pour permettre aux Parties qui sont des pays en développement de faire face à la totalité des surcoûts convenus que leur impose la mise en œuvre des mesures par lesquelles ils s'acquittent des obligations découlant de la présente Convention et de bénéficier de ses dispositions, ces surcoûts étant

convenus entre une Partie qui est un pays en développement et la structure institutionnelle visée à l'article 21, selon la politique, la stratégie, les priorités du programme et les conditions d'attribution ainsi qu'une liste indicative des surcoûts établies par la Conférence des Parties.

Les autres Parties, y compris les pays qui se trouvent dans une phase de transition vers l'économie de marché, peuvent assumer volontairement les obligations des Parties qui sont des pays développés. Aux fins du présent article, la Conférence des Parties dresse à sa première réunion la liste des Parties qui sont des pays développés et des autres Parties qui assument volontairement les obligations des Parties qui sont des pays développés.

La Conférence des Parties revoit périodiquement cette liste et la modifie en cas de besoin. Les autres pays et sources seraient également encouragés à fournir des contributions à titre volontaire. Pour traduire ces engagements en actes, on tiendra compte de la nécessité de faire en sorte que le flux des fonds soit adéquat, prévisible et ponctuel et du fait qu'il est important de répartir le fardeau entre les Parties contribuantes inscrites sur la liste susmentionnée.

3. Les Parties qui sont des pays développés peuvent aussi fournir, au bénéfice des Parties qui sont des pays en développement, des ressources financières liées à l'application de la présente Convention, par des voies bilatérales, régionales et multilatérales.
4. Les pays en développement ne pourront s'acquitter effectivement des obligations qui leur incombent en vertu de la Convention que dans la mesure où les pays développés s'acquitteront effectivement des obligations qui leur incombent en vertu de la Convention s'agissant des ressources financières et du transfert de technologie et où ces derniers tiendront pleinement compte du fait que le développement économique et social et l'élimination de la pauvreté sont les priorités premières et absolues des pays en développement.
5. Les Parties tiennent pleinement compte des besoins spécifiques et de la situation particulière des pays les moins avancés dans les mesures qu'ils prennent en matière de financement et de transfert de technologie.
6. Les Parties contractantes prennent aussi en considération les conditions spéciales résultant de la répartition et de la localisation de la diversité biologique sur le territoire des Parties qui sont des pays en

développement, et de la dépendance de ces dernières, en particulier de celles qui sont des petits Etats insulaires.

7. Elles prennent également en considération la situation particulière des pays en développement, notamment de ceux qui sont les plus vulnérables du point de vue de l'environnement, tels que ceux qui ont des zones arides et semi-arides, des zones côtières et montagneuses.

Article *21. Mécanisme de financement*

1. Un mécanisme de financement est institué pour fournir des ressources financières aux Parties qui sont des pays en développement, aux fins de la présente Convention, sous forme de dons ou à des conditions de faveur, dont les éléments essentiels sont exposés dans le présent article. Aux fins de la Convention, le mécanisme fonctionne sous l'autorité et la direction de la Conférence des Parties, envers laquelle il est comptable.

Le fonctionnement du mécanisme est assuré par la structure institutionnelle dont pourrait décider la Conférence des Parties à sa première réunion. Aux fins de la présente Convention, la Conférence des Parties détermine la politique générale, la stratégie et les priorités du programme ainsi que les critères définissant les conditions d'attribution et d'utilisation de ces ressources. Les contributions seront telles qu'elles permettront de prendre en compte la nécessité de versements prévisibles, adéquats et ponctuels comme il est prévu à l'article 20, en rapport avec le montant des ressources nécessaires, dont la Conférence des Parties décidera périodiquement, et l'importance du partage du fardeau entre les Parties contribuantes figurant sur la liste mentionnée au paragraphe 2 de l'article 20.

Les Parties qui sont des pays développés ainsi que d'autres pays et d'autres sources peuvent également verser des contributions volontaires. Le mécanisme fonctionne selon un système de gestion démocratique et transparent.

2. Conformément aux objectifs de la présente Convention, la Conférence des Parties détermine, à sa première réunion, la politique générale, la stratégie et les priorités du programme, ainsi que des critères et des lignes directrices détaillés pour définir les conditions requises" pour avoir accès aux ressources financières et les utiliser, y compris le contrôle et l'évaluation régulière de cette utilisation. La Conférence des Parties décide des dispositions nécessaires pour

donner effet au paragraphe 1 ci-dessus après consultation avec la structure institutionnelle à laquelle aura été confié le fonctionnement du mécanisme de financement.

3. La Conférence des Parties examine l'efficacité du mécanisme de financement créé par le présent article, notamment les critères et les lignes directrices visés au paragraphe 2 ci-dessus, au plus tôt deux ans après 1 'entrée en vigueur de la présente Convention et ensuite de façon régulière. Sur la base de cet examen, elle prend des mesures appropriées pour rendre le mécanisme plus efficace si nécessaire.
4. Les Parties contractantes envisagent de renforcer les institutions financières existantes pour qu'elles fournissent des ressources financières en vue de la conservation et de l'utilisation durable de la diversité biologique.

Article 22. Relations avec d'autres conventions internationales

1. Les dispositions de la présente Convention ne modifient en rien les droits et obligations découlant pour une Partie contractante d'un accord international existant, sauf si l'exercice de ces droits ou le respect de ces obligations causait de sérieux dommages à la diversité biologique ou constituait pour elle une menace.
2. Les Parties contractantes appliquent la présente Convention, en ce qui concerne le milieu marin, conformément aux droits et obligations des Etats découlant du droit de la mer.

Article 23. La Conférence des Parties

1. Il est institué par les présentes une Conférence des Parties. La première réunion de la Conférence des Parties est convoquée par le Directeur exécutif du Programme des Nations Unies pour l'environnement un an au plus tard après l'entrée en vigueur de la présente Convention. Par la suite, les réunions ordinaires de la Conférence des Parties auront lieu régulièrement, selon la fréquence déterminée par la Conférence à sa première réunion.
2. Des réunions extraordinaires de la Conférence des Parties peuvent avoir lieu à tout autre moment si la Conférence le juge nécessaire, ou à la demande écrite d'une Partie, sous réserve que cette demande soit appuyée par un tiers au moins des Parties dans les six mois suivant sa communication auxdites Parties par le Secrétariat.
3. La Conférence des Parties arrête et adopte par consensus son propre règlement intérieur et celui de tout organe subsidiaire qu'elle pourra créer, ainsi que le règlement financier régissant le financement du

Secrétariat. A chaque réunion ordinaire, elle adopte le budget de l'exercice financier courant jusqu'à la session ordinaire suivante.

4. La Conférence des Parties examine l'application de la présente Convention et, à cette fin :
   a. Etablit la forme et la fréquence de la communication des renseignements à présenter conformément à l'article 26 et examine ces renseignements ainsi que les rapports présentés par tout organe subsidiaire ;
   b. Etudie les avis techniques, technologiques et scientifiques sur la diversité biologique fournis conformément à l'article 25 ;
   c. Examine et adopte, en tant que de besoin, des protocoles conformément à l'article 28 ;
   d. Examine et adopte, selon qu'il convient, les amendements à la présente Convention et à ses annexes, conformément aux articles 29 et 30 :
   e. Examine les amendements à tout protocole, ainsi qu'à toute annexe audit protocole et, s'il en est ainsi décidé, recommande leur adoption aux Parties au protocole considéré ;
   f. Examine et adopte, en tant que de besoin, et conformément à l'article 30, les annexes supplémentaires à. la présente Convention ;
   g. Crée les organes subsidiaires jugés nécessaires à l'application de la présente Convention, en particulier pour donner des avis scientifiques et techniques ;
   h. Se met en rapport, par l'intermédiaire du Secrétariat, avec les organes exécutifs des conventions traitant des questions qui font 1'objet de la présente Convention en vue de fixer avec eux les modalités de coopérât i on appropriées ;
   i. Examine et prend toutes autres mesures nécessaires à la poursuite des objectifs de la présente Convention en fonction des enseignements tirés de son application.

5. L'Organisation des Nations Unies, ses institutions spécialisées et l'Agence internationale de l'énergie atomique, de même que tout Etat qui n'est pas Partie à la présente Convention, peuvent se faire représenter aux réunions de la Conférence des Parties en qualité d'observateurs.

Tout organe ou organisme, gouvernemental ou non gouvernemental, qualifié dans les domaines se rapportant à la conservation et à l'utilisation durable de la diversité biologique qui a informé le Secrétariat de son désir de se faire représenter à une réunion de la Conférence des Parties en qualité d'observateur peut être admis à y prendre part à moins qu'un tiers au moins des Parties présentes n'y fassent objection. L'admission et la participation des observateurs sont subordonnées au respect du règlement intérieur adopté par la Conférence des Parties.

Article 24. Le Secrétariat

1. Il est institué par les présentes un secrétariat. Ses fonctions sont les suivantes :
   a. Organiser les réunions de la Conférence des Parties prévues à l'article 23 et en assurer le service ;
   b. S'acquitter des fonctions qui lui sont assignées en vertu de tout protocole à la présente Convention ;
   c. Etablir des rapports sur l'exercice des fonctions qui lui sont assignées en vertu de la présente Convention et les présenter à la Conférence des Parties ;
   d. Assurer la coordination avec les autres organismes internationaux compétents, et en particulier conclure les arrangements administratifs et contractuels qui pourraient lui être nécessaires pour s'acquitter efficacement de ses fonctions ;
   e. S'acquitter de toutes autres fonctions que la Conférence des Parties pourrait décider de lui assigner.

2. A sa première réunion ordinaire, la Conférence des Parties désigne le Secrétariat parmi les organisations internationales compétentes qui se seraient proposées pour assurer les fonctions de secrétariat prévues par la présente Convention.

Article 25. Organe subsidiaire chargé de fournir des avis scientifiques, techniques et technologiques

1. Un organe subsidiaire chargé de fournir des avis scientifiques, techniques et technologiques est créé par les présentes pour donner en temps opportun à la Conférence des Parties et, le cas échéant, à ses autres organes subsidiaires, des avis concernant l'application de la présente Convention. Cet organe est ouvert à la participation de toutes les Parties et il est pluridisciplinaire. Il se compose de représentants gouvernementaux compétents dans les domaines de spécialisation concernés. Il fait régulièrement rapport à la Conférence des Parties sur tous les aspects de son travail.
2. Sous l'autorité de la Conférence des Parties, conformément aux directives qu'elle aura établies, et sur sa demande, cet organe :

a. Fournit des évaluations scientifiques et techniques sur la situation en matière de diversité biologique ;
b. Réalise des évaluations scientifiques et techniques sur les effets des types de mesures prises conformément aux dispositions de la présente Convention ;
c. Repère les technologies et savoir-faire de pointe, novateurs et efficaces concernant la conservation et l'utilisation durable de la diversité Biologique et indique les moyens d'en promouvoir le développement ou d'en assurer le transfert ;
d. Fournit des avis sur les programmes scientifiques et la coopération internationale en matière de recherche-développement concernant la conservation et l'utilisation durable de la diversité biologique ;
e. Répond aux questions d'ordre scientifique, technique, technologique et méthodologique que la Conférence des Parties et ses organes subsidiaires lui adressent.

3. Les attributions, le mandat, la structure et le fonctionnement de cet organe pourront être précisés par la Conférence des Parties.

Article 26. Rapports

Selon une périodicité qui sera déterminée par la Conférence des Parties, chaque Partie contractante présente à la Conférence des Parties un rapport sur les dispositions qu'elle a adoptées pour appliquer la présente Convention et la mesure dans laquelle elles ont permis d'assurer la réalisation des objectifs qui y sont énoncés.

Article 27. Règlement des différends

1. En cas de différend entre Parties contractantes touchant l'interprétation ou l'application de la présente Convention, les Parties concernées recherchent une solution par voie de négociation.
2. Si les Parties concernées ne peuvent pas parvenir à un accord par voie de négociation, elles peuvent conjointement faire appel aux bons offices ou à la médiation d'une tierce Partie.
3. Au moment de ratifier, d'accepter ou d'approuver la présente Convention ou d'y adhérer, et à tout moment par la suite, tout Etat ou organisation régionale d'intégration économique peut déclarer par écrit auprès du Dépositaire que, dans le cas d'un différend qui n'a pas été réglé conformément aux paragraphes 1 ou 2 ci-dessus, il ou elle accepte de considérer comme obligatoire 1'un ou l'autre des modes de règlement ci-après, ou les deux :

a. L'arbitrage, conformément à la procédure énoncée à la première partie de l'annexe II ;
b. La soumission du différend à la Cour internationale de Justice.

4. Si les Parties n'ont pas accepté la même procédure ou une procédure quelconque, conformément au paragraphe 3 ci-dessus, le différend est soumis à la conciliation conformément à la deuxième partie de l'annexe II, à moins que les Parties n'en conviennent autrement.
5. Les dispositions du présent article s'appliquent aux différends touchant un protocole, sauf si celui-ci en dispose autrement.

Article 28. Adoption de protocoles

1. Les Parties contractantes coopèrent pour formuler et adopter des protocoles à la présente Convention.
2. Les protocoles sont adoptés à une réunion de la Conférence des Parties.
3. Le Secrétariat communique aux Parties le texte de tout projet de protocole au moins six mois avant la réunion de la Conférence des Parties.

Article 29. Amendements à la Convention ou aux protocoles

1. Toute Partie contractante peut proposer des amendements à la présente Convention, Toute Partie à un protocole peut proposer des amendements à ce protocole.
2. Les amendements à la présente Convention sont adoptés à une réunion de la Conférence des Parties. Les amendements à un protocole sont adoptés à une réunion des Parties au protocole considéré. Le texte de tout projet d'amendement à la présente Convention ou à un protocole, sauf disposition contraire du protocole considéré, est communiqué par le Secrétariat aux Parties à l'instrument considéré au moins six mois avant la réunion à laquelle il est proposé pour adoption. Le Secrétariat communique aussi les amendements proposés aux signataires de la présente Convention, pour information.
3. Les Parties n'épargnent aucun effort pour parvenir à un consensus sur tout projet d'amendement à la présente Convention ou à un protocole. Si tous les efforts en ce sens ont été épuisés sans qu'un accord soit intervenu, l'amendement est adopté en dernier recours par le vote à la majorité des deux tiers des Parties à l'instrument considéré, présentes à la réunion et exprimant leur vote; il est soumis

par le Dépositaire à la ratification, l'acceptation ou l'approbation de toutes les Parties.

4. La ratification, l'acceptation ou l'approbation des amendements est notifiée par écrit au Dépositaire. Les amendements adoptés conformément au paragraphe 3 ci-dessus entrent en vigueur pour les Parties les ayant acceptés le quatre-vingt-dixième jour après le dépôt des instruments de ratification, d'acceptation ou d'approbation par les deux tiers au moins des Parties à la présente Convention ou au protocole considéré. Sauf disposition contraire du protocole en question. Par la suite, les amendements entrent en vigueur à 1'égard de toute autre Partie le quatre-vingt-dixième jour après le dépôt par cette Partie de son instrument de ratification, d'acceptation ou d'approbation des amendements.
5. Aux fins du présent article, l'expression "Parties présentes à la réunion et exprimant leur vote" s'entend des Parties présentes à la réunion qui ont émis un vote affirmatif ou négatif.

Article 30. Adoption des annexes et des amendements aux annexes

1. Les annexes à la présente Convention ou à ses protocoles font partie intégrante de la Convention ou de ses protocoles, selon le cas, et, sauf disposition contraire expresse, toute référence à la présente Convention ou à ses protocoles renvoie également à leurs annexes. Les annexes sont limitées aux questions de procédure et aux questions scientifiques, techniques et administratives.
2. Sauf disposition contraire d'un protocole concernant ses propres annexes, la proposition, l'adoption et l'entrée en vigueur d'annexés supplémentaires à la présente Convention ou d'annexés à un protocole sont régies par la procédure suivante :

a. Les annexes à la présente Convention ou à ses protocoles sont proposées et adoptées selon la procédure fixée a l'article 29 ;
b. Toute Partie qui ne peut approuver une annexe supplémentaire à la présente Convention ou une annexe à 1'un de ses protocoles auquel elle est Partie en donne par écrit notification au Dépositaire dans 1'année qui suit la date de communication de l'adoption par le Dépositaire. Ce dernier informe sans délai toutes les Parties de toute notification reçue. Une Partie peut à tout moment retirer une objection et l'annexe considérée entre alors en vigueur à 1'égard de cette Partie sous réserve de l'alinéa b. ci-dessous ;
c. Un an après la communication par le Dépositaire de l'adoption de l'annexe, celle-ci entre en vigueur à l'égard de toutes les Parties à la

présente Convention ou au protocole considéré qui n'ont pas donné par écrit la notification prévue à l'alinéa b. ci-dessus.

3. La proposition, l'adoption et l'entrée en vigueur d'amendements aux annexes à la présente Convention ou à Γ un de ses protocoles sont soumises à la même procédure que la proposition, l'adoption et l'entrée en vigueur des annexes à la Convention ou à 1'un de ses protocoles.
4. Si une annexe supplémentaire ou un amendement à une annexe se rapporte à un amendement à la Convention ou à un protocole, cette annexe supplémentaire ou cet amendement n'entre en vigueur que lorsque l'amendement à la Convention ou au protocole considéré entre lui-même en vigueur.

Article 31. Droit de vote

1. Sous réserve des dispositions du paragraphe 2 ci-dessous, chaque Partie à la présente Convention ou à tout protocole dispose d'une voix.
2. Les organisations régionales d'intégration économique disposent, pour exercer leur droit de vote dans les domaines qui relèvent de leur compétence, d'un nombre de voix égal au nombre de leurs Etats membres qui sont Parties à. la Convention ou au protocole considéré. Elles n'exercent pas leur droit de vote si leurs Etats membres exercent le leur, et inversement.

Article 32. Rapports entre la présente Convention et ses protocoles

1. Aucun Etat ni aucune organisation régionale d'intégration économique ne peut devenir Partie à un protocole sans être ou devenir simultanément Partie à la présente Convention.
2. Les décisions prises en vertu d'un protocole sont prises par les seules Parties au protocole considéré. Toute Partie contractante qui n'a pas ratifié, accepté ou approuvé un protocole peut participer, en qualité d'observateur, à toute réunion des Parties à ce protocole.

Article 33. Signature

La présente Convention est ouverte à la signature de tous les Etats et organisations régionales d'intégration économique à Rio de Janeiro, du 5 au 14 juin 1992, et au Siège de l'Organisation des Nations Unies à New York, du 15 juin 1992 au 4 juin 1993.

Article 34. Ratification, acceptation, approbation

1. La présente Convention et ses protocoles sont soumis à la ratification, à l'acceptation ou à l'approbation des Etats et des organisations régionales d'intégration économique. Les instruments de ratification, d'acceptation ou d'approbation seront déposés auprès du Dépositaire.
2. Toute organisation visée au paragraphe 1 ci-dessus qui devient Partie à la présente Convention ou à l'un quelconque de ses protocoles et dont aucun Etat membre n'est lui-même Partie contractante, est liée par toutes les obligations énoncées dans la Convention ou dans le protocole considéré, selon le cas. Lorsqu'un ou plusieurs Etats membres d'une de ces organisations sont parties à la Convention ou à un protocole, l'organisation et ses Etats membres conviennent de leurs responsabilités respectives en ce qui concerne l'exécution de leurs obligations en vertu de la Convention ou du protocole, selon le cas. En tel cas, l'organisation et ses Etats membres ne sont pas habilités à exercer concurremment leurs droits au titre de la Convention ou du protocole.
3. Dans leurs instruments de ratification, d'acceptation ou d'approbation, les organisations visées au paragraphe 1 ci-dessus indiquent l'étendue de leurs compétences dans les domaines régis par la Convention ou par le protocole considéré. Elles informent également le Dépositaire de toute modification pertinente de 1'étendue de ces compétences.

Article 35. Adhésion

1. La présente Convention et ses protocoles éventuels sont ouverts à l'adhésion des Etats et des organisations régionales d'intégration économique à partir de la date à laquelle la Convention ou le protocole considéré ne sont plus ouverts à la signature. Les instruments d'adhésion seront déposés auprès du Dépositaire.
2. Dans leurs instruments d'adhésion, les organisations visées au paragraphe 1 ci-dessus indiquent l'étendue de leurs compétences dans les domaines régis par la Convention ou par le protocole considéré. Elles informent également le Dépositaire de toute modification pertinente de l'étendue de ces compétences.
3. Les dispositions du paragraphe 2 de l'article 34 s'appliquent aux organisations régionales d'intégration économique qui adhèrent à la présente Convention ou à l'un quelconque de ses protocoles.

Article 36. Entrée en vigueur

1. La présente Convention entrera en vigueur le quatre-vingt-dixième jour suivant la date du dépôt du trentième instrument de ratification, d'acceptation, d'approbation ou d'adhésion.
2. Un protocole entre en vigueur le quatre-vingt-dixième jour suivant la date du dépôt du nombre d'instruments de ratification, d'acceptation, d'approbation ou d'adhésion précisé dans ledit protocole.
3. A l'égard de chacune des Parties contractantes qui ratifie, accepte ou approuve la présente Convention, ou y adhère, après le dépôt du trentième instrument de ratification, d'acceptation, d'approbation ou d'adhésion, la Convention entrera en vigueur le quatre-vingt-dixième jour suivant la date du dépôt, par ladite Partie contractante, de son instrument de ratification, d'acceptation, d'approbation ou d'adhésion.
4. A moins qu'il n'en dispose autrement, un protocole entre en vigueur pour une Partie contractante qui le ratifie, l'accepte, l'approuve ou y adhère après son entrée en vigueur conformément au paragraphe 2 ci-dessus, soit le quatre-vingt-dixième jour après la date de dépôt par cette Partie contractante de son instrument de ratification, d'acceptation, d'approbation ou d'adhésion, soit au moment où la Convention entre en vigueur pour cette Partie, la dernière date étant retenue.
5. Aux fins des paragraphes 1 et 2 ci-dessus, aucun des instruments déposés par une organisation régionale d'intégration économique n'est considéré comme un instrument venant s'ajouter aux instruments déjà déposés par les Etats membres de ladite organisation.

Article 37. Réserves

Aucune réserve ne peut être faite à la présente Convention.

Article 38. Dénonciation

1. A l'expiration d'un délai de deux ans à compter de la date d'entrée en vigueur de la présente Convention à l'égard d'une Partie contractante, cette Partie contractante peut à tout moment dénoncer la Convention par notification écrite au Dépositaire.
2. Toute dénonciation prend effet à l'expiration d'un délai d'un an suivant la date de sa réception par le Dépositaire, ou à toute autre date ultérieure qui pourra être spécifiée dans la notification de dénonciation.

3. Toute Partie contractante qui aura dénoncé la présente Convention sera considérée comme ayant également dénoncé les protocoles auxquels elle est Partie.

Article 39. Arrangements financiers provisoires

Sous réserve qu'il ait été intégralement restructuré, conformément aux dispositions de l'article 21, le Fonds pour l'environnement mondial du Programme des Nations Unies pour le développement, du Programme des Nations Unies pour l'environnement et de la Banque internationale pour la reconstruction et le développement est, provisoirement, la structure institutionnelle prévue par l'article 21, pour la période allant de l'entrée en vigueur de la présente Convention à la première réunion de la Conférence des Parties ou jusqu'à ce que la Conférence des Parties ait désigné une structure institutionnelle conformément à l'article 21.

Article 40. Arrangements intérimaires pour le Secrétariat

Le Secrétariat à fournir par le Directeur exécutif du-Programme des Nations Unies pour l'environnement est le secrétariat prévu au paragraphe 2 de l'article 24, établi sur une base intérimaire pour la période allant de l'entrée en vigueur de la présente Convention à la première réunion de la Conférence des Parties.

Article 41. Dépositaire

Le Secrétaire général de l'Organisation des Nations Unies assume les fonctions de Dépositaire de la présente Convention et de ses protocoles.

Article 42. Textes faisant foi

L'original de la présente Convention, dont les textes anglais, arabe, chinois, espagnol, français et russe font également foi, sera déposé auprès du Secrétaire général de l'Organisation des Nations Unies.

EN FOI DE QUOI les soussignés, à ce dûment habilités, ont signé la présente Convention.

Fait à Rio de Janeiro, le cinq juin mil neuf cent quatre-vingt-douze.

Annexe I

IDENTIFICATION ET SURVEILLANCE

1. Ecosystèmes et habitats : comportant une forte diversité, de nombreuses espèces endémiques ou menacées, ou des étendues sauvages ; nécessaires pour les espèces migratrices ; ayant une importance sociale, économique, culturelle ou scientifique ; ou qui sont représentatifs, uniques ou associés à des processus d'évolution ou d'autres processus biologiques essentiels ;
2. Espèces et communautés qui sont : menacées ; des espèces sauvages apparentées à des espèces domestiques ou cultivées ; d'intérêt médicinal, agricole ou économique ; d'importance sociale, scientifique ou culturelle; ou d'un intérêt pour la recherche sur la conservation et l'utilisation durable de la diversité biologique, telles que les espèces témoins ;
3. Génomes et gènes décrits revêtant une importance sociale, scientifique ou économique.

Annexe II

Première partie

ARBITRAGE

Article premier

La Partie requérante notifie au Secrétariat que les Parties renvoient un différend à l'arbitrage conformément à l'article 27. La notification indique l'objet de l'arbitrage et notamment les articles de la Convention ou du protocole dont l'interprétation ou l'application font l'objet du litige. Si les Parties ne s'accordent pas sur l'objet du litige avant la désignation du Président du Tribunal arbitral, c'est ce dernier qui le détermine. Le Secrétariat communique les informations ainsi reçues à toutes les Parties à la Convention ou au protocole concerné.

Article 2

1. En cas de différend entre deux Parties, le Tribunal arbitral est composé de trois membres. Chacune des Parties au différend nomme un arbitre ; les deux arbitres ainsi nommés désignent d'un commun accord le troisième arbitre, qui assume la présidence du Tribunal. Ce dernier ne doit pas être ressortissant de l'une des Parties au différend,

ni avoir sa résidence habituelle sur le territoire de l'une de ces Parties, ni se trouver au service de l'une d'elles, ni s'être déjà occupé de l'affaire à aucun titre.

2. En cas de différend entre plus de deux Parties, les Parties ayant le même intérêt désignent un arbitre d'un commun accord.
3. En cas de vacance, il est pourvu à la vacance selon la procédure prévue pour la nomination initiale.

Article 3

1. Si, dans un délai de deux mois après la nomination du deuxième arbitre, le Président du Tribunal arbitral n'est pas désigné, le Secrétaire général de 1'Organisation des Nations Unies procède, à la requête d'une Partie, à sa désignation dans un nouveau délai de deux mois.
2. Si, dans un délai de deux mois après réception de la requête, l'une des Parties au différend n'a pas procédé à la nomination d'un arbitre, l'autre Partie peut saisir le Secrétaire général, qui procède à la désignation dans un nouveau délai de deux mois.

Article 4

Le Tribunal arbitral rend ses décisions conformément aux dispositions de la présente Convention, à tout protocole concerné et au droit international.

Article 5

Sauf si les Parties au différend en décident autrement, le Tribunal arbitral établit ses propres règles de procédure.

Article 6

A la demande de l'une des Parties, le Tribunal arbitral peut recommander les mesures conservatoires indispensables.

Article 7

Les Parties au différend facilitent les travaux du Tribunal arbitral et, en particulier, utilisent tous les moyens à leur disposition pour :

a. Fournir au Tribunal tous les documents, renseignements et facilités nécessaires ;
b. Permettre au Tribunal, en cas de besoin, de faire comparaître des témoins ou des experts et d'enregistrer leur déposition.

Article 8

Les Parties et les arbitres sont tenus de conserver le caractère confidentiel de tout renseignement qu'ils obtiennent confidentiellement au cours des audiences du Tribunal arbitral.

Article 9

A moins que le Tribunal arbitrai n'en décide autrement du fait des circonstances particulières de l'affaire, les frais du Tribunal sont pris en charge, à parts égales, par les Parties au différend. Le Tribunal tient un relevé de tous ses frais et en fournit un état final aux Parties.

Article 10

Toute Partie contractante ayant, en ce qui concerne l'objet du différend, un intérêt d'ordre juridique susceptible d'être affecté par la décision, peut intervenir dans la procédure avec le consentement du Tribunal.

Article 11

Le Tribunal peut connaître et décider des demandes reconventionnelles directement liées à, l'objet du différend.

Article 12

Les décisions du Tribunal arbitral, tant sur la procédure que sur le fond, sont prises à la majorité des voix de ses membres.

Article 13

Si l'une des Parties au différend ne se présente pas devant le Tribunal arbitral ou ne défend pas sa cause, l'autre Partie peut demander au Tribunal de poursuivre la procédure et de prononcer sa décision. Le fait qu'une des Parties ne se soit pas présentée devant le Tribunal ou se soit abstenue de faire valoir ses droits ne fait pas obstacle à la procédure. Avant de prononcer sa sentence définitive, le Tribunal arbitrai doit s'assurer que la demande est fondée dans les faits et on droit.

Article 14

Le Tribunal prononce sa sentence définitive au plus tard cinq mois à partir de la date à laquelle il a été créé, à moins qu'il n'estime nécessaire de prolonger ce délai pour une période qui ne devrait pas excéder cinq mois supplémentaires.

Article 15

La sentence définitive du Tribunal arbitral est limitée à la question qui fait l'objet du différend et est motivée. Elle contient les noms des membres qui ont participé au délibéré et la date à laquelle elle a été prononcée. Tout membre du Tribunal peut y annexer un avis distinct ou une opinion divergente.

Article 16

La sentence est obligatoire pour les Parties au différend. Elle est sans appel, à moins que les Parties ne se soient entendues d'avance sur une procédure d'appel.

Article 17

Tout différend qui pourrait surgir entre les Parties au différend concernant l'interprétation ou l'exécution de la sentence peut être soumis par l'une des Parties au Tribunal arbitral qui l'a rendue.

Deuxième partie

CONCILIATION

Article premier

Une Commission de conciliation est créée à la demande de l'une des Parties au différend. A moins que les Parties n'en conviennent autrement, la Commission se compose de cinq membres, chaque Partie concernée en désignant deux et le Président étant choisi d'un commun accord par les membres ainsi désignés.

Article 2

En cas de différend entre plus de deux Parties, les Parties ayant le même intérêt désignent leurs membres de la Commission d'un commun accord. Lorsque deux Parties au moins ont des intérêts indépendants ou lorsqu'elles sont en désaccord sur la question de savoir si elles ont le même intérêt, elles nomment leurs membres séparément.

Article 3

Si, dans un délai de deux mois après la demande de création d'une commission de conciliation, tous les membres de la Commission n'ont pas été nommés par les Parties, le Secrétaire général de l'Organisation des Nations Unies procède, à la requête de la Partie qui a fait la demande, aux désignations nécessaires dans un nouveau délai de deux mois.

Article 4

Si, dans un délai de deux mois après la dernière nomination d'un membre de la Commission, celle-ci n'a pas choisi son Président, le Secrétaire général de l'Organisation des Nations Unies procède, à la requête d'une Partie, à la désignation du Président dans un nouveau délai de deux mois.

Article 5

La Commission de conciliation prend ses décisions à la majorité des voix de ses membres. A moins que les Parties au différend n'en conviennent autrement, elle établit sa propre procédure. Elle rend une proposition de résolution du différend que les Parties examinent de bonne foi.

Article 6

En cas de désaccord au sujet de la compétence de la Commission de conciliation, celle-ci décide si elle est ou non compétente.

Annexe IV

Déclaration des principes, non juridiquement contraignants, mais faisant autorité pour un consensus mondial sur la gestion, la conservation et l'exploitation écologiquement viable de tous les types de forets

Préambule

a. Le thème des forets est lié à toute la gamme des questions d'environnement et de développement, ainsi qu'aux perspectives qui leur sont associées, au nombre desquelles figures le doit au développement socio-économique sur me base durable ;
b. Les principes énoncés ci-après ont essentiellement pour but de contribuer à la gestion, à la conservation et à l'exploitation

écologiquement viable des forêts et de prévoir les multiples fonctions et usages complémentaires de celles-ci. ;

c. Les questions et perspectives sylvicoles devraient être examinées d'une manière globale et équilibrée, dans le contexte général de l'environnement et du développement, en prenant en considération les multiples fonctions et usages des forets, parmi lesquels les usages traditionnels et les tensions économiques et sociales qui risquent d'apparaitre quand ces usages sont entravés ou restreints, ainsi que les possibilités que la gestion écologiquement viable des forets peut offrir en matière de développement ;
d. Ces principes traduisent un premier consensus mondial sur les forêts. Ayant convenu de les appliquer sans délai, les pays décident également de continuer à en examiner l'adéquation dans la perspective d'une coopération internationale ultérieure sur les questions liées aux forêts ;
e. Les présents principes devraient s'appliquer à tous les types des forêts qu'elles soient naturelles ou créées par l'homme et de quelque zone géographique ou climatique qu'elles relèvent australe, boréale, subtempérée, tempérée, subtropicale ou tropicale. ;
f. Les forêts de tous types matérialisant des processus écologiques complexes et spécifiques sur lesquels repose leur capacité actuelle et potentielle de fournir les ressources permettant de répondre aux besoins de l'humanité dans le respect des valeurs écologiques. A ce titre, la gestion rationnelle et la conservation des forêts sont des sujets dont se préoccupent les gouvernements des pays auxquels elles appartiennent et qui intéresse les collectivités locales et l'environnement dans son ensemble ;
g. Les forêts sont indispensables au développement écologique et à l'entretien de toutes les formes de vie ;
h. Compte tenu du fait que la responsabilité de la gestion, de la conservation et de l'exploitation viable des forets est dans de nombreux états repartie entre divers échelons d'administration - national ou fédéral, départemental ou provincial et local - chaque Etat doit, conformément à la Constitution ou à la législation qu'il a édictée, veiller à faire appliquer le présents principes aux échelons administratifs appropriés.

Principes/Eléments

1. a) Conformément à la Charte des Nations-Unies et aux principes du droit international, les Etats ont le droit souverain d'exploiter leurs

propres ressources, selon leur politique d'environnement et ils ont le devoir de faire en sorte que les activités exercées, dans les limites de leurs juridictions ou sous leur contrôle, ne causent pas de dommage à l'environnement dans d'autre Etats ou dans des régions ne relevant d'aucune juridiction nationale ;

b) Le cout marginal total approuvé de réalisation des avantages associés à la conservation et à l'exploitation écologiquement viable des forets nécessite une coopération internationale accrue et doit être équitablement partagé par la communauté internationale ;

2.a) Les Etats ont le droit souverain et inaliénable d'utiliser, de gérer et exploiter leurs forêts, conformément à leurs besoins en matière de développement et à leur niveau de développement écologique et social, ainsi qu' à des politiques nationales compatibles avec le développement durable et leur législation, y compris la conversion des zones forestières à d'autres usages, dans le cadre du plan général de développement écologique et social et sur la base depolitiques rationnelles d'utilisation des terres ;

b) Les ressources et les terres forestières doivent être gérées d'une façon écologiquement viable, afin de répondre aux besoins sociaux économique, écologique, culturel et spirituel des générations actuelles et futures ;

L'homme a besoin de produits et de services forestiers tels que le bois, les produits à base de bois, l'eau, les produits alimentaires et fourragers, les plantes médicinales, le combustible, les matériaux de construction, l'emploi, les loisirs, les habitats de la faune et de la flore, la diversité des paysages, les réservoirs et puits de carbone et d'autres produits forestiers ;

Des mesures appropriées doivent être prises, pour protéger les forêts contre les effets nocifs de la pollution, notamment atmosphérique, les incendies, les espèces nuisibles et les maladies, afin de les maintenir dans leur intégralité multiple ;

c) Il est indispensable de veiller à ce que le public et les décideurs disposent en temps utile d'informations fiables et précises sur les forêts et les écosystèmes forestiers ;

d) Les gouvernements devraient encourager, en leur fournissant l'occasion, les parties intéressées parmi lesquelles les collectivités locales et la population autochtone, l'industrie, la main d'œuvre, les organisations non gouvernementales et les particuliers, les habitants des forêts et les femmes, à participer à la planification, à l'élaboration et à la mise en œuvre des politiques forestières nationales ;

3. a) Les stratégies et politiques nationales devraient constituer un cadre permettant d'intensifier les efforts et, notamment la mise en place et le renforcement des institutions et des programmes de gestion, de conservation et d'exploitation écologiquement viable des forêts et de terres forestières ;

   b) Des arrangements institutionnels internationaux s'appuyant sur les travaux des organisations et mécanismes déjà en place, le cas échéant, devraient faciliter la coopération internationale dans le domaine des forets ;

   c) Tous les aspects de la protection de l'environnement et du développement écologique et social associés aux forêts et aux terres forestières doivent être intégrés et appréhendés globalement ;

4. Il faut reconnaitre le rôle vital que jouent tous les types de forêts dans le maintien des processus et de l'équilibre écologiques aux niveaux local, national, régional et mondial ; grâce, notamment à leur part dans la protection des écosystèmes fragiles, des bassins versants et des ressources en eau douce et en tant que riches réserves de diversité biologique et de ressources biologiques et sources de matériel génétique pour les produits biotechniques ainsi que dans la photosynthèse ;

5. a) Les politiques forestières nationales devraient reconnaitre et protéger comme il convient l'identité, la culture et les droits des populations autochtones, leurs collectivités et les autres collectivités ainsi que les habitants des forets ;

Des conditions appropriées doivent être faites à ces groupes pour leur permettre d'être économiquement intéressés à l'exploitation des forets, de mener des activités rentables, de réaliser et de conserver leur identité culturelle et leur organisation sociale propre, et de jour de moyens d'existence et d'un niveau de vie adéquats, notamment grâce à des régimes fonciers incitant à une gestion écologiquement viable des forets ;

b) La participation intégrale des femmes à tous les aspects d'une gestion, d'une conservation et d'une exploitation écologiquement viable de forêts doit être activement encouragée ;

6. a) Tous les types de forêts jouent un rôle important dans la satisfaction des besoins énergétiques, en fournissant une source renouvelable d'énergie, en particulier dans les pays en développement ; et la demande de bois de feu pour les usages domestique et industriel devrait être satisfaite grâce à une gestion écologiquement viable des forets ainsi que qu'au boisement et au reboisement. A cette fin, la contribution que peuvent apporter les plantations d'essences tant autochtones qu'allogènes à l'approvisionnement en bois de feu ou en bois usage industriel doit être reconnue ;

b) Les politiques nationales devraient tenir compte, le cas échéant, de relations entre la conservation, la gestion et l'exploitation écologiquement viable des forêts et tous les aspects relatifs à la production, à la consommation, au recyclage et à l'affectation finale des produits forestiers ;

c) Les décisions prises sur la gestion, la conservation et l'exploitation écologiquement viable des ressources forestières devraient tirer profit, autant que possible, d'une évaluation approfondie de la valeur économique et non économique des biens et services forestiers et des couts et avantages environnementaux. La mise au point et l'amélioration des méthodes à utiliser pour ces évaluations devraient être encouragées ;

d) Le rôle des forets plantées par l'homme et des cultures permanentes en tant que sources durables et écologiquement rationnelles d'énergie renouvelable et de matières premières industrielles devant être reconnu, mis en relief et renforcé. Leur contribution au maintien des processus écologiques et à l'allègement des pressions exercées sur les forêts vierges ou anciennes, ainsi qu'à la promotion de l'emploi et du développement à l'échelon régional avec une participation appropriée des populations locales devraient être reconnue et mise en relief ;

e) Les forêts naturelles constituent également une source de biens et de services, et leur conservation ainsi que leur gestion et leur utilisation écologiquement viable devraient être encouragées ;

7. a) Des efforts devraient être faits pour restaurer un climat économique international favorable à une exploitation écologiquement viable et rationnelle des forets dans tous les pays, qui comporterait notamment la promotion de schémas viables de production et de consommation, l'élimination de la pauvreté et le renforcement de la sécurité alimentaire;

b) Des ressources financières particulières devraient être fournies aux pays en développement dotés d'un important couvert forestier et qui établissent des programmes de conservation des forêts, notamment des forêts naturelles protégées. Ces ressources devraient surtout être affectées aux secteurs économiques, ce qui stimulerait des activités économiques et sociales de substitution ;

8. a) Des efforts devraient être entrepris, en vue de rendre le monde plus vert. Tous les pays, en particulier les pays développés devraient prendre des mesures positives et transparentes, en vue du reboisement, du boisement et de la conservation des forêts, selon le cas ;

b) Il faudrait s'efforcer de maintenir et d'accroitre le couvert forestier et la productivité des forets suivant des méthodes écologiquement, économiquement et socialement admises ; et par le rétablissement d'arbres et de forêts sur des terres improductives, dégradées et déboisées ainsi que par la gestion des ressources forestiers existantes ;

c) La mise en œuvre des politiques et programmes nationaux en matière de gestion, de conservation et d'exploitation écologique logiquement viable des forets, notamment dans les pays en développement, devait être appuyée par une coopération financière et technique internationale, y compris par l'intermédiaire du secteur privé, s'il y a lieu.

TABLE DES MATIERES

République démocratique du Congo aux éditions L'Harmattan

Dernières parutions

NGALIEMA (KINSHASA) COMMUNE DES PARADOXES
Kiaki Mayamba Niangi Jean-Baptiste
Ce livre est destiné aux dirigeants et aux aspirants dirigeants des affaires publiques qui devraient connaître et savoir ce que sont et devraient être les infrastructures locales et nationales. L'auteur montre que la réalité de la commune de Ngaliema reflète celle de toutes les entités politico-administratives de la République démocratique du Congo.
(Coll. Harmattan RDC, 38.50 euros, 386 p.)
ISBN : 978-2-343-05353-0, ISBN EBOOK : 978-2-336-36792-7

GUERRES CIVILES DANS LA RÉPUBLIQUE DÉMOCRATIQUE DU CONGO 1960-2010
Emizet Kisangani François
Guerres de sécession, guerres ethniques, rébellions, mutineries et invasions par des Congolais ayant des sanctuaires en Angola caractérisent le paysage politique de la République Démocratique du Congo depuis que le pays devint indépendant en 1960. Pourquoi ? Que pouvons-nous apprendre de ce qui semble apparemment être d'interminables guerres internes ? L'auteur explore ces questions dans une analyse systématique et compréhensive.
(Coll. Études africaines, 37.00 euros, 360 p.)
ISBN : 978-2-343-02198-0, ISBN EBOOK : 978-2-336-36790-3

ESSENTIEL (L') DE DROIT PUBLIC
Le cas de la République démocratique du Congo
Makengo Nkutu Alphonse
Le droit public est souvent considéré comme le droit de l'État, de la société politique nationale mais également des collectivités infra-étatiques. Or l'État congolais évolue et le droit public est en pleine transformation. Cet ouvrage fait le point sur les analyses concernant les éléments essentiels de droit constitutionnel, l'organisation administrative, les notions et les finances publiques de la République démocratique du Congo.
(Coll. Études africaines, 18.00 euros, 184 p.)
ISBN : 978-2-343-05224-3, ISBN EBOOK : 978-2-336-36565-7

UNE ÉCOLE POUR TOUS EN RÉPUBLIQUE DÉMOCRATIQUE DU CONGO
Kamba Eyanganunga Albert
Ces deux dernières décennies, des efforts importants ont été consentis en faveur de l'universalisation de la scolarisation en RDC. Cet objectif semble encore assez éloigné à cause des disparités scolaires importantes selon les provinces, le genre et les niveaux d'enseignement. L'auteur a la conviction qu'il faut mobiliser davantage de ressources financières en faveur de l'école, s'engager dans une autonomisation de la gestion scolaire et adopter des politiques éducatives favorisant les provinces de l'Est, les filles, les milieux démunis.
(Coll. Études africaines, 24.00 euros, 240 p.)
ISBN : 978-2-343-04503-0, ISBN EBOOK : 978-2-336-36650-0

COMBAT (LE) POLITIQUE DE LA SOCIÉTÉ CIVILE EN RÉPUBLIQUE DÉMOCRATIQUE DU CONGO (1991-2001)
Chronique d'une alternative populaire
Salumu Bertin - Préface d'Albert Kisonga Mazakala
À la faveur de la libéralisation politique survenue en 1990 en RDC, la société civile s'organise à partir de Kinshasa. Sa participation à la Conférence nationale renforce l'opposition politique et influe sur les orientations du changement souhaitées par la population. Pris dans la tourmente du débat politique, certains acteurs de la société civile s'allient aux courants politiques au pouvoir et de l'opposition, entachant ainsi la crédibilité d'un mouvement apparu à son démarrage comme une alternative populaire.
(Coll. Harmattan RDC, 24.00 euros, 228 p.)
ISBN : 978-2-343-05084-3, ISBN EBOOK : 978-2-336-36457-5

LÉGISLATION DU TRAVAIL ET SÉCURITÉ SOCIALE EN RÉPUBLIQUE DÉMOCRATIQUE DU CONGO
Muluma Munanga G.T. Albert
Avec la collaboration de Michel Manangama Mongo et Junior Gamayala Mulama Gama
Préface de Modeste Bahati Lukwebo
On trouve dans ce livre l'historique du monde du travail, les généralités, les caractéristiques et les sources du droit du travail. La législation congolaise du travail y est examinée en profondeur avec des exemples concrets. La sécurité sociale congolaise a été esquissée en s'appuyant sur les expériences des autres. Des propositions concrètes sont faites pour juguler la déficience de ce régime en RDC.
(Coll. Harmattan RDC, 34.00 euros, 330 p.)
ISBN : 978-2-343-05082-9, ISBN EBOOK : 978-2-336-36436-0

ET SI LE MÉRITE POUVAIT ENCORE SERVIR EN AFRIQUE ?
Récit de vie
Iyulu Jacques
Tout se passe comme si la réussite dans la vie en République démocratique du Congo ne pouvait être rendue possible que par le favoritisme, le clientélisme, la corruption, le tribalisme et autres antivaleurs. Ainsi, le contexte actuel ne valorise guère la culture de l'excellence, la méritocratie. Et si le mérite pouvait encore servir pour la promotion personnelle, on éviterait certaines antivaleurs. En fait, Bwanya, le héros de ce récit de vie, va de simple enseignant à la magistrature suprême.
(Coll. Harmattan RDC, 11.50 euros, 82 p.)
ISBN : 978-2-343-04910-6, ISBN EBOOK : 978-2-336-36314-1

CAUSES (LES) DES ACCIDENTS DE LA ROUTE EN DROIT DE LA RÉPUBLIQUE DÉMOCRATIQUE DU CONGO
Tshalufu Honoré-B. Lukasa - Préface de Katuala Kaba Kashala
Ce livre est l'illustration des termes et causes de violation de la loi en matière de circulation routière en République Démocratique du Congo. C'est une contribution à l'amélioration de la qualité et de la capacité des animateurs de la police nationale congolaise, à l'émergence de la conscience professionnelle.
(Coll. Harmattan RDC, 11.50 euros, 80 p.)
ISBN : 978-2-343-04909-0, ISBN EBOOK : 978-2-336-36303-5

OUI, LE CONGO TERRE D'AVENIR EST MENACÉ
Mfuadi Tshibasu
La République démocratique du Congo est un vaste et riche pays d'Afrique centrale. Ses ressources sont convoitées par d'autres peuples du monde qui jurent par son éclatement en plusieurs entités nationales, en vue de mieux en tirer profit. Par égoïsme aveugle ou inconscience insoutenable, certains Congolais pactisent avec des forces étrangères, pour satisfaire leurs intérêts personnels. L'auteur appelle ses compatriotes à s'organiser face aux menaces guettant le Congo.
(26.00 euros, 262 p.)
ISBN : 978-2-343-03452-2, ISBN EBOOK : 978-2-336-36010-2

CONFLITS IDENTITAIRES ET ENJEUX ÉCONOMIQUES INTERNATIONAUX DANS LA RÉGION DES GRANDS LACS

Esambu Matenda Jean-Bosco Germain - Préface d'Olivier Kahola Tabu

Comment peut-on interpréter les conflits armés dans la région des Grands Lacs africains ? Pourquoi des guerres non spécifiées peuvent-elles engendrer des Missions internationales de maintien de la paix durant éternellement au sein des États et voir s'installer l'exploitation des richesses d'un État sans reconnaître l'intérêt du peuple ? Cet ouvrage permet une approche précise des enjeux culturels, politiques et géostratégiques dans la région des Grands Lacs.

(Coll. Points de vue, 15.50 euros, 148 p.)

ISBN : 978-2-343-03830-8, ISBN EBOOK : 978-2-336-35979-3

PAPA WEMBA

La voix de la musique congolaise moderne – Contribution et odyssée

Etou Nianga Anicet

Résolument avant-gardiste en même temps qu'il est attaché à la tradition musicale de son pays, Papa Wemba enrichit la musique congolaise moderne par des emprunts aux musiques des terroirs et par l'introduction d'instruments traditionnels tels le lokolé. Créant la rumba-rock, une fusion de rumba et de pop-rock, il sort la musique congolaise des sentiers battus et devient le porte-étendard de la culture congolaise sur la scène internationale.

(Coll. Culture Africaine, série Études Musicales, 28.50 euros, 276 p.)

ISBN : 978-2-343-03074-6, ISBN EBOOK : 978-2-336-36122-2

GOUVERNANCE NORMATIVE DU RÉGIME GÉNÉRAL DE LA SÉCURITÉ SOCIALE EN RDC

Bilan analytique de 1908 à 2013

Loko Mantuono Glombert - Préface de Mwayila Tshiyembe

Dans sa thèse doctorale, l'auteur a mis au point la théorie intégrée de la Gouvernance Systémique Tryptique (GST) de la sécurité sociale comme facteur de résilience contre la pauvreté des prestataires sociaux en RDC, une théorie assise sur les sous-concepts «Croissance, Emploi et Sécurité sociale». Il analyse trois dimensions de cette gouvernance : la normative, la managériale et la gouvernance de capacité de l'État Congolais.

(Coll. Géopolitique mondiale, 12.50 euros, 114 p.)

ISBN : 978-2-343-04685-3, ISBN EBOOK : 978-2-336-36092-8

KINSHASA MA VILLE, MA CAPITALE

Bolia Ikoli Bienvenu – Préface de Léon de Saint Moulin

Kinshasa est une ville fascinante, d'un dynamisme extraordinaire. Sa population, de l'ordre de 25 000 habitants en 1920, est en 2012 de l'ordre de 10 millions. Elle atteindra 25 millions d'habitants à l'horizon 2030. Ce texte, enrichi de photos en couleur, évoque les multiples facettes de la vie de Kinshasa : son histoire, son organisation, ses autorités, ses orchestres, ses équipes de sport et la multiplicité de ses Églises. L'ouvrage est constitué de 24 chapitres consacrés aux 24 communes de la capitale, illustrés d'une carte des quartiers pour chaque commune.

(Coll. Dossiers, Etudes et Documents, 44.00 euros, 444 p.)

ISBN : 978-2-343-04257-2, ISBN EBOOK : 978-2-336-35863-5

POLITIQUE (LA) ÉTRANGÈRE DE JOSEPH KABILA

Les politiques étrangères des États menacés de décomposition

Sary Ngoy Blaise – Préface de Diur Katond

Pillage, prédation, corruption, déficit démocratique entrent aujourd'hui dans la somme des facteurs internes qui expliquent les choix de la politique étrangère entreprise par Joseph Kabila. Son but est de recoller les morceaux de la carte du pays et de le replacer dans son contexte des rapports internationaux contemporains. L'auteur interroge les théories classiques de la politique étrangère et soutient que les «Petits États» ne sont pas capables de formuler leurs propres politiques étrangères autonomes et de les mettre en œuvre.

(Coll. Notes de cours, 23.00 euros, 218 p.)

ISBN : 978-2-343-02991-7, ISBN EBOOK : 978-2-336-35831-4

PRIORITÉ (LA) AGRICOLE RD CONGO / AFRIQUE
Matamba Tumba Bob
Préface de Lye M. Yoka
Dans ce livre qui scrute l'économie de l'agriculture de l'Afrique et du Congo, l'auteur insiste sur l'urgence de promouvoir le développement rural sur le même rythme du déploiement agricole. Ainsi donc le renouveau agricole pourrait progressivement freiner l'exode rural, redonner vie et qualité de vie aux villages et, à long terme, améliorer les recettes et les habitudes alimentaires.
(Coll. Comptes Rendus, 24.00 euros, 204 p.)
ISBN : 978-2-343-04392-0, ISBN EBOOK : 978-2-336-35764-5

ENTRE CIEL ET TERRE
Confidences d'un pilote de ligne congolais
Diasolua Simon - Préface de Célestin Nguya-Ndila Malengana
Ce récit, sorti de l'expérience de près de 40 ans d'un passionné d'aviation, explore les dédales de l'univers impitoyable du transport aérien, au travers de la guerre que se livrent les constructeurs, sur fond d'enjeux financiers de grande envergure. L'auteur a eu à convoyer des grands de ce monde : le roi Baudoin et la reine Fabiola de Belgique, le Pape Jean-Paul II, des chefs d'État de tous bords, mais aussi le boxeur Mohamed Ali.
(Coll. Écrire l'Afrique, 19.00 euros, 196 p.)
ISBN : 978-2-343-02824-8, ISBN EBOOK : 978-2-336-35828-4

AUTRE (L') FACE DE L'EUROPE
Témoignage d'un migrant congolais en Italie
Bilo O.M. - Préface de Georges Ngal
Au-delà des considérations socio-politiques qu'il épingle sans complaisance, l'auteur, lui-même immigré et nourri du sel de la critique littéraire, livre un récit migratoire où il convoque deux protagonistes : hôtes et migrants. Prenant appui sur la commune humanité qui lie les uns aux autres, il trace le schéma d'un village global national où il convie tous à ressusciter dans la seule race humaine.
(Harmattan Italia, Coll. Harmattan Italia, 15.50 euros, 108 p.)
ISBN : 978-2-336-30704-6, ISBN EBOOK : 978-2-336-35937-3

QUALITÉ (LA) DE L'ÉDUCATION DANS LES ÉCOLES SECONDAIRES ET CENTRES PROFESSIONNELS SALÉSIENS DE LUBUMBASHI
Résultats d'une enquête
Mwamba Kalemba Titus - Préface de Guglielmo Malizia
Un secteur de l'éducation dans lequel on trouve beaucoup de limites est celui de la qualité, qui touche : objectifs, contenus, méthodes et organisation de l'enseignement/apprentissage. A travers cette enquête sur le terrain, l'auteur montre qu'en RDC, l'école est une institution relativement jeune en plein développement mais confrontée à un ensemble de sérieuses problématiques. L'auteur préconise une réforme systématique de ces écoles salésiennes et de toutes celles de la RDC conditionnées par le même système éducatif en crise.
(Coll. Études africaines, 31.00 euros, 296 p.)
ISBN : 978-2-343-04014-1, ISBN EBOOK : 978-2-336-35723-2

DE L'AFDL AU M23 EN RÉPUBLIQUE DÉMOCRATIQUE DU CONGO
Mbavu Muhindo Vincent Préface du Pr Vincent Muderhwa Barhatulirwa
L'auteur situe la récente rébellion du M23 dans le contexte général d'un mouvement cache-sexe à la solde des principaux acteurs de la longue crise congolaise. Face à l'impotence de la Mission des Nations-Unies pour la Sécurisation du Congo, la Brigade onusienne est venue en appui aux commandos des FARDC, conduisant à la totale déconfiture des rebelles du M23. Les pourparlers de Kampala ont été boostés par cette victoire militaire et ont abouti à la signature des déclarations de Nairobi.
(Coll. Études africaines, 24.00 euros, 234 p.)
ISBN : 978-2-343-04031-8, ISBN EBOOK : 978-2-336-35530-6

L'HARMATTAN ITALIA
Via Degli Artisti 15; 10124 Torino
harmattan.italia@gmail.com

L'HARMATTAN HONGRIE
Könyvesbolt ; Kossuth L. u. 14-16
1053 Budapest

L'HARMATTAN KINSHASA
185, avenue Nyangwe
Commune de Lingwala
Kinshasa, R.D. Congo
(00243) 998697603 ou (00243) 999229662

L'HARMATTAN CONGO
67, av. E. P. Lumumba
Bât. – Congo Pharmacie (Bib. Nat.)
BP2874 Brazzaville
harmattan.congo@yahoo.fr

L'HARMATTAN GUINÉE
Almamya Rue KA 028, en face
du restaurant Le Cèdre
OKB agency BP 3470 Conakry
(00224) 657 20 85 08 / 664 28 91 96
harmattanguinee@yahoo.fr

L'HARMATTAN MALI
Rue 73, Porte 536, Niamakoro,
Cité Unicef, Bamako
Tél. 00 (223) 20205724 / +(223) 76378082
poudiougopaul@yahoo.fr
pp.harmattan@gmail.com

L'HARMATTAN CAMEROUN
BP 11486
Face à la SNI, immeuble Don Bosco
Yaoundé
(00237) 99 76 61 66
harmattancam@yahoo.fr

L'HARMATTAN CÔTE D'IVOIRE
Résidence Karl / cité des arts
Abidjan-Cocody 03 BP 1588 Abidjan 03
(00225) 05 77 87 31
etien_nda@yahoo.fr

L'HARMATTAN BURKINA
Penou Achille Some
Ouagadougou
(+226) 70 26 88 27

L'HARMATTAN SÉNÉGAL
10 VDN en face Mermoz, après le pont de Fann
BP 45034 Dakar Fann
33 825 98 58 / 33 860 9858
senharmattan@gmail.com / senlibraire@gmail.com
www.harmattansenegal.com

L'HARMATTAN BÉNIN
ISOR-BENIN
01 BP 359 COTONOU-RP
Quartier Gbèdjromèdé,
Rue Agbélenco, Lot 1247 I
Tél : 00 229 21 32 53 79
christian_dablaka123@yahoo.fr

Achevé d'imprimer par Corlet Numérique - 14110 Condé-sur-Noireau
N° d'Imprimeur : 127274 - Dépôt légal : mars 2016 - *Imprimé en France*

www.ingramcontent.com/pod-product-compliance
Lightning Source LLC
LaVergne TN
LVHW011222061026
849535LV00001BA/137
* 9 7 8 2 3 4 3 0 8 6 9 6 5 *